日本思想大系 6

源信

石田瑞麿

岩波書店刊行

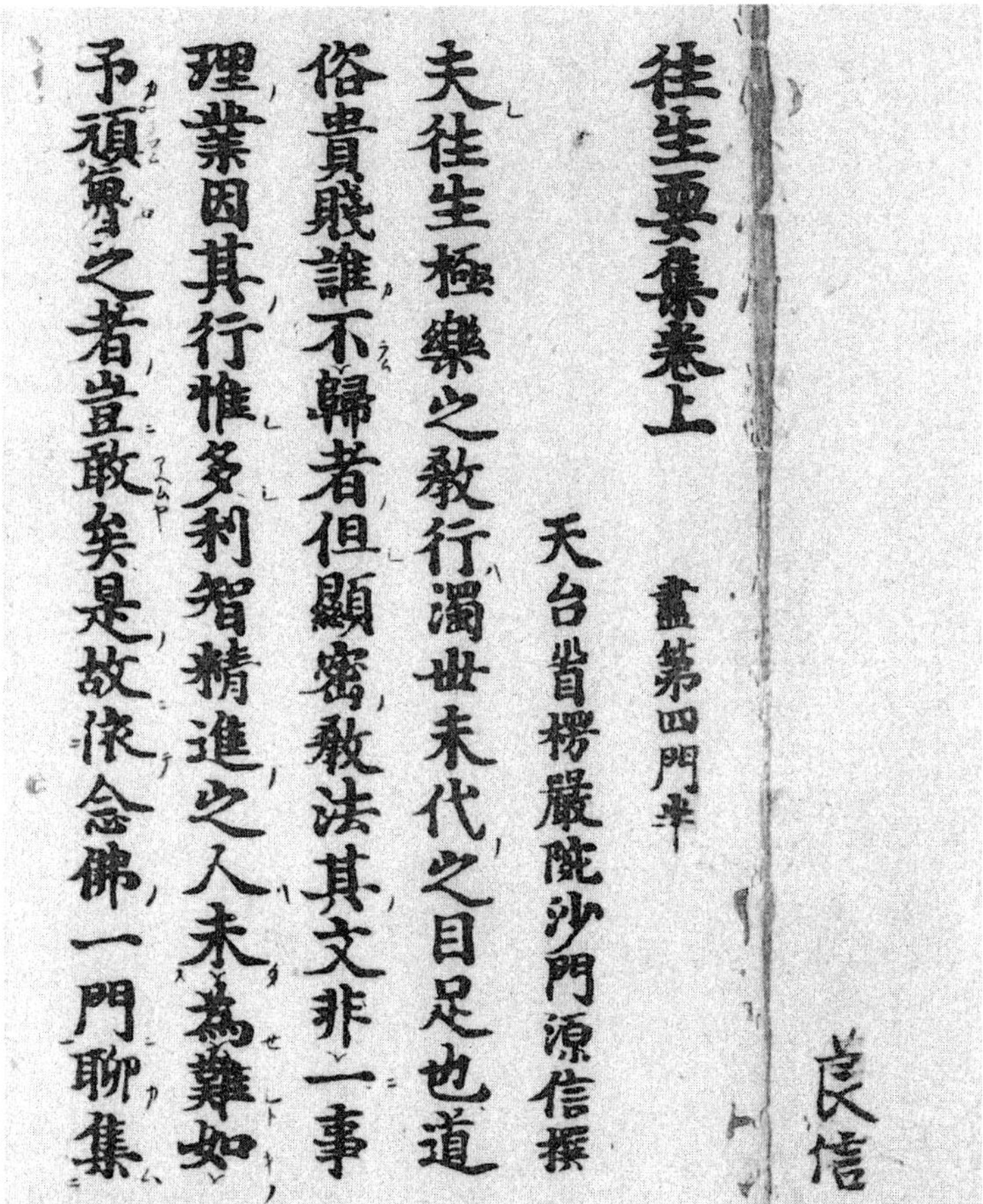
良信

往生要集巻上

盡第四門半

天台首楞嚴院沙門源信撰

夫往生極樂之教行濁世末代之目足也道俗貴賤誰不歸者但顯密教法其文非一事理業因其行惟多利智精進之人未為難如予頑魯之者豈敢矣是故依念佛一門聊集

建長版往生要集

目次

凡例

一　本書は、現存する遺宋完本としては最古のものとされる建長五年版（竜谷大学図書館蔵）をもって底本とし、訓み下し文を掲げたあとに原漢文を二段組みで併載した。

一　本　文

1　訓み下し文

①　漢文の訓読にあたっては、底本に付されている訓みは参考に止め、かならずしも採らなかった。

②　読解に資するために、適宜、句読点をほどこし、改行を行なった。底本における割書きは、小字にして〈　〉で括り一行組みとした。

③　読み易くするために、できるだけ通行の字体に改めた。例えば、

猒→厭　煞→殺　窂→牢　无→無　臰→臭　逥→廻　礙→碍　癡→痴　閇→閉　皃→貌

辧・辦・辯→弁

動詞・副詞・接続詞などの中には仮名で表記したものも少なくない。例えば、

有・在→あり　無・莫→なし　若→もし　設→たとひ　各→おのおの　豈→あに　雖→いへども

還・亦・復→また

④　本文の読解に資するため、主として青蓮院本による補入を試みたが、補入部分を〔　〕で示すことにより、建長版の正確な活字化を妨げないよう努力した。

2　原漢文

①　適宜、読点をほどこし、改行を行なったが、底本に付された返り点や送り仮名は省いた。

②　底本に使われている字体はできるだけ採用するように努めた。

誤字、または訓み下し文で訂正したものなどは、その箇所に。を傍書して明らかにしたが、小異の字体の誤りはこれを正した。例えば、

捧→棒　汙→汗　項→頃　巳→已・己　末→未

③　脱字、あるいは青蓮院本や他本による補入は〔　〕をつけて明示した。

一　頭注・補注

1　本文における経文の出典は、頭注においてこれを明示した。

2　仏教用語は紙幅の許すかぎり、頭注にこれを注記するよう努力した。

3　頭注欄には載せ得なかった詳解・考証は補注に述べた。

4　本文を理解する上に必要な出典、および後世への影響を窺う資料の一端として、栄花物語等におけるそれぞれの部分を、主として補注に掲げた。

5　出典を示すにあたって用いた略称は次の通りである。

縮刷蔵(縮刷大蔵経)　浄全(浄土宗全書)　正蔵(大正新修大蔵経)　真全(真宗全書)　真大(真宗大系)　新

法然全（昭和新修法然上人全集）　続浄全（続浄土宗全書）　続蔵（大日本卍続蔵経）　仏全（大日本仏教全書）

群書（新校群書類従）　続群書（続群書類従）　国歌（国歌大観）　古典大系（日本古典文学大系）

一　解説（諸本・参考文献・年譜を含む）を巻末におさめた。

一　本書を著わすにあたり、竜谷大学図書館・青蓮院の貴重な書籍を使用させていただいた。併せて厚く感謝の意を表する。

往生要集　巻上

往《おう》生《じょう》要《よう》集《しゅう》　巻上

尽*第四門半

*天台首楞厳院沙門源信撰《てんだいしゅりょうごんいんしゃもんげんしんせん》

それ*往生極楽の教行《きょうぎょう》は、濁世《じょくせ》末代の目足《もくそく》なり。道俗貴賤、誰《たれ》か帰《き》せざる者あらん。ただし*顕密《けんみつ》の教法《きょうぼう》は、その文《もん》、一《いつ》にあらず。*事理《じり》の業因《ごういん》、その行《ぎょう》これ多し。利智精進《しょうじん》の人は、いまだ難《かた》しと為さざらんも、*予《よ》が如き頑魯《がんろ》の者、あに敢《あえ》てせんや。

この故に、*念仏の一門に依りて、いささか経論の要文《ようもん》を集む。これを披《ひら》いてこれを修むるに、覚《さと》り易《やす》く行《おこな》ひ易からん。惣《す》べて十門あり。分ちて三巻となす。一には厭離穢土《おんりえど》、二には欣求浄土《ごんぐじょうど》、三には極楽の証拠、四には正修《しょうじゅ》念仏、五には助念の方法、六には別時念仏、七には念仏の利益《りやく》、八には念仏の証拠、九には往生の諸業《しょごう》、十には問答料簡《もんどうりょうけん》なり。これを座右《ざゆう》に置いて、*廃忘《はいもう》に備へん。

尽第四門半　上巻が第四章の半で終わっていることを示す。

天台…　天台宗の総本山、比叡山延暦寺はいわゆる三塔よりなり、その一つである横川(よかわ)の中堂が首楞厳院。昭和十七年焼失した。沙門は梵語で、仏道修行の出家の総称。撰は撰述の意で、著わすこと。

往生極楽…　阿弥陀仏の極楽に生まれるための教えとその修行とは、この濁りはてた末の代の人々にとって大切な目や足に当たるものである。

顕密の教法　顕教(けんぎょう)と密教。天台宗は本来顕教に属するが、後に密教を充実させた。これを台密(たいみつ)という。

事理の業因…　事は具体的な現象としての差別、理は普遍的な真理をさす。ここでは極楽に生まれるために行なう、仏の相好(そうごう)や浄土のすがたを観想することが事の業因で、仏を普遍的な真理そのものと捉えて、これと一体になる修行が理である。

予が如き…　わたしと同じような、かたくなで愚かなもの。源信の同朋意識と自己反省を語る。

念仏の一門　念仏というかぎられた教え。

廃忘　忘れてしまうこと。

大文第一　大文とは大きなあや模様の意で、いまは第一章といった意。

厭離穢土　この汚れた娑婆世界を厭

*大文第一に、*厭離穢土《おんりえど》とは、それ*三界《さんがい》は安きことなし、最も厭離すべし。今その相《そう》を明さば、惣べて七種あり。一には地獄、二には餓鬼《がき》、三には畜生、四には阿修羅《あしゅら》、五には人《にん》、六には天、七には惣結なり。

第一に、地獄*にもまた分ちて八となす。一には*等活《とうかつ》、二には黒縄《こくじょう》、三には衆合《しゅごう》、四には叫喚《きょうかん》、五には大叫喚、六には焦熱《しょうねつ》、七には大焦熱、八には無間《むけん》なり。

初に等活地獄とは、この*閻浮提《えんぶだい》の下、一千*由旬《ゆじゅん》にあり。縦広《たてひろさ》一万由旬なり。

この中の罪人は、互に常に害心を懐けり。もしたまたま相見《あいみ》れば、猟者《りょうしゃ》の鹿に逢へるが如し。おのおの鉄爪を以て互に爴《つか》み裂く。血肉《ちにく》すでに尽きて、ただ残骨《ざんこつ》のみあり。或は獄卒《ごくそつ》、手に鉄杖・鉄棒を執り、頭より足に至るまで、遍《あまね》く皆《みな》打ち築くに、身体破れ砕くること、猶《なお》し*沙揣《しゃだん》の如し。或は極めて利《するど》き刀を以て分々《ぶんぶん》に肉を割くこと、*厨者《ちゅうしゃ》の魚肉を屠《ほふ》るが如し。涼風来り吹くに、尋《つ》いで活《よみが》へること故《もと》の如し。*欻然《くつねん》としてまた起きて、前の如く苦を受く。或は云く、空中に声ありて云く、「このもろもろの*有情《うじょう》、また等しく活《よみが》へるべし」と。或は云く、獄卒、鉄叉を以て地を打ち、唱へて「活々《かつかつ》」と云ふと。かくの如き等の苦、具《つぶ》さに述ぶべからず。〈已上は、*智度論《ちどろん》・瑜伽論《ゆがろん》・諸経要集《しょきょうようしゅう》に依りて、これを撰《えら》ぶ〉

*人間の五十年を以て*四天王天の一日一夜となして、その寿《いのち》五百歳なり。四天王天の寿を以てこの地獄の一日一夜となして、その寿五百歳なり。*殺生《せっしょう》せる者、この中に堕《お》つ。〈已上

い離れること。娑婆は梵語。
三界 欲界(↓二三頁注)・色界(↓四一頁注)・無色界の三。
地獄 罪の報いを受けて生まれる世界、その生存の仕方、および生きもの。六道の一。↓補
等活 ともに生活するの意。想地獄ともいう。
閻浮提 梵語。わたしたち人間の住んでいる世界。四大洲の一。↓補
由旬 梵語。距離の単位。一説に約一四・四キロとする。
沙揣 砂の塊。
厨者… 料理人が魚や肉をさくように、ばらばらにする。
欻然 たちまち。にわかに。
有情 旧訳では衆生。含霊(がんれい)などともいう。生存するものの意。こころをもった生きもので、主として人を指す。
智度論… 大智度論巻一六(正蔵二五ノ一七五下)、瑜伽論巻四(同三〇ノ二九五下)、諸経要集巻一八(同五四ノ一六六中)。
人間 人間の世界。
四天王天 天界で、この地上に近い六欲天のうち、もっとも近い天。持国・増長・広目・多聞の四天王とその一族との住所。↓補
殺生 四重罪・十悪(↓一〇四頁一一—一四行)などの一。大乗では生きもの一般を禁じ、小乗ではとくに人に限って重罪とする。

の*寿量《じゆりよう》は*倶舎《くしや》に依り、*業因《ごういん》は*正法念経《しようぼうねんぎよう》に依る。*下の六もまたこれに同じ〉*優婆塞戒経《うばそくかいきよう》には、*初天の一年を以て初地獄の日夜となす。下去《しも》はこれに准《じゆん》ず。

この地獄の*四門の外にまた十六の眷属《けんぞく》の別処あり。

一には、*屎泥処《しでいしよ》。謂《いわ》く、極熱の屎泥あり。その味、最も苦《にが》し。*金剛の嘴《くちばし》の虫、その中に充ち満てり。罪人、中にありてこの熱屎を食《くら》ふ。もろもろの虫、聚《あつま》り集りて、一時に競《きそ》ひ食ふ。皮を破りて肉を噉《は》み、骨を折《くじ》いて髄《ずい》を唼《す》ふ。昔、鹿を殺し鳥を殺せる者、この中に堕つ。

二には、刀輪処。謂く、鉄の壁、周り帀《めぐ》りて高さ十由旬なり。猛火*熾然《しねん》にして、常にその中に満てり。人間の火はこれに比ぶるに雪の如し。纔《わず》かにその身に触るるに、砕くること芥子《けし》の如し。また熱鉄を雨《ふ》らすこと、猶《なお》し盛んなる雨の如し。また刀林あり。その刃《は》、極めて利し。また両刃ありて、雨の如くにして下る。衆苦こもごも至りて堪へ忍ぶべからず。昔、物を貪りて殺生せる者、この中に堕つ。

三には、*瓮熟処《おうじゆくしよ》。謂く、罪人を執りて鉄の瓮《もたい》の中に入れ、煎《い》り熟すること豆の如し。昔、殺生して煮て食へる者、この中に堕つ。

四には、多苦処《たくしよ》。謂く、この地獄には十千億種の無量の*楚毒《そどく》あり。具《つぶ》さに説くべからず。昔、縄を以て人を縛《しば》り、杖を以て人を打ち、人を駈《か》りて遠き路に行かしめ、嶮《けわ》しき処より人を落し、煙を*薫《ふす》べて人を悩まし、小児《しように》を怖れしむ。かくの如き等の、種々に人を悩ませる者、皆この中に堕つ。

寿量　寿命の長さ。
倶舎　倶舎論巻一一(正蔵二九ノ六一下)。
業因　結果を招く原因としての行為。ここでは地獄に堕ちる原因となった悪の行為。
正法念経　正法念処経巻五(正蔵一七ノ二七中)。
下の六　この先ふれる六つの地獄。
優婆塞戒経　優婆塞戒経巻七(正蔵二四ノ一〇七二上)。
初天　四天王天のこと。
四門　東西南北にある門。地獄にはこの門の外に、それに付属した小地獄が一六あって、これを別処という。他書では増という。
屎泥　屎(そく)がどぶどろになっていること。
金剛の嘴　金剛石(ダイヤモンド)のようにかたい嘴。
熾然　さかんに燃えるさま。
瓮熟処　瓮はもたい、かめ。かめにいれてぐつぐつ煮る処の意。他本には瓮を瓫(ぼん)とする。ほとぎ、ぼんの意。
楚毒　苦しみ。痛み。
薫べて　煙をくすぶらせる。煙でいぶす。
掩　底本および青蓮院本の「唵」は含む意。
狗犬・野干　いぬ・きつね。
骨肉狼藉　食い散らした骨や肉があたりに散乱している。

五には、闇冥処《あんみょうしょ》。謂く、黒闇の処にありて、常に闇火《やみび》の為に焼かる。大力の猛風、金剛の山を吹き、合《あわ》せ磨《す》り、合せ砕くこと、猶し沙《すな》を散らすが如し。熱風に吹かるること、利き刀の割くが如し。昔、羊の口・鼻を*掩《ふさ》ぎ、二の塼《かわら》の中に亀を置きて押し殺せる者、この中に堕つ。

六には、不喜処《ふきしょ》。謂く、大火炎ありて昼夜に焚焼す。熱炎の嘴の鳥・*狗犬《くけん》・野干《やかん》ありて、その声、極悪《ごくあく》にして甚だ怖畏《ふい》すべし。常に来りて食ひ噉《は》み、*骨肉狼藉《ろうぜき》たり。金剛の嘴の虫、骨の中に往来して、その髄を食ふ。昔、*貝《ばい》を吹き、鼓《つづみ》を打ち、畏るべき声を作して鳥獣を殺害せる者、この中に堕つ。

七には、極苦処《ごくくしょ》。謂く、嶮しき岸の下にありて、常に鉄火の為に焼かる。昔、*放逸《ほういつ》にして殺生せる者、この中に堕つ。〈已上は*正法念経に依る。*自余の九処は経の中に説かず〉

二に*黒縄《こくじょう》地獄とは、等活の下にあり。縦広、前に同じ。獄卒、罪人を執《とら》へて熱鉄の地に臥せ、熱鉄の縄を以て縦横に身に*絣《すみなわをひ》き、熱鉄の斧を以て縄に随ひて切り割《さ》く。或は鋸《のこぎり》を以て解《さきわ》け、或は刀を以て屠《ほふ》り、*百千段と作《な》して処々に散らし在《お》く。また、熱鉄の縄を懸けて、交へ横たへること無数、罪人を駈りてその中に入らしむるに、悪風暴《にわか》に吹いて、その身に交へ絡《から》まり、肉を焼き、骨を焦《こが》して、楚毒極《きわま》りなし。〈已上、*瑜伽論《ゆがろん》・智度論〉

また、左右に大いなる鉄の山あり。山上におのおの鉄の幢《はた》を建て、幢の頭に鉄の縄を張り、縄の下には多く熱き*鑊《かま》あり。罪人を駈り、鉄の山を負ひて縄の上より行かしめ、遙《はる》か

貝　ほら貝。
放逸　欲望の動くままに勝手気ままな振舞いをすること。
正法念経　正法念処経巻五—巻六(正蔵一七ノ二七中—二九中)。
自余の九処　残り九つの別処については、経にその名前が記され、正法念処経巻五(正蔵一七ノ二七上—中)には衆病処・両鉄(一本に雨鉄)処・悪杖処・為黒色鼠狼処・為異異廻転処・苦逼処・為鉢頭摩鬘処・陂池処・為空中受苦処と呼ばれている。ちなみに倶舎論巻一一(同二九ノ五八中—下)には、八地獄それぞれに一六増があって、四門の外にあるが、その四門には、まず煻煨(いとう)増・屍糞増・鋒刃増・烈河増があり、鋒刃増にはまた三種があって、刀刃路・剣葉林・鉄刺林と名づけるとする。
黒縄　すみなわのこと。
絣　底本および青蓮院本、「拼」に作るが、拼はしたがえる、つかうの意。ちなみに法苑珠林巻七(正蔵五三ノ三二三下)の黒縄地獄の条には「絣」の字を用いる。
百千段　何百何千と数えきれないほど多くの断片。
瑜伽論・智度論　瑜伽論巻四(正蔵三〇ノ二九五下)、大智度論巻一六(同二五ノ一七五下—一七六上)。
鑊　肉・魚などを煮る足のない大きなかま、なべ。罪人をゆでる刑器をもいう。

に鉄の鑊に落して摧《くだ》き煮ること極りなし。〈*観仏三昧経《かんぶつざんまいきょう》〉等活地獄及び十六処の、一切の諸苦を十倍して重く受く。

獄卒、罪人を呵嘖《かしやく》して云く、「心はこれ第一の怨《あた》なり。この怨、最も悪となす。この怨、能く人を縛り、送りて*閻羅《えんら》の処に到らしむ。汝《なんじ》、独《ひと》り地獄に焼かれ、悪業《あくごう》の為に食はる。妻子・兄弟等《ら》の*親眷《しんけん》も救ふことあたはず」と。〈乃至《ないし》、広く説く〉

後の五の地獄は、おのおの前々の一切の地獄の、あらゆる諸苦を以て十倍して重く受くること、例してこれを知るべし。〈已上は*正法念経の意〉

人間の一百歳を以て*忉利天《とうりてん》の*一日夜となして、その寿《いのち》一千歳なり。忉利天の寿を以て一日夜となして、この地獄の寿一千歳なり。殺生・*偸盗《ちゆうとう》せる者、この中に堕つ。

また*異処《いしょ》あり。等喚受苦処《とうかんじゅくしょ》と名づく。謂く、嶮しき岸の無量由旬《ゆじゅん》なるに挙げ在《お》き、熱炎の黒縄にて束ね縛り、繫ぎ已《おわ》りて、しかして後にこれを推して、利き鉄刀の熱地の上に堕《おと》す。鉄炎の牙の狗《いぬ》に噉み食はれ、一切の*身分《しんぶん》、分々に分離す。声を唱へて吼え喚《よば》へども、救ふ者あることなし。昔、法を説くに*悪見《あくけん》の論に依り、一切不実にして一切、岸に投げて自殺せるを顧みざる者、ここに堕つ。

また異処あり。*畏熟処《いじゆくしょ》と名づく。謂く、獄卒、杖を怒らせて急に打ち、昼夜に常に走り、手に火炎の鉄刀を執り、弓を挽《ひ》き、箭《や》を弩《つが》へ、後に随ひて走り逐《お》ひ、斫《き》り打ちて、これを射る。昔、物を貪《むさぼ》るが故に、人を殺し、人を縛りて、食を奪へる者、ここに堕つ。〈*正法念経の略抄〉

観仏三昧経　観仏三昧海経巻五(正蔵一五ノ六七三下)。

閻羅　梵語。閻魔羅社(えんまらしや　閻魔王の意)の略。地獄の王。その住所は地獄・餓鬼・畜生などとは別の世界として閻魔王界を立てるものがあるが、本書では餓鬼の世界をこの王の住所とする。閻魔王の思想はシナにきて道教などとまじわった結果、五官王・八王・十王などの説が生まれ、とくに裁判官である十王の一として知られている。

親眷　親族。親戚。

正法念経　正法念処経巻六・八(正蔵一七ノ三二下、一七ノ四五中)。

忉利天　梵語。六欲天のうち、下から第二番目の三十三天のこと。この天の主宰者が帝釈天で、城を善見城という。東西南北のそれぞれにいる八天と合わせて三十三天とする。↓補

一日夜　前文にならえば一日一夜。以下同じ。日は昼の意。

偸盗　四重罪・十悪などの一。与えられないものを取ることで、不与取(ふよしゆ)ともいう。

異処　特別の地獄。別処ともいう。

身分　身体の部分。

悪見　よこしまな間違った見解、思想。因果の道理を否定したり、永遠不変の主体としての我の存在を説いたりする考え方。

畏熟処　正法念処経には畏鷲処(いじゆう

三に衆合《しゆごう》*地獄とは、黒縄の下にあり。縦広、前に同じ。多く鉄の山ありて、両々相《あい》対す。牛頭《ご》*・馬頭《めず》等のもろもろの獄卒、手に器仗《きじょう》*を執り、駈りて山の間に入らしむ。この時、両《ふたつ》の山、迫り来りて合せ押すに、身体摧け砕け、血流れて地に満つ。或は鉄の山ありて空より落ち、罪人を打ちて砕くこと沙摶《しゃだん》の如し。或は石の上に置き巌を以てこれを押し、或は鉄の臼に入れ鉄の杵《きね》を以て擣《つ》く。極悪の獄鬼、并《ならび》に熱鉄の師子・虎・狼等のもろもろの獣《けもの》、烏・鷲等の鳥、競ひ来りて食ひ噉む。〈瑜伽・大論〉*また鉄炎の嘴の鷲、その腸を取り已《おわ》りて樹の頭に掛け在《お》き、これを噉み食ふ。

かしこに大いなる江《かわ》あり。中に鉄の鉤《つりばり》*ありて皆悉く火に燃ゆ。獄卒、罪人を執りて、かの河の中に擲《な》げ、鉄の鉤の上に堕《お》す。またかの河の中に熱き赤銅の汁ありて、かの罪人を漂《ただよ》*はす。或は身、日の初めて出づるが如き者あり。身《み》沈没すること重き石の如き者あり。手を挙げ、天に向ひて号《さけ》び哭《な》く者あり。共に相近づいて号び哭く者あり。久しく大苦を受くれども、主《よるべ》なく、救ふものなし。

またふたたび獄卒、地獄の人を取りて刀葉*の林に置く。かの樹の頭を見れば、好き端正《たんじょう》*厳飾《ごんじき》の婦女あり。かくの如く見已りて、即ちかの樹に上るに、樹の葉、刀の如くその身の肉を割き、次いでその筋を割く。かくの如く一切の処を劈《き》り割いて、已に樹に上ることを得已りて、かの婦女を見れば、また地にあり。欲の媚《こ》びたる眼を以て、上《かみざま》に罪人を看《み》て、かくの如きの言を作す、「汝を念《おも》ふ因縁《いんねん》*もて、我、この処に到れり。汝、いま何が故ぞ、来りて我に近づかざる。なんぞ我を抱かざる」と。罪人見已りて、欲心熾盛《しじょう》*にして、次第に

よし)。経にはこのほかに旃荼(せんだ)黒縄地獄といった異処の名を掲げているが、別処については等活地獄と似ているとして、別にとくに説かない。

正法念経 正法念処経巻六(正蔵一七ノ二九下・三〇下)。

衆合 たがいに打ち合うこと、あるいは群れ、堆積などの意。

牛頭・馬頭等 牛や馬の頭をしたもののほか、羝(ひつじ)・猪・鹿・虎・獅子など、その他さまざまな鳥の頭をしたものなどである。

器仗 武器のこと。

瑜伽・大論 瑜伽論巻四(正蔵三〇ノ二九五下—二九六上)、大智度論巻一六(同二五ノ一七六上)。

鉤 先の曲がった、剣に似た武器。

漂 水のさま。

刀葉 刀のようにするどくとがった葉。

端正… 顔立ちの整った、きれいに着飾った女。

因縁 因は結果を生ずる直接の内的な原因、縁は間接的な外的原因。また直接的な原因のことを因縁という。ここでは、後者の意。あなたを一途に慕って、こうして、わたしはここにおりて来た。

欲心熾盛 欲情をはげしく燃やして。熾盛は火の盛んに燃えるさま。

また下るに、刀葉上《うえ》に向きて利きこと剃刀《かみそり》の如し。前の如く遍く一切の身分《しんぶん》を割く。既に地に到り已るに、かの婦女はまた樹の頭にあり。罪人見已りて、また樹に上る。かくの如く無量百千億歳、*自心に誑《たぶら》かされて、かの地獄の中に、かくの如く転《めぐ》り行き、かくの如く焼かるること、*邪欲《じゃよく》を因となす。〈乃至《ないし》、広く説く〉獄卒、罪人を呵嘖して、*偈を説いて曰く、

異人の作れる悪もて　異人、苦の報を受くるにあらず　*自業自得《じごうじとく》の果なり　*衆生《しゅじょう》皆かくの如し

と。〈*正法念経〉

人間の二百歳を以て*夜摩天《やまてん》の一日夜となして、その寿二千歳なり。かの天の寿を以て、この地獄の一日夜となして、その寿二千歳なり。殺生・偸盗・*邪婬《じゃいん》の者、この中に堕つ。

この大地獄にまた十六の別処あり。

謂く、一処あり。悪見処と名づく。他の児子《じし》を取り、強《し》ひて*邪行《じゃぎょう》を逼《せま》り、号《さけ》び哭《な》かしめたる者、ここに堕ちて苦を受く。謂く、罪人、自《おのれ》の児子を見るに、地獄の中にあり。獄卒、もしは鉄杖を以て、もしは*鉄錐《てっすい》を以て、その陰中を刺し、もしは鉄鉤を以て、その陰中に釘《くぎう》つ。既に自の子のかくの如きの苦事を見て、*愛心悲絶して堪へ忍ぶべからず。この愛心の苦は、火焼の苦においては十六分の中、その一にも及ばず。かの人、かくの如く心の苦に逼られ已りてまた身の苦を受く。謂く、頭面を下に在《お》き、熱き銅の汁を盛りて、その糞《ふん》門《もん》に灌《そそ》ぎ、その身の内に入れて、その*熟蔵《じゅくぞう》・大小の腸等を焼く。次第に焼き已れば、下に

自心に…　みずからの心が作りだした妄想、幻影にだまされて。

邪欲　よこしまな欲望。色(眼の見る対象としての色・形)・声(耳の対象)・香(鼻の対象)・味(舌の対象)・触(身体の感触の対象)の五つに対する五欲などをいう。

偈　偈頌《げじゅ》ともいう。詩句・歌謡。

自業自得　自分が作った業(意志による身心の行為)の報いは自分で受けなければならないということ。

衆生　有情(→一一頁注)に同じ。

正法念経　正法念処経巻六・七(正蔵一七ノ三一中―三二中、一七ノ三六中)。

夜摩天　六欲天のうち、下から第三番目の天。焔摩天・第三焔天などともいう。夜摩は梵語で、閻魔王とその起源を同じくする。この天界は昼夜の別なく明るく、不思議な歓楽につつまれ、争いがなく、そのすぐれていることは忉利天(→一四頁注)の比ではないといわれる。

邪婬　十悪の一。また在家の五戒の一で、夫または妻が、自分の妻または夫以外の異性と交わること。また自分の妻または夫であっても、不適当な方法や場所・時間に行なうことも、邪婬としていましめられる。

邪行　よこしまな性行為。

鉄錐　鉄のきり。

愛心悲絶　わが子いとおしさのあまり、悲しみに悶絶する。

ありて出づ。具《つぶ》さに身心の二苦を受くること、無量百千年の中に止まず。

また別処あり。多苦悩と名づく。謂く、男の、*男において邪行を行ぜし者、ここに堕ちて苦を受く。謂く、本《もと》の男子を見れば、一切の身分、皆悉く熱炎あり。来りてその身を抱くに、一切の身分、皆悉く解け散る。死し已りてまた活《よみが》へり、極めて怖畏《ふい》を生じ、走り避けて去るに、嶮しき岸に堕ち、炎の嘴の烏、炎の口の野干《やかん》ありて、これを噉み食ふ。

また別処あり。忍苦処と名づく。他の婦女を取れる者、ここに堕ちて苦を受く。謂く、獄卒、これを樹の頭に懸けて、頭面を下に在《お》き、足を上に在き、下に大いなる炎を燃やして、一切の身分を焼く。焼け尽きてまた生《い》く。唱へ喚《よ》ばはらんとして口を開けば、火は口より入りて、その心・肺・生熟《しょうじゅく》の蔵等を焼く。余は経に説くが如し。〈已上は*正法念経の略抄〉

四に叫喚《きょうかん》地獄とは、衆合の下にあり。縦広、前に同じ。

獄卒の頭、黄なること金の如く、眼の中より火出《い》で、赭色《しゃしき》の衣を著たり。手足長大にして疾く走ること風の如く、口より悪声を出して罪人を射る。罪人、惶《おそ》れ怖れて、頭を叩き、哀《あわ》れみを求む。「願はくは、*慈愍《じみん》を垂れて、少しく放《ゆる》し捨《お》かれよ」と。この言《ことば》ありといへども、いよいよ瞋怒《しんぬ》を増す。〈*大論〉

或は鉄棒を以て頭を打ちて熱鉄の地より走らしめ、或は熱き*鏊《ごう》に置き反覆してこれを炙《あぶ》り、或は熱き鑊《かなえ》に擲《な》げてこれを煎じ煮る。或は駈りて猛炎の鉄の室に入らしめ、或は鉗《かなばし》を以て口を開いて*洋銅《ようどう》を灌ぎ、*五蔵《ごぞう》を焼き爛らせて下より直《ただ》ちに出《いだ》す。〈*瑜伽論・大論〉

熟蔵　生蔵に対する。消化器の上部を生蔵、下腹部の腸の部分を熟蔵という。増一阿含経巻五に「屎尿生熟二蔵」(正蔵二ノ五六八上)などとあるところからすると、生蔵は膀胱、熟蔵は直腸とも見られる。胎児は母胎にあるとき、生蔵の下、熟蔵の上にいるともいう。→補

男の…　男色(なんしょく)。衆道(しゅどう)。

正法念経　正法念処経巻六(正蔵一七ノ三三下—三五上)。ここに掲げられた別処は、十六別処のうちの第四・六・七の三で、そのほかの十三は、大量受苦悩処・割刳(かっこ)処・脈脈断処・団処・朱誅(しゅちゅう)処・何何奚(かかけい)処・涙火出処・一切根滅処・無彼岸受苦処・鉢頭摩(はつずま)処・大鉢頭摩処・火盆処・鉄火末処と呼ばれる(同一七ノ三三上)。

慈愍　いつくしみ、あわれむこと。

大論　大智度論巻一六(正蔵二五ノ一七六上)。

鏊　底本の「熬(ごう)」は、いったもの、いった食物。鏊はやきなべ、ひらなべ。食物をいるなべ。

洋銅を…　洋は満ちあふれて、わきあがるさま。器よりあふれたぎる銅を口にながしこむ。

五蔵　肺蔵・心蔵・肝蔵・脾蔵・腎蔵の五。蔵は普通「臓」に作る。

瑜伽論・大論　瑜伽論巻四(正蔵三〇ノ二九六上—中)、大智度論巻一六(同二五ノ一七六上)。

罪人、偈を説き、*閻羅人《えんらにん》を傷み恨んで言く、

汝、なんぞ悲心なき　またなんぞ*寂静《じゃくじょう》ならざる　我*はこれ悲心の器《うつわ》　我においてなんぞ悲《あわれみ》なきや

と。時に閻羅人、罪人に答へて曰く、

己《おのれ》、*愛羂《あいけん》に誑《たばか》られて　悪・不善の業《ごう》を作り　今悪業の報《むくい》を受く　何が故ぞ我を瞋《いか》り恨むる

と。また云く、

汝、本《もと》悪業を作りて　*欲痴《よくち》の為に誑らる　かの時なんぞ悔《く》いざる　今悔ゆとも何の及ぶ所ぞ

と。〈正法念経*〉

人間の四百歳を以て*観《と》率《そつ》天の一日夜となして、その寿四千歳なり。観率の寿を以てこの獄の一日夜となして、その寿四千歳なり。殺・盗・婬・*飲酒《おんじゅ》の者、この中に堕つ。

また十六の別処あり。その中に一処あり。*火末虫《かまつちゅう》と名づく。昔、酒を売るに、水を加へ益《ま》せる者、この中に堕ち、四百四病〈風*と黄《おう》と冷と雑《ぞう》と、おのおの百一の病あり。合せて四百四あり〉を具す。その一の病の力は、一日夜において能く*四大洲《しだいしゅう》の若干《そこばく》の人をして皆死せしむ。また身より虫出でて、その皮・肉・骨・髄を破りて飲み食ふ。

また別処あり。雲火霧《うんかむ》と名づく。昔、酒を以て人に与へ、酔はしめ已りて、調《あざけ》り戯《たわむ》れ、これを弄《もてあそ》び、かれをして羞恥せしめし者、ここに堕ちて苦を受く。謂く、獄火の満つるこ

閻羅人　閻魔王の配下の獄卒。

寂静ならざる　どうしてこうも罪人の呵責に狂奔するのだ。

我はこれ…　地獄に堕ちたこの身こそは、その苦しみの故に、むしろあわれみをかけられてよいものだ。

愛羂　愛は貪愛。五欲の対象にとらわれ、執着すること。羂はわな、あみ。貪愛の網。

欲痴　欲は貪欲、痴は愚痴。これに瞋恚(しんに)を加えて、三毒という。欲はむさぼりの煩悩、痴は道理に暗い愚かさ。

正法念経　正法念処経巻七・八(正蔵一七ノ四一上、一七ノ四五上)。

観率天　梵語。兜率天とも書き、知足・喜足なども訳する。六欲天の第四番目。ここでは歓楽に飽き、満ち足りていて、つぎの世には仏となってこの世にでる菩薩が、ここにその最後の時を過ごして、教えを説いているとされる。釈尊もこの世に現われる前はここに居り、いまは弥勒菩薩がいると説かれる。

飲酒　五戒・十戒などの一。大乗では飲酒は軽い罪として扱われ、むしろ酒を売ることを重罪とする。小乗でも懺悔(げさん)すれば許される軽罪。

火末虫　この地獄の第四の別処。

風と…　人間の身体を構成する地・水・火・風の四大(しだい)四つの要素をいう)からおこってくる病気。風病を気発といい、火病を黄または熱黄、

と、厚さ二百*肘《ちゆう》なり。獄卒、罪人を捉へて火の中に行かしむるに、足より頭に至るまで一切洋《わ》き消え、これを挙ればまた生く。かくの如く無量百千歳、苦を与ふること止まず。余は経文の如し。また獄卒、罪人を呵嘖し、偈を説いて云く、

仏の所《みもと》において痴を生じ　*世《せ》・出世《しゆつせ》の事を壊《やぶ》り　*解脱《げだつ》を焼くこと火の如くなるは　いはゆる酒の一法なり

と。〈正法念経*〉

五に大叫喚地獄とは、叫喚の下にあり。縦広、前に同じ。

苦の相もまた同じ。ただし前の四の地獄、及びもろもろの十六の別処の、一切の諸苦を十倍して重く受く。

人間の八百歳を以て*化楽天《けらくてん》の一日夜となして、その寿八千歳なり。かの天の寿を以て、この獄の一日夜となして、その寿八千歳なり。殺・盗・婬・飲酒・*妄語《もうご》の者、この中に堕つ。

獄卒、前に罪人を呵嘖し、偈を説いて云く、

妄語は第一の火なり　なほ能く大海を焼く　いはんや妄語の人を焼くこと　草木の薪《しば》を焼くが如し

と。

また十*六の別処あり。その中の一処を受鋒苦《じゆふく》と名づく。熱鉄の利き針にて口舌倶《とも》に刺され、啼き哭ぶことあたはず。

水病を痰癊（たん）、地病を雑病または総集病という。それぞれ百の病気がおこるとし、これにはじめの四大の病気を合わせて四百四病とする。

四大洲　仏教の世界観である須弥山説で説く、この山を回る四つの大陸のこと。→一一頁「閻浮提」注

肘　長さの単位。約四六センチ。

世・出世　世間・出世間の略。世間は世俗で、その世間を超えはなれているものが出世間。

解脱　煩悩の繋縛（けばく）から解放された、さとりのこと。

正法念経　正法念処経巻七—八（正蔵一七ノ四〇中—四一中、四四中—四五上）。

化楽天　六欲天の第五の天。楽変化（らくへんげ）天ともいう。

妄語　うそをいうこと。聖者の位に達したといって、いつわるものを大妄語といい、他の一般の不実の言と区別する。

十六の別処　正法念処経巻八（正蔵一七ノ四六上）には、吼吼・受苦無有数量・受堅苦悩不可忍耐・随意圧・一切闇・人間煙・如飛虫堕・死活等・異異転・唐悕望・双逼悩・迭相圧・金剛嘴烏・火鬘・受鋒苦・受無辺苦・血髄食・十一炎の十八を掲げる。

また別処あり。受無辺苦と名づく。獄卒、熱鉄の鉗《かなばし》を以てその舌を抜き出す。抜き已ればまた生じ、生ずれば則ちまた抜く。眼を抜くこともまた然《しか》り。また刀を以てその身を削《けず》る。刀の甚だ薄く利きこと、剃頭の刀の如し。かくの如き等の異類の諸苦を受くること、皆これ妄語の果報なり。余は経に説くが如し。〈*正法念経の略抄〉

六に焦熱《しょうねつ》地獄とは、大叫喚の下にあり。縦広、前に同じ。

獄卒、罪人を捉へて熱鉄の地の上に臥せ、或は仰《あお》むけ、或は覆《うつぶ》せ、頭より足に至るまで、大いなる熱鉄の棒を以て、或は打ち、或は築《つ》いて、肉摶《にくだん》の如くならしむ。或は極熱の大いなる鉄鏊《てつごう》の上に置き、猛き炎にてこれを炙《あぶ》り、左右にこれを転がし、表裏より焼き薄《うす》む。或は大いなる鉄の串《くし》を以て下よりこれを貫き、頭を徹《とお》して出し、反覆してこれを炙り、かの有情の*諸根《しょこん》・毛孔、及《およ》び口の中に悉く皆炎を起さしむ。或は熱き鑊《かなえ》に入れ、或は鉄の楼《たかどの》に置くに、鉄火猛く盛んにして骨髄に徹る。〈*瑜伽論・大論〉

もしこの獄の豆許《ばかり》の火を以て閻浮提《えんぶだい》に置かば、一時に焚け尽《つく》さん。いはんや罪人の身は耎《やわら》かなること*生蘇《しょうそ》の如し。長時に焚焼せば、あに忍ぶべけんや。この地獄の人、前の五の地獄の火を望み見ること、猶し霜雪の如し。〈*正法念経〉

人間の千六百歳を以て*他化天《たけてん》の一日夜となして、その寿万六千歳なり。他化天の寿を以て日夜となして、この獄の寿もまた然り。殺・盗・婬・飲酒・妄語・*邪見《じゃけん》の者、この中に堕つ。

四門の外にまた十六の別処あり。その中に一処あり。*分荼離迦《ふんだりか》と名づく。謂く、かの罪

正法念経　正法念処経巻八—九(正蔵一七ノ四五中—五三上)。

諸根　根とはものの機能とか能力、機関などの意を包括した言葉で、草木の根のように、感覚を起こさせる五官を眼根(げん)・耳根(に)・鼻根・舌根・身根といい、心を意根として、これらを六根と呼ぶ。その他、女根(にょ)・男根(なん)・命根(みょう)・楽根・苦根・喜根・憂根をはじめ、さとりに導くものをも信根・慧根(え)などと数える。普通二十二根という。

瑜伽論・大論　瑜伽論巻四(正蔵三〇ノ二九六上)、大智度論巻一六(同二五ノ一七六上—中)。

生蘇　芽を出したばかりの若草。

正法念経　正法念処経巻一〇(正蔵一七ノ五五下)。

他化天　六欲天の第六の天。他の下位の天の楽しみを見て、それをかりて楽しむから、他化自在天ともいう。

邪見　よこしまな見解、思想。五見の一つで、因果を否定する考え。

分荼離迦　梵語。正しく花を開いた白い蓮華のこと。ここはこの蓮華の咲く池のある別処の名。

虚空　大空。ものの存在する場としての、さえぎるもののない空間。一説には大空と虚空を区別する。

所依　よりどころ。つかまるところ。

刀風　太刀風。一瞬吹きつける強風。

十方　東西南北と西北(乾《いぬい》)・西

人の一切の身分に、芥子許《ばかり》も火炎なき処なし。異の地獄の人、かくの如く説いて言く、「汝、疾く速かに来れ。汝、疾く速かに来れ。ここに分荼離迦の池あり。水ありて飲むべく、林に潤《うるお》へる影あり」と。随ひて走り趣くに、道の上《ほとり》に坑《あな》ありて、中に熾《さかん》なる火満てり。罪人、入り已りて、一切の身分、皆悉く焼け尽く。焼け已ればまた生じ、生じ已ればまた焼く。渇欲《かつよくや》息まず。便《すなわ》ち前に進み入る。既にかの処に入れば、分荼離迦の炎の燃ゆること、高さ五百由旬なり。かの火に焼き炙られ、死してまた活《よみが》へる。もし人、自《みずか》ら餓死して、天に生るることを得んと望み、また他人に教へて邪見に住《とど》まらしめたる者、この中に堕つ。

また別処あり。闇火風《あんかふう》と名づく。謂く、かの罪人、悪風に吹かれ、*虚空《こくう》の中にありて、*所依《しょえ》の処なし。輪の如く疾く転じて、身見るべからず。かくの如く転じ已るに、異る*刀風《とうふう》生じて、身を砕くこと沙の如く、*十方に分散す。散じ已ればまた生じ、生じ已ればまた散ず。恒《つね》にかくの如し。もし人、かくの如きの見を作《な》さん、「一切の諸法には、*常と無常とあり。無常のものは身なり。常のものは*四大《しだい》なり」と。かの邪見の人、かくの如き苦を受く。余は経に説くが如し。〈*正法念経〉

七に大焦熱地獄とは、焦熱の下にあり。縦広、前に同じ。苦の相もまた同じ。〈*大論・瑜伽論〉ただし、前の六の地獄の根本と別処との、一切の諸苦を十倍して具《つぶ》さに受く。具さに説くべからず。

その寿、*半中劫《はんちゅうこう》なり。殺・盗・婬・飲酒・妄語・邪見、并《ならび》に浄戒の尼を汙《けが》せる者、この中に堕つ。

南（坤《ひつじさる》）・東南（巽《たつみ》）・東北（艮《うしとら》）の四維（しゅい）と上下。

常と無常　常は常住の意で、永遠不変で生滅することなく、一瞬も断えることなく連続していること。そうした状態のまったく見られないのが無常。

四大　地・水・火・風の四。これらを物質を構成する要素、あるいは元素と見たもの。地は堅さ、水は湿り け、火は熱さ、風は動きを本性とすると考えられている。

正法念経　正法念処経巻一〇・一一（正蔵一七ノ五五下―五六中、六一中―下）。

大論・瑜伽論　大智度論巻一六（正蔵二五ノ一七六中）、瑜伽論巻四（同三〇ノ二九六上―中）。

半中劫　一中劫の半分。劫は梵語。劫波などの省略で、極めて長い時間の意。劫は世界の成立と破壊の過程に関連して説かれるもので、一説によれば、この世界の人の寿命は、量り知れないほどの時間をへて、住劫のはじめにはいると、漸次百年に一歳ずつ減じて、ついに十歳にまでへっていくが、この減少の過程を住劫における最初の一中劫といい、この十歳の時を境として、こんどは漸次増加し、量り知れないほどの寿命に達する。これが第二の一中劫。その後は同じように減と増を繰り返して住劫では二十中劫を数えるとする。

この悪業《あくごう》の人は、まづ*中有《ちゅうう》において大地獄の相を見るに、閻羅人《えんらにん》ありて、面《おもて》に悪しき状あり。手足極めて熱くして、身を捩《ね》じ肱《ひじ》を怒らす。罪人これを見て、極めて大いに*恾怖《もうふ》す。その声、雷の吼ゆるが如し。罪人これを聞くに恐怖更に増す。その手に利き刀を執り、*腹《ふく》肚《と》甚だ大にして、黒雲の色の如し。眼の炎は燈の如く、鈎《まが》れる牙は鋒《ほこさき》のごとく利し。臂《ひじ》・手、皆長く、揺り動かして勢《いきおい》を作《な》すに、一切の身分、皆悉く麁《あら》く起つ。かくの如き種々の畏るべき形状にて、堅く罪人の咽《のど》を繋《とら》へ、かくの如くして将《ひき》ゐて去るに、六十八百千由旬の地海洲城を過ぎて、海の外辺にあり。また行くこと三十六億由旬にして、漸々に下に向ひて十億由旬なり。

一切の風の中には*業風《ごうふう》を第一とす。かくの如き業風、悪業の人を将ゐ去りて、かの処に到る。既にかしこに到り已れば、*閻魔羅王《えんまらおう》、種々に呵嘖《かしゃく》す。呵嘖既に已れば、悪業の羂《なわ》にて縛られ、出でて地獄に向ふ。遠く大焦熱地獄の普《あまね》く大炎の燃ゆるを見、また地獄の罪人の啼き哭ぶ声を聞く。悲しみ愁《うれ》へ、恐るる魄《たましい》もて、無量の苦を受く。かくの如く無量百千万億無数の年歳のあひだ、啼き哭ぶ声を聞き、十倍して魄を恐れしめ、心驚き怖畏す。閻羅人、これを呵嘖して言く、

*汝、地獄の声を聞いて　已にかくの如く怖畏す　いかにいはんや地獄に焼かるること
乾ける薪草を焼くが如くなるをや　火の焼くはこれ焼くにあらず　悪業乃《すなわ》ちこれ焼くなり　火の焼くは則《すなわ》ち滅すべし　業の焼くは滅すべからず

と云々。かくの如く苦《ねんごろ》に呵嘖し已りて、将《ひき》ゐて地獄に向ふに、大いなる火聚《かじゅ》あり。その聚《あつまり》、

中有　中陰(ちゅういん)ともいう。生命あるものが、死んでつぎの生をうるまでのその中間の存在。この間もある種の身体をもつと考えたもので、その姿について、地獄に生まれたものの中有は容貌醜悪で、焼けぼっくいのようだといわれる。

恾怖　恾はおそれること。怖に同じ。

腹肚　腹も肚も、はら。

業風　業は意志を伴なった身心の活動、行為であって、この行為は因果の関係においてかならず果を招くが、その行為が悪業であるとき、そこにもたらされる果ははげしい苦であるから、この悪業の苦のはげしさを風にたとえて業風という。また地獄で吹く風をいうこともあり、世界の終末に吹く風にもいう。

閻魔羅王　閻魔羅社(閻魔王・閻羅)に同じ。羅社は梵語で、王の意。

汝、地獄の…　この詩は五十二句のはじめ八句である。正法念処経巻一一(正蔵一七ノ六三下)。

挙《あが》れる高さ五百由旬なり。その量、寛《ひろ》く広がれること二百由旬なり。炎の燃えて熾盛《しじょう》なるは、かの人の*所作《しょさ》の悪業の勢力なり。急《すみやか》にその身を擲げてかの火聚に堕すこと、大いなる山の岸より推して険《けわ》しき岸に在《お》くが如し。〈已上は*正法念経の略抄〉

この大焦熱地獄の四門の外に、十六の別処あり。その中の一処は、一切間《ひま》なく、乃至虚《ないしこ》空《くう》まで皆悉く炎の燃えて、針の孔許《ばかり》も炎の燃えざる処なし。罪人、火の中にて声を発し、唱へ喚べども、無量億歳、常に焼かるること止まず。清浄の*優婆夷《うばい》を犯せる者、この中に堕つ。

また別処あり。普受一切苦悩《ふじゅいっさいくのう》と名づく。謂く、炎の刀にて一切の身の皮を剝《は》ぎ割《さ》いて、その肉を侵さず。既にその皮を剝げば、身と相連ねて熱き地に敷き在《お》き、火を以てこれを焼き、熱鉄の沸《わ》けるを以てその身体に灌《そそ》ぐ。かくの如く無量億千歳、大苦を受くるなり。比丘《びく》にして、酒を以て、持戒《じかい》の婦女を誑《たぶら》かし、その心を壊《やぶ》り已りて、しかる後、*共に行《ぎょう》じ、或は財物を与へたる者、この中に堕つ。余は経に説くが如し。〈*正法念経の略抄〉

八に*阿鼻《あび》地獄とは、大焦熱の下、*欲界《よくかい》の最底の処にあり。罪人、かしこに趣き向ふ時、まづ中有の位にして、啼き哭び、偈を説いて言く、

一切はただ火炎なり　空に遍して中間《ちゅうげん》なし　四方及び四維《しい》　地界にも空しき処なし
一切の地界の処に　悪人皆遍満せり　我、今帰《き》する所なく　孤独にして同伴なし　悪処の闇の中にありて　大火炎聚に入る　我、虚空の中に於て　日月星を見ざるなり

と。時に閻羅人、瞋怒《しんぬ》の心を以て答へて曰く、

所作　行為としての業を能作といい、その業の発動造作するところを所作という。

正法念経　正法念処経巻一一（正蔵一七ノ六二上―六四上）。

優婆夷　梵語。清信女とも訳する。女の在家信者で、仏教に帰依し、在家の五戒を受けたもの。男の信者を優婆塞という。

共に行じ　性的な交りを行なうこと。

正法念経　正法念処経巻一二（正蔵一七ノ六六下―六七上・六九下―七〇上）。経には十六別処のうち、第一・第二を欠くほかはその姿を説いている。第三の火髻（かけい）処以下、雨沙火・内熱沸（または内沸熱）・吒吒嚌（たたたざい）・普受一切資生苦悩・鞞多羅尼（ひたらに）・無間闇・苦鬘処・雨縷鬘抖擻（うるまんとそう）・髪愧烏（はっきう）・悲苦吼・大悲処・無非闇・木転処の十六（同一七ノ六七下―七三中）。

阿鼻　梵語。無間とも訳する。

欲界　三界の一。生死輪廻の迷いの世界を三段階に分けた、その最初で、食欲と性欲をもつものの住む世界。地獄より天までの六道がこれにはいる。

*或は増劫《ぞうごう》或は減劫《げんごう》に　大火、汝が身を焼く　痴人《ちにん》已に悪を作る　今何を用《もち》てか悔《くい》を生ずる　これ天・*修羅《しゅら》・健達婆《けんだつば》・竜・鬼のなせるにあらず　業の羅《あみ》に繫縛《けばく》せられたるなり　人の能く汝を救ふものなし　大海の中に於て　ただ一掬《きく》の水を取るが如し　この苦は一掬の如し　後の苦は大海の如し

と。既に呵嘖し已れば、将ゐて地獄に向ふ。かれを去ること二万五千由旬にして、かの地獄の啼き哭ぶ声を聞き、十倍に悶絶す。頭面は下にあり、足は上にありて、二千年を逕《へ》て、皆下に向ひて行く。〈*正法念経の略抄〉

かの阿鼻城は、縦広八万由旬にして、七重の鉄城、七層の鉄網あり。下に十八の*隔《かく》ありて、刀林周り帀《めぐ》る。四の角《すみ》に四の銅の狗あり、身の長《たけ》四十由旬なり。眼は電《いなずま》の如く、牙《きば》は剣《つるぎ》の如く、歯は刀の山の如く、舌は鉄の刺《とげ》の如し。一切の毛孔より皆猛火を出し、その烟《けむり》、臭悪《しゅうあく》にして世間に喩《たと》ふるものなし。十八の獄卒あり。頭は*羅刹《らせつ》の如く、口は*夜叉《やしゃ》の如し。六十四の眼ありて鉄丸を迸《ほとばし》り散らし、鉤《まが》れる牙は上に出でて、高さ四由旬、牙の頭より火流れて阿鼻城に満つ。頭の上には八の牛頭《ごず》あり。一々の牛頭に十八の角《つの》ありて、一々の角の頭より皆猛火を出す。また七重の城の内には七の鉄幢《てつどう》あり。幢《はた》の頭より火の踊ること、猶し沸《たぎ》れる泉の如く、その炎、流れ迸りて、また城の内に満つ。四門の閫《しきみ》の上に八十の釜あり。沸れる銅、涌き出でて、また城の内に満つ。一々の隔《かく》の間に、八万四千の鉄の蟒《おろち》・大蛇ありて、毒を吐き、火を吐いて、身《み》城の内に満つ。その蛇の哮び吼ゆること、百千の雷《いかずち》の如く、大いなる鉄丸を雨《ふ》らして、また城の内に満つ。五百億の虫あり。八万四千の

或は増劫…　人の寿命が増加して行く、その過程の一中劫を増劫、減少過程を減劫という。→二一頁「半中劫」注。ちなみに経には「或は劫、或は減劫に」(正蔵一七ノ七六下)とする。一句五言の詩型をとっているものであるから、これが正しい。

天・修羅…　仏教の守護神である、いわゆる天竜八部(または八部衆)は、天・竜・夜叉・乾闥婆・阿修羅・迦楼羅(かるら)・緊那羅(きんなら)・摩睺羅伽(まごらか)の八で、いまはその一部をあげたものと見られる。このうち天は欲界の六欲天をはじめとする諸天で、色界の初禅天である大梵天と、六欲天のうち三十三天を主宰する帝釈天とは、仏教護持の天としては双璧である。修羅は阿修羅のこと。六道の一。健達婆は乾闥婆とも書き、香神・尋香などと訳する。帝釈天に属し、緊那羅と共に音楽を担当する楽神。竜には難陀竜王、跋難陀竜王など八大竜王があり、仏法が世に行なわれなくなったときは、竜宮に経典を収めて護持するという。

正法念経　正法念処経巻一三(正蔵一七ノ七四中―七七下)。

隔　隔壁。内と外とをへだてる壁。

羅刹　梵語。悪鬼で、人の血肉を食べ、空中を飛び、地上を疾走するという。女を羅刹女(らせつにょ)といい、男の醜悪とは逆に美貌とされる。

夜叉　梵語。能瞰鬼(のうだんき)・捷疾鬼

嘴ありて、嘴の頭より火流れ、雨の如く下る。この虫の下る時、獄火いよいよ盛んにして、遍く八万四千由旬を照す。また八万億千の苦の中の苦は、集りてこの中にあり。〈*観仏三昧経《かんぶつざんまいきょう》の略抄〉

*瑜伽《ゆが》の第四に云く、

東方の*多百踰繕那《ゆぜんな》、*三熱の大鉄地の上より、猛く熾りなる火ありて、焔を騰《あ》げて来り、かの有情《うじょう》を刺す。皮を穿ちて肉に入り、筋を断ちて骨を破り、またその髄に徹《とお》り、焼くこと脂燭《しそく》の如し。かくの如く身を挙げて皆猛焔と成る。東方よりするが如く、南・西・北方も亦またかくの如し。この因縁に由りて、かのもろもろの有情、猛焔と和し雑《まじ》り、ただ火聚《かじゅ》の、四方より来るを見るのみ。火焔、和し雑り、間隙あることなく、受くる所の苦痛もまた間隙なし。ただ苦に逼られて号《な》き叫ぶ声を聞くのみにて、衆生あるを知る。また鉄の*箕《み》を以て、三熱の鉄・炭を盛り満たしてこれを簸《あぶ》り揃《そろ》へ、また熱鉄の地の上に置いて、大いなる熱鉄の山に登らしむ。上りてはまた下り、下りてはまた上る。その口中よりその舌を抜き出し、百の鉄釘を以て、しかもこれを張り、*皺《す》襵《すい》なからしむること、牛の皮を張るが如し。また更に熱鉄の地の上に仰ぎ臥せ、熱鉄の*鉗《かなばし》を以て口を鉗《はさ》みて開かしめ、三熱の鉄丸を以てその口中に置くに、即ちその口及《お》以《よ》び咽喉を焼き、*府蔵《ふぞう》を徹りて下より出づ。また洋銅を以てその口に灌ぐに、喉及び口を焼き、府蔵を徹りて下より流れ出づ。

と。〈已上。瑜伽に三熱と言ふは、焼燃《しょうねん》・極焼燃《ごくしょうねん》・遍極焼燃《へんごくしょうねん》なり〉

などと訳する。人を害し、勇健で、空中を飛行する。

観仏三昧経　観仏三昧海経巻五(正蔵一五ノ六六八下)。

瑜伽　瑜伽論巻四(正蔵三〇ノ二九六中)。

多百踰繕那　踰繕那は由旬(ゆじゅん)に同じ。約一四・四キロ。数百由旬のかなた。

三熱　焼燃・極焼燃・遍極焼燃。ここでは燃えあがる炎の熱のはげしさを三段階に分けたもの。別に、三熱は三患(さんげん)ともいい、熱風熱砂による苦悩と、悪風による苦悩と、金翅鳥(こんじちょう)による苦悩との三をいう。

箕　米を糠(ぬか)とえり分ける道具。

皺襵　皺はしわ。襵は衣の縫目。

鉗　底本「鉆」。あるいは「鉆」の誤りとも見られるが、鉆はひのしのこと。瑜伽論には「鉗」に作る。

府蔵　五臓六腑のこと。五臓→一七頁注。六腑は胃・胆・大腸・小腸・膀胱・三焦の六。このうち、三焦は、上・中・下の三に分かれ、上焦は心臓と胃との間、中焦は胃の中、下焦は膀胱の上にあって、消化や排泄などを司どるという。

七大地獄と并及《ならび》に別処の一切の諸苦を、以て一分とせんに、阿鼻地獄は一千倍して勝《まさ》れり。かくの如くなれば、阿鼻地獄の人は、大焦熱地獄の罪人を見ること、他化自在天処を見るが如し。*四天下《してんげ》の処、*欲界《よくかい》の六天《ろくてん》も、地獄の気を聞《か》がば即ち皆消え尽きなん。何を以ての故に。地獄の人は極めて大《はなは》だ臭きを以ての故に。地獄の臭気、何が故に来らずとならば、二の大山《だいせん》ありて、一を出山《しゅつせん》と名づけ、二を没山《もつせん》と名づけ、かの臭気を遮《さえぎ》ればなり。もし人、一切の地獄の所有の苦悩を聞かば、皆悉く堪へざらん。これを聞かば則ち死せん。かくの如くなれば、阿鼻大地獄の処は、千分の中に於て一分をも説かず。何を以ての故に。説き尽すべからず、聴くことを得べからず、譬喩すべからざればなり。もし人ありて説き、もし人ありて聴かば、かくの如き人は血を吐いて死せん。〈*正法念経の略抄〉

この無間《むけん》獄は寿一中劫なり。〈*倶舎論《くしゃろん》〉*五逆罪《ごぎゃくざい》を造り、*因果を撥無《はつむ》し、大乗を誹謗《ひほう》し、*四重を犯し、虚《むな》しく信施を食へる者、この中に堕つ。〈*観仏三昧経に依る〉

この無間獄の四門の外にもまた十六の眷属の別処あり。その中の一処を鉄野干食処《てつやかんじきしょ》と名づく。謂く、罪人の身の上に火の燃ゆること十由旬量なり。もろもろの地獄の中に、この苦最も勝れり。また鉄の塼《かわら》を雨《ふ》らすこと盛夏の雨の如く、身体の破れ砕くること猶し*乾脯《ほじし》の如し。炎の牙ある野干、常に来りて食ひ噉み、一切の時に於て苦を受くること止まず。昔、仏像を焼き、僧房を焼き、僧の*臥具《がぐ》を焼きし者、この中に堕つ。

また別処あり。黒肚《こくと》処と名づく。謂く、飢渇身《み》を焼き、自《みずか》らその肉を食ふ。食ひ已ればまた生じ、生じ已ればまた食ふ。黒き肚《はら》の蛇ありて、かの罪人に繞《まと》ひ、始め足の甲より漸

四天下　四大洲のこと。須弥山説によると、中央の須弥山を含めて九つの山と八つの海があって、順次に外側に廻っていて、その第八番目の山の外側に海にかこまれた四つの島が東西南北にあるとする。東を東勝神洲、西を西牛貨洲、南を南贍部(せん)洲、北を北瞿盧洲といい、このうち南贍部洲が人間の住んでいる世界。閻浮提ともいう。

欲界の六天　欲界は三界の一。食欲と性欲をもつものの世界。六天は六欲天ともいい、この地上に近い順に、下から四王天・忉利天・夜摩天・兜率天・化楽天・他化自在天と呼ばれる。

正法念経　正法念処経巻一三・一五(正蔵一七ノ七四上・七七下、一七ノ九〇下)。

倶舎論　倶舎論巻一一(正蔵二九ノ六一下)。

五逆罪　もっとも重い罪で、これを犯すと、無間地獄に堕ちるから、無間業という。大乗・小乗で五逆罪の内容に差異があるが、小乗では、父・母を殺す、聖者である阿羅漢を殺す、仏を傷つけて血を出させる、教団の和合を破壊する、の五。

因果を撥無し…　因果の道理を否定し、仏のさとりに導く、自利・利他を願いとする大乗の教えを謗り、四つの重罪を犯し、信者の施物を受けて、これを食べた者。

々に齧《か》み食ふ。或は猛火に入れて焚焼し、或は鉄の鑊に在《お》いて煎り煮る。無量億歳、かくの如き苦を受く。昔、仏の財物を取りて食ひ用ひたる者、この中に堕つ。

また別処あり。雨山聚処《うせんじゅしょ》と名づく。謂く、一由旬量の鉄山、上より下りて、かの罪人を打ち、砕くること沙揣《しゃだん》の如し。砕け已ればまた生じ、生じ已ればまた砕く。また十一の炎あり、周《めぐ》り遍《めぐ》りて身を焼く。また獄卒、刀を以て遍く身分《しんぶん》を割き、極熱の白鑞《はくろう》の汁をその割けたる処に入る。四百四病、具足して常にあり。長久に苦を受けて年歳あることなし。昔、*辟支仏《びゃくしぶつ》の食を取り、自ら食ひて与へざりし者、ここに堕つ。

また別処あり。閻婆度処《えんばどしょ》と名づく。悪鳥あり、身の大きさ象の如し。名づけて閻婆と曰《い》ふ。嘴利《と》くして炎を出す。罪人を執りて遙かに空中に上り、東西に遊行《ゆぎょう》し、しかる後これを放つに、石の地に堕つるが如く、砕けて百分となる。砕け已ればまた合し、合し已ればまた執る。また利き刃《やいば》、道に満ちて、その足脚を割く。或は炎の歯ある狗あり、来りてその身を齧む。長久の時に於て大いなる苦悩を受く。昔、人の用ふる〔河を〕決断して、人をして渇死せしめたる者、ここに堕つ。余は経に説くが如し。〈已上、*正法念経〉

*瑜伽の第四に、通じて八大地獄の近辺の別処を説いて云く、

謂く、かの一切のもろもろの*大那落迦《ならか》には、皆、四方に四の岸と四の門ありて、鉄墻《てつぞう》囲《かこ》ひ遶《めぐ》る。その四方の四の門より出で已れば、その一々の門の外に四の*出園《しゅつおん》を置く。

謂く、*煻煨《とうえ》ありて膝に斉《ひと》し。かのもろもろの有情、出でて舎宅を求めんが為に遊行してここに至る。足を下す時、皮肉及び血、並《とも》に即ち消《と》け爛《ただ》る。足を挙ぐればまた

四重　四波羅夷罪ともいう。殺生・偸盗（ちゅうとう）・邪淫・妄語の四。妄語はいつわって聖者の位に達したと称すること。

観仏三昧経　観仏三昧海経巻五（正蔵一五ノ六六九中）。

乾脯　乾肉のこと。脯（ほじし）に同じ。

臥具　床（とこ）、榻（こしかけ）、被褥（かけぐ）など。また僧のきる三衣（大衣・上衣・内衣の三）も臥具である。

辟支仏　梵語。仏ではあるが、ただみずからのさとりにひたっているだけで、利他の心がなく、人に法を説かないから、慈悲救済を願いとする菩薩より低いとされる。独覚（どっかく）・縁覚（えんがく）ともいう。

正法念経　正法念処経巻一四（正蔵一七ノ八三上・八四下—八五上）、巻一五（正蔵一七ノ八五中—下・八七上—下）。

瑜伽　瑜伽論巻四（正蔵三〇ノ二九六下—二九七上）。

那落迦　梵語。奈落。地獄のこと。

出園　外苑。門外の庭園。

煻煨　煻・煨ともにうずみ火の意。熱灰。

生ず。

次にこの糖煨より間《ひま》なくして即ち*死屍糞泥《ししふんない》あり。このもろもろの有情、舎宅を求めんが為に、かしこより出で已りて、漸々に遊行し、その中に陥ち入るに、首足倶《とも》に没す。また屍糞泥の内に、多くもろもろの虫あり。嬢矩吒《ひくた》と名づく。皮を穿ちて肉に入り、筋を断ちて骨を破り、髄を取りて食ふ。

次に屍糞泥より間《ひま》なくして、利き刀剣の、刃を仰《あおむ》けて路となすあり。かのもろもろの有情、舎宅を求めんが為に、かしこより出で已りて、遊行してここに至る。足を下す時、皮肉筋血、悉く皆消《と》け爛る。足を挙ぐる時、また復すること故《もと》の如し。

次に刀剣の刃の路より間なくして刃の葉の林あり。かのもろもろの有情、舎宅を求めんが為に、かしこより出で已りて、往いてかの陰に趣き、纔《わずか》にその下に坐るに、微風逐《お》ひ起りて刃の葉堕落し、その身の一切の支節《しせつ》を斫《き》り截つに、便即《すなわ》ち地に躃《たお》る。*黒黧《こくらい》の狗あり、背・胎《はら》を揸《つか》み掣《ひ》いて、これを噉み食ふ。

この刃の葉の林より間なくして*鉄設拉末梨《てつしりゆうまり》の林あり。かのもろもろの有情、舎宅を求めんが為に、便《すなわ》ちここに来り趣き、遂《つい》にその上に登る。これに登る時に当つて、一切の*刺鋒《しふ》、悉く廻りて下に向き、これを下らんと欲する時、一切の刺鋒、また廻りて上に向く。この因縁に由りて、その身を貫き刺すこと、もろもろの支節に遍《あまね》し。その時、便《すなわ》ち鉄の*觜《くちばし》ある大いなる鳥ありて、かの頭上に上り、或はその髆《かた》に上り、眼精を探り啄《ついば》んで、これを噉み食ふ。

死屍糞泥　死骸と糞の泥沼。
黒黧　黒も黧も黒いこと。
鉄設拉末梨　設拉末梨は梵語。刺のこと。
刺鋒　刺のようにするどいほさき。
觜　瑜伽論も「觜」に作る(正蔵三〇ノ二九六下)。
湯の騰り…　湯の沸騰してにえかえるにつれて、ぐるぐるとまわりまわる。
杖索　むちとなわ。つな。
汝等…　おまえたち、いま何か望みがあるか。
我等いま竟に…　いまだに感覚がない。考える力がない。
已上は…　已上の引用はまったく瑜伽論による。ただ倶舎論に説くところと、内容がほぼ重なるために「倶舎の意」としたものであろう。倶舎論巻一一によれば、この地獄に十六の増があって、糖煨増・屍糞増・鋒刃増・烈河増の四が四門の外にあるが、たとえば鋒刃増には刀刃路・剣

鉄設柆末梨の林より間なくして広大なる河あり。沸《たぎ》れる熱き灰水、その中に弥《み》ち満つ。かのもろもろの有情、舎宅を尋ね求めて、かしこより出で已りて、来りてこの中に堕つ。猶し豆を以てこれを大いなる鑊に置き、猛《たけ》く熾《さか》んなる火を燃《た》いて、これを煎り煮るが如し。*湯の騰《あが》り湧くに随ひて、周旋して廻り復《かえ》る。河の両岸に於て、もろもろの獄卒あり。手に*杖索及以《じょうさくおよ》び大網を執りて、行列して住《た》ち、かの有情を遮《さえぎ》りて、出づることを得しめず。或は索《つな》を以て羂《か》け、或は網を以て漉《すく》ふ。また広大なる熱鉄の地の上に置き、かの有情を仰けて、これに問うて言ふ、「*汝等、いま何の須《のぞ》む所をか欲するや」と。かくの如く答へて言ふ、「*我等、いま竟《つい》に覚知することなし。しかも種々の飢苦の為に逼《せま》らる」と。時にかの獄卒、即ち鉄の鉗を以て、口を鉗《はさ》んで開けしめ、便《すなわ》ち極熱の焼け燃えたる鉄丸を以てその口中に置く。余は前に説けるが如し。もし彼答へて、「我今、ただ渇苦の為に逼《せま》らる」と言はば、その時、獄卒、便即《すなわ》ち洋銅を以てその口に灌ぐ。この因縁に由りて長時に苦を受く。乃至《ないし》、先世《せんぜ》に造る所の一切の〔悪業〕、能く那落迦《ならか》を感じ、悪・不善の業いまだ尽きざれば、いまだこの中を出でず。もしは刀剣・刃路、もしは刃葉の林、もしは鉄設柆末梨の林、これを捻べて一となす。故に四の園あるなり。

と。〈*已上は瑜伽并に倶舎の意なり。一々の地獄の四の門の外におのおの四の園あり。合して十六となす。*正法念経の、八大地獄の十六の別処の名相の、おのおの別なるに同じからず〉　また*頞部陀《あぶだ》等の八寒地獄あり。具《つぶ》さには経論の如し。これを述ぶるに遑《いとま》あらず。

葉林・鉄刺林の三があり、これらの三は鉄杖と同類で、同じ増のなかに収まるとしている(正蔵二九ノ五八中—下)。瑜伽論の説を整理したものと見られる。

正法念経の…　瑜伽論によっていえば、八大地獄の名は、等活那落迦・黒縄那落迦・衆合那落迦・号叫那落迦・大号叫那落迦・焼熱那落迦・極焼熱那落迦・無間那落迦と記され、正法念経の説く所とさして違いはないが、別処(すなわち増)については異なるところが大きい。たとえば阿鼻地獄の別処について、正法念処経巻一四には、烏口(く)・一切向地・無彼岸長受苦悩・野干吼(やかんく)・鉄野干食・黒肚・身洋・夢見畏・身洋受苦・両山聚(りょうせんじゅ)・吼生閻婆叵度(くしょうえんばはど)・星鬘・苦悩急・臭気覆・鉄鍱・十一焰の十六の別処が示されている(正蔵一七ノ八三上)。

頞部陀等の…　倶舎論巻一一によっていえば、「また余の八寒㮈落迦あり。その八は何ぞ。一は頞部陀、二は尼刺部陀(にらぶだ)、三は頞哳吒(あんせつた)、四は臛臛婆(かかば)、五は虎虎婆、六は嗢鉢羅(うばら)、七は鉢特摩(はどま)、八は摩訶鉢特摩なり。この中の有情、厳寒に逼られ、身と声の変るに随ひて、以てその名を立つ。この八、并に贍部洲の下、前の所説の如き大地獄の傍に居り」(正蔵二九ノ五八下—五九上)と示されている。↓補

第二に、餓鬼*道を明《あか》さば、住処に二あり。一は地の下五百由旬にあり。閻魔王界なり。二は人・天の間にあり。

その相、甚だ多し。いま少分を明さば、或は鬼*あり。鑊身《かくしん》と名づく。その身の長《たけ》大にして、人に過ぐること両倍、面・目あることなく、手足は猶し鑊《かなえ》の脚の如し。熱き火中《なか》に満ちて、その身を焚焼す。昔、財を貪り、屠《ほふ》り殺せし者、この報を受く。

或は鬼あり。食吐《じきと》と名づく。その身広大にして長《たけ》半由旬なり。常に嘔吐を求むるに、困《くるし》んで得ることあたはず。昔、或は丈夫*《じょうぶ》、自ら美食を噉《くら》ひて妻子に与へず、或は婦人、自ら食ひて夫・子に与へざりしもの、この報を受く。

或は鬼あり。食気《じきけ》と名づく。世人の、病に依りて、水の辺、林の中に祭*を設くるに、この香気を嗅《か》ぎて、以て自ら活命*す。昔、妻子等の前に於て独《ひと》り美食を噉へる者、この報を受く。

或は鬼あり。食法《じきほう》と名づく。嶮難《けんなん》の処に於て馳け走りて食を求む。色は黒雲の如く、涙の流るること雨の如し。もし僧寺に至りて、人の呪願*《じゅがん》し説法することある時は、これに因りて力を得て活命す。昔、名利を貪らんが為に不浄に説法せし者、この報を受く。

或は鬼あり。食水《じきすい》と名づく。飢渇《きかつ》身を焼き、周慞*して水を求むるに、困《くるし》んで得ることあたはず。長き髪面《おもて》を覆ひ、目見る所なく、河の辺に走り趣いて、もし人河を渡りて、脚足の下より遺《のこ》し落せる余水あれば、速かに疾く接し取りて、以て自ら活命す。或は人の、水

餓鬼　一種の鬼。一般的には、つねに飢えと渇きに苦しめられているもの。九鬼・三十六鬼などがある。正法念処経巻一六には、三十六種の餓鬼の名を掲げている。→補

或は鬼あり…　この前に青蓮院本には、「或は身の長（たけ）一尺なり、或は身の量人の如し、或は千踰繕那（ゆぜんな）の如し、或は雪山の如し（大集経）」の一文がある。大集経巻三三（正蔵一三ノ二二六中）の文。

丈夫　男。立派な男。

祭を設くるに　祭壇を設けて天の祭を行なう。

活命　生きながらえる。命をつなぐ。

呪願　法会または食事のおり、導師が施主のためにその幸福を祈願すること。

周慞　うろたえさわぐ。

を掬《むす》びて亡き父母に施すことあらば、則ち少分を得て、命《いのち》存立することを得。もし自ら水を取らんとすれば、水を守るもろもろの鬼、杖を以て撾《う》ち打つ。昔、酒を沽《う》るに水を加へ、或は蚓《みみず》・蛾《が》を沈めて、善法を修めざりし者、この報を受く。

或は鬼あり。悕望《けもう》と名づく。世人の、亡き父母の為に*祀を設くる時、得てこれを食ふ。余は悉く食することあたはず。昔、人の、労して少しく物を得たるを、誑《たぶら》かし惑《まど》はしてこれを取り用ひし者、この報を受く。

或は*鬼あり。海の渚《なかす》の中に生る。樹林・河水あることなく、その処甚だ熱し。かの冬の日を以て人間の夏に比《くら》ぶるに、過ぎ踰《こ》ゆること千倍なり。ただ朝露を以て自ら活命す。海の渚に住むといへども、海は枯《こ》竭《かつ》せりと見る。昔、路を行く人、病苦に疲《つか》れ極れるに、その賈《うりもの》を欺き取りて、直《あたい》を与ふること薄少なりし者、この報を受く。

或は*鬼あり。常に塚の間に至りて、*屍《しかばね》を焼ける火を噉ふに、なほ足ることあたはず。昔、刑獄を*典主《てんしゅ》して、人の飲食《おんじき》を取りし者、この報を受く。

*或は餓鬼あり。生れて樹の中にあり。*逼迮《ひきしゃく》して身を押さるること*賊木虫《とくさむし》の如く、大いなる苦悩を受く。昔、陰《かげ》涼しき樹を伐《き》り、及び衆僧の園林を伐りし者、この報を受く。〈*正法念経〉

或はまた鬼あり。頭髪垂《た》れ下りて、遍く身体に纏はり、その髪、刀の如くその身を刺し切る。或は変じて火と作り、周り帀《めぐ》りて焚焼す。

或は鬼あり。昼夜におのおの五子を生むに、生むに随ひてこれを食へども、なほ常に飢

祀を設くる　まつりを行なう。

鬼あり。海の…　この鬼は海渚餓鬼。

鬼あり。常に塚の…　この鬼は食火炭餓鬼。

屍を焼きし…　他本に「火に焼けたる屍を噉ふに」とある。

典主　つかさどる。つかさどりまもるの意。

或は餓鬼あり　この餓鬼は樹中住餓鬼。

逼迮　ちぢこまること。

賊木虫　普通、木賊虫と書く。

正法念経　正法念処経巻一六(正蔵一七ノ九二下—九三中・九四上—下・九五上)、巻一七(同一七ノ九八上・一〇〇下—一〇一上・一〇二中)。

ゐて乏《とぼ》し。〈六波羅蜜経*〉

また鬼あり。一切の食、皆噉ふことあたはず。ただ自ら頭を破り脳を取りて食ふ。或は鬼あり。火を口より出し、飛べる蛾の、火に投ずるを以て飲食《おんじき》となす。或は鬼あり。糞・涕・膿血、洗ひし器の遺余を食ふ。〈大論*〉

また外の障に依りて食を得ざる鬼あり。謂く、飢渇常に急にして、身体枯竭《こかつ》す。たまたま清流を望み、走り向ひてかしこに趣けば、大力の鬼ありて、杖を以て逆《むか》へ打つ。或は変じて火と作り、或は悉く枯れ涸《かわ》く。或は内の障に依りて食を得ざる鬼あり。謂く、口*は針の孔の如く、腹は大いなる山の如くして、たとひ飲食に逢ふとも、これを噉ふに由なし。或は内外の障なけれども、用ふることあたはざる鬼あり。謂く、たまたま少《わず》かの食に逢ひて食ひ噉めば、変じて猛焰となり、身を焼いて出づ。〈瑜伽論*〉

人間の一月を以て一日夜となして月・年を成《な》し、寿五百歳なり。正法念経*に云く、

　*慳貪《けんとん》と嫉妬の者、餓鬼道に堕つ。

と。

第三に、畜生道*を明さば、その住処に二あり。根本は大海に住し、支末は人・天に雑《まじ》はる。別して論ずれば、三十四億の種類あれども、惣じて論ずれば三を出でず。一には禽類《きんるい》、二には獣類、三には虫類なり。

かくの如き等の類《たぐい》、強弱相《あい》害す。もしは飲み、もしは食ひ、いまだ曾《かつ》て暫《しばら》くも安らかな

六波羅蜜経　大乗理趣六波羅蜜多経巻三(正蔵八ノ八七六下)。

大論　大智度論巻一六(正蔵二五ノ一七五下)。論にはまたつぎのような餓鬼について記し、たとえば、常に産婦の蔵血を求めて、これを飲む餓鬼とか、あるいはまた黒い山に鉄の鎖をまいたように頸に鎖をまかれ、頭をさげて、獄卒に哀れみを乞う餓鬼がいる、などという。

口は針の孔の如く　正法念処経によれば、針口餓鬼に当たる。

瑜伽論　瑜伽論巻四(正蔵三〇ノ二九七中)。

正法念経　正法念処経巻一六(正蔵一七ノ九二上)。→三〇頁「餓鬼」注

慳貪　慳はものおしみすること。吝嗇(りんしょく)。慳には財慳と法慳の二があり、財慳は財物に対し、法慳は教えを説くことをしないこと。

畜生　人に飼われ、養われる生きものの意であるが、獣・虫などすべての動物を含む。新訳では傍生(ぼうしょう)・横生などという。傍生とは無知にして愚鈍なもののこと、横生は横に運動するものの意。さきの、地獄・餓鬼と合わせて、三悪道・三悪趣ともいう。

らず。昼夜の中に、常に怖懼《ふぐ》を懐けり。いはんやまた、もろもろの*水性の属《ともがら》は漁者の為に害せられ、もろもろの陸行の類は猟者の為に害せらる。もしは象・馬・牛・驢・駱駝・騾《ら》等の如きは、或は鉄の鉤にてその脳を斲《き》られ、或は鼻の中を穿《うが》たれ、或は轡《くつわ》を首に繋ぎ、身に常に重きを負ひて、もろもろの*杖捶《じょうすい》を加へらる。ただ水・草を念ひて、余は知る所なし。また*蚰蜒《ゆえん》・鼠狼《そろう》等は、闇の中に生れて闇の中に死す。*蟣蝨《きしつ》・蚤等は、人の身に依りて生じ、また人に依りて死す。またもろもろの竜の衆は、三熱の苦を受けて昼夜に休むことなし。或はまた*蟒蛇《もうだ》は、その身長大なれども*聾騃《ろうがい》にして足なく、*宛転《えんてん》として腹行し、もろもろの小虫の為に*唼《す》ひ食はる。

かくの如きもろもろの畜生、*或は一中劫を経て無量の苦を受く。或はもろもろの違縁に遇ひて、しばしば*残害《ざんがい》せらる。これ等のもろもろの苦、勝《あ》げて計《かぞ》ふべからず。愚痴・*無慚《むざん》にして、徒《いたず》らに信施を受けて、他の物もて償《つぐな》はざりし者、*この報を受く。

第四に、*阿修羅道《あしゅらどう》を明さば二あり。根本の勝れたる者は、*須弥山《しゅみせん》の北、巨海の底に住し、支流の劣れる者は、四大洲の間、山巌の中にあり。雲雷もし鳴れば、これ天の鼓なりと謂《おも》ひて怖畏周章し、心大いに戦《おのの》き悼《いた》む。また常に諸天の為に侵害せられ、或は身体を破り、或はその命を夭《よう》す。また日々*三時に、*苦具《くぐ》自《おのずか》ら来りて逼《せま》り害し、種々に憂ひ苦しむこと、勝《あ》げて説くべからず。

水性の属　水を住みかとするたぐい。
杖捶　むちで打つこと。
蚰蜒・鼠狼　げじげじといたち。
蟣蝨　しらみ。
蟒蛇　おろち。うわばみ。大蛇。
聾騃　つんぼで愚かなこと。
宛転　ころがるさま。
唼ひ食はる　この下、青蓮院本に、「或はまた一毛の百分の如きもの、或は窓中の遊塵の如きもの、或は十千由旬の如きものあり」という一文がある。遊塵はまいあがる塵。
或は一中劫を経て　青蓮院本にはこの部分を、「或は、一時の頃、或は七時の頃を経、或は一劫乃至百千万億劫にありて」と記す。
残害　ものをそこなうこと。
無慚　省みてみずからの罪を恥じる心をいう。
この報を受く　この下、青蓮院本には割注に「已上の諸文は経論に散在す」と記している。
阿修羅　梵語。古くは戦闘を好む鬼神とされ、帝釈天と戦うとされた。
須弥山　須弥は梵語。蘇迷盧(そめいろ)ともいう。世界の中心にある山。一一頁「閻浮提」の補注参照。
三時　朝・昼・夜。
苦具　責め道具。

第五に、人道《にんどう》を明さば、略して*三の相あり。審《つまびら》かに観察《かんざつ》すべし。一には不浄の相、二には苦の相、三には無常の相なり。

一に*不浄とは、およそ人の身の中には三百六十の骨ありて、節と節と相拄《あいささ》ふ。謂く、*指の骨は足の骨を拄へ、足の骨は踝《くるぶし》の骨を拄へ、踝の骨は蹲《はぎ》の骨を拄へ、蹲の骨は膝《ひざ》の骨を拄へ、膝の骨は髀《もも》の骨を拄へ、髀の骨は臗《しり》の骨を拄へ、臗の骨は腰の骨を拄へ、腰の骨は脊の骨を拄へ、脊の骨は肋《あばら》の骨を拄へ、また脊の骨は項《うなじ》の骨を拄へ、項の骨は頷《おとがい》の骨を拄へ、頷の骨は牙歯を拄へ、上に髑髏《どくろ》あり。また項の骨は肩の骨を拄へ、肩の骨は臂《ひじ》の骨を拄へ、臂の骨は腕《うで》の骨を拄へ、腕の骨は掌《たなごころ》の骨を拄へ、掌の骨は指の骨を拄へ、かくの如く展転《てんでん》して次第に鎖《くさり》のごとく成れり。〈*大経〉三百六十の骨の、聚りて成ずる所にして、朽《く》ち壊《くず》れたる舎《いえ》の如し。

もろもろの節にて支へ持《たも》ち、四の細き脈を以て周り帀《めぐ》り、弥《あまね》く布《し》く。*五百分の肉は猶し泥塗の如く、六の脈相繋《あいつな》ぎ、五百の筋纏《まと》へり。七百の細き脈は以て*編絡《へんらく》をなし、十六の麁《あら》き脈は鉤《まが》り帯《めぐ》り相連《つら》ぬ。二の肉の縄ありて、長さ三*尋《ひろ》半、内に於て纏ひ結ぶ。十六の腸・胃は生熟の蔵を繞《めぐ》る。二十五の気脈は猶し*窓隙《そうきゃく》の如く、一百七の*関《かん》は宛《さなが》ら破れたる器の如し。八万の毛孔は乱れたる草の覆へるが如く、*五根・*七竅《きょう》は不浄にて盈《み》ち満てり。七重の皮にて裹《つつ》み、*六味にて長養すること、猶し*祠《し》火《か》の、呑受《どんじゅ》して厭《あ》くことなきが如し。かくの如き身は、一切臭く穢れて、自性より殨《つ》え爛《ただ》れり。誰か当《まさ》にここに於て愛重し憍慢《きょうまん》すべけんや。〈*宝積経《ほうしゃくきょう》の九十六〉

三の相　ここに説く不浄・苦・無常は、無我と合わせて、いわゆる常・楽・我・浄の四顚倒(てんどう)と対応するもの。人は自分や世界について誤った見解を抱いて、それらが永遠に存在し、楽しみに満ち、永遠に変らない自我をもち、清浄であると考える。これを克服して正しく真実の姿を捉えようとするのが、以下の観察。

不浄　不浄の相を観察することを不浄観・不浄想などという。これには、屍体が時とともにくずれ、変ってゆく姿を九段階に分けて観察する九想や、五種不浄などがある。

指の骨は…　今日の解剖学上の名称をいまの順序にしたがって示すと、指骨・中足骨・楔状骨・舟状骨・立方骨・距骨・踵骨(以上足骨)・脛骨・腓骨・膝蓋骨・大腿骨(以上脚)・尾骨・仙骨・寛骨・脊柱・肋骨・胸骨・頭蓋骨・肩甲骨・鎖骨・上腕骨・尺骨・橈骨・手骨。足骨だけ細記したが、他ははぶいた。

大経　涅槃経(南本)巻一一(正蔵一二ノ六七五中)。

五百分の…　五百の断片からなる肉はちょうど壁土のようである。

編絡　まつわり、編みからまること。

尋　長さの単位。六尺。

窓隙　窓や穴。

関　何を指すか不明。関とは経脈の一部、臍のそばニ寸ほどのところといい、あるいは耳・目・口をさし、

或は云く、九百の䏶《ししむら》、その上を覆ひ、九百の筋、その間を連ぬ。三万六千の脈ありて、三*升《しょう》の血、中にありて流れ注ぐ。九十九万の毛孔ありて、もろもろの汗《あせ》常に出づ。九十九重の皮、しかもその上を裹《つつ》む、と。〈已上は身中の骨肉等なり〉

また腹の中に五蔵あり。*葉々《ようよう》相覆ひ、靡々《びび》として下に向ふこと、状は蓮華の如し。孔竅《くきょう》は空疎にして内外に相通じ、おのおの九十重あり。肺の蔵は上にありて、その色白く、肝の蔵はその色青し。心の蔵は中央にありて、その色赤く、脾の蔵はその色黄なり。腎の蔵は下にありて、その色黒し。

また六府《ろっぷ》あり。謂く、大腸を*伝送の府となす。また肺の府たり。長さ三尋半、その色白し。胆を清浄《しょうじょう》の府となす。また肝の府たり。その色青し。小腸を受盛の府となす。また心の府たり。長さ十六尋、その色赤し。胃を*五穀の府となす。また脾の府たり。三升の糞、中にありて、その色黄なり。膀胱《ぼうこう》を*津液《しんえき》の府となす。また腎の府たり。一斗《と》の尿《にょう》、中にありて、その色黒し。三膲《しょう》を*中瀆《ちゅうどく》の府となす。かくの如き等の物、縦横に分布せり。大小の二腸は、赤白、色を交へて、十八に周転せること、毒蛇の蟠《わだかま》るが如し。〈已上は腹の中の府・蔵なり〉

また頂《いただき》より趺《あなうら》に至り、髄より膚《はだえ》に至るまで、八万戸の虫あり。四の頭、四の口、九十九の尾ありて、形相《ぎょうそう》一にあらず。一々の戸にまた九万の細虫ありて、*秋毫《しゅうごう》よりも小《ほそ》し。〈*禅経・次第禅門等〉宝積経に云く、

*初めて胎を出づる時、七日を経て、八万戸の虫、身より生じ、縦横に食ひ噉む。二戸

ひかがみをさすともいう。底本および青蓮院本の書きこみには「をこつり」とある。

五根　五つの感覚器官。眼・耳・鼻・舌・身。

七竅　七つの穴。眼・耳・鼻・口の穴。普通これに大小便道を加えて、九瘡門(また眼などを一つと数えて六瘡門)という。

六味　甘・醋(さく 酸、酢ともいう)・鹹(塩からい)・辛・苦(にがい)・淡(うすい)の六。

祠火　火を祭る。

宝積経　大宝積経巻九六(正蔵一一ノ五四一上)。

升　容量の単位。一・八リットル強。

葉々相覆ひ…　五蔵のはしばしはあい覆い、下へ下へと向かっている。

伝送の府　消化排泄物を送り出す役目をする所。府は役所。

五穀　重要な穀物の総称。また米・麦・粟・豆・黍の五。

津液　つば。ここでは尿。

中瀆　排泄の意か。瀆はけがれ。

秋毫　秋に抜けかわる獣の細い毛。

禅経・次第禅門　禅秘要法経巻中(正蔵一五ノ二五三中)、釈禅波羅蜜次第法門巻八(同四六ノ五三〇中・五三二上)。

初めて…　大宝積経巻五五・五七(正蔵一一ノ三二五上—中、一一ノ三三一上—下)。

の虫あり。名づけて舐髪《しはつ》となす。髪の根に依りて住し、常にその髪を食ふ。二戸の虫あり、繞眼《にょうげん》と名づく。眼に依りて住し、常に眼を食ふ。四戸の虫あり、脳に依りて脳を食ふ。一戸を稲葉《とうよう》と名づく。耳に依りて耳を食ふ。一戸を蔵口《ぞうく》と名づく。鼻に依りて鼻を食ふ。二戸あり、一を遙擲《ようちゃく》と名づけ、二を遍擲と名づく。唇《くちびる》に依りて唇を食ふ。一戸を針口と名づく。舌に依りて舌を食ふ。五百戸は左辺に依りて左辺を食ふ。右辺もまた然《しか》なり。四戸は生蔵を食ひ、二戸は熟蔵を食ふ。四戸は小便道に依り、尿を食ひて住し、四戸は大便道に依り、糞を食ひて住す。乃至、一戸を黒頭《こくず》と名づく。脚に依りて脚を食ふ。

かくの如き八万、この身に*依止《えし》して、昼夜に食ひ噉み、身をして熱悩せしむ。心に憂愁あれば衆病*現前《げんぜん》し、良医も能く為に除き療すことあることなし。

と。〈*第五十〔五と〕七に出でたり。略抄〉*僧伽吒経《そうぎゃたぎょう》に説かく、

人のまさに死なんとする時、もろもろの虫、怖畏し、互に相《あい》噉み食ふに、もろもろの苦痛を受け、*男女眷属、大悲悩を生ず。もろもろの虫、相食ひ、ただ二の虫のみありて、七日闘ひ諍ひ、七日を過ぎ已りて、一の虫は命《いのち》尽くれども、一の虫はなほ存す。

と。〈已上は*虫蛆《ちゅうそ》なり〉

またたとひ*上饍《じょうぜん》の衆味を食へども、*宿《しゅく》を逕《ふ》るの間に皆不浄となる。譬《たと》へば、*糞穢《ふんえ》の大小、倶に臭きが如し。この身もまたしかなり。少《わか》きより老《おい》に至るまで、ただこれ不浄なり。海水を傾けて洗ふとも、浄潔《じょうけつ》ならしむべからず。外には*端厳《たんごん》の相を施すといへども、内には

依止　あるものに依存し、止住して離れないこと。
現前　現われてくること。
第五十五と七　両巻ともほぼ同じ内容を説くが、書き出しの文は前者に見える。
僧伽吒経　僧伽吒経巻四(正蔵一三ノ九七二下)。
男女眷属　枕頭にはべる一族の男女たち。
虫蛆　うじ。
上饍　上等の料理。
宿を逕る…　一晩たつ間に。
糞穢の大小　糞や汚いものは多少にかかわりなく。
端厳の相…　端正に美しくよそおいをこらす。
画ける瓶　きれいな彩色した瓶。
大論・止観　大智度論巻一九(正蔵二五ノ一九九上)、摩訶止観巻七上(同四六ノ九三中)。
禅経　前掲の禅秘要法経(正蔵一五所収)にはこの偈はない。ただし禅要経にはこれに似たものがあり(同

ただもろもろの不浄を裹《つつ》むこと、猶し*画《えが》ける瓶に糞穢を盛れるが如し。〈*大論・止観等の意〉故に*禅経の偈に云く、

身は臭く不浄なりと知れども　愚者は故《ことさら》に愛惜す　外に好《よ》き顔色を視て　内の不浄をば観《み》ず

と。〈已上は体の不浄を挙ぐ〉

いはんやまた命終の後は、塚の間に*捐捨《えんしゃ》すれば、一二日乃至七日を経るに、その身膖《は》れ脹《ふく》れ、色は*青瘀《しょうお》に変じて、臭く爛《ただ》れ、皮は穿《む》けて、膿血流れ出づ。鵰《くまたか》・鷲・鵄《とび》・梟《ふくろう》・野干《やかん》・狗等、種々の禽獣、摣《つか》み掣《ひ》いて食ひ噉む。禽獣食ひ已りて、不浄潰《つい》え爛《ただ》るれば、無量種の虫蛆ありて、臭き処に雑《まじ》はり出づ。悪《にく》むべきこと、死せる狗よりも過ぎたり。乃至、白骨と成り已れば、支節分散し、手足・髑髏、おのおの異る処にあり。風吹き、日曝《さら》し、雨灌《そそ》ぎ、霜封《つつ》み、積むこと歳年あれば、色相《しきそう》変異し、遂《つい》に腐れ朽《く》ち、砕末となりて塵土と相和《あいわ》す。〈已上は*究竟《くきょう》の不浄なり。*大般若《だいはんにゃ》・止観等に見ゆ〉

当《まさ》に知るべし、この身は始終不浄なることを。愛する所の男女も皆またかくの如し。誰か智ある者、更に楽著《ぎょうじゃく》を生ぜん。故に*止観に云く、

いまだこの相を見ざるときは*愛染《あいぜん》甚だ強けれども、もしこれを見已れば欲心都《すべ》て罷《や》み、懸《はる》かに忍び耐へざること、糞を見ざればなほ能く飯を噉へども、忽ち臭気を聞《か》がば即便《すなわ》ち嘔吐するが如し。

と。*また云く、

一五ノ二三八中—二三九中)、あるいは適当に取捨して作ったかとも見られる。この偈の一部は禅法要解上巻にも見える(同一五ノ二八七上)が、ここに収めるものは、法苑珠林巻七五に「禅秘要経」として掲げているものである(同五三ノ八四七下—八四八上)。禅要経の偈のうち関係があると思われる部分を拾えば、つぎのようなものがある。「汝、身を自ら厳飾し　香花もて以て瓔珞とす　凡愚の貪愛する所なるも　智者は惑はざる所」「身は臭く死屍の如し　九孔より不浄を流す」などがそれ。

捐捨　すてること。

青瘀　青くどすぐろいこと。瘀は血の病で、瘀血はふる血。

究竟の不浄　最後の不浄。不浄のきわまるところ。

大般若・止観　大般若波羅蜜多経巻五三(正蔵五ノ二九八下)、摩訶止観巻七上・九上(同四六ノ九三上、四六ノ一二一下—一二二上)。摩訶止観には九想を掲げ、変化して行く姿を示している。脹想・壊想・血塗想・膿爛想・青瘀想・噉想・散想・骨想・焼想の九。

止観　摩訶止観巻九上(正蔵四六ノ一二二上)。

愛染　愛は貪り執着すること。染は煩悩の濁りに染まり執着すること。

また云く　摩訶止観巻九上(正蔵四六ノ一二二中)。

もしこの相を証《さと》らば、また高き眉、翠《あお》き眼、皓《しろ》き歯、丹《あか》き唇といへども、*一聚《いちじゅ》の屎《くそ》に、粉もてその上を覆へるが如く、また爛れたる屍《かばね》に、仮《か》りに*繒彩《そうさい》を著せたるが如し。なほ眼に見るをえず、いはんや身をもて近づくべけんや。*鹿杖《ろくじょう》を雇ひて自害*せるものあり。いはんや*欶抱《うほう》して婬楽《いんぎょう》せんをや。かくの如く想ふは、これ婬欲の病の*大黄湯《だいこうとう》なり。

と。〈已上〉

二に苦とは、この身は、初めて生れし時より常に苦悩を受く。*宝積経に説くが如し。

もしは男、もしは女、たまたま生れて地に堕つるに、或は手を以て捧げ、或は衣をもて承け接《と》るも、或は冬夏の時、冷熱の風触るれば大苦悩を受くること、牛を生剝《いけは》ぎて、*墻壁《しょうへき》に触れしむるが如し。

と。〈取意〉長大の後もまた苦悩多し。*同じ経に説かく、

この身を受くるに、二種の苦あり。いはゆる眼・耳・鼻・舌・咽喉《いんこう》・牙歯《がし》・胸・腹・手・足にもろもろの病生ずることあり。かくの如く、四百四病、その身に*逼切《ひきせつ》するを、名づけて内苦となす。また外苦あり。いはゆる、或は牢獄にありて、*撾打楚撻《かちょうそたち》せられ、或は耳鼻を劓《そ》がれ、及び手足を削《き》らるるなり。もろもろの悪鬼神はしかもその便《たより》を得、また蚊・虻・*蛒《きゃく》等の毒虫の為に唼《す》ひ食はる。寒熱・飢渇・風雨、並《とも》に至りて、種々の苦悩、その身に逼切《ひきせつ》す。この*五陰《ごおん》の身は、一々の*威儀《いぎ》、行住坐臥《ぎょうじゅうざが》、皆苦ならざることなし。もしは長時に行きて、暫くも休息せざれば、これを名づけて外苦となす。住

一聚の屎に…　ひとかたまりの糞に脂粉をほどこす。

繒彩　絹と綾。

鹿杖　鹿杖梵志(ぼん)のこと。梵志は梵天の法を学ぶバラモン(→四五頁「婆羅門」注)。十誦律巻二によると、ある一人の比丘が不浄を観想して、それに達した結果、身を嫌悪し、鹿杖梵志を訪ねて、わたしを殺してくれたら衣と食器を与えようと頼み、梵志に殺されてはてたが、梵志がこの比丘を殺して、血によごれた刀を川で洗っていると、魔神が水中より現われ、梵志を讃えて、お前は大きな福徳をえたといい、以後、死を願う比丘が増加したと伝える(正蔵二三ノ七下)。

自害　みずからの意志において死ぬこと。他人に頼んで殺してもらうことをも含む。自殺も同じ。

欶抱　欶は、鳥がたがいに嘴をつけることをさす。接吻し抱擁する。

大黄湯　大黄をせんじた薬。大黄は薬草の名。

宝積経　大宝積経巻五五・五七(正蔵一一ノ三二五上、一一ノ三三一上)。

墻壁　生垣や壁。

同じ経　大宝積経巻五五(正蔵一一ノ三二五下―三二六上)。

逼切　しきりにせまる。急迫する。

撾打楚撻　撾打は打つこと。楚撻は鞭打つこと。

及び坐臥も亦また皆苦なり。

と。〈略抄〉もろもろの余の苦相は眼前に見るべし。説くことを俟《ま》つべからず。

三に無常とは、*涅槃経《ねはんぎょう》に云く、

人の命の停《とど》まらざること、山の水よりも過ぎたり。今日存すといへども、明《あ》くればまた保ち難し。いかんぞ心を縦《ほしいまま》にして、悪法に住せしめん。

と。*出曜経《しゅつようぎょう》に云く、

この日已に過ぎぬれば　命即ち減少す　小水《しょうすい》の魚の如し　これ何の楽かあらん

と。*摩耶経《まやぎょう》の偈に云く、

譬へば、*栴陀羅《せんだら》の　牛を駈《か》りて屠所《としょ》に至るに　歩々死地に近づくが如し　人の命もまたかくの如し

と。〈已上〉

たとひ*長寿の業《ごう》ありといへども、終《つい》に無常を免れず。たとひ富貴の報《むくい》を感ずといへども、必ず衰患の期《とき》あり。*大経の偈に云ふが如し。

一切のもろもろの世間に　生ける者は皆死に帰す　寿命、無量なりといへども　要必《かなら》ず終尽することあり　それ盛んなれば必ず衰ふることあり　合ひ会へば別離あり　壮年も久しく停まらず　盛んなる色も病に侵さる　命は死の為に呑まれ　*法《ほう》として常なる者あることなし

と。また、*罪業応報経《ざいごうおうほうぎょう》の偈に云く、

蛒　蜂の一種。青蓮院本「蜂」。

五陰　陰は蘊とも書き、あつまりの意。身心を構成する五つの構成要素のあつまりのこと。すなわち色・受・想・行・識の五で、色は物質的存在で、物質的感覚的なものを全体的に捉えた場合の存在形態。受は感性的認識においておこる印象・感覚、想は知覚・表象、行は意志などの心作用、識は対象を識別する心の総称である。

威儀、行住坐臥　立居振舞い、歩いたり、止まったり、坐ったり、横になったり。

涅槃経　涅槃経(南本)巻二〇(正蔵一二ノ七四二中)。

出曜経　出曜経巻二・三(正蔵四ノ六一六中、四ノ六二一中—下)。

摩耶経　摩訶摩耶経巻上(正蔵一二ノ一〇〇七下)。

栴陀羅　梵語。旃陀羅とも書く。険悪人、主殺人と訳する。インドのカースト制度では、最低の階級で、牢獄の監守、御坊《おんぼう》、屠殺者など。

長寿の業　長寿を約束するような、かつての善行。

大経　涅槃経(南本)巻二(正蔵一二ノ六一二下)。

法　もの。存在。

罪業応報経　罪業応報教化地獄経(正蔵一七ノ四五二中)。

*水流るれば常に満たず　火盛んなれば久しくは燃えず　日出づれば須臾《しゆゆ》にして没し
月満ち已ればまた欠く　尊栄高貴なる者も　無常の速かなることこれに過ぎたり　当《まさ》
に念じ勤め精進して　*無上尊《むじようそん》を*頂礼《ちようらい》すべし

と。〈已上〉

ただもろもろの凡下《ぼんげ》のみ、この怖畏あるにあらず。*仙《せん》に登り、通《つう》を得たる者も亦またかくの如し。*法句譬喩《ほつくひゆ》経の偈に云ふが如し。

空にもあらず海の中にもあらず　山石の間に入るにもあらず　地の方処として　脱《のが》れ
止《とど》まりて死を受けざるものあることなし

と。〈*空に騰《のぼ》り、海に入り、巌《いわお》に隠れし三人の因縁は、経に広く説くが如し〉

当《まさ》に知るべし、もろもろの余の苦患は、或は免るる者あらんも、無常の一事は、終に避くる処なきを。すべからく、説の如く修行《しゆぎよう》して常楽《じようらく》の果を欣求《ごんぐ》すべし。*止観に云ふが如し。

無常の殺鬼は豪賢を択《えら》ばず。危脆《きぜい》にして堅からず、恃怙《じこ》すべきこと難《かた》し。いかんぞ安《あん》然《ねん》として百歳を規望し、四方に馳求《ちぐ》して貯へ積み聚め斂《おさ》めん。聚め斂むることいまだ足らざるに、*溘然《こうねん》として長く往かば、所有《しよう》の産貨は徒らに他の有となり、冥々として独り逝く。誰か是非を訪《たず》ねん。*もし無常の、暴水・猛風・掣電よりも過ぎたることを覚らんも、山に海に、空に市に、逃れ避くる処なし。かくの如く観じ已らば、心《こころ》大いに怖畏し、眠れども席に安んぜず、食へども哺《ふく》むに甘からず。*頭燃《ずねん》を救《はら》ふが如くして、以て出要を求めよ。

流　底本「渚」。青蓮院本、「渚」に「流イ」とする。

無上尊　仏のこと。

頂礼　接足作礼（せつそくさらい）などの略。最高の敬礼法。相手の足に自分の頭面を触れて尊敬の意を表わすもの。

仙に登り…　仙人となって天に登り、超人的な不思議な能力である神通力（じんずうりき）をえたもの。神通力には五通・六通などを数え、自由に望む所に行ける神足通（神境通）、何でも見える天眼通（てんげんつう）、何でも聞ける天耳通（てんにつう）、他人の心がわかる他心通、自分や他人の過去のことがわかる宿命通（しゆくみようつう）、煩悩を断ち、迷いの世界にふたたび生まれないことをさとる漏尽通（ろじんつう）の六が六通、はじめの五が五通、二と五と六が三通（三明）といわれる。

法句譬喩経　法句譬喩経巻一（正蔵四ノ五七七上）。

空に騰り…　法句譬喩経によると、五通を得ていた四人兄弟のバラモンがいて、ともに、七日後に死の迫ったのを知り、これを免れるために、一人は海中に、一人は須弥山に、もう一人は虚空に、最後の一人は雑踏の中に隠れることにしたが、しかし七日後、市の役人によって一人のバラモンの死が伝えられたことから、釈尊はこれを聞いて、生老病死の四を脱れることはできないと説き、このような詩をよんだという。

と。また＊云く、

譬へば、野干《やかん》の、耳と尾と牙とを失はんに、詐り眠りて脱れんと望めども、忽ち頭を断たんといふを聞いて、心大いに驚き怖るるが如し。生・老・病に遭ひて、なほ急がはしくせざらんも、死の事は奢《おご》るべからず。なんぞ怖れざるを得んや。怖るる心起る時は湯・火を履《ふ》むが如し。＊五塵《ごじん》・六欲《ろくよく》も貪染《とんぜん》するに暇《いとま》あらず。

と。〈已上は取意なり〉人道かくの如し。実に厭離すべし。

第六に、天道を明さば三あり。一には欲界、二には＊色界《しきかい》、三には＊無色界《むしきかい》なり。その相《そう》既に広くして、具《つぶ》さには述ぶべきこと難し。

且《しばら》く一処を挙げて、以てその余を例せば、かの忉利天《とうりてん》の如きは、快楽《けらく》極りなしといへども、命終に臨む時は＊五衰《ごすい》の相現ず。一には頭の上の花鬘《はなかつら》忽ちに萎み、二には天衣、塵垢に著《けが》され、三には腋《わき》の下より汗出で、四には両の目しばしば眴《くるめ》き、五には本居《ほんご》を楽しまざるなり。この相現ずる時、天女・眷属、皆悉く遠離して、これを棄つること草の如し。林の間に偃《たお》れ臥し、悲しみ泣いて歎じて曰く、「このもろもろの天女をば、我常に憐愍せしに、いかんぞ一旦に我を棄つること草の如くする。我いま依るところなく怙《たの》むところなし。誰か我を救ふ者あらん。＊善見《ぜんけん》の宮城は今まさに絶《た》たんとす。帝釈《たいしゃく》の宝座は朝謁《ちょうえつ》するに由なし。＊殊勝殿《しゅしょうでん》の中には永く瞻望《せんもう》を断ち、＊釈天《しゃくてん》の宝象には、いづれの日か同《とも》に乗らん。＊衆車苑《しゅしゃおん》の中にはまた能く見ることなく、麁渋苑《そじゅうおん》の内には介冑《かいちゅう》長く辞《じ》す。雑林苑《ぞうりんおん》の中には宴会する

止観　摩訶止観巻七上(正蔵四六ノ九三下―九四上)。

溘然として…　にわかに死ぬなら。

もし無常の　この前、かなり長文が略されている。「乃至」の語が必要。

頭燃を救ふ…　頭にかかる火を払うように、努めてさとりの道を求める。

また云く　摩訶止観巻四上(正蔵四六ノ四〇上)。

五塵・六欲　五塵は眼など五官の対象のこと。煩悩をおこさせるから、塵という。六欲は色欲・形貌欲・威儀姿態欲・言語音声欲・細滑欲・人想欲の六。

色界・無色界　色界は食欲と性欲の二を離れたものの住む、清浄な物質からなる世界。無色界はそうした物質さえも超えた、物質に対する想念を離れた世界で、ともに天界。

五衰　天人が死ぬときに現われる衰弱の姿で、五つの内容は一定しない。たとえば仏本行集経巻五では、四を「身、威光を失ふ」(正蔵三ノ六七六下)とし、摩訶摩耶経巻下では、三を「頂中の光滅す」(同一二ノ一〇一二上)とする。

善見の宮城　帝釈天の宮城。一四頁「忉利天」注および補注参照。→補

殊勝殿　善見城にある宮殿。

釈天　帝釈天のこと。

衆車苑　衆車苑以下、麁渋苑(麁悪苑)・雑林苑・歓喜苑(喜林苑)の四園は善見城外の庭園。

に日なく、歓喜苑《かんぎおん》の中には遊止するに期《とき》なし。*劫波樹《こうはじゅ》の下、白玉の耎《やわら》かなる石には更に坐る時なく、*曼陀枳尼《まんだきに》の殊勝の池水には沐浴するに由なし。四種*の甘露《かんろ》も卒《つい》に食すること得難く、*五妙《ごみよう》の音楽は頓《にわか》に聴聞《ちようもん》を絶つ。悲しいかな、この身独《ひと》りこの苦に嬰《かか》る。願はくは慈愍《じみん》を垂れてわが寿命を救ひ、更に少《わず》かの日を延ばしめば、また楽しからずや。かの*馬頭《めず》山《せん》・沃焦海《おくしようかい》に堕《おと》さしむることなかれ」と。この言を作《な》すといへども、あへて救ふ者なし。〈*六波羅蜜経〉

当《まさ》に知るべし、この苦は地獄よりも甚だしきことを。故に正*法念経の偈に云く、

　天上より退かんと欲する時　心に大苦悩を生ず　地獄のもろもろの苦*毒も　十六の一

　に及ばず

と。〈已上〉また大徳の天、既に生れたる後は、旧《もと》の天の眷属は、捨てて彼に従ふ。或は威徳の天ありて、心に順はざる時は、駈りて宮より出し、住することを得ることあたはざらしむ。〈瑜*伽〉

余の五の欲天にも悉くこの苦あり。上*の二界の中にはかくの如き事なしといへども、終《つい》には退没《たいもつ》の苦あり。乃至、*非想《ひそう》も阿鼻《あび》を免れず。当に知るべし、天上もまた楽《ねが》ふべからざることを。〈已上は天道なり〉

第七に、惣じて厭相を結ぶとは、謂く、一*篋《きよう》は偏に苦なり。*耽荒《とんこう》すべきにあらず。四の山合せ来りて避け遁るる所なし。しかるにもろもろの衆生は貪愛《とんあい》を以て自《みずか》ら蔽ひ、深く五

劫波樹　劫波は梵語。時の意。歓喜苑にある樹で、衣服・装身具など必要なものはこの樹によって得られるという。

曼陀枳尼　梵語。ゆるやかに流れるという意。

四種の甘露　甘露は天酒とも訳され、天人の不死の薬。青・黄・赤・白の四種があり、味がそれぞれ異なる。

五妙の音楽　宮・商・角・徴(ち)・羽の五音階による美しい音楽。

馬頭山・沃焦海　馬頭山は馬の頭に似た形の山で、伊沙(いしや)山の奥にあるという。沃焦海は沃焦という水を吸う大石が海底にある海で、阿鼻地獄の火でこの石が熱せられているため、海水があふれないという。

六波羅蜜経　六波羅蜜経巻三(正蔵八ノ八七八上)。

正法念経　正法念処経巻二三(正蔵一七ノ一三一中)。

苦毒　くるしみ。

瑜伽　瑜伽論巻四(正蔵三〇ノ二九七下)。

上の二界　色界・無色界。

非想　無色界の最高、非想非非想処天(非想天ともいう)のこと。麁雑な想念は捨てられているから非想といい、しかしなお細かな想念は残っているので非非想という。

一篋　地・水・火・風の四大の結合によってできた人間の身体を箱にたとえたもの。またこの四大を蛇にた

欲に著《ちゃく》す。常《じょう》にあらざるを常と謂《おも》ひ、楽にあらざるを楽と謂ふ。かの、*癰《よう》を洗ひ、睫《まつげ》を置くものの如し。なほなんぞ厭はざらん。いはんやまた刀山《とうせん》・*火湯《かとう》、漸くまさに至らんとす。誰か智あらん者、この身を宝玩《ほうがん》せんや。故に正法念経の偈に云く、

*智者の常に憂《うれい》を懐くこと　獄中に囚はるるに如似《に》たり　愚人の常に歓楽すること　猶し*光音天の如し

と。*宝積経の偈に云く、

種々の悪業もて財物を求め　妻子を養育して歓娯《かんご》すと謂へども　命終の時に臨んで、苦、身に逼り　妻子も能く相救ふ者なし　かの*三途《さんず》の怖畏の中に於ては　妻子及び親識を見ず　車馬・財宝も他の人に属し　苦を受くるに誰か能く共に分《わか》つ者あらん　父母・兄弟及び妻子も　朋友・*僮僕《どうぼく》并《ならび》に珍財も　死し去らんには一として来り相親しむものなし　ただ*黒業《こくごう》のみありて常に随逐《ずいちく》す　〈乃至〉　閻羅《えんら》常にかの罪人に告ぐ　少《わず》かの罪も我能く加ふることあることなし　汝自《みずか》ら罪を作りていま自ら来る　業報《ごうほう》自《おのずか》ら招いて代る者なし　父母・妻子も能く救ふものなし　ただ当《まさ》に出離《しゅつり》の因を勤修《ごんしゅ》すべし　この故に応《まさ》に*枷鎖《けさ》の業を捨て　善《よ》く遠離を知りて安楽を求むべし

と。また*大集経の偈に云く、

妻子も珍宝も及び王位も　命終の時に臨んでは随ふ者なし　ただ*戒と及び施と不放逸《ふほういつ》とは　今世と後世《ごせ》の伴侶となる

と。かくの如く展転《てんでん》して、悪を作り苦を受け、徒《いたず》らに生れ徒に死して、輪転《りんでん》して際《きわ》なし。*経

とえ、四匹の蛇が一つ箱のなかでたがいに争うことを、四大が性質を異にしながら、時に増減し反撥することのたとえとする。

耽荒　度を越して楽しみにふける。

癰を洗ひ…　癰の膿を洗い流し、眼にささった睫を取り出して、それで楽しみが得られると思っている。

火湯　火と燃える熱湯の池。

智者の…　この偈は正法念処経に見えない。増一阿含経巻二四には智者と愚人のそれぞれ二句が順序を逆におかれている(正蔵二ノ六七五下)。

光音天　色界の第二禅天の最高天である極光浄天のこと。

宝積経　大宝積経巻九六(正蔵一一ノ五四二上—中)。

三途　三塗とも書く。火塗・刀塗・血塗の三。塗は塗炭の苦しみの意。火塗以下順次、地獄・餓鬼・畜生の三悪道にあてる。

僮僕　めしつかい。

黒業　悪業のこと。

枷鎖　くびかせとくさり。

大集経　大方等大集経巻一六(正蔵一三ノ一〇九上)。

戒と…　戒は在家の五戒・八斎戒、出家の十戒・具足戒など。施は布施。財施・法施など。不放逸は放縦に流れないこと。

経の偈　雑阿含経巻三四(正蔵二ノ二四二中)。

の偈に云ふが如し。

一人の、一劫の中に　受くる所のもろもろの身の骨　常に積みて腐敗せずは　*毘布羅《びふら》山《せん》の如くならん

と。一劫すらなほしかり、いはんや無量劫をや。

我等、いまだ曾《かつ》て道を修せざりしが故に、徒に無辺劫を歴《へ》たり。今もし勤修《ごんしゅ》せずは未来もまた然るべし。かくの如く無量生死の中に、人身《にんじん》を得ること甚だ難《かた》し。たとひ人身を得とも、*諸根《しょこん》を具することまた難し。たとひ諸根を具すとも、仏教に遇ふことまた難し。たとひ仏教に遇ふとも、信心を生ずることまた難し。故に*大経に云く、

*人趣《にんしゅ》に生るる者は爪の上の土の如し。三途《さんず》に堕つる者は十方の土の如し。

と。*法華経《ほけきょう》の偈に云く、

無量無数劫にも　この法を聞くことまた難し　能くこの法を聴く者あらば　この人も
亦また難し

と。しかるに今、たまたまこれ等の縁を具せり。当《まさ》に知るべし、苦海《くかい》を離れて浄土に往生すべきは、ただ今生《こんじょう》のみにあることを。しかるに我等、*頭には霜雪《そうせつ》を戴き、心俗塵《ぞくじん》に染《そ》みて、一生は尽くといへども希望は尽きず。遂に白日の下を辞して、独り*黄泉《こうせん》の底に入らんとする時、多百踰繕那《ゆぜんな》の*洞然《とうねん》たる猛火の中に堕ちて、天に呼ばはり地を扣《たた》くといへども、更に何の益かあらんや。願はくはもろもろの行者《ぎょうじゃ》、疾《と》く厭離の心を生じて、速かに*出要の路に随へ。宝の山に入りて手を空しくして帰ることなかれ。

毘布羅山　毘布羅は梵語。中インドの王舎城の東北にある山の名。山上には釈尊の説法の跡に塔が建てられていたという。

諸根を…　→二〇頁「諸根」注

大経　涅槃経(南本)巻三一(正蔵一二ノ八〇九下)。取意。

人趣　人間の世界。趣は行為(業)によって趣くところの世界、または生存の状態。道ともいう。

法華経　法華経巻二(正蔵九ノ一〇上)。

頭には…　年をとって頭の毛は白くなっても、心は俗世間の塵に染まって一生を終っても。

黄泉　死者の世界。冥土。

洞然　然は燃。広く、または疾風の如く、すべてを焼きつくすこと。

出要の路　生死の迷いを離れるのに必要な大切な修行。

何等の相…　どのような姿に対して厭う心をおこす必要があるのか。

観　三昧とか禅定といった、心の動揺を止めて、対象を正しく洞察すること。観察ともいう。

六道　地獄から天までの六つの世界。六趣ともいう。地獄・餓鬼・畜生を三悪趣、阿修羅を加えて四悪趣、阿修羅を除いて、人・天を加えて五悪趣とする。

竜樹　竜猛(りゅうみょう)ともいう。二世紀から三世紀にかけて、大乗仏教を鼓吹したインドの代表的思想家。主著

問ふ。*何等《なんら》の相《そう》を以て厭心を生ずべきや。
答ふ。もし広く*観《かん》ぜんと欲せば、前《さき》の所説の如き六道*の因果・不浄・苦等なり。或はまた*竜樹菩薩《りゆうじゆぼさつ》の、*禅陀迦《ぜんだか》王を勧発《かんぼつ》せる偈に云く、

この身は、不浄、九の孔より流れて　窮まり已《や》むのあることなきこと河海のごとし
薄き皮覆《おお》ひ蔽《かく》して清浄なるに似たれども　猶し*瓔珞《ようらく》を仮りて自ら荘厳《しようごん》せるがごとし
もろもろの智ある人は乃《すなわ》ち分別して　その虚誑《こおう》なるを知りて便《すなわ》ち棄捨す　譬へば疥者《かいしや》の猛焔に近づかんに　初めは暫く悦ぶといへども後には苦を増すが如し　貪欲《とんよく》の想《おもい》も亦また然《しか》り　始め楽著《ぎようじやく》すといへども終には患《うれい》多し　身の*実相《じつそう》は皆不浄なりと見る　即ちこれ*空《くう》・無我を観ずるなり　もし能くこの観《かん》を修習《しゆじゆう》する者は　利益《りやく》の中に於て最も無上なり　*色《しき》と族《ぞく》と及び多聞《たもん》とありといへども　もし戒と智となくは禽獣のごとし
醜賤に処して聞見《もんけん》すること少しといへども　能く戒と智とを修むれば勝上と名づく
*利《り》・衰《すい》の八法は能く免るるものなし　もし除断することあらば真に匹《たぐい》なし　*諸有《しよう》の*沙《しや》門《もん》・*婆羅門《ばらもん》　父母・妻子及び眷属の　かの意の為にその言を受けて　広く不善・非法の行を造ることなかれ　たとひこれ等の為にもろもろの過《あやまち》を起すことあらんも　未来の大苦はただ身に受けん　それ衆悪を造れども即《ただち》に報いず　刀剣のこもごも傷《そこな》ひ割くが如くにはあらざれども　臨終に罪相始めて倶に現れ　後に地獄に入りてもろもろの苦を嬰《いだ》かん　*信と戒と施と聞《もん》と慧と慙《ざん》と愧《ぎ》と　かくの如き七法をば聖財《しようざい》と名づく　真実にして比《たぐい》なき*牟尼《むに》の説きたまふなり　世間のもろもろの珍宝に超越《ちようおつ》せり　足《た》ること

に中論・十二門論・大智度論・十住毘婆沙論などがあり、日本では八宗の祖師と尊崇される。

禅陀迦王　法顕の南海寄帰伝巻四の「南方大国王、娑多婆漢那と号す」(正蔵五四ノ二二七下)に同じ。娑多婆訶王ともいう。この王に与えた詩とは竜樹菩薩為禅陀迦王説法要偈(同三二ノ七四五—七四七下)。

瓔珞を仮りて…　宝玉を連ねた装身具で身を美しく飾る。

実相　真実ありのままのすがた。

空・無我　永遠不変の実在を我と呼び、そうしたものが存在すると考えられたが、そうした実体や我はない、存在はすべて因縁によって生じたものので、空であり、我はなく、我ではない、と説く考え方。

色と…　才色と門閥と知識。

利・衰の八法　よしあしにかかわらず、人の心をそそのかすもの、八つ。八風という。利(利得)・衰(損失)・毀・誉・称・譏・苦・楽の八。

諸有　有は有情としての存在の意で、三有(三界)・二十五有などを数える。二十五有は地獄から非想天まで。

沙門　梵語。或いは桑門。訳は勤息(ごんそく)・貧道など。出家修行者の総称。

婆羅門　梵語。インドのカースト制度では、最高の、祭祀を司る階級。

信…　この七を七財ともいう。慙はおのれに、愧は他に恥じること。

牟尼　梵語。煩悩を静めた聖者。

を知らば貧《ひん》といへども富《ふ》と名づくべし　財ありとも欲多ければこれを貧と名づく　もし*財業《ざいごう》に豊かなればもろもろの苦を増すこと　竜の首多きもの*酸毒《さんどく》を益《ま》すが如し　当《まさ》に美味は毒薬の如しと観《かん》じて　智慧の水を以て灑《そそ》いで浄からしむべし　この身を存《たも》たんが為に食すべしといへども　*色味《しきみ》を貪りて*憍慢《きょうまん》を長《やしな》ふことなかれ　もろもろの欲染に於て当に厭《いとい》を生じ　勤めて*無上涅槃《ねはん》の道を求むべし　この身を調和して安穏《あんのん》ならしめ　しかる後に宜《よろ》しく*斎戒《さいかい》を修すべし　*一夜を分別するに五時あり　二時の中にては当に眠り息《やす》むべきも　初・中・後夜《ごや》には生死を観じ　宜しく勤めて*度《ど》を求め空しく過ぐることなかれ　譬へば少《わず》かの塩を*恒河《ごうが》に置くも　水をして鹹味《かんみ》あらしむることあたはざるが如く　微細《みさい》の悪の衆善に遇ひて　消滅・散壊《さんえ》することまたかくの如し　梵天の離欲の娯《たのしみ》を受くといへども　また無間の熾燃《しねん》の苦に堕ちん　天宮に居して光明を具すといへども　後には地獄の黒闇の中に入らん　いはゆる黒縄・*活地獄の　焼・割・剝・刺と及び*無間と　この八地獄の常に熾《さか》んに燃ゆること　皆これ衆生《しゅじょう》の悪業《あくごう》の報《むくい》なり　もしは図に画《えが》けるを見、他の言を聞き　或は経書に随ひて自《みずか》ら憶念《おくねん》し　かくの如くして知る時すら以て忍び難し　いはんやまた已《おの》が身に自ら逕歴せんをや　もしまた人ありて一日の中に　三百の矛《ほこ》を以てその体《からだ》を鑽《き》らんも　阿鼻獄の*一念《いちねん》の苦に比ぶれば　百千万分の一に及ばず　畜生の中に於ても苦は無量なり　或は繫ぎ縛られ及び鞭撻《う》たるるものあり　或は明珠と羽と角と牙と　骨と毛と皮と肉との為に*残害せらる　餓鬼道の中の苦もまた然り　もろもろの須《もと》むる所の欲意《ねがいこころ》に随はず　飢渇に逼《せま》られ実熱

財業に…　財産造りに専心すれば。
酸毒　いたみ、苦しみ。
色味　食物とその味。
憍慢　心におごりたかぶること。
無上涅槃　この上ない、最高のさとり。涅槃は梵語。滅・寂滅などと訳し、解脱と同義。煩悩の火が消え、さとりの智慧が完成した状態。
斎戒　身心を慎み、心を戒めることで、その方法として八つを数えるから八斎戒という。在家信者が一昼夜、或いは期限をきって、六斎日(ろくさいにち)毎月の八日・十四日・十五日・二十三日・二十九日・三十日の六日)または三長斎日(正月・五月・九月の前半十五日)にまもる出家の戒。内容は、在家五戒のうち不邪淫戒を不淫戒として一切の性行為を断ち、それに、装身具や化粧、その他歌舞観聴を離れ、高いゆったりしたベッドに寝ない、正午以後食事しない、といった三つを守るもの。
一夜を…　夕方から翌朝までを普通三分して初夜・中夜・後夜とする。他の二時とは日没と晨朝(じんじょう)をいうものか。
度　わたること。迷いの生死の海を渡ってさとりの彼岸に達すること。
恒河　ガンジス河。
活地獄　底本「等活地獄」。青蓮院本の「活地獄」による。等活では一句七言の詩型がくずれる。
無間　無間地獄のこと。

に困しみ　疲乏《ひぼう》等の苦甚だ無量なり　尿屎・糞穢のもろもろの不浄すら　百千万劫に能く得ることなし　たとひまた推求《すいぐ》して少分を得んも　更に相《たがい》に劫《かす》め奪ひて尋《つ》いで散失す　清涼の秋の月にも焔熱を患《うれ》へ　温和の春の日にも転《うた》た寒《こご》え苦しむ　もし園林に趣けば衆菓尽き　もし清流に至れば変じて枯竭す　罪業の縁の故に寿《いのち》長遠にして　逕《ふ》ること一万五千歳あり　もろもろの楚毒を受けて空《むな》しく欠くることなきは　皆これ餓鬼の果報なり　煩悩の*駃河《けつが》、衆生を漂はし　深き怖畏、熾燃の苦となる　かくの如きもろもろの*塵労《じんろう》を滅せんと欲《おも》はば　応《まさ》に真実解脱《げだつ》の*諦《たい》を修すべし　もろもろの世間の*仮名《けみょう》の法を離るれば　則ち*清浄不動の処を得るなり

と。〈已上、百十行の偈あり。いまこれを略抄す〉もし略を存《たも》たば、*馬鳴《めみょう》菩薩の、頼吒《らいた》和羅《わら》の伎声に唱へて云ふが如し。

*有為《うい》の諸法は　*幻の如く化《け》の如し　三界《さんがい》の獄縛《ごくばく》は　一として楽《ねが》ふべきものなし　王位は高顕にして　勢力自在なるも　無常既に至れば　誰か存《たも》つことを得ん者ぞ　空中の雲の　須臾《しゅゆ》にして散滅するが如し　この身の虚偽《こぎ》なること　猶し芭蕉《ばしょう》の如し　怨《あた》たり賊たり　親近《しんごん》すべからず　*毒蛇の篋《はこ》の如し　誰か当に愛楽《あいぎょう》すべけん　この故に諸仏は常にこの身を呵《か》したまふなり

と。〈已上〉この中に具《つぶ》さに無常と苦と空とを演ぶれば、聞く者、道を悟る。

或はまた*堅牢比丘《けんろうびく》の壁上の偈に云く、

生死の断絶せざるは　欲を貪《むさぼ》り味を嗜《むさぼ》るが故なり　怨を養ひて丘塚《くちょ》に入り　虚しくも

一念　一瞬。極めて短い時間のことで、一弾指の六十分の一など、様々な解釈がある。

残害せらる　底本および青蓮院本は「致残害」、他本の「被残害」による。

駃河　流れの早い河。

塵労　煩悩のこと。

諦　真理。永遠に変らない真実。

仮名の法　仮りに名づけられているもの。因縁によって仮りにあるとされているもの。

清浄不動の処　さとりの境地。

馬鳴菩薩の…　馬鳴は紀元前一世紀ごろのインドの詩人。釈尊の伝記をうたった仏所行讃が著名。馬鳴の作った頼吒和羅の伎声というのは、少欲知足で物に貪著することのなかった頼吒和羅をうたったもので、釈尊はかれのように貪りを捨てよと教えたという。伎声は音楽のこと。この詩は付法蔵因縁伝巻五(正蔵五〇ノ三一五上)に見える。

有為の諸法　因と縁の和合によって作られた現象的な存在のこと。

幻の如く…　幻のようにはかなく、かりに姿をあらわしたもののように空虚である。水にうつる月、蜃気楼、芭蕉などもたとえとされる。

毒蛇の篋　→四二頁「一篋」注

堅牢比丘の壁上の偈　大宝積経巻七八(正蔵一一ノ四四六下)。石窟の壁に書かれたという詩。→補

ろもろの辛苦を受く　身の臭きこと死屍《しし》の如し　九の孔より不浄を流す　厠《かわや》の虫の、
糞を楽しむが如く　愚《おろか》にして身を貪るも異ることなし　*憶想して妄《みだり》に分別するは　即
ちこれ五欲の本なり　智者は分別せざれば　五欲則ち断滅す　*邪念より貪著を生じ
貪著より煩悩を生ず　正念《しょうねん》にして貪欲なければ　余の煩悩もまた尽きん
と。〈已上〉過去の*弥楼犍駄仏《みるけんだぶつ》の滅後、*正法《しょうぼう》の滅せし時、*陀摩尸利菩薩《だましりぼさつ》、この偈を求め得て仏
法を弘宣《ぐせん》し、無量の衆生を*利益《りやく》せり。

或はまた*仁王経《にんのうぎょう》に四非常《しひじょう》の偈あり。見るべし。もし極略《ごくりやく》を楽《ねが》はば、*金剛経《こんごうきょう》に云ふが如し。

一切の有為の法は　夢・幻・泡・影の如し　露の如くまた電《いなずま》の如し　応にかくの如き
観《かん》を作すべし

と。或はまた*大経の偈に云く、

*諸行《しょぎょう》は無常なり　これ生滅《しょうめつ》の法なり　生滅の滅し已れば　*寂滅《じゃくめつ》を楽《たのし》となす

と。〈已上〉*雪山《せっせん》の大士《だいし》は全身を捨ててこの偈を得たり。行者、善《よ》く思念せよ。これを*忽爾《こつに》にすることを得ざれ。説の如く観察《かんざつ》して、応当《まさ》に貪《とん》・瞋《じん》・痴《ち》等の*惑業《わくごう》を離ること、師子の、人を追ふが如くすべし。*外道《げどう》の無益《むやく》の苦行《くぎょう》を作して、痴狗《ちく》の、塊《つちくれ》を追ふが如くすべからず。

問ふ。不浄・苦・無常は、その義、了《さと》り易し。現に*法体《ほったい》あるを見る、なんぞ説いて空《くう》となすや。

答ふ。あに経に説かずや、「夢・幻・化の如し」と。故に夢の境に例して、当に空の義を

憶想して…　記憶を思いおこして、みだりにあれこれ対象について誤った思いをめぐらすことは。
邪念　よこしまなはからいをめぐらして、それを記憶して忘れないこと。これに対するのが正念。
弥楼犍駄仏　過去の仏名。翻梵語巻一に、「弥楼は山の名、犍駄は香なり」(正蔵五四ノ九八二中)とある。
正法　仏の教えが正しく行なわれて、その果としてのさとりが得られている時代をいう。
陀摩尸利菩薩　大宝積経巻七八には、陀摩尸利比丘が堅牢比丘の書いた石壁の詩に接し、これによって弥楼犍駄仏の教えを聞くことができて、智慧の眼を開き、郷里に帰って広く仏の教えを説いたと記している(正蔵一一ノ四四六下―四四七上)。
利益　仏の教えを受けることによって得られる恵みや幸い。
仁王経に…　仁王護国般若波羅蜜多経巻下に、四言よりなる三十二句の詩がある(正蔵八ノ八三〇中)。四無常偈ともいう。↓補
金剛経　金剛般若波羅蜜経(羅什訳)(正蔵八ノ七五二中)。
大経　涅槃経(南本)巻一三(正蔵一二ノ六九二上・六九三上)。
諸行は…　行とは因縁の和合によってつくられたもの(有為法)。したがってすべて因縁によって成り立ったものは変化して止まない。この詩は

観ずべし。*西域記《さいいきき》に云ふが如し。

*婆《ば》羅《ら》痆斯《ないし》国の*施《せ》鹿林《ろくりん》の東、行くこと二三里にして、涸《かわ》ける池あり。昔、一の隠士ありて、この池の側《ほとり》に於て廬《いおり》を結びて迹を屛《かく》せり。博《ひろ》く技術を習ひて神理を究極《きわ》め、能く瓦礫《がりやく》をして宝と為し、人畜をして形を易《か》へしむ。ただしいまだ風雲に馭《の》りて仙駕《せんが》に陪《はべ》ることあたはず。図《ず》を閲《しら》べ、古《いにしえ》を考へて、更に仙術を求む。その方《てだて》に曰く、「一の烈士に命じ、長刀を執りて壇の隅に立ち、息を屛《ころ》し言《ことば》を絶ちて、昬《ひぐれ》より旦《あした》に逮《およ》ばしめよ。仙を求むる者は中壇に坐し、手に長刀を捼《と》り、口に*神呪《しんじゅ》を誦《ず》し、視ることを収め聴くことを返《かえ》して、*遅《ち》明《めい》に仙に登る」と。遂に仙方《せんぽう》に依りて一の烈士を求め、しばしば*重《じゅう》貽《い》を加へて、潜かに陰徳を行ふ。隠士の曰く、「願はくは、一夕、声せざらんのみ」と。烈士の曰く、「死すらなほ辞せず。あにただに息を屛《ひそ》むるをや」と。ここに於て壇場を設け、仙法《せんぽう》を受くること、方に依りて事を行《おこな》ふ。坐して日の曛《く》るるを待ち、曛暮《くんぼ》の後、おのおのその務《つとめ》を司《つかさど》る。隠士は神呪を誦し、烈士は銛《と》き刀を按《ひか》ふ。殆んどまさに暁《あ》けなんとするに、忽ちに声を発して叫ぶ。時に隠士問うて曰く、「子《なんじ》を誡めて声することなからしめしに、何を以てか驚き叫びしや」と。烈士曰く、「命を受けて後、夜分に至るに、*惛然《こんねん》として夢のごとく、変異こもごも起れり。昔、事《つか》へし主、躬《みずか》ら来りて慰謝《いしゃ》するを見たれども、厚恩《こうおん》を荷《にな》へるを感じて、忍びて報語せざりき。かの人、震怒《しんぬ》して、遂に殺害せられ、*中陰《ちゅういん》の身を受けたり。屍《しかばね》を顧みて嘆惜《たんしゃく》したれども、なほ願はくは、世を歴《ふ》とも言《もの》はずして以て厚徳に報いん

いろは歌の原形といわれる。

寂滅　さとりの境地。涅槃。

雪山の大士　この前に、青蓮院本には、「祇園寺の無常堂の四隅(よすみ)に、頗梨(はり)の鐘ありて、鐘の音の中にまたこの偈を説く。病僧、音を聞いて苦悩即ち除こり、清涼の楽を得、三禅に入るが如くして、浄土に垂生せんとすと。いはんやまた」という文章がある。雪山はヒマラヤ、大士は菩薩のこと。雪山童子ともいい、釈尊の前身。↓補

忽爾　おろそかにすること。

惑業　煩悩とそれによって起こした行為。貪・瞋・痴は三毒といい、代表的な煩悩。

外道　仏教以外の教え。邪説・邪道を説くもの。

法体　ものの本体。ものそのもの。

西域記　大唐西域記巻七(正蔵五一ノ九〇六下―九〇七中)。

婆羅痆斯　中インドにあった国。いまのベナレスに当たるという。

施鹿林　鹿野苑のこと。釈尊最初の説法が行なわれたところ。

神呪　神秘な呪文。陀羅尼(だらに)。

遅明　夜明けごろ。

重貽　貽は子孫のために遺すもの。子孫のために多額の遺産まで整えて。

惛然　心のくらいさま、乱れるさま。

中陰　中有のこと。↓二二頁「中有」注

と。遂に南印度の大婆羅門の家に託生《たくしょう》するを見る。乃至、胎を受け、胎を出でて、備《つぶ》さに苦厄を経れども、恩を荷ひ徳を荷ひて、嘗《かつ》て声を出さざりき。*業を受け、冠婚《かんこん》し、親を喪《うしな》ひ、子を生むに洎《およ》びしも、毎《つね》に前の恩を念《おも》ひ、忍びて語《ものい》はざりしかば、*宗親戚《そうしんしゃく》属《ぞく》、咸《ことごと》く見て恠異《けい》す。年六十有五を過ぎたるとき、わが妻、謂うて曰く、「汝、言ふべし。もし語はずは、当《まさ》に汝が子を殺すべし」と。我《われ》時に惟念《おも》へらく、「已に*生世《しょうせ》を隔《へだ》てり。自《みずか》ら顧みれば、衰老して、ただこの*稚子《ちし》のみあり。因りてその妻を止めて、殺害することなからしめん」と。遂にこの声を発せるのみ」と。隠士曰く、「わが過なり。これ魔の嬈《なやま》せるのみ」と。烈士は恩を感じて、事の成らざりしを悲しみ、憤恚《ふんい》して死せり。

と。〈已上、略抄〉夢の境、かくの如し。諸法もまた然り。妄想の夢、いまだ覚めざれば、空に於て謂《おも》うて有となす。故に*唯識論《ゆいしきろん》に云く、

いまだ*真覚《しんかく》を得ざるときは、常に夢中に処《お》る。故に仏説いて、生死の長夜となしたまへり。

と。

問ふ。もし無常・苦・空等の観を作《な》さば、あに*小乗の自調《じじょう》・自度《じど》に異らんや。

答ふ。この観も小《しょう》に局《かぎ》らず。また通じて大乗にもあり。*法華《ほっけ》に云ふが如し。

*大慈悲を室となし　柔和《にゅうわ》・忍辱《にんにく》を衣とし　諸法の空を座となして　ここに処《お》りて為に法を説け

業を受け…　家業を継ぎ、成年式や結婚式をあげ。
宗親　同母の兄弟。
生世を隔てり　生まれかわり、世を隔てた。
稚子　ちのみご。
唯識論　成唯識論巻七(正蔵三一ノ三九下)。
真覚　真実のさとり。
小乗の…　小乗は大乗に対し、自己の完成を目的とした、自利の教え。したがって小乗ではみずからの心を調え、みずからのさとりを求める。
法華　法華経巻四、法師品(正蔵九ノ三二上)。
大慈悲を…　以下の三を法華経を広めるための三種の規則とし、三規弘経という。また戒めとして室衣座戒という。忍辱とはよく忍耐すること。
悲願　慈悲の願い。
大般若　大般若波羅蜜多経巻五三(正蔵五ノ二九八中—下)。三七頁参照。
観念　心を静め、正しい智慧によって対象を洞察すること。観、観察と

と。〈已上〉諸法空の観、なほ大慈悲の心を妨《さまた》げず。いかにいはんや苦・無常等の、菩薩の*悲願を催すをや。この故に、*大般若《だいはんにゃ》等の経に、不浄等の観を以てまた菩薩の法となせり。もし知らんと欲せば、更に経文を読め。

問ふ。かくの如く*観念《かんねん》すれば何の利益かある。

答ふ。もし常にかくの如く心を*調伏《じょうぶく》すれば五欲微薄となり、乃至、臨終には正念にして乱れず、悪処に堕ちざるなり。*大荘厳論《だいしょうごんろん》の勧進繋念《かんじんけねん》の偈に云ふが如し。

　*盛年《じょうねん》にして患《うれい》なき時は　*懈怠《けだい》にして精進《しょうじん》せず　*もろもろの事務を貪営して　施と戒と
禅《ぜん》とを修めず　死の為に呑まれんとするに臨んで　方《まさ》に悔いて善を修めんことを求む
智者は応《まさ》に観察して　五欲の想を断除すべし　精勤《しょうごん》して*心を習ふものは　終る時も悔
恨なし　心意既に専至なれば　錯乱の念《おもい》あることなし　智者は勤めて心を捉《とら》ふれば
臨終には意《こころ》散らず　心を習ふこと専至ならざれば　臨終には必ず散乱す

と。〈已上〉また*宝積経の五十七の偈に云く、

　応《まさ》にこの身を観ずべし　筋・脈更《たがい》に*纏繞《てんにょう》し　湿《うるお》へる皮は相裹《あいつつ》み覆へり　*九処に瘡門《そうもん》
ありて　周遍して常に　屎尿、もろもろの不浄を流溢す　譬へば舎《いえ》と*篅《ずい》とに　もろも
ろの穀麦《こくみやく》等を盛れるが如し　この身もまたかくの如し　*雑穢《ぞうえ》その中に満てり　骨の機
関を運動するに　危脆《きぜい》にして堅実にあらず　愚夫は常に愛楽《あいぎょう》すれども　智者は染著す
ることなし　洟《はなじる》と唾《つば》と汗は常に流れ　膿血恒《つね》に充ち満てり　*黄脂《おうし》は乳汁に雑《まじ》り　脳は
髑髏の中に満つ　*胸膈には*痰癊《たんおん》流れ　内には生熟の蔵あり　*肪膏《ほうこう》と皮膜と　五蔵のも

もいう。→四五頁「観」注

調伏　心を調え、迷いを抑え静める。

大荘厳論の…　大荘厳論経巻三(正蔵四ノ二七一下)および巻八(同四ノ三〇二下)。一つの対象に想いをつないで、正しく洞察することを勧めた詩。「智者は応に」以下が巻八にあって、実は合成された詩。

盛年　壮年。

懈怠　悪を断じ、善を修することに専念しないこと、怠惰なこと。

もろもろの…　さまざま世事に営々としてとりまぎれ、布施と持戒(→四三頁「戒と…」注)と禅定とを修めない。禅定とは心の動揺を静め、ある対象に心を集中して、よく洞察すること。この三はいわゆる六波羅蜜の三で、他は忍辱と精進と智慧(般若)の三である。

心を習ふ　心が煩悩にまみれたものであることをよく習い知ること。

宝積経　大宝積経巻五七(正蔵一一ノ三三五上)。

纏繞　まつわり、めぐる。からまる。

九処に瘡門　九瘡門という。両眼・両耳・両鼻孔・口および大小便道の九つの穴。

篅　竹がこいの米倉。

雑穢　さまざまのきたないもの。

黄脂　黄色い脂(あぶら)。

胸膈　胸はむね、膈はむねのうち。

痰癊　痰はたん、癊は胸の病。

肪膏　肪も膏もあぶら。

臭爛　くさく、ただれる。

怨家　怨みをいだいている人。

悪知識　まちがったことを教えて誤った道に導くもの。

難陀　この詩は釈尊が難陀に告げて言ったもので、ここは呼びかけ。難陀は釈尊の弟子で、釈尊の異母弟。

大論・止観　大智度論巻二一（正蔵二五ノ二一七上以下）、摩訶止観巻九上（同四六ノ一一七上以下）など。

ろもろの腸胃と　かくの如き*臭爛等の　もろもろの不浄と同じく居る　罪の身は深く畏るべし　これ即ちこれ*怨家《おんけ》なり　識《さと》ることなくして耽《ふけ》り欲《むさぼ》る人は　愚痴にして常に保護すれども　かくの如き臭穢の身は　猶し朽ちたる城郭の如し　日夜に煩悩に逼《せま》られ　遷り流れて暫くも停ることなし　身の城、骨の墻壁　血肉もて塗泥となし　画彩の貪《とん》・瞋《じん》・痴《ち》　処に随ひて荘厳せり　悪《にく》むべし骨身の城　血肉相連合し　常に*悪知識《あくちしき》に　内外の苦もて相煎《あいに》る　*難陀《なんだ》、汝当《まさ》に知るべし　わが所説の如く　昼夜常に念を繋け　欲の境を思ふことなかれ　もし遠離せんと欲《おも》はば　常にかくの如き観を作し解脱《げだつ》の処を勤求《ごんぐ》せば　速かに生死の海を超へん

と。〈已上〉もろもろの余の利益は*大論・止観等を見るべし。

大文第二に、*欣求浄土《ごんぐじょうど》とは、極*楽の依正《えしょう》の功徳、無量にして、百劫・千劫にも説いて尽すことあたはず。*算分《さんぶん》・喩分《ゆぶん》もまた知る所にあらず。しかるに*群疑論《ぐんぎろん》には三十種の益《やく》を明し、*安国抄《あんこくしょう》には二十四の楽を標《ひょう》す。既に知んぬ、称揚はただ人の心にあることを。今、十の楽を挙げて浄土を讃《たた》へんに、猶し一毛もて大海を渧《したた》らすが如し。一には聖衆来迎《しょうじゅらいこう》の楽《らく》、二には蓮華初開の楽、三には身相神通《じんずう》の楽、四には五妙境界《きょうがい》の楽、五には快楽《けらく》無退の楽、六には引接結縁《いんじょうけちえん》の楽、七には聖衆俱会《くえ》の楽、八には見仏聞法《けんぶつもんぼう》の楽、九には随心供仏《くぶつ》の楽、十には増進仏道の楽なり。

第一に、聖衆来迎*の楽とは、およそ悪業の人の命《いのち》尽くる時は、*風《ふう》・火《か》まづ去るが故に動熱にして苦多し。善行《ぜんぎょう》の人の命《いのち》尽くる時は、地・水まづ去るが故に緩縵《かんまん》にして苦なし。いかにいはんや念仏の功積《つも》り、*運心年深《うんじんとし》き者は、命終の時に臨んで大いなる喜自《おのずか》ら生ず。しかる所以《ゆえん》は、弥陀如来《みだにょらい》、*本願《ほんがん》を以ての故に、もろもろの菩薩、百千の比丘衆とともに、大光明を放ち、皓然《こうねん》として目前に在《ま》します。時に*大悲観世音《だいひかんぜおん》、*百福荘厳《しょうごん》の手《みて》を申《の》べ、宝蓮《ほうれん》の台《うてな》を擎《ささ》げて行者の前に至りたまひ、*大勢至《だいせいし》菩薩は無量の聖衆とともに、同時に讃嘆《さんだん》して手を授け、引接《いんじょう》したまふ。この時、行者、目のあたり《ま》自《みずか》らこれを見て心中に歓喜《かんぎ》し、身心安楽なること禅定《ぜんじょう》に入るが如し。当に知るべし、草菴《そうあん》に目を瞑《と》づる間《とき》は便《すなわ》ちこれ蓮台に*跏《あなうら》を結ぶ程《とき》なり。即ち弥陀仏の後に従ひ、菩薩衆の中にありて、一念の頃《きょう》に、西方極楽世界に

欣求浄土　極楽浄土に生まれることを願い求める。
極楽の依正　依は国土、正はその国土に住むひと。つまり極楽浄土。
算分・喩分　数であらわすことと、比喩をもって示すこと。
群疑論　釈浄土群疑論巻五(正蔵四七ノ六一上)。↓補
安国抄　万善同帰集巻上にこれを引く(正蔵四八ノ九六七中—下)。↓補
聖衆来迎の楽　浄土の菩薩たちが迎えにくる楽しみ。↓補
風・火　つぎの地・水とともに四大。
運心…　長い年月、心を深く阿弥陀仏の浄土に運んできたひとは。
本願　四十八願中の第十九願をさす。説明は観経の上品上生を説く部分によったもの。
大悲観世音　慈悲を本性とし、阿弥陀仏の脇侍の菩薩としても、仏の慈悲を象徴する。観音と略称。
百福…　百の福徳でかざられた手。百福とは、菩薩が仏のさとりを得て、三十二相を得るまでに植える福徳で、一相に対し百福を植えるもの。
大勢至菩薩　智慧を本性とし、阿弥陀仏の脇侍としても、智慧をつかさどる。勢至と略称。
跏を結ぶ　両足の足のうらを見せるようにして坐ること。坐法の一。↓二四〇頁「跏趺坐」注

生るることを得るなり。〈*観経・平等覚経《びょうどうかく》、并《ならび》に*伝記等の意に依る〉

かの忉利《とうり》天《てん》上の億千歳の楽も、*大梵王宮《だいぼんのうぐ》の深き禅定《ぜんじょう》の楽も、これらのもろもろの楽は、いまだ楽となすに足らず。*輪転際《りんでんきわ》なくして三途《さんず》を免れず。しかるを今、観音の掌《たなごころ》に処《あ》りて宝蓮の胎《うち》に託し、永く苦海を越過《おつか》して初めて浄土に往生するなり。その時の歓喜の心は言《ことば》を以て宣《の》ぶべからず。

*竜樹の偈《げ》に云く、

もし人ありて命終の時に　かの国に生るることを得る者は　即ち無量の徳を具す　この故に我*帰命《きみよう》したてまつる

と。

第二に、蓮華《れんげ》初開《しよかい》の楽とは、行者かの国に生れ已りて、蓮華初めて開く時、所有の歓楽、前に倍すること百千なり。猶し盲者の、始めて明かなる眼を得たるが如く、また辺鄙《へんぴ》の、忽ち王宮に入れるが如し。自らその身を見れば、身既に*紫磨金色《しまこんじき》の体《からだ》となり、また*自然《じねん》の宝衣《ほうえ》ありて、鐶《みみわ》・釧《うでわ》・宝冠、荘厳すること無量なり。仏の光明を見て清浄の眼を得、前《さき》の*宿習に因りてもろもろの*法音を聞く。色に触れ声に触れて、奇妙ならざるものなし。*虚空界を尽す荘厳は眼も雲路に迷ひ、妙法輪を転ずる音声《おんじよう》は聴くに宝刹に満つ。楼殿と林池とは表裏照り曜《かがや》き、鳧《かも》・雁《がん》・鴛鴦《おしどり》は遠近に群がり飛ぶ。或は衆生の、*駛雨《しう》の如く十方世界より生るるを見、或は聖衆《しようじゆ》の、*恒沙《ごうじや》の如く無数の仏土より来るを見る。或は楼台に登りて十

観経・平等覚経　観無量寿経(正蔵一二ノ三四四下—三四五上)、無量清浄平等覚経巻一・二(正蔵一二ノ二八一下、一二ノ二九一下—二九二上)。

伝記　源信が重視した慶滋保胤(よししげのやすたね)の日本往生極楽記とすれば、例えば大僧都寛忠の同母姉である、ある尼の条などはその一例。↓補

大梵王宮の…　大梵天は色界初禅天における三天の一つで、ここでは有尋有伺(うじんうし)定・無尋唯伺定といった禅定にはいる。↓補

輪転…　車輪の転がるように果てしがなく、ついには三悪道も免れない。

竜樹の偈　十住毘婆沙論巻五、易行品(正蔵二六ノ四三上)。

帰命　心から信ずること。南無阿弥陀仏の南無に同じ。南無は梵語。

紫磨金色　紫がかった黄金の色。紫磨は金の精ともいえる、金の最上品。

自然の宝衣　縫目のない、また自然に得られる、宝で飾られた立派な衣。

宿習　前世に行なった善悪の行為が習慣となった、その名残り。

法音　説法の声。

虚空界を…　空一面に隈もなく広がっている飾り。

駛雨　夕立ち。にわか雨。

恒沙　ガンジス河の砂。恒河沙の略。量り知れないほど数多いことの形容。

坐禅入定　定は禅定のことで、三昧

方を望む者あり。或は宮殿に乗りて虚空に住する者あり。或は空中に住して、経を誦《ず》し法を説く者あり。或は空中に住して*坐禅入定《ざぜんにゅうじょう》する者あり。地上・林間も亦またかくの如し。処々にまた、河を渉《わた》り流れに濯《すす》ぎ、楽《がく》を奏し花を散《さん》じ、楼殿に往来して、*如来《にょらい》を礼讃《らいさん》する者あり。かくの如き無量の天人・聖衆は、心の随《まま》に遊戯《ゆげ》す。いはんや*化仏《けぶつ》・菩薩の香雲・花雲、国界に充ち満つること、具《つぶ》さに名《い》ふべからず。

また漸く眸《ひとみ》を廻《めぐ》らして遙《はる》かに以て瞻望《せんもう》するに、弥陀如来は*金山王《こんせん》の如く宝蓮華の上に坐し、宝池の中央に処《お》しませり。観音・勢至は威儀《いぎ》尊重にして、また宝花に坐し、仏の左右に侍《はべ》りたまひ、無量の聖衆は恭敬《くぎょう》して囲繞《いにょう》せり。

また宝地の上には宝樹行列し、宝樹の下にはおのおの一仏と二菩薩まします。光明もて厳飾《ごんじき》し、瑠璃《るり》の地に遍《あまね》きこと、夜の闇の中に大いなる炬火を燃《とも》せるが如し。

時に観音・勢至、行者の前に来至し、*大悲《だいひ》の音を出して種々に慰喩《いゆ》したまふ。行者、蓮の台《うてな》より下りて*五体《ごたい》を地に投げ、頭面《ずめん》に敬礼《きょうらい》したてまつる。即ち菩薩に従ひて、漸く仏の所《みもと》に至り、*七宝《しっぽう》の階《きざはし》に跪いて*万徳《まんどく》の尊容を瞻《み》たてまつる。*一実《いちじつ》の道を聞いて*普賢《ふげん》の願海に入り、歓喜《かんぎ》して涙を雨《ふ》らし、渇仰《かつごう》して骨に徹《とお》る。始めて仏界に入りて未曾有なることを得《う》。行者、昔、娑婆に於て纔《わず》かに教文《きょうもん》を読みたらんには、今正《まさ》しくこの事を見て、歓喜の心、幾《いく》ばくならんや。〈多くは*観経等の意に依る〉

*竜樹の偈に曰く、

もし人、*善根《ぜんごん》を種《う》ゑて　疑へば則ち華開《はなひら》かず　信心清浄なる者は　花開けて則ち仏を

ともいう。ある対象に向かって心を集中して乱れない状態。ここでは静かに坐って、そうした三昧の境地にはいっているものがいるの意。

如来　梵語。如は真如(しんにょ)、すなわち一切のもののありのままの真実のことで、その真如より姿を現わしたものが仏であるとされる。仏は如来の別名の一つ。

化仏　仮りに姿をとって現わし出された仏。

金山王　金山は仏の身体の喩え。

大悲　悲は慈悲の意。いつくしみを抱いて喜びを与えるのが慈、あわれんで、苦しみを除くのが悲とされる。大悲は仏・菩薩にのみ具わる勝れた特質の一つ。

五体を地に投げ　頭と両肘・両膝を地につけて行なう礼法。頂礼に同じ。

七宝　金・銀・瑠璃・水晶・硨磲(しゃこ)・珊瑚・瑪瑙(めのう)の七。ただし内容はかならずしも一定しない。↓補

万徳　数知れない多くの功徳。

一実　唯一真実の意。

普賢の願海　普賢菩薩のたてた広大な十の誓い。↓六五頁「華厳経…」注

観経　観無量寿経(正蔵一二ノ三四五上)。

竜樹の偈　十住毘婆沙論巻五、易行品(正蔵二六ノ四三中)。

善根　善を生ずるもと。貪り・怒り・愚かさの三つを離れることなど。

見たてまつる

と。

第三に、*身相神通《しんそうじんずう》の楽とは、かの土《ど》の衆生はその身真金色《しんこんじき》にして、内外《ないげ》倶《とも》に清浄なり。常に光明ありて彼此《ひし》互に照《てら》す。*三十二相具足《ぐそく》して荘厳《しょうごん》し、端正《たんじょう》殊妙にして世間に比《たくら》ぶるものなし。もろもろの*声聞衆《しょうもんしゅ》は身の光一尋にして、菩薩の光明は百由旬を照す。或は十万由旬とも云ふ。*第六天の主を以てかの土の衆生に比ぶるに、猶し*乞丐《こつがい》の、帝王の辺《ほとり》にあるが如し。

またかのもろもろの衆生は、皆、*五通《ごつう》を具し、*妙用《みょうゆう》測り難く、心の随《まま》に自在《じざい》なり。もし十方界の色を見んと欲せば、歩を運ばずして即ち見《み》、十方界の声を聞かんと欲せば、座を起《た》たずして即ち聞く。無量の*宿命《しゅくみょう》の事は今日聞くところの如く、六道の衆生の心は明かなる鏡に像を見るが如し。*無央数《むおうしゅ》の仏の刹《くに》に*咫尺《ししゃく》の如く往来し、およそ横には百千万億那由他の国に於ても、竪《たて》には百千万億那由他の劫に於ても、一念の中にして自在無碍《むげ》なり。

今この界の衆生、三十二相に於て誰か一相を得、五神通に於て誰か一通《つう》を得たるものあらん。燈・日にあらずは以て照すことなく、行歩にあらずは以て至ることなし。一紙といへどもその外を見ず、一念といへどもその後を知らず、*樊籠《はんろう》をいまだ出でざれば、事に随ひて碍《さわり》あり。しかるにかの土の衆生は、一人としてこの徳を具せざるもの、あるこ

身相神通　身にそなわる相好と超人的な不思議な能力。

三十二相　仏に具わる、外見してそれとわかる勝れた肉体的特質を三十二数えたもので、眉間の白毫(びゃくごう)・頭の上の肉の隆起した肉髻(にっけい)など。→補

声聞　一般に小乗の聖者をいう。仏の声を聞くものの意で、釈尊の弟子を指したが、菩薩と対比するときは、声聞は自己のさとりにのみ専念する自利の聖者として特徴づけられる。

第六天　他化天、または他化自在天のこと。→二〇頁「他化天」注

乞丐　乞食。底本には「丐」を「丏(べん)」に作る。

五通　五神通。→四〇頁「仙に登り…」注

妙用　勝れたはたらき。

宿命　過去世での生存のあり方。

無央数　数かぎりないこと。梵語、阿僧祇(あそうぎ)の訳語。

咫尺　ごく僅かなこと。僅かな距離。

樊籠　鳥籠。

百大劫　世界の成立と破壊の過程として劫が説かれる場合、劫には成

となし。*百大劫の中に於ても相好《そうごう》の業を種《う》ゑず、*四静慮《じょうりょ》の中に於ても神通の因を修せざれども、ただこれかの土の*任運生得《にんうんしょうとく》の果報なり。また楽しからずや。〈多くは*双観経・平等覚経等に依る〉

*竜樹の偈に云く、

人《にん》・天《でん》の身相《しんそう》、同じくして　猶し金山《こんせん》の頂の如し　もろもろの勝れたる所帰《しょき》の処なり
この故に頭面《ずめん》に礼したてまつる　それかの国に生るることあらば　天眼《てんげん》・耳通《につう》を具して
十方に普《あまね》く無碍なり　聖中《しょうちゅう》の尊を*稽首《けいしゅ》したてまつる　その国のもろもろの衆生は
*神変《じんぺん》と及び心通《しんつう》あり　また宿命智を具せり　この故に帰命し礼したてまつる

と。

第四に、*五妙境界《ごみょうきょうがい》の楽とは、*四十八願もて浄土を荘厳したまへば、一切の万物、美を窮《きわ》め妙を極めたり。見る所、悉くこれ浄妙《じょうみょう》の色にして、聞く所、解脱の声ならざることなし。香・味・触の境も亦またかくの如し。

謂く、かの世界は瑠璃を以て地と為し、金の縄にてその道を界《さかい》す。*坦然《たんねん》平正にして高下あることなく、*恢廓曠蕩《かいかくこうとう》にして辺際《へんざい》あることなし。*晃耀微妙《こうようみみょう》にして奇麗清浄なり。もろもろの妙衣《みょうえ》を以て遍くその地に布《し》き、一切の人《にん》・天《でん》、これを践《ふ》みて行く。〈已上は地の相なり〉

衆宝の国土の、一々の界《さかい》の上には、五百億の七宝より成るところの宮殿《くでん》・楼閣あり。高下、心に随ひ、広狭、念《おもい》に応ず。もろもろの宝の床座には、妙衣もて上に敷き、七重

劫・住劫・壊劫・空劫の四劫が説かれ、それぞれの劫は二十中劫(→二一頁「半中劫」注)よりなるとされるが、またこの四劫、すなわち八十中劫をもって一大劫とする。そしてこの現在が属する一大劫は賢劫(げんごう)と呼ばれる。

四静慮　静慮は梵語、禅の訳語。四禅ともいう。初禅(初静慮。以下も同じ)・第二禅・第三禅・第四禅のこと。これによって色界の四禅天に生まれるという。

任運生得…　自然に生まれたときから得られている果報。

双観経…　無量寿経巻上(正蔵一二ノ二七一中—下など)、平等覚経巻二(正蔵一二ノ二八七上—下など)。

竜樹の偈　十住毘婆沙論巻五、易行品(正蔵二六ノ四三上—中)。

稽首　頭を地につけて礼拝すること。最高の敬意を表わす礼法に、接足作礼(稽首礼足ともいう)がある。

神変と…　神足通と他心通のこと。

五妙　五官の対象である色・声・香・味・触の五つが美しく浄らかに勝れていること。

四十八願　阿弥陀仏が法蔵菩薩であったときに立てた願。→補

坦然　平坦なこと。

恢廓曠蕩　恢廓は広く大きなこと。曠蕩は広々としたさま。

晃耀　輝くこと。

の*欄楯《らんじゅん》、百億の華の幢《はた》ありて、珠の瓔珞《ようらく》を垂れ、宝の幡蓋《ばんがい》を懸けたり。殿の裏《うち》、楼の上には、もろもろの天人ありて、常に伎楽《ぎがく》を作し、如来を歌詠したてまつる。〈已上は宮殿《くでん》なり〉

講堂・精舎・宮殿・楼閣の内外《ないげ》・左右にもろもろの浴池《よくち》あり。黄金の池の底には白銀の沙《いさご》あり、白銀の池の底には黄金の沙あり、水精の池の底には瑠璃の沙あり、瑠璃の池の底には水精の沙あり。珊瑚《さんご》・虎魄《こはく》・車磲《しゃこ》・馬瑙《めのう》・白玉《はくぎょく》・紫金《しこん》も亦またかくの如し。八功徳《はっくどく》の水、その中に充満し、宝の沙の、映徹して深く照さざることなし。〈*八功徳とは、一には澄浄、二には清冷、三には甘美、四には軽耎、五には潤沢、六には安和、七には飲む時、飢渇等の無量の過患を除き、八には飲み已りて、定んで能く諸根・四大を長養し、種々の殊勝の善根を増益《ぞうやく》するなり〉

四辺の階道は衆宝もて合成《ごうじょう》し、種々の宝花は池の中に弥《あまね》く覆ふ。青蓮には青き光あり、黄蓮には黄なる光あり、赤蓮・白蓮にもおのおのその光ありて、微風吹き来れば、華の光、乱れ転《うご》く。一々の華の中におのおの菩薩あり、一々の光の中にもろもろの化仏《けぶつ》あり。

微《かす》かなる瀾《なみ》、廻り流れて転《うた》た相《あい》灌注す。安詳《あんじょう》として徐《おもむろ》に逝《ゆ》き、遅からず疾《はや》からず。その声微妙《みみょう》にして仏法ならざるなし。或は苦・*空・無我《むが》、もろもろの*波羅蜜《はらみつ》を演説し、或は*十《じゅう》力《りき》・*無《む》畏《い》、*不共法《ふぐほう》の音《こえ》を流出す。或は大慈悲の声、或は*無生忍《むしょうにん》の声なり。その聞く所に随ひて歓喜無量なり。清浄なる寂滅の、真実の義に随順し、菩薩と声聞の、行ずる所の道に随順せり。また、鳧《かも》・雁《がん》・鴛鴦《おしどり》・鵜《う》・鷺《さぎ》・鵝《がちょう》・鶴《つる》・孔雀《くじゃく》・鸚鵡《おうむ》・*伽陵頻迦《かりょうびんが》等の、百宝の色の鳥、*昼夜六時に和雅の音を出して、仏を念じ、法を念じ、比丘僧を念ずることを讃嘆

欄楯　てすり。

八功徳とは…　この説明は称讃浄土仏摂受経(正蔵一二ノ三四八下)によるもの。

空・無我　→四五頁注。→補

波羅蜜　梵語。到彼岸・度(ど)などと訳する。迷いの岸からさとりの岸に至る意。菩薩の修行で、布施・持戒・忍辱(耐え忍ぶこと)・精進(努力すること)・禅定・智慧(般若)の六波羅蜜はその代表的なもの。

十力　仏が具える十種の智慧の力。(1)如実に道理とそれに反する一切を知る、処非処智力。(2)如実に過去・現在・未来にわたって、行為とその果報との因果を知る、業異熟(ごういじゅく)智力。(3)如実に一切の禅や三昧の順序・浅深を知る、静慮解脱等持等至智力。(4)如実に人の信ずる能力などの勝劣の差別を知る、根上下智力。(5)如実に人の判断を知る、種々勝解智力。(6)如実に人の生まれや行為を知る、種々界智力。(7)如実に人や天などが種々の世界に行く、その行為の因果を知る、遍趣行智力。(8)如実に前世のことを想起して知る、宿住随念智力。(9)如実に人の死と生を知り、来世の善悪について知る、死生智力。(10)みずから煩悩のなくなったことを知り、また他のものの煩悩を断つことについても如実に知る、漏尽智力。

無畏　四無畏のこと。仏に具わる自

し、*五根《ごこん》と五力《ごりき》と七菩提分《しちぼだいぶん》を演暢《えんちょう》す。三途、苦難の名もあることなく、ただ自然快楽《じねんけらく》の音のみあり。

かのもろもろの菩薩及び声聞衆、宝池に入りて洗浴する時は、浅深の念《おもい》に随ひ、その心に違《たが》はず。心の垢を蕩除し、清明澄潔《しょうみょうちょうけつ》なり。洗浴已に訖《おわ》れば、おのおの自《みずか》ら去り、或は空中にあり、或は樹下にありて、経を講じ経を誦する者あり、経を受け経を聴く者あり、坐禅する者あり、経行《きょうぎょう》する者あり。その中に、いまだ*須陀洹《しゅだおん》を得ざる者は則ち須陀洹を得、乃至、いまだ阿羅漢《あらかん》を得ざる者は阿羅漢を得、いまだ*阿惟越致《あゆいおっち》を得ざる者は阿惟越致を得、皆悉く道を得て歓喜せざるものなし。

また清き河あり。底に金の沙を布き、浅深寒温、曲《つぶ》さに人の好みに従ふ。衆人、遊覧して、同じく河浜《かひん》に萃《あつ》まる。〈已上は水相なり〉

池の畔、河の岸に、栴檀《せんだん》の樹あり。行々相《あい》当り、葉々相次《つ》ぎ、紫金の葉、白銀の枝、珊瑚の花、車磲の実、一宝・七宝、或は純、或は雑の、枝葉花菓、荘厳し映飾す。和風時に来りてもろもろの宝樹を吹けば、羅網《らもう》微かに動いて妙花徐《しず》かに落ち、風に随ひて馥《かおり》を散らし、水に雑りて芬《かおり》を流す。いはんや微妙の音を出して*宮商《きゅうしょう》相和《あいわ》すること、譬へば百千種の楽を同時に倶《とも》に作すが如し。聞く者は自然《じねん》に仏・法・僧を念ず。かの第六天の万種の音楽も、この樹の一種の音声にはしかざるなり。

葉の間には花を生じ、花の上には菓ありて、皆光明《こうみょう》を放ち、化《け》して宝蓋《ほうがい》となり、一切の*仏《ぶっ》事《じ》、蓋《かさ》の中に映現す。乃至、十方の厳浄《ごんじょう》の仏土を見んと欲はば、宝樹の間に於て皆悉く照

信で、(1)すべて知らないものはないという諸法現等覚無畏、(2)すべて煩悩を断ち切ったという一切漏尽智無畏、(3)煩悩が修行の障碍であることをすべて説いたという障法不虚決定授記無畏、(4)煩悩の世界を出てさとりに至る道を説いたという為証一切具足出道如性無畏、の四。

不共法　仏・菩薩にのみ具わる勝れた特質のこと。十八を数え、十力・四無畏・大悲などを含む。

無生忍　一切は空であるとさとることによって、その真理に心を安んじて動じないこと。↓七七頁注

伽陵頻迦　梵語。極楽に住むという声の美しい鳥。↓一六八頁「羯随」注

昼夜六時　晨朝・日中・日没・初夜・中夜・後夜のこと。

五根と…　仏教の実践修行法である三十七菩提分に含まれるもの。↓補

須陀洹　小乗の聖者の仲間入りした位。阿羅漢はこの聖者の位の究極。↓一〇四頁「四果の向」注

阿惟越致　梵語。不退転と訳する。菩薩のさとりや地位を失わないこと。

宮商　宮・商・角・徴・羽の五音階。

仏事　仏の行なう教化のこと。

見す。樹の上に七重の宝網あり、宝網の間には五百億の妙花の宮殿《くでん》あり、宮殿の中にはもろもろの天の童子ありて、*瓔珞《ようらく》を光り耀《かがや》かせ、自在に遊び楽しむ。かくの如く七宝《しっぽう》のもろもろの樹、世界に周遍し、名花・軟草もまた処に随ひてあり、柔軟・香潔にして、触るる者、楽みを生ず。〈已上は樹林なり〉

もろもろの宝の羅網《らもう》は虚空に弥《あまね》く満ち、もろもろの宝鈴を懸けて妙法の音を宣《の》ぶ。天花は妙色《みやうじき》にして繽紛として乱れ墜ち、宝衣《ほうえ》・*厳具《ごんぐ》は旋転して来り下り、鳥の飛んで空より下るが如くもろもろの仏に供散《ぐさん》したてまつる。また無量の楽器ありて懸《はる》かに虚空に処《とど》まり、鼓《う》たざるに自《おのずか》ら鳴りて、皆妙法《みょうほう》を説く。〈已上は虚空なり〉

また*如意《にょい》の妙香・*塗香《ずこう》・抹香《まっこう》、無量の香、芬馥《ふんぷく》として遍く世界に満つ。もし聞《か》ぐことある者は、*塵労垢習《じんろうくじゅう》、自然に起らず。およそ地より空に至るまで、宮殿・花樹、一切の万物は、皆無量の雑宝の百千種の香を以て、共に合成す。その香《かおり》、普く十方の世界に薫《くん》じ、菩薩にして聞《か》ぐ者は皆仏の行《ぎょう》を修《しゅ》す。

またかの国の菩薩・*羅漢《らかん》・もろもろの衆生等、もし食せんと欲する時は、七宝の机、自然に現前し、七宝の鉢には妙味中《なか》に満つ。世間の味に類せず、また天上の味にもあらず、香美なること比《たぐい》なく、*甜酢《でんそ》、意に随ふ。色を見、香を聞《か》ぎ、身心清潔となり、即ち食し已るに同じくして、*色力《しきりき》増長す。事《こと》已れば化《け》し去り、時至ればまた現る。

またかの土の衆生、衣服《えぶく》を得んと欲せば、念の随《まま》に即ち至る。仏の讃へたまふ所の如く、*応法の妙なる服、自然に身にありて、裁縫・*染治《せんじ》・浣濯を求めず。

瓔珞　宝玉や貴金属を編み合わせて作った装身具で、頭・頸・胸などに飾るものの総称。仏像や天蓋などの装飾、仏殿内の装飾にも用いる。

厳具　荘厳具のこと。装身具。

如意　思いのままになること。

塗香・抹香　香水のように体に塗る香が塗香、焼香などに用いる細かくくだいた香が抹香。

塵労垢習　塵労も垢も煩悩のこと。習は習気(じっけ)で、煩悩がたびたび起こることによって、いつの間にかしみこんだ習性のこと。

羅漢　阿羅漢の略称。最高の聖者として、もはや学ぶことがなくなった位なので、これを無学ともいう。

甜酢　甘いことと酸いこと。

色力　身体の力。

応法　教えにかなっていること。

また光明《こうみょう》周遍して日《にち》・月《がつ》・燈燭《とうそく》を用ひず。冷暖調和して、春秋冬夏あることなし。自然の徳風は温冷調適《じょうじゃく》し、衆生の身に触るるに、皆快楽《けらく》を得ること、譬へば比丘の、*滅尽《めつじん》三昧《ざんまい》を得るが如し。毎日の晨朝《じんぢょう》には、吹かれ散る妙花、遍く仏土に満ち、馨《こうば》しき香《かおり》*芬烈《ふんれつ》して、微妙柔軟なること*兜羅綿《とらめん》の如く、足もてその上を履《ふ》めば、蹈下《とうげ》すること四寸、足を挙げ已るに随ひて、また復すること故《もと》の如し。*晨朝を過ぎ已れば、その花、地に没す。旧《ふる》き花、既に没すれば、更に新しき花を雨《ふ》らす。中時・晡時《ほじ》、初・中・後夜も亦またかくの如し。

これ等のあらゆる微妙の五境は、見《み》、聞き、覚《さと》る者の身心をして適悦ならしむといへども、しかも有情の貪著《とんじゃく》を増長せしめず、更に無量の殊勝の功徳を増す。およそ八方・上下、無央数《むおうしゅ》の諸仏の国の中には、極楽世界にある所の功徳もて最も第一となす。二百一十億の諸仏の浄土の、厳浄なる妙事、皆この中に摂在するを以てなり。もしかくの如き国土の相を観ずる者は、無量億劫の極重《ごくじゅう》の悪業をも除き、命終の後は必ずかの国に生ぜん。〈*二種の観経、*阿弥陀経・*称讃浄土経・*宝積経・*平等覚経・*思惟経等の意に依りて、これを記す〉

*世親《せしん》の偈に云く、

かの世界の相を観ずるに　三界の道に勝過せり　究竟せること虚空の如く　広大にして辺際なし　宝花千万種にして　弥《あまね》く池と流《ながれ》と泉を覆ふ　微風、花葉《けよう》を動かすに　交《きょう》錯《しゃく》して光乱れ転《うご》く　宮殿のもろもろの楼閣は　十方を観るに碍《さわり》なく　雑樹には異る光色あり　宝欄遍く囲み繞《めぐ》る　無量の宝、絞絡《きょうらく》して　羅網、虚空に遍じ　種々の鈴、響

染治・浣濯　染めたり、つくろったり、洗濯したりする。
滅尽三昧　滅尽定ともいう。心と心のはたらきとがすべて尽きた三昧。この三昧の修行によって色界最高の有頂天に生まれるという。
芬烈　香気の高いこと。
兜羅綿　娑羅樹からでる柳絮(りゅうじょ)のような白い綿をいう。兜羅は樹の名。
晨朝…　以下に記すものは六時。晨朝は平旦、中時は日中(日正中)、晡時は日没(日入)。初夜は人定、中夜は夜半、後夜は鶏鳴ともいう。
二種の観経　双観経すなわち無量寿経と観無量寿経のこと。無量寿経巻上(正蔵一二ノ二七〇上—二七二上)、観無量寿経(同一二ノ三四二上—三四三上)。
阿弥陀経　阿弥陀経(正蔵一二ノ三四六下—三四七上)。
称讃浄土経　称讃浄土仏摂受経(正蔵一二ノ三四八下—三四九中)。
宝積経　大宝積経巻一七—一八(正蔵一一ノ九六上—九八上)。
平等覚経　無量清浄平等覚経巻二(正蔵一二ノ二八七上—二八八上)。
思惟経　阿弥陀仏大思惟経説序分第一(陀羅尼集経巻二所収)(正蔵一八ノ八〇〇下)。
世親の偈　無量寿経優婆提舎願生偈すなわち浄土論(正蔵二六ノ二三〇下—二三一上)。

を発して　妙法の音を宣《の》べ吐《いだ》す　衆生の願楽《がんぎょう》する所　一切皆《みな》満足す　故に我かの　阿
弥陀仏の国に　生れんと願ふ

と。

第五に、快《け》楽《らく》無退の楽とは、今この*娑婆《しゃば》世界は耽《ふけ》り玩《もてあそ》ぶべきものなし。*輪王《りんのう》の位も七宝久しからず。天上の楽も五衰早く来り、乃至、*有頂《うちょう》も輪廻に期《かぎり》なし。いはんや余の世の人をや。事と願と違《たが》ひ、楽と苦と倶《とも》なり。富める者、いまだ必ずしも寿《いのちなが》からず、寿き者、いまだ必ずしも富まず。或は昨《きのう》富みて、今《きょう》貧しく、或は朝《あした》に生れて、暮《ゆうべ》に死す。故に*経に言く、

出づる息《いき》は入る息を待たず、入る息は出づる息を待たず。ただ眼前に楽去りて哀《かなしみ》来るのみにあらず。また命終《みょうじゅ》に臨んでは、罪に随ひて苦に堕つ。

と。

かの西方世界は、楽を受くること窮《きわま》りなく、*人天交接《にんでんきょうしょう》して、両《とも》に相見ることを得。慈悲、心に薫じて、互に一子の如し。共に瑠璃地の上を経行し、同じく栴檀《せんだん》の林の間に遊戯《ゆげ》して、宮殿より宮殿に至り、林池《りんち》より林池に至る。もし寂《しずか》ならんと欲する時は、風・浪・絃・管、自《おのずか》ら耳下《みみもと》を隔《へだ》たり、もし見んと欲する時は、山川渓谷、なほ眼前に現る。香・味・触《そく》・*法《ほう》も、念《おもい》の随《まま》にまた然《しか》り。或は*飛梯《ひたい》を渡りて伎楽を作し、或は虚空に騰《のぼ》りて神通を現す。或は他方の*大士《だいし》に従ひて

娑婆世界　娑婆は梵語。忍土(にんど)と訳する。苦しみの世界の意。↓補

輪王　転輪王、転輪聖王(てんりんじょうおう)ともいう。この世の最高の理想化された帝王で、須弥山のもと、四大洲を統一し、輪宝・象宝・馬宝・珠宝・女宝・居士宝・主兵臣宝の七宝を成就して、正しい政治をしくとされ、出世間の最高の仏と対比される。またこの王の輪宝には金・銀・銅・鉄の四種の別があり、これによって金輪王、ないし鉄輪王の称が分かれ、金輪王は四大洲全体を、ないし鉄輪王は四大洲のうち一つを治める、などと説かれる。転輪王が輪宝を転じて世を統一するのにならって仏の説法を転法輪(てんぼうりん)という。

有頂　有頂天のこと。色界には四禅天があり、その第四禅天には八天を数えるが、有頂天はその最高。

経に…　良忠の往生要集義記巻三に、法句経・涅槃経・大智度論などを掲げて説明にかえているが、直接この言葉を説くものは明らかでない(浄全一五ノ二二四下―二二五上)。

人天交接　高僧伝巻六、僧叡の条によれば、姚秦の鳩摩羅什(くまらじゅう)が法華経を訳したとき、かつて竺法護が、天は人を見、人は天を見ると訳した文章に接したが、その訳が適切でないことを僧叡に語ったところ、僧叡は、人と天とが交り合って、たがいに見合うことではないか、といった

迎送し、或は天人・聖衆に伴《とも》ひて以て遊覧す。或は宝池の辺に至り、新生《しんしょう》の人を慰問す、「汝知るやいなや、この処を極楽世界と名づけ、この界の主を弥陀仏と号したてまつるを。今まさに帰依したてまつるべし」と。或は同じく宝池の中にありて、おのおの蓮の台《うてな》の上に坐り、互に宿命の事を説かく、「我本《もと》、その国にありて、心を発して道を求めし時、その経典を持《たも》ち、その戒行を護り、その善法を作し、その布施を修《おさ》めたり」と。おのおの好み憙《よろこ》びし所の功徳を語り、具《つぶ》さに来生《らいしょう》せる所の本末を陳《の》ぶ。或は共に十方諸仏の*利生《りしょう》の方便を語り、或は共に*三有《さんう》衆生の抜苦の因縁を議《はか》る。議り已れば縁を追《お》ひて相去り、語り已れば楽《ねがい》の随に共に往く。或はまた七宝の山に登り、〈七宝の山、七宝の塔、七宝の坊のこと、*十往生経に出づ〉八功の池に浴し、寂然《じゃくねん》として宴黙《えんもく》し、読誦《どくじゅ》・解説《げせつ》す。かくの如く遊楽《ゆぎょう》すること、相続して間《ひま》なし。

*処はこれ不退《ふたい》なれば永く三途・*八難の畏《おそれ》を免れ、寿《いのち》もまた無量なれば終《つい》に生老病死の苦なし。*心《しん》・事《じ》相応すれば*愛別離苦《あいべつりく》なく、慈眼《じげん》もて等しく視《み》れば怨憎会苦《おんぞうえく》もなし。*白業《びゃくごう》の報なれば求不得苦《ぐふとっく》なく、金剛の身なれば五盛陰苦《ごじょうおんく》もなし。一たび七宝荘厳の台に託しぬれば、長く三界苦輪の海を別る。もし*別願あらば、他方に生るといへども、これ自在の生滅にして業報の生滅にはあらず。なほ不苦・不楽の名すらなし。いかにいはんや、もろもろの苦をや。

*竜樹の偈に云く、

もし人かの国に生るれば　終《つい》に*悪趣《あくしゅ》と　及《およ》び阿修羅に堕せず　我いま帰命《きみょう》し礼《らい》した

という(正蔵五〇ノ三六四中)。法華経巻四、五百弟子受記品に見え(同九ノ二七下)、羅什の名訳の一つとされている。

法　五根(五官)は色等の五境を対象とするが、その五根にもう一つ加えられる意根の対象が法(法境)である。これは広くは一切のものを含むが、狭義には五境以外のものとする。

飛梯　雲にかかる掛け橋。

大士　菩薩のこと。

利生　衆生を利益すること。

三有　三界に同じ。

十往生経　十往生阿弥陀仏国経(続蔵一ノ八七ノ二九二左下)。

処はこれ…　→補

八難　仏道修行の障碍になるものを八つ数えたもの。→補

心・事　心に思うことと現実と。

愛別離苦…　以下の四苦は八苦のなかの四。愛するものと別れる苦しみ、怨み憎んでいるものと会う苦しみ、求めるものが得られない苦しみ、身心や環境など一切を構成している五蘊から生ずる苦しみの四。

白業　正しい行為、行ない。

別願　いわゆる四弘誓願などの総願に対していわれる、個人的な特別の願。普賢の十願など。

竜樹の偈　十住毘婆沙論巻五、易行品(正蔵二六ノ四三上)。

悪趣　悪道に同じ。→四四頁「六道」

注

てまつる

と。

第六に、引接結縁《いんじようけちえん》の楽とは、人の世にあるとき、求むる所、意の如くならず。樹は静かならんと欲するも、風停《や》まず。子は養はんと欲するも、親待たず。志《こころざし》、肝胆を舂《つ》くといへども、力*水菽《すいしゆく》に堪へず。君臣・師弟・妻子・朋友、一切の*恩所《おんじよ》、一切の*知識、皆またかくの如し。空しく*痴愛の心を労して、いよいよ輪廻の業《ごう》を増す。いはんやまた業果《ごうか》推し遷《うつ》りて、生処《しようしよ》相隔つときは、六趣・*四生《ししよう》、いづれの処なるを知らず。野の獣、山の禽、誰か旧《もと》の親を弁《わきま》へん。*心地観経《しんじかんぎよう》の偈に云ふが如し。

世の人、子の為にもろもろの罪を造り　三途《さんず》に堕在《だざい》して長く苦を受くれども　男女《なんによ》、聖にあらざれば神通なく　輪廻を見ざれば報ずべきこと難し　有情《うじよう》、輪廻して六道に生るること　猶し車輪の如く始終なし　或は父母となり男女となりて　世々《せせ》生々《しようしよう》に互に恩あり

と。

もし極楽に生るれば、智慧高く明かにして神通洞《ふか》く達し、世々生々の恩所・知識、心の随《まま》に引接す。天眼《てんげん》を以て生処を見、天耳《てんに》を以て言音《ごんおん》を聞き、宿命智《しゆくみようち》を以てその恩を憶ひ、他心智を以てその心を了《さと》り、神境通《じんきようつう》を以て随逐《ずいちく》・変現《へんげん》し、*方便力《ほうべんりき》を以て教誡・示導す。*平等経に云ふが如し。

水菽　水を飲み、豆の粥をすすることで、粗食をいう。貧乏生活。

恩所　恵みを与えてくれる人。

知識　知り合い。正しい道理を教えてくれる人。

痴愛　愚痴・盲愛。

四生　四種の生まれ方。生物の生まれる形式を四つに整理したもの。(1)胎生(たいしよう)、母胎から生まれること。(2)卵生、卵から生まれること。(3)湿生、湿気から生まれること。虫など。(4)化生、みずからの行為の力によって忽然と生まれ、他の力によらないもの。天・地獄・中有(ちゆうう)など。

心地観経　大乗本生心地観経巻三（正蔵三ノ三〇二中）。

方便力　巧みなてだて、はかりごとの力。

平等経　無量清浄平等覚経巻一・二（正蔵一二ノ二八三中、一二ノ二九〇上）。

かの土の衆生は、皆自らその前世に従来せし所の生を知り、及び八方・上下、去来・現在の事を知り、かの諸天・人民、*蠉飛《かんび》・蠕動《ねんどう》の類《たぐい》の、心意に念《おも》ふ所、口に言はんと欲する所を知る。いづれの歳、いづれの劫《こう》に、この国に生れ、菩薩の道を作し、阿羅漢を得べきか、皆予《あらかじ》めこれを知る。

と。

また*華厳経の普賢の願に云く、

願はくは、我命《いのち》終らんと欲する時に臨んで　尽《ことごと》く一切のもろもろの障碍を除いて
面《まのあた》りかの仏、阿弥陀を見たてまつり　即ち安楽の刹に往生することを得ん　我既に
かの国に往生し已れば　現前にこの大願を成就し　一切円満して尽く余すことなく
一切衆生界を利楽《りぎょう》せん

と。*無縁すらなほしかり。いはんや結縁をや。

*竜樹の偈に云く、

無垢荘厳の光　一念及び一時に　普く諸仏の*会《え》を照し　もろもろの*群生《ぐんじょう》を利益す

と。

第七に、*聖衆倶会《しょうじゅくえ》の楽とは、*経に云ふが如し。

衆生、聞かん者は、応当《まさ》に願を発《おこ》して、かの国に生れんと願ふべし。所以《ゆえん》はいかん。かくの如きもろもろの上善の人と、倶《とも》に一処に会《え》することを得ればなり。

と。〈已上〉

蠉飛・蠕動　空に飛び、地にうごめく虫。

華厳経…　華厳経(四十巻本)巻四〇(正蔵一〇ノ八四八上)。普賢の十大願は同じ経に「もしこの功徳門を成就せんと欲せば、応に十種の広大の行願を修すべし。何等をか十となす。一には諸仏を礼敬す。二には如来を称讃す。三には広く供養を修す。四には業障(ごつしよう)を懺悔(さんげ)す。五には功徳を随喜す。六には法輪を転ぜんことを請ふ。七には仏の、世に住せんことを請ふ。八には常に仏に随ひて学ぶ。九には恒に衆生に順ふ。十には普く皆廻向す」(同一〇ノ八四四中)とあるものがそれである。また普賢菩薩はその願と修行を全うした菩薩として、すべての仏の国に姿を現わす菩薩である。普とは遍一切処の意、賢とは最妙善の義、などといわれる。

無縁　なんの関係もないもの。

竜樹の偈　実は世親の浄土論のなかの偈(正蔵二六ノ二三一上)。

会　説法の会座のこと。

群生　多くの衆生。

聖衆　浄土にいる菩薩たち。仏のおつきの菩薩。

経　阿弥陀経(正蔵一二ノ三四七中)。

かのもろもろの菩薩聖衆の徳行《とくぎょう》は思ひ議《はか》るべからず。普賢《ふげん》菩薩の言《いは》く、

もし衆生ありて、いまだ善根を種《う》ゑざるもの、及び少善を種ゑたる声聞・菩薩は、なほわが名字を聞くことを得ず。いはんやわが身を見んことをや。もし衆生ありてわが名を聞くことを得ば、*阿耨菩提《あのくぼだい》に於てまた退転せず。乃至、夢の中にて、我を見《み》、聞かん者も亦またかくの如し。

と。〈*華厳経の意〉また云く、

我《われ》常にもろもろの衆生に随順《ずいじゅん》して　未来一切の劫を尽すまで　恒《つね》に普賢の広大の行を修し　*無上の大菩提を円満せん　*普賢の身相は虚空の如し　真に依りて住すれば国土にあらず　もろもろの衆生の心の欲する所に随ひて　普《あまね》き身を示現《じげん》して一切に等しくす　一切の刹の中の諸仏の所《みもと》に　種々の*三昧もて神通を現し　一々の神通は悉く　十方の国土に周遍して遺《のこ》す者なし　一切の刹の如来の所の如く　かの刹の塵の中にも悉くまた然り

と。〈*同じ経の偈〉

*文殊師利《もんじゅしり》大聖尊《だいしょうそん》は　三世諸仏、以て母となす　十方の如来の*初発心《しょほっしん》は　皆これ文殊が教化《きょうけ》の力なり　一切世界のもろもろの有情の　名を聞き、身及び光相を見　并《ならび》に随類《ずいるい》のもろもろの化現《けげん》を見るものは　皆仏道を成《じょう》ずること思議《しぎ》し難し

と。〈*心地観経の意〉もしただ名を聞く者は十二億劫の生死の罪を除き、もし礼拝《らいはい》・供養《くよう》する者は恒《つね》に*仏家《ぶつけ》に生れ、もし名字《みょうじ》を称すること一日・七日ならば、文殊必ず来りたまふ。も

阿耨菩提　阿耨多羅三藐三菩提の略。梵語。無上正等正覚、無上正遍知などと訳する。仏のさとりのこと。

華厳経　華厳経(八十巻本)入法界品の意(正蔵一〇ノ三一九上―四四四下)。直接の引用ではない。

無上の大菩提　阿耨菩提に同じ。

普賢の身相…　体の特徴として捉えられるものがなく、いわば真如としてあるから、特定の国土はなく、身を現わせば、一切の処に現われる。

三昧　梵語。三摩地(さんまじ)とも音写し、等持・定(じょう)などと訳する。心を一つのことに集中して乱れないこと。

同じ経の偈　華厳経からの引用。実は「我常に…円満せん」は四十巻本巻四(正蔵一〇ノ八四七中)に、「普賢の…また然り」は八十巻本巻七(同一〇ノ三三下―三四上)に見える。

文殊師利　梵語。文殊は略称。般若経典に釈尊の説法の相手、菩薩の上首として多く登場し、一般には釈尊の脇侍の菩薩として、智慧をつかさどるとされる。三世の仏の母という表現も、この菩薩の智慧をさしていったもの。

初発心　初めておこした発心の意。発心は発菩提心の意で、仏のさとりの智慧を得たいと願う心。

心地観経　大乗本生心地観経巻三(正蔵三ノ三〇五下)。

仏家　仏の浄土のこと。

し宿障《しゅくしょう》あらば、夢の中に見たてまつることを得て、求むるところ円満す。もし形像《ぎょうぞう》を見たてまつる者は、百千劫の中に悪道に堕《だ》せず。もし慈心を行ずる者は即ち文殊を見たてまつることを得。もし名を受持《じゅじ》し読誦《どくじゅ》することあらん者は、たとひ重障ありとも阿鼻《あび》の極悪の猛火に堕せずして、常に他方の清浄の仏土に生る。〈*文殊般涅槃《はつねはん》経の意。かの形像は、経に広く説くが如し〉また百千億*那由他《なゆた》の仏の、衆生を利益したまふことも、文殊師利の、一劫の中に於て作す所の利益には及ばず。故にもし文殊師利菩薩の名を称する者は、福、かの百千億の諸仏の名号を受持するよりも多し。〈*宝積経《ほうしゃくぎょう》の意〉

*弥勒《みろく》菩薩は功徳無量なり。もしただ名を聞く者は黒闇の処に堕せず。一念も名を称する者は、千二百劫の生死の罪を除却し、帰依することあらん者は、無上道に於て不退転《ふたいてん》を得。〈*上生経《じょうしょうぎょう》の意〉称讃し礼拝する者は、百千万億阿僧祇劫《あそうぎこう》の生死《しょうじ》の罪を除く。〈*虚空蔵《こくうぞう》経・仏名《ぶつみょう》経の意〉

無量千万劫に　修する所の願と智と行とは　広大にして量《はか》るべからず　称揚すとも能く尽すことなけん〈*華厳経の偈。已上の三菩薩、常に極楽世界に在《おわ》します。*四十華厳経に出づ〉

*地蔵菩薩は、毎日晨朝《じんじょう》に恒沙《ごうじゃ》の定に入り、*法界《ほっかい》に周遍して苦の衆生を抜く。所有の悲願、余の大士に超えたり。〈*十輪経《じゅうりんぎょう》の意〉*かの経の偈に云く、

一日、地蔵の　功徳大名聞を称せんに　倶胝劫の中に　余の智者を称する徳に勝る

たとひ百劫の中に　その功徳を讃説すとも　なほ尽すことあたはず　故に皆《みな》当に供養すべし

文殊般涅槃経　文殊師利般涅槃経(正蔵一四ノ四八一上—中)。

那由多　梵語。数の単位。普通は一千億とするが、諸説がある。

宝積経　大宝積経巻六〇(正蔵一一ノ三四八上)。

弥勒菩薩　弥勒は梵語。慈氏(じし)と訳する。いま兜率天にあって教えを説いているが、釈尊の後をうけてつぎに仏となる菩薩なので、補処(ふしょ)の弥勒といわれ、また弥勒仏とも称する。八一頁一五行以下参照。

上生経　観弥勒菩薩上生兜率天経(正蔵一四ノ四二〇中)。

虚空蔵経・仏名経　虚空蔵菩薩経(正蔵一三ノ六五〇中)、仏名経(十二巻本)巻八・九(正蔵一四ノ一六〇下、一四ノ一六六下)などによったかと見られるが、明らかでない。

華厳経　華厳経(八十巻本)巻七七(正蔵一〇ノ四二五中)。

四十華厳経　華厳経(四十巻本)巻四〇(正蔵一〇ノ八四六下)。↓補

地蔵　六道に姿を現わして、苦しみ悩むすべてのものを救う菩薩。地蔵とは不思議な功徳や慈悲を大地の如く蔵するという意。

法界　ありのままの理法の世界。広く、宇宙といった意。

十輪経　大乗大集地蔵十輪経巻一(正蔵一三ノ七二四上—中)。

かの経の偈　十輪経巻一(正蔵一三ノ七二七下・七二八上)。

と。

　観世音菩薩の言《のたま》はく、「衆生、苦ありて、三たびわが名を称せんに、往《ゆ》いて救はずは正覚を取らじ」と。〈*弘猛海慧経《ぐみょうかいえ》〉「もし百千倶胝《くてい》*那庾多《なゆた》の諸仏の名号を称念することあらん。また暫時もわが名号に於て*心を至して称念することあらん。かの二の功徳は平等平等なり。もろもろの、わが名号を称念することあらん者は、一切皆《みな》、不退転地を得ん」と。〈*十一面経〉

　衆生、もし名を聞かば　苦を離れて解脱を得ん　また地獄に遊戯《ゆげ》して　大悲代りて苦
　を受けん

と。〈*請観音経《しょうかんのん》の偈〉

　弘誓《ぐぜい》の深きこと海の如し　劫を歴《ふ》とも思議せられず　多千億の仏に侍《つか》へて　大清浄の
　願を発《おこ》す　神通力を具足し　広く智の方便を修し　十方のもろもろの国土に　刹《くに》とし
　て身を現ぜざることなし　*念々《ねんねん》に疑を生ずることなかれ　観世音の浄聖《じょうしょう》は　苦悩死厄
　に於て　能く為に*依怙《えこ》となる　一切の功徳を具し　慈眼《じげん》もて衆生を視る　福聚の海《うみ》無
　量なり　この故に*頂礼《ちょうらい》すべし

と。〈*法華経〉

　大勢至菩薩の曰《のたま》はく、

　　我能くもろもろの悪趣の、未度の衆生を度《と》するに*堪任《かんにん》せり。

と。〈*宝積経〉

弘猛海慧経　開元釈教録巻一八に、「観世音十大願経一巻」の名を掲げて、「仁寿録に云く、一に大悲観世音経と名づく。具題に云く、大悲観世音弘猛慧海十大願品第七百と」(正蔵五五ノ六七五中)と記す。いま現存しない疑経である。↓補

那庾多　那由他に同じ。

心を至して　まごころをもって。

十一面経　この経文は十一面観自在菩薩心密言念誦儀軌経巻上(正蔵二〇ノ一四〇中)と、十一面観世音神呪経(同二〇ノ一四九下)とから取って作られたもの。

請観音経　請観世音菩薩消伏毒害陀羅尼呪経(正蔵二〇ノ三六中)。

念々　一念一念の意。一念はごく短い時間。

依怙　支え、よりどころ。

頂礼　接足作礼に同じ。頭頂礼足(ずちょうらいそく)の略。↓五五頁「五体を地に投げ」注

法華経　妙法蓮華経巻七、観世音菩薩普門品(正蔵九ノ五七下・五八上―中)。

堪任　よく堪えてやり通す能力がある。

宝積経　大宝積経巻九〇(正蔵一一ノ五一四下)。

阿僧祇　梵語。無数、無央数と訳する。数えられないという意。

胞胎に…　胞胎は、母の胎内。ふた

智慧の光を以て、普く一切を照して三途を離れしむるに、無上の力を得たり。故にこの菩薩を大勢至と名づく。この菩薩を観ずる者は、無数劫*阿僧祇《あそうぎ》の生死の罪を除き、*胞胎《ほうたい》に処せずして、常に諸仏の浄妙の国土に遊ぶ。〈*観経の意〉

無量無辺無数劫に　広く願力を修して弥陀を助け　常に大衆《だいしゅ》に処して*法言《ほうごん》を宣ぶ　衆生の聞かん者は*浄眼《じょうげん》を得　神通もて十方の国に周遍し　普く一切衆生の前に現る　衆生もし能く心を至して念ずれば　皆悉く導いて安楽に至らしむ

と。〈*竜樹の讃〉*また云く、

観音・勢至は大名称《だいみょうしょう》あり　功徳・智慧、倶《とも》に無量なり　慈悲を具足して世間を救ひ　偏く一切衆生の海に遊ぶ　かくの如き勝れたる人は甚だ遇ひ難し　一心に恭敬して頭《ず》面《めん》に礼《らい》したてまつれ

と。〈已上〉

かくの如き*一生補処《いっしょうふしょ》の大菩薩は、その数恒沙《ごうじゃ》の如し。色相端厳《しきそうたんごん》にして功徳具足し、常に極楽国にありて弥陀仏を囲繞《いにょう》したてまつる。

またもろもろの声聞衆も、その数量《はか》り難し。神智洞《ふか》く達して威力自在なり。能く掌《たなごころ》の中に於て一切の世界を持《たも》つ。たとひ*大目連《だいもくれん》の如きもの、百千万億無量無数ありて、阿僧祇劫に於て、悉く共に、かの*初会《しょえ》の声聞を計校《けきょう》せんに、知る所の数はなほ一渧の如く、その知らざる所は大海の水の如し。その中に、*般泥洹《はつないおん》にして去りし者も無央数《むおうしゅ》にして、新たに阿羅漢を得る者もまた無央数なり。しかも都《すべ》て増減をなさず。譬へば、大海の、恒に水を

たび人と生まれることなく。

観経　観無量寿経(正蔵一二ノ三四四上・中)。

法言　教えの言葉。

浄眼　清浄な法眼。法眼は五眼の一、一切のものの空の道理を見て、他をさとりに至らせる能力。

竜樹の讃　迦才の浄土論巻中に、讃観音勢至二菩薩偈として載せるもの(正蔵四七ノ九六上)。

また云く　同じ讃観音勢至二菩薩偈(正蔵四七ノ九五下)。

一生補処　つぎに生まれて来るときは仏と生まれてくる位。菩薩としては最高の位。ただ一度だけ生まれて、この一生が尽きると、つぎは仏と生まれ、釈尊をついで、仏としての処を補うものであるから、普通は弥勒のことをいう。仏と等しいので、等覚という。

大目連　摩訶目犍連(まかもくけんれん)に同じ。大は梵語で摩訶、目連は目犍連の略で、梵語。釈尊の十大弟子の一人で、舎利弗と一緒に仏の弟子となった人。とくに神通第一といわれ、神足通において勝れていたという。盂蘭盆(うらぼん)をはじめた人としてよく知られる。

初会の声聞を…　初会は、阿弥陀仏の最初の説法の集まり。ここに集まった声聞の数を計算し考えようとしても。

般泥洹　般涅槃に同じ。般は完全の意。→四六頁「無上涅槃」注

減ずといへども、恒に水を加ふといへども、しかも増すことなく、また減ずることなきが如し。

もろもろの菩薩衆は、また上の数に倍す。*大論に云ふが如し。

弥陀仏の国には、*菩薩僧は多く声聞僧は少し。

と。〈已上〉かくの如き聖衆、その国に充ち満つ。互に遙《はる》かに相瞻望《あいせんもう》し、遙かに語声《ごしょう》を聞き、同じく一に道を求めて異類あることなし。いかにいはんや、また十方恒河沙《ごうがしゃ》の仏土の、無量*塵数《じんじゅ》の菩薩聖衆は、おのおの神通を現じて安楽国に至り、尊顔を瞻仰《せんごう》して恭敬《くぎょう》し供養したてまつる。或は天の妙花を齎《もたら》し、或は妙宝の香を焼き、或は*無価《むげ》の衣《ころも》を献じ、或は天の伎楽を奏し、和雅の音を発して、世尊を歌歎し、経法《きょうぼう》を聴受し、*道化《どうけ》を宣布す。かくの如く往来すること、昼夜に絶えず。東方に去れば西方より来り、西方に去れば北方より来り、北方に去れば南方より来る。四維《しゆい》・上下も互にまたかくの如し。更に相《あい》開避すること、猶し盛なる市の如し。これ等の大士は、一たびその名を聞くすらなほ少縁にあらず。いはんや百千万劫にも、誰か相見ることを得る者あらん。しかるに、かの国土の衆生は常に一処に会し、互に言語を交へ、問訊《もんじん》し恭敬し、親近《しんごん》し承習《じょうじゅう》す。また楽しからずや。〈已上は、*双観経・観経・平等経等の意なり〉

*竜樹の偈に曰く、

かの土のもろもろの菩薩は　もろもろの相好《そうごう》を具足して　皆自ら身を荘厳《しょうごん》せり　我今帰命し礼したてまつる　三界《さんがい》の獄《ごく》を超出して　目は蓮華の葉の如し　声聞衆無量なり

大論　大智度論巻三四(正蔵二五ノ三一一下)。

菩薩僧　菩薩の僧伽(そうぎゃ)の意。僧伽は梵語で、和合衆、和合僧などという、僧たちの集まりを意味する。

塵数　数の極めて多いこと。

無価　ねうちを量ることのできない貴重なものを無価という。

道化　さとりの道を説いて、他を教え導くこと。

双観経…　無量寿経巻下(正蔵一二ノ二七二下・二七三下など)。観無量寿経(同一二ノ三四五上など)、無量清浄平等覚経巻二(同一二ノ二八八上など)。

竜樹の偈　十住毘婆沙論巻五、易行品(正蔵二六ノ四三中)。

また云く　善導の往生礼讃偈に載せる竜樹菩薩願往生礼讃偈(正蔵四七ノ四四二中)。

仏子　菩薩のこと。

師子吼菩薩の言く　大乗本生心地観経巻一(正蔵三ノ二九五上)。この経には、この菩薩を補処の菩薩とする。「会中に一菩薩あり。師子吼と名づく。三僧企耶(そうぎゃ)に福徳を修行し、賢劫の中に於て、次で仏処を補ひ、灌頂の位を受けて大法王となる」(同

この故に稽首し礼したてまつる
と。＊また云く、
十方より来る所のもろもろの仏子《ぶつし》　神通を顕現して安楽に至り　尊顔を瞻仰して常に
恭敬す　故に我、弥陀仏を頂礼したてまつる
と。

第八に、見仏聞法の楽とは、今この娑婆世界は、仏を見たてまつりて法を聞くこと、甚だ難し。＊師子吼《ししく》菩薩の言く、

我等、無数百千劫に　＊四無量《しむりょう》・三解脱《さんげだつ》を修《しゅ》して　今＊大聖牟尼尊《だいしょうむにそん》を見たてまつること
猶し＊盲亀《もうき》の浮木に値《あ》へるが如し

と。また＊儒童《じゅどう》は全身を捨てて始めて半偈《はんげ》を得、＊常啼《じょうたい》は肝府を割いて遠く般若を求めたり。菩薩すらなほしかり、いかにいはんや凡夫をや。仏、＊舎衛《しゃえ》に在《おわ》しますこと二十五年、かしこの九億の家の、三億は仏を見たてまつり、三億は纔《わずか》に聞き、その余の三億は見ず聞かず。在世すらなほしかり、いかにいはんや滅後をや。故に＊法華に云く、

このもろもろの罪の衆生《しゅじょう》は　悪業の因縁を以て　阿僧祇劫を過せども　三宝の名をも
聞かず

と。

しかるに、かの国の衆生は常に弥陀仏を見たてまつり、恒に深妙《じんみょう》の法《ほう》を聞く。謂《いわ》く、厳《ごん》

三ノ二九四中)という。

四無量・三解脱　四無量は慈・悲・喜・捨の四無量心のこと。一切のものを苦しみから解放するために、楽しみを与え(慈)、苦しみを除き(悲)、ひとの楽しみを見て喜び(喜)、かたよった偏頗な心を捨てて平等の思いに住する(捨)こと。三解脱は三空門ともいい、さとりに至る三つの門となる三昧で、一切を空と観察し(空解脱門つまり空三昧)、差別の相を離れ(無相解脱門つまり無相三昧)、願い求める心を捨てる(無願解脱門つまり無作三昧)こと。

大聖牟尼尊　釈迦牟尼仏、すなわち釈尊。牟尼は梵語、聖者の意。

盲亀の浮木　仏に遇うことの困難な喩え。大海に一つ穴のあいた木が漂っているとして、盲目の亀はいつになったら、その穴に頭を入れることができるか、できたときの喜びはたとえようがない、という喩え。

儒童　雪山童子のこと。→四八頁「雪山の大士」注

常啼　世のひとの苦悩を見て悲しみ泣いたことから常啼と呼ばれたという。→補

舎衛　舎衛国。いまのゴンダ州のサーヘット・マーヘットの地にあった国。この九億の家のことは大智度論巻九に見える。→補

法華　妙法蓮華経巻五(正蔵九ノ四三下)。

浄《じょう》の地の上には*菩提樹《ぼだいじゅ》ありて、枝葉四《よも》に布《し》き、衆宝《しゅほう》もて合成《ごうじょう》せり。樹の上には宝の羅網を覆ひ、条《えだ》の間には珠《たま》の瓔珞《ようらく》を垂れたり。風、枝葉を動かさば、声、妙法を演《の》べ、その声流布《るふ》して諸仏の国に徧《へん》ず。その聞くことあらん者は*深法忍《じんほうにん》を得《え》、不退転《ふたいてん》に住し、*耳根清徹《にこんしょうてつ》なり。樹の色を覩《み》、樹の香を聞《か》ぎ、樹の味を嘗《な》め、樹の光に触れ、樹の相を縁ずるも、一切また然り。*仏道《ぶつどう》を成ずるに至るまで六根《ろっこん》清徹なり。樹の下には座ありて荘厳無量なり。座の上には仏ましまして*相好《そうごう》無辺なり。*烏瑟《うしつ》高く顕《あらわ》れて晴天の翠《みどりこ》濃く、*白毫《びゃくごう》右に旋《めぐ》りて秋月の光満つ。青蓮の眼、丹菓の唇《くちびる》、迦陵頻《かりょうびん》の声、*師子相の胸、*仙鹿王《せんろくおう》の腨《はぎ》、*千輻輪《せんぷくりん》の趺《あなうら》、かくの如き八万四千の相好、紫磨《しま》金身《ごんしん》に纏《まと》ひ絡《まつわ》り、無量塵数《じんじゅ》の光明、億千の日月を集めたるが如し。ある時は、七宝の講堂にありて妙法を演暢したまふに、*梵音《ぼんのん》深妙にして、衆《しゅ》の心をして悦可《えっか》せしめたまふ。菩薩・声聞・天人・大衆、一心に合掌して尊顔を瞻仰すれば、即時、自然の微風《みふう》、七宝の樹を吹き、無量の妙花、風に随ひて四《よも》に散り、一切の諸天は、もろもろの音楽を奏す。この時に当りて、*凞怡快楽《きいけらく》、勝《あげ》て言ふべからず。或はまた広大の身を現じ、或は*丈六《じょうろく》・八尺の身を現じ、或は宝樹の下にあり、或は宝池の上にあり。衆生の本《もと》の宿命《しゅくみょう》により、求道《ぐどう》の時、心に憙《この》み願ひし所に随ひ、大小、意《こころ》の随《まま》に、為に経法《きょうぼう》を説き、そをして疾《と》く開解《かいげ》し得道《とくどう》せしむ。かくの如く種々の*機《き》に随ひて、種々の法を説きたまふ。

また観音・勢至の両菩薩は、常に仏の左右の辺にありて、坐り侍りて政論*す。仏は常にこの両菩薩と共に対坐して、八方・上下、去来・現在の事を議したまふ。或る時は、東方

菩提樹　畢鉢羅樹(ひっぱらじゅ)のこと。釈尊がこの木の下でさとり(菩提)を開いたことから、こういう。仏像が作られない以前は、この木が仏を象徴した。またさとりを象徴する。

深法忍　真実の理法にかなって、その深い安らぎに住すること。

耳根清徹　耳は清浄となって、すべてが聞ける。

仏道　仏の得たさとり、またはそのさとりに至る道としての修行。

相好　仏の身体にそなわる普通とは異なった勝れた姿・形をいう。相は外見しやすい三十二相をいい、好は容易には認めにくい八十種好をいう。

烏瑟　梵語、烏瑟膩沙(うしつにしゃ)の略で、仏の頭の上の肉の隆起。肉髻(にくけい)ともいう。三十二相の一つ。以下一一九頁一六行以下参照。

白毫　眉の間の白い巻き毛で、光を放つ。三十二相の一つ。

師子相　獅子のように堂々としている胸の相。

仙鹿王　翳泥耶仙鹿王ともいう。翳泥耶は梵語、鹿のこと。鹿は山に住むから仙であるとし、同類のなかでもっとも勝れているから、王とする。

千輻輪　仏の足の裏にある、千の輻(や)をもつ車輪のような、網状の印紋。手にもあるから、あわせて手足千輻輪相という。仏足石に刻まれる。

梵音　梵は梵語、清浄を意味する。仏の声の勝れていることの形容。

恒沙の仏国の無量無数のもろもろの菩薩衆、皆悉く*無量寿仏の所《みもと》に往詣《おうげい》して、恭敬《くぎよう》し供養《くよう》して、もろもろの菩薩・声聞の衆に及ぼす。南・西・北方・四維《しゆい》・上下も亦またかくの如し。かの厳浄の土《ど》の、微妙にして思議し難きを見て、因りて無量の心を発《おこ》し、「わが国もまた然らん」と願ふ。

時に応じて、世尊、容を動かして微咲《みしよう》し、口より無数の光を出して、遍く十方の国を照したまふ。廻光、身を囲《めぐ》ること*三帀《さんそう》して頂《いただき》に入る。一切の天人衆、踊躍《ゆやく》して皆歓喜す。大《だい》士《し》観世音、服を整へ、稽首《けいしゆ》して仏に問ひたてまつる、「何に縁《よ》りてか咲《え》みたまふこと、ただ然るや、願はくは説きたまへ」と。時に梵声《ぼんじよう》、雷のごとく*八音《はつとん》もて妙響を暢《の》べ、当《まさ》に菩薩に*記《き》を授けたまふべし。告げて言《のたま》はく、「仁《なんじ》、諦《あきら》かに聴け。十方より来れる*正士《しようし》、吾《われ》悉くかの願を知る。厳浄の土を志求《しぐ》し、決を受けて、当に仏と作《な》るべし。一切の法はなほ夢・幻・響の如しと覚了するも、もろもろの妙願を満足して、必ずかくの如き刹《くに》を成《じよう》ぜん。法は電・影の如しと知るも、菩薩の道を究竟して、もろもろの功徳の本を具へ、決を受けて、当に仏と作るべし。諸法の性は一切、空・無我なりと通達《つうだつ》するも、専《もは》ら浄き仏土を求めて、必ずかくの如き刹を成ぜん」と。〈已上〉　いはんやまた、水鳥《すいちよう》・樹林《じゆりん》、皆《みな》妙法を演べ、およそ聞かんと欲する所は、自然《じねん》に聞くことを得。かくの如き法楽《ほうらく》、またいづれの処にかあらんや。〈この中は多く*双観経・平等覚経等の意に依る〉

*竜樹《りゆうじゆ》の讃《さん》に曰く、

金底宝間《こんたいほうけん》の池に生《お》ひたる花には　善根所成《ぜんごんしよじよう》の妙台座《みようだいざ》あり　かの座の上に於て山王《せんのう》の如

渜怡快楽　心からこみあげてくる快い楽しみ。

丈六　仏の身長は、普通、一丈六尺とされる。あるいはその半分の八尺。仏像彫刻はこれを基準とする。

機　縁があれば起こってくる、その可能性をもったものの意で、教えをうける対象としての人についていう。その素質、能力、性質。

政論　政は正。よしあしを明らかにする。

無量寿仏　阿弥陀仏のこと。阿弥陀は梵語で、無量の意であるが、実は梵語として、これだけで表現されることはなく、寿または光と結んで表現されるのが一般。いまはその寿を取って表現したもの。光を取って表現したものには無量光仏など十二の呼び名がある。↓一五四頁本文

三帀　三遍まわりをまわること。

八音　仏がそなえる八種の勝れた音声。極好音・柔軟音・和適音・尊慧音・不女(よに)音・不誤音・深遠音・不竭音の八。

記を…　さとりを予言する。

正士　菩薩のこと。大士。

双観経…　無量寿経巻上(正蔵一二ノ二七一上)、巻下(同一二ノ二七二下―二七三上・二七三下など)、平等覚経巻三(同一二ノ二九〇上)。

竜樹の讃　往生礼讃偈所収、竜樹菩薩願往生礼讃偈(正蔵四七ノ四四二中・下)。

し　故に我、弥陀仏を頂礼したてまつる　もろもろの有*は無常・無我等なり　また水の月・電・影・露の如しと　衆の為に法*の名字《みょうじ》なきことを説きたまふ　故に我、弥陀仏を頂礼したてまつる
願はくはもろもろの衆生と共に　安楽国に往生せん
と。

第九に、随心供仏の楽とは、かの土の衆生は、昼夜六時に、常に種々の天華《てんげ》を持ちて、無量寿仏を供養したてまつる。また意《こころ》に他方の諸仏を供養せんと欲することあれば、即ち前《すす》んで*長跪《ちょうき》し、叉《さ》手《しゅ》して仏に白《もう》せば、則ちこれを可《ゆる》したまふ。皆大いに歓喜し、千億万の人、おのおの自ら翻《ひるがえ》り飛び、等輩相追ひ、倶共《とも》に散り飛んで、八方・上下、無央数の諸仏の所に到り、皆前《すす》んで礼《らい》を作し、供養し恭敬《くぎょう》したてまつる。かくの如く毎日の晨朝《じんちょう》に、おのおの*衣裓《えこく》を以てもろもろの妙花を盛り、他方の十万億の仏に供養したてまつる。及びもろもろの衣服《えぶく》・伎楽、一切の*供具《くぐ》、意の随に出生《しゅっしょう》し、供養し恭敬す。即ち*食時《じきじ》を以て本国に還り到りて、飯食《ぼんじき》し経行《きょうぎょう》してもろもろの法楽《ほうらく》を受く。或は言く、毎日三時に諸仏を供養したてまつると。

行者《ぎょうじゃ》、今遺教《ゆいきょう》に従ひて、十方仏土の種々の功徳を聞くことを得、見るに随ひ、聞くに随ひて、遙かに恋慕《れんぼ》を生ず。おのおの謂《つげ》て言く、「我等、いづれの時にか、十方の浄土を見ることを得、諸仏・菩薩に値《あ》ひたてまつることを得ん」と。教文に対《むか》ふごとに、嗟歎《さたん》せず

有　有情としての存在、またはものの存在の意。
法　存在するもの。その存在。
長跪…　じっと跪き、手を組んで礼拝する。
衣裓　花籠。または両肩にかけて、前にたれさげる長い布切で、これにものをもる。
供具　供えもの。華・塗香(ずこう)・水・焼香・飯食(ぼんじき)・燈明の六を六種供具という。
食時　昼、正午。
自力…　自分の力、努力によって、あるいは仏の救いのお力を頂いて。
大菩提　仏のさとり。
記　記別の略。弟子に対して未来に得られるさとりの内容を一々区別して予言すること。この記を受けることを受記という。
阿弥陀経…　阿弥陀経(正蔵一二ノ三四七上)、無量清浄平等覚経巻二(正蔵一二ノ二八五下—二八六上)、双観経巻下(正蔵一二ノ二七三下)。
竜樹の偈　十住毘婆沙論巻五、易行品(正蔵二六ノ四三中)。
解脱　煩悩の束縛から解放され、苦しみから離脱すること。さとり。
もしは昇…　天上の世界に生まれるにせよ、地獄に堕ちるにせよ、結局は迷いの世界で生死を繰り返しているにすぎない。
二乗の心　二乗は声聞乗と縁覚(辟

といふことなし。しかれども、もしたまたま極楽国に生るることを得ば、或は*自力《じりき》に由り、或は仏力《ぶつりき》を承けて、朝《あした》に往き、暮《ゆうべ》に来り、須臾《しゆゆ》に去り、須臾に還り、遍く十方一切の仏の刹《くに》に至りて、面《まのあた》り諸仏に奉《つか》へたてまつり、もろもろの大士《だいし》に値遇《ちぐう》して、恒に正法《しょうぼう》を聞き、*大菩提《だいぼだい》の*記《き》を受く。乃至、普く一切の塵刹《じんせつ》に入りて、もろもろの仏事を作し、普賢《ふげん》の行《ぎょう》を修す。また楽しからずや。〈*阿弥陀経・平等覚経・双観経の意〉

*竜樹の偈に云く、

かの土の大菩薩は　日々、三時に於て　十方の仏を供養す　この故に稽首し礼《らい》したてまつる

と。

第十に、増進仏道の楽とは、今この娑婆世界は、道を修して果を得ること甚だ難し。いかんとなれば、苦を受くる者は常に憂へ、楽を受くる者は常に著《じゃく》す。苦と云ひ、楽と云ひて、遠く*解脱《げだつ》を離る。*もしは昇《しょう》、もしは沈《ちん》、輪廻《りんね》にあらずといふことなし。たまたま発心《ほっしん》して修行する者ありといへども、また成就《じょうじゅ》すること難し。煩悩内《ぼんのううち》に催《もよお》し、悪縁外《そと》に牽《ひ》いて、或は*二乗《にじょう》の心を発《おこ》し、或は*三悪道《さんまくどう》に還る。譬へば、水中の月の、波に随ひて動き易く、陣前の軍の、刃に臨めば則ち還るがごとし。魚子は長じ難く、*菴菓《あんか》は熟すること少し。かの*身《しん》子《し》等の、六十劫に退きしが如き者、これなり。ただ釈迦如来は、無量劫に於て難行し苦行《くぎょう》して、功を積み徳を累《かさ》ね、菩薩の道を求めて、いまだ曾《かつ》て止息《しそく》したまはず。*三千大千世界

支仏)乗の二。いわば小乗で、これを愚法の二乗という。世のひとを救おうという心がなく、自己のさとりにのみ止まっている人が奉ずる教え。↓五六頁「声聞」・二七頁「辟支仏」

注

三悪道　地獄・餓鬼・畜生の三。

菴菓　菴没羅(あんもら)果のこと。菴没羅は梵語、菴羅とも略する。果樹の名。この木は花は多いが、実を結ぶことはきわめて少ないといわれる。

身子　舎利弗のこと。釈尊の十大弟子の一人。智慧第一とうたわれた。舎利弗が六十劫目で修行の心がくじけたということは、大智度論巻一二(正蔵二五ノ一四五上)に記す。かれが布施の河を渡ろうとして、ある乞食に、その眼がほしいと乞われ、一眼をえぐり取って与えると、乞食がそのにおいをかぎ、臭いといって捨てて足でふみつけたことから、世の人を救うことを断念したというもの。

三千大千世界　三千世界と略称。仏教がとるインド古来の世界観で、須弥山をめぐる九つの山、八つの海、それに四つの大陸、太陽・月などの星辰を含めて、これを一世界とし、これが千集まって小千世界、小千世界を千集めて中千世界、中千世界を千集めて大千世界という。この一大千世界は小中大の三種の千世界からなるから、これをまた三千大千世界といったもの。

を観《かん》ずるに、乃至、芥子許《けしばか》りも、この菩薩の、身命を捨てたまふ処にあらざる如きもの、あることなし。衆生の為の故なり。しかる後に、乃《すなわ》ち菩提の道を成ずることを得たまへり。その余の衆生は己《おの》が*智分にあらず。*象の子は力微《すくな》ければ、身は刀箭《とうぜん》に歿《ぼっ》す。故に*竜樹菩薩の云く、

譬へば、四十里の氷に、もし一人ありて、一升《いっしょう》の熱湯を以てこれに投ぜんに、当時は氷減ずるに似たれども、夜を経て明《あ》くるに至れば、乃ち余のものよりも高きが如し。*凡《ぼん》夫《ぶ》の、ここにありて心を発し、苦を救はんとするも亦またかくの如し。*貪《とん》・瞋《じん》の境は順違《じゅんい》多きを以ての故に、自《みずか》ら煩悩を起し、返りて悪道に堕《お》つ。

と。〈已上〉

かの極楽国土の衆生は、多くの*因縁《いんねん》あるが故に畢竟《ひっきょう》して退《しりぞ》かず、仏道を増進す。一には仏の悲願力《ひがんりき》、常に摂持《しょうじ》したまふが故に。二には仏の光、常に照して菩提心を増すが故に。三には水鳥・樹林・風鈴等の声、常に*念仏・念法・念僧の心を生ぜしむるが故に。四には純《もは》らもろもろの菩薩、以て善友《ぜんう》となり、外に悪縁なく、内に*重惑《じゅうわく》を伏するが故に。五には寿命永劫《ようこう》にして、仏と共に斉等なれば、仏道を修習《しゅじゅう》するに、生死の間隔あることなきが故に。*華厳《けごん》の偈《げ》に云く、

もし衆生ありて一たび仏を見たてまつれば　必ずもろもろの*業障《ごっしょう》を浄め除かしめん

と。一たび見たてまつるすら、なほしかり。いかにいはんや、常に見たてまつるをや。

この因縁に由りて、かの土の衆生は、所有の万物に於て、*我《が》・我所《がしょ》の心なく、去来進止、

智分　智慧の分際。

象の子　摩訶止観巻七下に説く喩え。↓補

竜樹菩薩の云く　大智度論巻二九(正蔵二五ノ二七五下)にこれに類する氷の比喩があるが、実は、この文は安楽集巻上に、「竜樹菩薩の釈に曰く」として掲げられているもの(正蔵四七ノ九中)。

凡夫　凡愚な士夫(ふし 人間)の意。煩悩や執着などによって、種々異なった果をうけ、さまざまな世界に生まれるから、異生(いしょう)という。

貪・瞋　貪りと怒り。これに愚痴を加えて三毒という。

因縁　因と縁。直接的条件と間接的条件。

念仏…　仏・法・僧の三を三宝という。仏とその教えと教えを奉ずる教団。

重惑　激しい煩悩。煩悩を惑とも訳する。

華厳の偈　華厳経(八十巻本)巻二(正蔵一〇ノ九上)。

業障　悪業のさわり。悪の行為のために生じた障碍。

我・我所　我と我に所属するもの。

心に係《かか》る所なし。もろもろの衆生に於て大悲心を得、自然に増進して、*無生忍《むしょうにん》を悟り、究《く》竟《きょう》して必ず*一生補処《いっしょうふしょ》に至る。乃至、速かに無上菩提を証す。衆生の為の故に、*八相《はっそう》を示現《じげん》し、縁に随ひ、厳浄《ごんじょう》の国土にありて妙法輪《みょうほうりん》を転じ、もろもろの衆生を度《ど》す。もろもろの衆生をして、その国を欣求《ごんぐ》すること、我の、今日、極楽を志願するが如くならしめん。また十方に往いて衆生を引接《いんじょう》すること、弥陀仏の大悲の本願の如し。かくの如き利益《りやく》、また楽しからずや。

一世の勤修《ごんしゅ》は、これ須臾の間なり。なんぞ衆事《しゅじ》を棄てて浄土を求めざらんや。願はくはもろもろの行者、努力懈《ゆめゆめおこた》ることなかれ。〈多くは*双観経、并に天台の十疑等の意に依る〉

*竜樹の偈に云く、

かの尊の無量の方便の境には　諸趣・悪知識あることなし　往生すれば退かずして菩提に至る　故に我、弥陀仏を頂礼したてまつる　我、かの尊の功徳の事を説くに　衆善無辺なること海水の如し　獲《う》る所の善根清浄なる者もて　願はくは衆生と共にかの国に生れん

願はくはもろもろの衆生と共に　安楽国に往生せん

と。

無生忍　一切のものの不生の理をさとって、それに安住した位で、菩薩の階位として十地中の七・八・九地をいう。つぎは寂滅忍で、第十地と仏のさとりの境界。

一生補処　→六九頁注

八相　仏の生涯を、さとり(成道)を中心に八つに整理した型で、八相成道という。固定してはいないが、一例を示せば、(1)時機の熟したのを見て、兜率天より下ったとする、降兜率。(2)白象に乗って母摩耶《まや》の右脇より胎内にはいったとする、入胎。(3)胎内にあって天のために説法したとする、住胎。(4)ルンビニー苑で右脇から生まれたとする、出胎。(5)二十九歳で世の無常を感じて出家した、出家。(6)五年の苦行の後、さとりを開いた、成道。(7)その後の教化、伝道である、転法輪。(8)最後の、入滅。

双観経…　無量寿経巻下(正蔵一二ノ二七三下)、巻上(正蔵一二ノ二六八中)。天台宗開祖智顗の浄土十疑論(正蔵四七ノ七九中)。

竜樹の偈　往生礼讃偈所収、竜樹菩薩願往生礼讃偈(正蔵四七ノ四四二下)。

大文第三に、極楽の証拠を明さば、二あり。一には十方に対し、二には兜率に対す。

初に、十方に対すとは、問ふ、十方に浄土あり、なんぞただ極楽にのみ生れんと願ふや。答ふ。*天台大師の云く、「もろもろの経論は、処々にただ衆生をして偏に阿弥陀仏のみを念ずることを勧め、西方極楽世界を求めしめたり。無量寿経・観経・往生論等の、数十余部の経論の文は、慇懃《おんごん》に指授して西方に生れんことを勧めたり。ここを以て偏に念ずるなり」と。〈已上〉大師、一切の経論を披閲すること、*およそ十五遍。応《まさ》に知るべし、述ぶる所、信ぜざるべからずと。

*迦才《かざい》師の三巻の浄土論に、十二の経と七の論を引けり。一には無量寿経、二には観経、三には小阿弥陀経、四には鼓音声経《くおんじょうきょう》、五には称揚諸仏功徳経、六には発覚浄心経、七には大集経《だいしゅうきょう》、八には十往生経、九には薬師経、十には般舟三昧経、十一には大阿弥陀経、十二には無量清浄平等覚経なり。〈已上。双観無量寿経・清浄覚経・大阿弥陀経は同本異訳なり〉一には往生論、二には起信論、三には十住毘婆沙論、四には一切経の中の弥陀偈、五には宝性論《ほうしょうろん》、六には竜樹の十二礼偈、七には摂大乗論《しょうだいじょうろん》の弥陀偈なり。〈已上。*智憬師はこれに同じ〉

私《わたくし》に加へて云く、*法華経の薬王品、四十華厳経の普賢願、目連所問経・三千仏名経・無字宝篋経《ほうきょうぎょう》・千手陀羅尼経・十一面経・*不空羂索《けんさく》・如意輪《にょいりん》・随求《ずいぐ》・尊勝・無垢浄光・光明・阿弥陀等の、もろもろの顕密の教の中に、専ら極楽を勧むること、称《あ》げて計《かぞ》ふべからず、

天台大師…　天台宗開祖智顗の浄土十疑論の文(正蔵四七ノ七八下)。その第四疑に本文のような問いがあって、それに答えているもの。智顗の文では、さらに阿弥陀仏の四十八願のこと、光明の摂取不捨のこと、諸仏が阿弥陀仏を証誠していること、末法後もこの教えだけが世に残ること、などを論じている。

およそ十五遍　円珍の授決集巻上に見える(仏全二六ノ二九下)。

迦才師の…　道綽の後、善導とほぼ同時代の人。その浄土論巻中(正蔵四七ノ九一下)に、「第五、聖教を引いて証となす〈謂く、経論の二教を引く〉」として、経十二部、論七部を掲げ、問答を設けている。

智憬　智璟とも書く。奈良時代末期の人。その著書に起信論同異章一巻や、元暁の両巻無量寿経宗要の釈があったという。あるいは別人とも考えられる。↓補

法華経の…　法華経巻六、薬王菩薩本事品(正蔵九ノ五四下)、華厳経(四十巻本)巻四〇(正蔵一〇ノ八四四中)、目連所問経(↓七九頁注)、過去荘厳劫千仏名経・現在賢劫千仏名経・未来星宿劫千仏名経(正蔵一四所収)、無字宝篋経(正蔵一七ノ八七二中)、千手千眼観世音菩薩広大円満無碍大悲心陀羅尼経(正蔵二〇ノ一〇七上)、十一面観自在菩薩心密言念誦儀軌経・十一面観世音神呪

故に偏に願求するなりと。

*問ふ。仏の言はく、「諸仏の浄土は実に差別なし」と。何が故に、如来は偏に西方を讃めたまふや。

答ふ。*随願往生経に、仏、この疑を決して言はく、

娑婆世界には、人*貪濁《とんじょく》多くして信向する者少く、邪を習ふ者多くして正法を信ぜず、専一なることあたはざれば、心乱れて志すことなし。実には差別なけれども、もろもろの衆生をして専心にあることあらしめんとす。この故にかの国土を讃歎するのみ。もろもろの往生人、悉くかの願に随ひて果を獲《え》ずといふことなし。

と。

また*心地観経《しんじかんぎょう》に云く、

もろもろの*仏子《ぶっし》等、応当《まさ》に心を至して、一仏及び一菩薩を見たてまつらんと求むべし。かくの如きを名づけて*出世《しゅつせ》の法要《ほうよう》となす。

と云々。この故に、専ら一仏国を求むるなり。

問ふ。その心を専らにせんが為に、何が故に、中に於てただ極楽のみを勧むるや。

答ふ。たとひ余の浄土を勧むとも、またこの難を避《まぬが》れず。仏意、測《はか》り難し、ただ*仰信《ごうしん》すべし。譬へば、痴人の、火坑に堕ちて自ら出づることあたはざらんに、*知識これを救ふに一の方便を以てせば、痴人、力を得て、応に務《つと》めて速かに出づべきがごとし。何の暇《いとま》ありてか、縦横に余の術計を論ぜん。行者もまたしかり。他の念《おもい》を生ずることなかれ。*目連所《もくれんしょ》問経《もんぎょう》に云ふが如し。

経(正蔵二〇所収)。

不空羂索… 以下、詳しくは、不空羂索神変真言経・如意輪陀羅尼経・随求即得大自在陀羅尼神呪経(以上、正蔵二〇所収)、仏頂尊勝陀羅尼経・無垢浄光大陀羅尼経・不空羂索毘盧遮那仏大灌頂光真言(以上、同一九所収)、阿弥陀鼓音声王陀羅尼経(同一二所収)。→二五四頁。→補

問ふ… 天台大師の浄土十疑論の第三疑に「十方諸仏の一切の浄土、法性平等にして、功徳もまた等し」とされるのに、なぜ西方極楽を勧めるかと問い、答えに「随願往生経に云ふが如し」として、これを論じている(正蔵四七ノ七八中)。

随願往生経 灌頂経巻一一(とくに灌頂随願往生十方浄土経という)(正蔵二一ノ五二九下)。

貪濁 貪りの煩悩による心のけがれ。

心地観経 大乗本生心地観経巻七(正蔵三ノ三二一中)。

仏子 仏の教えを信じる者。

出世の法要 世俗のよごれを捨てた菩薩のいとなみ。

仰信 心から仏を仰ぎ、信じる。

知識 善知識のこと。正しい道を説き教える人。善友ともいう。

目連所問経 現存の目連所問経(正蔵二四所収)には、この文は見当らない。道綽の安楽集巻上に「目連所問経の如し」として、この文を掲げる(同四七ノ一四上)。

譬へば、万川の長流に草木を浮ぶることあらんに、前は後を顧みず、後は前を顧みずして、都《すべ》て大海に会《え》するが如し。世間もまたしかり。豪貴・富楽、自在なることありといへども、悉く生老病死を免るることを得ず。ただ仏の経を信ぜざるに由りて、後《ご》世《せ》に人となるも、更に甚だ*困劇《こんぎゃく》して、*千仏の国土に生るることを得ることあたはず。この故に、我《われ》説かく、「無量寿仏の国は往き易く、取り易し」と。しかるに、人、修行して往生することあたはずして、反りて*九十五種の邪道に事《つか》ふ。我説かく、「この人を眼なき人と名づけ、耳なき人と名づく」と。

と。*阿弥陀経に云く、

我この利を見るが故に、この言を説く。もし信ずることあらん者は、応当《まさ》に願を発《おこ》して、かの国土に生ずべし。

と。〈已上〉

仏の誡《いましめ》、慇懃《おんごん》なり。ただ仰ぎ信ずべし。いはんやまた機縁なきにあらず、なんぞ強ひてこれを拒《こば》まんや。*天台の十疑に云ふが如し。

阿弥陀仏は、別に大悲の四十八願ありて、衆生を接引《しょういん》したまふ。またかの仏の光明は、遍く法界《ほっかい》の念仏の衆生を照して、摂取して捨てたまはず。十方の、おのおの恒河沙の諸仏、*舌を舒《の》べて*三千界を覆ひ、一切衆生の、阿弥陀仏を念じ、仏の大悲の*本願力に乗じて、決定《けつじょう》して極楽世界に生るることを得るを証誠《しょうじょう》したまふ。また*無量寿経に云く、

「*末後法滅の時に、特《ひと》りこの経を留めて、百年、世にあらしめ、衆生を接引して、か

困劇　はげしく苦しむ。

千仏　いまこの賢劫には、千人の仏が世に現われるとされ、その最初が拘留孫仏、第四番目が釈迦牟尼仏、そしてそれより第十増減の減劫に弥勒が世に現われるとする。

九十五種の邪道　いわゆる外道（→四九頁注）で、九十六種とも数える。ただし九十六種の場合は解釈に異説がある。

阿弥陀経　阿弥陀経（正蔵一二ノ三四七中）。

天台の十疑　浄土十疑論の第四疑（正蔵四七ノ七八下）。所説の四十八願は無量寿経巻上に、光明の摂取は観無量寿経の第九観に、諸仏の舌を舒べて証誠することは阿弥陀経の証誠段に説くもの。

舌を舒べて　仏の三十二相の一、広長舌相をいう。舌が軟かで広く長く、顔を覆うとされる相。

三千界　三千世界のこと。

本願力　四十八願の力。はたらき。

無量寿経　無量寿経巻下（正蔵一二ノ二七九上）の取意。経には、「当来の世に経道滅尽せん。我慈悲を以て哀愍し、特りこの経を留めて止住すること百歳」とある。

末後　末法の後。→補

慈恩　法相宗の慈恩大師窺基の西方要決釈疑通規（西方要決と略称）の第十一会に掲げる五種小疑の中の第五疑に説くもの（正蔵四七ノ一〇九中）。

の国土に生れしめん」と。故に知る、阿弥陀と、この世界の極悪の衆生とは、偏に因縁ありといふことを。

と。〈已上〉*慈恩《じおん》の云く、

末法万年には、余経は悉く滅し、弥陀の一教のみ、*物を利すること偏に増さん。*大聖特《ひと》り留めたまふこと百歳。時、末法を経ること一万年に満たば、一切の諸経は並《みな》従ひて滅没せん。釈迦の恩重くして、教を留めたまふこと百年なり。

と。〈已上〉また*懐感《えかん》禅師の云く、

般舟三昧経に説かく、「*跋陀和《ばつだわ》菩薩、釈迦牟尼仏に請うて言く、「未来の衆生は、いかにしてか十方の諸仏を見たてまつることを得ん」と。仏教《おし》へて、「阿弥陀を念ぜしめたまふに、即ち十方の一切の仏を見たてまつる」と。この仏、特に娑婆の衆生と縁あるを以て、まづこの仏に於て心を専らにして称念すれば、三昧《さんまい》も成じ易きなり」と。

と。〈已上〉

また観音と勢至は、本《もと》この土に於て菩薩の行を修《しゅ》し、転じてかの国に生れたり。宿縁《しゅくえん》の追ふ所、あに*機応《きおう》なからんや。

第二に、兜率に対すとは、問ふ、*玄奘三蔵《げんじょうさんぞう》の云く、

西方の道俗は並《みな》弥勒《みろく》の業《ごう》を作す。同じく欲界にしてその行成《ぎょうじょう》じ易きが為なり。大小乗の師、皆この法を許す。弥陀の浄土は、恐らくは凡鄙穢《けが》れて修行成じ難からん。*旧《ふる》き

物　衆生、有情のこと。

大聖　釈尊。

懐感　善導とほぼ同時代、法相宗の人。その著、釈浄土群疑論巻六に引用の文がある(正蔵四七ノ六六下)。

跋陀和　梵語。賢護と訳する。在家の菩薩とされ、もし急に病におかされたときは、この菩薩をはじめとする八人の菩薩の名を呼ぶと直るという。また臨終には迎えに来るともいわれる。八大菩薩の一人。

機応　機は人の素質・能力。その機に対して仏が応じることを応という。人の機と仏の応と。

玄奘三蔵　三蔵法師の名で知られる、法相宗の祖。経典翻訳上、最大の人物で、かれの訳をそれ以前と区別し、新訳という。三蔵は経・律・論の三をいうが、ここではこれら一切に通じた人の意。ここに引かれるものは、道世の諸経要集巻一(正蔵五四ノ六下―七上)および法苑珠林巻一六(同五三ノ四〇六上)に見えるもの。

旧き経論…　鳩摩羅什訳の仁王般若波羅蜜経巻上に「遠達無生の初禅王常に万億土に衆生を教ふるも　いまだ報身を度せざること一生在　進んで等観法流の地に入る」(正蔵八ノ八二七下)とある遠達無生は菩薩の十地中、第七地であって、このような文を指して経といったもののようである。また論としては摂大乗論などであるという。

経論の如きは、*七地已上の菩薩、分に随ひて*報仏《ほうぶつ》の浄土を見ると。*新論の意に依らば、三地の菩薩、始めて報仏の浄土を見ることを得べしと。あに*下品《げぼん》の凡夫、即ち往生を得べけんや。

と。〈已上〉天竺、既にしかり、今なんぞ極楽を勧むるや。

答ふ。*中国・辺州、その処、異りといへども、顕密の教門、その理これ同じ。如今《いま》引く所の証拠、既に多し。いづくんぞ、仏教の明文《みようもん》に背いて天竺《てんじく》の風聞に従ふべけんや。いかにいはんや、祇洹精舎《ぎおんしようじや》の無常院には、病者をして西に面《むか》ひ、仏の浄刹に往く想《おもい》を作さしむるをや。具《つぶ》さには、*下の臨終行儀の如し。明かに知る、仏意、偏に極楽を勧めたまへるを。*西域《さいいき》の風俗、あにこれに乖《そむ》かんや。

また*懐《え》感《かん》禅師の群疑論には、極楽と兜率とに於て十二の勝劣を立てたり。一には*化主《けしゆ》の仏と菩薩と別なるが故に。二には浄《じよう》・穢《え》の土《ど》の別。三には女人《によにん》の有無。四には寿命の長短。五には内《ない》・外《げ》の有無。〈*天の内院は不退《ふたい》、外院は有退。西方は悉く無退〉六には五衰の有無。七には相好の有無。八には五通の有無。九には不善の心の起と不起。十には滅罪の多少。謂く、弥勒の名を称すれば千二百劫の罪を除き、弥陀の名を称すれば八十億劫の罪を滅す。十一には苦の受《じゆ》の有無。十二には生を受くることの異《い》なり。謂く、天は男女の膝の下、懐《ふところ》の中にあれども、西方は花の裹、殿の中にあり。二処の勝劣、その義かくの如しといへども、しかも並《とも》に仏は勧め讃めたまへり。相是非《あいぜひ》することなかれ。

七地　菩薩の修行階程を五十二に分けた、第四十一から第五十までを十地という、その第七。遠行地・深遠地などという。七・八・九の三地を無生忍(→七七頁注)という。

報仏　仏の身体について大乗では一般に法身・報身・応身の三を立て、三身(さんじん)という。法身は真如といった理法そのものを仏ととらえたもの、報身は阿弥陀仏のような、誓いを立てて修行した結果、その報いとして現われた仏をいい、応身は釈尊のように、直接この世に現われた仏をいう。

新論　玄奘の訳を新訳といい、ここではたとえば玄奘訳の瑜伽師地論をあげることができる。その巻七九に「純ら菩薩僧のみ、中に於て止住す。この故に説いて清浄世界と名づく。已に第三地に入りし菩薩、願自在力に由るが故に、かしこに於て生を受く」(正蔵三〇ノ七三六下)という。

下品　能力・資質などのうえで上・中・下の三を分けた、その最低のもの。→一〇八頁「上品下生の業」注

中国・辺州　インドにおける、文化のゆきわたっている地域および辺境の地やインド以外の国々。

下の臨終行儀　大文第六の第二(二〇六頁)参照。

西域　シナから見た西の地方、東トルキスタンの国々をいう。

懐感禅師の…　釈浄土群疑論巻四

と。〈已上は、おおよそ二界の勝劣・差別を立つ〉

*慈恩は十の異を立つ。前の八は感師の所立《しょりゅう》を出でず。故に更に抄せず。その第九に云く、「来り迎へたまふことは同じ」と。第十に云く、「西方は、経論に慇懃《おんごん》に勧むること極めて多きも、兜率は多きにあらず、また慇懃にもあらず」と云々。

感師はまた*往生の難易に於て、十五の同の義と、八の異の義とを立てたり。八の異の義とは、

一には本願《ほんがん》の異。謂く、弥陀《みだ》には引摂《いんじょう》の願あれども、弥勒には願なし。願なきは、自《みずか》ら浮びて水を度《わた》るがごとし。願あるは、舟に乗りて水に遊ぶがごとし。二には光明の異。謂く、弥陀仏の光は、念仏の衆生を照し、摂取して捨てたまはざれども、弥勒はしからず。光の照すは昼日《ちゅうにち》の遊びの如く、光なきは暗中に来往するに似たり。三には守護の異。謂く、無数の化仏・観音・勢至、常に行者の所に至る。また*称讃浄土経に云く、「十方の十*殑伽沙《ごうがしゃ》の諸仏の、摂受したまふ所なり」と。また*十往生経に云く、「仏、*二十五菩薩を遣はして、常に行人を守護したまふ」と。兜率はしからず。護《まもり》あるは多くの人共《とも》に遊んで、強賊の逼る所を畏れざるがごとく、護なきは孤《ひと》り嶮しき俓《みち》に遊んで、必ず暴客の侵す所となるに似たり。四には舒舌《じょぜつ》の異。謂く、十方の仏、舌を舒《の》べて証誠《しょうじょう》したまふも、兜率はしからず。五には衆聖《しゅしょう》の異。謂く、花聚菩薩・山海慧菩薩、弘《ひろ》き誓願を発《おこ》さく、「もし、一の衆生として、西方に生るること尽きざるも

(正蔵四七ノ五二下—五三中)の取意。

化主　教化の主。仏のこと。

天の内院…　兜率天宮を内外二院に分け、内院では退転はないが、外院では五欲に耽るから、輪廻をまぬがれないという。極楽には退転はない。

慈恩は…　西方要決釈疑通規(正蔵四七ノ一〇六下—一〇七上)。

往生の難易に…　釈浄土群疑論巻四(正蔵四七ノ五三下—五四下)に見える。十五の同とは、一に観行、二に持戒、三に十善、四に懺悔、五に造立形像有為功徳、六に聖迎、七に称念、八に礼拝、九に廻向発願、十に読誦経典、十一に往生、十二に見聖、十三に帰敬、十四に聞法、十五に不退。

称讃浄土経　称讃浄土仏摂受経(正蔵一二ノ三五一上)。

殑伽沙　恒河沙に同じ。ガンジス河の砂。

十往生経　十往生阿弥陀仏国経(続蔵一ノ八七ノ二九二左下)。

二十五菩薩　観音・勢至以下二十五人の菩薩。大文第七の第五(二三五頁)参照。

のあらんに、我もしまづ去らば、*正覚《しょうがく》を取らじ」と。六には滅罪の多少。〈前の如し〉七には重悪の異。謂く、*五逆《ごぎゃく》の罪を造れるものもまた西方に生ることを得れども、兜率はしからず。八には教説の異。謂く、*無量寿経に云く、「横《よこさま》に五悪趣を截《き》り、悪趣自然《じねん》に閉づ、道に昇るに窮極なし、往き易くして人なし」と。兜率はしからず。十五の同の義もて、なほ生れ難しと説くべからず。いはんや、異に八門あり。しかるを乃ち説いて、往き難しと言はんや。請ふ、もろもろの学者、理及び教を尋ね、その難易の二門を鑑みて、永くその惑《まどい》を除くべし。

と。〈已上は略抄なり。ただし十五の同の義は、かの論を見るべし〉

問ふ。玄奘の伝ふる所、会せずはあるべからず。

答ふ。西域の行法は、暗ければ以て決し難きも、今試みに会して云はん。西域の行者、多く小乗にあり。〈*十五国は大乗を学び、十五国は大小兼学し、四十一国は小乗を学ぶ〉兜率に上生することは、大小共に許し、他方の仏土に往くことは、大は許し小は許さず。彼は共に許すが故に、並《みな》兜率と云ひしものならんか。*流沙《りゅうさ》より以東は盛んに大乗を興す。かの西域の*雑行《ぞうぎょう》に同ずべからず。いかにいはんや、諸教の興隆は必ずしも一時ならず。なかんづく、念仏の教は、多く末代の、*経道《きょうどう》の滅したる後の濁悪の衆生を利す。計《はかりみ》るに、かの時、天竺にはいまだ興盛ならざりしか。もししからずは、*上足《じょうそく》の基師、あに、別に西方要決《さいほうようけつ》を著し、*十の勝劣を立てて自他に勧むべけんや。

問ふ。*心地観経に云く、

正覚 正等覚・等正覚などともいう。仏のさとりのこと。

五逆 五逆に小乗と大乗の二種がある。小乗の五逆については一八頁「五逆罪」注参照。大乗の五逆は、(1)寺塔を破壊し、経蔵を焼き、三宝の物を盗用すること、(2)三乗の教えをそしること、(3)出家を呵責し、あるいは殺すこと、(4)小乗の五逆のうち、どれでも一つを犯すこと、(5)因果を否定し、十の不善を行なうことの五。薩遮尼乾子経の説。

無量寿経 無量寿経巻下(正蔵一二ノ二七四中)。

十五国は… この数え方は玄奘の大唐西域記によったのではなく、最澄の顕戒論巻上(正蔵七四ノ五九一中・下・五九二中)によったもの。

流沙 タクラマカン沙漠。大唐西域記巻一二に「瞿薩旦那、以て東境の関防となす。これより東に行き、大流沙に入る。沙則ち流漫し、聚散、風に随ふ。人行くも迹なく、多く路に迷ふ」(正蔵五一ノ九四五下)と記している。

雑行 大乗・小乗をまじえ、修行すること。

経道 教えのこと。経に説く道。

上足 高弟。窺基は玄奘の後を継いだ人。

十の勝劣 西方要決釈疑通規(正蔵四七ノ一〇六下—一〇七上)。

心地観経 大乗本生心地観経巻三

我、今の弟子を弥勒に付《よ》す。＊竜花会《りゅうげえ》の中に解脱を得ん。しかれども、と。あに、如来、兜率を勧進したまひしにあらずや。

答ふ。これまた違ふことなし。誰か、＊上生《じょうしょう》・心地等の両三の紆を遮せん。しかれども、極楽の文の、顕密に＊且千《しゃせん》なるにはしかず。また＊大悲《だいひ》経の第三に云く、

当来の世に於て、法の滅せんと欲する時、当《まさ》に比丘・比丘尼ありて、＊わが法の中に於て出家することを得已り、手に児の臂《うで》を牽いて共に＊遊行《ゆぎょう》し、酒家《しゅけ》より酒家に至り、わが法の中に於て＊非梵行《ひぼんぎょう》を作すべし。〈乃至〉たとひ、性《しょう》はこれ沙門《しゃもん》なれども、沙門の行を汙《けが》して自ら沙門と称し、形は沙門に似て、当に＊袈裟《けさ》・衣を被著する者あるべし。この＊賢劫《けんごう》に於て、弥勒を首《はじめ》となし、乃至、最後の＊盧遮仏《るしゃぶつ》の所にて般涅槃《はつねはん》に入り、遺余《ゆいよ》あることなからん。何を以ての故に。かくの如く一切のもろもろの沙門の中に、乃至、一たびも仏の名を称し、一たびも信を生ずる者は、所作の功徳、終《つい》に虚設《こせつ》ならざればなり。

と。〈已上〉心地観経の意もまたかくの如し。故にかの経には、竜花と云ひて、都率《とそつ》とは云はざるなり。

今、これを案ずるに、釈尊の入滅より＊慈尊《じそん》の出世に至るまで、五十七倶胝《くてい》六十百千歳を隔てたり。〈＊新婆沙《しんばしゃ》の意〉その間の輪廻、劇苦いくばくぞや。なんぞ、終焉の暮《ゆうべ》に即ち蓮の胎《うち》に託することを願はずして、しかも悠々たる生死に留りて竜花会に至ることを期せんや。いかにいはんや、もしたまたま極楽に生ぜば、昼夜、念の随に都率の宮にも往来し、乃至、

(正蔵三ノ三〇六上)。

竜花会　弥勒菩薩が五十六億七千万年の後、この世に下って、竜華の樹のもとで法会を開いて、すべてに救いをたれるもので、上中下の三種の機根に応じて、三番の法会を設けるから、これを竜華三会という。

上生・心地　観弥勒菩薩上生兜率天経と大乗本生心地観経。

且千　且は数の多いこと。

大悲経　大悲経巻三(正蔵一二ノ九五八上)。

わが法…　わたしの教えにかなった仕方で出家になることができて。

遊行　あちらこちらと遍歴する。

非梵行　出家が姦淫を犯すこと。

袈裟　梵語。原色を避けた、混濁した中間色のこと。僧衣はこうした色に染めあげたことから、転じて僧衣の意に用いられた。

賢劫　いまの一大劫の称。↓補

盧遮仏　盧遮は梵語。盧至・楼至ともかく。賢劫最後の仏。↓補

慈尊　弥勒菩薩のこと。

新婆沙　阿毘達磨大毘婆沙論巻一三五(正蔵二七ノ六九八中)。ただし五十六億七千万とする菩薩処胎経巻二の説が一般。↓補

竜花会の中に、新《あら》たに*対揚《たいよう》の首《しゅ》とならんこと、猶し富貴にして故郷に帰らんが如し。誰の人か、この事を欣楽《ごんぎょう》せざらんや。

もし*別縁あらば余方もまた佳《よ》し。およそ意楽《いぎょう》に随ふべし。*異執《いしゅう》を生ずることなかれ。故に*感法師の云く、

兜率を志求《しぐ》する者は、西方の行人を毀《そし》ることなかれ。西方に生れんと願ふ者も、兜率の業を毀ることなかれ。おのおの性《しょう》の欲《ねがい》に随ひ、情《こころ》に任せて修学せよ。相《あひ》是非することなかれ。なんぞただ勝処に生ぜざるのみならん。また乃ち三途《さんず》に輪転《りんでん》せん。

と*云々。

対揚　説法の相手。

別縁…　ほかに特別な因縁があるなら、ほかの浄土を求めるのもまたよかろう。

異執　誤った考えに執着すること。

感法師の…　釈浄土群疑論巻四(正蔵四七ノ五三中)。

云々　大文第三はこれで終わっているが、源信は晩年、この後に「総結」の一節を設けて、阿弥陀経の文を結びにしようと考えたようである。阿弥陀経略記の、「舎利弗。我今」より「この一切世間難信の法を説く」までの釈文に、「経に舎利と曰ふより難信の法に至るまでは、第四に、わが徳行の、仏の為に讃へらるるを挙げて勧むるなり。(或はこの下の二文を、大文第三の総結となすべし)」(仏全三一ノ二五五上)とあるものが、それを語っている。→補

大文第四に、正修《しょうしゅ》念仏とは、これにまた五あり。世親《せしん》菩薩の*往生論《おうじょうろん》に云ふが如し。

　*五念門《ごねんもん》を修《しゅ》して行《ぎょう》成就すれば、畢竟《ひっきょう》して安楽国土に生れて、かの阿弥陀仏を見たてまつることを得《う》。一には礼拝《らいはい》門、二には讃歎《さんだん》門、三には作願《さがん》門、四には観察《かんざつ》門、五には廻向《えこう》門なり。

と云々。この中に、作願・廻向の二門は、もろもろの*行業《ぎょうごう》に於て、応《まさ》に通じてこれを用ふべし。

○

初に、礼拝〔門〕とは、これ即ち*三業相応《さんごうそうおう》の身業《しんごう》なり。一心に帰命《きみょう》して*五体《ごたい》を地に投げ、遙かに西方《さいほう》の阿弥陀仏を礼したてまつるなり。多少を論ぜざるも、ただ誠心《じょうしん》を用てせよ。或は応に*観仏三昧経《かんぶつざんまいきょう》の文《もん》を念《おも》ふべし。

　我今、一仏を礼《らい》したてまつるは、即ち一切仏を礼したてまつるなり。もし一仏を*思惟《しゆい》すれば、即ち一切仏を見たてまつるなり。一々の仏の前に一の行者ありて、*接足して礼をなすは、皆これ己《おの》が身なり。

と。〈私に云く、*一切仏とは、これ弥陀の分身《ぶんしん》なり。或はこれ十方の一切の諸仏なりと〉*或は応に念ずべし。

　*能礼《のうらい》・所礼《しょらい》、性空寂《しょうくうじゃく》なり　自身・他身、体無二《たいむに》なり　願はくは衆生と共に道を*体解《たいげ》し　*無上意を発《おこ》して*真際《しんさい》に帰らん

と。或は応に*心地観経《しんじかんぎょう》の六種の功徳に依るべし。

往生論　無量寿経優波提舎(正蔵二六ノ二三一中)。

五念門　念仏に関連した五つの行為。一々については以下に説明される。

行業　身と口と心において行なわれる行為。

三業相応　三業とは、行為を起こそうとする意志(意業)と、その意志のもとに起こされた身体的行動(身業)と、言語的表現(口業)の三で、これらが相互に相応じていること。

五体　両膝と両肘と頭。

観仏三昧経　観仏三昧海経巻一〇(正蔵一五ノ六九五上)。

思惟　思いはからうこと。

接足…　接足作礼(さらい)という。頂礼や頂足などと同じで、相手の足に頭を触れて敬礼する最高の礼法。

一切仏…　他本には、この前に「一仏」の二字を置くものがあるが、いまは取らない。後の観察門の雑略観にここに言うようなことが扱われている(一三五頁参照)。

或は応に…　この一文は、良忠の往生要集義記巻四に、「慈覚大師の法華・常行三昧の礼仏文」であるという(浄全一五ノ二四七下)。

能礼・所礼　人と仏。

体解　体は通達の意。通じさとる。

無上意　さとりを求める心。菩提心。

真際　究極の意。永遠の真実。

心地観経　大乗本生心地観経巻二(正蔵三ノ二九九中)。

一には、無上の*大功徳田《くどくでん》なり。二には、無上の*大恩徳《おんどく》なり。三には、*無足・二足及以《および》多足の衆生の中の尊《そん》なり。四には、極めて値遇《ちぐ》し難きこと*優曇華《うどんげ》の如し。五には、独《ひと》り三千大千世界に出でたまふ。六には、*世《せ》・出世間《しゅつせけん》の功徳円満して、一切の*義《ぎ》の依《え》たり。かくの如き等の六種の功徳を具して、常に能く一切の衆生を利益《りやく》したまふ。

と。〈已上〉

経の文は極めて略なり。今すべからく言を加へて、以て礼法《らいほう》を為《つく》るべし。一には、応《まさ》に念ずべし、

一たび*南無仏《なむぶつ》と称せば　皆已に仏道を成ず　故に我　無上の功徳田を帰命し礼したてまつる

と。二には、応に念ずべし、

*慈眼《じげん》もて衆生を視《みそな》はすこと　平等にして一子《いっし》の如し　故に我　極大《ごくだい》の慈悲の母を帰命し礼したてまつる

と。三には、応に念ずべし、

十方のもろもろの大士　弥陀尊を恭敬《くぎょう》したてまつる　故に我　無上*両足尊《りょうぞくそん》を帰命し礼したてまつる

と。四には、応に念ずべし、

一たび仏の名を聞くことを得るは　優曇華よりも過ぎたり　故に我　極めて値遇《ちぐ》し難き者《ひと》を帰命し礼したてまつる

大功徳田　功徳を生ずるものを田に喩えて福田(ふくでん)という、その一が功徳田。いまは仏のこと。

恩徳　恩恵を施す徳。

無足…　蛇のような足のないもの、二本足の人間、および、むかでのような足の多い生きもの。

優曇華　優曇は梵語、優曇鉢の略。烏曇波羅なども書く。天上の花で、金輪王が世に現われたとき、出現するといわれる。極めて遇いにくいことの喩えに用いられる。

世・出世間　世俗と世俗を離れた世界。在家と出家。

義の依　教えの意味を義といい、依はその依りどころ。

南無仏　南無は梵語。帰命と訳する。礼拝帰順するといった意で、これを頂礼と対照して、頂礼は身を投げだして礼拝すること、帰命は生命を投げだして礼拝すること、などと解釈するものもある。

慈眼　仏・菩薩が慈悲の心でながめる眼。

両足尊　仏の別称。二足の生物のなかでもっとも尊いものという意。また二足を願と行、福徳と智慧と解することもある。

二尊　普通は浄土教では、釈迦と阿弥陀の二仏を二尊といい、念仏の一道を二尊一教というが、ここでは一般的に二人の仏という意。

と。五には、応に念ずべし、
一百倶胝《くてい》の界《かい》には　*二尊《にそん》並び出でず　故に我　希有《けう》の大法王*を帰命し礼したてまつる
と。六には、応に念ずべし、
仏法の衆徳の海は　三世同じく一体なり　故に我　*円融万徳《えんゆうまんどく》の尊を帰命し礼したてまつる
と。もし広く行ずることを楽《ねが》はば、応に*竜樹《りゅうじゅ》菩薩の十二礼《じゅうにらい》に依るべし。また*善導和尚《ぜんどうかしょう》の六時の礼法あり。具《つぶ》さに出すべからず。たとひ余の行《ぎょう》なからんも、ただ礼拝に依りてもまた往生することを得。*観虚空蔵菩薩仏名経《かんこくうぞうぼさつぶつみょうぎょう》に云ふが如し。

阿弥陀仏を至心《ししん》に敬礼すれば、三悪道《さんまくどう》を離れて、後にその国に生るることを得。

と。

第二に、讃歎《さんだん》〔門〕とは、これ三業相応《さんごうそうおう》の口業《くごう》なり。十住婆沙*の第三に云ふが如し。

阿弥陀仏の本願、かくの如し。「もし人、我を念じ、名を称へて自《みずか》ら帰すれば、即ち*必《ひっ》定《じょう》に入りて、阿耨菩提《あのくぼだい》を得」と。この故に、常に応に憶念し、偈を以て称讃すべし。
量《かぎ》りなき光明慧　身は真金の山の如し　我いま身口意《しんくい》もて　合掌し稽首《けいしゅ》して礼したてまつる　十方の現在の仏　種々の因縁を以て　かの仏の功徳を歎《ほ》めたまふ　我いま帰命し礼したてまつる　仏足《ぶっそく》に千輻輪《せんぷくりん》あり　柔軟《にゅうなん》にして蓮華の色あり　見る者皆歓喜《かんぎ》す　頭面《ずめん》に仏足を礼したてまつる　眉間の白毫《びゃくごう》の光は　猶し清浄なる月の如し　面《おもて》の光色

大法王　仏のこと。阿弥陀仏。
円融万徳の尊　仏のこと。円融は、円は欠けることなく満ちそなわっていること、融は一切が完全に一つに融けあっていることで、ここでは一切の徳が備わり、一つにとけあって、仏の徳となっていること。
竜樹菩薩の…　さきに幾つか引用された讃で、善導の往生礼讃偈に収める願往生礼讃のこと(正蔵四七ノ四四二上―下)。七〇・七三・七七頁参照。
善導和尚の…　善導は中国浄土教の一流の祖で、またもっとも勝れた大成者。伝記に二つの系統があって、明確を欠く。後代の伝承では、生没を六一三―六八一年とする。善導の六時の礼法とは、往生礼讃偈(正蔵四七所収)のことで、かれにはこのほか観無量寿経を注釈した観無量寿経疏四巻、法事讃二巻、観念法門・般舟讃各一巻などがある。また和尚は梵語の訛ったもので、依学と訳し、受戒の人の師となるものをいう。日本では僧位の称となっているが、「かしょう」は天台流の読み方。
観虚空蔵菩薩仏名経　観虚空蔵菩薩経のことであろう(正蔵一三ノ六七九上)。
十住婆沙　十住毘婆沙論巻三(正蔵二六ノ四三上―下)。
必定　仏になると定まった位。正定聚、不退転のこと。

を増益《ぞうやく》す　頭面に仏足を礼したてまつる　かの仏の言説したまふ所　もろもろの罪根を破除す　美言にして益する所多し　我いま稽首し礼したてまつる　一切の*賢聖衆《げんじょうしゅ》及びもろもろの人天衆　咸《ことごと》く皆共に帰命す　この故に我もまた礼したてまつる　かの*八道の船に乗り　能く度《わた》り難き海を度る　自ら度り、また彼を度す　我、自在者を礼したてまつる　諸仏は無量劫に　その功徳を讃揚したまふも　なほ尽すことあたはず清浄人を帰命したてまつる　我も今またかくの如し　無量の徳を称讃したてまつるこの福の因縁を以て　願はくは仏常に我を念じたまへ　この福の因縁を以て　獲る所の上妙の徳を　願はくはもろもろの衆生の類《たぐい》も　皆また悉く当《まさ》に得んことを

と。かの論に三十二偈あり。今略して要を抄《と》る。具《つぶ》さには*別抄にあり。或はまた*往生論の偈、*真言《しんごん》教の仏讃《ぶっさん》、*阿弥陀の別讃あり。これ等の文を、一遍にても多遍にても、一行にても多行にても、ただ応《まさ》に誠を至すべし。多少を論ぜざれ。たとひ余行はなくとも、ただ讃歎に依りて、また応に願の随に必ず往生することを得べし。*法華《ほっけ》の偈《げ》に云ふが如し。

　或は歓喜の心を以て　*歌唄《かばい》して仏の徳を頌し　乃至《ないし》一小音もてせるも　皆已に仏道を成《じょう》ぜり

と。一音《いっとん》にして既にしかり。いかにいはんや、常に讃ふるをや。仏果《ぶっか》すらなほしかり。いかにいはんや、往生をや。*真言の讃仏は利益甚だ深し。顕露することあたはず。

第三に、作願門《さがんもん》とは、以下の三門は、これ三業《さんごう》相応の意業なり。*綽禅師《しゃくぜんじ》の*安楽集《あんらくしゅう》に云く、

賢聖　賢と聖で、仏道を修行して見道の位以上に達したものが聖、達しないものが賢。一般には七賢十聖などを説く。
八道　八正道のこと。五九頁「五根と…」補注参照。
別抄　なにを指すか不明。
往生論の偈　無量寿経優婆提舎(正蔵二六ノ二三〇下—二三一上)。
真言教の仏讃　→補
阿弥陀の別讃　無量寿経巻上の「光顔巍々」ではじまる讃仏偈(正蔵一二ノ二六七上—中)や竜樹の十二礼、世親の浄土論の願生偈などが考えられる。→補
法華　法華経巻一(正蔵九ノ九上)。
歌唄　歌を唄う意。または讃歎の意。
真言　神呪・呪などとも言う。真実の言葉の意で、仏・菩薩などに関する秘密の言葉をいい、梵語の原語のままで表現される。
綽禅師　道綽(五六二—六四五)は、汶水石壁の玄中寺で曇鸞の碑を見て浄土信仰に入った人で、無量寿経の講義二百遍、晩年には日に七万遍の念仏をしたという。著書の安楽集は曇鸞の論註により説をなしたもの。
安楽集　安楽集巻上(正蔵四七ノ七中—下)。
大経　無量寿経巻下、三輩生の取意(正蔵一二ノ二七二中—下)。
法界　真如。または一切のもの、宇宙全体。

*大経《だいきょう》に云く、「およそ浄土に往生せんと欲せば、要《かなら》ず発菩提心《ほつぼだいしん》を須《もち》ふることを源となす」と。いかなるか菩提とならば、乃ちこれ無上仏道の名なり。もし心を発《おこ》して仏とならんと欲せば、この心《こころ》広大にして*法界《ほっかい》に周遍し、この心長遠にして未来際を尽す。この心普く備はりて二乗の障《さわり》を離る。もし能く一たびもこの心を発さば、無始生死の*有輪《うりん》を傾く。*浄土論に云く、「発菩提心とは、正にこれ仏に作《な》らんと願ふ心なり。仏に作らんと願ふ心とは、即ちこれ衆生を度《ど》せんとする心なり。衆生を度せんとする心とは、即ちこれ衆生を摂受《しょうじゅ》して有仏の国土に生れしむる心なり」と。今既に浄土に生れんと願ふが故に、まづすべからく菩提心を発すべし。

と。〈已上〉当《まさ》に知るべし、菩提心はこれ浄土の菩提の綱要なることを。故に聊《いささ》か三門を以てその義を決択《けっちゃく》せん。行者、繁を厭ふことなかれ。一には菩提心の行相《ぎょうそう》を明《あか》し、二には利《り》益《やく》を明し、三には料簡《りょうけん》せん。

初に、行相とは、惣じてこれを謂はば仏に作らんと願ふ心なり。また、上《かみ》は菩提を求め、下は衆生を化《すく》ふ心とも名づく。別してこれを謂はば*四弘誓願《しぐぜいがん》なり。これに二種あり。一には、*事《じ》を縁とする四弘願なり。これ即ち衆生縁の慈なり。或はまた*法縁《ほうえん》の慈なり。二には、理《り》を縁とする四弘なり。これ*無縁の慈悲なり。

事を縁とする四弘と言ふは、一には衆生無辺誓願度《しゅじょうむへんせいがんど》なり。応《まさ》に念ずべし。一切衆生に悉く*仏性《ぶっしょう》あり、我皆*無余涅槃《むよねはん》に入らしめんと。この心は即ちこれ*饒益有情戒《にょうやくうじょうかい》なり。またこれ*恩徳《おんどく》の心なり。またこれ*縁因仏性《えんいんぶっしょう》なり。*応身《おうじん》の菩提の因なり。二には、煩悩無辺誓願断《ぼんのうむへんせいがんだん》

有輪　有は三界など生死輪廻を果報とする世界で、これを輪にたとえた。

浄土論　実は曇鸞の往生論註巻下(正蔵四〇ノ八四二上)。

四弘誓願　菩提心を発すとき立てるもっとも基本的な願。総願という。

事を…　事は差別的現象的な側面で、外に現われた事物。これに対し真理など普遍的な面が理。↓補

法縁の慈　一切のもの(法)は無我であると悟っておこす慈悲。

無縁の慈悲　平等絶対の仏の慈悲。

仏性　仏になる可能性、因子。

無余涅槃　有余涅槃に対して、常・楽・我・浄の四徳をそなえた、さとりの最高。完全な真実のさとり。

饒益有情戒　三聚浄戒の一。世の人を導き、そのために尽くすこと。摂衆生戒。以下、戒・徳・仏性・仏身を対応する。↓補

恩徳　仏の三徳の一。衆生に恵みを与えること。これに対し、断徳は煩悩やその行為を滅すること、智徳は智慧により一切を見通すこと。

縁因仏性　三因仏性の一。一切が本来具えている理が正因仏性、その理を照らす智慧が了因仏性、そしてその智慧を起こす縁となる善行のすべてが縁因仏性。

応身　仏の三身の一。現実世界に生身の姿を現わした釈尊のような仏のこと。法身は理法そのもの。報身については、八二頁「報仏」注参照。

なり。これはこれ*摂律儀戒《しょうりつぎかい》なり。またこれ断徳《だんどく》の心なり。またこれ正因《しょういん》仏性なり。法身《ほっしん》の菩提の因なり。三には、法門無尽誓願知《ほうもんむじんせいがんち》なり。これはこれ摂善法戒《しょうぜんぼうかい》なり。またこれ智徳の心なり。またこれ了因《りょういん》仏性なり。報身《ほうじん》の菩提の因なり。四には、無上菩提誓願証《むじょうぼだいせいがんしょう》なり。これはこれ仏果菩提を願求《がんぐ》するなり。謂《いわ》く、前の三の行願《ぎょうがん》を具足するに由りて、*三身《さんじん》円満の菩提を証得し、還りてまた広く一切衆生を度するなり。

二に、理を縁とする願とは、一切の諸法は、本《もと》より来寂静《このかたじゃくじょう》なり。有《う》にあらず無にあらず、常《じょう》にあらず断にあらず、生ぜず滅せず、垢《けが》れず浄《きよ》からず。*一色《いっしき》・一香《いっこう》も中道《ちゅうどう》にあらずといふことなし。*生死即涅槃《しょうじそくねはん》、煩悩即菩提《ぼんのうそくぼだい》なり。一々の*塵労《じんろう》門を翻《ひるがえ》せば、即ちこれ八万四千の諸*波羅蜜《はらみつ》なり。*無明《むみょう》変じて明となる、氷の融《と》けて水となるが如し。更に遠き物にあらず、余の処より来るにもあらず。ただ一念の心に普く皆具足せること、*如意珠《にょいしゅ》の如し。宝あるにもあらず、宝なきにもあらず。もしありと謂はば即ち*妄語《もうご》なり。もしなしと謂はば即ち*邪見なり。心を以て知るべからず、言を以て弁《わきま》ふべからず。衆生はこの不思議・不縛の法の中に於て、しかも思想して縛をなし、無脱《むだつ》の法の中に於て、しかも脱を求む。この故に普く法界の一切衆生に於て、大慈悲を起し、四弘誓を興《おこ》す。これを順理《じゅんり》の発心《ほっしん》と名づく。これ、最上の菩提心なり。〈*止観《しかん》の第一を見るべし〉また*思益《しやく》経に云く、

一切の法は法にあらずと知り、一切の衆生は衆生にあらずと知る。これを、菩薩の、

無上菩提心を発《おこ》すと名づく。

と。また*荘厳菩提心経《しょうごんぼだいしんぎょう》に云く、

摂律儀戒　三聚浄戒の一。仏の定めた戒めを守ること。これは止悪。これは止悪。進んで善を行なうのを摂善法戒といい、これは作善。

三身　法身・報身・応身の三。

一色…　二辺にかたよらない中正の道は、全宇宙の真実の姿であるから、中道実相という。また真如とも法性ともいい、すべてに普遍し、すべてこの現われでないものはないから、一つの色、一つの香もこの現われと説く。天台宗で用いる慣用語。

生死即涅槃　生死の迷いのすがたがそのままさとりの境界と説くもの。

塵労　煩悩のこと。

波羅蜜　→五八頁注

無明　真理に暗く、ものごとの道理がわからない状態をいい、愚痴をそのすがたとする。

如意珠　如意宝珠といい、思いどおりにすべてがかなう、不思議な力をもった空想上の宝の珠。摩尼珠とも。

妄語　うそをいうこと。十悪(→一〇四頁一一―一四行)の一。

邪見　因果の道理を否定する間違った考え。

止観　摩訶止観巻一下(正蔵四六ノ九上―中)。

思益経　思益梵天所問経巻三(正蔵一五ノ四八中)。

荘厳菩提心経　荘厳菩提心経(正蔵一〇ノ九六一中―下)。

菩提心とは、あるにあらず造るにあらず、文字を離れたり。菩提は即ちこれ心なり。心は即ちこれ衆生なり。もし能くかくの如く解《げ》すれば、これを菩薩、菩提を修すと名づく。菩提は過去・未来・現在にあらず。かくの如く、心と衆生と、また過去・未来・現在にあらず。能くかくの如く解するを名づけて菩薩となす。しかもこの中に於て、実に得る所なし。得る所なきを以ての故に得。もし一切の法に於て得る所なくは、これを菩提を得と名づく。*始行《しぎょう》の衆生の為の故に、菩提ありと説く。〈乃至〉しかもこの中に於て、また心あることなく、また心を造る者もなし。また菩提あることなく、また菩提を造る者もなし。また衆生あることなく、また衆生を造る者もなし。

と。〈乃至、云々〉

この二の*四弘《しぐ》におのおの二の義あり。一には云く、初の二願は衆生の*苦《く》・集二諦《じゅうにたい》の苦を抜き、後の二願は衆生に道・滅二諦の楽を与ふと。二には云く、初の一は他*に約し、後の三は自に約すと。謂く、衆生の二諦の苦を抜いて、衆生に二諦の楽を与ふるは、惣じて初の願の中にあり。この願を究竟《くきょう》し円満せんと欲するが為に、更に自身に約して後の三願を発すなり。*大般若経に云ふが如し。

*有情《うじょう》を利せんが為に大菩提を求む。故に菩薩と名づく。しかも依著《えじゃく》せず。故に*摩訶薩《まかさつ》と名づく。

と。〈已上〉また前の三はこれ因にして、これ別なり。第四はこれ果にして、これ惣なり。

四弘《しぐ》已《お》りて後は、云ふべし、「*自他法界《じたほっかい》同じく利益し、共に極楽に生れて、仏道を成ぜ

始行の衆生　やっと修行をやり始めたばかりの人。

四弘　四弘誓願。

苦・集二諦　次の道・滅の二諦と合して四諦という。諦は真理の意で、この世界は一切苦であるというのが苦諦、その原因は執着の心であるとするのが集諦、その執着の完全に絶滅するのを窮極の理想とするのが滅諦、その理に至るために八正道(↓五九頁「五根と…」補注)を行なわねばならないとするのが道諦。原始仏教の基本的な教義を説くもの。

他に約し　他のものの立場に立ってたてたもの。

大般若経　大般若波羅蜜多経巻七一(正蔵五ノ四〇三下)。

有情　衆生に同じ。

摩訶薩　梵語。さとりを求めるものを菩薩とすれば、小乗の聖者や仏もこの中にはいるから、これと区別して、とくに無上のさとりを求める大乗の修行者にいう。摩訶は大の意。

自他法界…　自分もひとも、すべて宇宙全体に同じように恵みを与える。

ん」と。心の中に応《まさ》に念ずべし、「我、衆生と共に極楽に生れ、前の四弘願《しぐがん》を円満し究竟せん」と。もし*別願《べつがん》あらば四弘の前にこれを唱へよ。もし心《こころ》不浄ならば正道《しょうどう》の因にあらず。もし心に限《かぎ》りあらば大菩提にあらず。もし誠を至すことなくはその力強からず。この故に、要《かなら》ず清浄にして深広《じんこう》なる誠《まこと》の心を須《もち》ひよ。勝他《しょうた》・名利《みょうり》等の事の為にせざれ。しかも*仏眼《ぶつげん》の照す所の、*無尽法界《むじんほっかい》の一切の衆生、一切の煩悩、一切の法門、一切の仏徳に於て、この四種の願と行とを発《おこ》せ。

問ふ。いづれの法の中に於て無上道を求むるや。

答ふ。これに利・鈍の二の差別あり。*大論に云ふが如し。

黄石の中には金の性《しょう》あり、白石の中には銀の性あるが如し。かくの如く、一切世間の法の中には皆涅槃の性あり。諸仏・賢聖《げんじょう》は、智慧・方便・持戒・禅定を以て引導して、この涅槃の法性《ほっしょう》を得しめたまふ。利根の者は、即ち、この諸法は皆これ法性なりと知る。譬へば、神通の人の、能く瓦石を変じて皆金とならしむるが如し。鈍根の者は、方便・分別してこれを求め、乃ち法性を得。譬へば、大いに石を冶《とか》し鼓《う》ちて、しかる後に金を得るが如し。

と。〈已上〉*また云く、

苦行《くぎょう》・*頭陀《ずだ》し、初・中・後夜《ごや》に心を勤《つく》して*観禅《かんぜん》し、苦《つと》めて道を得るは声聞《しょうもん》の教なり。諸法の相は無縛無解《むばくむげ》なりと観じて、心、清浄なることを得るは菩薩の教なり。*文殊師利の本縁《ほんえん》の如し。

別願　総願に対する。特別な個人的な願。源信の十大願、禅瑜の十願発心記もその一例。↓補

仏眼　五眼の一。仏にそなわる一切を見通す智慧のこと。仏の智慧の眼。

無尽法界　尽きることのない大宇宙の一切。

大論　大智度論巻三五(正蔵二五ノ二九八中)。

また云く　大智度論巻六(正蔵二五ノ一〇七上)。

頭陀　梵語。抖擻(とそう)とも書く。貪りの心を捨てるための、衣・食・住に関する心の修錬で、これに十二を数え、十二頭陀という。(1)棄てるような廃物の布切で衣服をつくって着る。(2)大・中・小三枚の衣服(三衣)でまに合わせる。(3)食を乞うて生活し、施主の貧富を選んだり、特別の請待を受けたりしない。(4)一日午前の一食で止める。(5)過食しない。(6)昼以後、餅・果実などや飲み物をとらない。(7)人里離れた静かな所に住む。(8)墓地に住む。(9)樹の下に住む。(10)露天に住む。(11)草地に住む。(12)いつも坐り、横にならない、の十二。多少、内容に出入がある。

観禅　止観禅定の意。観想。

文殊師利…　文殊師利がこの世に現われた由来。↓補

無行経…　諸法無行経巻下(正蔵一

と。〈已上〉 即ち、*無行経《むぎょうきょう》の喜根菩薩の偈を引いて云く、

*婬欲は即ちこれ道なり　恚《い》・痴《ち》もまたかくの如し　かくの如き三事の中に　無量の諸仏の道あり　もし人ありて　婬・怒《ぬ》・痴と及び道とを分別すれば　この人、仏道を去ること　譬へば天と地との如し

と。かくの如く七十余の偈あり。また*同じ論に云く、

一切の法の不可得《ふかとく》なる、これを*仏道と名づく。即ちこれ*諸法の実相なり。この不可得もまた不可得なり。

と。〈略抄〉 また、*迦葉《かしょう》菩薩、仏に白《もう》して言《もう》さく、

一切の諸法の中に　悉く安楽の性あり　ただ願はくは*大世尊《だいせそん》　わが為に分別して説きたまへ

と。また*般若経に云く、

一切の有情は皆*如来蔵《にょらいぞう》なり。普賢《ふげん》菩薩の自体《じたい》、偏せるが故に。

と。*法句経《ほっくぎょう》に云く、

諸仏は貪と瞋とに依りて　道場に処《しょ》したまふ　塵労は諸仏の種なり　本《もと》より来《このかた》動く所なし　*五蓋《ごがい》と及び五欲《ごよく》を　諸仏の*種性《しゅしょう》となす　常にこれを以て荘厳《しょうごん》したまふ　本より来《このかた》動く所なし　諸法は本より来《このかた》是《ぜ》もなくまた非もなし　是非の性は寂滅し　本より来《このかた》動く所なし

と。〈已上の六文は、これ利根の人の菩提心なるのみ〉

五ノ七五九下)。むかし師子吼鼓音王仏のとき、喜根・勝意の二人の菩薩がいたが、喜根は質実で、世俗の法を捨てることがなく、また善悪を分別することもなく、戒を守り、頭陀を行じ、実相を説いた。勝意は戒を守り、頭陀を行じて、かえってこれに捉われ、喜根の弟子に、一切の空しいことを説かれて、心に怒りを抱いた。喜根の詩はこれを知って弟子に説いたもの。大智度論巻六(正蔵二五ノ一〇七下)に引く。

婬欲　貪欲の意。三毒の一。

同じ論　大智度論には見当らない。

仏道　さとり。

諸法の実相　一切のものの真実の姿。

迦葉菩薩　涅槃経巻三に記されている菩薩。↓補

大世尊　世尊は如来の十号の一。世にもっとも尊い人の意。仏に対する呼びかけに多く用いられる。

般若経　大般若波羅蜜多経巻五七八(正蔵七ノ九九〇中)。

如来蔵　如来、すなわち仏となる可能性のこと。仏性と同義。

法句経　法句経(正蔵八五ノ一四三五上)。

五蓋　蓋は煩悩のこと。貪り(貪欲蓋)、怒り(瞋恚蓋)、身心の消極的なはたらきと睡眠(惛眠蓋)、心の動揺と後悔(掉悔蓋)、疑い(疑蓋)の五。

種性　さとりを開く素質、本性。

問ふ。煩悩・菩提、もし一体ならば、ただ応《まさ》に意《こころ》に任せて惑業を起すべきや。

答ふ。かくの如き解《げ》を生《な》す、これを名づけて*悪取空《あくしゅくう》の者となす。専ら仏弟子にあらず。今*反質《ほんぜつ》して云はん。汝、もし煩悩即菩提なるが故に欣《ねが》ひて煩悩・悪業を起さば、また応に生死即涅槃なるが故に欣ひて生死の猛苦を受くべし。何が故に、刹那の苦果に於てなほ堪へ難きことを厭ひ、永劫の苦因に於ては自《みずか》ら恣《ほしいまま》に作らんことを欣ふや。この故に、当《まさ》に知るべし、煩悩と菩提とは、体はこれ一なりといへども、*時《じ》・用《ゆう》異るが故に染・浄不同なりと。水と氷との如く、また種《たね》と菓《このみ》との如し。その体はこれ一なれども、時に随ひて用《はたらき》は異るなり。これに由りて、道を修する者は*本有《ほんぬ》の仏性を顕すも、道を修せざる者は終《つい》に理を顕すことなし。*涅槃経の三十二に云ふが如し。

*善男子《ぜんなんし》。もし人ありて問はん、「この種子の中に果ありや、果なきや」と。応に定んで答へて言ふべし、「亦《また》はあり、亦はなし」と。何を以ての故に。子《たね》を離れて外に果を生ずることあたはず。この故に「あり」と名づく。子《たね》いまだ牙《め》を出さず。この故に「なし」と名づく。この義を以ての故に、「亦はあり、亦はなし」と。所以《ゆえん》はいかん。時節は異ることあれども、その体はこれ一なり。衆生の仏性も亦またかくの如し。もし衆生の中に、別に仏性ありと言はば、この義《ぎ》、然らず。何を以ての故に。衆生は即ち仏性なり、仏性は即ち衆生なり。ただ時の異るを以て浄と不浄とあるなり。善男子、もし問ふことありて言はん、「この子《たね》は能く果を生ずるやいなや、この果は能く子を生ずるやいなや」と。応に定んで答へて言ふべし、「または生じ、生ぜず」と。

悪取空　空の理を誤って執着すること。

反質　反問。

時・用　時と働き。

本有の仏性　本来具わっている、仏としての因子、可能性。

涅槃経　大般涅槃経(南本)巻三二(正蔵一二ノ八一九中―下)。

善男子　本来の意味は、生まれの正しい息子、といった意。

調達　梵語。提婆達多(だいばだった)、提婆とも書き、天与と訳する。釈尊常随の弟子阿難(あなん)の兄弟といわれる。釈尊について弟子となったが、のちに仏教教団の分裂を計り、厳格な規律を強調し、教えにおいても異説をとなえたといい、阿闍世(あじゃせ)王をそそのかして帰依を得、釈尊の地位にとってかわろうとして、殺害をもくろんだ。提婆の三逆として、教団の分裂行為、仏の身体の傷害、比丘尼の殺害が数えられる。

那落　梵語。地獄のこと。

慈童　慈童女長者の子のこと。雑宝蔵経巻一に、釈尊はかつて遠い過去に長者の子、慈童女と生まれて、すべての苦しみ悩むものに救いの教えを垂れようと誓い、死後、兜率天に生まれた、と記している(正蔵四ノ四五〇下―四五一下)。

優婆塞戒経　優婆塞戒経巻一(正蔵二四ノ一〇三七上)。

慧施　ものを恵み施すこと。

と。〈已上〉

問ふ。凡夫《ぼんぶ》は勤修《ごんしゅ》するに堪へず。なんぞ虚《むな》しく弘願《ぐがん》を発《おこ》さんや。

答ふ。たとひ勤修するに堪へざらんも、なほすべからく悲願を発すべし。その益《やく》の無量なること、前後に明すが如し。*調達《じょうだつ》は六万蔵の経を誦《じゅ》せしもなほ*那落《ならく》を免れざりき。*慈童《じどう》は一念の悲願を発して、忽ち兜率《とそつ》に生ることを得たり。則ち知る、昇沈の差別は心にありて、行《ぎょう》にあらざることを。いかにいはんや、誰の人か、一生の中、一たびも南無仏と称せず、一食《いちじき》をも衆生に施さざるものあらん。すべからく、これ等微少《みしょう》の善根《ぜんごん》を以てしても、皆応《まさ》に四弘の願・行に摂入《しょうにゅう》すべし。故に行・願相応して、虚妄《こもう》の願とはならざるなり。*優《う》婆塞戒経《ばそくかいきょう》の第一に云ふが如し。

もし人、一心に生死の過咎《かき》、涅槃の安楽を観察することあたはずは、かくの如き人は、また*慧施《えせ》・持戒・多聞ありといへども、終に*解脱分《げだつぶん》の法を得ることあたはず。もし能く生死の過咎を厭ひ患《うれ》へ、深く涅槃の功徳と安楽とを見ば、かくの如き人は、また少施・小戒・小聞なりといへども、即ち能く解脱分の法を獲得《ぎゃくとく》せん。

と。〈已上。無量の世に於て、無量の財を以て無量の人に施し、無量の仏の所《みもと》に於て*禁戒《きんかい》を受持《じゅじ》し、無量の世に無量の仏の所に於て*十二部経《じゅうにぶきょう》を受持し読誦《どくじゅ》するを、名づけて多の施・戒・聞となす。一把《わ》の麨《むぎこがし》を以て、一の乞人《こつにん》に施し、一日一夜、*八禁を受持し、一の四句偈を読むをば、少の施・戒・聞と名づく。経に広く説くが如し〉この故に、行者、事に随ひて心を用ふれば、乃至、一善も空しく過ぐる者なし。*大般若経《だいはんにゃきょう》に云ふが如し。

解脱分の法　解脱分とは順解脱分のことで、さとりの果を感ずることのできる凡夫の善根をいう。この善を得ると、生死の過ちに気付き、涅槃の徳を知るようになる。法はそうした善に目ざめさせる教えのこと。

禁戒　律儀ともいう。身口意の悪を防ぎ、悪から守る働きのあるもの。

十二部経　経典を叙述の形式や内容から分類したもので九部と十二部とがある。十二部は、(1)契経（かいきょう）はいわゆる経で散文形式のもの、(2)応頌（おうじゅ）は散文の教説を詩で重説したもの、(3)記別は受記ともいい、弟子の未来を予言したもの、(4)諷誦（ふうじゅ）は詩型をとった教説、(5)自説は仏がみずから説き出したもの、(6)因縁は経説の由来を説いたもの、(7)譬喩は喩えを説いたもの、(8)本事は仏または弟子の前世の行為を説いたもの、(9)本生は仏の前世の修行を語るもの、(10)方広は広大深遠な教えを説いたもの、(11)希法（けほう）は不思議や功徳を説いたもの、(12)論議は経説を論議解説したもの。このうち(3)(5)(10)または(6)(7)(12)をのぞいたものが九部経。

八禁　八斎戒のこと。在家信者が特定の日だけ出家と同じく規律生活を守ろうとするときに守る戒。↓四六頁「斎戒」注

大般若経　大般若波羅蜜多経巻五七〇(正蔵七ノ九四三上―中)。

もしもろもろの菩薩、*深般若波羅蜜多《じんはんにゃはらみった》の方便善巧*《ぜんぎょう》を行ずれば、一心・一行として空しく過ぎて、一切智*に廻向せざる者あることなし。

と。〈已上〉

問ふ。いかにして心を用ふるや。

答ふ。*宝積経《ほうしゃくぎょう》の九十三に云ふが如し。

食《じき》を須《ま》つものに食を施すは、一切智の力を具足せんが為の故なり。飲《いん》を須つものに飲を施すは、*渇愛《かつあい》の力を断たんが為の故なり。衣を須つものに衣を施すは、無上の*慚愧《ざんぎ》の衣を得んが為の故なり。坐処を施すは菩提樹*の下に坐せんが為の故なり。燈明を施すは仏眼《ぶつげん》の明《みょう》を得んが為の故なり。紙墨等を施すは大智慧を得んが為の故なり。薬を施すは衆生の*結使《けっし》の病を除かんが為の故なり。かくの如く、乃至、或は自ら財なくは、当《まさ》に心の施を生《な》すべし。無量無辺の一切の衆生を開示することを得んと欲せば、力あるも力なきも、上の如く布施せよ。これわが善行《ぜんぎょう》なり。

と。〈已上。経文は甚だ広し。今は略してこれを抄す。見るべし〉

かくの如く、事《じ》に随ひて、常に心の願を発《おこ》せ。「願はくは、この衆生をして速かに無上道を成ぜしめん。願はくは、我かくの如く漸々に第一の願・行を成就し、*檀度《だんど》を円満して速かに菩提を証し、広く衆生を度せん」と。一の愛語*を発し、一の利行《りぎょう》を施し、一の善事に同ずるも、これに准じて知るべし。もし暫くも一念の悪を制伏することある時は、応《まさ》にこの念を作すべし。「願はくは、我かくの如く漸々に第二の願・行を成就し、もろもろの惑業《わくごう》

深般若波羅蜜多　般若波羅蜜多は梵語。新訳で、旧訳では般若波羅蜜。般若は智慧の意。深は甚深の意。五八頁「波羅蜜」注参照。

方便善巧　相手の資質に応じた種々のてだてを尽くして、巧みに導くこと。

一切智　すべてのものについて総括して知る智慧。梵語では薩婆若(さばにゃ)と書く。

宝積経　大宝積経巻九三(正蔵一一ノ五二九上―中)。

渇愛　愛ともいう。ものを貪り執着すること。

慚愧　犯した罪をみずから省みて恥じることを慚、他に対して恥じることを愧という。

菩提樹…　さとりを開くためである。

結使　結ともいう。迷いに縛りつけるという意で、煩悩の異名。

檀度　檀は梵語、檀那(だんな)の略で、布施のこと。度は梵語、波羅蜜の訳で、さとりの彼岸にわたること。布施波羅蜜に同じ。

愛語　布施・愛語・利行・同事の四を四摂法(ししょうぼう)という。菩薩が衆生を仏道に引き入れる方法で、布施は財物を与えたり教えを説いたりすること、愛語はやさしい言葉をかけること、利行は利益を与えるために種々行なうこと、同事は衆生と協同して事を行ない、苦楽を共にすること。

を断じて、速かに菩提を証し、広く衆生を度せん」と。もし一の文《もん》、一の義《ぎ》をも読誦《どくじゅ》し*修《しゅ》習《じゅう》することある時は、応にこの念を作すべし。「願はくは、我かくの如く漸々に第三の願・行を成就し、もろもろの仏法を学んで、速かに菩提を証し、広く衆生を度せん」と。一切の事に触れて、常に心を用ふることを作せ。「我今身《こんじん》より漸々に修学し、乃至、極楽に生れて自在に仏道を学び、速かに菩提を証して、*究竟《くきょう》して生《しょう》を利せん」と。もし常にこの念を懐き、力の随《まま》に修行せば、渧《しずく》は微なりといへども、漸く大器に盈《み》つるが如く、この心能《よ》く巨細《こさい》の万善《まんぜん》を持《たも》ちて、漏落《ろうらく》せしめずして、必ず菩提に至らん。*華厳経の入法界品《にゅうほっかいぼん》に云ふが如し。

　譬へば、金剛の、能く大地を持《たも》ちて墜没《ついもつ》せしめざるが如く、菩提の心も亦またかくの如し。能く菩薩の一切の願・行を持ちて、墜落して三界に没せしめず。

と云々。

問ふ。凡夫は*常途《じょうず》に心を用ふるに堪へず。その時の善根《ぜんごん》は*唐捐なりとせんや。

答ふ。もし至誠心《しじょうしん》もて、心に念じ口に言はん、「我、今日より、乃至、一善をも已が身の*有漏《うろ》の果報《かほう》の為にせず、尽く極楽の為にし、尽く菩提の為にせん」と。この心を発《おこ》して後は、所有《しょう》のもろもろの善、もしは覚《し》るも覚らざるも、自然に無上菩提に趣向す。一たび*渠溝《ごこう》を穿《うが》たば、諸水自ら流れ入りて、うたた江河に至り、遂に大海に会《え》するが如し。行者もまたしかり。一たび発心して後は、もろもろの善根の水、自然《じねん》に四弘願の渠《みぞ》に流れ入り、うたた極楽に生れて、遂に菩提の*薩婆若《さばにゃ》の海に会《え》す。なんぞいはんや、時々に、前の

修習　重ねて何度も同じことを繰返し、目的を達しようとすること。

究竟　ものごとを極め尽くすこと。

華厳経　華厳経(六十巻本)巻五九(正蔵九ノ七八〇上)。

常途　いつも。常日頃。

唐捐　むなしいこと。

有漏の果報　漏は煩悩の異名。煩悩のあることが有漏、ないことが無漏。有漏の果報とは、人間や天上など、五趣に生まれること。

渠溝　ほりとみぞ。みぞ。

薩婆若　梵語。一切智と訳する。↓九八頁「一切智」注

願を憶念《おくねん》せんをや。具《つぶ》さには下の廻向門の如し。

問ふ。凡夫は力なし。能く捨てんとして捨つること難《かた》し。或はまた貧乏なり。いかなる方便を以てか、心をして*理《り》に順《したが》はしめんや。

答ふ。*宝積経に云く、

かくの如く布施せんに、もし力あることなく、これを学ぶことあたはず、財を捨つることあたはずは、この菩薩は応《まさ》にかくの如く思惟《しゆい》すべし、「我、今当《まさ》に勤めて精進《しようじん》を加へ、時々・漸々に*慳貪《けんどん》・悋惜《りんしやく》の*垢《あか》を断除すべし。我、当に勤めて精進を加へ、時々・漸々に財を捨てて施与《せよ》することを学び、常にわが施心をして増長《ぞうじよう》し、広大ならしむべし」と。

と。〈已上〉また*因果経《いんがきよう》の偈《げ》に云く、

もし貧窮《びんぐ》の人ありて　財の布施すべきものなくは　他の施を修するを見る時　しかも随喜の心を生ぜよ　随喜の福報は　施と等しくして異なることなし

と。*十住毘婆沙《じゆうじゆうびばしや》の偈に云く、

我、今これ*新学《しんがく》なり　善根いまだ成就せず　心いまだ自在を得ず　願はくは後に当に相《あい》与ふべし

と。〈已上〉行者《ぎようじや》、応当《まさ》にかくの如く心を用ふべし。

問ふ。この中に、理《り》を縁《えん》として菩提《ぼだい》心を発するも、また因果を信じて、勤めて道を修行すべきや。

理　事に対する理。

宝積経　大宝積経巻九三(正蔵一一ノ五二九中―下)。

慳貪・悋惜　貪りともの惜しみ。

垢　煩悩の異名。貪・瞋・痴を三垢(さんく)という。

因果経　過去現在因果経巻四(正蔵三ノ六五二上)。

十住毘婆沙　十住毘婆沙論巻八(正蔵二六ノ五九下)。

新学　修学しはじめたばかりのもの。

浄名経　維摩詰所説経巻中(正蔵一四ノ五五〇上)。

答ふ。理、必ず然《しか》るべし。*浄名経《じょうみょうきょう》に云ふが如し。

諸仏の国と　衆生との空《くう》なることを観ずといへども　しかも常に浄土を修《おさ》め　もろもろの群生《ぐんじょう》を教化《きょうけ》す

と。*中論《ちゅうろん》の偈に云く、

空《くう》なりといへどもまた断《だん》ならず　有《う》なりといへどもしかも常《じょう》ならず　業《ごう》の果報の失せざる　これを仏の所説《しょせつ》と名づく

と。また*大論《だいろん》に云く、

もし諸法皆《しょほうみな》空ならば則ち衆生なし。誰か度《ど》すべき者あらん。この時は悲心、便《すなわ》ち弱し。或は時に衆生の愍《あわれ》むべきを以てせば、諸法の*空観《くうがん》に於て弱し。もし方便力を得れば、この*二法に於て等しくして偏党《へんとう》することなけん。大悲心は諸法の実相を妨《さまた》げず。諸法の実相を得れども大悲を妨げず。かくの如き方便を生ずる、この時、便ち菩薩の*法位《ほうい》に入りて、*阿鞞跋致《あびばっち》の地《じ》に住することを得。

と。〈略抄〉

問ふ。もし偏して解《げ》を生《な》さば、その過《とが》いかん。

答ふ。*無上依経《むじょうえきょう》の上巻に、*空見《くうけん》を明《あか》して云く、

もし人ありて、*我見《がけん》を執すること*須弥山《しゅみせん》の如く大ならんも、我《われ》は驚怖せず、また毀呰《きし》せず。*増上慢《ぞうじょうまん》の人の、空見に執著すること一髦髪《もうはつ》を十六分に作すが如くならんも、我は許可せず。

中論　中論巻三(正蔵三〇ノ二二下)。
大論　大智度論巻二七(正蔵二五ノ二六四上)。
空観　空と観察すること。
二法　空と有の二。
法位　普通、真如のことであるが、ここでは菩薩の位というほどの意。
阿鞞跋致　梵語。菩薩の地位からふたたび退くことのない位。
無上依経　無上依経巻上(正蔵一六ノ四七一中)。
空見　空にとらわれた誤った考え。悪取空に同じ。
我見　我は永遠に変らない主体的存在を考えたもので、人間は物質と精神の統一体であるが、これは五蘊の結合だから、この仮りの結合体に我はないし、また結合体も我ではないとして、仏教は無我を説くのに対して、こうした主体の存在を認めて、我を説くのがインド一般の風潮であった。これにはさまざまの説があったらしく、仏教ではこれを整理して、十六知見・十六神我などと呼んでいる。その名称は(1)我、(2)衆生、(3)寿者、(4)命者、(5)生者、(6)養育、(7)衆数、(8)人、(9)作者、(10)使作者、(11)起者、(12)使起者、(13)受者、(14)使受者、(15)知者、(16)見者である。大智度論巻三五(正蔵二五ノ三一九中—下)。
須弥山　→三三頁注
増上慢　さとりを得ていないのに、得たと慢心すること。

と。また*中論の第二の偈に云く、

*大聖《だいしょう》の、空の法を説きたまふは　諸見を離れしめんが為の故なり　もしまた空ありと
見ば　諸仏の*化《け》せざる所なり

と。*仏蔵経の念僧品に、*有所得《うしょとく》の執を破して云く、

有所得の者は、*我《が》・人《にん》・寿者《じゅしゃ》・命者《みょうしゃ》ありと説いて、無所有の法を憶念し分別す。或は*断・常と説き、或は*有作《うさ》と説き、或は無作《むさ》と説く。わが清浄の法、この因縁を以て漸々に滅尽せん。我、久しく生死にありて、もろもろの苦悩を受けて成ぜし所の菩提をば、このもろもろの悪人、その時、毀壊《きえ》せん。

と。〈略抄〉また*同じ経の浄戒品に云く、

我見《がけん》・人見・*衆生見の者は、多くは邪見に堕ち、断滅見《だんめつけん》の者は、多くは疾《と》く道を得。何を以ての故に。これは捨て易きが故なり。この故に当《まさ》に知るべし、この人はむしろ自ら利刀を以て舌を割《さ》くとも、衆中にして不浄に法を説くべからず。

と。〈有所得の執を、名づけて不浄となす〉*大論に、二執の過を並べ明して云く、

譬へば、人の、陝《せば》き道を行くに、一辺は深き水にして、一辺は大いなる火なるときは、二辺倶《とも》に死するが如し。有に著《じゃく》するも無に著するも、二事倶に失す。

と。〈已上〉この故に、行者、常に諸法の本《もと》より来《このかた》空寂《くうじゃく》なるを観《かん》じ、また常に四弘《しぐ》の願《がん》・行《ぎょう》を修習《しゅじゅう》せよ。空と地とに依りて宮舎を造立《ぞうりゅう》せんとするも、ただ地のみ、ただ空のみにては、終に成《な》すことあたはざるが如し。これはこれ諸法の*三諦相即《さんたいそうそく》するに由るが故なり。中論の

中論　中論巻二(正蔵三〇ノ一八下)。
大聖　仏のこと。
化　教化。
仏蔵経　仏蔵経巻上(正蔵一五ノ七八七中—下)。
有所得　ものにとらわれて、有とか無とかいって、はからうこと。
我・人…　さきの十六神我(→一〇一頁「我見」注)の中に見える考え方で、我は永遠に変らない自我、人は実体としての個人、寿者は生命としての個体、命者は生命を持続させるはたらきを行なう個体といったもの。
断・常　断滅と常住。
有作…　ものは作られるとしたり、自然にあると説く。
同じ経…　仏蔵経巻中、浄法品(正蔵一五ノ七九四下)。
衆生見　衆生という、実体としての生きものを考える誤った考え。
大論　大智度論巻三七(正蔵二五ノ三三一中)。
三諦　真実のすがたを語る三つの真理で、天台宗で説く根本的な教理。空・仮・中の三つの側面から実相の真理を語ろうとしたもので、その思想はつぎにあがっている中論の偈を根拠とし、世俗的な真理と、仏のさとりを立場とした真理との二面から組織される。その説くところは、すべては愚かなものが執着するような

偈に云く、

*因縁所生《しょしょう》の法は　我説かく、即ちこれ空なりと　また名づけて仮名《けみょう》となす　またこれ中道の義なり

と云々。更に*止観を検《かんが》へよ。

問ふ。有に執する見、罪過既に重しとせば、事《じ》を縁とする菩提心、あに勝れたる利あらんや。

答ふ。堅く有に執する時、過失乃《すなわ》ち生ず。言ふ所の、事を縁とすとは、必ずしも堅く執するものにあらず。もししからずは、応《まさ》に*得道《とくどう》の類《たぐい》あるを見ることなかるべし。空を見ることもまたしかり。譬へば、火を用ふるに、手触るれば害をなし、触れざれば益あるが如し。空・有もまたしかり。

二に、利益を明さば、もし人、説の如く菩提心を発《おこ》さんに、たとひ余行《よぎょう》を少《か》くとも、願の随《まま》に決定《けつじょう》して極楽に往生せん。*上品下生《じょうぼんげしょう》の類の如き、これなり。かくの如き利益、無量なり。今略して一端を示さん。

*止観に云く、

*宝梁経に云く、「「比丘にして比丘の法を修せざるものは、人†千に唾《つばき》する処なし。いはんや、人の供養を受くることをや」と。六十の比丘、悲泣して、仏に白《もう》さく、「我等、乍《たちま》ちに死すとも、人の供養を受くることあたはず」と。仏言《のたま》はく、「汝、慚愧《ざんぎ》の心を起せり。善《よ》いかな、善いかな」と。一の比丘、仏に白《もう》して言《もう》さく、「何等の比丘か、能く

実体をもつものではなく、空しいものであって(空諦)、ただ因縁によって仮りに存在しているにすぎない(仮諦)が、しかし実は空ととらえ、仮ととらえられるものではなく、それらを超えた絶対なものであって、言語や思考の対象にはならないものである(中諦)とする。ここでは、前の二は現象面を、後の一は本体面を捉えたものとして、勝劣の差があり、三諦は個々に独立したものと見られるから、これを次第の三諦、別相の三諦などという。また天台宗で立てる蔵・通・別・円という化法(けほう)の四教(→一〇五頁注)では、これは別教の三諦とされるが、円教の三諦では、三つの間に勝劣は立てないし、個々独立のものとも見ない。それらは相互に融合し相即しているとして、即空・即仮・即中の三諦とし、円融の三諦と呼ぶ。

因縁所生…　中論巻四(正蔵三〇ノ三三中)。

止観　摩訶止観巻一上。↓補

得道　仏のさとりを得ること。成道。

上品下生　浄土に生まれる人の資質を九つに分けた、その第三位。一〇八頁「上品下生の業」注参照。

止観に　摩訶止観巻一下(正蔵四六ノ一〇上)。

宝梁経　大宝積経巻一一三、宝梁聚会(正蔵一一ノ六四〇上―中)。

大千　大千世界のこと。

供養を受けん」と。仏言はく、「もし比丘《びく》の数《かず》にありて、僧の業《ごう》を修め、僧の利を得たる者は、この人能く供養を受けん。*四果《しか》の向《こう》はこれ僧の数なり。*三十七品《ほん》はこれ僧の業なり。四果はこれ僧の利なり」と。比丘、重ねて仏に白《もう》さく、「もし大乗の心を発《おこ》さば、またいかん」と。仏言《のたま》はく、「もし大乗の心を発して一切智を求めば、数に堕せず、業を修めず、利を得ざるも、能く供養を受けん」と。比丘、驚きて問ひたてまつる、「いかんが、この人能く供養を受くる」と。仏言はく、「この人、衣を受けて用て大地に敷き、*揣食《たんじき》を受くること須弥山《しゅみせん》のごとくならんも、また能く畢《つい》に施主の恩を報ぜん」と」と。当《まさ》に知るべし、小乗の極果《ごくか》は、大乗の初心に及ばざることを。

と。〈已上は、*信施《しんせ》を消す〉

*また云く、

*如来密蔵経に説かく、「もし人ありて、*父の縁覚《えんがく》となりしを害し、三宝《さんぼう》の物を盗み、母の羅漢《らかん》となりしを汙《けが》し、不実の事もて仏を謗《そし》り、両舌《りょうぜつ》して賢聖《げんじょう》を間《へだ》て、悪口《あっく》して聖人を罵《ののし》り、求法《ぐほう》の者を壊乱《えらん》し、五逆《ごぎゃく》の初業の瞋《いかり》と、持戒の人の物を奪ふ貪《むさぼり》と、辺見《へんけん》の痴《ち》とあらば、これを十悪の者となす。もし能く、如来の、因縁の法は我《が》も人《にん》も衆生も寿命もなく、生もなく滅もなく無染《むぜん》・無著《むじゃく》にして、本性清浄《ほんしょう》なりと説きたまふを知り、また一切の法に於て本性清浄なりと知りて、解知《げち》し信入する者は、我、この人を、地獄及びもろもろの悪道に趣向すとは説かず。何を以ての故に。法には積聚《しゃくじゅ》なく、法には*集悩《じゅうのう》なし。一切の法は、生ぜず住《とどま》らず、因縁和合《いんねんわごう》して生起《しょうき》することを得れども、生

四果の向　小乗の修行を行なって、聖者の位に達したひとの修行過程とその到達した境地を、向と果に対照させて、これらを四つに分けて四向・四果という。預流(よる)向→預流果、一来向→一来果、不還(ふげん)向→不還果、阿羅漢向→阿羅漢果の四。預流は梵語で須陀洹(しゅだおん)と書き、聖者の流れにはいったことをいい、預流果は欲界・色界・無色界の見道の八十八の煩悩を断じて、修道にはいること。一来は梵語の斯陀含(しだごん)の訳語、天か人かの世界にもう一度だけかえってくることをいい、人間世界でこの果を得ると、天に往って、また人間世界にかえってくるもので、欲界の修道の煩悩を九つの段階に分けた、その始め六つを断じた聖者が一来果。不還は不来ともいい、梵語の阿那含の訳、ふたたび欲界に還らないことを指し、欲界の修道の残り三つの煩悩をも断じ尽くした聖者を不還果という。最後の阿羅漢は梵語で、応供(おうぐ)と訳する。見道・修道の一切の煩悩を断じ、この迷いの世界に流転しない聖者が阿羅漢果。無学という。

三十七品　さとりの智慧を得るための三十七種の修行方法で、三十七道品といい、道品を菩提分、覚支などという。五九頁「五根と…」補注参照。

揣食　手で丸めた食物。団食。

じ已ればまた滅す。もし心、生じ已りて滅すれば、一切の結使《けっし》もまた生じ已りて滅せん。かくの如く解《げ》すれば犯す処もなし。もし犯すことあり住《とゞま》ることありといはば、この処《ことわり》あることなし。百年の闇室に、もし燈を燃《とも》す時は、闇も「我はこれ室の主なり、ここに住ること久しければ、去ることを肯《かえ》てせず」と言ふべからず。燈もし生ずるときは、闇即ち滅するが如し」と。

その義、またかくの如し。この経は、具《つぶ》さに前の四の菩提心を指すなり。

と。〈已上はかの経の下巻にあり。前の四と言ふは、*四教の菩提心を指すなり〉

*華厳経の入法界品《にゅうほっかいぼん》に云く、

譬へば、*善見薬王の、一切の病を滅するが如く、菩提心も、一切衆生のもろもろの煩悩の病を滅す。譬へば、牛・馬・羊の乳の、合して一器にあるに、師子の乳を以てかの器の中に投《い》るるときは、余の乳は消え尽きて、直《ただ》ちに過ぐること碍《さわり》なきが如く、如来てふ師子《しし》の、菩提心の乳を、無量劫に積む所のもろもろの業・煩悩の乳の中に著《お》けば、皆悉く消え尽きて、声聞《しょうもん》・縁覚《えんがく》の法の中に住らざるなり。

と。

*大般若経に云く、

もしもろもろの菩薩、多く五欲と相応せる非理の作意を発起《ほっき》すといへども、しかも一念、無上菩提と相応せる心を起さば、即ち能く折滅《しゃくめつ》す。

と。〈已上の三文は、滅罪の益《やく》なり〉

*入法界品に云く、

信施　信者の布施。
また云く　摩訶止観巻一下(正蔵四六ノ一〇上)。
如来密蔵経　大方広如来秘密蔵経巻下(正蔵一七ノ八四四下—八四五上)。
父の…　害(殺)以下は十悪をあげたもの。
集悩　愛着と苦悩。

四教　天台宗で説く、蔵・通・別・円の四。蔵教は小乗の三蔵(経律論)教を意味し、通教は声聞・縁覚・菩薩の三乗に通ずる大乗教の意、別教は声聞・縁覚と別な菩薩だけの教で、蔵・通・円とも別であることを意味し、円教は一切を包容して完全円満な教えの意で、仏の真実の教えがここに示されるとする。
華厳経　華厳経(六十巻本)巻五九(正蔵九ノ七七七上・七七八下)。
善見薬王　華厳経(六十巻本)巻三六(正蔵九ノ六二九中)によれば、ヒマラヤに善現という薬があるという。
大般若経　大般若波羅蜜多経巻五八四(正蔵七ノ一〇二〇上)。
入法界品　華厳経(六十巻本)巻五九(正蔵九ノ七七七上・中・七八〇上)。

譬へば、人ありて、不可壊《ふかえ》の薬を得れば、一切の怨敵《おんてき》もその便《たより》を得ざるが如く、菩薩摩訶薩《まかさつ》も亦またかくの如し。菩提心の不壊の法薬を得れば、一切の煩悩・諸魔・怨敵も壊《やぶ》るあたはざる所なり。譬へば、人ありて、住水宝珠を得て、その身に瓔珞《ようらく》とすれば、深き水の中に入れども、しかも没《しず》み溺れざるが如く、菩提心の住水宝珠を得れば、生死の海に入りて沈没《ちんもつ》せざるなり。譬へば、金剛の、百千劫に於て水の中に処《とどま》るも、しかも爛壊《らんえ》せず、また変異することなきが如く、菩提の心も亦またかくの如し。無量劫に於て生死の中に処るも、もろもろの煩悩業も断滅することあたはず、また損滅することと無きなり。

また*同じ経の法幢《ほうどう》菩薩の偈に云く、

もし智慧ある人　一念、*道心を発《おこ》さば　必ず無上尊と成る　慎《つつし》みて疑惑を生ずることなかれ

と。〈已上は、終に敗壊《はいえ》せずして、必ず菩提に至る益《やく》なり〉

また*入法界品に云く、

譬へば、*閻浮檀金《えんぶだんごん》の、*如意宝《にょいほう》を除いて一切の宝に勝《まさ》るが如く、菩提の心の閻浮檀金も亦またかくの如し。一切智を除いてもろもろの功徳に勝れり。譬へば、*迦楞毘伽鳥《かりょうびんかちょう》の、𪀚《から》の中にある時すら大いなる勢力ありて、余の鳥の及ばざるが如く、菩薩摩訶薩も亦またかくの如し。生死の𪀚に於て、菩提心を発せる功徳・勢力は、声聞・縁覚の及ぶあたはざる所なり。譬へば、*波利質多樹《はりしたじゅ》の花を一日衣《ころも》に薫《くん》ずるに、*瞻蔔《せんぷく》の花、*婆

同じ経　華厳経(八十巻本)巻二三(正蔵一〇ノ一二四上)。

道心　仏道修行に対する念い。

入法界品　華厳経(六十巻本)巻五九(正蔵九ノ七七八上・下・中・七七九下)。

閻浮檀金　閻浮檀は梵語。閻浮は樹の名、檀は河の意で、香酔山(こうずいせん)とヒマラヤの間にある閻浮の林から流れでている河でとれる金ということ。想像上の金。「えんぶだごん」とも読む。

如意宝　如意珠に同じ。

迦楞毘伽鳥　伽陵頻迦に同じ。一六八頁「羯随」注参照。

波利質多樹　波利質多は梵語、香遍樹・天樹王とも訳し、忉利天にある樹の名という。この樹は根の深さ五由旬に達し、枝葉はあたり五十由旬に広がり、葉は熟すると地に落ちて、まもなく花を開き、その香気は五十由旬にあまねくただようという。

瞻蔔の花　瞻蔔は梵語、瞻波・占婆などとも書く。金色花(こんじきけ)と訳し、黄色い花が咲き、花は勝れた香気を放ち、風に乗って遠くただよう。樹皮・葉・花より薬料・香料をとる。

婆師の花　婆師は梵語、婆利師迦羅とも書く。雨時花・夏生花(げしょうけ)などと訳する。木犀科の植物で、花は白く、香りが高いという。

師《し》の花の、千歳《せんざい》薫ずといへども及ぶあたはざる所なるが如く、菩提心の花も亦またかくの如し。一日薫ずる所の功徳の香は、十方の仏の所に徹り、声聞・縁覚の、*無漏智《むろち》を以てもろもろの功徳を薫ずること、百千劫に於てするも及ぶあたはざる所なり。譬へば、金剛の、破《わ》れて全《まった》からずといへども、一切の衆宝の、なほ及ぶあたはざるが如く、菩提の心も亦またかくの如し。少しく懈怠《けだい》すといへども、声聞・縁覚のもろもろの功徳の宝の、及ぶあたはざる所なり。

と。〈已上。経の中には二百余の喩あり。見るべし〉*賢首品《げんじゅぼん》の偈に云く、

菩薩は生死に於て　最初の発心《ほっしん》の時　一向に菩提を求むること　堅固にして動ずべからず　かの一念の功徳は　深広《じんこう》にして涯際《がいさい》なし　如来、分別して説きたまはんに　劫を窮《きわ》むとも尽すことあたはず

と。〈ここに発心と言ふは凡・聖に通ず。具《つぶ》さには*弘決《ぐけつ》に見えたり〉また*同じ経の偈に云く、

一切衆生の心は　悉く分別して知るべし　一切刹《いっさいせつ》の微塵《みじん》も　なほその数を算《かぞ》ふべし
十方の虚空界も　一毛もてなほ量るべし　菩薩の初発心は　究竟して測《はか》るべからず

と。

また*出生菩提心経《しゅっしょうぼだいしんぎょう》の偈に云く、

もしこの仏刹《ぶっせつ》のもろもろの衆生をして　信心に住し、及び持戒せしめんに　かの最上の大福聚《ふくじゅ》の如きも　道心の十六分に及ばず　*もし諸仏の刹《くに》の、恒河沙《ごうがしゃ》のごとくならんに　皆悉く寺を造ること福を求むるが故なるも　またもろもろの塔を造ること須弥《しゅみ》の如くせんも　道心の十六分に及ばず〈乃至〉かくの如き人等、勝れたる法を得んも

無漏智　煩悩との関係が全くなくなった智慧。見道以後の聖者が得ている智慧。

賢首品　華厳経(六十巻本)巻六(正蔵九ノ四三二下—四三三上)。

弘決　止観輔行伝弘決巻一ノ二(正蔵四六ノ一五二中)に、「今、文の「菩薩は生死に於て」より「劫を窮むとも尽すことあたはず」に至るは、かの偈中の二行の文を略し来れるなり。生死と言ふは極下位の博地の初心を挙ぐ。もししからずは、いかんが能く円頓の功の深きを顕さん。(中略)一念と言ふは極少時の功深く徳広きを挙ぐ。(中略)如来も説きて尽すあたはずとは、理既に玄妙、説いて窮むべきものにあらず。極位の人もなほ説くあたはざるを挙ぐ」とあって、ここでは愚かな人の誓いが説かれ、それが聖者に通ずるとはしていない。華厳宗ではこれを智慧の勝れたものとするから、源信はこれを一つと見たのであろう。

同じ経　華厳経(六十巻本)巻九(正蔵九ノ四五八中)。

出生菩提心経　出生菩提心経(正蔵一七ノ八九三上)。

もし　この句の前に、青蓮院本には「もしこの仏刹のもろもろの衆生をして　信心に住し法に於て行ぜしめんに　かの最上の大福聚の如きは　道心の十六分に及ばず」の四句がある。

もし菩提を求めて衆生を利せば　彼等衆生の最勝なる者なり　これ比類なし、いはんや上あらんや　この故にこの諸法を聞くことを得ば　智者は常に法を楽《ねが》ふ心を生じ当《まさ》に無辺の大福聚を得て　速かに無上道を証することを得べし

と。*宝積経の偈に云く、

菩提心の功徳にして　もし*色《しき》・方《ほう》の分《ぶん》あらば　虚空界《こくうかい》に周遍して　能く容受《ようじゅ》する者なけん

と云々。

菩提心には、かくの如き勝れたる利あり。この故に*迦葉《かしょう》菩薩の礼仏《らいぶつ》の偈に云く、

発心と*畢竟《ひっきょう》とは二にして別なし　かくの如き二心においては前《さき》の心難《かた》し　自《みずか》らいまだ度《ど》することを得ざるに、まづ他を度せんとす　この故に我、初発心《しょほっしん》を礼《らい》せん

と。

また*弥伽大士《みかだいし》は、*善財童子《ぜんざいどうじ》の已《すで》に菩提心を発《おこ》せるを聞いて、即ち*師子座《ししざ》より下り、大光明を放ちて三千界を照し、五体を地に投げて、童子を礼讃《らいさん》せり。〈已上は、惣じて勝れたる利を顕せり〉

問ふ。事《じ》を縁とする誓願《せいがん》もまた勝れたる利ありや。

答ふ。理《り》を縁とするにしかずといへども、これまた勝れたる利あり。何を以てか知るとならば、*上品下生《じょうぼんげしょう》の業《ごう》に、「ただ無上の道心を発す」と云ひて、*第一義《だいいちぎ》を解《げ》すとは云はず。故に知る、ただこれ事の菩提心なることを。もししからずは、かの中生《ちゅうしょう》の業《ごう》と別《べつ》なかるべし。〈その一〉*往生論に菩提心を明して、ただ云く、

宝積経　大宝積経巻九六(正蔵一一ノ五四二下)。

色・方の分…　物質的な存在であり、方位が定まっているものなら。

迦葉菩薩の…　涅槃経(南本)巻三四(正蔵一二ノ八三八上)。

畢竟　完成した終極の境。

弥伽大士　善財童子が法を求め遍歴して、第五番目に訪れた名医。↓補

善財童子　華厳経の入法界品に語られている求法の少年菩薩。文殊菩薩の教えを受けて、菩薩や比丘をはじめ、在家信者の男女や資産家、波羅門・異教徒など五十三人の教えの友を訪ねて、法を求めた。最後にまた文殊のもとに来て教えを受けたので、五十五人と数える。

師子座　師子はいわゆる獅子で、仏や高徳・高貴の人に喩えて、その坐る座所を師子座といったといい、また右の大腿に左の踝を、左の大腿に右の踝を固定して、両手は両膝にのせ、指をまっすぐのばして心の統一をはかる坐法を師子坐といって、これを仏が用いたから、転じて、その座所を師子座といったともいう。

上品下生の業　観無量寿経に、浄土に生まれるものの能力や素質などに、上中下三階級の差があるとして、上品・中品・下品と立て、さらにそれぞれに上中下の差を分けて、これを九品(くほん)とする。いまはその上品の下をいうもので、経には、上品は大

一切衆生の苦を抜くを以ての故に。一切衆生をして大菩提を得しむるを以ての故に。
衆生を摂取《せっしゅ》してかの国土に生れしむるを以ての故に。

と云々。もし事を縁とする心に往生の力なくは、*論主《ろんしゅ》あに理を縁とする心を示さざらんや。〈その二〉 *大論の第五の偈に云く、

もし初発心の時　当《まさ》に仏と作《な》らんと誓願せば　已にもろもろの世間を過《こ》えたり　応《まさ》に
世の供養《くよう》を受くべし

と云々。この論もまた、ただ「仏と作らんと願ふ」と云ふ。事の菩提心もまた畢《つい》に信施《しんせ》を消すことを明せり。〈その三〉 *止観《しかん》に、秘密蔵経を引き已りて云く、

初の菩提心、已に能く重々《じゅうじゅう》の十悪を除く。いはんや、第二・第三・第四の菩提心をや。

と云々。言ふ所の初とは、これ*三蔵教《さんぞうきょう》の、*界内《かいだい》の事《じ》を縁とする菩提心なり。いかにいはんや、深く*一切衆生に悉く仏性ありと信じて、普く自他共に仏道を成ぜんと願ふこと、あに罪を滅することなからんや。〈その四〉 *唯識論《ゆいしきろん》に云く、

菩提と有情との実有《じつう》を執《しゅう》せずは、猛利《みょうり》の悲願を発起するに由なし。

と。〈已上〉 大士の悲願すらなほ有《う》を執して起《おこ》る。則ち知る、事の願にもまた勝れたる利ありといふことを。〈その五〉 余は下の廻向門《えこうもん》の如し。

問ふ。衆生の本有《ほんぬ》の仏性を信解《しんげ》することは、あに理を縁とするにあらずや。

答ふ。これはこれ、大乗至極《しごく》の道理を信解《しんげ》するなり。必ずしも*第一義空《だいいちぎくう》と相応せる*観慧《かんえ》にはあらず。

乗を信じてさとりを求め、仏・菩薩の迎えを得て浄土の蓮華の中に生まれるが、このうち下生は、一昼夜たって華が開け、七日で仏を見、三七日で相好を見る、などという(正蔵一二ノ三四五上―中)。

第一義　もっとも勝れた真実の道理。→補

往生論　無量寿経優波提舎(正蔵二六ノ二三二下)。

論主　往生論の作者、世親(天親)。

大論　大智度論巻五(正蔵二五ノ八六中)。

止観　摩訶止観巻一下(正蔵四六ノ一〇中)。秘密蔵経の文は一〇四頁参照。

三蔵教　小乗のこと。

界内　三界の内。

一切衆生に悉く仏性あり　いわゆる「一切衆生悉有仏性」で、涅槃経の文。たとえば(南本)巻二五(正蔵一二ノ七六九上)。

唯識論　成唯識論巻八(正蔵三一ノ四五中)。

第一義空　大乗における究極の涅槃。涅槃を第一義空といい、諸法実相を第一義空というなど、さまざまにいわれるが、要はそれらが最高真実の道理だから、そう呼ばれる。しかしまた第一義空の空は、空・不空の対立を超えた空であって、涅槃も実相も空である意でもある。

観慧　観想の智慧。

問ふ。*十疑《じゅうぎ》に雑集論《ぞうじゅうろん》を引いて云く、

もしは安楽浄土に生れんと願ひて、即ち往生を得る者あり。もしは人、*無垢仏《むくぶつ》の名を聞いて、即ち阿耨菩提《あのくぼだい》を得る者あり。これはこれ*別時《べつじ》の因なり。全く行《ぎょう》あることなし。

と。〈已上〉*慈恩《じおん》も同じく云く、

願と行と前後するが故に別時と説く。仏を念ずるも、即ち生ぜずと謂ふにはあらざるなり。

と。〈已上〉明かに知んぬ、願ありて行なきは、これ別時の意なることを。いかんが、上品下生の人、ただ菩提の願に由りて、即ち往生を得るや。

答ふ。*大菩提心は*功能甚深《くのうじんじん》なり。無量の罪を滅して無量の福を生ず。故に浄土を求むれば、求むるに随ひて即ち得《う》。言ふ所の別時の意とは、ただ自身の為に極楽を願ひ求むるなり。これ、四弘《しぐ》の願の広大なる菩提心にはあらず。

問ふ。大菩提心にもしこの力あらば、一切の菩薩は*初発心《しょほっしん》より決定《けつじょう》して、応《まさ》に悪趣《あくしゅ》に堕する者なかるべし。

答ふ。菩薩、いまだ不退《ふたい》の位に至らざる前《さき》は、*染《ぜん》・浄《じょう》の二心、間雑《けんぞう》して起る。*前念《ぜんねん》に衆罪を滅すといへども、後念《ごねん》に更に衆罪を造る。また菩提心に浅深《せんじん》・強弱あり、*悪業《あくごう》に久近《くごん》・定《じょう》不定あり。この故に退位には昇沈不定なり。菩提心に滅罪の力なきにはあらず。且《しばら》く愚管を述べたり。見ん者、取捨せよ。

十疑・雑集論　浄土十疑論(正蔵四七ノ八〇上―中)。大乗阿毘達磨雑集論巻一二(正蔵三一ノ七五二上―中)の略抄。

無垢仏　無垢月光如来。

別時　時を異にした遠い未来の別の時の意。別時に利益があるのに、いますぐ利益があるように説くのを別時意または別時意趣といい、阿弥陀仏の名を称することがその例にあげられる。仏の説法の意図として四つを数える、その一つ。これにも二通りの理解があって、修行が必要なのに念仏だけでよいとする一行別時意と、願と行が必要なのに願だけでよいとする唯願無行別時意がある。↓補

慈恩も　西方要決釈疑通規(正蔵四七ノ一〇九中)。

大菩提心　仏のさとりを求める心。

功能　はたらきの力。

初発心　初めておこした菩提心。

染・浄の二心…　煩悩に染まった心と清浄な心。この二つがいりまじって起こる。

前念　後念と対応して用いる。移って行く心の動きにおいて、一瞬の念いを前後に分け、前の瞬間を前念、後の瞬間を後念という。

悪業に…　道にはずれた行為には、遠い過去に犯したものと、ごく最近のもの、根のはった強いものと不安

三に、*料簡《りようけん》とは、問ふ、*入法界品《にゆうほつかいぼん》に云く、

譬へば、金剛は金の性《しよう》より生じて、余《よ》の宝より生ずるにあらざるが如し。菩提心の宝も亦またかくの如し。大悲《だいひ》もて衆生を救護《くご》する性より生じて、余の善より生ずるにはあらず。

と。*荘厳論《しようごんろん》の偈に云く、

恒に地獄に処すといへども　大菩提を障《さ》へず　もし自利の心を起さば　これ大菩提の障《さわり》なり

と。また*丈夫論《じようぶろん》の偈に云く、

悲心もて一人に施《ほどこ》さば　功徳の大いなること地の如し　己《おの》が為に一切に施さば　報を得ること芥子《けし》の如し　一の厄難《やくなん》の人を救ふは　余の一切の施《せ》に勝《まさ》る　もろもろの星、光ありといへども　一の月の明かなるにしかず

と。〈已上〉明らけし、自利の行はこれ菩提心の*所依《しよえ》にあらざれば、報を得ることもまた少し。いかんぞ、独《ひと》り速かに極楽に生れんと願ふや。

答ふ。あに前《さき》に言はずや、極楽を願ふ者は要《かなら》ず四弘の願を発《おこ》し、願の随に勤修《ごんしゆ》せよと。これあに、これ大悲心の行にあらずや。また極楽を願求《がんぐ》することは、これ自利の心にあらず。しかる所以《ゆえん》は、今この娑婆世界《しやばせかい》はもろもろの*留難《るなん》多し。*甘露《かんろ》いまだ沾《うるお》はざるに、*苦海《くがい》朝宗《ちようそう》す。*初心《しよしん》の行者、何の暇《いとま》ありてか道を修せん。故に今、菩薩の願・行を円満して、自在に一切衆生を利益せんと欲するが為に、まづ極楽を求むるなり。自利の為にせず。*十《じゆう》

定なものとがあり、したがって不退転の位に達しない以前は、浮くとも沈むとも、きまっていない。

料簡　経典や教説など、相互の間に見られる相違を説明、解釈して、調和を求めること。

入法界品　華厳経(六十巻本)巻五九(正蔵九ノ七七九下)。

荘厳論　大乗荘厳経論巻六(正蔵三一ノ六二二中)。

丈夫論　大丈夫論巻上(正蔵三〇ノ二五七中)。

所依　依りどころ。

留難　障碍。

甘露　梵語、阿蜜哩多(あみりた)の訳語。不死とも訳する。神の飲料とされ、これを飲むと、不老不死であることができるといい、蜜のように甘いから、甘露という。仏の教えに喩える。

苦海朝宗　衆生のすむ苦しみの世界を海に喩えて、苦海といい、その海にすべてのものがおし流されることを、河川の海にそそぐのに喩えたもの。

初心　初発心に同じ。

十住毘婆沙　十住毘婆沙論巻一(正蔵二六ノ二四中)。

住毘婆沙《じゅうびばしゃ》に云ふが如し。

自らいまだ度《ど》することを得ずしては、彼を度するあたはず。人の自ら*淤泥《おでい》に没するが如し。なんぞ能く余人を拯済《じょうさい》せん。また、水の為に漂《ただよ》はされしもの、溺れたるを済《すく》ふことあたはざるが如し。この故に説かく、「我度《ど》し已りて、当《まさ》に彼を度すべし」と。

と。また*法句《ほっく》の偈《げ》に説くが如し。

もし能く自ら身を安んじて　*善処《ぜんしょ》にあらば　しかる後、余人を安んじて　自らと利する所を同じくせよ

と。〈已上〉故に*十疑に言く、

浄土に生れんと求むる所以《ゆえん》は一切衆生の苦を救抜《くばつ》せんと欲するが故なり。即ち自ら*思《し》忖《そん》すらく、「我《われ》今、力なし。もし悪世《あくせ》、煩悩の境《さかい》の中にありては、境強きを以ての故に、自ら*纏縛《てんばく》せられて*三途《さんず》に淪溺《りんにゃく》し、動《やや》もすれば数劫を経《へ》ん。かくの如く輪転《りんでん》すること、無始より已来《このかた》いまだ曾《かつ》て休息《くそく》せず。いづれの時にか、能く衆生の苦を救ふことを得ん」と。これが為に、浄土に生れて諸仏に*親近《しんごん》し、無生忍《むしょうにん》を証《しょう》して、方《まさ》に能く悪世の中に於て、衆生の苦を救はんと求むるなり。

と。〈已上〉*余の経論の文は、具さに十疑の如し。応《まさ》に知るべし、仏を念じ、善を修するを業因となし、極楽に往生するを花報《けほう》となし、大菩提を証するを果報《かほう》となし、衆生を利益するを本懐《ほんがい》となすことを。譬へば、世間に、木を植《う》うれば花を開き、花に因りて菓を結び、菓を得て*餐受《さんじゅ》するが如し。

淤泥　泥沼。淤は泥。

法句の偈　法句経にも法句譬喩経にも、この偈はない。この偈は、前の十住毘婆沙論が示した文のすぐ次に、「また法句の偈に説くが如し」として掲げているもの。十住毘婆沙論巻一(正蔵二六ノ二四中)からの孫引き。

善処　汚れのない処、そうした境界。一般には、人間、天上界、あるいは浄土のこと。

十疑　浄土十疑論(正蔵四七ノ八一上)。

思忖　思いはかる、推しはかる。

纏縛　まつわり、縛る。

三途…　三悪道に沈み、溺れる。

親近　親しみ近づく。

余の経論…　浄土十疑論には、前掲の文につづけて、往生論の文が掲げられている。すなわち「発菩提心と言ふは、正にこれ仏に作らんと願ふ心なり。仏に作らんと願ふ心は、則ちこれ衆生を度せんとする心なり。衆生を度せんとする心は、則ちこれ衆生を摂して仏国に生れしむる心なり。また浄土に生れんと願はば、すべからく二行を具すべし。(下略)」とあるもので、前文はすでに安楽集所引の文によって示されたもの(九一頁参照)。

餐受　くらうこと。

問ふ。念仏の行は、四弘《しぐ》の中に於ては、これいづれの行に摂《おさ》むるや。

答ふ。*念仏三昧《ねんぶつざんまい》を修するはこれ第三の願・行なり。随ひて伏滅《ふくめつ》する所あるはこれ第二の願・行にして、遠近《おんごん》に良縁を結ぶはこれ第一の願・行なり。功を積み徳を累《かさ》ぬるは、第四の願を成ずるなり。自余の衆善は例して知れ。俟《ま》たざれ。

問ふ。一心に念仏せば、理としてまた往生すべし。なんぞ要《かなら》ず*経・論に菩提の願を勧むるや。

答ふ。*大荘厳論に云く、

仏国は事《こと》大なれば、独《ひと》り行《ぎょう》の功徳もては成就することあたはず。要ず願の力を須《ま》つ。牛は力ありといへども、車を挽《ひ》くに要ず御者《ごしゃ》を須《ま》ちて、能く至る所あるが如し。仏の国土を浄むるも願に由りて引成《いんじょう》す。願の力を以ての故に*福慧増長《ぞうじょう》するなり。

と。〈已上〉*十住毘婆沙論に云く、

一切の諸法は願を根本となす。願を離れては則ち成ぜず。この故に願を発《おこ》す。

と。*また云く、

もし人、仏に作らんと願ひて　心に阿弥陀を念ずれば　時に応じて為に身を現《げん》じたまふ　この故に我帰命《きみょう》したてまつる

と。〈已上〉大菩提心には既にこの力あり。この故に、行者《ぎょうじゃ》要ずこの願を発《おこ》せ。

問ふ。もし願を発さざれば、終に往生せざるや。

答ふ。諸師同じからず。*あるが云く、「九品生《くほんしょう》の人は皆菩提心を発す。その*中品《ちゅうぼん》の人は、

念仏三昧　↓補

経・論　これは無量寿経と往生論をさす。

大荘厳論　実は大智度論巻七(正蔵二五ノ一〇八中―下)の文で、この始めの文も「仏の世界を荘厳する事大なれば」となっている。大荘厳論は馬鳴の大荘厳論経、または無着の大乗荘厳経論のことで、延寿の万善同帰集巻中に「大荘厳論に云く」として、ここに見るような文を引いている(正蔵四八ノ九七九下)から、これを孫引きしたものと見られる。ただし馬鳴・無着のもののいずれにも、この文はない。

福慧　福徳と智慧。大智度論には、「福徳」とある。

十住毘婆沙論　十住毘婆沙論巻一(正蔵二六ノ二四中)。

また云く　十住毘婆沙論巻五、易行品(正蔵二六ノ四三中)。

あるが云く　往生要集義記巻四に、「浄影等の釈に当る」(浄全一五ノ二六四下)といい、浄影寺慧遠の観無量寿経義疏巻末にこの説に当たるものが見える(正蔵三七ノ一八四中)。

中品の人　観無量寿経には、中品の三生は浄土において阿羅漢になることを説く。そのこの世での行は、上生は五戒など持戒に努め、中生は一日一夜、八斎戒などの持戒に努め、下生は父母に孝養し、仁慈を行なうとする。

本《もと》はこれ小乗なりといへども、後に*大心《だいしん》を発してかの国に生るることを得。かの本の習《しゅう》に由りて暫く*小果を証す。その下品の人は、大心より退くといへども、しかもその勢力なほありて、生ずることを得」と。〈*慈恩《じおん》はこれに同じ〉*あるが云く、「中・*下品《げぼん》はただ*福分《ふくぶん》に由りて生まれ、上品は福分・道分《どうぶん》を具して生る」と云々。道分とは、これ菩提心の行なり。

問ふ。菩提心に諸師の異解《いげ》あるが如く、浄土を欣《ねが》ふ心にもまた不同ありや。

答ふ。大菩提心には異説ありといへども、浄土を欣ふ願は、九品皆応《まさ》に具すべし。

問ふ。もし浄土の業、願に依りて報を得ば、人の、悪を作りて地獄を願はざるが如き、彼応《まさ》に地獄の果報を得べからずや。

答ふ。罪報《ざいほう》は量《かぎり》あるも、浄土の報は量なし。二果既に別なり。*二因なんぞ一例ならんや。*大論の第八に云ふが如し。

*罪・福には定れる報ありといへども、ただし願を作す者は、小福を修するも、願力あるが故に大果報を得るなり。一切の衆生は皆《みな》楽を得んと願へども、苦を願ふ者なし。この故に地獄をば願はず。これを以ての故に、福には無量の報あるも、罪報は量あるなり。

と。〈略抄〉

問ふ。何等の法を以てか、世々に大菩提の願を増長して忘失せざらん。

答ふ。*十住婆沙の第三の偈に云く、

乃至、身命　転輪聖王の位を失はんも　ここに於てなほ　*妄語《もうご》し、*諂曲《てんごく》を行ずべから

大心　大乗の心。

小果　小乗のさとり。

慈恩　西方要決釈疑通規(正蔵四七ノ一〇七下)。

あるが云く　往生要集義記巻四に、「光明大師・景興・竜興等の釈なり」(正蔵四七ノ二六四下)という。光明大師善導の説は観無量寿経疏巻一、玄義分(正蔵三七ノ二四九中)にいまの説に応ずるものがあると見られる。また竜興の観無量寿経記巻上(西教寺蔵、安養集巻三ノ八三左)には生因を説いて諸説を論じ、「三は、福分・道分並び生じ、もし中・下ならば福分に由り、もし上品ならばまた道分に由ると説く」と記している。

下品　観無量寿経に、下品三生は浄土に生まれて菩提心をおこすものとし、この世にあるときは、上生は悪を犯し、中生は戒を破り、下生は五逆・十悪を具すと説く。

福分　世間的な福徳をもたらす五戒や十善などの行をいう。これに対し、さとりの果をもたらすものを道分という。

二因…　地獄の業因と極楽のそれは一様には扱えない。

大論の第八　大智度論巻七(正蔵二五ノ一〇八下)。「第八」は誤り。

罪・福　罪と福徳。

十住婆沙　十住毘婆沙論巻四(正蔵二六ノ三八上)。

ず　能くもろもろの世間の　一切衆生の類をして　もろもろの菩薩衆に於て　恭敬《くぎよう》の心を生ぜしめよ　もし人ありて能く　かくの如き善法を行ぜば　世々に　無上菩提の願を増長することを得ん

と。〈文の中にまた*卅二種の、菩提心を失ふ法あり。見るべし〉

往生要集　巻上

妄語　普通一般にはうそ・いつわりを言うこと。またとくに聖者のさとりを得たと詐称すること。

諂曲　こび、へつらうこと。

卅二種　十住毘婆沙論巻四に数えられるものは二十種で、四つずつ五つあげ、「五四合して二十法となす」とある(正蔵二六ノ三七下)。

往生要集　巻中

往生要集　巻中　尽第六別時念仏門

天台首楞厳院沙門源信撰

第四に、*観察門《かんざつ》とは、初*心の観行《かんぎょう》は深奥《じんおう》に堪《た》へず。十*住毘婆沙に云ふが如し。

*新発意《しんぼっち》の菩薩はまず仏の*色相《しきそう》を念ず。

と云々。また諸経の中に、初心の人の為には、多く相好《そうごう》の功徳を説けり。この故に、今当《いままさ》に色相観《しきそうかん》を修すべし。これを分ちて三となす。一には*別相《べつそう》観、二には惣相《そうそう》観、三には雑略《ぞうりゃく》観なり。意楽《いぎょう》の随《まま》に応《まさ》にこれを用ふべし。

初に、別相観とは、また二あり。まづ*花座《けざ》を観ず。*観経《かんぎょう》に云く、

かの仏を観《かん》ぜんと欲せば、当に想念《そうねん》を起すべし。七宝《しっぽう》の地《じ》の上に於て蓮華の想《おもい》を作し、その蓮華の一々の葉をして百宝《ひゃっぽう》の色を作さしめよ。八万四千の脈ありて、猶し天画《てんえ》の如し。脈に八万四千の光ありて、了々分明《ぶんみょう》にして皆見ることを得しめよ。花葉《けよう》の小なる者も縦広二百五十由旬なり。かくの如き花に八万四千の葉あり。一々の葉の間に百億の*摩尼珠《まにしゅ》の王ありて、以て映飾《ようじき》となせり。一々の摩尼珠は千の光明を放ち、その光は蓋《がい》の如く、七宝より合成《ごうじょう》して、遍く地の上に布《し》けり。*釈迦毘楞伽《しゃかびりょうが》宝《ほう》を以てその台《うてな》と

観察　対象を正しい智慧によって捉え、洞察すること。
初心の…　初発心の人は、始めから高度の観察を追究する能力に欠ける。
十住毘婆沙　十住毘婆沙論巻一二(正蔵二六ノ八六上)。
新発意　初発心に同じ。新たに菩提心をおこして仏道修行にはいること。
仏の色相　色は身体。相は特徴。身体的な特徴、いわば相好のこと。これを観想するのが色相観。
別相観　個々の相好を観想するもの。以下、総括的に観想するのが総相観、特定のものに限って観想するのが雑略観である。
花座　仏が乗っているその蓮華の座。
観経　観無量寿経(正蔵一二ノ三四二下—三四三上)の十六観の第七。ここに説かれる観想を一般に華座観という。↓補
摩尼珠　摩尼は梵語。如意と訳する。如意珠(→九二頁注)に同じ。
釈迦毘楞伽宝　釈迦毘楞伽は梵語。帝釈持(たいしゃくじ)と訳する。帝釈天が所持する宝の頸飾り。釈尊や観音・弥勒などの飾りともされ、純金色で、他の何よりも勝れているから、能勝とも訳する。
甄叔迦宝…　甄叔迦は梵語。赤色宝と訳し、赤瑠璃に似ているというが、

なす。この蓮華の台は、八万の金剛《こんごう》・*甄叔迦宝《けんしゅくがほう》・梵摩尼宝《ぼんまにほう》・妙真珠《みょうしんじゅ》の網を以て交飾《きょうじき》となせり。その台《うてな》の上に於て、自然《じねん》にして四柱の宝幢《ほうどう》あり。一々の宝幢は、百千万億の須弥山《しゅみせん》の如し。幢の上の*宝縵《ほうまん》は夜摩天宮《やまてんぐ》の如し。五百億の微妙《みみょう》の宝珠《ほうじゅ》あり、以て映飾《ようじき》となす。一々の宝珠に八万四千の光あり。一々の光、八万四千の異種の金色《こんじき》を作し、一々の*金色、その宝土に遍《めぐ》り、処々に変化して、おのおの*異相《いそう》を作す。或は金剛の台《うてな》となり、或は真珠の網と作り、或は雑花《ぞうけ》の雲と作りて、十方面《じっぽうめん》に於て、意の随に変現し、仏事を*施作《せさ》す。これを花座の想《そう》となす。かくの如き妙花《みょうけ》は、これ本《もと》、*法蔵比丘《ほうぞうびく》の願力の成《な》す所なり。もしかの仏を念ぜんと欲せば、当《まさ》にまづこの華座の想を作すべし。この想を作す時、*雑観《ぞうかん》することを得ざれ。皆応《まさ》に一々にこれを観ずべし。一々の葉、一々の珠、一々の光、一々の台、一々の幢《はた》、皆分明《ぶんみょう》ならしめ、鏡の中に自ら面像を見るが如くせよ。この観を作すを、名づけて正観《しょうかん》となし、もし他観《たかん》せば、名づけて邪観《じゃかん》となす。

と。〈已上。この座の相を観ずる者は、五万劫の生死の罪を滅除し、必定《ひつじょう》して、当に極楽世界に生ずべし〉

次に、正しく相好を観ず。謂く、阿弥陀仏は花の台の上に坐し、相好*炳然《へいねん》として、その身を荘厳《しょうごん》したまふ。

*一には、頂《いただき》の上の*肉髻《にくけい》は能く見る者なし。高く顕れて周円なること、猶し*天蓋《てんがい》の如し。或は広く観ぜんと楽《ねが》ふ者は、次に応に観ずべし。かの頂の上に大いなる光明あり。千の色を具足《ぐそく》す。一々の色は八万四千の支《えだ》を作し、一々の支の中に八万四千の*化仏《けぶつ》あり。化仏の

この宝玉は甄叔迦という樹の花の赤いところから、その名があるという。甄叔迦の木を一説に無憂樹という。梵摩尼宝は摩尼珠のこと、浄珠とも訳する。梵は清浄・寂静などの意。
宝縵　宝玉を散りばめた幕。
金色　底本、青蓮院本ともに「金光」。経には「金色」。
異相　異なった姿。珍らしい姿。
施作　仏の教化のはたらきをたすける飾りの役を果す。
法蔵比丘　法蔵は阿弥陀仏が仏になる以前、菩薩であったときの名。世自在王仏が世に現われたとき、国王の地位にあったが、王位を捨て、出家した。二百十億の仏の国々を見て、その仏たちの立てた誓いを取捨選択して、四十八の願を立てた。四十八願は無量寿経巻上(正蔵一二ノ二六七下—二六九中)に説かれている。
雑観　ほかの観想をまじえること。
炳然　明るく、きらきらと。
一には…　大般若波羅蜜多経巻三八一によれば、仏の三十二相としては第三十二頂上烏瑟膩沙(肉髻)、八十種好としては第六十六好を含む(正蔵六ノ九六八上・下)。
肉髻　烏瑟(うし　七二頁注)のこと。
天蓋　日射をさける日傘。仏像を飾る付属品として、宝珠や幢などをつけて、仏の頭上に置かれる。
化仏　仮りに仏の姿をとって現わしだされたもの。

頂の上にもまたこの光を放つ。この光、相次《あいつ》いで、乃ち上方の無量の世界に至る。上方界に於ても、化《け》の菩薩ありて、雲の如くにして下りて諸仏を囲繞《いにょう》す。〈*大集経《だいしゅうきょう》に云く、「父母・師僧・*和上《わじょう》を恭敬《くぎょう》して、肉髻《にくけい》の相を得たり」と云々。もしこの相に於て随喜を生ずる者は、千億劫の極重の悪業を除き却けて、三途に堕せず〉

二には、頂の上の八万四千の髪毛は皆上向に靡《なび》き、右に旋《めぐ》りて生えたり。永く*褫落《ちらく》することなく、また雑乱《ぞうらん》せず。紺青《こんせい》にして稠密《ちょうみつ》、香潔《こうけつ》にして細軟なり。或は広く観ぜんと楽ふ者は、応《まさ》に観ずべし。一々の毛孔《もうく》には、旋《めぐ》りて五の光を生ず。もしこれを申《の》ぶる時は、脩《しゅ》長《ちょう》にして量り難し。〈釈尊の如きは、髪の長さ、*尼拘楼陀《にくろだ》の精舎より父王の宮に至りて、城を遶ること、七帀《そう》せり〉無量の光、普く照して紺瑠璃の色を作し、色の中に化仏あり、称《あ》げて数ふべからず。この相を現じ已れば、また仏の頂に住《とど》まり、右に旋《めぐ》り、宛転《えんてん》して、即ち*蠡文《らいもん》を成す。〈*大集に云く、「悪事を以て衆生に加へざるが故に、髪毛の*金精《こんじょう》の相を得たり」と〉

三には、その髪の際に於て五千の光あり。*間錯《けんさく》して分明なり。皆上向に靡き、もろもろの髪を囲遶し、頂を遶ること、五帀《ごそう》す。天の画師の作る所の画法の如し。*団円正等《しょうとう》にして、細きこと一糸の如し。その糸の間に於てもろもろの化仏を生じ、化菩薩ありて、以て眷属となせり。一切の色像もまた中に見《あら》はる。〈広く観ぜんと楽ふ者は、この観を用ふべし〉

四には、耳厚く、広く長くして、*輪埵《りんだ》を成就せり。或は応《まさ》に広く観ずべし。七の毛を旋り生じて、五の光を流出す。その光に千の色あり、色ごとに千の化仏あり。仏ごとに千の光を放ち、遍く十方の無量の世界を照す。〈この*随好《ずいこう》の業因は勘《かんが》ふべし。*観仏三昧経に云く、「この好を

大集経　大方等大集経巻六(正蔵一三ノ三七下)。→補

和上　和尚とも書く。いまはいわゆる戒和上。梵語のなまった音写で、正確には鄔波駄耶(うぱだや)。親教師と訳し、出家したものが親しく教えを受ける師。また受戒して出家するとき、その師表となるから、戒和上という。

褫落　褫は脱ぐ、取るの意。

尼拘楼陀　梵語。樹の名。まわりに張った枝から気根が垂れさがって、それが地につくと、そこから根が出て枝を支え、また枝をのばす樹で、釈尊はさとりを開いたあと、この樹のある迦毘羅衛(かびらえ)城の南の庭園で、父王のために法を説いたから、尼拘楼陀の精舎といったもの。迦毘羅衛は釈尊の生国。

蠡文　蠡は木の心をくう虫で、その虫がくったような文様をいう。あるいは蠡は螺に通じ、渦巻きの文様であろう。

大集　大方等大集経巻六(正蔵一三ノ三七下)。

金精　黄金の精をいうが、これは紺青であろう。

間錯　交錯すること。

団円正等　ともに正しく円を描いて集まる。

輪埵　輪はまるいもの。埵は盛り上がった土。観仏三昧海経の一本には埵を腄に作る。ここでは耳たぶを指す。

観ずる者は八十劫の生死の罪を滅し、後世には常に*陀羅尼《だらに》の人と眷属となる」と云々。下去《しも》のもろもろの利益も、皆また観仏三昧経に依りて注す〉

五には、額《ひたい》広く平正にして、形相殊妙なり。〈この好の業因并に利益は勘ふべし〉

六には、*面輪円満にして、*光沢熈怡《きい》なり。端正《たんじょう》*皎潔にして、猶し秋月の如く、双《なら》べる眉の皎浄なること、*天帝の弓に似たり。その色比《なら》びなく、紺瑠璃の光あり。〈来り求むる者を見て歓喜を生ずるが故に、面輪円満なり。この相を観ずる者は億劫の生死の罪を除き却け、後身の生処には、面《ま》のあたり諸仏を見たてまつる〉

七には、眉間の白毫《びゃくごう》、右に旋りて宛転し、柔軟なること兜羅綿《とらめん》の如く、鮮白《せんぱく》なること*珂《か》雪に逾《こ》えたり。或は次に、応《まさ》に広く観ずべし。これを舒《の》ぶれば、直ぐにして長大なること白瑠璃の筒《つつ》の如く、放ち已れば、右に旋りて頗梨珠《はりしゅ》の如し。〈丈六の仏の白毫は、長さ丈五、右に旋りて径一寸、周囲三寸なり〉十方面に於て無量の光を現ずること、万億の日の如くにして、具さに見るべからず。ただ光の中に於てもろもろの蓮華を現ず。上は無量塵数《じんじゅ》の世界を過ぐるまで、花と花と相次ぎ、団円正等なり。一々の花の上に一の化仏坐し、相好荘厳し、眷属囲遶せり。一々の化仏また無量の光を出し、一々の光の中にまた無量の化仏あり。このもろもろの世尊は、行く者も無数、住《とどま》る者も無数、坐る者も無数、臥する者も無数にして、或は大慈大悲を説き、或は三十七品を説き、或は*六波羅蜜《ろっぱらみつ》を説き、或はもろもろの*不共法《ふぐほう》を説く。もし広く説かば、一切の衆生より*十地《じゅうじ》の菩薩に至るまで、またこれを知ることあたはず。〈大集経に云く、「*他の徳を隠さず、その徳を称揚して、この相を得たり」と。*観仏経に云く、「無量劫より

随好　随形好(ずいぎょうこう)とも好ともいう。相好の好のこと。八十を数える。

観仏三昧経　観仏三昧海経巻三(正蔵一五ノ六五六中—下)。

陀羅尼の人　陀羅尼は梵語。能持・総持と訳する。よく保って忘れない、念ずる智慧の力をいい、いわばよく記憶すること。

面輪　おもわ。顔のこと。

光沢熈怡　つやつやと光沢があり、柔和である。

皎潔　清くはれやかなさま。

天帝　帝釈天のこと。

珂雪　白雪。

六波羅蜜　波羅蜜は梵語。→五八頁「波羅蜜」注

不共法　→五八頁注

十地の菩薩　第十地の菩薩のこと。菩薩の最高の位で、次は等覚をへて妙覚すなわち仏に至る。等覚は仏に等しい位。

他の…　大方等大集経巻六(正蔵一三ノ三七下)。

観仏経　観仏三昧海経巻二(正蔵一五ノ六五五上—中)。

昼夜に精進して身心懈ることなく、頭燃《ずねん》を救《はら》ふが如く*六度《ろくど》・三十七品・十力・無畏・大慈大悲、もろもろの妙功徳を勤修《ごんしゅ》して、この白毫を得たり。この相を観ずる者は、九十六億那由他《なゆた》恒河沙《ごうがしゃ》、微塵《みじん》数劫《じゅごう》の生死の罪を除き却く」と〉

八には、如来の*眼睫《げんしょう》は猶し牛王《ごおう》の如し。紺青*斉整《さいしょう》にして相雑乱《あいぞうらん》せず。或は次に、応《まさ》に広く観ずべし。上下におのおの生えて五百の毛あり。優曇花《うどんげ》の鬢《びん》の如く柔軟《にゅうなん》にして、愛楽《あいぎょう》すべし。一々の毛端より一の光を流出し、頗梨《はり》の色の如くにして、頭を遶ること一帀《いっそう》し、純《もは》ら微妙のもろもろの青蓮花を生ず。一々の花の台《うてな》には*梵天王《ぼんてんのう》ありて、青色の蓋《かさ》を執る。〈大集経に云く、「*至心《ししん》に無上菩提を求めしが故に、牛王の睫《まつげ》の相を得たり」と。大経に云く、「*怨憎《おんぞう》を見て善心を生ぜしが故に」と〉

九には、仏眼《ぶつげん》は青白にして上下倶に眴《まじろ》く。白きは白宝に過ぎ、青きは青蓮花に勝れり。或は次に、応に広く観ずべし。眼より光明を出すに、分れて四の支《えだ》となり、遍く十方の無量の世界を照す。青き光の中には青き色の化仏あり、白き光の中には白き色の化仏あり。この青と白の化仏、またもろもろの神通を現《あらわ》す。〈大集経に云く、「*慈心を修め集め、衆生を愛視して、紺色の目の相を得たり」と云々。少《わずか》なる時の間にも、この相を観ずる者は、未来の生処《しょうしょ》にて、眼《め》常に明浄にして、眼根《げんこん》に病なく、七劫の生死の罪を除き却く〉

十には、鼻脩《なが》く、高く直にして、その孔現れず。鋳《い》たる*金挺《こんてい》の如く、鸚鵡《おうむ》の觜《くちばし》の如し。表裏清浄にしてもろもろの*塵翳《じんえい》なし。二の光明を出して遍く十方を照し、変じて種々の無量の仏事を作す。〈この随好を観ずる者は千劫の罪を滅し、未来の生処にて上妙《じょうみょう》の香を聞《か》ぎ、常に*戒香《かいこう》を以て身

六度　六波羅蜜に同じ。波羅蜜を到彼岸、または略して度と訳する。

眼睫　まつげ。

斉整　そろって生えている。

梵天王　色界に四つの禅(初禅・第二禅・第三禅・第四禅)を修めたものの生まれる天がそれぞれあって、これを四禅天といい、その最初の初禅天には梵衆(ぼんしゅ)天・梵補天・大梵天の三天がある。これを総称して梵天ともいうが、また普通は大梵天をとくに指していう。帝釈天とならんで、仏教護持の天とされる。

至心に…　大方等大集経巻六(正蔵一三ノ三七下)。

怨憎を…　涅槃経(南本)巻二六(正蔵一二ノ七八〇中)。

慈心を…　大方等大集経巻六(正蔵一三ノ三七下)。

金挺　金を鋳てつくった弓の弝(つか)、つまり折釘状の金具。

塵翳　塵のくもり。不浄のかげり。

戒香　つねに戒律をまもった、その功徳の香り。

の瓔珞となす〉

十一には、唇《くちびる》の色、赤くして好きこと*頻婆菓《びんばか》の如く、上下相称《あいかな》へること量《はかり》の如くにして厳麗なり。或は次に、応《まさ》に広く観ずべし。団円の光明、仏の口より出づること、猶し百千の赤き真珠の貫くが如くして、鼻と白毫と髪との間に入出す。かくの如く展転して、円光の中に入る。〈この唇の随好の業等は勘ふべし〉

十二には、四十の歯は、斉《ひと》しく、浄く密にして根深く、白きこと珂雪に逾《こ》えたり。常に光明あり。その光紅白にして、人の目に映り耀く。〈大経に云く、「*両舌《りょうぜつ》・悪口《あっく》・恚心《いしん》を遠離《おんり》して、四十の歯の鮮白にして斉《ひと》しく密なる相を得たり」と云々〉

十三には、四の牙は鮮白にして、光潔《きよ》く鋒利なること、月の初めて出でたるが如し。〈大集経に云く、「*身《しん》・口《く》・意《い》浄きが故に、二の牙の白き相を得たり」と云々。この唇・口・歯の相を観ずる者は、二千劫の罪を滅す〉

十四には、世尊《せそん》の*舌相《ぜつそう》は、薄く浄くして、広く長く、能く面輪を覆ひ、耳・髪の際より、乃至、梵天に至る。その色、赤銅の如し。或は次に、広く観ずべし。舌の上に*五の画ありて、猶し印文《いんもん》の如し。咲《え》む時、舌を動かせば五色の光を出し、仏を遶ること七帀して、また頂より入る。所有の*神変《じんぺん》は無量無辺なり。〈大集経に云く、「*口の四過《しか》を護りて、広長舌相を得たり」と云々。この相を観ずる者は、百億八万四千劫の罪を除き、他世に八十億の仏に値《あ》ふ〉

十五には、舌の下の両辺に二の宝珠あり。甘露《かんろ》を流注《るちゅう》して、舌根の上に滴《したた》らす。諸天・世人・十地の菩薩にはこの舌根なく、またこの味もなし。〈*大般若に異説あり。勘ふべし。大経に云

頻婆菓 頻婆は梵語。鮮かな赤色の実を結ぶ植物で、この実は、経にも女の唇の色にたとえられている。仏の唇を称する常用語。

両舌… 涅槃経(南本)巻二六(正蔵一二ノ七八〇上)。両舌・悪口・恚心は十悪のうちの三。

身・口・意… 大方等大集経巻六(正蔵一三ノ三七中)。文中の「二」は「四」の誤りか。三十二相では四牙とされる。

舌相 いわゆる広長舌相。

五の画… 五つの線があって、ちょうど印章に刻まれた文字のようである。

神変 神通力によって現わしだされた不思議、その姿や動作。

口の四過… 大方等大集経巻六(正蔵一三ノ三七中)。「口の四過」は十悪のうち、妄語・両舌・悪口・綺語(き)の四。

大般若 大般若波羅蜜多経巻三八一(正蔵六ノ九六七下)に、「世尊は常に味の中の上味を得。喉脈直なるが故に、能く身中のもろもろの支節の脈の所有の上味を引き、風熱・痰病も為に雑ふることあたはず。かの脈を雑へず、沈浮・延縮・壊損・癰曲等の過を離れ、能く正しく呑咽し、津液流出するに由るが故に、身心適悦して、常に上味を得。これ二十五」とあり、三十二相中の第二十五相とする。

く、「*飲食《おんじき》を施与したるが故に、上味の相を得たり」と〉

十六には、如来の咽喉《えんこう》は瑠璃《るり》の筒《つつ》の如く、状《かたち》は蓮華を累《かさ》ねたるが如し。出《いだ》す所の音声《おんじょう》は*詞韻和雅《しいんわが》にして、等しく聞えざることなし。その声の洪《おお》いに震《ふる》ふこと、猶し天の鼓《つづみ》の如く、発《いだ》す所の言《ことば》の*婉約《えんやく》なること伽陵頻《かりょうびん》の音《こえ》の如し。*任運《にんうん》に能く大千世界に遍ず。もし*作意《さい》する時は無量無辺なり。しかるに、衆生を利せんが為に、類に随ひて増減せず。〈*大経に云く、「かの短を訟《せ》めず、正法《しょうぼう》を謗《そし》らずして、*梵音声《ぼんのんじょう》の相を得たり」と。*大集に云く、「もろもろの衆生に於て、常に柔軟に語るが故に」と云々〉

十七には、頸より円光を出す。咽喉の上に*点相《てんそう》の分明《ぶんみょう》なるあり。一々の点の中より一々の光を出す。その一々の光、前の円光《えんこう》を遶《めぐ》りて七帀《そう》を満足し、もろもろの画、分明なり。一々の画の間に妙なる蓮華あり。華の上に七仏あり。一々の化仏におのおの七菩薩ありて、以て侍者《じしゃ》となす。一々の菩薩、如意珠《にょいしゅ》を執《と》り、その珠に金の光あり。青《しょう》・黄《おう》・赤《しゃく》・白《びゃく》及び摩尼《まに》の色、皆悉く具足して、もろもろの光を囲遶《いにょう》せり。上下・左右おのおの一*尋《じん》にして、仏の頸を囲遶し、了々なること画の如し。〈*無上依《むじょうえ》経に云く、「衣服《えぶく》・飲食・車乗・臥具、もろもろの荘厳の物を歓喜《かんぎ》して施与し、身の金色《こんじき》にして、円光の一丈なる相を得たり」と〉

十八には、頸より二の光を出す。その光に万の色ありて、遍く十方の一切の世界を照す。この光に遇ふ者は*辟支仏《びゃくしぶつ》と成る。この光、もろもろの辟支仏の頸を照す。この相の現ずる時、行者《ぎょうじゃ》、遍く十方一切のもろもろの辟支仏の、鉢を虚空《こくう》に擲《な》げて十八*変を作《な》し、一々の足の下に皆《みな》文字ありて、その字、*十二因縁《じゅうにいんねん》を宣説《せんぜつ》するを見る。

飲食を…　涅槃経(南本)巻二六(正蔵一二ノ七八〇上)。
詞韻和雅　言葉のひびきは和(やわら)かで奥ゆかしい。
婉約　奥ゆかしく、つつましやかなこと。
任運　自然のままに。
作意　心にこうしようと思うこと。
大経　涅槃経(南本)巻二六(正蔵一二ノ七八〇上)。
梵音声　すぐれた音声。梵は清浄・離欲などの意。
大集　大方等大集経巻六(正蔵一三ノ三七下)。
点相　観仏三昧海経巻三によれば、「咽喉の上に点相あり。分明なること猶し伊字の如し」(正蔵一五ノ六五九中)とあって、これは伊字のようなものという。伊字とは、梵語の字母の一つで、𑖂と書き、三つの点からなっているように見えるから、伊字の三点という。また大自在天の三つの目、∴にも比較する。いまは∵の形に点が見えることをいったもの。
一尋　六尺。
無上依経　無上依経巻下(正蔵一六ノ四七四上)。
辟支仏　↓二七頁注
十八変　十八神変(じんぺん)ともいう。仏・菩薩が三昧の境地にはいって、自在に現わす十八種の不思議。↓補
十二因縁　人生の移り変わる無常の姿を説く、生存の十二の条件で、釈

十九には、欠《けっ》*瓫骨満《ぼんこつまん》の相あり。光、十方を照し、虎魄《こはく》の色を作す。この光に遇ふ者は声聞《しょうもん》の意《こころ》を発《おこ》す。このもろもろの声聞、この光明を見るに、分れて十の支《えだ》となり、一の支に千の色、十千の光明あり。光ごとに化仏《けぶつ》あり。一々の化仏に四の比丘《びく》ありて、以て侍者となす。一々の比丘は皆《みな》、苦・空・無常・無我を説く。〈已上の三種は、広く観ぜんと楽ふ者、応《まさ》にこれを用ふべし〉

二十には、世尊の肩項《けんこう》は、円満にして殊に妙《たえ》なり。〈*法華文句《ほっけもんぐ》に云く、「恒に施をして増長せしめたるが故に、この相を得たり」と〉

二十一には、如来の腋《わき》の下は悉く皆充《み》ち実《み》ち、紅紫の光を放ちて、もろもろの仏事を作し、衆生《しゅじょう》を利益《りやく》す。〈無上依経に云く、「*衆生の中に於て利益の事を為し、*四正勤《ししょうごん》を修して、心に畏るる所なきもて、両肩の平整《ひょうしょう》にして、腋の下の満ちたる相を得たり」と〉

二十二には、仏の双《ふたつ》の臂《ひ》肘《ちゅ》は、明かに直《すぐ》にして*臃《よう》肉なること、象王の鼻の如く、平《なお》く立つるときは膝を摩《な》づ。或は次に、応に広く観ずべし。手の掌に*千輻《せんぷく》の理《すじ》ありて、おのおの百千の光を放ち、遍く十方を照して、化して金の水と成る。金の水の中に一の妙水あり、水精《すいしょう》の色の如し。餓鬼は見て熱を除き、畜生は宿命《しゅくみょう》を識り、狂象は見れば師子王となり、師子は*金翅鳥《こんじちょう》と見、諸竜はまた金翅鳥王と見る。このもろもろの畜生、おのおの尊ぶ所と見て、心に恐怖を生じ、合掌《がっしょう》して恭敬《くぎょう》す。恭敬するを以ての故に、命《いのち》終れば天に生ず。〈*大集経に云く、「怖畏を救護《くご》して臂肘の臃《まり》かなることを得、他の事業《じごう》を見て佐助《さじょ》せしが故に、手に膝を摩《な》づる相を得たり」と〉

尊の基本的な教義。人は、⑴根本的な無知(無明)によって、⑵善悪の行為(行)をおこし、それにより、⑶母胎に受胎(識)する。その後、⑷身心の成育(名色)を見、⑸眼などの六根(六入)が備わり、生まれて、⑹二、三歳のうちはただものに触(触《そく》)れるだけで、⑺六、七歳ごろに苦楽を感受(受)するようになり、⑻十四、五歳になると、⑼⑽種々の欲望(愛)を生じ、こうして未来を決定する生活(有)が行なわれて行く。そして、⑾また生(生《しょう》)まれ、⑿老い死んで(老死)行く。これは、これがあるときかれがあり、これがないときかれがない、という相依相対的関係を語り、また過去→現在→未来という原因・結果の理を語っている。

瓫骨　往生要集義記巻五には、一説にこれを玉懸骨という。のどぼとけ。

法華文句　妙法蓮華経文句巻八下(正蔵三四ノ一一六中)。

衆生の…　無上依経巻下(正蔵一六ノ四七四中)。

四正勤　→五九頁「五根と…」補注

臃円　同じ長さで円味がある。

千輻　千本の車輪の矢。千輻輪。

金翅鳥　迦楼羅(かるら)のこと。天竜八部(→二四頁「天・修羅」注)の一。

大集経　大方等大集経巻六(正蔵一三ノ三七中)。

二十三には、もろもろの指は、円満・充密にして、纖《ほそ》く長く、甚だ愛楽《あいぎょう》すべし。一々の端《はし》に於て、おのおの*万字《まんじ》を生《な》す。その爪、光潔《こうけつ》にして、華《はな》赤銅の如し。〈瑜伽《ゆが》に云く、「*もろもろの尊長《そんじょう》に於て、恭敬《くぎょう》し、礼拝《らいはい》し、合掌《がっしょう》し、起立《きりゅう》せしが故に、指の纖長《せんじょう》なる相を得たり」と〉

二十四には、一々の指の間は、猶し鴈王《がんおう》の如く、咸《ことごと》く*鞔網《まんもう》あり。金色交絡《こんじききょうらく》して、*文《もん》は綺画に同じく、*閻浮《えんぶ》金《こん》に勝ること百千万億なり。その色は*明達《みょうたつ》にして眼界に過《こ》えたり。張る時は則ち見ゆれども、指を斂《おさ》むれば見えず。〈大経に云く、「*四摂《ししょう》の法を修《しゅ》して、衆生《しゅじょう》を摂取《しょうしゅ》せしが故に、この相を得たり」と〉

二十五には、その手の柔軟《にゅうなん》なること都《と》羅《ら》綿《めん》の如く、一切に勝過《しょうか》して、*内外《ないげ》倶に握る。〈大経に云く、「*父母・師長、もし病み苦しむときは、自ら手にて洗ひ拭ひ、捉り持ちて、*安摩《あんま》せしが故に、手の軟き相を得たり」と〉

二十六には、世尊の頷《おとがい》・臆《むね》、并に身の上半の、威容広大なること、師子王の如し。〈瑜伽に云く、「*もろもろの有情《うじょう》の、*如法《にょほう》の所作《しょさ》に於て能く上首《じょうしゅ》たるに、しかも助伴《じょばん》となりて我慢《がまん》を離れ、もろもろの獷悷《こうらい》なかりしが故に、この相を得たり」と〉

二十七には、胸に万字《まんじ》あり。*実相印《じっそういん》と名づけ、大いなる光明を放つ。或は次に、応《まさ》に広く観ずべし。光の中に無量百千のもろもろの花ありて、一々の花の上には無量の化仏あり。このもろもろの化仏、おのおの千の光ありて、衆生を利益し、乃至、遍く十方の仏の頂に入る。時に、もろもろの仏の胸より百千の光を出し、一々の光、六波羅蜜《ろっぱらみつ》を説く。一々の化仏、一の化人《けにん》の、端正微妙《たんじょうみみょう》にして状《かたち》弥勒《みろく》の如きを遣《つかわ》して、行者《ぎょうじゃ》を安慰《あんい》す。〈この相の光を見

万字　卍のこと。吉祥ともいう。もとインドのヴィシュヌ神またはクリシュナ神の胸の旋毛が、渦巻き重なって海雲のようになっているさまをもって、吉祥の相としたことを受けて、仏教では、仏の胸や手足、頭髪、腰などにこのような吉祥の印があるとしたもの。卍は後に仏教の紋章として用いられるに至る。

もろもろの尊長…　瑜伽師地論巻四九(正蔵三〇ノ五六七中)。

鞔網　網のように張った皮。水かきの膜。

文は…　文様はあやぎぬの画と同じで。

閻浮金　閻浮檀金(→一〇六頁注)に同じ。

明達　明るくどこまでもとどく。

四摂の法…　涅槃経(南本)巻二六(正蔵一二ノ七七九下―七八〇上)。四摂の法とは、菩薩がさとりに導くため、ひとに親愛の心を起こさせて頼らせる、いわば心を把握する方法で、布施・愛語・利行(りぎょう)・同事の四。→九八頁「愛語」注

内外倶に…　指を内側とともに外側にもそらせて、ものを握る。

父母・師長…　涅槃経(南本)巻二六(正蔵一二ノ七八〇上)。

安摩　なで、さする。

もろもろの有情…　瑜伽師地論巻四九(正蔵三〇ノ五六七下)。

如法の所作…　法にかなった行為に

る者は、十二億劫の生死の罪を除く〉

二十八には、如来の*心《しん》の相は、紅《くれない》の蓮華の如し。妙なる紫金の光、以て間錯《けんさく》をなして、瑠璃《るり》の筒《つつ》の如く、懸《かか》りて仏の胸にあり。合せず、開かず、団円なること、心の如し。万億の化仏、仏の心の間に遊ぶ。また無量塵数《じんじゅ》の化仏、仏の心の中にありて、金剛の台《うてな》に坐し、無量の光を放つ。一々の光の中に、また無量塵数の化仏ありて、広長の舌を出して、万億の光を放ち、もろもろの仏事を作す。〈仏の心を念ずる者は、十二億劫の生死の罪を除き、生々《しょうしょう》に無量の菩薩に値ふことを得と云々。広く観ぜんと楽ふ者は、応にこの観を作すべし〉

二十九には、世尊の身の皮は皆真金色《みなしんこんじき》なり。光潔《こうけつ》*晃曜《こうよう》にして、妙なる金の台の如し。もろもろの宝もて荘厳し、衆《しゅ》の見んと楽《ねが》ふ所なり。〈大経に云く、「*衣服・臥具を施して、この相を得たり」と〉

三十には、身の光、任運《にんうん》に三千界を照す。もし作意《さい》する時は無量無辺なり。しかれども、もろもろの有情《うじょう》を憐愍《れんみん》せんが為の故に、光を摂めて常に照すこと、面《おもて》よりおのおの一尋なり。〈大経に云く、「*香花《こうげ》・燈明《とうみょう》等を以て人に施して、この相を得たり」と云々。大光を観ずる者は、ただ心に見んことを発《あらわ》すに、もろもろの罪を除き却く〉

三十一には、世尊の身相は脩《なが》く広くして端厳《たんごん》なり。〈*大論に云く、「尊長を恭敬し、迎送《ぎょうそう》し、侍遶《じにょう》して、身の直にして広き相を得たり」と〉

三十二には、世尊の体の相は、縦広の量等しくして周帀《しゅうそう》円満せること、*尼拘陀《にくだ》の樹の如し。〈*大集に云く、「常に衆生を勧めて、三昧を修めしめて、この相を得たり」と。*報恩経に云く、「もし衆生あり

よって、主導者の地位にいながら、他のものの助けとなり、おごりたかぶる心を離れ、粗暴の心がなかった。

実相印　実相とは一切のもののありのままの、真実のすがた。涅槃とも真如とも法性ともいう。大乗はこれを大乗の印とする。観仏三昧海経巻四に、仏の光が百千の仏の頂に入り、百千の仏の卍字から光を発して、六波羅蜜の教えを説くとのべ、「この故に万字を実相印と名づく」(正蔵一五ノ六六五上―中)と記している。

心の相　心臓を心とさしたものと見られる。観仏三昧海経巻四に如来の臍相を説いて、「この相現ずる時、一切の大衆、仏の心相を見る」(正蔵一五ノ六六五中)として、ここに見る内容が述べられている。

晃曜　輝くこと。

衣服・臥具…　涅槃経(南本)巻二六(正蔵一二ノ七八〇上)。

香花・燈明…　涅槃経(南本)巻二六(正蔵一二ノ七八〇上)。

大論　大智度論巻二九(正蔵二五ノ二七三下)。

尼拘陀　尼拘楼陀(→一二〇頁注)に同じ。

大集　大方等大集経巻六(正蔵一三ノ三七下)。

報恩経　大方便報恩経巻七(正蔵三ノ一六五上)。

て、*四大不調《しだいふちょう》なるに、能く療治を為せしが故に、身の*方円《ほうえん》なる相を得たり」と〉

三十三には、世《せ》尊《そん》の*容儀《ようぎ》は洪満《こうまん》にして端直《たんじき》なり。〈瑜伽《ゆが》に云く、「*疾病の者に於て、卑屈して瞻侍《せんじ》し、良薬を給施せしが故に、身の*傴《る》曲《こく》ならざる相を得たり」と〉

三十四には、如来の*陰蔵《おんぞう》は平なること満月の如し。金色の光ありて、猶し日輪の如く、金剛の器の如く、中外倶《とも》に浄し。〈大経《だいきょう》に云く、「*裸のものを見て衣を施せしが故に、*陰馬蔵《おんめぞう》の相を得たり」と。*大集に云く、「他の過《あやまち》を覆蔵せしが故に」と。*大論に云く、「多く慚愧《ざんぎ》を修し、及び邪婬《じゃいん》を断ちしが〔故に〕」と。*導禅師の云く、「仏の言はく、「もし多く*欲色《よくじき》を貪《むさぼ》る者は、即ち如来の陰蔵の相を想はば、欲心即ち止み、罪障除き滅して、無量の功徳を得」と」と〉

三十五には、世尊の両足、二の手の掌中、項《うなじ》、及び双《ふたつ》の肩の七処は、充ち満てり。〈大経に云く、「*施を行ひし時、珍《たから》とする所の物は能く捨てて悋《お》まず、*福田《ふくでん》及び非福田を観ざりしかば、七処の満てる相を得たり」と〉

三十六には、世尊の双の腨《はぎ》、漸次に纎《ほそ》く円きこと、*翳泥耶《えいねいや》仙鹿《せんろく》王の腨の如し。*膊《ひさがしら》の鉤《こう》鎖《さ》の骨の、盤結せる間よりもろもろの金光を出す。〈瑜伽に云く、「*自ら正法に於て、実の如く摂受《しょうじゅ》し、広く他の為に説き、及び正しく他の為に善《よ》く給使《きゅうじ》を作《な》して、翳泥耶の膊の相を得たり」と〉

三十七には、世尊の足の跟《くびす》は広く長く円満して、*趺《あなうら》と相称《かな》ひ、もろもろの有情に勝れり。

三十八には、足の趺は脩《なが》く高きこと、猶し亀の背の如し。柔軟妙好にして、跟と相称へり。〈瑜伽に云く、「*足の下の平満なると、千輻輪《せんぷくりん》と、纎《ほそ》く長き指との三の相を感ずる業は、惣じて能く跟《くびす》と趺《あなうら》との

四大不調　身体が不調なこと。四大は地・水・火・風の四で、この一々の大に百一の病が起こるとし、四百四病という。
方円　正しく円満なこと。
容儀…　立居振舞は堂々として端正である。
疾病の…　瑜伽師地論巻四九（正蔵三〇ノ五六七中―下）。
傴曲　せぐくまり曲がる。
陰蔵　性器。
裸のもの…　涅槃経（南本）巻二六（正蔵一二ノ七八〇上）。
陰馬蔵の相　陰蔵相・馬陰蔵相ともいう。性器が馬のように内部に隠れている。
大集　大方等大集経巻六（正蔵一三ノ三七中）。
大論　大智度論巻二九（正蔵二五ノ二七三下）。
導禅師　善導の観念阿弥陀仏相海三昧功徳法門（略して観念法門という）（正蔵四七ノ二三上）。
欲色　淫欲。
施を行ひし時…　涅槃経（南本）巻二六（正蔵一二ノ七八〇上）。
福田　福徳を生みだす田の意で、仏・僧その他に敬い仕え、施すとき、そこに福徳を生ずるから、仏などを福田という。仏はとくに大福田といい、福田には三つを数える。
翳泥耶仙鹿王　翳泥耶は梵語、鹿のこと。鹿は山に住むから仙であると

二の相を感得す。これ前の三相の依止《えし》する所なるが故に」と〉

三十九には、如来の身の前後左右及《およ》び頂の上には、おのおの八万四千の毛ありて生え、柔潤・紺青にして、右に旋りて宛転せり。或は次に、応《まさ》に広く観ずべし。一々の毛端に百千万の塵数の蓮華あり。一々の蓮華に無量の〔化〕仏を生じ、一々の化仏は、もろもろの*偈《げ》頌《じゅ》を現《げん》じて声々相次《しょうしょうあいつ》げること、猶し雨の滴《したたり》の如し。〈*無上依経に云く、「もろもろの勝れたる*善法を修して、中・下品なく、恒に増上《ぞうじょう》ならしめて、身の毛の、上に靡《なび》き、右に旋りて宛転する相を得たり」と。*優婆塞《うばそく》戒《かい》経に云く、「智者に親近《しんごん》して、聞くことを楽しみ、論ずることを楽しみ、聞き已りて修することを楽しみ、道路を治め、棘刺《こくし》を除去することを楽しみしが故に」と〉

四十には、世尊の足の下に千輻輪の文《あや》あり。*輞轂《もうこく》衆相、円満せざることなし。〈瑜伽に云く、「*その父母に於て、種々に供養《くよう》し、もろもろの有情《うじょう》のもろもろの苦悩の事に於て、種々に救護《くご》し、往来等の動転の業《ごう》に由るが故に、この相を得たり」と云々。千輻輪の相を見れば、千劫の極重の悪業を却《しりぞ》く〉

四十一には、世尊の足の下に平満《びょうまん》の相《そう》あり。妙善にして安住せること、猶し*奩《くしげ》の底の如し。地は高下なりといへども、足の蹈む所に随ひて、皆悉く*坦然《たんねん》にして、等しく触れざることなし。〈大経に云く、「*戒を持ちて動ぜず、施心移らず、実語に安住せるが故に、この相を得たり」と云々。その足の柔軟《にゅうなん》にして、もろもろの指の、繊く長く、鞔網《まんもう》具足して、内外に握る等の相、及び業因《ごういん》は、前の手の相に同じ〉

四十二には、広きを楽《ねが》ふ者は応に観ずべし。足の下及び跟にはおのおの一の花を生じ、もろもろの光を囲繞《いにょう》して十帀《そう》を満足せり。花と花と相次ぎ、一々の花の上に五の化仏あり、

し、同類のもののなかではもっとも勝れているから王である、という。

膞の鉤鎖　膝関節。

自ら正法に…　瑜伽師地論巻四九(正蔵三〇ノ五六七中)。

趺　足のうら。

足の下の…　瑜伽師地論巻四九(正蔵三〇ノ五六七中)。

偈頌　偈に同じ。歌や詩句のこと。

無上依経　無上依経巻下(正蔵一六ノ四七四上)。

善法を修して…　正しい道を修めて、その熱意をおとろえさせることなく、いっそう増大させる。

優婆塞戒経　優婆塞戒経巻一(正蔵二四ノ一〇三九下)。

輞轂…　輞は車の輪。轂は車のこしき。車の輪やこしき、その他さまざまな部分の形がすっかりそなわっている。

その父母に…　瑜伽師地論巻四九(正蔵三〇ノ五六七中)。

奩の底　かがみばこの底。

坦然　平らなこと。

戒を持ち…　涅槃経(南本)巻二六(正蔵一二ノ七七九下)。

一々の化仏は五十五の菩薩を以て侍者となせり。一々の菩薩の頂には摩尼珠《まにしゅ》の光を生ず。この相《そう》現ずる時、仏のもろもろの毛孔《もうく》より八万四千の微細《みさい》の小光明を生じ、身の光を厳飾《ごんじき》して、極めて可愛《かあい》ならしむ。この光、一尋《いちじん》なるも、その相は衆多なり。乃至、他方のもろもろの大菩薩、これを観ずる時は、この光随ひて大いなり。〈已上〉

このもろもろの*相好《そうごう》の行相《ぎょうそう》・利益《りやく》・廃立《はいりゅう》等の事、諸文《しょもん》不同なり。しかれども、今三十二の*略相は多く*大般若《だいはんにゃ》に依り、広相と随好《ずいこう》と及びもろもろの利益とは*観仏経に依る。

また*相好の業《ごう》に、その惣《そう》と別とあり。惣因《そういん》と言ふは、*瑜伽《ゆが》の四十九に云く、

始め、*清浄勝意楽地《しょういぎょうじ》より、一切の所有の菩提の*資糧《しりょう》は、差別あることなく、能く一切の相及び随好を感ず。

と云々。別因と言ふは、かの論に三種あり。一には*六十二因なり。具《つぶ》さには論の文の如し。二には浄戒《じょうかい》なり。もしもろもろの菩薩、浄戒を毀犯すれば、なほ下賤の人の身すら得るあたはず。なんぞいはんや、能く*大丈夫《だいじょうぶ》の相を感ずるをや。三には四種の善修《ぜんしゅ》なり。一に善く*事業《じごう》を修し、二に善巧《ぜんぎょう》方便し、三に有情《うじょう》を*饒益《にょうやく》し、四に*倒るることなく廻向《えこう》するなり。〈已上〉別因の中には、また多くの差別あるも、今は且《しばら》く因果の相順《あいしたが》ふ者を取れり。前後の次第は諸文また不同なり。今は宜《よろ》しきに随ひて、取りて次第となせり。相と好とを間雑《けんぞう》して、以て*観法《かんぼう》をなすことは、またこれ*観仏経の例なり。

*順観《じゅんかん》の次第はおほよそかくの如し。逆観《ぎゃくかん》はこれに反し、足より頂に至る。観仏三昧経に云く、

相好の行相… 相好を観想する仕方や、その利益、及び取捨などについては、経典によって違いがある。

略相 相の簡単な説明。広相はその詳細。

大般若 大般若波羅蜜多経巻五七三(正蔵七ノ九六〇上—下)。

観仏経 観仏三昧海経巻一—八(正蔵一五ノ六四七下—六八七上)。

相好の業 相好が得られるに至ったその原因としての行為。

瑜伽 瑜伽師地論巻四九(正蔵三〇ノ五六七上—中)。

清浄勝意楽地 菩薩の修行階位を示す七地のなかの第三、浄心地のこと。第一は種性地(しゅしょうじ)で、菩薩の本性は備わっているが、まだ菩提心をおこしていない状態、第二は解行地(げぎょうじ)で、これは他の五十二位に配すると、十信・十住・十行・十廻向に相当する。したがって第三浄心地は十地の初地(歓喜地《かんぎじ》)にはいる。七地を立てるのは瑜伽師地論の説。→二七一頁「三地の菩薩」注

資糧 さとりをうるためのもとで。

六十二因 瑜伽師地論巻四九(正蔵三〇ノ五六七中—五六八上)に説くもので、このうち幾つかはすでに本書本文中に示されている。このうち最後の一因を記すと、「有徳の者に於て実の如く讃歎し、その美を称揚せり。これに由りて、眉間の白毫相、その色光白く、螺文右旋するを感得

*眼を閉ぢて見ること得んには心想の力を以てし、了々にして分明なること、仏の在世の如くせよ。この相を観ずといへども衆多なることを得ざれ。一事より起してまた一事を想ひ、一事を想ひ已ればまた一事を想へ。逆順《ぎやくじゆん》反覆すること、十六反を経《へ》よ。かくの如く心想をして極めて明利ならしめ、しかる後、心を住《とど》めて念《おもい》を一処に繋《か》けよ。かくの如くして、漸々《ぜんぜん》に舌を挙げて腭《あぎ》に向《むか》へ、舌をして政《ただ》しく住《とどま》らしむること、二七日を経よ。しかる後、身心《しんしん》、安穏《あんのん》なることを得べし。

と。

導和尚《どうかしよう》の云く、

*十六遍の後は、心を住めて白毫の相を観ぜよ。雑乱することを得ざれ。

と。

二に、惣相観とは、まづ前の如く、衆宝の荘厳せる広大の*蓮華を観じ、次に阿弥陀仏の、華の台《うてな》の上に坐したまへるを観ぜよ。

身の色は*百千万億の閻浮《えんぶ》檀金《だんごん》の如く、身の高さは六十万億那由他《なゆた》恒河沙《ごうがしやゆ》由旬《じゆん》なり。眉間の白毫《びやくごう》は、右に旋りて*婉転《えんでん》せること五の須弥《しゆみ》山《せん》の如く、眼は四大海の水の如くして、清白分明なり。身のもろもろの毛孔より光明を演べ出すこと須弥山の如く、円光は百億の大千界の如し。光の中に無量恒河沙の化仏《けぶつ》あり、一々の化仏は無数《むしゆ》の菩薩を以て侍者となす。かくの如く八万四千の相あり。一々の相におのおの八万四千の随好《ずいこう》あり。一々の好にまた八万四千の光明あり。一々の光明、遍く十方世界を照し、念仏の衆生を摂取して捨てざるなり。当《まさ》に知るべし、一々の相の中におのおの七百五倶胝《くてい》六百万の光明を具へ、*熾然《しねん》赫奕《かくやく》

せり」とある。
大丈夫　仏のこと。
事業　散華などのわざ、はたらき。
饒益　利益を与える。
倒るることなく　往生要集義記巻五に「有るが云く、受者と施者と施物と施果との四法、空観を以て清浄ならしむ。故に無倒と云ふ」(浄全一五ノ二七一上)という。
観法　対象を智慧によって正しく観察する、その方法。
観仏経の例　観仏三昧海経巻一―八(正蔵一五ノ六四七下―六八七上)。
順観　普通一般の順序に従って、順次に観察すること。その逆が逆観。
眼を閉ぢ…　観仏三昧海経巻一(正蔵一五ノ六四九上)。
十六遍…　観念法門(正蔵四七ノ二三中)の略抄。
蓮華を観じ…　これは観無量寿経十六観の第七宝座観、第八像身観、第九真身観の順序に従ったもの。観名は源信の阿弥陀経略記に見える。
百千万億…　以下「摂取して捨てざるなり」までの文は、観無量寿経第九真身観の文(正蔵一二ノ三四三中)によるもの。経のこの部分は、阿弥陀仏を語る場合、好んで用いられる。
婉転　観無量寿経には「宛転」。
熾然…　さかんに赫々と輝き、その威徳の尊いけだかさは金山の王のようである。金山王は仏のたとえ。

として神徳《じんとく》巍々《ぎぎ》なること、金山王《こんせんのう》の大海の中にあるが如く、無量の化仏・菩薩、光の中に充ち満ちて、おのおの神通《じんずう》を現じ、弥陀仏を囲遶《いにょう》せるを。

かの仏、かくの如く無量の功徳《くどく》・相好《そうごう》を具足《ぐそく》し、菩薩の衆会《しゅえ》の中にありて、正法《しょうぼう》を演説したまふ。行者《ぎょうじゃ》、この時、都《すべ》て余の色相《しきそう》なく、*須弥《しゅみ》・鉄囲《てっち》、大小の諸山《しょせん》も悉く現れず、大海・江河・土地・樹林、悉く現れず。目に溢《あふ》るるものは、ただこれ弥陀仏の相好なり。世界に周遍せるものは、またこれ閻浮《えんぶ》檀金《だんごん》の光明なり。譬へば、*劫水《こうすい》の、世界に弥満《みまん》せるに、その中の万物《まんもつ》は沈没《ちんもつ》して現れず、滉瀁《こうよう》浩汗《こうかん》として、ただ大水のみを見るが如く、かの仏の光明も亦またかくの如し。高く一切世界の上に出て、相好・光明、照曜《しょうよう》せずといふことなし。行者は心眼《しんげん》を以て己《おの》が身を見るに、またかの光明の所照の中にあり。〈已上は、観経・双観《そうかん》経《ぎょう》・*般舟《はんじゅ》経・*大論《だいろん》等の意に依る。この観の成じたる後、楽《ねが》ひの随《まま》に次の観を作すのみ〉

或は応《まさ》に観ずべし。かの仏はこれ*三身一体《さんじんいったい》の身《しん》なり。かの一身に於て、見る所同じからず。或は丈六《じょうろく》、或は八尺、或は広大の身なり。現ずる所の身は皆金色《こんじき》にして、利益《りやく》する所おのおの無量なり。一切の諸仏と、その*事《じ》同一なり。〈応化身《おうげしん》〉また一々の相好は、凡聖《ぼんじょう》その辺《ほとり》を得ず。梵天《ぼんてん》もその頂を見ず。*目連《もくれん》もその声を窮《きわ》めず。無形《むぎょう》第一の体《たい》なり。荘厳《しょうごん》にあらずして荘厳す。十力《じゅうりき》・四無畏《しむい》・*三念住《さんねんじゅう》・大悲《だいひ》、八万四千の三昧門《さんまいもん》、八万四千の波羅蜜《はらみつ》門、恒沙塵数《ごうじゃじんじゅ》の法門、究竟《くきょう》円満したまふ。一切の諸仏と、その意《こころ》同一なり。〈報身《ほうじん》〉微妙《みみょう》の浄法身《じょうほっしん》に、もろもろの相好を具足したまふ。一々の相好は即ちこれ実相《じっそう》なり。実相の法界《ほっかい》は具足して減ずることなし。*生ぜず滅せず、去《こ》・来《らい》もなし。一ならず異ならず、断・常にもあら

須弥・鉄囲…　以下、「大水のみを見るが如く」までは、無量寿経巻下(正蔵一二ノ二七八上)の文によったもの。鉄囲は鉄囲山で、須弥山をめぐる一番外側の山。

劫水　壊劫(えこう)のときにおこる、大の三災のうちの水災。

般舟経　般舟三昧経巻上(正蔵一三ノ九〇五上など)。

大論　大智度論巻二九(正蔵二五ノ二七六上など)。

三身一体の身　法身・報身・応身の三を一身にそなえているもの。↓補

事同一　一切諸仏との関係において、応化身に事同一、報身に意同一、法身に体同一を説くのは、金光明最勝王経巻二(正蔵一六ノ四〇九上)に見える考え方。事はすがたのこと。

目連も…　大智度論巻一〇(正蔵二五ノ一二七下―一二八上)に説く、仏の三密のうちの、語密の例。

三念住　三念住は三念処ともいい、仏の弟子たちが教えにしたがってよく修行しても(第一)、また逆におこたっても(第二)、その両様の弟子がいても(第三)、心の平静を失わないことをいう。

生ぜず…　以下を八不(はっぷ)といい、これらの否定によって、真実のすがたが表わされるとする。八不中道。

有為・無為　因と縁との結合によっ

ず。*有為《うい》・無為《むい》のもろもろの功徳は、この法身に依りて常に清浄なり。一切の諸仏と、その体《たい》同一なり。〈法身《ほっしん》〉

この故に、三世十方の諸仏の三身《さんじん》、*普門塵数《ふもんじんじゅ》の無量の法門、*仏衆《ぶっしゅ》の法海《ほうかい》、*円融《えんゆう》の万徳、およそ無尽の法界は、備りて弥陀の一身にあり。*縦ならず横ならず、また一・異にもあらず。実にあらず虚《こ》にあらず、また有《う》・無《む》にもあらず。本性《ほんしょう》清浄にして心言《しんごん》の路《みち》絶えたり。譬へば、如意珠の中には、宝あるにもあらず、宝なきにもあらざるが如し。仏身の万徳《まんどく》も亦またかくの如し。

また*陰入界《おんにゅうかい》に即して、名づけて如来となすにあらず。かのもろもろの衆生は、皆悉くこれあるが故に、陰入界を離れて、名づけて如来となすにもあらず。これを離るれば、則ちこれ無因縁の法なるが故に、即にもあらず、また離にもあらず。*寂静《じゃくじょう》にしてただ名のみあり。この故に当《まさ》に知るべし。所観の衆相《しゅそう》は、即ちこれ三身即一《さんじんそくいつ》の相好・光明なり。諸仏同体の相好・光明なり。万徳円融《まんどくえんゆう》の相好・光明なり。色《しき》は即ちこれ空《くう》なるが故に、これを真《しん》如実相《にょじつそう》と謂ふ。空は即ちこれ色なるが故に、これを相好・光明と謂ふ。一色《いっしき》・一香《いっこう》、中道《ちゅうどう》にあらずといふことなし。受《じゅ》・想《そう》・行《ぎょう》・識《しき》も亦またかくの如し。わが所有の*三道《さんどう》と、弥陀仏の万徳と、本来空寂にして一体無碍《むげ》なり。願はくは、我《われ》、仏を得て、聖法王に斉《ひと》しからん。〈已上は、*観経・心地観経《しんじかんぎょう》・金光明経《こんこうみょうきょう》・念仏三昧経・般若経・止観等の意に依る〉

三に、雑略観《ぞうりゃくかん》とは、かの仏の眉間に一の白毫あり。右に旋りて宛転せること、五須弥の如し。中に於て、また八万四千の好あり。一々の好に八万四千の光あり。その光微妙《みみょう》にし

て生じた現象世界一般を有為といい、そうした因縁によってつくられないものを、現象を超えた不変のものとして無為という。

普門 一切にゆきわたっていること。

仏衆の法海 仏の子である全宇宙の生命あるもの。↓補

円融 完全に欠けることなく一つに融けあっていること。

縦ならず… 時間と空間とを超え、変化も無変化もなく。

陰入界 五陰・十二入(十二処)・十八界のこと。この現実世界を主観・客観という身心において捉えるとき、五陰(五蘊)はさらに対象を捉える機能をもった眼などの六根と、それぞれの対象である色などの六境との十二入と、これらから生じる眼識などの六識とに分けられる。この十二入と六識を合わせて十八界という。

寂静にして… 以下、「一体無碍なり」まで、栄花物語巻一八(古典大系七六ノ八六)に引かれている。ただし「寂静」を「借像」と書く。

三道 三悪道。三悪道に堕ちる罪。

観経… 観無量寿経(正蔵一二ノ三四四下)、大乗本生心地観経(正蔵三ノ三〇五上―中)、金光明最勝王経巻二(正蔵一六ノ四〇八中―四〇九上)、大方等大集経菩薩念仏三昧分(正蔵一三所収)、般若波羅蜜多心経など(正蔵八ノ八四八下など)、摩訶止観巻一下(正蔵四六ノ六中―下)。

て、衆宝の色を具せり。惣じてこれを言はば、七百五俱胝六百万の光明あり。十方面に*赫《かく》奕《やく》たること、億千の日月の如し。その光の中に一切の仏身を現じ、無数の菩薩、衆会《しゅえ》して囲遶《いにょう》せり。また微妙《みみょう》の音を出し、もろもろの法海を宣暢《せんちょう》す。かの一々の光明、遍く十方世界を照し、念仏の衆生を摂取して捨てず。*我もまたかの摂取の中にあり。煩悩、眼を障《さ》へて、見ることあたはずといへども、大悲、倦《ものう》きことなくして、常にわが身を照したまふ。

或は、応《まさ》に自心《じしん》を起して極楽国に生じ、蓮華の中に於て*結跏趺坐《けっかふざ》し、蓮華の合する想を作すべし。尋《つ》いで、蓮花の開く時、尊顔《そんげん》を瞻仰《せんごう》し、白毫《びゃくごう》の相を観《み》たてまつるに、時に五百色の光ありて、来りてわが身を照し、即ち無量の化仏・菩薩の、虚空《こくう》の中に満てるを見、水鳥・樹林、及与《およ》び、もろもろの仏の出す所の音声、皆妙法を演ぶと。かくの如く思想して、心をして欣悦《ごんえつ》せしめよ。願はくは、もろもろの衆生と共に安楽国に往生せん。〈已上は*観経・*華厳経《けごんぎょう》等の意に依る。具さには*別巻にあり〉

もし極略《ごくりゃく》を楽《ねが》はば、応に念ずべし。かの仏の眉間の白毫相は、旋り転ずること、猶し頗《は》梨《り》珠《しゅ》の如し。光明は遍く照して我等を摂《おさ》めたまふ。願はくは、衆生と共にかの国に生れんと。もし相好を*観念するに堪へざるものあらば、或は*帰命の想に依り、或は引摂《いんじょう》の想に依り、或は往生の想に依りて、応に一心に称念すべし。〈已上。意楽《いぎょう》、同じからざるが故に、種々の観を明す〉

行住坐臥、*語黙作々《ささ》に、常にこの念を以て胸の中に在《お》くこと、飢《う》ゑて食を念《おも》ふが如く、渇して水を追ふが如くせよ。或は頭《こうべ》を低《た》れ、手を挙げ、或は声を挙げ、名を称へ、外儀《げぎ》は

赫奕　あかあかと輝くこと。

我もまた…　親鸞の正信念仏偈に引かれ、三句にまとめられている著名な文章。また似た表現は観心略要集(仏全三一ノ一六〇上)にも見える。→補

結跏趺坐　足の裏を見せるように股の上に乗せて、足を組んで坐る坐法。「あなうらを結ぶ」という。

観経　観無量寿経(正蔵一二ノ三四三中—下、三四四中)。

華厳経　往生要集義記巻五に「有るが云く、華厳の意とは、「又放光明」の文を指すと」(浄全一五ノ二七四下)と記している。「又放光明」の文とは、華厳経(六十巻本)巻七(正蔵九ノ四三七中)の「また光明を放つ、見仏と名づく」以下の文をいう。

別巻　源信の阿弥陀仏白毫観を指すと見られる。ここには、全体を五つに分けた、その第二、「白毫の相貌《そうみょう》を観ずる」項で、雑略観の書き出しとそっくり同じ文章が見え、「もろもろの法海を宣暢す」まで同文である。またその割注に「通じて無量寿・華厳経等の意に依る」(仏全三一ノ二一五下)と記している。

観念　観察に同じ。

帰命の想…　往生要集義記巻五に先師の説として、「帰命の想とは、本尊は東に向け、行者は仏に向ひて帰命する、これなり。引接の想とは、本尊は西に向け、行者は仏の後に随ひ

異るといへども、心の念は常に存せよ。*念々《ねんねん》に相続して、*寤寐《ごみ》に忘るることなかれ。

問ふ。かの仏の*真身は、これ凡夫の心力の及ぶ所にあらざれば、ただ応《まさ》に像を観ずべし。なんぞ大身を観ぜん。

答ふ、観経に云く、

*無量寿仏は身量無辺なり。これ*凡夫《ぼんぶ》の心力《しんりき》の及ぶ所にあらず。しかるに、かの如来の*宿願力《しゅくがんりき》の故に、*憶想《おくそう》することある者は必ず成就することを得。ただ仏の像を想ふすら無量の福を得。いはんやまた仏の具足せる身相を観ぜんをや。

と。〈已上〉明かに知る、初心のものもまた楽欲《ぎょうよく》の随《まま》に、真身を観ずることを得といふことを。

問ふ。言ふ所の弥陀の一身は即ち一切仏の身なりとは、何の証拠ありや。

答ふ。*天台大師の云く、

阿弥陀仏を念ずるは即ちこれ一切の仏を念ずるなり。故に花厳《けごん》経に云く、「*一切の諸仏の身は　即ちこれ一仏の身なり　一心・一智慧なり　*力《りき》・無畏《むい》もまた然り」と。

と。〈已上〉また*観仏三昧経に云く、

もし一仏を思惟《しゆい》すれば即ち一切仏を見たてまつる。

と云々。

問ふ。諸仏の*体性《たいしょう》の無二なるが如く、念ずる者の功徳もまた別なしとせんや。

答ふ。等しくして差別なし。故に*文殊般若経《もんじゅはんにゃぎょう》の下巻に云く、

て十万億国を過ぐるの念、これなり。往生の想とは、かの国に生じ已りて、見仏聞法する等の念、これなり」(浄全一五ノ二七五下)と記している。また引接は第十九願、往生は第十八願ともいう(浄全一五ノ二七五上)。
語黙作々　話しをしているときも、黙っているときも、何をしていても。
念々に相続　前念・後念が相次いでとぎれないこと。つねに間断なく想い続けること。
寤寐　寝ても醒めても。
真身　仏の本当の身体、姿。
無量寿仏は…　観無量寿経(正蔵一二ノ三四四中)。
凡夫　平凡なつまらない人の意で、異生(いしょう)ともいい、煩悩や執着によって、様々な果を受け、種々の境界(きょうがい)に生まれる者のこと。聖者に対し、愚かな人一般をさす。
宿願力　かつて立てた誓いの力。
憶想　想い浮べること。
天台大師の云く　天台大師智顗の著とされる浄土十疑論(正蔵四七ノ七八中)。
一切の諸仏…　華厳経(六十巻本)巻五(正蔵九ノ四二九中)。
力・無畏　十力・四無畏のこと。
観仏三昧経　観仏三昧海経巻一〇(正蔵一五ノ六九五上)。
体性　身体と本性。
文殊般若経　文殊師利所説摩訶般若波羅蜜経巻下(正蔵八ノ七三一中)。

一仏を念ずる功徳は無量無辺なり。また無量の諸仏の功徳と無二なり。*不思議の仏法は等しくして分別なく、皆*一如《いちにょ》に乗じて最正覚《さいしょうかく》を成じ、悉く無量の功徳と無量の弁才《べんざい》とを具《ぐ》す。かくの如く、*一行三昧《いちぎょうざんまい》に入る者は、尽《ことごと》く恒沙《ごうじゃ》の諸仏の法界《ほっかい》の、無差別の相を知る。

と。〈已上〉

問ふ。諸相の功徳は、肉髻《にくけい》と梵音《ぼんのん》と、これを最勝となす。今多く白毫《びゃくごう》を勧むるは、何の証拠ありや。

答ふ。その証、甚だ多し。略して一両を出さん。*観経に云く、

無量寿仏を観ぜん者は一の相好より入れ。ただし眉間の白毫を観ぜんには、極めて明《みょう》了《りょう》ならしめよ。眉間の白毫を見れば、八万四千の相好、自然《じねん》に当《まさ》に見るべし。

と。また観仏経に云く、

*如来には無量の相好ありて、一々の相の中に八万四千のもろもろの小相好あり。かくの如き相好も、白毫の少分の功徳に及ばず。この故に今日、来世のもろもろの悪衆生の為に、白毫相の大悲の光明の、悪を消す観法《かんぼう》を説く。もし邪見《じゃけん》・極重《ごくじゅう》の悪人ありて、*この観法は相貌《そうみょう》を具足すと聞いて、瞋恨《しんこん》の心を生ずといはば、この処《ことわり》あることなし。たとひ瞋《いかり》を生ずとも、白毫相の光、亦また覆護《ふくご》せん。暫くもこの語を聞かば、三劫の罪を除き、*後身《ごしん》の生処《しょうしょ》は諸仏の前に生れん。かくの如き、種々の百千億種のもろもろの、光明を観《み》る微妙の境界《きょうがい》は、悉く説くべからず。白毫を念ずる時、自然《じねん》に当に生ず

不思議　言葉や心でははかりつくせないこと。不可思議ともいい、多くの不思議のうち、仏の力がもっとも不思議であるとされ、これに浄土・誓い・身体・智慧・神通など十種を数える。

一如　真如に同じ。真実ありのままのすがた。

一行三昧　この経巻下に一行三昧を説明して、「法界は一相なり。縁を法界に繫ぐ、これを一行三昧と名づく。（中略）一行三昧に入らんと欲せば、当にまづ般若波羅蜜を聞いて説の如く修学し、しかる後、能く一行三昧に入るべし。法界の縁の如く、不退・不壊・不思議・無碍・無相なり」(正蔵八ノ七三一上―中)という。

観経　観無量寿経(正蔵一二ノ三四三下)。

如来には…　観仏三昧海経巻二(正蔵一五ノ六五五中―下)。

この観法は…　この観想の方法は相好のすがたを観想するものであると聞いて、怒りと恨みの心を生ずる。

後身の生処　再び生を受けて生まれる処。

べし。

と。また云く、

*麁《そ》心《しん》にして像を観ずるも、なほかくの如き無量の功徳を得。いはんやまた、念《おもい》を繋《か》けて、仏の眉間の白毫相の光を観ずるをや。

と。また云く、

*釈迦文仏《しゃかもんぶつ》、行者の前に現れて、告げて言《のたま》はく、「汝、*観仏三昧《かんぶつざんまい》の力を修《おさ》む。故に我、*涅《ね》槃相《はんそう》の力を以て、汝に*色身《しきしん》を示し、汝をして諦《あきら》かに観ぜしむ。汝いま坐禅するも、多く観ずることを得ず。汝より後の世の人は、多くもろもろの悪を作せば、ただ眉間の白毫相の光を観ぜよ。この観を作す時、見る所の境界《きょうがい》は上に説く所の如し」と。

と。〈已上。これを略抄す〉「*上に説く所」とは、仏の種々の境界を見るなり。もろもろの余の利益は、下の*別時《べつじ》の行《ぎょう》、及び利益門に至りて、応《まさ》に知るべし。

問ふ。白毫の一相を観ずるをもまた三昧と名づくるや。

答ふ。しかり。故に観仏経の第九に云く、

*もし能く心を繋《か》くれば、一の毛孔《もうく》を観ずるも、この人を名づけて*念仏定《ねんぶつじょう》を行《ぎょう》ずとなす。仏を念ずるを以ての故に、十方の諸仏、常にその前に立ち、為に正法《しょうぼう》を説きたまふ。この人、即ち能く三世のもろもろの*如来の種を生ずとなす。いかにいはんや、具足して仏の色身を念ぜんをや。

と。

麁心にして…　観仏三昧海経巻九(正蔵一五ノ六九一中)。麁心は粗雑な心。

釈迦文仏…　観仏三昧海経巻九(正蔵一五ノ六九二下)。釈迦文は梵語、釈迦牟尼に同じ。牟尼は煩悩を静めた勝れた聖者のこと。

観仏三昧　念仏三昧と同じ。

涅槃相　仏の生涯を八つのすがたに整理して八相といい、その最後の入滅のすがたを涅槃相というが、涅槃はただの死ではなく、それには常・楽・我・浄の四徳が備わり、教え導く積極的なはたらきを認めるのが大乗の考え方。

色身　肉身、つまり三十二相をそなえた生身。

上に説く所…　観仏三昧海経巻九、観像品第九の、これより前文に説く、仏の種々の境界をさす(正蔵一五ノ六九〇上―六九二下)。

別時の行…　大文第六、別時の念仏、および大文第七、念仏の利益。

もし能く…　観仏三昧海経巻九(正蔵一五ノ六八七中―下)。

念仏定　念仏三昧に同じ。

如来の種　仏性のこと。仏になる可能性。

問ふ。何が故に浄土の荘厳《しょうごん》を観《かん》ぜざるや。

答ふ。今は広き行《ぎょう》に堪《た》へざる者の為に、ただ略観《りゃくかん》を勧むるなり。もし観ぜんと欲する者は、応《まさ》に*観経《かんぎょう》を読むべし。いかにいはんや、*前に十種の事を明せり。即ちこれ浄土の荘厳なり。

問ふ。何が故に*観音《かんのん》・勢至《せいし》を観ぜざるや。

答ふ。略の故に述べざりしも、仏を念じ已りて後は、応に二菩薩を観ずべし。或は名号《みょうごう》を称へよ。多少は意に随へ。

第五に、*廻向《えこう》〔門〕を明さば、五義の具足《ぐそく》せるもの、これ真の廻向なり。一には、三世の一切の善根《ぜんごん》を聚集《じゅじゅう》す。〈*花厳経《けごんぎょう》の意〉二には、*薩婆若《さばにゃ》の心と相応す。三には、この善根を以て一切の衆生と共にす。四には、無上菩提《むじょうぼだい》に廻向す。五には、*能施《のうせ》・所施《しょせ》・施物《せもつ》、皆不可得《ふかとく》なりと観じて、能く諸法の実相と和合せしむるなり。〈*大論の意〉

これ等の義に依りて、心に念《おも》ひ、口に言ひ、修する所の功徳と、及以《およ》び、*三際《さんざい》の一切の善根とを〈その一〉、*自他の法界《ほっかい》の一切衆生に廻向して、平等に利益《りやく》し〈その二〉、罪を滅し、善を生じて、共に極楽に生れて、*普賢《ふげん》の行願《ぎょうがん》を速疾《そくしつ》に円満し、自他同じく無上菩提を証《しょう》して、未来際《みらいざい》を尽すまで衆生を利益し〈その三〉、法界に廻施《えせ》して〈その四〉、大菩提《だいぼだい》に廻向するなり〈その五〉。

問ふ。*未来はいまだあらず。何を以てか廻向せん。

観経　観無量寿経に説く十六観のうち、第二水想観から以下、第三地想観・第四樹観・第五池観・第六楼閣観の五つが浄土の観想(正蔵一二ノ三四二上—下)。観名は源信の阿弥陀経略記(仏全三一ノ二五六下)による。

前に十種…　大文第二の十楽を指す。

観音・勢至を…　この二菩薩の観想について、観無量寿経の十六観では、仏の真身観が終わった後の、第十・第十一の二観として説かれている。

廻向　廻はめぐらすこと、向はさしむけること。みずからの行なった善や功徳を、自分のものとして受けるだけでなく、それらをめぐらし転じて、他にもさとりの種としてさしむけ与えることで、これに三種廻向などの分け方がある。(1)自分の行なった善をさとりにさしむける菩提廻向、(2)他のものにさしむける衆生廻向、(3)真実のありのままのすがた(実際)にさしむける実際廻向の三がそれ。

花厳経　華厳経(六十巻本)巻一五(正蔵九ノ四九三中—四九四上)。

薩婆若　梵語。一切智(→九八頁注)のこと。

能施…　施す人、施しを受ける人、施し物、この三つに執着しないで、これを空と観じて布施を行なうことを、三輪清浄(さんりんしょうじょう)という。

大論　大智度論巻四六(正蔵二五ノ三九五上)。

答ふ。花厳経《けごんぎょう》に、第三*廻向の菩薩の行相《ぎょうそう》を説いて云く、

三世《さんぜ》の善根を以て、しかも著《じゃく》する所なく、相《そう》なく相を離れて、悉く以て廻向す。

と。*刊定記《かんじょうき》に二の釈あり。一には、未来の善根はいまだあらずといへども、今もし発願《ほつがん》せば願熏《がんくん》じて種《たね》と成り、摂持《しょうじ》する力の故に、未来に修する所を任運《にんうん》に衆生と菩提とに注ぎ向け、更に廻向を待たずとなり。二には、この教の中に依れば、菩薩は、乃至、一念の善を修するも、法性《ほっしょう》を摂《しょう》するが故に*九世《くせ》に遍ず。故にかの善根を用て廻向すと云々。

問ふ。第二を、なんぞ薩婆若《さばにゃ》と相応する心と名づくるや。

答ふ。*論に云く、

阿耨菩提《あのくぼだい》の意《こころ》は即ちこれ薩婆若の心に応ず。応ずとは、心に繋《か》けて、「我当《まさ》に仏と作るべし」と願ふなり。

と。

問ふ。第三と第四とは、何が故に、要《かなら》ず一切衆生と共にし、及以《およ》び、無上菩提に廻向するや。

答ふ。*六波羅蜜経《ろっぱらみつぎょう》に云く、

いかんぞ、少施の功徳多きや。方便力《ほうべんりき》を以て、少分の布施を廻向して発願すらく、「一切の衆生とともに、同じく*無上正等菩提《しょうとうぼだい》を証せん」と。ここを以て、功徳の無量無辺なること、猶し小さき雲の、漸く法界に遍するが如し。

と。〈乃至、*一華《いちげ》・一菓《いっか》を以て施すもまたしかり。大論の意もまたこれに同じ〉また、*宝積経《ほうしゃくきょう》の四十六に云

三際　前際(過去世)・中際(現在世)・後際(未来世)の三。

自他の…　自分や他のものがそれぞれ属する、あらゆる全宇宙の、生命あるすべてのもの。

普賢の行願　↓六五頁「華厳経…」

注

未来は　青蓮院本は、未来の下に「善」、他本は「善根」を加える。

第三廻向の…　三種廻向(菩提、衆生、実際)のうち、第三実際廻向の内容をいう。華厳経(八十巻本)巻二四(正蔵一〇ノ一三〇上)などに見える。

刊定記　慧苑の続華厳経略疏刊定記のこと。八十巻本の注釈書。現行のものは十五巻で、この部分はない。

九世　過去・現在・未来の三世にそれぞれ三世が具わるとし、その九世が一つに融けあって、一世を成ずるとする華厳経の考え方。

論　大智度論巻四九(正蔵二五ノ四一一中)。

六波羅蜜経　大乗理趣六波羅蜜多経巻四(正蔵八ノ八八三中)。

無上正等菩提　阿耨多羅三藐三菩提(あのくたらさんみゃくさんぼだい)に同じ。阿耨菩提とも。

一華・一菓…　前掲の引文の前に、「これを以て、菩薩の所作の功徳、乃至、一花・一果を布施するも、皆ために一切衆生を利益す」とある。

宝積経　大宝積経巻四六(正蔵一一ノ二七二中)。

く、

菩薩摩訶薩《まかさつ》は、所有《しょう》の*已生《いしょう》のもろもろの妙善根を、一切、無上菩提に廻向し、この善根をして、畢竟《ひっきょう》して尽くることなからしむ。譬へば、少水を大海に投ずるに、乃至、*劫《こう》焼《しょう》の中にも尽くることあることなきが如し。

と。

また*大荘厳論《だいしょうごんろん》の偈《げ》に云く、

施を行ずるも*妙色《みょうしき》と財《ざい》を求めず　また天人の趣《しゅ》を感ぜんことを願はず　専ら無上勝菩提を求むれば　施は微《すくな》きも便ち無量の福を感ぜん

と。〈已上〉故に、もろもろの善根を以て尽く仏道に廻向するなり。また大論に云く、

*譬へば、*慳貪《けんどん》の人、因縁なければ、乃至、一銭をも施さず、貪慳積聚《しゃくじゅ》してただ増長《ぞうじょう》せんことを望むが如し。菩薩もまたかくの如し。福徳の、もしは多きも、もしは少きも、余の事に向けず、ただ愛惜《あいしゃく》し積集《しゃくじゅう》して薩婆若《さばにゃ》に向はしむ。

と。〈已上〉

問ふ。もししからば、ただ応《まさ》に菩提に廻向すべし。何が故ぞ、更に極楽に往生すと云ふや。

答ふ。菩提はこれ果報《かほう》にして、極楽はこれ花報《けほう》なり。果を求むる人、なんぞ花を期《ご》せざらんや。この故に、*九品《くほん》の業《ごう》には皆、「廻向して極楽国に生れんことを願ひ求む」と云へり。

問ふ。発願と廻向とは、何の差別あるや。

答ふ。誓ひて求むる所を期する、これを名づけて願となし、作せし所の業を廻らしてか

已生　すでに生じた。

劫焼　劫火・劫尽火(こうじんか)ともいう。壊劫(えこう)の時におこる火災。

大荘厳論の偈　馬鳴および無着の大荘厳論にはこの詩はない。諸経要集巻一〇に、大荘厳経としてこの詩を掲げる(正蔵五四ノ九〇上)。

妙色　容姿のすぐれていること。

譬へば…　大智度論巻四九(正蔵二五ノ四一一中)。

慳貪　ものおしみして貪ること。

九品　→一〇八頁「上品下生の業」注

しこに趣向《しゆこう》する、これを廻向と謂ふ。

問ふ。薩婆若と無上菩提と、二は差別なし。なんぞ分ちて二となすや。

答ふ。論に廻向を明すに、これを分ちて二となす。故に今もこれに順《したが》ふ。更に論*の文を検《かんが》へよ。

問ふ。次に、何が故に、所有の事を観じて、悉く空ならしむるや。

答ふ。論に云く、

*著心取相《じゃくしんしゅそう》の菩薩の修する福徳は、草より生ぜる火の、滅《け》すことを得べきこと易きが如し。もし実相を体得せる菩薩の、大悲心《だいひしん》を以て行《ぎょう》ずるもろもろの行は、破ることを得べきこと難し。水の中の火の、能く滅す者なきが如し。

と云々。

問ふ。もししからば、応《まさ》に唱《とな》へて「空《くう》にして得る所なし」と言ふべし。何が故に、今「法界に廻施す」と云ふや。

答ふ。理《り》、実《まこと》にしかるべし。しかれども、今《いま》*国土の風俗に順ふが故に、「法界」と云ふ。理、また違《たが》ふことなし。しかる所以《ゆえん》は、法界は即ちこれ*円融無作《えんゆうむさ》の第一義空なり。修する所の善を以て廻趣《えしゅ》して、かの第一義空と相応せしむるを、「法界に廻施す」と名づくるなり。

問ふ。*最後に、何の意ありてか、唱へて「大菩提に廻向す」と言ふや。

答ふ。これはこれ、薩婆若と相応せしむるなり。これもまた土風《どふう》に順ひて、これを末後に置く。薩婆若と言ふは即ちこれ菩提なり。前の論の文の如し。

論の文を… 大智度論巻四六(正蔵二五ノ三九五中)に記す問答を指すと見られる。「問うて曰く、先に薩婆若に応ずる心と言ひ、後に廻向と言ふ、何等の異ありや。答へて曰く、薩婆若に応ずる心は、もろもろの福徳の因縁を起さんがためなり。廻向とは、余の報を求めず、ただ仏道を求むるなり。また次に薩婆若の相応の心は、阿耨多羅三藐三菩提に応ぜんがための故なり。施は先の義に説くが如く、薩婆若を主となす。一切の功徳、皆薩婆若となす」という。

著心取相… 大智度論巻四六(正蔵二五ノ三九五下—三九六上)。著心取相は、執われの心をもって、もののすがたに執着すること。

国土の風俗 日本という国土の風俗。

円融無作… 円融は無差別・絶対、無作も対立矛盾のままで、それを超えた平等絶対をいう。第一義空は最勝真実の空のことで、存在を離れて実相とされるものがないことをいう。

最後に… 第五についていう。

問ふ。*有相《うそう》の廻向には利益なきや。

答ふ。上にしばしば論ぜしが如し。勝劣ありといへども、なほ巨益《こやく》あり。*大論の第七に云ふが如し。

*小因の大果、小縁の大報といふことあり。*仏道を求めて*一偈《いちげ》を讃《さん》じ、一たび南無仏《なむぶつ》と称し、*一捻《いちねん》の香を焼くに、必ず仏と作ることを得るが如し。なんぞいはんや、*諸法の実相は不生・不滅にして、不生にもあらず、不滅にもあらずと聞き知りて、しかも因縁の業を行ずれば、また失はざるなり。

と。〈已上〉この文は深妙なり。*髻中《けいちゅう》の明珠《みょうじゅ》なり。則ち知んぬ、我等の成仏、疑なきことを。

竜樹尊に帰命したてまつる　わが心の願を証成したまへ

有相の廻向　執着の心をもって、功徳をめぐらし、さしむけること。
大論　大智度論巻七(正蔵二五ノ一一二下)。
小因の大果…　直接的条件を因といい、間接的条件を縁という。
仏道　さとり。
一偈　四句の詩。
一捻　ひとつまみ。
諸法の実相　一切の存在の、真実のありのままのすがたをいう。そうしたものは、実に生ずることも滅することもないが、また生じないものでも滅しないものでもない、というもの。
髻中の明珠　まげのなかの明月珠。明月珠とは明月のように、その光が明るい宝珠で、濁った水中におくと水も澄むという。輪王の最上の宝で、常に髻中にこれを納めるというので、この名がある。また力士が髻の中に明月珠をもっていた話は、観仏三昧海経巻一〇に見える。三〇四頁五行以下参照。

大文第五に、*助念《じよねん》の方法とは、*一目《いちもく》の羅《あみ》は鳥を得ることあたはざれば、万術もて観念《かんねん》を助けて、往生の大事を成ずるなり。今、七事を以て、略して方法を示さん。一には*方処供《ほうしよく》具《ぐ》、二には修行の相貌《そうみよう》、三には対治《たいじ》懈怠《けだい》、四には止悪《しあく》修善《しゆぜん》、五には懺悔《さんげ》衆罪《しゆざい》、六には対治《たいじ》魔事《まじ》、七には惣結要行《そうけつようぎよう》なり。

第一に、方処供具とは、内外《ないげ》倶に浄くして一の閑処《かんしよ》を卜《ぼく》し、力の随《まま》に花香《けこう》供具を弁ぜよ。もし花香等の事を闕少《けつしよう》することあらば、ただ専ら仏の*功徳威神《くどくいじん》を念ぜよ。もし親《まのあた》り仏像に対せんには、すべからく燈明《とうみよう》を弁ずべく、もし遙かに西方《さいほう》を観《かん》ぜんには、或は闇室を須《もち》ひよ。〈*感禅師《かんぜんじ》は闇室を許す〉

もし花香を供へん時には、すべからく*観仏三昧経《かんぶつさんまいきよう》の供養《くよう》の文《もん》の意に依るべし。その得る所の福は、無量無辺にして、煩悩自《おのずか》ら減少し、六度《ろくど》自ら円満せん。〈その文、*通途《つうず》の所用《しよゆう》に異らず。故に更に抄せず〉

もし念珠《ねんじゆ》を用ひん時には、浄土を求めんと欲せば*木槵子《もくげんし》を用ひ、功徳の多からんことを欲せば、*菩提子《ぼだいし》、乃至、或は水精《すいしよう》・蓮子《れんし》等を用ひよ。〈*念珠功徳経《ねんじゆくどくぎよう》を見よ〉

第二に、*修行の相貌とは、*摂論《しようろん》等に依りて四修《ししゆ》の相を用ふ。

一には、長時修《じようじしゆ》。*要決《ようけつ》に云く、

助念の方法　念仏の助けとなる方法。

一目の羅　目の一つしかない網。摩訶止観巻五上の「一目の羅は、鳥を得ることあたはざるも、鳥を得るは、羅の一目のみ。…すべからく法網の目を施して、心行の鳥を捕ふべきのみ」(正蔵四六ノ五九中)によったもの。

方処供具　方角と場所、供えものと道具。

功徳威神　功徳とその不思議な力。

感禅師…　釈浄土群疑論巻七に「ただし修行の人は、この闇室を将(もち)てもろもろの視聴を絶ち、心に諸縁を捨す。初学の儔(ともがら)、これに約して想を注がば、三昧を得易し」(正蔵四七ノ七六中)と説く。

観仏三昧経の…　観仏三昧海経巻一〇の「願はくは、この華香、十方界に満ち、一切仏・化仏、并に菩薩、無数の声聞衆に供養せん」(正蔵一五ノ六九五上)とある文。

通途の所用　通常用いられるもの。

木槵子　木槵(むくろじ)の実。↓補

菩提子…　菩提樹の実、あるいは水晶、蓮の実の数珠。

念珠功徳経　校量数珠功徳経。↓補

修行の相貌　修行のすがた。

摂論等　摂大乗論釈巻八(正蔵三一ノ二〇九上)、俱舎論巻二七(同二九ノ一四一中)など。

要決　西方要決釈疑通規(正蔵四七ノ一〇九下)。

初発心《しょほっしん》より乃至菩提《ぼだい》まで、恒《つね》に*浄因《じょういん》を作《な》して、終《つい》に退転なし。

と。*善導《ぜんどう》禅師の云く、

畢命《ひつみょう》を期《ご》となし、誓ひて中止せざれ。

と。

二には、*慇重修《おんじゅうしゅ》。謂《いわ》く、極楽の仏・法・僧宝に於て、心に常に憶念して、専ら尊重を生ずるなり。要決に云く、

*行住坐臥、西方《さいほう》を背《せ》にせず、*涕唾《ていだ》便利《べんり》は西方《さいほう》に向けざれ。

と。導師の云く、

*面《おもて》を西方に向くる者は最も勝れたり。樹の先の、傾き倒るるとき、必ず曲《まが》れるに随ふが如し。必ず事の碍《さわり》ありて西方に向くに及ばざる者は、ただ西に向く想《おもい》を作すもまた得たり。

と。

三には、*無《む》間修《けんしゅ》。要決に云く、

*謂く、常に仏を念じて往生の心を作し、一切の時に於て、心に恒に想ひ巧《たく》め。譬へば、人ありて、他に*抄掠《しょうりゃく》せられ、身《み》、下賤《げせん》となりて備《つぶ》さに艱辛を受くるに、忽ち父母を思ひ、走りて国に帰らんと欲すれども、*行装《ぎょうそう》いまだ弁ぜざれば、なほ他郷にありて日夜思惟《しゆい》し、苦《く》忍ぶに堪《た》へざれども、時として暫《しばら》くも捨てて*耶嬢《やじょう》を念《おも》はざるなし。計《はかりごと》をなすこと既に成り、便《すなわ》ち帰りて達することを得《え》、父母に親近《しんごん》し、縦任《ほしいまま》に歓《よろこ》び娯《たの》しまんが

浄因　浄土に生まれるための因としての念仏。
善導禅師の…　往生礼讃偈（正蔵四七ノ四三九上）の文。
慇重修　摂大乗論釈や倶舎論では恭敬修（くぎょうしゅ）。謹しみ敬う心で修すること。
行住坐臥…　西方要決釈疑通規（正蔵四七ノ一〇九下）。
涕唾便利　涙・唾・大小便。
面を西方に…　往生礼讃偈（正蔵四七ノ四三九中）。
無間修　休むことなく修すること。
謂く、常に…　西方要決釈疑通規（正蔵四七ノ一一〇上）。
抄掠　おびやかし、かすめ取ること。
行装　旅装。
耶嬢　父母。

ごとし。行者《ぎょうじゃ》もまたしかり。往《むかし》、煩悩に因りて善心を壊乱《えらん》し、*福智の珍財、并《ならび》に皆散失せり。久しく生死に沈んで*制すること自由ならず。恒に魔王のために、僕使《ぼくし》となりて六道に駈馳《くち》せられ、身心を苦切《くせつ》す。今、善縁に遇ひて、忽ち*弥陀慈父《みだじふ》の、弘願《ぐがん》に違《たが》はずして*群生《ぐんじょう》を済抜《さいばつ》したまふことを聞き、日夜に*驚忙《きょうもう》し、発心して往かんことを願ふ。所以《ゆえ》に*精勤《しょうごん》すること倦《もの》からずして、当《まさ》に仏恩《ぶっとん》を念じ、報の尽《つ》くるを期《ご》となして、心に恒に計念すべし。

と云々。導師の云く、

*心々相続《しんしんそうぞく》して、余《よ》の業《ごう》を以て間《まじ》へず、また貪瞋《とんじん》等を以て間へず、*随犯随懺《ずいぼんずいさん》して念《おもい》を隔《へだ》て時を隔て日を隔てしめず、常に清浄ならしめよ。

と。私《わたくし》に云く、「昼夜六時、或は*三時・二時に、要《かなら》ず方法を具《ぐ》して、精勤《しょうごん》・修習《しゅじゅう》せよ。その余の時処は、威儀《いぎ》を求めず、方法を論ぜず、心と口に廃することなく、常に応《まさ》に仏を念ずべし」と。

四には、*無余修《むよしゅ》。要決に云く、

*専ら極楽を求めて弥陀を礼念《らいねん》せよ。ただし諸余の業行《ごうぎょう》は雑起《ぞうき》せしめざれ。*所作の業は、日別に、すべからく念仏・読経《どきょう》を修《しゅ》して、余課を留《とど》めざるべし。

と。導師の云く、

*専らかの仏名を称し、かの仏及び一切の聖衆《しょうじゅ》等を、専ら念じ、専ら想ひ、専ら礼《らい》し、専ら讃へて、余の業を雑《まじ》へざれ。

福智　福徳と智慧。これを尊い財宝にたとえた。

制する　身の行ないをつつしむ。

弥陀慈父　慈しみの父である阿弥陀仏。

群生を…　世に生を受けた多くのものを苦しみの世界より救い出す。

驚忙　一心に励む。

精勤…　努め励んで、倦むことなく。

心々相続…　往生礼讃偈(正蔵四七ノ四三九上)。心々相続はたえず念仏を続けること。

随犯随懺　戒律が禁じていることを犯したり、煩悩などを起したときは、そのつど、これを懺悔(さんげ)すること。

三時・二時　朝・昼・晩、あるいは朝・晩。

無余修　余りなく完全に修すること。

専ら極楽…　西方要決釈疑通規(正蔵四七ノ一一〇上)。

所作の業…　行なう所は、一日の特定の時に行ない、ほかの仕事をその時間にまで残して置かないようにする。

専らかの…　往生礼讃偈(正蔵四七ノ四三九上)。

と。〈已上〉

問ふ。その余の事業《じごう》に何の過失ありや。

答ふ。宝積経*の九十二に云く、

もし菩薩ありて、楽《ねが》ひて世業*《せごう》を作し、衆務《しゅむ》を営まば、応ぜざる所となす。我《われ》説かく、

この人は生死に住《とどま》ると。

と。また、同じく*偈《げ》に云く、

戯論*《けろん》・諍論《じょうろん》の処は　多くもろもろの煩悩を起す　智者は応《まさ》に遠離《おんり》して　百由旬《ゆじゅん》を去《へだ》つべし

と云々。自余の方法は、具《つぶ》さには止観*の如し。

問ふ。もししからば、在家の人は念仏の行《ぎょう》に堪へ難からん。

答ふ。もし世俗の人、縁務《えんむ》を棄て難《がた》くは、ただ常に念《おもい》を西方に繋《か》けて、誠心《じょうしん》に応にかの仏を念ずること、*木槵経《もくげんきょう》の瑠璃《るり》王の行《ぎょう》の如くすべし。また、迦才《かざい》の浄土論*に云く、

譬へば、竜の行くとき、雲即ちこれに随ふが如く、心もし西に逝《さ》れば、業もまたこれに随ふ。

と云々。

問ふ。既に知んぬ、修行には惣じて四相*あることを。その修行の時の用心はいかん。

答ふ。観経*に云く、

もし衆生ありて、かの国に生れんと願ふ者は、三種の心を発《おこ》して即便《すなわ》ち往生す。一に

宝積経　大宝積経巻九二(正蔵一一ノ五二七中)。

世業　世俗の営み。

同じく　大宝積経巻九二(正蔵一一ノ五二八上)。

戯論・諍論　あやまった無意味な言論と言論による争い。

止観の如し　摩訶止観巻四下に「縁務の、禅を妨ぐること、由来甚し。蘭若(らんにゃ)の比丘、喧を去り、静に就く。いかんが縁務を営造して、蘭若の行を壊せん。応ずる所にあらざるなり。縁務に四あり。一には生活、二には人事、三には技能、四には学問なり」(正蔵四六ノ四二下)とあり、四の縁務を細説している。縁務とは、その当人とかかわりをもった世俗の務めをいう。

木槵経の…　木槵子経に説く波流離(または波瑠璃)王の行。政務に追われて、修行ができなかった王は、百八の木槵子を糸に通して、その珠をくりながら三宝の名を称えるときは、長く煩悩を断じて輪廻の世界を逃れ、さとりに至るという釈尊の教えを受けて、戦場にあっても、これを携えて、常に仏を念じたと記されている(正蔵一七ノ七二六上―中)。

浄土論　浄土論巻中(正蔵四七ノ九一下)。

四相　四修の相のこと。

観経　観無量寿経(正蔵一二ノ三四四下)。

*は至誠心《しじょうしん》、二には深心《じんしん》、三には廻向発願心《えこうほつがんしん》なり。

と。

*善導禅師の云く、

一に至誠心とは、謂《いわ》く、礼拝《らいはい》・讃歎《さんだん》・*念観《ねんかん》の三業《さんごう》は必ず真実を須《もち》ふるが故に。二に深心とは、謂く、自身はこれ煩悩を具足せる凡夫《ぼんぶ》、善根《ぜんごん》薄少にして三界《さんがい》に流転《るてん》し、いまだ*火宅《かたく》を出でずと信知し、いま弥陀の本弘誓願《ほんぐぜいがん》、及び名号《みょうごう》を称すること下《しも》十声・一声等に至るまで、定んで往生することを得《う》と信知して、乃至、一念も疑心あることなきなり。三に廻向発願心とは、謂く、所作《しょさ》の一切の善根、悉く皆廻向して、往生せんと願ふが故なり。この三心《さんしん》を具《ぐ》すれば、必ず往生することを得るも、もし一心をも少《か》かば、即ち生ることを得ず。

と。〈これを略抄す。経の文は*上品上生《じょうぼんじょうしょう》にありといへども、*禅師の釈の如くは、理《り》、九品に通ず。余師の釈は具《つぶ》さにすることあたはず〉*鼓音声王経《くおんじょう》に云く、

もし能く深く信じて狐疑《こぎ》なき者は、必ず阿弥陀の国に往生することを得。

と。*涅槃経《ねはんぎょう》に云く、

*阿耨菩提《あのくぼだい》は信心《しんじん》を因となす。この菩提の因はまた無量なりといへども、もし信心を説けば則ち已に摂め尽す。

と。〈已上〉明かに知んぬ、道を修するには信を以て首《はじめ》となすことを。また、善導和尚《かしょう》の云く、

*もし入観《にゅうかん》及び睡時《ずいじ》には、応にこの願を発すべし。もしは坐り、もしは立ち、一心に合《がっ》

至誠心…　至誠心とはまことの心、深心とは深く信じる心、廻向発願心とは功徳の一切をてだてとして自他にふりむけて、浄土に生まれたいと願う心をいう。

善導禅師の云く　往生礼讃偈(正蔵四七ノ四三八下)の文の略抄。これに似た文は観経疏巻四、散善義(正蔵三七ノ二七一上―中)に見え、とくに深心について、より深い透徹した思想が認められる。これを普通、二種深信という。↓補

念観　観念に同じ。

火宅　苦しみや汚濁(おじょく)などに悩まされる、この世の迷いの生活を、火と燃える家に喩えたもの。法華経巻二、譬喩品(正蔵九ノ一二中―一三中)に説く。

上品上生　浄土に生まれるものの能力や資質などから、九階段に分けたなかの最上位。

禅師の釈　↓補

鼓音声王経　阿弥陀鼓音声王陀羅尼経(正蔵一二ノ三五三上)。

涅槃経　涅槃経(南本)巻三二(正蔵一二ノ八二一上)。

阿耨菩提　阿耨多羅三藐三菩提の略。無上正等正覚などと訳する。仏としての最高至上のさとり。

もし入観…　往生礼讃偈(正蔵四七ノ四四七下)の文。入観は観想にはいること。睡時は睡眠の時の意で、本文には睡眠時とある。

掌《しょう》して、正しく面《おもて》を西に向け、十声《とこえ》「阿弥陀仏、観音・勢至の諸菩薩、*清浄大海衆《しょうじょうだいかいしゅ》」と称へ竟《おわ》りて、仏・菩薩及び極楽界の相を見たてまつらんとの願を発《おこ》せ。即ち意《こころ》の随《まま》に、入観及び睡らんとするとき、見ることを得。至心ならざるを除く。

と云々。

問ふ。行者の、常途《じょうず》に往生を計念する、その相、何に似たるや。

答ふ。*前に引く所の要決の、本国に帰らんと欲するの譬、これその相なり。また、*安楽集に云く、

譬へば、人ありて、空曠《くうこう》の迥《はる》かなる処に於て、怨賊《おんぞく》の、剣を抜き勇を奮ひ、直ちに来りて殺さんと欲するに値遇す。この人、径に走りて、一河《いちが》の渡るべきを観る。いまだ河に到るに及ばざるに、即ちこの念を作す、「我、河の岸に至りて、衣を脱ぎて渡るとやせん、衣を著て浮ぶとやせん。もし衣を脱ぎて渡らば、ただ恐らくは暇《いとま》なからん。もし衣を著て浮ばば、また*首領《しゅりょう》を全《まっと》うし難からんことを畏る」と。その時、ただ一心に河を渡る方便を作すことのみありて、余の心想の間雑《けんぞう》することなからんが如し。行者もまたしかり。阿弥陀仏を念ずる時は、またかの人の渡ることのみを念ふが如く、念々に相次いで、余の心想の間雑することなく、或は仏の法身《ほっしん》を念じ、或は仏の*神力《じんりき》を念じ、或は仏の智慧を念じ、或は仏の毫相《ごうそう》を念じ、或は仏の相好を念じ、或は仏の本願を念ぜよ。名を称《とな》ふることもまたしかり。ただ能く専至《せんし》し、相続して断たざれば、定んで仏前に生れん。

清浄大海衆　清浄無垢な多くのひとたち。

前に引く…　無間修の項(一四四頁)に引用されたものを指す。

安楽集　安楽集巻上(正蔵四七ノ一一上—中)。この比喩と似たものが、曇鸞のものとされる略論安楽浄土義(正蔵四七ノ三下)に見える。

首領　首。命を全うする。

神力　神通力。超人的な能力。

と。〈已上〉*元暁《がんぎょう》師もこれに同じ。

問ふ。念仏三昧《ねんぶつざんまい》は、ただ心に念ずるのみとせんや、また口にも唱ふるとせんや。

答ふ。*止観の第二に云ふが如し。

或は唱《しょう》と念《ねん》と倶に運び、或は先に念じ後に唱へ、或は先に唱へ後に念じ、唱と念と相継いで休息《くそく》する時なし。*声々《しょうしょう》・念々《ねんねん》、ただ阿弥陀にあり。

と。また*感禅師の云く、

*観経に言く、「この人、苦に逼られて念仏に遑《いとま》あらず。善友《ぜんう》、教令《きょうりょう》すらく、阿弥陀仏を称すべしと。かくの如く至心に、声をして絶えざらしむ」と。あに苦悩に逼られて念想成《じょう》じ難きも、声をして絶えざらしめば、至心に便ち得るにあらずや。今、この声を出して、*念仏定《ねんぶつじょう》を学ぶことも亦またかくの如し。声をして絶えざらしめば、遂に三昧《さんまい》を得て、仏・聖衆《しょうじゅ》の*皎然《こうねん》として目前にあるを見ん。故に*大集日蔵分に言く、「大念は大仏を見、小念は小仏を見る」と。大念とは大声に仏を称するなり。小念とは小声に仏を称するなり。これ即ち聖教《しょうぎょう》なり。何の惑ふことかあらん。現に見る即今《そくこん》のもろもろの修学者《しゅがくしゃ》、ただすべからく声を励まして念仏すべし。三昧成じ易からん。小声に仏を称せんには、遂に馳散《ちさん》多し。これ乃《すなわ》ち学者の知る所にして、*外人《げにん》の暁《さと》るところにあらず。

と。〈已上。かの経には、ただ云く、「*多を欲するは多を見、小を欲するは小を見る」等と云々。しかるに*感師は、既に三昧を得たり。彼の釈する所、応《まさ》に仰いで信〔受〕すべし。更に諸本を*勘《かんが》へよ〉

元暁 新羅(しら)の華厳学者。遊心安楽道(正蔵四七ノ一一五上)に羅什の言葉として、安楽集と同類の比喩を載せる。

止観 摩訶止観巻二上(正蔵四六ノ一二中)の略抄。

声々・念々… 仏の名を唱える一声一声が、心に念じる一遍一遍が、ただ阿弥陀仏にかかっている。

感禅師の 釈浄土群疑論巻七(正蔵四七ノ七六中—下)。

観経 観無量寿経(正蔵一二ノ三四六上)の取意。

念仏定 念仏三昧に同じ。

皎然 ありありと。

大集日蔵分 大方等大集経巻四三(正蔵一三ノ二八五下)。

外人 ほかの人。

多を欲する… 大方等大集経巻三八(正蔵一三ノ二五六中)。源信は経のこの文を、懐感が読みかえて、「大念は大仏を見、小念は小仏を見る」としたものと思い違ったようである。

感師は… 往生西方浄土瑞応伝に、善導の教えによって、念仏に励むこと三年、「遂に仏の金色の玉毫(ぎょくごう)を見ることを得、三昧を証得す。乃ち自ら往生決疑論七巻を造る」(正蔵五一ノ一〇六上)と記している。

勘へよ 底本、下に「已上小念見小大念見大文出日蔵経第九」の加筆、青蓮院本には「小念見小大念見大文出日蔵経第九ィ本」とある。

第三に、*対治懈怠《たいじけだい》とは、*行人《ぎょうにん》、恒時《ごうじ》に勇進することあたはず。或は心《こころ》蒙昧《もうまい》となり、或は心*退屈せん。その時、応《まさ》に種々の勝事に寄せて自心を勧励《かんれい》すべし。或は三途の苦果を以て、浄土の功徳に比して、応にこの念を作すべし。「我已に悪道にして多劫《たこう》を経《へ》しに、*無利の勤苦《ごんく》すらなほ能く超えたり。少行を修行して菩提の大利を得んには、応に退屈を生ずべからず」と。〈*悪趣《あくしゅ》の苦と浄土の相とは、一々前の如し〉

或は浄土に往生する衆生を*縁《えん》じて、応にこの念を作すべし。「十方世界のもろもろの有情、念々に安楽国に往生す。彼既に丈夫《じょうぶ》なり。我もまたしかり。自《みずか》ら軽んじて、退屈を生ずべからず」と。〈往生の人は*下の利益門・料簡門の如し〉

或は応に仏の奇妙の功徳を縁ずべし。

〔*問ふ。なんらの功徳なるや。

答ふ。その事、無量なり。〕略してその要を挙げん。

一には、応に四十八の本願を思念すべし。また、*無量清浄覚経に云く、

阿弥陀仏は、観世音・大勢至とともに、大願の船に乗じて生死の海に汎《うか》び、この娑婆世界に就いて、衆生を呼喚《こかん》して大願の船に上らしめ、西方に送り著《つ》けたまふ。もし衆《しゅ》生《じょう》肯《うけが》ひて、大願の船に上る者は、並《とも》に皆去ることを得ん。

と。これはこれ往き易きなり。*心地観経の偈に云く、

衆生は生死の海に没在《もつざい》し　*五趣《ごしゅ》を輪廻して出づる期《とき》なし　*善逝《ぜんぜい》は恒に妙法の船となり

対治懈怠　怠惰な心をおさえること。

行人　行者。念仏のひと。

退屈　くじけ、退く。

無利の…　なんの利益もないのに、勤め苦しんで、なおよくそれを克服してきた。

悪趣　悪道。悪の報いで堕ちる世界。地獄・餓鬼・畜生は三悪趣。

縁じて　心をはたらかせて、対象のすがたを取ること。

下の利益門…　大文第七、念仏の利益、大文第十、問答料簡を指す。

問ふ…　青蓮院本による。

無量清浄覚経　無量清浄平等覚経巻二(正蔵一二ノ二九〇上)の文を指すものの如くであるが、実は迦才の浄土論巻下(正蔵四七ノ一〇二中)の文を引いたもの。

心地観経の偈　大乗本生心地観経巻一(正蔵三ノ二九五上)。

五趣　五悪趣。阿修羅を除いた、地獄・餓鬼・畜生・人・天の五。

善逝　如来の十号の一。よく迷いの世界を超えて、ふたたびもとに還らないものの意。↓一五一頁「前の九号」補注

愛流　貪り執着することを愛といい、これが人の心を溺れさせることから、流れに喩えたもの。

能く*愛流《あいる》を截《き》りて彼岸《ひがん》に超えしめたまはん
と。応《まさ》に念ずべし、「我、いづれの時にか、悲願の船に乗じて去らん」と。

二には、名号《みょうごう》の功徳なり。*維摩経《ゆいまきょう》に言ふが如し。

諸仏の*色身の威相《いそう》・種性《しゅしょう》、*戒・定・智慧・解脱《げだつ》・知見、*力《りき》・無《む》所畏《しょい》、不共《ふぐ》の法、大慈大悲、*威儀《いぎ》の所行《しょぎょう》、及びその寿命、説法教化《きょうけ》し、衆生を成就し、仏の国土を浄め、もろもろの仏法を具するは、悉く皆同等なり。この故に名づけて*三藐三仏陀《さんみゃくさんぶつだ》となし、名づけて*多陀阿伽度《ただあかど》となし、名づけて仏陀となす。阿難、もし我、広くこの*三句の義を説かば、汝は*劫寿《こうじゅ》を以てするも、尽く受くることあたはず。たとひ三千大千世界の中に満てらん衆生をして、皆阿難《あなん》の如く、多聞第一《たもんだいいち》にして*念惣持《ねんそうじ》を得しむとも、このもろもろの人等、劫の寿を以てせんもまた受くることあたはず。

と。

*要決に云く、

維摩経に云く、「仏の初《はじめ》の三号《さんごう》を、仏もし広く説かば、阿難は劫を経《ふ》とも領受することあたはず」と。*成実論《じょうじつろん》に、仏の号を釈するに、*前の九号は皆別義に従ひ、前の九号の名義の功徳を惣べて、仏世尊となす。初の三号を説くことすら、劫を歴《ふ》とも周《きわ》め難く、阿難の領悟《りょうご》すら、能く具悉《ぐしつ》することなし。更に六号を加へて、以て仏の名を製したまへり。勝徳既に円《まど》かなれば、それを念ずるは大善なり。

と。〈已上。要決〉*華厳の偈に云く、

もしもろもろの衆生ありて　いまだ菩提心を発さざらんに　一たびも仏の名を聞くこ

維摩経　維摩詰所説経巻下（正蔵一四ノ五五四上）。

色身の威相…　仏の身体にそなわるすぐれた相好や家柄。種性はまた、さとりを開く種としての素質をいう。

戒・定…　戒・定・慧・解脱・解脱知見の五で、これを五分法身（ごぶんほっしん）という。戒を守り、心の動揺を静め、智慧をみがき、煩悩から解放され、その解放された喜びにひたることで、もはや修行を必要としない阿羅漢の位に達したものがそなえるとされる。

力・無所畏…　十力および四無所畏に三念住と大悲を加えて、十八不共法という。五八頁「十力」「無畏」「不共法」注参照。

威儀の所行　威儀正しい振舞。

三藐三仏陀　梵語。阿耨多羅三藐三仏陀の略。無上正等覚者と訳し、如来の十号の一。仏陀を仏と略称する。

多陀阿伽度　梵語。如来と訳される。

三句…　三藐三仏陀以下の三つの称号。

劫寿　無限の寿命。

念惣持　よく一切を記憶する能力。

要決　西方要決釈疑通規（正蔵四七ノ一〇七下）。

成実論　成実論巻一（正蔵三二ノ二四二下）。

前の九号　如来の十号のうち、仏世尊を除く九つの称。→補

華厳の偈　華厳経（八十巻本）巻二三（正蔵一〇ノ一二四上）。

とを得ば　決定して菩提を成ず

と。〈*首楞厳経の文は、下の料簡門の如し〉応《まさ》にこの念を作すべし、「我、今既に仏の尊号を聞くことを得たり。願はくは、我当《まさ》に作仏して十方の諸仏の如くなるべし」と。

三には、相好の功徳なり。*六波羅蜜経に云く、

もろもろの世間に於て、所有《しょう》の三世の一切の衆生、*学・無学の人、及び辟支仏《びゃくしぶつ》、かくの如き*有情《うじょう》の無量無辺の所有の功徳は、如来の一毛の功徳に比《くら》ぶるに、百千万分の中のその一にも及ばず。かくの如き一々の毛端は、皆如来《にょらい》の無量の功徳より出生《しゅっしょう》する所なり。一切の毛端の所有の功徳もて、共に一髪の功徳を成《じょう》ず。かくの如き仏の髪は八万四千ありて、一々の髪の中におのおの上の如き功徳を具《ぐ》す。かくの如く合せ集りて、共に一の随好《ずいこう》の功徳を成じ、一切の〔随〕好の功徳もて、共に一相の功徳を成ず。一切の相の功徳、合せ集りて百千倍に至り、眉間の毫相《ごうそう》の功徳を成ず。その相円満にして、宛転《えんてん》して右に旋《めぐ》り、*頗胝迦《はていか》宝の如く明浄鮮白《みょうじょうせんびゃく》なり。夜の闇の中にありて猶し明星の如し。毫相は、これを舒《の》ぶれば、上は色界《しきかい》の*阿迦膩吒《あかにだ》天に至り、これを巻けば、旧《もと》の如くまた毫相となりて眉間に住《とどま》る。毫相の功徳、百千倍に至りて肉髻《にくけい》の相《そう》を成ず。かくの如き肉髻の千倍の功徳は梵音声相《ぼんのんじょうそう》の功徳に及ばず。

と。また*宝積経には無数《むしゅ》の*校量《きょうりょう》あり。学者、勘《かんが》ふべし。また*大集念仏三昧経の第五に云く、

かくの如き世界、及び十方の無量無辺のもろもろの世界の中の、所有の衆生、仮使《たとい》尽

首楞厳経の文…　首楞厳三昧経巻上（正蔵一五ノ六三三中）。この文は大文第十（↓二九六頁）に引かれている。

六波羅蜜経　大乗理趣六波羅蜜多経巻七（正蔵八ノ八九七中）。

学・無学　仏の道を学ぶ過程にある聖者と、学び終えてその必要のない聖者。後者は阿羅漢の位。

有情　衆生に同じ。

頗胝迦　梵語。玻璃《はり》に同じ。水晶のこと。

阿迦膩吒天　阿迦膩吒は梵語。色界の第四禅天の最上だから、色究竟天《しきくきょうてん》といい、また有頂天《うちょうてん》ともいう。

宝積経　大宝積経巻四六（正蔵一一ノ二七二下）。

校量　くらべ、はかること。

大集念仏三昧経　大方等大集経菩薩念仏三昧分巻五（正蔵一三ノ八五〇中）。

く皆一時に仏と成りて、かのもろもろの世尊、無量劫を経て、皆また仏の一毛の功徳を歎じたまふとも、終《つい》にまた尽さず。

と。〈已上〉 *華厳経の偈に云く、

清浄*慈門刹塵《じもんせつじん》の数　共に如来の一の妙相を生ず　一々の諸相、然らずといふことなし
この故に見たてまつる者、厭足《おんそく》なし

と。〔*応にこの念を作すべし、「願はくは、我当《まさ》に仏の無辺の功徳の相を見たてまつらん」と。〕

四には、*光明の威神なり。謂く、*平等覚経に云く、

無量清浄仏〈無量清浄仏とは、これ阿弥陀仏なり〉の光明は、最尊第一にして比《たぐい》なく、諸仏の光明の、皆及ばざる所なり。ある仏の頂の光明は七尺を照し、ある仏は一里を照し、ある仏は五里、ある仏は二十里、四十里、八十里、乃至百万の仏国、二百万の仏国なり。八方、上下、*無央数《むおうしゅ》の諸仏の頂の光の照したまふ所、皆かくの如し。無量清浄仏の頂の中の光明は、千万の仏国を炎照《えんしょう》したまふ。

と。〈已上、取意。私に云く、*観経には、「かの仏の円光は百億大千界の如し」と云ひ、*この経には、「頂の中の光は、千万の仏国を照す」と云ふ。二経の意、同じきのみ〉 *双観経の意、これに同じ。*経に云く、

無量寿仏の威神光明は、最勝第一にして、諸仏の光明の及ぶあたはざる所なり。或は仏光ありて、百仏世界或は千仏世界を照す。要を取りてこれを言はば、乃ち東方恒河《とうぼうごうが》沙《しゃ》の仏刹《ぶっせつ》を照す。南西北方・*四維《しゆい》・上下も亦またかくの如し。この故に無量寿仏をば、

華厳経の偈　華厳経(八十巻本)巻四(正蔵一〇ノ一六中)。

慈門刹塵…　仏の慈しみの心より流れ出た数知れない多くの功徳が集まって、仏のすぐれた一相ができあがった。

応に…　青蓮院本による。

光明の威神　仏の光の不思議なはたらき。

平等覚経　無量清浄平等覚経巻一(正蔵一二ノ二八一下—二八二中)。

無央数　梵語、阿僧祇(あそうぎ)の訳。数限りないこと。

観経　観無量寿経(正蔵一二ノ三四三中)。

この経　無量清浄平等覚経巻一(正蔵一二ノ二八二中)。

双観経の意　つぎにその証として文を掲げている。

経に　無量寿経巻上(正蔵一二ノ二七〇上—中)。

四維　西北・西南・東南・東北の四。

*無量光仏・無辺光仏・無碍光仏・無対光仏〈*玄一師の云く、「ともに等しきものなきが故に」と〉・炎王光《えんのうこう》仏〈一師の云く、「*最勝自在《さいしょうじざい》なるが故に」と〉・清浄光仏〈一の云く、「*三垢《さんく》を滅するが故に」と。*憬《きょう》興《ごう》師の云く、「無貪の善根の生ずる所なるが故に」と〉・歓喜《かんぎ》光《こう》仏〈一の云く、「*遇ふ者、意を悦ばすが故に」と。興の云く、「*無瞋《むしん》の生ずる所なるが故に」と〉・智慧光仏〈一の云く、「*智慧の発する所なるが故に」と。興の云く、「*無痴《むち》の生ずる所なるが故に」と〉・不断光仏〈一の云く、「*恒に相続するが故に」と〉・難思《なんじ》光《こう》仏・無称光仏〈一の云く、「*称歎《しょうたん》して、その所有を尽すべからざるが故に」と。*自余の名義は知るべし。憬興はしくは記《しる》さず〉・超日月光仏と号す。もし三途《さんず》勤苦《ごんく》の処にありて、この光明を見たてまつれば、また苦悩なく、寿《いのち》終へて後は皆解脱を蒙《こうむ》る。ただ我のみ、今その光明を称《ほ》めたてまつるにあらず。一切の諸仏も亦またかくの如し。もし衆生ありて、その光明の威神功徳を聞き、日夜称説《しょうせつ》して至心にして断えざれば、意の願ふ所に随ひて、その国に生るることを得ん。我、無量寿仏の光明の威神、巍々《ぎぎ》殊妙《しゅみょう》なるを説かんに、昼夜一劫なるもなほ尽すことあたはず。

と。〈已上、取意。*平等〔覚〕経には、別して「頂の光」と云ひ、*観経には、惣じて「光明」と云ふ〉*譬喩経《ひゆきょう》の第三に、*釈迦文仏《しゃかもんぶつ》の光の相を明《あか》して云く、

仏《ほとけ》滅したまひて百年に*阿育王《あいくおう》あり。国内の民庶《みんしょ》、仏の遺典《ゆいてん》を歌へり。王、意《こころ》に信ぜずして念言《ねんごん》すらく、「仏に、いかなる徳の、人に過ぎ踰《こ》えたるものありて、共に専ら信じて、その文を誦《よ》み習ふや」と。即ち大臣に問はまく、「国の中に、もし仏を見たる者ありや」と。答へて曰く、「聞くならく、*波斯匿《はしのく》王の妹、出家して比丘尼《びくに》と作り、年西垂《さいすい》

無量光仏　以下、十二の名称を十二光仏と称する。

玄一　新羅の人。無量寿経記巻上(続蔵一ノ三二ノ二〇二左下)。

最勝…　無量寿経記巻上(続蔵一ノ三二ノ二〇二左下)。

三垢を…　無量寿経記巻上(続蔵一ノ三二ノ二〇二左下)。三垢は貪・瞋・痴の三毒のこと。

憬興　新羅の人。無量寿経連義述文賛巻中(正蔵三七ノ一五五下)。

遇ふ者…　無量寿経記巻上(続蔵一ノ三二ノ二〇二左下)。

無瞋の…　無量寿経連義述文賛巻中(正蔵三七ノ一五五下)。

智慧の…　無量寿経記巻上(続蔵一ノ三二ノ二〇二左下)。

無痴の…　無量寿経連義述文賛巻中(正蔵三七ノ一五五下)。

恒に…　無量寿経記巻上(続蔵一ノ三二ノ二〇二左下)。

称歎し…　無量寿経記巻上(続蔵一ノ三二ノ二〇二左下)。

自余の名義　↓補

平等覚経には…　↓一五三頁

観経に　観無量寿経(正蔵一二ノ三四三中)。

譬喩経　往生要集義記巻五に、「この経は唐の法遂の集むる所の賢聖集なり。これは諸経に説く所の譬喩を集む」(浄全一五ノ二八九下)という。この説話は釈迦譜巻五に見える。↓補

にあり。「仏を見たり」と云言《い》ふ」と。王、即ち自ら出でて往詣《おうげい》し、問うて曰く、「*道《どう》人《にん》、仏を見しやいなや」と。答へて云く、「実にしかり」と。問うて曰く、「いかなる殊異《しゅい》ありしや」と。道人の曰く、「仏の功徳は巍々として量り難し。わが愚賤の、能くこれを陳《の》ぶる所にあらざれども、ほぼ一事を説かば、殊特なることを知るべし。我、時に八歳なりき。世尊来りて王宮に入りたまひしことあり。即ち前《すす》みて足を礼したてまつりしとき、頭の上の金の釵《かんざし》、堕《お》落ちて地にあり。これを求むるに得ず。その所以を怪《あや》しみしに、如来の過ぎ去りたまひし足の跡に、千輻輪《せんぷくりん》ありて、光明を現じて晃《かがや》き、七日にして即ち滅せり。*登時、金の釵は地と色を同じくし、ここを以て見えざりしも、光滅して後、釵を得たり。乃ち知らん、殊特なることを」と。王、聞いて歓喜し、心煥《あきら》かに開悟せり。

と。〈略抄〉*華厳の偈に云く、

　一々の毛孔に光雲を現じ　普く虚空に遍じて大音を発す　もろもろの幽冥《ゆうめい》の所をも照
　さざるなし　地獄の衆苦《しゅく》も咸《みな》滅せしめたまふ

と。応《まさ》にこの念を作すべし、「願はくは、仏の光、我を照して、生死の業苦を滅せしめたまへ」と。

五には、*無能害者なり。*宝積経の三十七に云く、

*風劫《ふうこう》の起る時には世に大風あり。僧伽多《そうぎゃた》と名づく。かの風、この三千世界の*須弥《しゅみ》・*鉄《てつ》囲《ち》、及び四大洲《しだいしゅう》、八方の小洲、大山《だいせん》・大海を挙《あ》ぐること、高さ百*踰繕那《ゆぜんな》、乃至、無量

釈迦文仏　釈迦文は釈迦牟尼に同じ。梵語。釈迦族の聖者の意。
阿育王　阿育は梵語。インド、マウルヤ王朝の第三代目の王。
波斯匿王　波斯匿は梵語。釈尊と同時代のコーサラ国の王。
西垂　往生要集義記巻五に諸説をあげ、九十歳とも百二十歳とも、また老人の外貌を指すともいう(浄全一五ノ二八九下)。
道人　道を得た人。または道を修める人。
登時　即座に。そのまま。
華厳の偈　華厳経(八十巻本)巻一一(正蔵一〇ノ五六下)。
無能害者　ひとから危害を加えられないもの。
宝積経　大宝積経巻三七(正蔵一一ノ二一五上)。
風劫　経には「風災」。劫は世界の成立・破壊の過程と関連し、破壊過程を壊劫(えこう)という。この壊劫の二十中劫の最後の一中劫に、火・水・風の三災が起こるが、最後の風災のとき、地獄より色界第三禅天まではすべて散り失せるとされる。倶舎論巻一二(正蔵二九ノ六六上—六七上)参照。
須弥　須弥山。→三三頁注
鉄囲　鉄囲山(てっちせん)。須弥山をめぐる一番外側の山。
踰繕那　梵語。由旬に同じ。距離の単位。

百千踰繕那にして、已に砕末して塵となす。また撃ちて、*焔摩《えんま》天宮《てんぐ》、乃至、*遍浄天《へんじょうてん》の所有の宮殿を壊滅《えめつ》し、また皆散滅す。即ちこの風を以て如来の衣を吹かんに、一の毛端の際をも、なほ動かすことあたはず。いかにいはんや、衣の角及び全衣《ぜんえ》をや。

と。〈已上〉*十住論《じゅうじゅうろん》に云く、

諸仏の不可思議なること、喩《たとえ》を仮《か》りて知るべし。仮使《たとい》一切の十方世界の衆生をして皆勢力《せいりき》あらしめ、もし一の魔ありて爾所《そこばく》の勢力あらんに、また十方の一々の衆生をして、力《ちから》、悪魔の如くならしめて、共に仏を害せんと欲せんに、なほ仏の一毛をすら動かすことあたはず。いはんや害する者あらんや。

と。*偈に曰く、

もしもろもろの世間の中に　仏を害することあらんと欲する者は　この事《こと》皆成《じょう》ぜず
*不殺《ふせつ》の法を成じたまへるを以てなり

と。〔*応《まさ》にこの念を作すべし、「願はくは、我当《まさ》に仏の金剛不壊《こんごうふえ》の身《しん》を得べし」と。〕

六には、飛行自在《ひぎょうじざい》なり。*同じ論に云く、

仏は虚空に於て、挙足《こそく》・下足《げそく》、行住坐臥、皆自在を得たまへり。大声聞のごときは、神通《じんずう》自在にして、一日に五十三億二百九十六万六千の三千大千世界を過ぐるも、かくの如き声聞の百歳に過ぐる所を、仏は*一念《いちねん》に過ぎたまふ。乃至、恒河《ごうが》の中の沙《すな》の、一の沙を一河となし、このもろもろの恒河の沙の、*大劫《だいこう》に過ぐる所の国土を、仏は一念の中に過ぎたまふ。もし宝蓮華を蹈《ふ》みて去らんと欲したまはば、即ち能く成弁《じょうべん》したま

焔摩天　六欲天の、下から第三番目、夜摩天(やまてん)のこと。
遍浄天　色界の十七天のうち、第三禅天に属する三天の一で、その最高の天。
十住論　十住毘婆沙論巻一一(正蔵二六ノ八一上)。
偈に曰く　十住毘婆沙論巻一二(正蔵二六ノ八四上)。
不殺の法…　不殺生(ふせつしょう)の法を守りぬき、それを成就完成した。
応に…　青蓮院本による。
同じ論　十住毘婆沙論巻一〇(正蔵二六ノ七二上―中)の略抄。
一念　極めて短い時間。一刹那または六十刹那、あるいは九十刹那を一念という。
大劫　成・住・壊・空の四劫を一大劫という。

観仏経　観仏三昧海経巻六(正蔵一五ノ六七五中)の略抄。

塵数　極めて数の多いこと。

空を蹈みて…　大宝積経巻四〇(正蔵一一ノ二二九中)。
悦意・妙香の…　快い、言いようもないよい香の紅い蓮華。鉢特摩は梵語。紅蓮華と訳する。
善趣　善の報いによって生まれる世界。天・人・阿修羅の三を三善趣とする。
色究竟天　阿迦膩吒天(→一五二頁注)に同じ。
慧林菩薩の…　華厳経(六十巻本)巻一〇(正蔵九ノ四六四上)。

応に…　青蓮院本による。

仏は…　十住毘婆沙論巻一〇(正蔵二六ノ七二下)。

ふ。かくの如き飛行、一切無碍なり。
と。*観仏経に云く、
虚空に於て、足を挙げて行きたまふ時、千輻輪相より、皆八万四千の蓮華を雨《ふ》らす。
かくの如きもろもろの花に*塵数《じんじゅ》の仏おはしまして、また虚空を歩みたまふ。
と。〈已上、略抄〉また、
*空を蹈みて行きたまふに、しかも千輻輪は地の際《きわ》に現じ、*悦意《えつい》・妙香《みょうこう》の鉢特摩花《はつとまけ》、自然《ねん》に踊出《ゆしゅつ》して如来の足を承く。もし畜生趣《ちくしょうしゅ》の一切の有情《うじょう》、如来の足の為に触れられたる者は、七夜を極め満つるまでもろもろの快楽《けらく》を受け、命終の後には、*善趣《ぜんしゅ》の楽世界の中に往生せん。
と。〈宝積経〉もし四十里の磐石《ばんじゃく》を以て*色究竟天《しきくきょうてん》より下さば、一万八千三百八十三年を経て、この地に到る。直に下るすらなほしかり。これを推して応《まさ》に知るべし、声聞の飛行と如来の飛行とは、展転《てんでん》して不可思議なることを。花厳経《けごんぎょう》の、*慧林《えりん》菩薩の讃仏の偈に云く、
自在神通力《じんずうりき》は　無量にして思議《しぎ》し難し　来《きた》ることなくまた去ることなく　法を説いて
衆生を度《ど》したまふ
と。〔*応にこの念を作すべし、「願はくは、我、神通を得て、もろもろの仏土に遊戯《ゆげ》せん」と。〕
七には、神力無碍《じんりきむげ》なり。十住論に云く、
*仏は、能く恒河沙《ごうがしゃ》等の世界を末《こな》にして、微塵《みじん》の如くならしめ、また能く還《かえ》して合《あわ》せた

まふ。或はまた能く無量無辺阿僧祇《あそうぎ》の世界を変じて、皆金《こん》・銀《ごん》等と作《な》らしめ、また能く恒河沙等の世界の大海の水を変じて、皆*乳《にゅう》・蘇《そ》等とならしめたまふ。

と。〈已上〉*浄名経《じょうみょうきょう》に、菩薩の不思議解脱《ふしぎげだつ》を説いて云く、

三千大千世界を断ち取ること、*陶家《とうけ》の輪の如くにして、右の掌《たなごころ》の中に著《つ》け、恒河沙の世界の外に擲《な》げ過《や》りたまふに、その中の衆生は、己《おのれ》の住する所を覚えず、知らず。またまた還して本処《ほんじょ》に置くに、都《すべ》て人をして往来の想あらしめず。しかもこの世界の本相は故《もと》の如し。*

須弥山《しゅみせん》を以て芥子《けし》の中に納《い》れ、*四大海《しだいかい》を以て一の毛孔《もうく》に入るるも亦またかくの如し。その中の衆生は、覚えず、知らず。ただ応《まさ》に度すべき者のみ、乃ちこれを知見す。

と。〈已上〉菩薩すらなほしかり。なんぞいはんや仏力をや。故に度諸仏境界経《どしょぶつきょうがいきょう》に云く、

*能く十方世界をして一の毛孔に入らしめ、〈乃至〉一の微塵に於て、能く無量無数不可説の世界を現ずるに、一切の衆生、また*迫迮《はくしゃく》なし。無量無数不可説劫《ふかせっこう》の*威儀果報《いぎかほう》の事を能く一念の中に於て現じ、一念の威儀果報の事を無量無数不可説劫の中に於て現ず。かくの如きの所作《しょさ》は、心に*功用《くゆう》なく、思惟《しゆい》を作さず。

と云々。華厳経の、*真実幢《しんじつどう》菩薩の偈に云く、

一切のもろもろの如来は　神通力自在《じんずうりきじざい》なり　悉く三世の中に於て　これを求むるに得べからず

と。応《まさ》にこの念を作すべし、「我、今もまた知らず、仏の神力の為に転ぜられて、いづれの

乳・蘇　牛乳と牛乳をにつめて作った油。
浄名経　維摩詰所説経巻中(正蔵一四ノ五四六中―下)。
陶家の輪　陶器をつくるときの轆轤(ろくろ)。
如し　青蓮院本の欄外には、この下に「また下方に於て、恒河沙等の諸仏の世界を過ぎて一仏土を取り、上方に挙げ著くるに、恒河沙無数の世界を過ぐるも、針鋒を持ちて一の来(ここ)葉を挙ぐるが如くして、しかも嬈(なや)ますことなし」を挿入。
四大海　須弥山をめぐる八つの海のうち、一番外側の第八番目の海で、鹹水(かんすい)が満ち、四大洲を包んでいるとされる。
能く十方世界…　度諸仏境界智光厳経(正蔵一〇ノ九一三中)。
迫迮　狭くおしつける。
威儀果報　果報として得られた、規律にかなった立居振舞。
功用　身心の動作。ここでは、心を働かせること。
真実幢菩薩の偈　華厳経(六十巻本)巻一四(正蔵九ノ四八七下)。

仏土《ぶつど》にかあり、誰の毛孔《もうく》にかあるを。我いづれの時にか、これを覚知することを得ん」と。

八には、*随類化現《ずいるいけげん》なり。十住論に云く、

*仏は一念の中に、十方の無量無辺、恒河沙等の世界に於て、無量の仏身を変化《へんげ》したまふ。一々の化仏もまた能く種々の*仏事《ぶつじ》を施作《せさ》したまふ。

と。〈已上の四事は*神境通《じんきょうつう》なり〉度諸仏境界経に云く、

*如来の所現は、異《い》の功用《くゆう》なく、異の思惟なし。衆生の*性《しょう》に随ひて、自《おのずか》ら見ること不同なり。十五日の夜、*閻浮提《えんぶだい》の人は、おのおの月の現れて、その上にあるを見れども、月の作意《さい》して、「我その上に現れん」とせざるが如し。

と。*華厳の偈に云く、

如来の広大の身は　*法界《ほっかい》を究竟《くきょう》し　この座を離れずして　しかも一切処に遍じたまふ

と。*また云く、

智慧甚深《じんじん》なる功徳海《くどくかい》もて　普く十方の無量の国に現れ　もろもろの衆生の見るべき所に随ひて　光明遍く照して*法輪《ほうりん》を転じたまふ

と。応にこの念を作すべし、「願はくは、我当《まさ》に遍法界《へんほっかい》の身《しん》を見たてまつらん」と。

九には、*天眼明徹《てんげんみょうてつ》なり。十住論に云く、

*大力《だいりき》の声聞《しょうもん》は、天眼を以て*小千国土を見、また中《なか》の衆生の生時と死時を見る。小力の辟支仏《びゃくしぶつ》は十の小千国土を見、中の衆生の生時と死時を見る。中力の辟支仏は百の小千国土を見、中の衆生の生時と死時を見る。大力の辟支仏は三千大千国土を見、中の衆

随類化現　それぞれのものの能力に応じて、姿をかえて現われること。

仏は一念…　十住毘婆沙論巻一〇(正蔵二六ノ七二中)の取意・略抄。

仏事　仏の徳をあらわすこと。

神境通　神足通に同じ。四〇頁「仙に登り…」注参照。

如来の所現…　度諸仏境界智光厳経(正蔵一〇ノ九一四下)。

性　本性。性質。

閻浮提　四大洲の一。↓一一頁注

華厳の偈　華厳経(八十巻本)巻一九(正蔵一〇ノ一〇〇下)。

法界　真如に同じ。また一切のもののこと。宇宙全体。

また云く　華厳経(八十巻本)巻七(正蔵一〇ノ三四下)。

法輪　仏の教えのこと。仏が教えを説くことを、法輪を転ずるという。輪は転輪聖王の所有する輪宝に喩えたもの。

天眼　五眼(ごげん)の一。天界のものがもっている清浄な眼で、色界の天はこれを得ているが、また人も修行によって得るとされる。どんな障碍をも通して見通すことができる眼。

大力の声聞…　十住毘婆沙論巻一一(正蔵二六ノ八三上)。大力とは勝れた能力をいう。

小千国土　小千世界に同じ。七五頁「三千大千世界」注参照。

生の生死の所趣《しょしゅ》を見る。諸仏*世尊《せそん》は無量無辺不可思議の世間を見、またこの中の衆生
の生時と死時を見たまふ。

と。〈已上〉華厳経の偈に云く、

*仏眼《ぶつげん》は広大にして辺際《へんざい》なく　普く十方のもろもろの国土を見たまふ　その中の衆生は
量《はか》るべからざるに　大神通《じんずう》を現じて悉く*調伏《じょうぶく》したまふ

と。応《まさ》にこの念を作すべし、「今、弥陀如来は遙かにわが*身業《しんごう》を見たまふらん」と。

十には、*聞声《もんしょう》自在なり。十住論に云く、

*仮令《たとい》、恒河沙等の三千大千世界の衆生、一時に言《ことば》を発し、また一時に百千種の*伎楽《ぎがく》を作さんに、もしは遠きも、もしは近きも、意の随《まま》に能く聞きたまふ。もし中に於て、一の音声《おんじょう》のみを聞かんと欲したまはば、意の随に聞くことを得たまひ、余をば聞きたまはず。また無辺の世界を過ぎて、最も細き声をも、皆また聞くことを得たまふ。もし衆生をして聞かしめんと欲したまはば、能く聞くことを得しめたまふ。

と。〈略抄〉華厳の、文殊《もんじゅ》の偈に云く、

*一切世間の中の　所有のもろもろの音声を　*仏智《ぶっち》は皆随了《ずいりょう》したまへども　また分別あ
ることなし

と。応《まさ》にこの念を作すべし、「今、弥陀如来は定んでわが所有の語業《ごごう》を聞きたまふらん」
と。

十一には、*知他心智《ちたしんち》なり。十住論に云く、

世尊　世に尊重せられる仏。如来の十号の一。

仏眼は…　華厳経(八十巻本)巻三(正蔵一〇ノ一三上―中)。仏眼は五眼の一で、一切を見通し、一切を知る、仏にそなわる眼をいう。

調伏　内には自身の身心を制して悪を排し、外には一切の障碍を破し、悪を捨てさせて教え導くこと。

身業　三業の一。身に行なう身体的動作で、口に言う言語的表現を口業(または語業)、心に思う意志のはたらきを意業という。

聞声自在　自由に声を聞きわけること。

仮令、恒河沙…　十住毘婆沙論巻一〇(正蔵二六ノ七二下―七三上)の取意。

伎楽　音楽。

一切世間の…　華厳経(八十巻本)巻一三(正蔵一〇ノ六九上)。

仏智　仏の智慧。阿耨多羅三藐三菩提のこと。

知他心智　他人の心を知る智慧。神通でいえば、他心通。

*仏は、能く無量無辺の世界の、現在の衆生の心、及びもろもろの染浄《ぜんじよう》の*所縁《しよえん》等を知りたまひ、また能く*無色《むしき》の衆生のもろもろの心を知りたまふ。

と。〈略抄〉華厳経の、文殊の偈に云く、

*一切衆生の心の　普く三世にあるを　如来は一念に於て　一切悉く明かに達《さと》りたまふ

と。〈已上〉応にこの念を作すべし、「今、弥陀如来は必ずわが意業《いごう》を知りたまふらん」と。

十二には、*宿住随念智《しゆくじゆうずいねんち》なり。十住論に云く、

*仏もし自身及び一切衆生の、無量無辺の宿命《しゆくみよう》を念ぜんと欲したまはば、一切の事《こと》皆悉く知りたまひ、恒河沙等の劫を過ぎたる事をも知りたまはずといふことあることなし。この人はいづれの処に生れ、姓名《しようみよう》・貴賤・飲食《おんじき》・*資生《ししよう》・苦楽、所作《しよさ》の事業《じごう》、所受の果報、心はいかなる所行《しよぎよう》、本はいづこより来る、かくの如き等の事を、即ち能く知見したまふ。

と。偈に云く、

*宿命智《しゆくみようち》は無量にして　天眼もて見《み》そなはすところは無辺なり　一切の*人《にん》・天《でん》の中には　能くその限《かぎり》を知るものなし

と。〔*応に念ずべし、「願はくは、仏、わが*宿業《しゆくごう》をして清浄ならしめたまへ」と。〕

十三には、智慧無碍《ちえむげ》なり。宝積経《ほうしやくきよう》の三十七に云く、

*仮使《たとい》人ありて、恒河沙《ごうがしや》等の世界の、所有《しよう》の一切の草木を取り、悉く焼いて墨となし、他方の恒河沙等の世界の大海に擲《な》げ置き、百千歳に於て、就いて以て、これを磨《す》りて

仏は、能く…　十住毘婆沙論巻一〇（正蔵二六ノ七三上）の取意。

所縁　心が向かってはたらくその対象をいう。

無色の衆生　無色界（三界の一）に生まれているもの。

一切衆生の…　華厳経（八十巻本）巻一三（正蔵一〇ノ六九上―中）。

宿住随念智　自他の前世のすがたを思いのままに知る智慧。神通でいえば、宿命通。

仏もし…　十住毘婆沙論巻一一（正蔵二六ノ八三上）。

資生　衣食住の具。生命を支えるものの意。

宿命智…　十住毘婆沙論巻一二（正蔵二六ノ八四中）。

人・天　六道の、人道と天道。

応に…　青蓮院本による。

宿業　前世に行なったさまざまな行為。

仮使人ありて…　大宝積経巻三七（正蔵一一ノ二一〇中―下）。

尽く墨汁とせんも、仏は大海の中より一々の墨の滴を取り、これは某《かくかく》の世界の、かくの如き草木、某の根、某の茎、某の枝、某の条・花・菓・葉等なりと分別し、了知したまふ。またもし人ありて、一の毛端に水の一滴を霑《うるお》せるを持ちて、仏の所《みもと》に来至して、この言を作《な》さく、「敢て滴水《てきすい》を以て、持ちて用て相寄《あいよ》す。後にもし須《もち》ひんときは、当《まさ》に我に還し賜ふべし」と。その時、如来、その滴水を取りて、*殑伽《ごうが》の河の中に置きたまふに、かの河の流浪《るろう》、*廻澓《えぶく》するが為に、旋転せられ、和合し引注して大海に至る。この人、百年を満て已りて、仏に白して言さく、「先に寄せたてまつりし滴水、今請ふ、我に還したまへ」と。その時、仏、一分の毛端を以て、大海の内に就け、本《もと》の水の滴を霑して、用てこの人に還したまふ。

六波羅蜜経《ろっぱらみつぎょう》に云く、

*かくの如き四洲及びもろもろの山王を用て紙素《しそ》となし、八大海の水を以てその墨となし、一切の草木を用てその筆となして、一切の人天の一劫に書写せんを、舎利弗《しゃりほつ》の所得の智慧と比《たくら》べんに、十六分の中にその一にも及ばず。またこの三千大千世界に於ける、その中の衆生の所有の智慧をして、舎利弗の如く、等しくして異ることとあることなからしめんに、菩薩の了達せる*布施波羅蜜多《ふせはらみった》の所有の智慧は、彼に過ぐること百倍なり。またこの三千大千世界の所有の衆生をして、皆《みな》布施波羅蜜多の智慧を具せしめんに、一の菩薩の所得の*浄戒波羅蜜多《じょうかいはらみった》の智慧に及ばず。乃至、*般若《はんにゃ》も亦またかくの如し。またこの三千大千世界の所有の衆生をして、皆《みな》六波羅蜜の智慧を具せしめんに、

と。〈略抄〉

殑伽の河　殑伽は梵語。ガンジス河。恒河に同じ。

廻澓　廻り流れる。

かくの如き四洲…　大乗理趣六波羅蜜多経巻七(正蔵八ノ八九七下―八九八上)の略抄。なおこの前に青蓮院本には「無量殑河沙十方界の草木、尽く焚けて墨灰となり、億載に海に歴るに、十力の智、深妙にして、滴を取りて含生に示し、実の如く分別して、これを某(かく)の界の樹等と知ると云々。また」とある。ただし経中にはこの文はない。

布施波羅蜜多　波羅蜜多は梵語。波羅蜜に同じ。布施波羅蜜は菩薩の修行である六波羅蜜の一で、布施には、普通、財物を施す財施と教えを説く法施の二を数えるが、これに種々の恐怖を取り去ってやる無畏施を加えて、三種施という。また布施を行なうとき、施す者と受ける者とその施物との三に執着しないことを、三輪清浄という。五八頁「波羅蜜」注参照。

浄戒波羅蜜多　持戒波羅蜜に同じ。定められた戒律をまもって、それを完成すること。

般若　梵語。智慧のこと。いまは般若波羅蜜の意。

初地の菩薩　菩薩がさとりを求める心を起こしてから、仏のさとりを得るまでの修行の階程を、さまざまに

一の*初地《しょじ》の菩薩の智慧に及ばず。乃至、十地まで展転して、かくの如し。またこの十地の菩薩の智慧を、汝《なんじ》*慈氏《じし》、一生補処《いっしょうふしょ》の菩薩の智慧に比べんに、百千分の中、その一にも及ばず。この三千大千世界の一切衆生の所有の智慧をして、皆慈氏の如く、等しくして異ることなからしめんに、かくの如き菩薩の、道場に坐して*魔怨《まおん》を降《ごう》伏《ぶく》し、まさに正覚《しょうがく》を成ぜんとする所有の智慧も、仏の智慧に於ける、百千万分のその一にも及ばず。

と。宝積経に云く、

*仮使《たとい》、十方の無量無辺の一切世界の、所有の衆生をして、皆悉く*繫属《けぞく》一生の菩薩の智を成就せしめんに、如来の十力の、一の*処非処智《しょひしょち》に比べんと欲するに、百千万分のその一にも及ばず。〈乃至〉*烏波尼沙陀分《うはにしゃだぶん》のその一にも及ばず。乃至、*算数《さんじゅ》・譬喩《ひゆ》も及ぶことあたはざる所なり。

と。〈已上〉華厳経の偈に云く、

*如来の甚深の智は　普く法界に入り　能く三世に随ひて転じて　世の与《ため》に明道《みょうどう》となる

と。同じ経の、*普明智菩薩の讃仏の偈に云く、

一切諸法の中には　法門に辺《かぎり》あることなし　*一切智《いっさいち》を成就せば　深き法の海に入る

と。〈已上〉応《まさ》にこの念を作すべし、「今、弥陀如来はわが三業《さんごう》を照見したまふらん。願はくは、世尊の如く*慧眼第一浄なることを得ん」と。

十四には、*能調伏心《のうじょうぶくしん》なり。十住論に云く、

説くが、その一つに十信・十住・十行・十廻向・十地・等覚・妙覚(仏)とするものがある。このうち、十地以上を聖位とし、前の四十位と区別する。初地は十地の最初で、また歓喜地《かんぎじ》という。

慈氏　弥勒菩薩(→六七頁注)のこと。

魔怨　仏道修行の怨《あだ》となる悪魔。

仮使、十方…　大宝積経巻四六(正蔵一一ノ二七三上)。

繫属一生の菩薩　底本には「繫属一生補処」に作る。青蓮院本の「成就繫属一生菩薩之智恵」による。一度だけこの世に生まれてくるよう制約されているが、このつぎに生まれる時は仏と生まれる菩薩のこと。一生補処の菩薩のこと。

処非処智　道理と非道理とを正しく知る智慧。

烏波尼沙陀分　烏波尼沙陀は梵語。数の上での極小で、これ以上小さくならない極限を意味する。これを因という。

算数　数をかぞえること。

如来の甚深…　華厳経(八十巻本)巻六(正蔵一〇ノ三〇上—中)。

普明智菩薩…　華厳経(八十巻本)巻六(正蔵一〇ノ三一下)。

一切智　一切のものについて概括的に知る智慧。

慧眼　五眼の一。物質的・精神的な一切について見とおす眼。

能調伏心　よく煩悩を制御する心。

*諸仏は、もしは定《じょう》に入り、もしは定に入らずして、心を*一縁《いちえん》の中に繫《か》けんと欲せば、意の久近に随ひて意の如く能く住したまふ。この縁の中より更に余の縁に住するも、意の随に能く住したまふ。もし仏、常の心に住したまふときも、人をして知らざらしめんと欲したまへば、則ち知ることあたはず。仮使《たとひ》、一切衆生の、他心を知る智をして*大梵王《だいぼんのう》の如くならしめ、大声聞・辟支仏の如く、智慧を成就して他人の心を知らんとも、仏の常の心を知らんと欲せんに、もし仏、聴《ゆる》したまはずは、則ち知ることあたはず。

と。応に念ずべし、「願はくは、我をして*仏覚三昧《ぶつかくさんまい》を得しめたまへ」と。

十五には、*常在安慧《じょうざいあんえ》なり。同じ論に云く、

*諸仏は、安穏《あんのん》にして常に念を動かしたまはざれども、常に心にあり。何を以ての故に。先に知りてしかる後に行生《ぎょう》じ、*意の所縁《しょえん》の中に随ひて無碍《むげ》の行《ぎょう》に住したまふが故に。一切の煩悩を断じたまふが故に。*動性《どうしょう》を出過《しゅつか》したまふが故に。仏、阿難に告げたまひしが如し。「仏は、この夜に於て阿耨菩提《あのくぼだい》を得て、一切世間の、もしは*天・魔・梵・*沙門《しゃもん》・婆羅門《ばらもん》を、尽苦《じんく》の道を以て教化《きょうけ》すること周《あまね》く畢《おわ》りて無余涅槃《むよねはん》に入る。その中間《ちゅうげん》に於て、仏は*諸受《しょじゅ》に於て起《き》を知り、住《じゅう》を知り、生《しょう》を知り、滅《めつ》を知る。*諸想《そう》・諸触《そく》・諸覚《かく》・諸念にもまた起を知り、住を知り、生を知り、滅を知る。悪魔、七年昼夜も息まず、常に仏に随逐《ずいちく》せしも、仏の短を得ず、仏の念《おもい》の安慧にあらざるを見ざりき」と。

諸仏は…　十住毘婆沙論巻一〇(正蔵二六ノ七三上―中)。

一縁　一つの対象。

大梵王　色界の四禅天のうち、最初の初禅天に三天があり、総括して梵天というが、大梵王はその一つである大梵天の王をいう。

仏覚三昧　仏のようなさとりの境地。

常在安慧　智慧の安らぎにいつも住していること。

諸仏は、安穏に…　十住毘婆沙論巻一〇(正蔵二六ノ七三中)。

意の所縁…　心の対象に応じて、さえぎられることなく自由に行なう。

動性を…　動揺という動揺はすべて超越している。

天・魔…　天界にあるひとや魔王、梵天。このうち魔王は欲界第六天の他化自在天のこと。

沙門・波羅門　↓四五頁注

諸受…　さまざまな印象・感覚が起こり、持続し、生じ、滅して行くすがたを知る。

諸想…　想は知覚・表象、触は接触感覚、覚はものごとをおおまかに尋ね、おしはかること、念は記憶。

と。偈に云く、

*その念、大海の如く　湛然《たんねん》として安穏《あんのん》にあり　世間には法として　能く擾乱《じょうらん》する者あることなし

と。応に念ずべし、「願はくは、仏、わが麁動《そどう》なる*覚観《かくかん》の心を除き滅したまへ」と。

十六には、悲念衆生《ひねんしゅじょう》なり。*大般若経に云く、

十方世界には、一の有情として、如来の大悲の、能く照したまはざる所なし。

と。宝積経に云く、

*仮使《たとい》、殑伽沙《ごうがしゃ》等の諸仏の世界を過ぎて、ただ一の衆生も、これ仏の化《け》の限《かぎり》ならんには、その時、如来躬《みずか》らその所に往いて、為に*法要《ほうよう》を説き、そをして悟入《ごにゅう》せしめたまふ。

と。また同じ経の偈に云く、

*一の衆生を利せんが為に　無辺劫《むへんごう》の海に住して　そをして調伏することを得しめたまふ　大悲心かくの如し

と。華厳経の*文殊の讃仏の偈に云く、

一々の地獄の中にも　無量劫《むりょうごう》を経ん　衆生を度《ど》せんが為の故に　しかも能くこの苦を忍びたまふ

と。*大経の偈に云く、

一切衆生の、異《い》の苦を受くるを　悉くこれ如来一人苦しみたまふ　〈乃至〉　衆生は仏の能く救ひたまふことを知らず　故に如来及び法・僧を謗《そし》る

その念…　十住毘婆沙論巻一二(正蔵二六ノ八四上)。

覚観　尋伺(じん)ともいう。ものごとの意味などを尋ね求め、推しはかるのを覚(または尋)といい、この覚よりも、もっと細密に伺い、考えることを観(または伺)という。

大般若経　大般若波羅蜜多経巻五六八(正蔵七ノ九三五下)。

仮使…　大宝積経巻四〇(正蔵一一ノ二三〇下)。

法要　教えのかなめ。

一の衆生を…　大宝積経巻三七(正蔵一一ノ二〇八下)。

文殊の讃仏の偈　華厳経(八十巻本)巻一三(正蔵一〇ノ六三中)。

大経の偈　涅槃経(南本)巻三四(正蔵一二ノ八三八上—中)。

と。*大論に云く、

仏は仏眼《ぶつげん》を以て、*一日一夜、おのおの三時に一切衆生を観《み》そなはし、誰か度すべき者あらば、時を失はしめたまふことなし。

と。*ある論に云く、

譬へば、魚子《ぎよし》の母もし念ぜざれば、子則ち爛壊《らんえ》するが如く、衆生もまたしかり。仏、もし念じたまはずは、*善根《ぜんごん》則ち壊《こわ》れなん。

と。*荘厳論《しようごんろん》の偈《げ》に云く、

菩薩は衆生を念じて　これを愛すること骨髄《こつずい》に徹り　恒時《ごうじ》に利益《りやく》せんと欲す　猶し一子の如きが故に

と。これ等の義に由りて、*ある懺悔《さんげ》の偈に云く、

父母に子あり　始めて生れて便ち盲聾《もうろう》なるも　慈悲の心慇重《おんじゆう》にして　捨てずして養活す　子は父母を見ざれども　父母は常に子を見るが如く　諸仏の衆生を視そなはすも　猶し*羅睺羅《らごら》の如し　衆生は見たてまつらずといへども　実に諸仏の前にあり

と。〈已上〉応《まさ》にこの念を作すべし、「弥陀如来は常にわが身を照し、わが善根を護念し、わが*機縁《きえん》を観察したまふ。我もし機縁熟せば、時を失はず、*〔引〕接《いんじよう》を被《こうむ》らん」と。

十七には、*無碍弁説《むげべんぜつ》なり。十住論に云く、

*もし三千界の所有の*四天下《してんげ》の、中に満てらん微塵数《みじんじゆ》の三千大千世界の衆生、皆舎利弗《みなしやりほつ》の如く、辟支仏《びやくしぶつ》の如く、皆悉く智慧・*楽説《ぎようぜつ》を成就して、寿命も上の如き塵数の大劫《だいこう》な

大論　大智度論巻二六(正蔵二五ノ二四八上)。

一日一夜…　一日の昼と夜の、それぞれ三時に。昼の三時は晨朝・日中・日没、夜の三時は初夜・中夜・後夜(やご)。昼夜六時。

ある論　大智度論巻七九(正蔵二五ノ六一四下)の取意。巻三七(同二五ノ三三三上)にも同じ趣意が見える。

善根　正しい行ないを求める心。

荘厳論の偈　大乗荘厳経論巻六(正蔵三一ノ六二三上)。

ある懺悔の偈　往生要集義記巻五に「あるが云く、首楞厳経の意なり、と」(浄全一五ノ二九一下)とあるが、いまは不明。ただ金光明最勝王経巻一には、「もし実に如来、もろもろの衆生に於て大慈悲あらば、憐愍し利益して安楽を得しめ、猶し父母の如く余に等しき者なく、…普く衆生を観て偏党なきこと羅怙羅(らご)の如し」(正蔵一六ノ四〇六上)という一文がある。ただし偈ではない。↓補

羅睺《らご》　釈尊の出家以前の子。後に出家して、十大弟子の一人となった。

機縁　仏が教えを説くための縁となる機をいう。機は教えを受けるものの素質・能力。

引接　仏が救い取って浄土に往生させること。

無碍弁説　よどみなく教えを説く能力。

らんに、このもろもろの人等、*四念処《しねんじよ》に因りて、その*形寿《ぎようじゆ》を尽《つく》すまで如来を問難せば、如来は還りて四念処の義を以てその所問に答へたまふも、言義《ごんぎ》は重ならず、楽説窮まることとなからん。

と。

また云く、

*仏の所説あるは、皆利益ありて終に空言《くうごん》ならず。これまた希有《けう》なり。〈乃至〉もし一切衆生の智慧・勢力、皆辟支仏の如くならんに、このもろもろの衆生、もし仏意を承けずして一人を度せんと欲せば、この処《ことわり》あることなし。もしこのもろもろの人、説かん時は、乃至、無色界《むしきかい》の*結使《けつし》の*一毫釐分《いちごうりぶん》をも断ずることあたはず。もし仏、衆生を度せんと欲して、言説《ごんぜつ》したまふ所あらば、乃至、外道《げどう》・邪見《じやけん》・諸竜・夜叉《やしや》等、及び余の仏語を解《げ》せざる者にも、皆悉く解せしめ、これ等もまた能く無量の衆生を転化《てんけ》す。〈乃至〉この故に、仏を最上の導師と名づく。

と。

偈に云く、

*四の問答の中に於て　超絶して*倫匹《りんぴつ》なし　衆生のもろもろの問難は　一切皆得易《えやす》し
もし三時の中に於て　もろもろの所説あるものは　言《ごん》必ず虚設《こせつ》ならず　常に大いなる果報あり

と。〈已上〉*華厳経の偈に云く、

諸仏の広大なる音《こえ》は　法界《ほつかい》に聞えざるなし　菩薩は能く了知《りようち》して　善く音声《おんじよう》の海に入る

もし三千界の…　十住毘婆沙論巻一一(正蔵二六ノ八〇中)の略抄。
四天下　四大洲のこと。
楽説　楽しんで教えを説くこと、または聞くもののねがいに従って教えを説くこと。四無碍の一、楽説無碍。
四念処　三十七道品のうちの、最初の四つの観想。五九頁「五根と…」補注参照。
形寿　身体と寿命。
仏の所説あるは…　十住毘婆沙論巻一一(正蔵二六ノ八一下)。
結使　煩悩のこと。
一毫釐分　ごく僅かな一分。毫は細い毛のことで、数の名に用いられ、一釐の十分の一が毫。
四の問答の…　十住毘婆沙論巻一二(正蔵二六ノ八四上)。四の問答とは、いわゆる四記答(しきとう)で、質問に答える四つの形式をいう。(1)問いに対してただ、そのとおりだ、と答える一向記、(2)問いを分析して、諾否を答える分別記、(3)逆に反問して、問いの意を明らかにしてから答える反詰(はんきつ)記、(4)答える必要がないと判断して捨てておくか、答える必要はないと答える捨置(しゃち)記、の四つ。
倫匹　同等のもの。匹敵するもの。
華厳経の偈　華厳経(八十巻本)巻六(正蔵一〇ノ三一中)。

と。*浄名経《じようみよう》の偈に云く、

仏は*一音《いつとん》を以て法を演説したまふに　衆生は類に随ひておのおの解《げ》を得て　皆謂《おも》ふ、
世尊はその語を同じくしたまふと　これ則ち*神力不共《じんりきふぐ》の法なり

と。また*譬喩経の第三に云く、

阿《あ》育王《いくおう》、意《こころ》に仏を信ぜず。時に海辺に鳥あり、名づけて*羯随《かつずい》となす。その音声《おんじよう》甚だ哀《あい》和《わ》にして、頗る髣髴《ほうふつ》として仏の音声に似たること、万分の一なるものあり。王、その音を聞いて歓喜《かんぎ》し、即ち*無上道《むじようどう》の意を発《おこ》し、宮中の*綵女《さいによ》、凡《すべ》て七千人も、また無上道の意を発しき。王はこれより遂に*三尊《さんぞん》を信ぜり。鳥の音声にして、度《ど》する所かくの如し。いはんや、至真清浄の妙音《みようおん》に於てをや。

と。〈取意。略抄〉応《まさ》に念ずべし、「我、いづれの時にか、かの弁説《べんぜつ》を聞くことを得ん」と。

十八には、*観仏法身《かんぶつほつしん》なり。文殊師利《もんじゆしり》菩薩の言ふが如し。

*我、如来を観たてまつるに、即ち真如《しんによ》の相《そう》なり。動くことなく作すことなし。分別する所なく、分別に異ることなし。*方処《ほうしよ》に即《つ》くにあらず、方処を離るるにあらず。有《う》にあらず無にあらず、常にあらず断にあらず。三世《さんぜ》に即《つ》くにあらず、三世を離るるにあらず。生《しよう》なく滅なく、去《こ》なく来なく、染《ぜん》・不染もなく、二・不二もなし。*心言《しんごん》の路《みち》絶えたり。もしこれ等の真如の相を以て如来を観たてまつるを、真に仏を見たてまつると名づけ、また如来を礼敬《らいきよう》し、親近《しんごん》したてまつると名づく。実に有情を能く*利楽《りぎよう》せんが為なり。

浄名経の偈　維摩詰所説経巻上(正蔵一四ノ五三八上)。

一音　一つの言葉、または一つの音声。

神力不共の法　超人的な不思議な力であって、仏だけに具わる功徳。

譬喩経の第三　不明。一五四頁「譬喩経」注および補注参照。

羯随　迦陵頻伽(かりようびんが)のこと。玄応の一切経音義(玄応音義)巻四に、「羯毘を説明して、「或は羯随と言ひ、或は迦毘と云ひ、或は加毘と云ふ。これ皆、梵音の訛なり。ここに訳して云く、迦毘は声、伽羅は好なれば、名づけて好声鳥となすなり」(縮刷蔵、為六ノ一四右)という。

無上道の意　仏のさとりを求める心。

綵女　宮中の女官。底本の「婇」は国字。

三尊　三宝のこと。仏・法・僧の三。

観仏法身　仏の法身を観ずること。

我、如来を…　大般若波羅蜜多経巻五七四(正蔵七ノ九六四中)。

方処　方向と場所。

心言の路　心に思うことと言葉に言い表わすこと。

利楽　救い、喜びを与える。

占察経　占察善悪業報経巻下(正蔵一七ノ九〇七上)。

一実境界　平等にして真実な、さとりの境界。

と。〈大般若〉*占察経《せんさつきょう》下巻に、地蔵菩薩の言く、
*一実境界《いちじつきょうがい》とは、謂く、衆生の*心体《しんたい》、本より已来《このかた》、生ぜず滅せず、*自性清浄《じしょうしょうじょう》にして無障・無碍なること、猶し虚空の如し。分別を離れたるが故に、平等に普遍して至らざる所なく、十方に円満す。究竟《くきょう》して*一相《いっそう》にして*二なく別なく、不変・不異にして増なく減なし。一切衆生の心、一切声聞・辟支仏の心、一切菩薩の心、一切諸仏の心は、皆同じく不生・不滅、*無染寂静《むぜんじゃくじょう》の真如《しんにょ》の相《そう》なるを以ての故なり。所以《ゆえん》はいかん。一切の、心ありて分別を起すは、猶し*幻化《げんけ》の如く、*定実《じょうじつ》あることなし。〈乃至〉一切の世界に心の形状《ぎょうじょう》を求むるに、一区分として得べき者なし。ただ衆生の*無明痴《むみょうち》闇《あん》の、*熏習《くんじゅう》する因縁を以て、妄《みだ》りに*境界《きょうがい》を現じて、念著《ねんじゃく》を生ぜしむ。いはゆる、この心、自《みずか》ら無なりと知ることあたはずして、妄りに自ら有と謂ひ、覚知《かくち》の想を起して、*我《が》・我所《がしょ》を計《はか》る。しかも実には覚知の想あることなきなり。この妄心は畢竟して体なく、不可見なるを以ての故に。
と。〈乃至、広く説く。*信解《しんげ》を以てこの理を観念《かんねん》するを、菩薩最初の*根本業《こんぽんごう》となすなり〉この一実境界は、即ちこれ如来の法身なり。華厳経の*一切慧菩薩の偈に云く、

*法性《ほっしょう》は本《もと》より空寂《くうじゃく》にして　取るべきなく、また見るべきなし　*性空《しょうくう》なるは即ちこれ仏なり　思量することを得べからず

と。〈已上〉応《まさ》に念ずべし、「我、いづれの時にか、*本有《ほんぬ》の性《しょう》を顕《あらわ》すことを得ん」と。
十九には、*惣観仏徳《そうかんぶっとく》なり。普賢《ふげん》菩薩の云ふが如し。

心体　心の本体。
自性清浄　本来のすがたにおいて清浄であること。
一相　絶対平等であること。
二なく…　対立も差別もない。
無染寂静…　煩悩に汚れない、静かな真如のすがた。
幻化　幻のように、かりに現われたもの。
定実　かわらない真実。
無明　真理に暗く、道理を理解しない心の状態で、愚痴をその本性とする。
熏習　心のうえに染みついた習慣的な気分。余習(よじ)。
境界　感覚や認識の対象となるもの。
我・我所を計る　主体的な自我とその自我に所属するものとがある、とあやまって理解する。
信解　信じて後、理解すること。
根本業　最初にしなければならない、根本的な仕事、わざ。
一切慧菩薩の偈　華厳経(八十巻本)巻一六(正蔵一〇ノ八一下)。
法性　すべてのものに具わっている真実不変の本性。真如ともいう。
性空　性は本来具えている性質、いわゆる本性で、ものの本性・自性をいい、性空はそれが空だということ。
本有　本来具えていること。これを性ともいう。
惣観仏徳　総じて仏の徳を観ずること。

*如来の功徳は、仮使《たとい》十方の一切の諸仏、*不可説不可説の仏刹《ぶっせつ》に、*極微塵数劫《ごくみじんじゅごう》を経て相続して演説すとも、窮《きわ》め尽《つく》すべからず。

と。〈已上〉また阿弥陀仏の威神《いじん》極りなきことは、*双観《そうかん》経に云ふが如し。

無量寿仏の威神《いじん》極りなし。十方世界の無量無辺、不可思議の諸仏如来、称歎せざるはなし。

と。*竜樹《りゅうじゅ》の偈に云く、

世尊のもろもろの功徳は　度量《どりょう》することを得べからず　人の、尺寸《しゃくすん》を以て空を量るとも　尽すべからざるが如し

と。同じく、*弥陀を讃ふる偈に云く、

諸仏、無量劫に　その功徳を讃揚せんに　なほ尽すことあたはず　清浄の人を帰命したてまつる

と。〔*応に念ずべし、「願はくは、我、仏を得て、正法の王に斉《ひと》しからん」と。〕

二十には、欣求教文《ごんぐきょうもん》なり。*般舟《はんじゅ》経に云く、

*この三昧は、値《あ》ふことを得ること難《かた》し。正使《たとい》この三昧を求むること、百億劫に至り、ただその名声《みょうしょう》を聞くことを得んと欲するも、聞くことを得ることあたはず。いかにいはんや、学ぶことを得ん者をや。転《うた》たまた行じて人を教へんや。

と。*偈に言く、

我自ら往世の時を識念《しきねん》するに　その数《かず》六万歳を具足するまで　常に法師に随ひて捨離《しゃり》

如来の功徳は…　華厳経(四十巻本)巻四〇(正蔵一〇ノ八四四中)。

不可説…　言葉では言いあらわせないほど多くの仏の国において。

極微塵数劫　五百塵点劫のこと。五百千万億那由他阿僧祇(那由他は普通、一千億をいう。阿僧祇は無数の意)の三千世界を微塵にくだき、五百千万億那由他阿僧祇の国を過ぎるたびに、その微塵を一つずつおとして、なくなったとき、それらの国をさらに微塵にくだいて、その塵の一つを一劫と数えたときの劫数を五百塵点劫という。極めて長い時間。

双観経　無量寿経巻下(正蔵一二ノ二七二下)。

竜樹の偈　十住毘婆沙論巻一二(正蔵二六ノ八四下)。

弥陀を讃ふる偈　十住毘婆沙論巻五、易行品(正蔵二六ノ四三下)。

応に…　青蓮院本による。

般舟経　般舟三昧経巻下(正蔵一三ノ九一九上)。

この三昧　般舟三昧のこと。般舟は梵語の省略で、仏立(ぶつりゅう)・諸仏現前などと訳する。この三昧によって、まのあたり一切の仏が現われることから、この名がある。

偈に　般舟三昧経巻下(正蔵一三ノ九一九上—中)。

せざりしに　初よりこの三昧を聞くことを得ざりき　仏おわしまして号して具至誠《ぐしじよう》と曰《い》ひ　時に智の比丘《びく》ありて*和憐《わりん》と名づく　かの仏世尊《ぶつせそん》の*泥洹《ないおん》の後に　比丘常にこの三昧を持《たも》てり　我時に王君子《おうくんし》の種《たね》たりしが　夢の中にこの三昧を聞くに逮《およ》ぶ　和憐比丘この経を有《たも》てり　王当《まさ》に従ひてこの*定《じよう》の意《こころ》を受くべしと　夢より覚《さ》め已りて即ち往いて求むるに　輒《すなわ》ち比丘の三昧を持《たも》てるを見　即ち鬚髪《しゆほつ》を除《のぞ》きて沙門《しやもん》と作り　学することと八千歳にして一時聞けるのみ　その数《かず》八万歳を具足するまで　この比丘に供養し奉《ぶ》事《じ》せしも　時に魔の因縁しばしば興起《こうき》して　初よりいまだ曾て一反だに聞くことを得ざりき　この故に比丘・比丘尼　及び*清信士《しようしんし》・清信女《しようしんによ》　この*経法《きようぼう》を持《たも》てと汝等に嘱《ぞく》す　この三昧を聞かば疾《と》く受けて行へ　常にこれを習持《じゆうじ》せる法師を敬ひて　一劫を具足するまで懈《おこた》ることを得ることなかれ　〈乃至〉　仮使《たとい》億千*那術《なじゆつ》劫に　この三昧を求むとも聞くことを得ること難し　設令《たとい》世界の、恒沙の如き　中に満てらん珍宝を用て布施せんも　もしこの一偈の説を受くることありて　敬ひ誦するときは功徳はかれに過ぎん

と。〈已上〉　*双観経に云く、

たとひ大火の、三千大千世界に充ち満つることあらんも、要《かなら》ず当《まさ》にこれを過ぎて、この経法《きようぼう》を聞き、*歓喜《かんぎ》信楽《しんぎよう》し、受持《じゆじ》読誦《どくじゆ》して、説の如く修行すべし。所以はいかん。多く菩薩ありて、この経を聞かんと欲するも、しかも得ることあたはざればなり。もし衆生ありて、この経を聞かん者は、無上道に於て終に退転せず。この故に、応当《まさ》に専

和憐　青蓮院本は「和隣」、経の本文では「和輪」。

泥洹　梵語。涅槃に同じ。

定　三昧のこと。

清信士・清信女　清信士は、梵語の優婆塞の訳語、清信女は、同じく優婆夷の訳語で、またこれらを、近事男(ごんじなん)・近事女とも訳する。在家信者の男女。

経法　仏の教え。永遠に規準となるものを経という。

那術　梵語。那由他に同じ。

双観経　無量寿経巻下(正蔵一二ノ二七九上)。

歓喜信楽し…　喜び、心から信じ、つねにこれをたもち、読んで。

心に信じ、受持読誦して、説の如く脩行すべし。

と。〈已上〉応《まさ》にこの念を作すべし、「或は大千の猛火聚《みょうかじゅ》を過ぎ、或は億劫を経《ふ》とも、応に法を求むべし。我既に*深三昧《じんざんまい》に値遇《ちぐ》せり。いかんぞ退屈して勤修《ごんしゅ》せざらん」と。

行者、このもろもろの事に於て、もしは多、もしは少、楽《ねがい》の随に憶念《おくねん》せよ。もし憶念することあたはずは、すべからく巻を披《ひら》き、文《もん》に対して、或は*決択《けっちゃく》し、或は誦詠《じゅえい》し、或は恋慕し、或は敬礼《きょうらい》すべし。近くは*勤心《ごんしん》の方便となり、遠くは*見仏《けんぶつ》の因縁を結ばん。およそ三《さん》業《ごう》・*四儀《しぎ》に、仏の境界《きょうがい》を忘るることなかれ。

問ふ。如来のかくの如き種々の功徳を信受し、憶念するに、何の勝れたる利ありや。

答ふ。*度諸仏境界経《どしょぶつきょうがいきょう》に云く、

もし十方世界の微塵等の諸仏及び声聞衆《しょうもんしゅ》に於て、百味の飲食《おんじき》、微妙《みみょう》の天衣《てんね》を施すこと、日々廃せずして恒沙劫《ごうじゃごう》を満たし、かの仏の滅後には、一々の仏の為に、十方界の一々の世界に於て塵数《じんじゅ》の塔を起て、衆宝《しゅほう》もて荘厳し、種々に供養すること一日に三時、日々廃せずして恒沙劫を満たし、また無数無量の衆生を教へて、もろもろの供養を設けしめんに、もし一人ありて、この如来の智慧の功徳の、不可思議の境界《きょうがい》を信ぜば、得る所の功徳は彼に勝ること無量ならん。

と。〈取意〉また*華厳の偈に云く、

如来の自在力《じざいりき》は　無量劫にも遇ふこと難し　もし*一念《いちねん》の信《しん》を生ずれば　速かに無上道を証す

深三昧　深遠な三昧。

決択　疑いをたち、道理を理解すること。

勤心の方便　心を励ますてだて。

見仏　仏をまのあたり見ること。

四儀　四威儀。行住坐臥の立居振舞。

度諸仏境界経　度諸仏境界智光厳経(正蔵一〇ノ九一六中)。

華厳の偈　華厳経(八十巻本)巻二三(正蔵一〇ノ一二四上)。

一念の信を…　一度でも信じる心が起こるときは。

と云々。余は、下の利益門《りやくもん》の如し。

問ふ。凡夫《ぼんぶ》の行人《ぎょうにん》は、物を逐《お》うて意《こころ》移る。なんぞ常に仏を念ずる心を起すことを得ん。

答ふ。彼もし*直爾《じきに》に仏を念ずることあたはずは、応《まさ》に事々に寄せて、その心を勧発すべし。謂く、遊戯《ゆげ》・談咲《だんしょう》の時は、極楽界の宝池・宝林の中に於て、天人・聖衆《しょうじゅ》とともに、かくの如く娯楽することを得んと願へ。もし憂苦《うく》の時は、もろもろの衆生と共に、苦を離れて極楽に生れんと願へ。もし*尊徳に対すれば、当《まさ》に極楽に生れて、かくの如く世尊に奉《つか》へんと願ふべし。もし卑賤を見れば、当に極楽に生れて、孤独の類を利楽《りぎょう》せんと願ふべし。およそ人畜《にんちく》を見るごとに、常に応にこの念を作すべし、「願はくは、この衆生と共に安楽国に往生せん」と。もし飲食《おんじき》の時は、当に極楽の*自然微妙《じねんみみょう》の食を受けんと願ふべし。衣服《えぶく》・臥具《がぐ》、行住坐臥、*違縁《いえん》・順縁、一切准じて知れ。〈事に寄せて願を作すは、これ*華厳経等の例なり〉

第四に、*止悪修善《しあくしゅぜん》とは、*観仏三昧経に云く、

この念仏三昧、もし成就せんには五の因縁あり。一には戒を持《たも》ちて犯さず。二には*邪《じゃ》見《けん》を起さず。三には*憍慢《きょうまん》を生ぜず。四には恚《いか》らず嫉《そね》まず。五には*勇猛精進《ゆうみょうしょうじん》にして頭《ず》燃《ねん》を救《はら》ふが如くす。この五事を行じて正しく諸仏の微妙《みみょう》の色身《しきしん》を念じ、心をして不退ならしめ、また当《まさ》に大乗経典を読誦《どくじゅ》すべし。この功徳を以て仏力《ぶつりき》を念ずるが故に、速《そく》疾《しつ》に無量の諸仏を見たてまつることを得。

と。

直爾　ただちに。

尊徳　身分の尊い人や徳の高い人。

自然微妙の食　ひとりでに得られる、なんとも言いようのない美味な食べもの。

違縁・順縁　心にそわないことと、そうこと。

華厳経　華厳経(六十巻本)巻六(正蔵九ノ四三〇下―四三二下)、同(八十巻本)巻一四(同一〇ノ七〇上―七二上)。

止悪修善　悪を止めて善を行なうこと。

観仏三昧経　観仏三昧海経巻一〇(正蔵一五ノ六九四下)。

邪見　因果の道理を否定するよこしまな考え、見解。

憍慢　おごりたかぶること。憍は自己に属するものを誇ること、慢は他に対しておごること。

勇猛精進　雄々しく困難な修行に立ち向かって、努力すること。

問ふ。*この六種の法は何の義かあるや。

答ふ。*同じ経に云く、

*浄戒を以ての故に、仏像の面を見たてまつること、*真金《しんこん》の鏡の如く了々分明《りようりようぶんみよう》なり。

と。また*大論に云く、

仏は医《い》王《おう》の如く、法は良薬の如く、僧は*瞻病人《せんびようにん》の如く、戒は*服薬《ふくやく》の禁忌《きんき》の如し。

と。〈已上〉故に知んぬ、たとひ法薬を服すとも、*禁戒《きんかい》を持《たも》たざれば、煩悩の病患《びようげん》を除愈《じよゆ》するに由《よし》なし。故に*般舟《はんじゆ》経に云く、

戒を破ること、大きさ毛髪の如くなるをも得ざれ。

と。〈已上、*戒品《かいほん》〉

*観仏経に云く、

もし邪念及び*貢高《こうこう》の法《ほう》を起さば、当に知るべし、この人はこれ*増上慢《ぞうじようまん》にして、仏法を破滅す。多く衆生をして不善の心を起さしめ、*和《わ》合僧《ごうそう》を乱り、異を顕して、衆を惑はす、これ悪魔の伴《とも》なり。かくの如き悪人は、また仏を念ずといへども、甘露《かんろ》の味を失ふ。この人は、生処《しようしよ》には、貢高を以ての故に、身恒《みつね》に卑小にして下賤の家に生れ、貧《びん》窮《ぐ》の諸衰、無量の悪業《あくごう》、以て厳飾《ごんじき》とならん。かくの如き種々の衆多《しゆた》の悪事は、当に自《みずか》ら防護して、永く生ぜざらしむべし。

と。〈已上、邪見と憍慢〉

*六波羅蜜経に云く、

この六種の法　経には五事を明示しているが、大乗経典の読誦をもって第六と数えたもの。一七七頁一八行の割注参照。

同じ経　観仏三昧海経巻九(正蔵一五ノ六九〇下)。

浄戒　戒を浄らかにたもつこと。

真金　純金。

大論　大智度論巻二二(正蔵二五ノ二二五下)。

瞻病　看病に同じ。

服薬の禁忌　薬の服用に当たって、薬が時に有毒となる場合、これを避けること。

禁戒　仏教の戒律。殺生・偸盗・邪淫・妄語を四重禁戒という。

般舟経　般舟三昧経巻中(正蔵一三ノ九〇九中)。

戒品　戒の品類の意で、五戒・十戒などのこと。

観仏経　観仏三昧海経巻一〇(正蔵一五ノ六九五中)。

貢高の法　おごりたかぶる心。

増上慢　さとりを得ていないのに、得たと慢心すること。

和合僧　仏の教えを信じて修行する人々の集まり。普通は出家。梵語、僧伽(そうぎゃ)、その略の僧に同じ。

六波羅蜜経　大乗理趣六波羅蜜多経巻九(正蔵八ノ九〇八中)。

安忍　心に安んじて、耐え忍ぶこと。

無量劫の中にもろもろの善を修行すとも、*安忍《あんにん》の力及び智慧の眼なくは、一念《いちねん》の*瞋火《しんか》に焼滅して余《あま》すことなけん。

と。

また*遺教経《ゆいきょうぎょう》に云く、

功徳を劫《かす》むる賊は、*瞋恚《しんに》に過ぎたるはなし。

と。

*大集月蔵分に、無瞋の功徳を説いて云く、

常に*賢聖《げんじょう》とともに相会《あいえ》して、三昧に著《つ》くことを得ん。

と。〈已上、瞋恚〉

*双観経に云く、

今世《こんぜ》の恨意《こんい》は、微《すこ》しく相憎嫉《あいぞうしつ》すれば、後世《ごせ》には転《うた》た劇《はげ》しくして、大いなる怨《うらみ》と成るに至る。

と云々。また、他人を*嫉毀《しっき》する、その罪甚だ重し。*宝積経の九十一に云ふが如し。

仏、*施鹿園《せろくおん》に在《おわ》しましき。時に六十の菩薩あり。*業障深重《ごっしょうじんじゅう》にして、*諸根《しょこん》闇鈍なりき。仏足を頂礼《ちょうらい》して悲感流涙《るるい》し、自《みずか》ら起つことあたはず。時に仏、告げて言《のたま》はく、「汝等、応《まさ》に起つべし。また悲号《ひごう》して大熱悩《ねつのう》を生ずることなかれ。汝、曾《むかし》、*倶留孫仏《くるそんぶつ》の法の中に於て、出家して道をなせしかども、自ら多聞《たもん》・持戒・頭陀《ずだ》・少欲に執著《しゅうじゃく》せり。時に二の説法の比丘あり。もろもろの親友《しんう》多く、名聞・利養ありき。汝等、嫉妬の心を以て妄言誹謗《もうごんひほう》して、かの親友ともろもろの衆生をして、随順の心なく、もろもろの善根を断ぜしめたり。この悪業《あくごう》に由りて、六十百千歳の中に於て阿鼻《あび》地獄に生ぜり。余《よ》

瞋火　怒りのこと。火に喩えたもの。

遺教経　仏垂般涅槃略説教誡経(正蔵一二ノ一一一一中)。

瞋恚に…　この一句の次に、他本には「また、或る処に説いて云く、能く大利を損ふもの、瞋(いかり)に過ぎたるはなし。一念の因縁も、悉く倶胝広劫に修せる所の善を焚滅(ぼんめつ)す。この故に慇懃に常に捨離せよと」の一文がある。この引文の典拠は不明。

大集月蔵分　大方等大集経巻五〇(正蔵一三ノ三二八上・三二八中)。

賢聖　賢と聖。仏道を修行して、見道(けんどう)以上に達したものを聖といい、それ以前の、悪を離れることができたものを賢という。大乗では三賢十聖といい、十住・十行・十廻向の三が賢、十地が聖。

双観経　無量寿経巻下(正蔵一二ノ二七四下)。

嫉毀　そねみ、きずつけること。

宝積経　大宝積経巻九一(正蔵一一ノ五一九中―五二〇下)の略抄。

施鹿園　鹿野園(ろくやおん)のこと。釈尊がさとりを開いたあと、始めて五人の修行者に説法したところ。

業障　前世で犯した罪のさわり。

諸根　根は煩悩を除いて、さとりをもたらす作用を有するもののことで、信・勤(ごん)(努力)・念(憶念)・定・慧の五根や、その他の善根。

倶留孫仏　梵語。過去七仏の第四番目。釈尊以前の仏。

業《ごう》いまだ尽きずして、また四十百千歳の中に於て等活地獄に生じ、また二十百千歳の中に於て黒縄地獄に生じ、また六十百千歳の中に於て焼熱地獄に生ぜり。かしこより歿し已りて、また人となることを得たれども、五百世の中、生盲《しょうもう》にして目なかりき。在々の所生には、*正念《しょうねん》を忘失《もうしつ》して善根を障碍《しょうげ》せり。形容《ぎょうよう》醜欠にして、人は見ることを憙《よろこ》ばず。常に*辺地《へんじ》に生れて、貧窮《びんぐ》下劣なり。ここより歿し已りて、*後の末の五百歳の中に於て法の滅せんとする時、また辺地に於て下劣の家に生れ、*匱乏飢凍《きぼうきとう》して、正念を忘失せん。たとひ善を修せんと欲するも、もろもろの*留難《るなん》多し。五百歳の後に、悪業乃ち滅して、後に阿弥陀仏の極楽世界に生るることを得ん。この時、かの仏、当《まさ》に汝等の為に阿耨《あのく》菩提の記を授けたまふべし」と。時にもろもろの菩薩、仏の所説を聞いて、挙身《こしん》の毛竪《た》ち、深く憂悔《うけ》を生じて、便《すなわ》ち自ら涙を収め、白《もう》して言《もう》さく、「我、今日より*未来際《みらいざい》に至るまで、もし*菩薩乗《ぼさつじょう》の人に於て違犯あるを見て、その過を挙げ露《あらわ》さば、我等、即ち如来を欺誑《ぎおう》したてまつるとせん。我、今日より未来際に至るまで、もし在家・出家の菩薩乗の人の、欲楽を以て遊戯《ゆげ》歓娯《かんご》するを見んも、終にその過を伺求《しぐ》せずして、常に信敬《しんきょう》を生じ、教師の想を起さん。我、今日より未来際に至るまで、もし善能《よ》くその身を摧伏して*下劣の想《おもい》を生ずること、*栴陀羅《せんだら》及び狗犬《くけん》の如くならずは、則ち如来を欺誑したてまつるとせん。もし持戒・多聞・頭陀・少欲・知足《ちそく》の一切の功徳に於て、*身自ら炫曜《げんよう》せば、則ち如来を欺誑したてまつるとせん。修する所の*善本《ぜんぼん》をば自ら*矜伐《きょうばつ》せず、行ふ所の罪業は慚愧《ざんぎ》し*発露《ほつろ》せん。もししからずは、則ち如来を欺誑

正念　教えを正しく心に留めること。
辺地　辺鄙な土地。
後の末…　最後の五百歳。
匱乏飢凍　困窮と飢えと寒さ。
留難　善や修行に対する障害。

未来際　未来のはて。
菩薩乗　菩薩が奉じて修行することによって、仏のさとりに至る教え。

下劣の想…　つまらないものだ、とみずから卑下して。
栴陀羅　→三九頁注
身自ら…　身に功徳をそなえていると、てらい誇る。
善本　善根や功徳。
矜伐　ほこる。
発露　かくすことなく、犯した罪をあらわにすること。

したてまつるとせん」と。時に仏、讃《たた》へて言はく、「善いかな、善いかな。かくの如き決定《けつじょう》の心を以てせば、一切の業障《ごっしょう》、皆悉く銷滅《しょうめつ》し、無量の善根は、また当に増長《ぞうじょう》すべし」と。

と。〈略抄〉この故に、*大論の偈に云く、

*自らの法に愛染《あいぜん》するが故に　他人の法を毀訾《きし》すれば　持戒の行人なりといへども　地獄の苦を脱《まぬが》れず

と。〈已上、嫉妬〉

*同じ論の偈に云く、

*馬《め》・井《しょう》の二比丘《にびく》は　懈怠《けだい》にして悪道に堕《だ》せり　仏を見、法を聞くといへども　なほまた自ら勉《つと》めざりき

と。〈已上〉また、もし精進することなくは、行《ぎょう》成就し難し。故に*華厳の偈に云く、

鑽燧《さんすい》して火を求むるが如し　いまだ出でざるにしばしば息《いこ》はば　火勢《かせい》随ひて止滅す
懈怠《けだい》の者もまた然り

と。〈已上、精進〉

大乗を読誦《どくじゅ》する功徳の無量なること、*金剛般若論《こんごうはんにゃろん》の偈に云ふが如し。

福は菩提に趣《おもむ》かざれども　*二は能く菩提に趣く　実に於ては了因《りょういん》と名づけ　余に於ては生因《しょういん》と名づく

と。〈已上。観仏経の六種の法、畢んぬ。かの経に、嫉《しつ》と恚《い》と精進とは具《つぶ》さにこれを説かざるが故に、余の文を以て

大論の偈　大智度論巻一(正蔵二五ノ六三下)。

自らの法　自分の奉じている教え(道)に執着する。

同じ論の偈　大智度論巻一五(正蔵二五ノ一七三中)。

馬・井の二比丘　大毘婆沙論巻六に「馬師・井宿の二苾芻(ひっしゅ 比丘に同じ)」(正蔵二七ノ二八中)とあり、阿毘曇毘婆沙論巻三に「馬師・満宿比丘…かの二人」(同二八ノ二〇上)とあって、井宿は満宿と同一人である。釈尊当時、党を組んで、いつもあやまった行ないをする六人の僧がいて、その一人は阿説迦(梵語。馬師、馬宿と訳する)、また一人は補捺婆素迦(梵語。満宿と訳する)であった。

華厳の偈　華厳経(八十巻本)巻一三(正蔵一〇ノ六七下)。

金剛般若論　金剛般若波羅蜜経論巻上(正蔵二五ノ七八五上)。

二は能く…　論の説明によれば、二とは、受持と演説をさす。経を受持して、これを人に説くこと。またこの二つは、法身に対しては、それをはっきりとさとる智慧(了因)となり、そのほかの報身・応身に対しては、それを生み出すもと(生因)になる。

経の意を*釈成《しゃくじょう》せり〉

*般舟《はんじゅ》経にもまた十事あり。かの経に言ふが如し。

もし菩薩ありて、この三昧を学誦《がくじゅ》せんには、十事あり。一には他人の利養を嫉妬せざれ。二には悉く当に人を愛敬《あいぎょう》し、長老《ちょうろう》に孝順すべし。三には当に報恩を念ふべし。四には妄語《もうご》せずして非法《ひほう》を離れよ。五には常に乞食《こつじき》して*請《しょう》を受けざれ。六には精進して*経行《きょうぎょう》せよ。七には昼夜に*臥出することを得ざれ。八には常に布施を欲して、終に惜《お》しみ悔《く》ゆることなかれ。九には深く慧《え》の中に入りて、著《じゃく》する所なかれ。十には善き師に敬事《きょうじ》すること、仏の如くせよ。

と。〈略抄〉

問ふ。般舟経にもまた*四四十六種の法あり。十住婆沙《じゅうじゅうばしゃ》の第九には、*百卌余種の法あり。*念仏三昧経には種々の法あり。また華厳経の*入法界品《にゅうほっかいぼん》の偈に云く、

もし信解《しんげ》して憍慢《きょうまん》を離るることあらば　発心《ほっしん》して即ち如来を見たてまつることを得る

も　もし*諂誑不浄《てんおうふじょう》の心あらば　億劫《おっこう》に尋ね求むとも値遇《ちぐ》することなけん

と。*観仏経に云く、

昼夜六時に*六法を勤行《ごんぎょう》し、端坐《たんざ》*正受《しょうじゅ》し、当《まさ》に少語《しょうご》を楽《ねが》ふべし。経を読誦《どくじゅ》し、広く法教を演《の》ぶることを除いては、終に*無義《むぎ》の語《ご》を宣説《せんぜつ》せざれ。常に諸仏を念じて、心々相続せよ。乃至、一念の間も、仏を見たてまつらざる時あることなし。心専精《せんしょう》なるが故に、*仏日《ぶつにち》を離れず。

釈成　解釈し終える。

般舟経　般舟三昧経巻下(正蔵一三ノ九一六中―下)の取意・略抄。

請　別請のこと。在家の人が特別に名ざしで僧を招いて供養すること。

経行　「きんひん」とも読む。一定の場所を往復すること。一種の散歩。

臥出　横になることと外出すること。

四四十六種　般舟三昧経巻上に四種の四事法を掲げる(正蔵一三ノ九〇六上)。→補

百卌余種　十住毘婆沙論巻九(正蔵二六ノ六五下―六七下)。

念仏三昧経　大方等大集経菩薩念仏三昧分巻七(正蔵一三ノ八五六下以下)。

入法界品の偈　華厳経(八十巻本)巻八〇(正蔵一〇ノ四四二下)。

諂誑　諂はへつらうこと、誑はあざむくこと。

観仏経　観仏三昧海経巻一〇(正蔵一五ノ六九三上)。

六法　さきに、戒品以下読誦までの六種の法をあげたが、それをさすか、また別の六をさすか、明らかでない。

正受　仏の教えを正しく心に留めること。

無義の語　無意味な言葉。

仏日　仏は世の人の愚痴の闇をはらうから、これを日に喩える。

と。また*遺日摩《ゆいにちま》尼《に》経に説く、

沙門《しゃもん》の、*牢獄に堕するに、多くの事あり。或は人を求めて供養を得んと欲し、或は多く*衣《え》鉢《はつ》を積まんと欲し、或は*白衣《びゃくえ》と善《よしみ》を厚くし、或は常に愛欲を念ひ、或は憙《この》んで知友と交はり結ぶ。

と。〈文には多くの法あるも、これを略抄す〉なんぞ今、彼等の法を挙げざるや。

答ふ。もし広くこれを出さば、還りて行者《ぎょうじゃ》をして退転の心を生ぜしめん。故に略して要を挙ぐ。もし堅く*十重《じゅうじゅう》・四十八軽戒《きょうかい》を持《たも》たば、理《り》必ず念仏三昧を助成《じょじょう》し、また応《まさ》に*任運《にんうん》に余行《よぎょう》をも持得すべし。いはんや六法《ろっぽう》を具し、或は十法を具するもの、いづれの行か摂せざらん。故に略して述べざるなり。しかるに、*麁強《そごう》の惑業《わくごう》は、人をして覚了せしむれども、ただ無義の語は、その過《とが》顕れずして、恒に正道《しょうどう》を障《さ》ふ。善く応にこれを治《じ》すべし。或は応に*大論の文の云ふに依るべし。

人の失火して、四辺に倶《とも》に起るが如し。いかんが、その内に安処して、余の事を語り説かんや。*この中に、仏の説きたまはく、「もし声聞《しょうもん》・辟支仏《びゃくしぶつ》の事を説くすら、なほ無《む》益《やく》の言となす。いかにいはんや、余の事をや」と。

と。〈已上〉行者、常に娑婆《しゃば》の*依《え》・正《しょう》に於て火《か》宅《たく》の想を生《な》し、無益の語を絶ち、相続して仏を念ぜよ。

問ふ。*往生論に、念仏の行法《ぎょうほう》を説いて云く、

*三種の菩提門相違《ぼだいもんそうい》の法《ほう》を遠離《おんり》すべし。何等か三種なる。一には智慧門に依り、自《みずか》らの

遺日摩尼経　遺日摩尼宝経(正蔵一二ノ一九二下)。

牢獄　生死を重ねる迷いの世界、とくに三悪道などをさしたと見られる。

衣鉢…　三衣一鉢(さんねいっぱつ)のほかに、さらに余分に求める。→補

白衣　在家の人。

十重・四十八軽戒　梵網経巻下(正蔵二四ノ一〇〇四中—一〇〇九中)に説く、いわゆる菩薩戒。そのうち十重戒は、(1)生命のあるものを殺さない、(2)盗まない、(3)姦淫しない、(4)嘘をいわない、(5)酒を売らない、(6)在家・出家の菩薩や僧の過ちを吹聴しない、(7)自分をほめ、他人をそしることをしない、(8)施しをおしまない、(9)怒って許さないことをしない、(10)仏・法・僧の三宝をそしらない、の十。→補

任運　いつとはなしに。

麁強の惑業　あらくはげしい煩悩。

大論の文　大智度論巻四九(正蔵二五ノ四一五下)。

この中に　大品般若経の文をさす(正蔵二五ノ四一三中)。大智度論は大品般若経の注釈書。

依・正　依報と正報。国土とそこに生まれているもの。

往生論　無量寿経優波提舎(うばだいしゃ)(正蔵二六ノ二三二下)。

三種の…　さとりの道にはずれた三種のあり方。

楽を求めず。我心《がしん》の、自身に貪著《とんじゃく》することを遠離するが故に。二には慈悲門に依り、一切衆生の苦を抜く。衆《しゅ》〔生《じょう》〕を安んずることなき心を遠離するが故に。三には方便門に依り、一切衆生を憐愍《れんみん》する心あり。自身を供養し恭敬《くぎょう》する心を遠離するが故に。これを、三種の菩提門相違の法を遠離すと名づくが故に。菩薩、かくの如き三種の菩提門相違の法を遠離して、三種の随順《ずいじゅん》菩提門の法満足するを得るが故に。何等か三なる。一には*無染清浄《むぜんしょうじょう》の心。身の為にもろもろの楽を求めざるが故に。二には*安清浄《あんしょうじょう》の心。一切衆生の苦を抜くが故に。三には楽《らく》清浄の心。一切衆生をして、*大菩提《だいぼだい》を得しむるを以ての故に。衆生を*摂取《しょうしゅ》して、かの国土に生ぜしむるを以ての故に。これを三種の随順菩提門の法満足すと名づく。

と。〈已上〉この中には、何が故に、*かの論に依らざるや。

答ふ。*前の四弘《しぐ》の中に、*この六法を具〔足〕す。文言《もんごん》異るといへども、その義、闕くることなし。

問ふ。仏を念ずれば自ら罪を滅す。なんぞ必ずしも堅く戒《かい》を持《たも》たんや。

答ふ。もし一心に念ぜば、誠に責むる所の如し。しかれども*尽日、仏を念ぜんも、閑《しず》かにその実を検すれば、浄心はこれ一両にして、その余は皆濁乱《じょくらん》せり。野鹿《やろく》は繫《つな》ぎ難く、家《か》狗《く》は自《おのずか》ら馴る。いかにいはんや、自《みずか》ら心を恣《ほしいまま》にせば、その悪幾許《いくばく》ぞ。この故に、要《かなら》ず当《まさ》に精進して、浄戒を持《たも》つこと、猶し明珠《みょうしゅ》を護るが如くなるべし。後に悔ゆとも、なんぞ及ばん。善くこれを思念せよ。

無染　煩悩に染まらない。
安清浄の心　安らぎを与える清浄な心。
大菩提　仏のさとり。
摂取　救いとる。

かの論　いま掲げた往生論のこと。
前の四弘　大文第四、作願門の条。九〇頁一七行以下参照。
この六法　三種の遠離と三種の随順をさす。

尽日　終日。

問ふ。誠に言ふ所の如し。善業《ぜんごう》はこれ今世《こんぜ》の所学なれば、欣ぶといへども、動《やや》もすれば退き、*妄心《もうじん》はこれ永劫《ようごう》に習ひたる所なれば、厭ふといへども、なほ起る。既にしからば、何の方便を以てか、これを治せん。

答ふ。その治、一にあらず。*次第禅門に云ふが如し。

一に、*沈惛闇塞《じんこんあんそく》の障を治せんには、応《まさ》に*応仏《おうぶつ》を観念すべし。三十二相の中に、随ひて一を取れ。或はまづ眉間の毫相を取り、目を閉ぢて観ぜよ。もし心《こころ》闇鈍にして、懸《はる》かに成《な》すこと成らずは、当に一の好き厳かなる形像《ぎょうぞう》に対し、一心に相を取り、これを*縁《えん》じて定《じょう》に入るべし。もし明了《みょうりょう》ならずは、眼を開いて更に観じ、また更に目を閉ぢよ。かくの如くにして、一相を取ること明了ならば、次第に遍く衆相《しゅそう》を観じて、心眼《しんげん》をして開明《かいみょう》ならしめ、即ち惛睡沈闇《こんすいじんあん》の心を破れ。仏の功徳を念ずれば、則ち罪障《ざいしょう》を除く。二に、*悪念思惟《あくねんしゆい》の障を治せんには、応《まさ》に*報仏《ほうぶつ》の功徳を念ずべし。正念の中に、仏の*十《じゅう》力《りき》・四無所畏《しむしょい》・十八不共《ふぐ》・*一切種智《いっさいしゅち》の、円《まど》かに法界《ほっかい》を照し、常寂不動《じょうじゃくふどう》にして、普く色《しき》身《しん》を現じ、一切を利益したまふ功徳は、無量にして不可思議なることを縁ぜよ。何を以ての故に。この、仏の功徳を念ずるは、*善法《ぜんぼう》を縁ずる中より生ずる*心数《しんじゅ》なれども、悪念思惟は、悪法を縁ずる中より生ずる心数なり。善は能く悪を破るが故に、応に報仏を念ずべし。譬へば、*醜陋《しゅうる》少智の人は、端正大智《たんじょうだいち》の人の中にあれば、即ち自ら*鄙恥《ひち》するが如し。悪もまたかくの如し。善心の中にあれば、則ち恥愧《ちぎ》して自《おのずか》ら息《や》む。仏の功徳を縁ずれば、念々の中に一切の障を滅す。三に、*境界逼迫《きょうがいひっぱく》の障を治せんには、

妄心　煩悩にけがれた心。
次第禅門　釈禅波羅蜜次第法門巻四(正蔵四六ノ五〇三下)の略抄。
沈惛闇塞　沈惛は、身心を沈ませ、心のはたらきをにぶく、かたくなにし、融通性のあるはたらきをさせない精神作用。闇塞はくらく、ふさぎこむこと。
応仏　応身の仏。
縁じて…　これを対象として心を働かせて、三昧にはいる。
悪念思惟　悪の思いやよこしまな考え。
報仏　報身の仏。
十力…　→五八頁注
一切種智　三智の一。仏の智慧。一切は平等であるが、そうした一切を平等に即して、さらに具体的にその差別の相においてくわしく知る智慧。この外に、世の人を導くために、それに必要な道の種別を知る菩薩の智慧を道種智といい、一切を総括的に捉える声聞や辟支仏の智慧を一切智という。
善法　善い事、善い行ない。
心数　心に属し、心と相応してはたらく精神作用。
醜陋少智　醜くいやしい智慧の劣った人。
鄙恥　卑しさを恥じる。
境界逼迫　対象の世界が迫って、心の働きをせばめ、苦しめること。

法仏　法身の仏。
法性平等　平等不変な本然(ほんねん)のすがた。
空寂にして無為　空々寂々とした涅槃そのもの。
対治　煩悩を払いのけること。
別相の治　箇々にわたった、煩悩を払い除く方法。
通の治　共通した一般的な、煩悩を払い除く方法。
惑　煩悩。
驚覚　おどろかして、呼び醒ます。
六波羅蜜経　大乗理趣六波羅蜜多経巻八(正蔵八ノ九〇〇上)。
覚悟　真理に目ざめ、さとりを得ること。転じて、決意。
法王　仏。
放逸　放縦に流れること。
菩薩処胎経　菩薩処胎経巻六(正蔵一二ノ一〇四六上)。
大辟　重い刑罰。

応に*法仏《ほうぶつ》を念ずべし。法仏とは、即ちこれ*法性《ほっしょう》平等にして、不生・不滅、形色《ぎょうしき》あることなく、*空寂《くうじゃく》にして無為《むい》なり。無為の中には、既に境界なければ、何者かこれ逼迫の相ならん。境界の空なることを知るが故に、即ちこれ*対治《たいじ》なり。もし卅二相を念ずれば、即ち対治にあらず。何を以ての故に。この人、いまだ相《そう》を縁ぜざる時、已に境界の為に悩乱せらる。しかるを更に相を取らば、この著《じゃく》に因りて、魔はその心を狂乱す。今、空を観じて相を破すれば、もろもろの境界を除き、心を念仏に在《お》けば、功徳無量にして、即ち重罪を滅す。

と。〈略抄〉*別相《べっそう》の治《じ》はかくの如し。今、三の*通《つう》の治《じ》を加へん。

一には、能く*惑《わく》の起るを了して、その心を*驚覚《きょうかく》し、煩悩を呵嘖《かしゃく》すること、悪賊を駈《か》るが如くし、三業《さんごう》を防護すること、油の鉢を擎《ささ》ぐるが如くせよ。*六波羅蜜経に云ふが如し。

結跏趺坐《けっかふざ》して正念《しょうねん》に観察《かんざつ》し、大悲の心を以て屋宅《おくたく》となし、智慧を鼓《つづみ》となし、*覚悟《かくご》の杖《つえ》を以てこれを扣《たた》き撃ちて、もろもろの煩悩に告げよ。「汝等、当《まさ》に知るべし。もろもろの煩悩の賊は妄想《もうぞう》より生ず。わが*法王《ほうおう》の家に善事の起ることあるも、汝が所為《しょい》にあらず。汝、宜《よろ》しく速かに出づべし。もし時に出でずは、当に汝が命を断つべし」と。かくの如く告げ已るに、もろもろの煩悩の賊、尋《つ》いで自ら散滅せば、次に自身に於て、善く防護を起して、応に*放逸《ほういつ》すべからず。

と。

また*菩薩処胎経《ぼさつしょたいぎょう》の偈に云く、

かの罪を犯せし人の　鉢に満てる油を擎げ持ち　もし油の一渧《いったい》をも棄てなば　罪、*大《たい》僻《ひゃく》に交り入るとせんに　左右に伎楽《ぎがく》を作すとも　死を懼れて顧り視ざるが如し　菩薩の*浄観《じょうかん》を修《しゅ》する　意を執《と》ること金剛の如く　毀誉《きよ》及び悩乱に　心意《しんい》、傾動《きょうどう》することなく　空《くう》は本来浄くして　*彼此《ひし》、中間《ちゅうげん》もなしと解《さと》る

と。

二には、通じて、*四句《しく》を用て、一切の煩悩の根源を推求《すいぐ》せよ。謂く、この煩悩は、心に由りて生ずとやせん、縁に由りて生ずとやせん、*共《ぐ》にして生ずとやせん、離れて生ずとやせんと。もし心に由りて生ずとせば、更に縁を待たず。或は*亀毛《きもう》・兎角《とかく》に於ても、応に貪《とん》・瞋《じん》を生ずべし。もし縁に由りて生ずとせば、応に心を用ひざるべし。或は眠れる人をして煩悩を生ぜしめん。もし共にして生ずとせば、いまだ共ならざるとき、おのおのなくして、共《ぐ》なる時、いづくんぞあらん。譬へば、二の沙《すな》を合すといへども、油なきが如し。或は心と*境《きょう》と倶に合するに、なんぞ煩悩の生ぜざる時あらん。もし離れて生ずとせば、既に心を離れ、縁を離れたるに、なんぞ忽ちに煩悩を生ぜん。或は虚空《こくう》は二を離る、応《まさ》に常に煩悩を生ずべし。種々に観察するに、既に実《じつ》の生《しょう》なし。従《よ》りて来《きた》る所もなく、また去る所もなし。内にあらず、外にあらず、また中間にもあらず。都《すべ》て処所なく、皆幻有《げんう》の如し。ただ*惑心《わくしん》のみにあらず、*観心《かんじん》もまたしかり。かくの如く推求《すいぐ》せば、惑心自ら滅す。故に*心《しん》地《じ》観《かん》経の偈に云く、

かくの如き*心法《しんぽう》は本より有《う》にあらず　凡夫は執迷《しゅうめい》して無にあらずと謂ふ　もし能く心の*体性《たいしょう》の空なることを観ずれば　*惑障《わくしょう》生ぜずして便ち解脱《げだつ》す

浄観　清浄な観法(かんぼう)。三昧を行なうこと。
彼此…　かれもなく、これもなく、その中間もなく、およそ、これといって取ることのできるものはない、とさとる。
四句　四種の分類法。肯定と否定とをもとに、四種に分類して思考を整理する方法で、有(う)と無でいえば、(1)有る、(2)無い、(3)有るとともに無い、(4)有るのでも無いのでもない、の四。
共にして　心と縁との両者が一緒になって。
亀毛・兎角　亀の甲羅の毛、兎の角。ともに存在しないものの喩え。

境　対象。

惑心　煩悩の心。
観心　観想の心。三昧にはいっている心。
心地観経の偈　心地観経巻八(正蔵三ノ三二八上)。
心法　心(しん)・意(い)・識(しき)などという。対象を捉えて、思いはかるはたらきを有するもの。
体性　実体としての本性。
惑障　さとりに対する、煩悩によるさわり。

と。また*中論《ちゆうろん》の第一の偈に云く、

*諸法は自《じ》より生《しよう》ぜず　また他よりも生ぜず　共《ぐ》にもあらず無因にもあらず　この故に
無生《むしよう》なりと知る

と。応にこの偈に依りて、多くの四句《しく》を用ふべし。

三には、応に念ずべし、「今、わが惑心《わくしん》に具足せる*八万四千の*塵労《じんろう》門と、かの弥陀仏の具足したまへる八万四千の*波羅蜜《はらみつ》門とは、本より来《このかた》空寂《くうじやく》にして、*一体無碍《いつたいむげ》なり。貪欲《とんよく》は即ちこれ道なり。恚《い》・痴《ち》もまたかくの如し。水と氷との、性《しよう》の異《こと》なる処にあらざるが如し。故に*経に云く、「煩悩と菩提とは体《たい》二なく、生死《しようじ》と涅槃《ねはん》とは異処《いしよ》にあらず」と云々。我《われ》今、いまだ*智火《ちか》の分あらず。故に、煩悩の氷を解《と》きて功徳の水と成《な》すことあたはず。願はくは、仏、我を哀愍《あいみん》して、その所得の法の如く、定《じよう》・慧《え》の力もて荘厳《しようごん》し、これを以て解脱《げだつ》せしめたまへ」と。かくの如く念じ已りて、声を挙げて仏を念じ、救護《くご》を請へ。*止観《しかん》に云ふが如し。

人の重きものを引くに、自力にて前《すす》まずは、傍の救助《くじよ》を仮りて、則ち軽く挙ぐることを蒙《こうむ》るが如し。行人《ぎようにん》もまたしかり。心弱くして、障《しよう》を排《はら》ふことあたはずは、名を称して護《まも》りを請ふに、*悪縁《あくえん》も壊《え》することあたはず。

と。〈已上〉もし惑《わく》、心を覆ひて、通《つう》・別《べつ》の対治《たいじ》を修せんと欲せしめずは、すべからくその意を知りて、常に心の師となるべし。心を師とせざれ。

問ふ。もし破戒の者、三昧を成ぜずは、いかんが観仏経*に、

中論　中論巻一(正蔵三〇ノ二中)。

法　存在するもの。

八万四千　数の多いことを表わす言葉。八万ともいう。

塵労　煩悩のこと。

波羅蜜　菩薩がさとりに達するために修行する智慧の完成であるが、本来、さとりに達した仏の智慧であって、仏はおのずから菩薩のときの修行をそのまま具え、また仏の行として実践している。↓五八頁注

一体無碍　まったく渾然(こんぜん)として一つに融けあっていること。

経に　往生要集義記巻六(浄全一五ノ二九八上)に心地観経をさすとするが、いまは見当らない。親鸞の高僧和讃の曇鸞讃に「本願円頓一乗は逆謗摂すと信知して　煩悩菩提体無二と　すみやかにとくさとらしむ」(聖全二ノ五〇五上)と一句を引いている。

智火の分…　智慧の火を持ち前として持っていない。

止観に　摩訶止観巻二上(正蔵四六ノ一一中)。

悪縁　悪に誘いこむ外的な事情。

観仏経　観仏三昧海経巻九(正蔵一五ノ六八九下)。

観仏三昧　仏の相の観想を専念する状態。一般的には念仏三昧と同義。善導では、観仏三昧と念仏三昧を区

この*観仏三昧は、これ一切衆生の、罪を犯せる者の薬にして、戒を破れる者の護りなり。

と云へるや。

答ふ。戒を破り已りて後、前の罪を滅せんが為に一心に仏を念ず。これが為に薬と名づく。もし常に毀犯《きぼん》せば、三昧《さんまい》は成じ難からん。

第五に、*懺悔《さんげ》衆罪《しゅざい》とは、もし煩悩の為にその心を迷乱《めいらん》して禁戒《きんかい》を毀《やぶ》らんには、応に日を過《す》ごさずして、懺悔を営み修《しゅ》すべし。*大経の十九に云ふが如し。

もし罪を覆《おお》へば、罪則ち増長《ぞうじょう》す。発露《ほつろ》懺悔《さんげ》すれば、罪即ち消滅す。

と。また*大論に云く、

身《しん》・口《く》の悪を悔《く》いずして仏を見たてまつらんと欲するも、この処《ことわり》あることなし。

と。〈已上〉*懺法《さんぼう》、一にあらず。楽《ねがい》の随《まま》にこれを修せよ。或は五体《ごたい》を地に投じ、偏身《へんしん》に汗を流して弥陀仏に帰命し、眉間の白毫を念じ、発露《ほつろ》涕泣《ていきゅう》して、応《まさ》にこの念を作すべし、「過去の*空王仏《くうおうぶつ》の眉間の白毫相を、弥陀尊は礼敬《らいきょう》して、罪を滅し、いま仏を得たまへり。我今、弥陀を礼《らい》したてまつりて、また当《まさ》にまたかくの如くなるべし」と。すべからく*罪相の随に仏の光を哀請《あいしょう》すべし。謂く、「*檀《だん》の光を放ちて*慳弊《けんぺい》の罪を滅したまへ。戒の光を放ちて毀《き》禁《きん》の罪を滅したまへ。忍辱《にんにく》の光を放ちて瞋恚《しんに》の罪を滅したまへ。精進《しょうじん》の光を放ちて懈怠《けだい》の罪を滅したまへ。禅定《ぜんじょう》の光を放ちて散乱の罪を滅したまへ。智慧の光を放ちて愚惑《ぐわく》の罪を

別し、観仏は仏を観想すること、念仏は仏の名を称えること、つまり称名念仏とする。一一三頁「念仏三昧」補注参照。

懺悔衆罪 多くの犯した罪を懺悔すること。

大経 涅槃経(南本)巻一七(正蔵一二ノ七二〇下)。

大論 大智度論巻二四(正蔵二五ノ二三七中)の略抄。

懺法 犯した罪を懺悔する方法。これが儀式的な法則としての性格を与えられた懺儀(せんぎ)の場合は、「せんぼう」と読む。法華懺法はその一つ。

空王仏 観仏三昧海経巻九(正蔵一五ノ六八八下―六八九上)に、かつて空王仏のもとで修行した四人の比丘が、後に、東方の阿閦(あしゅく)、南方の宝相、西方の無量寿、北方の微妙声となって、さとりを開いたことや、また空中の声に教えられ、懺悔礼拝して仏の白毫を観想し、八十億劫の罪を消したことを記している。二四〇頁一八行以下参照。

罪相 罪の種類や深さ。

檀の光… 檀は梵語、布施と訳する。ただしここは布施波羅蜜の意。以下、六波羅蜜をあげたもの。

慳弊 六蔽(ろくへい)の一つ。蔽は覆うの意で、清浄の心を覆うもの。これに、慳貪・破戒・瞋恚・懈念・散乱・愚痴の六を数え、それぞれ六波羅蜜に対応する。

滅したまへ」と。かくの如く、一日もしは七日に至らば、百千劫の煩悩の重障《じゆうしよう》を除く。或は須臾《しゆゆ》の間も、坐禅入定《にゆうじよう》して仏の白毫を念じ、心をして了々ならしめ、謬乱《みようらん》の想なく、分明《ぶんみよう》に正しく住して意《こころ》を注いで息《やす》まずは、九十六億那由他《なゆた》等の劫の生死の罪を除却《じよきやく》す。或は一心にかの仏の*神呪《じんじゆ》を念ずること、一偏すれば能く四重《しじゆう》・五逆《ごぎやく》を滅し、七偏すれば能く根本の罪を滅す。〈*儀軌《ぎき》に出づ〉

或はまた*心地観経に、*理《り》の懺悔《さんげ》を明《あか》して云く、

一切のもろもろの*罪性《ざいしよう》は皆《みな》 *如《によ》なり　*顚倒《てんどう》の因縁妄心《いんねんもうじん》より起る　かくの如き罪相《さいそう》は本より来《このかた》空《くう》にして　三世《さんぜ》の中に得る所なし　内にあらず外《げ》にあらず中間《ちゆうげん》にあらず　*性《しよう》・相《そう》は如々《によによ》にして倶に動ぜず　真如《しんによ》の妙理《みようり》は名言《みようごん》を絶ち　ただ聖智《しようち》のみありて能く通達《つうだつ》す　有《う》にあらず無にあらず有無にあらず　有無ならざるにもあらず、*名相《みようそう》を離れ　法《ほつ》界《かい》に周偏して生滅《しようめつ》なく　諸仏は本より来《このかた》同一体なり　ただ願はくは諸仏、加護を垂れて　能く一切の顚倒の心を滅したまへ　願はくは我早く*真性《しんしよう》の源《みなもと》を悟りて　速かに如来の無上道を証せん

と。

問ふ。ただ仏を観念《かんねん》するに、既に能く罪を滅す。何が故ぞ、更に理の懺悔を修するや。

答ふ。誰か言ふ、「一々にこれを修せよ」と。ただ*意楽《いぎよう》に随はんのみ。いかにいはんや、もろもろの罪性は空にして所有なしと観ずるもの、即ちこれ真実の念仏三昧《ねんぶつさんまい》なるをや。*花《け》厳《ごん》の偈《げ》に云ふが如し。

神呪　真言(↓九〇頁注)に同じ。

儀軌　無量寿如来観行供養儀規(正蔵一九ノ七一中)。

心地観経　大乗本生心地観経巻三(正蔵三ノ三〇四上)。

理の懺悔　いままで述べて来た事(じ)の懺悔に対する。事・理については、九一頁「事を…」注参照。

罪性　罪の本性、罪そのもの。

如　真如のこと。如々ともいう。

顚倒　本来の道理に反した、誤った考え方。

性・相　性は平等不変の絶対の真実である道理、本体。相は変化する相対的な差別相、現象的なすがたをいう。

名相　事物の名称とその外に現われているすがた。

真性　真如のこと。

意楽　心に望むこと。ねがい。

花厳の偈　華厳経(八十巻本)巻一六(正蔵一〇ノ八三上―中)。

現在は*和合にあらず　去・来も亦また然り　一切の法の*無相なる　これ即ち仏の真体《しんたい》なり

と。*仏蔵経《ぶつぞうきょう》の念仏品に云く、

所有《しょう》なしと見るを名づけて念仏となし、諸法の実相を見るを名づけて念仏となす。分別あることなく、取もなく捨もなし。これ真《まこと》に念仏なり。

と。〈已上〉諸余《しょよ》の*空・無相等の観《かん》も、これに准じて、皆応《まさ》に念仏三昧に摂入《しょうにゅう》すべし。

問ふ。かくの如き懺悔にいかなる勝徳ありや。

答ふ。*心地観経の偈に云く、

在家は能く煩悩の因を招き　出家もまた清浄の戒を破る　もし能く法の如く懺悔する者は　所有《しょう》の煩悩、悉く皆除かん　〈乃至〉　懺悔は能く三界《さんがい》の獄を出で　懺悔は能く菩提の花を開き　懺悔は仏の*大円鏡《だいえんきょう》を見　懺悔は能く*宝所《ほうしょ》に至る

と。

問ふ。この中に何者をか最勝とする。

答ふ。もし一人に約せば機に順ずるを勝となし、もし*汎爾《はんに》に判ずれば理懺《りさん》を勝となす。故に、*如来秘密蔵経の下巻に、仏、迦葉《かしょう》に告げて言《のたま》はく、

もし少《わず》かの不善をも、もしそれ堅住《けんじゅう》し、堅執《けんしゅう》し、堅著《けんじゃく》せば、一切を我は説いて、これを名づけて犯《ぼん》となす。迦葉。*五無間《ごむけん》の罪も、もし堅住し、堅執し、堅著して見《けん》を生ぜずは、我は彼《かれ》を説いて、名づけて犯となすとは曰《い》はず。いはんやまた、余の少かの不

和合　因縁和合のこと。ここは因と縁とが和合して、現在や過去・未来があるのではないという趣意。

無相　形やすがたのあるものを有相、それのないものを無相というが、ここはそうした有・無の相を超えた、空の意。

仏蔵経　仏蔵経巻上(正蔵一五ノ七八五上—中)の略抄。

空・無相等…　空・無相・無作を観ずるものを、三三昧という。空しいと観ずる空三昧、差別の相を離れる無相三昧、願求の思いを捨てる無作(無願)三昧。

心地観経の偈　大乗本生心地観経巻三(正蔵三ノ三〇三下)。

大円鏡　大円鏡智のこと。仏の四智または五智の一。鏡のように一切のもののすがたを如実に現わし出す、煩悩にとらわれない智慧。

宝所　究極のさとり、涅槃の喩え。

汎爾　一般的に。原則論として。

如来秘密蔵経　大方広如来秘密蔵経巻下(正蔵一七ノ八四四中—下)。

五無間の罪　五逆罪のこと。無間地獄に堕ちる悪罪。

善の*業道《ごうどう》をや。迦葉。我、不善の法を以てして菩提を得たるにはあらず。また善法を以てして菩提を得たるにもあらず。〈乃至〉煩悩は因縁より生ずと解知《げち》するを、菩提を得と名づく。迦葉。いかなるをか、因縁より生ずる所の煩悩を解知すとせん。これ*自性《じしょう》なくして起る法《ほう》は、これ*無生《むしょう》の法なりと解知す。かくの如く解知するを、菩提を得と名づく。

と。

また*決定毘尼経《けつじょうびにきょう》に云く、

大乗の中に於て*発起《ほっき》し修行《しゅぎょう》するに、*日の初分《しょぶん》の時に所犯の戒あるも、日の中分《ちゅうぶん》に於て一切智の心を離れずは、かくの如き菩薩は*戒身《かいしん》を壊せず。もし日の中分に所犯の戒あるも、日の後分《ごぶん》に於て一切智の心を離れずは、かくの如き菩薩は戒身を壊せず。〈乃至〉もし夜の後分に所犯の戒あるも、日の初分に於て一切智の心を離れずは、かくの如き菩薩は戒身を壊せず。この義を以ての故に、菩薩乗《ぼさつじょう》の人は*開遮《かいしゃ》の戒を持《たも》つなり。たとひ犯す所ありとも、応に失念して妄《みだり》に憂悔《うげ》を生じ、自らその心を悩ますべからず。声《しょう》聞乗《もんじょう》に於て犯す所ある者は、便ち声聞の浄戒を破壊《はえ》すとなす。

と云々。*一切智の心とは、余処の説に准ずれば、これ第一義《だいいちぎ》空《くう》と相応する心なり。或はこれ仏の*種智《しゅち》を願求する心なるべし。

問ふ。もし懺悔を修して、能く衆罪を滅せば、いかんぞ*大論の四十六に、

*戒律の中の戒は、また細微《さいみ》なりといへども、懺悔すれば即ち清浄なり。十善戒を犯せば、また懺悔すといへども、三悪道《さんまくどう》の罪は除かず。

業道　業がはたらく依り所となるもの、または衆生をして苦楽の果に導いて行く、その通路となるものをいう。善に十善業道、悪に十悪業道がある。

自性　ものの本性。ものそれ自体の存在性をいう。

無生　生ずることのないこと。同時に滅することもなく、したがって空である。

決定毘尼経　決定毘尼経(正蔵一二ノ四〇上)の取意。

発起　発心。または信じる心を起こすこと。

日の初分　朝のうち。

戒身　戒体。戒をたもつことを決意して、固く心に誓うとき、身に得られるところの、戒をたもとうとする、ある種の持続的な潜在意識。

開遮の戒　戒のうち、許されるものを開、禁じられるものを遮という。

一切智の心…　決定毘尼経の本文では、実は一切種智となっている。したがってその上でも、これは第一義空に相応するといえる。第一義空とは涅槃や真如も空であるということで、仏の智慧は当然これと相応する。

種智　一切種智のこと。

大論　大智度論巻四六(正蔵二五ノ三九五下)。

戒律の中の戒　いわゆる遮戒で、仏がとくに制したものをいい、仏が制しなくても、本来罪とされるものを

と云ひ、また*十輪経《じゅうりんぎょう》には、

*十悪の輪罪《りんざい》を造れば、一切の諸仏の救はざる所なり。

と説くや。

答ふ。*観経には、十念して能く五逆を滅し、観仏経には、仏の一相を念じて能く十悪・五逆を滅し、大経には、*闍王《じゃおう》、殺父《しふ》の罪を懺除《さんじょ》し、般若経には、読誦《どくじゅ》・解説《げせつ》して、能く三界の衆生を殺害せる罪を滅し、悪趣に堕せず、華厳経には、普賢《ふげん》の願《がん》を誦《じゅ》して、一念に能く十悪・五逆を滅すと。明かに知んぬ、大乗の実説には、罪を滅せざることなしと。しからば、この論の文は、或はこれ重を転じて軽く受け、全く受けざるにはあらざるを、これを除かずと名づけ、或はこれ*随転理門《ずいてんりもん》の説ならん。また*感禅師は、十輪経を会《え》して云く、「如来の*密意《みっち》は、罪を畏れしめんと欲したまふなり」等と云々。余は、下の*料簡《りょうけん》の念仏相門の如し。

これ等は皆、これ*別時《べつじ》の懺悔《さんげ》なり。しかれども、行者は常に当《まさ》に三事《さんじ》を修すべし。*大論に云ふが如し。

菩薩は必ず、すべからく昼夜六時《ちゅうやろくじ》に、懺悔《さんげ》と随喜《ずいき》と勧請《かんじょう》との三事を修すべし。

と。〈略抄〉五念門の中の、礼拝の次に、応《まさ》にこの事を修すべし。十住婆沙《じゅうじゅうばしゃ》の*懺悔の偈に云く、

十方の無量の仏は　知る所、尽さざるなし　我いま悉く前《みまえ》に於て　もろもろの*黒悪《こくあく》を
発露《ほつろ》せん　三々合して九種あり　三の煩悩より起る　今身《こんじん》もしは前身《ぜんしん》の　この罪を尽

性戒という。
十輪経　大乗大集地蔵十輪経巻四(正蔵一三ノ七四四下)の取意。
十悪の輪罪　経には十悪輪という。世を指導する者その他に見える、善を学ぶ心の薄弱な相を整理したもの。
観経には…　観無量寿経(正蔵一二ノ三四六上)、観仏三昧海経巻九(同一五ノ六八七中)、涅槃経(南本)巻一七(同一二ノ七二〇下)、大楽金剛不空真実三麼耶経(同八ノ七八四下)、華厳経(四十巻本)巻四〇(同一〇ノ八四八上)。
闍王　阿闍世王のこと。父、頻婆沙羅《びんばしゃら》王を殺害した。
随転理門　真実理門に対する言葉。仏・菩薩の本意をそのまま説くのでなく、聴く者の程度に応じて説く方便の説をいう。
感禅師は　釈浄土群疑論巻三(正蔵四七ノ四九中)。
密意　秘めている真意。
料簡の…　大文第十の第四および第五。
別時の懺悔　特別に時と所を限って行なう懺悔。
大論　大智度論巻七(正蔵二五ノ一一〇上)の取意。
懺悔の偈　十住毘婆沙論巻五(正蔵二六ノ四五上)。
黒悪　悪事、罪。

く懺悔せん　三悪道《さんまくどう》の中に於て　もし受くべき業報《ごうほう》あらば　願はくは今身に償《つぐな》ひて
悪道に入りて受けざらんことを
と。〈「三々合して九種あり」とは、身・口・意、おのおのに*現《げん》と生《しょう》と*後業《ごごう》とあり。「三の煩悩より起る」とは、*三界《さんがい》の煩悩なり〉　*勧請の偈に云く、

十方の一切仏の　現在成仏したまへる者に　我《われ》請ひたてまつる、法輪《ほうりん》を転《てん》じて　もろもろの衆生を安楽ならしめたまへと　十方の一切仏の　もし寿命を捨てんと欲したまはば　我いま*頭面《ずめん》に礼し　勧請して久しく住せしめたてまつらん

と。
*随喜の偈に云く、

所有《しょう》の*布施の福も　持戒と修禅《しゅぜん》の行《ぎょう》も　身《しん》・口《く》・意《い》より生ず　去《こ》・来《らい》・今《こん》の所有の三乗《さんじょう》を習ひ行ふ人と　三乗を具足する者と　一切の凡夫との福を　皆随ひて歓喜せん

と。〈已上〉
また、*常行三昧《じょうぎょうざんまい》・法華三昧《ほっけざんまい》・真言教《しんごんきょう》等に、皆おのおの文《もん》あり。意の随にこれを用ひよ。
もし略《りゃく》を楽《ねが》ふ者は、*弥勒菩薩本願《みろくぼさつほんがん》経の一偈に依るべし。*経に云く、

仏、阿難に語りたまはく、「弥勒菩薩は、本《もと》道を求めし時、耳・鼻・頭・目・手・足・身命・珍宝・城邑・妻子、及《およ》び国土を持ちて、布施して人に与へ、以て仏道を成ぜしにはあらず。ただ*善権《ぜんごん》・安楽《あんらく》の行《ぎょう》を以て、無上正真《むじょうしょうしん》の道を致《いた》すことを得たり」と。*

阿難、仏に白さく、「弥勒菩薩は、いかなる善権を以てか、仏道を致すことを得たるや」と。仏、阿難に語りたまはく、「弥勒菩薩は、昼夜おのおの三たび、衣《ころも》を正して体《からだ》

現と…　現在と、つぎに生まれて来たときと、さらにその後に生まれてくるときとの三つがある。三つの行為の結果を受けるときが、それぞれに三つあるとして、九を数えたもの。
後業　この後業の、後と業の間に、他本には「自作教使見作随喜也」の九字があるが、意味は通じない。
三界　この下、他本に「三毒三品」の四字があるが、いまは取らない。
勧請の偈　十住毘婆沙論巻五(正蔵二六ノ四五下)。
頭面に礼し　五体投地の最高の敬礼法。接足作礼・頂礼などともいう。
随喜の偈　十住毘婆沙論巻五(正蔵二六ノ四六上)。
布施の福…　十住毘婆沙論にこの詩を説明して、「布施の福は、慳法を捨つるより生じ、持戒の福は、よく身口の業を伏して生ず。禅行とは、もろもろの禅定これなり。身口より生ずとは、身口による布施・持戒・迎来送去等なり。意によりて生ずとは、禅定・慈悲等なり。去来今の所有とは、一切衆生の三世の福徳なり。三乗を行ずとは、声聞乗・辟支仏乗・大乗を求むるなり。…凡夫とは、いまだ四諦を得ざる者これなり」(正蔵二六ノ四六上―中)という。
常行三昧・法華三昧　この二つは、天台宗開祖智顗の摩訶止観巻二に説く、四種三昧といわれる修行法を代表するもので、常行三昧(二〇〇頁

に束《つか》ね、手を叉《く》み、右の膝を地に著《つ》け、十方に向ひて偈を説いて、

我《われ》一切の過《あやまち》を悔い　もろもろの*道徳を勧《すす》め明して　諸仏を帰命《きみょう》し礼《らい》したてまつる
無上の慧を得さしめよ

と言へり」と。仏、阿難に語りたまはく、「弥勒菩薩は、この善権を以て無上正真の道を得たり」と。

と。〈已上〉

問ふ。この懺悔と勧請等との事を修せば、いくばくの処《ところ》の福《ふく》をか得るや。

答ふ。*十住論の偈に云く、

もし一時の中に於て　福徳の、形あらば　恒河沙《ごうがしゃ》の世界も　乃ち自《おのずか》ら容受《ようじゅ》せざらん

と。

第六に、*対治魔事《たいじまじ》とは、問ふ、種々の魔事、能く正道《しょうどう》を障《さ》ふ。或は病患《びょうげん》を発《おこ》さしめ、或は観念《かんねん》を失はしめ、或は邪法を得しむ。いはゆる、もしは*有《う》の見《けん》、もしは無《む》の見、もしは*明了《みょうりょう》、もしは昏闇《こんあん》、もしは*邪定《じゃじょう》、もしは*攀縁《はんえん》、もしは悲、もしは喜、もしは苦、もしは楽、もしは禍、もしは福、もしは悪事、もしは善事、もしは人を憎み、もしは恋著《れんじゃく》し、もしは心強く、もしは心軟かなり。かくの如き等の事、もしは過ぎ、もしは及ばざる、皆これ魔事にして悉く正道を障ふ。何を以てかこれを対治せん。

答ふ。治道《じどう》多しといへども、今はただ応《まさ》に念仏の一治に依るべし。この中にもまた*事《じ》・

一二行以下参照)は般舟三昧経によるから、般舟三昧ともいい、法華三昧は法華経により、二十一日を限って、坐禅したり、仏像のまわりをまわって、坐と行とを兼ねるから、半行半坐三昧という。→補

弥勒菩薩本願経…　弥勒菩薩所問本願経(正蔵一二ノ一八八下)。

経に　弥勒菩薩所問本願経(正蔵一二ノ一八八下)。

仏道　道はさとりの意。仏道は仏のさとり、無上菩提をいう。

善権・安楽の行　善権は善巧《ぜんぎょう》方便のことで、てだてとしてかりに設けたもの。安楽の行とは容易で簡単な修行の意。

道徳　道は正しい道理、徳はそれを得て失わないこと。

十住論の偈　十住毘婆沙論巻六(正蔵二六ノ四七中)。

対治魔事　魔の仕業をしずめること。

有の見…　かたよった極端な見解で、我(が)は死後も永遠に不変であるとするのが有の見(常見)、我は死後は断絶するとするのが無の見(断見)。

明了…　心が明るすぎたり、暗すぎたりする。

邪定　よこしまな観想にふけること。

攀縁　心が対象によりかかってはたらくことで、外界の事物にかき乱されることをさす。

事・理　事の念仏と理の念仏。九一頁「事を…」注参照。

理《り》あり。

一に、事の念とは、言行《ごんぎょう》相応して一心に念仏する時、もろもろの悪魔、*沮壊《そえ》することあたはず。

問ふ。何が故に壊《やぶ》れざるや。

答ふ。仏の護念《ごねん》したまふが故に、*法《ほう》の威力《いりき》の故に、沮壊することあたはざるなり。*大般《だいはん》若《にゃ》に、魔事を対治するに、*番々《ばんばん》の二法を出せるが如し。その中に云く、

一には、言ふ所の如く皆悉く能く作す。二には、諸仏の為に常に護念せらる。

と。また*般舟《はんじゅ》経に云く、

もし*閲叉《えっしゃ》・鬼神《きじん》、人の禅を壊《やぶ》り、人の念《おもい》を奪はんも、もしこの菩薩を中《やぶ》らんと欲せば、終《つい》に中ることあたはず。

と云々。余は、下*の利益門の如し。

二に、理《り》の念《ねん》とは、*止《し》観《かん》の第八に云ふが如し。

*魔《ま》界《かい》の如《にょ》と仏界《ぶっかい》の如とは、一如《いちにょ》にして二如なく、平等一相なりと知り、魔を以て慼《うれい》となすことも、仏を以て欣《よろこび》となすこともなく、これを*実際《じっさい》に安《お》く。〈乃至〉魔界は即ち仏界なるに、しかも衆生は知らずして仏界に迷ひて、横《よこざま》に魔界を起《おこ》し、菩提の中に於て、しかも煩悩を生ず。この故に悲《ひ》を起して、衆生をして魔界に於て仏界に即し、煩悩に於て菩提に即せしめんと欲す。この故に慈悲を起す。

と。〈已上〉

沮壊　破ること。

法の威力　念仏そのものの勝れた力。

大般若　大般若波羅蜜多経巻三四六(正蔵六ノ七七六下)。

番々の二法　それぞれ二種の方法。その中の一つは、一九三頁に見える。

般舟経　般舟三昧経巻中(正蔵一三ノ九一二下)の略抄。

閲叉・鬼神　閲叉は梵語。夜叉に同じ。夜叉は、仏教を護るものと、そこなうものとの両方に通じるが、鬼にも善・悪があり、前者には梵天・三十三天・四天王・竜王などがあり、後者には羅刹(らせつ)などがある。

下の利益門　大文第七、念仏の利益。

止観　摩訶止観巻八下(正蔵四六ノ一一五上・一一六中)。

魔界の如　魔の世界にもそれとしてかわることのない真実の本性があることをさしていう。そしてそれが仏界のそれと同じであることを、ここに論じる。如は真如のこと。

実際　涅槃のさとりをいう。また真如の理体としての真実。

真体　真のすがた。

一実の相　すべてに平等な真如のすがた。

五道　六道のうち、阿修羅を餓鬼や

応にこの念を作すべし、「魔界も仏界も及び自他《じた》の界も、同じく空・無相なり。この諸法の無相は、これ即ち仏の*真体《しんたい》なり。当《まさ》に知るべし、魔界は即ちこれ仏身《ぶっしん》にして、また即ちわが身《しん》なり、理《り》に二なきが故にと。しかれども、もろもろの衆生は、妄想の夢いまだ覚めず。*一実《いちじつ》の相を解《さと》らざれば、是非《ぜひ》の想《おもい》を生じて*五道《ごどう》に輪廻《りんね》す。願はくは、衆生をして平等の慧《え》に入らしめん」と。かくの如く、深く*無縁《むえん》の大悲を起し、乃至、仏の*妙色身《みょうしきしん》を観ずといへども、*三空門《さんくうもん》に入りて執著《しゅうじゃく》すべからず。熱き金丸《こんがん》の、色の妙《たえ》なるを見るといへども、手に触《ふ》るべからざるが如し。いはんや、余事に於て著《じゃく》を生じ、*慢《まん》を生ぜんをや。この観を作す時、魔も沮壊せず。故に大般若経に、またその治を説いて云く、

*一には、諸法は皆畢竟《ひっきょう》空なりと観じ、二には、一切の有情を棄捨せず。

と。

また*大論に云く、

*十二入《にゅう》は、皆これ*魔網《まもう》にして*虚狂不実《こきょうふじつ》なり。この中に於て六種の識を生ずるも、またこれ魔網にして虚狂なり。何者かこれ実なる。ただ*不二《ふに》の法《ほう》あるのみ。眼《げん》もなく色《しき》もなく、乃至、意《い》もなく*法《ほう》等もなし。これを実と名づく。衆生をして十二入を離れしむるが故に、常に種々の因縁を以てこの不二の法を説く。

と。

問ふ。何が故に、空を観ぜば、魔、便《たより》を得ざるや。

答ふ。*かの論に云く、

一切の法の中に皆著《じゃく》せず。著せざるが故に*違錯《いさく》することなし。違錯することなきが故

天などに含ませた考え方によるもの。

無縁の大悲　特定の対象を置かない仏の慈悲。平等不偏の大慈悲。

妙色身　なんとも言いようのない美しい身体。

三空門　三解脱門に同じ。↓七一頁「四無量・三解脱」注

慢　慢心。おごりたかぶる心。

一には…　大般若波羅蜜多経巻三四六(正蔵六ノ七七六下)。

大論　大智度論巻五〇(正蔵二五ノ四一七下)。

十二入　十二処ともいう。眼・耳・鼻・舌・身・意の六根(器官)と、これの対象になる色・声・香・味・触・法の六境とを合して、これらがともに心と心のはたらきを育てるよりどころとなるから、十二入という。

魔網　天魔が人をまどわすためにはっている網、つまり天魔の邪悪な行為をいう。

虚狂不実　実際にない、いつわりのもの。大智度論には「狂」を「誑」に作る。

不二の法　差別・相対を超えた絶対平等の真理。

法　法境のこと。広義には、すべてのものを含むが、狭義では、五境以外をさし、とくに意識・意根だけがそれに向かってはたらく対象のこと。

かの論　大智度論巻三七(正蔵二五ノ三三二下)。

違錯　あやまりに陥ること。

に、魔もその便を得ることあたはず。譬へば、人の身に瘡《きず》なくは、毒屑《どくせち》の中に臥すといへども、毒もまた入らず。もし小瘡《しょうそう》あらんには、則ち死するが如し。

と。また*大集経の月蔵分の中に、他化天魔王《たけてんまおう》、菩提心《ぼだいしん》を発《おこ》し、*記《き》を受け、願を発して云く、「我等、現在・未来の諸仏の弟子の、*第一義《だいいちぎ》と相応して住せん者をば護念し、供給《くきゅう》し供養せん。もしわが教《おしえ》に順《したが》はずして行者《ぎょうじゃ》を悩乱せば、即ちかの類をして種々の病を得しめ、神通を退失せしめん」と。〈取意〉明かに知んぬ、*実魔《じつま》は便を得ず、権魔《ごんま》は護念するのみ。前の二種の治は皆証拠あり。故に更に諸師の所釈《しょしゃく》を引かず。

第七に、*惣結要行《そうけつようぎょう》とは、問ふ、上の諸門の中に陳《の》ぶる所《ところ》既に多し。いまだ知らず、いづれの業《ごう》をか往生の要《よう》とするを。

答ふ。*大菩提心《だいぼだいしん》と、*三業《さんごう》を護ると、深く信じ、誠《まこと》を至《いた》して、常に仏を念ずるとは、願の随に決定して極楽に生ず。いはんやまた、余のもろもろの妙行《みょうぎょう》を具《ぐ》せんをや。

問ふ。何が故に、これ等を往生の要とする。

答ふ。菩提心の義は、前に具《つぶ》さに釈せしが如し。三業の重悪《じゅうあく》は能く正道《しょうどう》を障《さ》ふ。故にすべからくこれを護るべし。*往生の業《ごう》には念仏を本となす。その念仏の心は、必ずすべからく理《り》の如くすべし。故に深く信ずると、誠を至すと、常に念ずるとの三事を具す。常に念ずることには、三の益《やく》あり。迦才《かざい》の云ふが如し。

*一には、諸悪の*覚観《かくかん》、畢竟《ひっきょう》して生ぜず。また業障《ごっしょう》を消《け》すことを得。二には、善根増《ぜんごんぞう》

大集経の月蔵分　大方等大集経巻四九(正蔵一三ノ三二〇中)。

記　記別に同じ。弟子に、未来のさとりの内容を予言すること。

第一義　勝義・真実などともいう。

実魔　本当の魔、もともとからの魔。仮りに魔の姿をとっている権魔に対していう。

惣結要行　往生にとって必要な修行の総括。

大菩提心…　仏のさとりを得たいと願う心。浄土宗の開祖法然の往生要集略料簡には、大菩提心以下を七法ととらえ、(1)大菩提心は、大文第四の作願門、(2)三業を護るとは、大文第五の止悪で、十重をさす、(3)深く信ずるとは、同じく第五、修行の相貌のなかの四修・三心の深信、(4)誠を至すとは、その三心の至誠心、(5)常にとは、四修の無間修、(6)念仏とは、大文第四の観察、(7)願の随にとは、三心のなかの廻向発願心をいう(新修法然全集ノ一五)、と説明している。ちなみに、法然には、ほかに往生要集詮要、往生要集料簡、往生要集釈の三部がある。

三業　身と口と意(こころ)との三つのはたらき、行為。

往生の業…　法然が選択本願念仏集のなかで、開巻劈頭に記した言葉として、極めて著名。

一には　浄土論巻上(正蔵四七ノ九〇上)の略抄。

長《じょう》して、また見仏《けんぶつ》の因縁を種《う》うることを得。三には、*薫習熟利《くんじゅうじゅくり》し、命終《みょうじゅ》の時に臨みて、*正念現前《しょうねんげんぜん》す。

と。〈已上〉業《ごう》は願に由りて転ず。故に願の随に往生すと云ふなり。

惣じてこれを言はば、三業を護るはこれ止善《しぜん》にして、仏を称念《しょうねん》するはこれ行善《ぎょうぜん》なり。菩提心及び願はこの二善を扶助《ふじょ》す。故にこれ等の法を往生の要となす。その旨《むね》、経・論に出でたり。これを具《つぶ》さにすることあたはず。

覚観　尋伺ともいう。覚は物事を大まかに尋ね、おしはかること、観は細かに伺い、考えること。

薫習　熏ともいう。行為が心に影響してある種の気分を残すこと。残ったものを習気(じっけ)という。ここでは念仏の習慣が心にしみついて実を結ぶことをいう。

正念　心静かに念仏すること、またその念仏の思い。

大文第六に、*別時念仏《べつじねんぶつ》とは、二あり。初に、*尋常《じんじょう》の別行《べつぎょう》を明し、次に、臨終《りんじゅ》の行儀《ぎょうぎ》を明す。

第一に、尋常の別行とは、日々の*行法《ぎょうぼう》に於て常に勇進することあたはず。故に、応《まさ》に時ありて別時の行を修《しゅ》すべし。或は一・二・三日乃至七日、或は十日乃至九十日、楽《ねがい》の随《まま》にこれを修せよ。

言ふ所の、一日乃至七日とは、導和尚《どうかしょう》の*観念門《かんねんもん》に云く、

*般舟三昧経《はんじゅざんまいきょう》に、「仏、*跋陀和《ばっだわ》に告げたまはく、「この行法を持《たも》てば便《すなわ》ち三昧を得、現在の諸仏、悉く前にありて立ちたまふ。それ*比丘《びく》・比丘尼《びくに》・優婆塞《うばそく》・優婆夷《うばい》ありて、法の如く、持戒完《また》く具《そな》はらば、独《ひと》り一処に止《とど》まり、西方の阿弥陀仏、今現《げん》にかしこに在《ま》しますと念ぜよ。聞く所に随ひて当《まさ》に念ずべし、ここを去ること十万億の仏の刹《くに》にして、その国を*須摩提《しゅまだい》と名づくと。一心にこれを念ずること、一日一夜もしは七日七夜ならんに、七日を過ぎ已りて後、これを見たてまつらん。譬へば、夢の中に見る所の如し。昼夜を知らず、また*内外《ないげ》を知らざるも、冥《くら》き中にありて蔽碍《へいげ》する所あるに由るが故に、見ざるにはあらず。跋陀和。四衆《ししゅ》常にこの念を作さん時、諸仏の境界《きょうがい》の中のもろもろの大山《たいせん》・須弥山《しゅみせん》、そのあらゆる幽冥《ゆみょう》の処は、悉く開闢《かいびゃく》をなして蔽碍する所なからん。この四衆は、*天眼《てんげん》を持ちて徹《とお》し視るにあらず、天耳《てんに》を持ちて徹し聴くにあら

別時念仏　特定のときに行なう念仏。

尋常の別行　平生、あるときを限って行なう念仏。臨終のときの念仏に対する。

行法　修行の法。

観念門　観念阿弥陀仏相海三昧功徳法門(略して観念法門)(正蔵四七ノ二四上—中・二五下・二九中)。

般舟三昧経　般舟三昧経(一巻本)(正蔵一三ノ八九九上—中)。

跋陀和　→八一頁注

比丘…　出家の男女と、在家の男女。四衆と総称する。

須摩提　梵語。安養・安楽などと訳する。極楽浄土のこと。

内外を…　内とも外ともわからないが、暗いなかにいて、覆い隠されているために見えないのとはちがう。

天眼　遮蔽されたものでも見とおすことができる超人的な力で、三眼・五眼の一であるが、ここでは六神通の一。以下、天耳・神足もその一。

ず、神足《じんそく》を持ちてその仏の刹に到るにあらず、*この間に於て終りて、かの間に生ずるにあらず、便ちここに座してこれを見るなり」と。仏言《のたま》はく、「四衆は、この間の国土に於て、阿弥陀仏を念ずるに専念なるが故に、これを見たてまつることを得。即ち問へ、いかなる法を持ちてか、この国に生るることを得と。阿弥陀仏、報《こた》へて言《のたま》はん、『来生《らいしょう》せんと欲せば、常にわが名を念じて休息《くそく》することを得ることなかれ。即ち来生することを得ん』と」と。仏言はく、「専念するが故に往生することを得るなり。当に念ずべし、仏身には卅二相《そう》・八十種好《しゅこう》ありて、*巨億《こおく》の光明徹照《こうみょうてっしょう》し、端正《たんじょう》にして比《たぐい》なく、菩薩僧《ぼさつそう》の中にありて説法したまふことを。*色《しき》を壊《え》することなかれ。何を以ての故に。色を壊せざるが故に、仏の*色身《しきしん》を念ずるに由るが故に、この三昧を得るなり」と」と。

已上は念仏三昧の法を明《あか》す。〈この文はかの経の*行品《ぎょうほん》の中にあり。もし覚《さ》めて仏を見ざれば、夢の中に於てこれを見るなり〉

三昧の道場に入らんと欲する時は、一《もは》ら仏教の方法に依り、まづすべからく道場を*料理《りょうり》し、尊像を安置し、香湯《こうとう》にて*掃灑《そうせ》すべし。もし仏堂《ぶつどう》なきも、浄房《じょうぼう》あらばまた得たり。掃灑すること法の如くし、一の仏像を取りて西の壁に安置せよ。行者《ぎょうじゃ》等、月の一日より八日に至り、或は八日より十五日に至り、或は十五日より廿三日に至り、或は廿三日より卅日に至るまで、月別に四時《しじ》にするは佳《よ》し。行者等、自ら家業《かごう》の軽重《きょうじゅう》を量《はか》り、この時の中に於て浄行《じょうぎょう》の道に入れ。もしは一日乃至七日、尽《ことごと》く浄衣《じょうえ》を須《もち》ひ、*鞋韈《げまつ》もまた新浄《しんじょう》なるを須ひよ。七日の中は、皆すべからく*一食長斎《いちじきちょうさい》し、耎餅《なんべい》・麁飯《そはん》、随時の醬*

この間… この世界で死んで、かの世界に生まれるのでもない。

巨億… 何百億・何千億といった莫大な光が照りとおる。

色を壊… 仏の肉体的な存在を否定してはならない。

色身 仏の生身の体。

行品 般舟三昧経、行品第二。

料理 整頓すること。

掃灑 そそいで洗い清める。

鞋韈 鞋は靴、韈は足袋の類。

一食長斎 その期間中は、一日に一食、昼以後の食事を取らないことをつづける。斎とは正午以後の食事をしないことで、普通、非時食(ひじじき)といって、僧はこれを取らないが、在家も時を限って八斎戒を守るときは、僧の規定が適用される。

醬菜 飲みものや果物。

菜は、倹素《けんそ》節量《せつりょう》すべし。道場の中に於て、昼夜に心を束《いまし》め、相続して専ら阿弥陀仏を念ぜよ。心と声と相続して、ただ坐し、ただ立ち、七日の内、睡眠《すいめん》することを得ざれ。また時に依りて礼仏《らいぶつ》・誦経《ずきょう》すべからず、数珠《じゅず》もまた捉るべからず。ただ合掌して仏を念ずと知り、念々《ねんねん》に見仏《けんぶつ》の想を作せ。仏の言はく、「阿弥陀仏の真金色《しんこんじき》の身に、光明徹照し、端正無比《たんじょうむひ》にして、*心眼《しんげん》の前に在《いま》すと想念せよ」と。正しく仏を念ずる時は、もし立たんには、即ち立ちて念ずること一万・二万せよ。もし坐せんには、即ち坐して念ずること一万・二万せよ。道場の内に於ては、頭《こうべ》を交《まじ》へて竊《ひそ》かに語ることを得ざれ。昼夜、或は三時・六時に、諸仏、一切の賢聖《げんじょう》、*天曹《てんそう》・地府《ちふ》、一切の*業道《ごうどう》に表白《ひょうびゃく》して、一生已来、身・口・意業の造る所のもろもろの罪を発露し懺悔せよ。事々に実に依りて懺悔し竟《おわ》らば、また法に依りて仏を念ぜよ。見る所の境界《きょうがい》は、輒《たやす》く説くことを得ざれ。*善ならば自ら知り、悪ならば懺悔せよ。酒《しゅ》・肉《にく》・*五辛《ごしん》は、誓ひ発願して、手に捉《と》らざれ、口に喫せざれ。もしこの語に違《たが》はば即ち身口《しんく》倶《とも》に*悪瘡《あくそう》を著《つ》けんと願へ。願ひて、阿弥陀経を誦《じゅ》すること十万遍を満たし、日別に仏を念ずること一万遍せよ。経を誦すること日別に十五遍、或は誦すること二十遍・卅遍、力の多少に任《まか》せよ。浄土に生れんと誓ひ、仏の*摂受《しょうじゅ》を願へ。

またもろもろの行者《ぎょうじゃ》に白《もう》さく、ただ今生《こんじょう》に日夜相続して、専ら弥陀仏を念じ、専ら弥陀経を誦し、浄土の聖衆《しょうじゅ》と荘厳《しょうごん》とを称揚《しょうよう》し、*礼讃《らいさん》して、生ずることを願はんと欲する者は、*三昧道場《さんまいどうじょう》に入るを除き、日別に弥陀仏を念ずること一万して、命を畢《お》るまで相

心眼　観念をこらすとき、よく一切が明らかになることから、心をさして眼といったもの。

天曹・地府　天神・地祇に同じ。天の神、地の神。

業道　業道神の略。人の善悪の行為を監視する神々のこと。

善ならば…　まのあたりにした境界が善いときは、みずからそのよって来るところを知る。

五辛　梵網経巻下に、五辛について、大蒜・革葱・慈葱・蘭葱・興蕖の五をあげ、これを禁じている(正蔵二四ノ一〇〇五中)。この五について、一説には、上より順に、にんにく・のびる・ねぎ・やまにんにく・からしなであるとする。これらは淫欲をたかぶらせ、怒りの心をおこさせるから禁ずるもので、酒・肉とともに四十八軽戒に含まれる。

悪瘡　悪質のできもの。

摂受　摂め取って導くこと。救い。

礼讃　礼拝し讃嘆すること。

三昧道場　三昧を修するための道場。

続せば、即ち弥陀の*加念《かねん》を蒙《こうむ》りて、罪障を除くことを得、また仏と聖衆と、常に来りて護念したまふことを蒙ると。既に護念を蒙りなば、即ち年を延べ、転じて長命安楽なることを得ん。因縁の一々は、具さに*譬喩経・惟無《ゆいむ》三昧経・浄度三昧経等に説くが如し。

また*観仏経に云く、「もしもろもろの比丘・比丘尼、もしは男《なん》・女人《にょにん》にして、*四の根本の罪、十悪等の罪、五逆の罪を犯し、及び大乗を謗《そし》らんに、かくの如きもろもろの人、もし能く懺悔すること日夜六時、身心息《やす》まず、五体を地に投ずること大山《たいせん》の崩るるが如くし、号泣《ごうきゅう》して涙を雨《ふ》らし、合掌して仏に向ひ、仏の眉間の白毫相の光を念ずること、一日より七日に至らば、前の四種の罪は軽微なることを得べし。白毫の光を観ぜんに、闇くして見えざる者は、応《まさ》に塔の中に入りて、像の眉間の白毫を観ずべし。一日より三日に至るまで、合掌して啼泣せよ」と。

と。〈已上。観念門よりこれを略抄す〉*大般若の五百六十八に、七日の行を明して云く、

もし善男子・善女人等、心に疑惑なく、七日の中に於て、*澡浴《そうよく》して清浄となり、新浄の衣を著《つ》け、花《け》・香《こう》もて供養し、一心に正しく前《さき》に説きし所の如来の功徳及び大威神の如きを念ぜば、その時、如来は慈悲もて護念し、身を現じて見せしめ、願をして満足せしめたまふ。もし花・香等の事に闕少《けっしょう》することあらば、ただ一心に功徳と威神とを念ぜよ。まさに命《いのち》終らんとする時、必ず仏を見ることを得ん。

と。〈已上〉「前に説きし所の功徳」等と言ふは、如来の大慈大悲と説法と、*無碍《むげ》の静慮《じょうりょ》と、

加念　想いをかけること。

譬喩経…　譬喩経・惟無三昧経ともに不明。浄度三昧経は、現在、巻一を存する(続蔵八七ノ二九四右上—二九八左下)が、いまは不明。

観仏経　観仏三昧海経巻二(正蔵一五ノ六五五中)の略抄。

四の根本の罪…　四重罪については、二六頁注参照。また十悪は一〇四頁一一—一四行、五逆罪は二六頁注参照。

大般若　大般若波羅蜜多経巻五六八(正蔵七ノ九三六中)。

澡浴　ゆあみ。

無碍の静慮　何物にも邪魔されない静かな心の統一。静慮とは禅のこと。坐禅はその禅法の一つ。

一念《ねん》に能く無辺の類《たぐい》の身を現ずると、天眼《てんげん》・天耳《てんに》・*他心智《たしんち》・無失念《むしつねん》・無漏離垢《むろりく》と、一切法を得《え》て自在平等《じざいびようどう》なると等の、功徳《くどく》と威神《いじん》となり。*大集賢護経《だいしゆうけんご》にもまた七日の行あり。次の利益の中に説くが如し。また迦才《かざい》の浄土論*に云く、

*綽《しやく》禅師は、経文の「ただ能く仏を念ずること、一心不乱にして、百万遍《ひやくまんべん》已去なることを得たる者は、定んで往生することを得」といへるを検《かんが》へ得たり。また綽禅師は、小阿弥陀経の七日の念仏に依りて百万遍を検へ得たるなり。この故に、大集経《だいしゆうきよう》・*薬師《やくし》経・小阿弥陀経に皆《みな》七日の念仏を勧むるは、この意《い》明かなり。

と。〈已上は迦才なり〉

言ふ所の十日の行《ぎよう》とは、*鼓音声経《くおんじよう》・平等覚経《びようどうかく》に出づ。次の利益門に至りて、当《まさ》に知るべし。

言ふ所の九十日の行とは、*止観《しかん》の第二に云く、

常行三昧《じようぎようざんまい》とは、まづ方法を明《あか》し、次に勧修《かんじゆ》を〔明す〕。

方法とは、*身《しん》の開遮《かいしや》と、口《く》の説黙《せつもく》と、意《い》の止観となり。この法は、般舟《はんじゆ》三昧経に出でたり。翻《ほん》じて仏立《ぶつりゆう》となす。仏立に三義あり。一には仏の威力《いりき》、二には三昧力《さんまいりき》、三には行者の本功徳力《ほんくどくりき》なり。能く定中《じようちゆう》に於て、十方現在の仏の、その前にありて立ちたまふを見ること、明眼《みようげん》の人の、清夜《じようや》に星を観るが如し。十方の仏を見たてまつるも、またかくの如く多し。故に仏立三昧《ぶつりゆうざんまい》と名づく。*十住毘婆沙《じゆうじゆうびばしや》の偈に云く、

この三昧の住処*に　少と中と多との差別あり　かくの如き種々の相　また応にすべ

他心智…　ひとの心を洞察できる智慧、もの忘れしない記憶力、汚れのない煩悩からの離脱、およびすべてのものを得て、しかもそれらに対して自由自在で平等であることができる能力などの、功徳と勝れた不思議な力。

大集賢護経　大方等大集経賢護分巻一(正蔵一三ノ八七五下)。二三五頁一六行―二三六頁五行参照。

浄土論　浄土論巻下(正蔵四七ノ一〇二下)。

綽禅師は…　伝記には、道綽が木槵子を穿って数珠を作ったことを伝える(続高僧伝巻二〇。正蔵五〇ノ五九四上)が、このことを指すと見られる。またちなみに木槵子経には百万遍の念仏のことを記している(同一七ノ七二六上)。

薬師経…　薬師琉璃光如来本願功徳経(正蔵一四ノ四〇六下・四〇七下)、阿弥陀経(同一二ノ三四七中)。

鼓音声経…　阿弥陀鼓音声王陀羅尼経(正蔵一二ノ三五二下)、無量清浄平等覚経巻三(同一二ノ二九三上)。二三六頁一〇行―二三七頁四行参照。

止観　摩訶止観巻二上(正蔵四六ノ一二上―一三上)。

身の開遮…　身に行なってよいことといけないこと、口に言うことと言わないこと。

十住毘婆沙　十住毘婆沙論巻一二(正蔵二六ノ八八中)。

からく論議すべし

と。住処とは、或は初禅*・二・三・四の中間《ちゆうげん》に於て、この勢力を発して能く三昧を生ずるが故に住処と名づく。初禅は少、二禅は中、三と四とは多なり。或は少時に住するを少と名づけ、或は世界を見ること少く、或は仏を見ること少きが故に少と名づく。中と多もまたかくの如し。

身に常行《じようぎよう》を開《ゆる》す。この法を行ずる時は、*悪知識《あくちしき》及び痴人・親属・郷里を避け、常に独り処止《しよし》し、他人に希望《けもう》して求索《ぐしやく》する所あることを得ざれ。常に乞食《こつじき》して別請《べつしよう》を受けざれ。道場を厳飾《ごんじき》し、もろもろの供具《くぐ》・*香餚《こうごう》・甘菓《かんか》を備へよ。その身を*盥沐《かんもく》し、*左右出入には衣服《えぶく》を改め換へよ。ただ専ら行き旋《ある》りて《めぐ》、九十日を一期となし、明師の、*内外《ないげ》の律に善くして、能く*妨障《ぼうしよう》を開除するを須《もち》ひよ。所聞《しよもん》の三昧の処に於ては、世尊を視たてまつるが如くし、嫌《いと》はず、恚《いか》らず、短・長を見ざれ。当に肌肉《ひにく》を割《さ》きても、師に供養すべし。いはんやまた余のことをや。師に*承事《しようじ》すること、僕《ぼく》の大家《たいけ》に奉ずるが如くせよ。もし師に於て悪を生ぜば、この三昧を求むるも、終《つい》に得ること難し。外護《げご》は、母の子を養ふが如くなるを須《もち》ひ、*同行《どうぎよう》は、共に嶮を渉《わた》る如くなるを須ひよ。すべからく*要期《ようご》し、誓願すべし。「わが筋骨《きんこつ》をして枯《こ》朽《く》せしむとも、この三昧を学びて得ずは、終に休《く》息《そく》せじ」と。大信《だいしん》を起さば能く壊《やぶ》る者なく、大精進《だいしようじん》を起さば能く及ぶ者なく、所入《しよにゆう》の智は能く逮《およ》ぶ者なし。常に善師とともに事に従ひ、三月《みつき》を終竟《おわ》るまで、世間の想欲を念ずること、*弾指《だんし》の頃《きよう》の如きをも得ざれ。三月の終竟るまで、*臥出《がしゆつ》する

住処　三昧に相応するもの。

初禅…　この四を四静慮ともいう。これによって四禅天に生まれるとされる。それぞれの差異は、その禅にはいったときの心のはたらきによって説かれ、いささか煩瑣である。中間は中間定(じょう)といわれる。

悪知識　悪友、悪師。

香餚　餚は料理。香のよい料理。
盥沐　沐浴して清める。
左右出入　左から出て右から入る。道場に出入りすること。
内外の律　大乗・小乗の戒律。内は心、外は身と口との二で、心を重視するのが大乗、外見の身と口に現われた行為を重視するのが小乗と理解される。
妨障を…　修行の障碍について熟知している師の教えに従う必要がある。
承事　よく仕えること。
同行　修行をともにするもの。
要期　期間をきめる、かぎる。

弾指の頃　指を鳴らすような、一瞬の間。極めて短い時。
臥出　道場を出たり、横になること。

こと、弾指《だんし》の頃《きょう》の如きをも得ざれ。三月を終竟《おわ》るまで、行《あ》きて休息《くそく》することを得ざれ。*坐食《ざじき》と左右とを除く。人の為に経を説かんに、衣食《えじき》を望むことを得ざれ。*婆沙《ばしゃ》の偈《げ》に云く、

善知識《ぜんじしき》に親近《しんごん》し　精進して懈怠《けだい》なく　智慧《ちえ》甚だ堅牢《けんろう》にして　*信力《しんりき》、妄《みだ》りに動かすことなかれ

と。

口《く》の説黙《せつもく》とは、九十日、身には常に行《あ》きて休息することなく、九十日、口には常に阿弥陀仏の名を唱《とな》へて休息することなく、九十日、心には常に弥陀仏を念じて休息することなかれ。或は*唱《しょう》と念《ねん》と倶に運び、或はまづ念じて後に唱へ、或はまづ唱へて後に念じ、唱・念相継《あいつ》いで休息する時なかれ。もし弥陀を唱ふれば、即ちこれ十方の仏を唱ふると、功徳等し。ただ専ら弥陀を以て*法門の主となす。要を挙げてこれを言はば、*歩々《ぶぶ》・声々《しょうしょう》・念々《ねんねん》、ただ阿弥陀仏にあり。

意に止観を論ずとは、西方の阿弥陀仏を念ぜよ。ここを去ること十万億の仏の刹にして、宝地《ほうじ》・宝池《ほうち》・宝樹・宝堂に在《ま》しまして、もろもろの菩薩の中央に坐して経を説きたまふ。三月《みつき》、常に仏を念ぜよ。いかんが念ずる。三十二相を念ずるなり。足の下の千輻輪相《せんぷくりんそう》より、一々に*逆に縁《えん》じて、諸相乃至*無見頂《むけんちょう》を念じ、また応《まさ》に頂相より順に縁じて、乃ち千輻輪に至るべし。我をしてまた*この相に逮《およ》ばしめたまへと。*また念ぜよ、我当《まさ》に心によりて仏を得るや、身によりて仏を得るやと。仏は心を用て

坐食…　食事をするときと、大小便のために出入りするとき。
婆沙の偈　十住毘婆沙論巻一二(正蔵二六ノ八六中)。
信力　五力の一。信仰の力。
唱と念　仏の名を唱えることと、仏を念ずること。
法門の主　浄土の教えの教主。
歩々…　一歩一歩、歩いているとき、一声一声唱えているとき、一回一回念じているとき、ただ阿弥陀仏がその対象である。
逆に縁じて　逆に足から頭へとさかのぼって、観想の対象を求めて。
無見頂　仏の三十二相の一つである肉髻(にっけい)相にある好(こう)。八十種好の一つ。これは人・天には見えないので、この名がある。
この相に…　わたしにもこの相を見させてください。
また念ぜよ…　以下の文は、ほぼ般舟三昧経巻中(正蔵一三ノ九〇八中―下)に見える。

も得ず、身を用ても得ず。心を用ても仏の色《しき》を得ず、色を用ても仏の心を得ず。何を以ての故に。心といはば仏には心なく、色といはば仏には色なし。故に色・心を用てしては*三菩提《さんぼだい》を得ず。仏は*色已《しき》に尽き、乃至、識《しき》も已に尽く。仏の説きたまふ所の、尽くといふを、これ痴人は知らず、知者は暁《あきら》かに了《さと》る。身《しん》・口《く》を用ても仏を得ず、智慧を用ても仏を得ず。何を以ての故に。智慧は索《もと》むるに得べからず、自ら*我《が》を索めて了《つい》に得べからざればなり。また*所見《しょけん》もなし。*一切の法は本より所有《しょう》なく、本《もと》を壊《え》し本を絶《ぜっ》す。〈その一〉

夢に七宝《しっぽう》を見て親属歓楽するも、覚《さ》め已りて追念《ついねん》するに、いづれの処にあるやを知らざるが如し。かくの如く仏を念ぜよ。また*舎衛《しゃえ》に女ありて*須門《しゅもん》と名づくと。これを聞き心に喜びて、夜夢に事に従ひ、覚《さ》め已りてこれを念《おも》ふに、彼も来らず我も往《ゆ》かざるに、しかも楽しむ事、*宛然《えんねん》たるが如し。当《まさ》にかくの如く仏を念ずべし。人の大《おお》いなる沢《さわ》を行くに、飢《き》渇《かつ》して夢に美食を得るも、覚め已りて腹の空しきが如く、自《みずか》ら一切の所有の法を念《おも》ふに、皆夢の如し。当にかくの如く仏を念《ねん》ずべし。しばしば念じて休息することを得ることなかれ。この念《ねん》を用て、当に阿弥陀仏の国に生るべし。これを*如《にょ》想念《そうねん》と名づく。人の、宝を以て瑠《る》璃《り》の上に倚《よ》するに、影その中に現ずるが如し。また比丘の、骨を観ずるに、骨より種々の光を起すが如し。これ、持ち来れる者なく、またこの骨あることもなし。これ意《こころ》の作せるのみ。鏡の中の像は、外より来らず、中より生ぜざるも、鏡の浄きを以ての故に、自《おのずか》らその形を見るが如し。行人《ぎょうにん》の色《しき》は清浄な

三菩提　三藐(さんみゃく)三菩提の略。正覚・正等覚と訳し、正しい仏のさとりの意。

色已に…　色・受・想・行・識の五蘊(うん)がそれぞれ尽きたことを説く。

我　自己の本体。常に変らない主体的な自我。

所見　見られるもの。

一切の法…　すべてのものは、本来、存在しない。しかしそれだけではなく、その本来の無もさらに否定され、その否定もまた否定される。

舎衛　舎衛国のこと。釈尊当時、中インドにあった国。祇園精舎が著名。

須門　須蔓那(しゅまんな)とも書く。舎衛国にいた娼婦。

宛然　ちょうど。実際にあったことのように愛の喜びにひたるという意。

如想念　すべては夢のようなものだと想う、その想いのように行なわれた念仏。

れば、*所有《しょう》のものも清浄なり。仏を見んと欲すれば即ち仏を見、見れば即ち問ひ、問へば即ち報《こた》へたまひ、経を聞いて大いに歓喜するなり。〈その二〉自ら念ぜよ。仏はいづれの所より来るや、我もまた至る所なしと。わが念ずる所、即ち見るなり。心、仏と作り、心自《みずか》ら心を見、仏の心を見るなり。この仏の心は、これわが心が仏を見るなり。心は自ら心を知らず、心は自ら心を見ず。心に想あるを痴《ち》となし、心に想なきはこれ泥洹《ないおん》なり。この法は示すべきものなし。皆、*念の所為《しょい》なり。たとひ念ありとも、また*無所有《むしょう》にして空《くう》なりと了するのみ。〈その三〉

偈に云く、

　*心は心を知らず　心ありて心を見ず　心に想を起さば即ち痴なり　想なきは即ち泥洹なり

　諸仏は心によりて解脱を得たり　心は垢《く》なければ清浄と名づく　五道は鮮潔《せんけつ》にして色を受けず　これを解《さと》ることある者は大道《だいどう》を成ず

と。これを*仏印《ぶついん》と名づく。所貪《しょとん》なく、所著《しょじゃく》なく、所求《しょぐ》なく、所想なく、所有尽き、所欲尽く。従《よ》りて生ずる所なく、滅すべき所なく、壊敗《えはい》する所なし。道の要《かなめ》、道の本《もと》なり。この印は二乗も壊することあたはず、いかにいはんや魔をやと云々。

婆沙《ばしゃ》に明《あか》さく、「*新発意《しんぼっち》の菩薩は、まづ仏の*色相、相《そう》の体《たい》、相の業《ごう》、相の果、相の用《ゆう》を念じて下の勢力を得、次に仏の*四十の不共法《ふぐほう》を念じて、心に中の勢力を得、次に実相《じっそう》の仏を念じて上の勢力を得るも、しかも色・法の二身に著せず」と。

所有　心に念ずることによって現われてくるもの。これより以下、偈まで、ほぼ般舟三昧経の文(正蔵一三ノ八九九中―下)に合する。

念の所為　心の想念が作りだしたもの。

無所有…　それとして捉えることができない、空しいものとさとる。

心は…　二偈のうち、はじめの五言は般舟三昧経巻上(正蔵一三ノ九〇六上)、後の七言は巻中(同一三ノ九〇九上)に見える。

仏印　印は不変なものの意で、仏の真髄。いわば仏そのもののすがた。

新発意の…　十住毘婆沙論巻一二(正蔵二六ノ八六上)の取意。新発意とは、はじめてさとりを求める心を起こすこと。

色相…　仏の身体にそなわる相について、その相そのものの本体である真如、その相を生じた因としての仏の行為、その果として生じたさまざまな相、その相の利他のはたらきなどを念じる。

四十の不共法　普通は十八を数えるが、十住毘婆沙論巻一〇には、(1)自由に空中を飛ぶ(飛行自在)、(2)はかり知れないほど多くのものに姿を変える(変化無量)、ないし(40)得たさとりは何ものにもさえぎられない(無碍解脱)、などを数えている(正蔵二六ノ七一下―七二上)。

偈に云く、

　*色身に貪著せず　法身にもまた著せず　善く一切法の　永く寂かなること虚空《こくう》の如
　くなるを知る

と。

勧修《かんじゅ》とは、もし人、智慧は大海の如くにして、能くわが為に師と作る者なからしめ、ここに於て座して、神通を運ばずして、悉く諸仏を見、悉く所説を聞き、悉く能く受持することを得んと欲せば、常に三昧を行ぜよ。もろもろの功徳に於て、最も第一となす。この三昧はこれ*諸仏の母なり、仏の眼、仏の父、無生大悲《むしょうだいひ》の母なり。一切のもろもろの如来は、*この二法より生ず。大千の地及び草木を砕きて塵となし、一塵《じん》を一仏刹《ぶっせつ》となして、その世界の中に満《み》てらん宝を用て布施するに、その福は甚だ多からんも、この三昧を聞きて驚かず、畏れざらんにはしかず。いはんや信じて受持し、読誦《どくじゅ》して人の為に説かんをや。いはんや*定心《じょうしん》に修習《しゅじゅう》すること、牛の乳を*構《つく》る頃《あいだ》の如くせんをや。いはんや能くこの三昧を成ぜんをや。故に無量無辺なり。婆沙に云く、「*劫火《こうか》・*官賊・怨毒・竜獣・衆病も、この人を侵さば、この処《ことわり》あることとなし。この人は常に*天《てん》竜八部《りゅうはちぶ》と諸仏の、皆共に護念し称讃するところとなり、皆共に見んと欲して、共にその所に来《きた》る」と。もしこの三昧の上の如き*四番の功徳を聞きて、皆随喜すること、三世の諸仏・菩薩の皆随喜したまふがごとくならんに、また上の四番の功徳に勝る。もしかくの如き法を修せざれば、無量の重宝を失ひ、人天これが為に憂ひ悲しまん。*鸚《おう》

色身に　十住毘婆沙論巻一二(正蔵二六ノ八六上)。

諸仏の母…　止観輔行伝弘決巻二の二にこれを説明して、仏の母とはありのままに明らかに知る智慧(実智)、仏の眼とは二辺・両極を離れた中正を見るもの、仏の父とは教え導くための巧みなてだて、母とは無縁の大悲であるとし、二つの母は仏の智慧と慈悲の二面をさすとする(正蔵四六ノ一八八中)。

この二法　智慧と慈悲の二を指す。

定心…　心静かに思いをこらして、この三昧を修め習う。

構る頃　僅かな間。構はしぼること。

劫火…　十住毘婆沙論巻一二(正蔵二六ノ八八上)。劫火とは壊劫の最後に起こる三災の一。一五五頁「風劫」注参照。

官賊…　役人、賊、怨みを抱く人、毒虫、悪竜、猛獣。

天竜八部　→二四頁「天・修羅…」注

四番の功徳　→二〇六頁三—四行

鸚鼻人　鼻をわずらっている人。

鼻《び》人の、栴檀《せんだん》を把《と》りて臭《か》がざるが如く、田家の子の、摩尼珠《まにしゅ》を以て一頭の牛に博《か》ふるが如しと云々。

と。〈四番の功徳とは、*弘決《ぐけつ》に云く、「また四番の果報あり。一には驚かず、二には信受《しんじゅ》し、三には定心《じょうしん》に修《しゅ》し、四には能く成就するなり」と〉

第二に、*臨終《りんじゅ》の行儀《ぎょうぎ》とは、まづ行事《ぎょうじ》を明し、次に勧念《かんねん》を明す。

初に行事とは、*四分律抄《しぶんりつしょう》の*瞻病送終《せんびょうそうじゅ》の篇に、*中国本伝を引きて云く、

*祇洹《ぎおん》の西北の角、日光の没する処に無常院を為《つく》れり。もし病者あらば安置して中に在《お》く。およそ貪染《とんぜん》を生ずるものは、本房《ほんぼう》の内の衣鉢《えはつ》・衆具《しゅぐ》を見て、多く恋著《れんじゃく》を生じ、心に厭背《えんぱい》することなきを以ての故に、制して別処《べっしょ》に至らしむるなり。堂を無常と号《なつ》く。来る者は極めて多く、還反《かえ》るもの一、二なり。事に即《つ》きて求め、専心に法を念ず。その堂の中に、一の立像《りゅうぞう》を置けり。金薄《こんぱく》にてこれに塗り、面《おもて》を西方に向けたり。その像の右手は挙げ、左手の中には、一の*五綵《ごさい》の幡《はた》の、脚は垂れて地に曳《ひ》けるを繋《つな》ぐ。当《まさ》に病者を安んぜんとして、像の後に在《お》き、左手に幡の脚を執り、仏に従ひて仏の*浄刹《じょうせつ》に往く意《おもい》を作さしむべし。瞻病《せんびょう》の者は、香を焼《た》き華を散らして病者を荘厳《しょうごん》す。乃至、もし尿屎《にょうし》・吐唾《とだ》あらば、あるに随ひてこれを除く。

と。*或は説かく、「仏像を東に向け、病者を前に在く」と。〈私に云く、もし別処なくは、ただ病者をして面を西方に向けしめ、香を焼き花を散らし、種々に勧進《かんじん》せよ。或は、端厳《たんごん》なる仏像を見せしむべし〉

弘決に　止観輔行伝弘決巻二の一(正蔵四六ノ一八八下)。

臨終の行儀　臨終に行なう念仏の作法。この項は二十五三昧式と密接な関係をもっている。解説参照。

四分律抄　四分律刪繁補闕行事鈔(略して四分律行事鈔)巻下四(正蔵四〇ノ一四四上)。

瞻病送終　看病と葬送。

中国本伝　四分律行事鈔資持記巻下四に、六祖檀経にいう別伝のことをさす、という(正蔵四〇ノ四一一上)。

祇洹　祇園精舎(ぎおんしょうじゃ)のこと。

五綵の幡　五色の細長い布。横川首楞厳院二十五三昧式にも、「仏像の右手の中に五色の幡を繫ぎ、病者の左手に授く」(正蔵八四ノ八七七下)というが、多くは糸を用いた。日本往生極楽記に、延暦寺座主昌延の臨終を記して、「枕前に弥陀・尊勝の両像を安んじ奉り、糸を以て仏の手に繫ぎ、わが手に結び著く」(仏全一〇七ノ九下)というものは、その一例。

浄刹　浄土。

或は説かく　法苑珠林巻九五に、西域祇桓寺図によるとして、仏像の面を東に向けることを記している(正蔵五三ノ九八七上)。ただし毗尼討要には、祇桓図にいうとして、「面を西方に向け、当に病人を置き、像前にありて臥せしむべし」(続蔵一ノ七〇ノ一八六左下)とあり、同じ祇桓

寺図によりながら、この差がある。祇桓は祇洹のあやまり。

行者等… 観念法門(観念阿弥陀仏相海三昧功徳法門)(正蔵四七ノ二四中―下)。

声々… 念仏の声が跡切れないようにして。

前境 まのあたりに現われて来たすがた。

罪相 罪のむくいを受けて苦しむすがた。

眷属・六親 親類や身近な親族。六親は父・母・兄・弟・妻・子、あるいは父・子・兄・弟・夫・婦。

鬼神交乱 鬼神がかわるがわる病者の心をかき乱す。

大論 大智度論巻四〇(正蔵二五ノ三五二上―中)。

神変の作意 不思議な心のはたらき。

導和尚《どうかしょう》の云く、

*行者等、もしは病み、病まざらんも、命《いのち》終らんと欲する時は、一《もは》ら上の念仏三昧の法に依りて、正しく身心に当てて、面を廻らして西に向け、心もまた専注して阿弥陀仏を観想し、心と口と相応して、*声々《しょうしょう》絶ゆることなく、決定《けつじょう》して往生の想、花台《けだい》の聖衆《しょうじゅ》の来りて迎接《こうしょう》するの想を作《な》せ。病人、もし*前境《ぜんきょう》を見れば、則ち看病人に向ひて説け。既に説くを聞き已らば、即ち説に依りて録記せよ。また病人、もし語ることあたはずは、看病して、必ずすべからくしばしば病人に問ふべし、いかなる境界を見たると。もし*罪相《ざいそう》を説かば、傍の人、即ち為に念仏して、助けて同じく懺悔《さんげ》し、必ず罪をして滅せしめよ。もし罪を滅することを得て、花台の聖衆、念に応じて現前《げんぜん》せば、前に准《じゅん》じて抄記せよ。

また行者等の*眷属《けんぞく》・六親《ろくしん》、もし来りて看病せんには、酒《しゅ》・肉《にく》・五辛《ごしん》を食せる人をあらしむることなかれ。もしあらば、必ず病人の辺《ほとり》に向《むか》ふことを得ざれ。即ち正念《しょうねん》を失ひ、*鬼神交乱《きじんきょうらん》し、病人狂死《きょうし》して、三悪道《さんまくどう》に堕《だ》せん。願はくは、行者等、好く自《みずか》ら謹慎《きんしん》して仏教を奉持《ぶじ》し、同じく見仏《けんぶつ》の因縁《いんねん》を作せ。

と。〈已上〉往生の想、迎接の想を作すこと、その理《り》然るべし。*大論に、*神変《じんぺん》の作意《さい》を説いて云ふが如し。「地の相を取ること多きが故に、水を履《ふ》むこと地の如し。水の相を取ること多きが故に、地に入ること水の如し。火の相を取ること多きが故に、身より烟火《えんか》等を出《いだ》す」と云々。明かに知んぬ、所求《しょぐ》の事に於て、かの相を取る時、能くその事を助けて成就することを得といふことを。ただ臨終のみにあらず。尋常もこれに准ず。

綽和尚《しゃくかしょう》の云く、

*十念相続《じゅうねんそうぞく》することは難からざるに似若《に》たり。しかれども、もろもろの凡夫、心は*野《や》馬《め》の如く、*識《しき》は*猨猴《えんこう》よりも劇《はげ》しく、*六塵《ろくじん》に馳騁《ちちょう》して、なんぞ曾《かつ》て停息《じょうそく》せん。おのおの、すべからく宜《よろ》しく信心《しんじん》を致《いた》し、予《あらかじ》め自《みずか》ら剋念《こくねん》し、*積習《しゃくじゅう》をして性《しょう》を成じ、善根をして堅固ならしむべし。仏の、*大王に告げたまへるが如し。「人、善行《ぜんぎょう》を積まば、死するとき悪念《あくねん》なし。樹の先の傾き倒るるとき、必ず曲れるに随ふが如し」と。もし*刀風《とうふう》、一《ひと》たび至らば、百苦身《ひゃつくみ》に湊《あつ》まる。もし*習《しゅう》の先よりあらずは、念ぜんと懐《おも》ふこと、なんぞ弁ずべけん。おのおの宜しく同志三、五と、預め*言要《ごんよう》を結び、命終《みょうじゅ》の時に臨みて、迭《たがい》に相《あい》開き暁《あか》して、為に弥陀の名号を称《とな》へ、極楽に生れんと願ひ、声々相次《しょうしょうあいつ》いで、十念を成ぜしむべし。

と。〈已上〉言ふ所の*十念には、多釈ありといへども、しかれども一心に十遍、南無阿弥陀仏と称念《しょうねん》する、これを十念と謂ふなり。この義、経の文に順ず。余は*下の料簡の如し。

次に臨終の勧念とは、善友・同行《どうぎょう》にして、その志あらん者は、仏教に順ぜんが為に、衆生を利せんが為に、善根の為に、結縁《けちえん》の為に、患《やまい》に染《そ》みし初より病の床に来問《らいもん》して、幸《さいわい》に勧進《かんじん》を垂れよ。ただし勧誘《かんゆう》の趣《おもむき》は、応《まさ》に人の意にあるべし。今且《しばら》く自身の為に、その詞《ことば》を結びて云く、「*仏子《ぶっし》、年来の間、この界《かい》の悕望《けもう》を止めて、ただ*西方《さいほう》の業《ごう》を修《しゅ》せり。なかんづく、本《もと》より期する所は、この臨終の十念なり。今既に病床に臥す。恐れざるべからず。

十念相続… 安楽集巻上(正蔵四七ノ一一中)。この一文は略論安楽浄土義と密接な関係がある(正蔵四七ノ三下)。

野馬 陽炎(かげろう)。

識 認識のはたらき。

猨猴 猿。

六塵 六境に同じ。六根・六識が向かってはたらきかける、その対象。色(しき)等の六。

積習を… 繰返し積み重ねて、それが習慣になるようにする。

大王 略論安楽浄土義には頻婆娑羅王とする。子の阿闍世太子に殺害された王。

刀風 死の瞬間に起こる一種の風気。身体の支節をばらばらにするところから、刀に喩える。

習の… 前々から念仏の習慣がないと。

言要 約束。

十念には… この問題について源信以前に説を述べた人としては、源信の師良源、および空也の弟子千観があり、前者に極楽浄土九品往生義、後者に十願発心記があるが、ほぼ説く所は似ている。↓補

下の料簡 大文第十問答料簡の第五、臨終念相の項(二八五頁以下)。

仏子 仏弟子、仏の教えを奉ずる者の意。ここでは、あなた、といった呼びかけ。

西方の業 念仏のこと。

すべからく目を閉ぢ、合掌して、一心に誓期すべし。*仏の相好にあらざるより、余の色を見ることなかれ。仏の法音にあらざるより、余の声を聞くことなかれ。仏の正教にあらざるより、余の事を説くことなかれ。往生の事にあらざるより、余の事を思ふことなかれ。かくの如くして、乃至、命終の後に、宝蓮華《ほうれんげ》の台《うてな》の上に坐し、弥陀仏の後に従ひ、聖衆《しようじゆ》に囲遶《いによう》せられて、十万億の国土を過ぐる間も亦またかくの如くに、余の境界《きようがい》を縁《えん》ずることなかれ。ただ極楽世界の七宝《しつぽう》の池の中に至りて、始めて応に目を挙げ、合掌して弥陀《みだ》の尊容《そんよう》を見たてまつり、甚深《じんじん》の法音を聞き、諸仏の功徳の香を聞《か》ぎ、*法喜《ほうき》・禅悦《ぜんえつ》の味を嘗《な》め、*海《かい》会《え》の聖衆を頂礼《ちようらい》して、*普賢《ふげん》の行願《ぎようがん》に悟入すべし」と。今、十事あり。応当《まさ》に一心に聴き、一心に念ずべし。一々の念《ねん》ごとに疑心を生ずることなかれ。

一には、まづ応に大乗の*実智《じつち》を発《おこ》して生死《しようじ》の由来《ゆらい》を知るべし。*大円覚経《だいえんがくぎよう》の偈に云ふが如し。

一切のもろもろの衆生の　*無始の幻なる無明《むみよう》は　皆もろもろの如来の　*円覚《えんがく》の心より
建立《こんりゆう》せり

と。当に知るべし、*生死即涅槃、煩悩即菩提、円融無碍《えんゆうむげ》にして無二・無別なることを。しかるに、一念の妄心《もうしん》に由りて生死界に入りしよりこのかた、無明の病に盲《めし》いられて、久しく*本覚《ほんがく》の道を忘れたり。ただ諸法は本より来《このかた》、常に自ら*寂滅《じやくめつ》の相《そう》なれども、幻の如く定《じよう》性《しよう》なく、心の随に転変《てんぺん》す。この故に、*仏子、応に三宝《さんぼう》を念じ、邪《じや》を翻《ひるがえ》して正《しよう》に帰《き》すべし。しかも仏はこれ医王《いおう》、法はこれ良薬、僧はこれ瞻病人《せんびようにん》なり。無明の病を除き、*正見《しようけん》の眼《まなこ》を

仏の相好…　栄花物語巻三〇「つるのはやし」に、道長の臨終を記して、これと似た文章がある。これを参照したものであろう(古典大系七六ノ三二六—三二七)。↓補
法喜・禅悦　教えや三昧によるしみじみとした心の喜び。
海会の聖衆　海のように仏の会座に集まっているおつきの菩薩たち。
普賢の行願　↓六五頁「華厳経…」注
実智　真実智・如実智ともいう。あるがままに、ものごとを明らかに知る智慧。
大円覚経　大方広円覚修多羅了義経(正蔵一七ノ九一四上)。
無始の幻…　人が無始以来、内にそなえてきた無明は、実はありもしない幻にも等しいものである、ということ。
円覚　円満完全な仏の覚性をいう。
生死即涅槃…　生死の世界はそのまま涅槃の境界であり、煩悩はそのままさとりであって、たがいにさわることなく融け合い、二つの別のものではない。
本覚　心がその本性において仏のさとりそのものであること。
寂滅の相　涅槃の現われ。
仏子、応に　底本「応仏子」。青蓮院本の「仏子応」による。
正見の眼　仏教の真理を理解する正しい眼。

開き、本覚《ほんがく》の道を示して、浄土に引接《いんじょう》すること、仏法僧《ぶっぽうそう》にしくはなし。この故に、仏子、まづ大医王《だいいおう》の想《おもい》を生じて、一心に仏を念ずべし、「南無《なむ》 *本師釈迦牟尼仏《ほんししゃかむにぶつ》・南無*薬師瑠璃光《やくしるりこう》仏・南無三世十方一切諸仏。〈三念已上〉南無阿弥陀仏。〈十念已上〉」と。次に、応《まさ》に妙良薬《みょうりょうやく》の想を生じて、一心に法を念ずべし、「南無*三世仏母摩訶般若波羅蜜《ぶつもまかはんにゃはらみつ》・南無*平等大慧妙法蓮華《びょうどうだいえみょうほうれんげ》経《きょう》・南無八万十二*一切正法」と。次に、応に*随逐《ずいちく》護念の想を生じて、一心に僧を念ずべし、「南無*観世音《かんぜおん》菩薩・南無大勢至《だいせいし》菩薩・南無普賢《ふげん》菩薩・南無文殊師利《もんじゅしり》菩薩・南無弥勒《みろく》菩薩・南無*地蔵《じぞう》菩薩・南無竜樹《りゅうじゅ》菩薩・南無三世十方一切聖衆・南無極楽界会《ごくらくかいえ》一切三宝・南無三世十方一切三宝。〈三念已上〉」と。〈或は宜《よろ》しきに随ひて、同音に*助念《じょねん》せよ。或は鐘声《しょうしょう》を聞かしめて、正念《しょうねん》を増せ。下去《しも》はこれに准ぜよ〉

二には、*法性《ほっしょう》は平等なりといへども、また*仮有《けう》を離れず。弥陀仏の言《のたま》ふが如し。

*諸法の性《しょう》は　一切、空《くう》にして無我《むが》なりと通達《つうだつ》するも　専ら浄き仏土を求め　必ずかく
　の如き刹《くに》を成《じょう》ぜん

と。故に、浄土に往生せんが為には、まづ応にこの界を厭離《おんり》すべし。今この*娑婆世界《しゃばせかい》は、これ悪業《あくごう》の所感《しょかん》、衆苦《しゅく》の本源なり。生老病死は輪転《りんでん》して際《きわ》なく、三界《さんがい》の獄縛《ごくばく》は一として楽《ねが》ふべきものなし。もしこの時に於てこれを厭離せずは、当にいづれの生《しょう》に於てか輪廻《りんね》を離るべけん。しかも阿弥陀仏には不思議の威力《いりき》ましまし、もし一心に名《みな》を称すれば、念々の中に、八十億劫の生死の重罪を滅したまふ。この故に、いま当に一心にかの仏を念じて、この苦界《くがい》を離るべし。応にこの念を作すべし、「願はくは、阿弥陀仏、決定《けつじょう》して我を抜済《ばっさい》し

本師釈迦牟尼仏　仏教は釈尊を根本の師としておこったから、釈尊を本師という。

薬師瑠璃光仏　梵語。大医王仏ともいう。東方の浄瑠璃世界を浄土とする仏で、病気を除く仏として信仰される。その願に十二願がある。↓補

三世仏母摩訶…　般若波羅蜜は、過去・現在・未来の一切の仏を生ずる母であるとして、これを仏母という。摩訶は梵語、大の意。

平等大慧…　仏が法華経を説いたときの実智を平等大慧という。法華経巻四「見宝塔品に、「その時、宝塔中より大音声を出して歎じて言く、善いかな、善いかな、釈迦牟尼世尊、能く平等大慧教菩薩法仏所護念妙法華経を以て、大衆の為に説けり」(正蔵九ノ三二中—下)とある。

八万十二　八万四千と十二部経の意。八万四千は数の多いことの称。

随逐護念の想　親しみ近づき、心にかけて護ってくださるという想い。

観世音…　観世音・大勢至は阿弥陀仏の脇侍(きょうじ)、普賢・文殊は釈尊の脇侍、弥勒は当来仏。

地蔵…　地蔵・竜樹は阿弥陀仏と密接な関係があるとされた僧形の二菩薩。↓補

助念　一緒に声を合わせて、念仏を助けてやる。

法性　一切の現象が有している真実にして不変な本性のこと。真如。

たまへ。南無阿弥陀仏」と。〈その十念已上の信心の勢《いきおい》尽くるを見て、応に次の事を勧むべし。*下去はこれに准ぜよ〉

三には、応に浄土を欣求《ごんぐ》すべし。西方極楽《さいほうごくらく》は、これ*大乗善根界《だいじょうぜんごんかい》、無苦無悩の処なり。一たび*蓮胎《れんたい》に託《たく》しぬれば、永く生死を離れ、眼には弥陀の聖容《しょうよう》を瞻《み》たてまつり、耳には深妙《じんみょう》の尊教を聞き、一切の快楽《けらく》、具足《ぐそく》せずといふことなし。もし人、臨終の時に、十たび弥陀仏を念ずれば、決定《けつじょう》してかの安楽国に往生す。仏子、今たまたま人身《にんじん》を得、また仏教に値《あ》へり。猶し一眼《いちげん》の亀の、浮木《ふぼく》の孔《あな》に値《あ》へるがごとし。もしこの時に於て、往生することを得ずは、また三途《さんず》・八難の中に堕して、法を聞くことすらなほ難し。いかにいはんや、往生をや。故に、応に一心にかの仏を称念すべし。応にこの念を作すべし、「願はくは、仏、今日《こんにち》決定して、我を引接《いんじょう》し、極楽に往生せしめたまへ。〈南無阿弥陀仏〉」と。

四には、およそかの国に往生せんと欲せば、すべからくその業《ごう》を求むべし。*かの仏の本願に云ふが如し。

たとひ我、仏を得んに、十方の衆生、わが名号を聞きて、念《おもい》をわが国に係《か》け、もろもろの*徳本を殖《う》ゑ、至心に廻向して、わが国に生れんと欲せん。*果遂《かすい》せずは、正覚《しょうがく》を取らじ。

と。仏子、一生の間、偏《ひと》へに西方の業を修せり。修する所の業多しといへども、期する所はただ極楽なり。今すべからく重ねて*三際《さんさい》の一切の善根《ぜんごん》を聚集《じゅじゅ》して、尽《ことごと》く極楽に廻向すべし。応にこの念を作すべし、「願はくは、わが所有の一切の善根力に由りて、今日《こんにち》決定して

仮有　かりにあるとされているもの。

諸法の性…　無量寿経巻下(正蔵一二ノ二七三上)。

娑婆　梵語。忍土と訳する。釈尊が仏と現われたこの世界をいう。

下去は…　この前、青蓮院本には、「或は加へて二菩薩を称へよ」の一文がある。

大乗善根界　功徳のたねを植えた大乗の人の世界。無量寿経優婆提舎に「永く身心の悩を離れ　楽を受くること常に無間なり　大乗善根界は等しくして譏嫌の名なし」(正蔵二六ノ二三一上)という。

蓮胎…　蓮のなかにやどる。

かの仏の本願　これは四十八願中の第二十願。無量寿経巻上(正蔵一二ノ二六八中)。良源はこれを極楽浄土九品往生義のなかで、聞我係念修善定生願と呼び(浄全一五ノ一八上)、源信は観心略要集で、これを繫念定生の願と言い(仏全三一ノ一八〇上)、かれと同時代の静照は四十八願釈のなかで、欲生果遂願と名づけている(続浄全一七ノ五下)。

徳本　善本ともいう。善根・功徳。

果遂　その願いをとげさせてやること。

三際　過去・現在・未来。

極楽に往生せん。〈南無阿弥陀仏〉」と。

五には、また*本願に云く、

たとひ我、仏を得んに、十方の衆生、菩提心《ぼだいしん》を発《おこ》し、もろもろの功徳を修し、至心に発願《ほつがん》して、わが国に生れんと欲せん。寿《いのち》の終る時に臨みて、たとひ大衆と、囲遶《いにょう》せられて、その人の前に現ぜずは、正覚《しょうがく》を取らじ。

と。仏子、久しく已に菩提心を発し、及びもろもろの善根《ぜんごん》もて極楽に廻向《えこう》せり。今すべからく重ねて菩提心を発し、かの仏を念ずべし。応《まさ》にこの念を作すべし、「願はくは、我、一切衆生を利楽《りぎょう》せんが為に、今日決定して極楽に往生せん。〈南無阿弥陀仏〉」と。

六には、既に知んぬ、仏子は本より来《このかた》、往生の業を具せるを。今すべからく専ら弥陀如《みだにょ》来《らい》を念じて、*業《ごう》をして増盛《ぞうじょう》ならしむべし。しかもかの仏の功徳は無量無辺にして、具さに説くべからず。今《いま》現に十方に在《おわ》します、おのおの恒河沙《ごうがしゃ》等の諸仏、恒《つね》にかの仏の功徳を称讃したまふ。かくの如く称讃したまふこと、たとひ恒沙《ごうじゃ》の劫《こう》を経《ふ》とも終《つい》に窮尽《ぐうじん》すべからず。仏子。惣じて、応に一心にかの仏の功徳を帰命《きみょう》したてまつるべし。応に念ずべし、「我今、一念の中に、尽《ことごと》く以て弥陀如来の一切万徳《まんどく》を帰命したてまつらん。〈南無阿弥陀仏〉」と。

七には、仏子は応に弥陀仏《みだぶつ》の一の色相《しきそう》を念じて、心をして*一境《いっきょう》に住せしむべし。謂く、かの仏の色身は閻浮檀金《えんぶだんごん》の如し。*威徳巍々《いとくぎぎ》たること金山王《こんせんのう》の如く、無量の相好《そうごう》もて、その身を荘厳せり。その中の*眉間の白毫は、右に旋りて婉転せること五須弥《ごしゅみ》の如し。七百五倶《く》胝《てい》六百万の光明、熾然《しねん》として赫奕《かくやく》たること億千の日月の如し。これ即ち*無漏《むろ》の万徳《まんどく》の成就

本願　第十九願。無量寿経巻上(正蔵一二ノ二六八中)。良源はこれを行者命終現前導生願と呼び(浄全一五ノ一八上)、源信は聖衆来迎願(仏全三一ノ一八〇上)、静照は臨終現前願と名づけている(続浄全一七ノ五下)。

業をして…　これまでの念仏の修行をますますもりたたせる。

一境に…　一境は一つの対象。念ずる相の、ある特定の一点に心を集中する。

威徳巍々　勝れた徳の、そのけだかいこと。

眉間の白毫は…　この前後、仏身の形容は、観無量寿経に説く十六観の第九真身観(正蔵一二ノ三四三中)によったものである(一三一―一三二頁参照)が、これがまた静照の極楽遊意に参照されていることは注意を引く。

無漏　煩悩のけがれのないこと。

大定智悲　大定・大智・大悲の意。仏にそなわる三徳に配すれば、断徳・智徳・恩徳に対応する。仏の大定力が、すべての煩悩やそれに応じ

する所、*大定智悲《だいじょうちひ》の流出《るしゅつ》する所なり。須臾《しゅゆ》の間も、この相を憶へば、能く九十六億那由他《なゆた》恒河沙《ごうがしゃ》、微塵数劫《みじんじゅこう》の生死《しょうじ》の重罪を滅す。この故に、今当《まさ》にかの相を憶念して、決定して罪《ざい》業《ごう》を滅除すべし。応にこの念を作すべし、「願はくは、白毫相《びゃくごうそう》の〔光〕、わがもろもろの罪を滅したまへ。〈南無阿弥陀仏〉」と。

八には、かの白毫相の*若干《じゃっかん》の光明《こうみょう》は、常に十方世界の念仏の衆生を照し、摂取《せっしゅ》して捨てたまはず。当に知るべし、大悲《だいひ》の光明は決定して来り照したまふことを。*華厳《けごん》の偈《げ》に云ふが如し。

また光明を放つを見仏と名づく　かの光は命終《みょうじゅ》の者をして*覚悟《かくご》せしめたまふ　念仏三
味には必ず仏を見たてまつり　命終の後は仏前に生る

と。故に、今応《まさ》にこの念を作すべし、「願はくは、弥陀仏、清浄の光を放ち、遙かにわが心を照して、わが心を覚悟せしめ、*境界《きょうがい》と自体《じたい》と当生《とうしょう》との三種の愛を転じて、念仏三昧の成就して極楽に往生することを得しめたまへ。〈南無阿弥陀仏〉」と。

九には、弥陀如来はただ光を以て遙かに照したまふのみにあらず。自《みずか》ら観音・勢至とともに、常に来りて行者を擁護《おうご》したまふ。いかにいはんや、父母は病の子に於ては、その心《こころ》偏へに重し。*法性《ほっしょう》の山を動かして、生死の海に入りたまふ。当に知るべし、この時に、仏は大光明を放ちて、もろもろの聖衆《しょうじゅ》と倶に来り、引接《いんじょう》し擁護したまふなり。*惑障《わくしょう》相隔《あいへだ》てて、見たてまつることあたはずといへども、大悲の願は疑ふべからず。決定してこの室に来入したまふなり。故に、仏子は応にこの念を作すべし、「願はくは、仏、大光明を放ち決

た行為を滅しつくす断徳に連なり、大智は一切を見とおす智徳に、大悲は一切を救おうと願うことによって、恵みを与える恩徳に連なる。

若干の光明は…　この一文は観無量寿経の第九真身観(正蔵一二ノ三四三中)に見えるもの。この経文はよく用いられる。

華厳の偈　華厳経(六十巻本)巻七(正蔵九ノ四三七中)。

覚悟　迷いからさめ、真理をさとる。さとりを得ること。

境界と…　境界は六境のこと。千観の十願発心記に、命終のとき、かならず三つの愛をおこすとして、つぎのように説いている。「一には境界愛、謂く、必死の兆(しるし)現前する時、その所愛の妻子・眷属・屋宅等に於て、深重の愛を生ず。二には自体愛、謂く、身心いよいよ羸(かつ)れ、今まさに終らんとする時、先の所愛の妻子・眷属を捨て、ただ自体を愛し、已が身命を惜む。三には当生愛、謂く、正に命終の時、中有(→二二頁注)の身、迎へ来るを見て、即ちその当有の生を愛するなり」(西教寺本、九左)。

法性の山…　仏は山のように動かない法性の世界さえも動かして姿を現わし、世の人を救うために、迷いの世界におはいりになる。

惑障相隔て　煩悩のさわりがなかをへだて。

定して来迎《らいこう》し、極楽に往生せしめたまへ。南無阿弥陀仏」と。〈以上の*第七・八・九条の事は、常に応に勧誘《かんゆう》すべし。その余の条の事は、時々、これを用ひよ〉もし病者の気力、やうやく*羸劣《るいれつ》ならんとする時は、応に云ふべし、「仏は、観音・勢至、無量の聖衆と倶に来りて、宝蓮の台を擎《ささ》げ、仏子を引接《いんじょう》したまふ」と。

十には、正《まさ》しく終りに臨む時には、応に云ふべし、「仏子、知るやいなや。ただ今、即ちこれ最後の心なり。*臨終の一念は百年の業《ごう》に勝る。もしこの刹那《せつな》を過ぎなば、生処《しょうしょ》、応に一定《いちじょう》すべし。今正《まさ》しくこれその時なり。当に一心に念仏して、決定して西方極楽微妙浄土《みみょうじょうど》の、*八功徳《はっくどく》の池の中の、七宝《しっぽう》の蓮台の上に往生すべし。応にこの念を作すべし、「如来の*本《ほん》誓《ぜい》は一毫《いちごう》も謬《あやまり》なし。願はくは、仏、決定して我を引接《いんじょう》したまへ。〈南無阿弥陀仏〉」と」と。或は*漸々《ぜんぜん》に略を取りて、応に念ずべし、「願はくは、仏必ず引摂《いんじょう》したまへ。〈南無阿弥陀仏〉」と。

かくの如く病者《びょうじゃ》の気色《けしき》を瞻《み》て、その応ずる所に随順《ずいじゅん》し、ただ*一事を以て最後の念《おもい》となし、衆多なることを得ざれ。その*詞《ことば》の進止《しんし》は殊に意を用ふべし。病者をして*攀縁《はんえん》を生ぜしむることなかれ。

*問ふ。観仏三昧経に説くが如し。

*仏、阿難に告げたまはく、「もし衆生ありて、父を殺し、母を殺し、六親を罵辱《めにく》せん。この罪を作りし者は、命終《みょうじゅ》の時、銅の狗《いぬ》、口を張《は》りて十八の車に化《け》す。状《かたち》、金車《こんしゃ》の如し。宝蓋《ほうがい》、上にありて、一切の火焔、化して*玉女《ぎょくにょ》となる。罪人、遙かに見て心に歓喜《かんぎ》を生じ、「我、中に往かんと欲す」と。*風刀の解《と》くる時、寒さ急《きび》しくして、声を失し、

第七・八・九… とくにこの三を重視した理由について往生要集義記巻六に、「第七は、仏の相好の滅罪を念じ、第八は、仏の光明を念じて、愛を治す。もし罪因と愛繋とあらば、いづくんぞ苦界を離れん。第九は、正しく来迎を念ず。もし迎接を得ば、諸邪の業繋、能く碍(さ)ふる者なし。故に三箇条、尤も大要なり」(浄全一五ノ三二一上)と説明している。

羸劣 おとろえること。

臨終の… 臨終のときの一声の念仏は、百年の修行にも勝っている。

八功徳の… 八功徳は五八頁七—九行参照。七宝は五五頁注参照。

本誓 仏が菩薩のときに立てた根本の誓い。

漸々に… 漸次、簡略にして。

一事 さきの「願はくは、仏必ず引摂したまへ」の一句をさす。

詞の進止 病者に勧める言葉の多少。いろいろと言葉をついやして勧めるか、あるいは手短かにするか、ということ。

攀縁 心を対象に向かってはたらかせること。ここでは、念仏に向けられた病者の心を他に向けて乱すこと。

問ふ… この問いは、答えとともに、懐感の釈浄土群疑論巻七(正蔵四七ノ七一上—中)に見える。

仏、阿難に… 観仏三昧海経巻五(正蔵一五ノ六六九上)。

玉女 美女。

むしろ好き火を得て、車の上にありて、坐して燃ゆる火に自《みずか》ら爆《あぶ》られんと。この念《おもい》を作し已りて即便《すなわ》ち命《いのち》終る。*揮攉《きかく》の間にして、已《すで》に金車に坐す。玉女を顧《かえ》り瞻《み》れば、皆《みな》鉄の斧を捉《と》りて、その身を折《き》り截《き》る」と。

と。

また言く、

*また衆生ありて、*四重禁《しじゅうきん》を犯し、虚《むな》しく信施《しんせ》を食し、誹謗《ひほう》・邪見《じゃけん》にして、因果《いんが》を識らず、*般若《はんにゃ》を学ぶことを断ち、十方の仏を毀《そし》り、*僧祇物《そうぎもつ》を偸《ぬす》み、*婬泆無道《いんいつむどう》にして、浄戒《じょうかい》のもろもろの比丘尼《びくに》、姉妹・親戚を*逼略《ひつりゃく》して、慚愧《さんぎ》を知らず、所親《しょしん》を毀辱《きにく》して、もろもろの悪事を造れる、この人の罪報は、命終の時に臨みて、風刀身《み》を解《と》くに、*偃坐《えんざ》定まらず、*杖楚《じょうそ》を被《こうむ》るが如し。その心、*荒越《こうおつ》して、*痴狂《ちきょう》の想《おもい》を発《おこ》す。己《おの》が室宅を見れば、男女・大小の一切は、皆これ不浄の物なり。屎尿《しにょう》の臭き処にして、外に盈《あふ》れ流る。その時、罪人、即ちこの語を作《な》さく、「いかんぞ、この処に好き城廓《じょうかく》及び好き山林の、吾《われ》をして遊戯《ゆげ》せしむるものなくして、乃ちかくの如き不浄の物の間に処《お》くや」と。この語を作し已るに、*獄卒・羅刹《らせつ》、大いなる鉄叉を以て、阿鼻地獄及びもろもろの刀山《とうせん》を擎《ささ》げて、化《け》して宝樹及び清涼《しょうりょう》の池と作す。火焔は化《け》して金葉《こんよう》の蓮華と作り、もろもろの鉄の嘴《くちばし》の虫は化して鳧《ふ》・雁《がん》となる。地獄の痛《いた》む声は*詠歌《えいか》の音の如し。罪人、聞き已りて、かくの如き好き処に、「吾当《まさ》に中に遊ぶべし」と念《おも》ひ已りて、尋《つい》で時に大蓮華に坐す。

と云々。いづくんぞ知らん、今日の蓮華の来迎は、この火の花にあらずといふことを。

風刀　刀風(→二〇八頁)に同じ。
揮攉の間　たちまち。

また衆生…　観仏三昧海経巻五(正蔵一五ノ六六九中)。
四重禁…　→二六頁「四重」注
般若　梵語。智慧と訳する。
僧祇物　教団全体に所属する共有財産。
婬泆無道　淫欲にふけって道にはずれたことをすること。
逼略　せまって犯す。無理に犯す。
偃坐…　臥しても坐っても、落着かない。
杖楚　「むち」と「しもと」。鞭打つことと、縛ること。
荒越　乱れすさんで、道にはずれること。
痴狂の想　馬鹿や狂人の考えそうなこと。
獄卒・羅刹　地獄の鬼と悪鬼。
詠歌　歌。

答ふ。感和尚の釈して云く、

*四義を以ての故に、*火車《かしゃ》にあらざることを知る。一には*行《ぎょう》を以て、二には相《そう》を以て、三には語を以て、四には仏を以てなり。この四義もて、火花《かげ》と異るなり。一に行を以てとは、観仏三昧経には、「罪人は罪を造り、四重禁を犯し、乃至、所親を毀辱《きにく》す」と説けども、悔過《けか》を生ぜず、善友の教へて念仏せしむるに遇はざるが故に、見る所の花はこれ地獄の相なり。今この*下品《げぼん》等の三人は、また生れてより来《このかた》、罪を造るといへども、終る時、善知識に遇ひて、至心《ししん》に仏を念じ、仏を念ずるを以ての故に、多劫の罪を滅して、勝れたる功徳を成じ、宝池の中の花の来迎を感得するなり。あに、前の花に同じからんや。二に相とは、かの経には、「風刀身《み》を解《と》くに、偃臥《えんが》定まらず、*楚撻《そたち》を被るが如し。その心、荒越《こうおつ》して、狂痴の想を発す。已が室宅を見れば、男女・大小の一切は、皆これ不浄の物なり。屎尿の臭き処にして、外に盈れ流る」と説けども、今これは、仏を念じて、身心安穏《あんのん》なれば、悪相都《す》べて滅し、ただ聖衆を見、異香あるを聞《か》ぐ。故に類せざるなり。三に語とは、かの経の中に、「地獄の痛む声は詠歌の音の如し。罪人、聞き已りて、かくの如き好き処に、「吾当に中に遊ぶべし」と」と説けども、観経の中に、「*讃《たた》へて言く、「善男子、汝、仏名を称するが故に、もろもろの罪消滅す。我来りて汝を迎ふ」と」と。彼はこれ詠歌の音なれども、これは滅罪を陳《の》ぶる語なり。二音既に別なるが故に、同じからざるなり。四に仏とは、かの経に、「一切の火焔、化して玉女となる。罪人、遙かに見て心に歓喜を生じ、「我、中に往かん

四義を…　釈浄土群疑論巻七(正蔵四七ノ七一中)。

火車　釈浄土群疑論の文では火車となっているところと、火華となっているところがあって、統一を欠くが、以下の懐感の言葉と合わせるなら、火華であろう。

行を以て…　行ないの上から。以下、すがたのうえから、言葉の上から、仏の上から。

下品等の三人　能力・資質などによって、上・中・下の三段階に分けた、その下に属するものを、さらに三段階に分けたもの。観無量寿経の十六観のうち、第十六観に説く(正蔵一二ノ三四五下—三四六上)ところで、善導の観経四帖疏「散善義」によれば、このうちの下品上生は「十悪を造る軽罪の凡夫人」、下品中生は「破戒次罪の凡夫人」、下品下生は「五逆罪等を造れる重罪の凡夫人」というように整理されている(同三七ノ二七六中—二七七上)。

楚撻　観仏三昧経には杖楚。撻は鞭打つこと。

讃へて言く　観無量寿経の下品上生の条(正蔵一二ノ三四五下)。底本は「言讃」、青蓮院本により改む。

と欲す」と。金車に坐し已りて、玉女を顧り瞻れば、皆鉄の斧を捉りて、その身を折《き》り截《き》る」と。観経には、「*その時、かの仏、即ち化仏・化観世音・化大勢至を遣《つかわ》して、行者の前に至らしめたまふ」と言ふ。

この四義を以て、准じて知る、蓮華の来迎《らいこう》は、観仏三昧経の説に同じからずといふことを。

と。〈已上〉看病の人は、能くこの相を了《さと》り、しばしば病者の所有《しょう》のもろもろの事を問ひ、前の行儀《ぎょうぎ》に依りて、種々に教化《きょうけ》せよ。

往生要集　巻中

その時　観無量寿経の下品上生の条（正蔵一二ノ三四五下）。

往生要集　巻下

往生要集　巻下

天台首楞厳院沙門源信撰

大文第七に、念仏の利益《りやく》を明さば、大《おお》いに分ちて七あり。一には*滅罪生善《めつざいしょうぜん》、二には冥得《みょうとく》護持《ごじ》、三には現身見仏《げんしんけんぶつ》、四には当来の勝利、五には弥陀の別益《べつやく》、六には引例勧信、七には悪趣の利益なり。その文おのおの多し。今略して要を挙げん。

第一に、滅罪生善とは、観仏経の第二に云く、

*一時の中に於て、分ちて少分となし、少分の中に、能く須臾《しゅゆ》の間も仏の*白毫《びゃくごう》を念じて、心をして了々《りょうりょう》ならしめ、謬乱の想なく、*分明正住《ぶんみょうしょうじゅう》にして、意を注いで、息《やす》まず白毫を念ぜん者は、もしは相好を見たてまつり、もしは見たてまつることを得ざらんも、かくの如き等の人は、九十六億那由他《なゆた》恒河《ごうが》沙微《しゃみ》塵数劫《じんじゅこう》の生死の罪を除却せん。たとひまた人ありて、ただ白毫を聞いて心に驚疑《きょうぎ》せず、歓喜《かんぎ》し信受《しんじゅ》せんには、この人もまた八十億劫の生死の罪を却《のぞ》かん。

と。また云く、

滅罪生善　犯した罪を滅して、善を生ずるという、念仏の利益。以下はそれぞれの項に触れる。

一時の中に…　観仏三昧海経巻二(正蔵一五ノ六五五上―中)。

白毫　眉間の白い巻き毛。七二頁注参照。

分明正住　晴々と心を落ち着かせる。

仏、世を去りて…　観仏三昧海経巻六(正蔵一五ノ六七五下)。

仏行　仏の歩く姿。

上の助念…　大文第五、助念の方法の三、対治懈怠の項(一五四―五頁)参照。

仏、阿難に…　観仏三昧海経巻六(正蔵一五ノ六七五下)。

身相…　身に備わる相好はもらさず作る。

化仏の色像…　仏の分身の像と、全身から出る光を表わす光背(こうはい)を作る。光背はいわゆる後光(ごこう)。

仏跡　仏の足の裏の千輻輪相である仏足跡と見られるが、また先の木像などの仏像に対して、とくに画像を示したとも考えられる。

微妙の糸…　白毫を表わすには、白玉や水晶(頗梨)などをはめるのが通例であるが、糸を用いたのは、白毫が本来、巻き毛だからであろう。

*仏、世を去りて後、三昧正受《さんまいしょうじゅ》して*仏行《ぶつぎょう》を想《おも》はん者もまた千劫《せんこう》の極重《ごくじゅう》の悪業《あくごう》を除かん。
と。〈仏の行歩《ぎょうぶ》の相は、*上の助念方法門の如し〉また云く、
*仏、阿難に告げたまはく、「汝、今日より如来の語を持《たも》ちて、遍く弟子に告げよ。仏の滅度《めつど》の後は、好《よ》き形像《ぎょうぞう》を造りて、*身相をして足らしめ、また無量の*化仏《けぶつ》の色像《しきぞう》及び通《つう》身《しん》の色《しき》を作り、及び*仏跡《ぶっしゃく》を画き、*微妙《みみょう》の糸及び頗梨珠《はりしゅ》を以て白毫の処に安《とど》め、もろもろの衆生をしてこの相を見ることを得しめよ。ただこの相を見て心に歓喜を生ぜば、この人、百億那由他恒河沙劫《なゆたごうがしゃこう》の生死《しょうじ》の罪を除却せん」と。
と。*また云く、
*老女《ろうにょ》の、仏を見たてまつりて、邪見にして信ぜざるも、なほ能く八十万億劫の生死の罪を除却せり。いはんや、また善意にして恭敬《くぎょう》し礼拝《らいはい》せんをや。
と。〈*須達《すだつ》の家の老女の因縁は、かの経に広く説くが如し〉また云く、
*もろもろの凡夫及び*四部の弟子、*方等経《ほうどうきょう》を謗《そし》り、五逆罪を作り、四重禁《しじゅうきん》を犯し、*僧祇《そうぎ》物《もつ》を偸《ぬす》み、比丘尼《びくに》を婬し、八戒斎《はっかいさい》を破り、もろもろの悪事、種々の邪見を作さんに、かくの如き等の人、もし能く至心《ししん》に、一日一夜、念《おもい》を繫《か》けて、前に在《おわ》すがごとく仏如《ぶつにょ》来《らい》の一の相好を観ぜば、もろもろの悪も罪障も皆悉く尽滅《じんめつ》せん。
と。また云く、
*もしは仏世尊《ぶっせそん》に帰依することある者、もしは名を称する者は、百千劫の煩悩の重障を除く。いかにいはんや、正心《しょうしん》に念仏定《ねんぶつじょう》を修《しゅ》せんをや。

また云く　この前、承元本には「優塡王作仏形像経に云く、仏の形像を作る功徳は無量にして、世々に生るる所に、悪道に堕せず、後には皆無量寿仏国に生ることを得、菩薩と作りて、当に成仏することを得べし、と云々。略抄」の一文が割注で二行に記されている。優塡王作仏形像経とは、作仏形像経(正蔵一六ノ七八八中—下)のこと。

老女の…　観仏三昧海経巻六(正蔵一五ノ六七六中)。

須達の家…　観仏三昧海経巻六(正蔵一五ノ六七五下)に、須達長者の下婢毘佉羅(びきやら)は、長者の家の財産管理をしていたが、性来吝嗇で、長者が布施するのを好まず、生涯、仏法僧の三宝について見聞きしないと誓ったが、釈尊と羅睺羅の教化により聖者のさとりを得たと述べる。須達は須達多と書き、いわゆる給孤独(ぎっこどく)長者で、祇園精舎を仏の教団に布施した富豪。

もろもろの…　観仏三昧海経巻八(正蔵一五ノ六八七中)。

四部の弟子　比丘・比丘尼・優婆塞・優婆夷(在家信者の男女)の四。

方等経　大乗経典のこと。方等は広大・無比などとも訳される。

僧祇物　僧祇は梵語、教団の意。教団所属の共有財産。僧物ともいう。

もしは…　観仏三昧海経巻八(正蔵一五ノ六八七上)。

と。*宝積経の第五に云く、

*宝珠《ほうじゅ》あり、種々色《しゅじゅしき》と名づく。大海の中にありて、無量衆多《しゅた》の*駃流《けつる》の、大海に入るものありといへども、珠火の力を以て、水をして銷滅《しょうめつ》せしめて盈溢《よういつ》せざらしむるが如く、かくの如く、如来・*応《おう》・正等覚《しょうとうがく》も菩提を証し已れば、智火の力に由りて、能く衆生の煩悩をして銷滅せしめたまふこと、亦またかくの如し。〈乃至〉もしまた人ありて、日々の中に於て如来の名号の功徳を称説せば、このもろもろの衆生は、能く黒闇を離れて、漸次に当《まさ》にもろもろの煩悩を焼くことを得べし。かくの如く南無仏と称念せば、*語業《ごごう》空《むな》しからず。かくの如き語業をば、*大炬《だいく》を執《と》りて能く煩悩を焼くと名づく。

と。*遺日摩尼経《ゆいにちまに》に云く、

菩薩は、また数千巨《こ》億万劫《おくまんこう》、愛欲の中にありて罪の為に覆《おお》はるといへども、もし仏の経を聞いて、一反だも善を念ぜば、罪即ち消え尽きん。

と。〈已上の諸文は滅罪なり〉*大悲経《だいひぎょう》の第二に云く、

もし三千大千世界の中に満てらん*須陀洹《しゅだおん》・斯陀含《しだごん》・阿那含《あなごん》・阿羅漢《あらかん》を、もし善男子・善女人ありて、もしは一劫《いっこう》、もしは*減一劫、もろもろの種々意《こころ》に称《かな》へる一切の楽具《らくぐ》を以て、恭敬《くぎょう》し尊重《そんじゅう》し謙下《けんげ》して供養せん。もしまた人ありて、諸仏の所に於て、ただ一たびも合掌し、一たびも名を称せん。かくの如き福徳に、前の福徳を比《くら》べんに、百分にして一にも及ばず、百千億分にして一にも及ばず、*迦羅分《からぶん》にして一にも及ばず。何を以ての故に。仏如来はもろもろの*福田《ふくでん》の中において最無上たるを以てなり。この故

宝積経　大宝積経巻五(正蔵一一ノ三〇上)。

宝珠あり…　沃焦海(→四二頁「馬頭山・沃焦海」注)には、水を熱して蒸発させる沃焦という大石があるといい、また竜宮には二つの宝珠があって、一つは海水を乾上らせ、一つは溢れさせるはたらきをもつという。

駃流　流れのはげしい川。

応・正等覚　応は応供(おうぐ)で、供養を受けるにふさわしいものの意。正等覚は正しく真理をさとったものの意。ともに如来の十号の一。

語業　口業(くごう)に同じ。口による言語表現。

大炬　大きな松明(たいまつ)。

遺日摩尼経　遺日摩尼宝経(正蔵一二ノ一九一中)。

大悲経　大悲経巻二(正蔵一二ノ九五六下)。

須陀洹…　この四をもって小乗の聖者の位とするが、これを修行過程とその到達した境地とに分けて四向四果という。一〇四頁「四果の向」参照。

減一劫　劫に増劫・減劫といった考え方があって、減劫は人間の寿命が減少に向かう過程であるから、いま言う減一劫は一劫たらずという意であろう。

迦羅分　迦羅は梵語。人間の体毛の百分の一、または十六分の一をいう

に、仏に施したてまつるは大功徳を成ずるなり。

と。〈略抄。三千界に満《み》てらん*辟支仏《びゃくしぶつ》を以て校量《きょうりょう》すともまたしかり〉*普曜《ふよう》経の偈に云く、

一切衆生の、*縁覚《えんがく》と成らんに　もし億数劫《おくしゅこう》に　飲食《おんじき》と衣服《えぶく》と床臥具《しょうがぐ》と　*擣香《とうこう》と雑香《ぞうこう》と及び名花《みょうげ》とを供養することあらんも　もし一心に十指を叉《まじ》へ　専心に自ら一の如来に帰して　口に自ら南無仏と発言《ほつごん》することあらば　この功徳の福を最上となす

と。*般舟《はんじゅ》経の、念仏三昧を説く偈に云く、

たとひ一切をして皆《みな》仏となし　聖智《しょうち》清浄にして慧《え》第一たらしめん　皆《みな》億劫に於てその数を過ぐるまで　一偈《いちげ》を講説せる功徳において　*泥洹《ないおん》に至るまで福を誦詠《じゅえい》し　無数億劫にわたり悉く歎誦すとも　*その功徳を究《きわ》め尽すことあたはず　この三昧の一偈の事に於てせるを　一切の仏国の所有の地　四方・四隅及び上下の　中に満てらん珍宝を以て布施し　用て*仏天中天に供養せんも　もしこの三昧を聞くことあらんものは　その*福祐《ふくゆう》を得ること彼に過ぎん　安諦《あんたい》に諷誦《ふうじゅ》し説講せん者　譬を引くとも功徳喩ふべからず

と。〈一の仏刹《ぶっせつ》を破して塵となし、一々の塵を取りて、また砕いて一の仏刹の塵の数の如くし、この一の塵を以て一の仏刹となし、若干の仏刹の、中に満てらん珍宝もて諸仏に供養す。これを以て比となすなり。已上は生善なり〉

*度諸仏境界経《どしょぶつきょうがいきょう》に説かく、

もしもろもろの衆生、如来を縁じて、もろもろの行《ぎょう》を生ぜば、無数劫の地獄・畜生・餓鬼・閻魔王の生を断《た》つ。もし衆生ありて、一念も作意《さい》して如来を縁ずる者は、得る

といわれる。

福田　功徳田ともいう。↓八八頁「大功徳田」注

辟支仏　↓二七頁注

普曜経　普曜経巻八(正蔵三ノ五三七下)。

縁覚　独覚ともいい、梵語「辟支仏」の訳語。みずからの力で独自に道を悟り、孤独を好み、教えを説かないとされる聖者であるが、縁覚の訳語は、飛花落葉など外的な縁に触れてさとったことを指すといわれる。

擣香…　つきくだいて作った香と、その他さまざまなものをまぜた香。

般舟経　般舟三昧経巻上(正蔵一三ノ九〇八上)。

泥洹　涅槃に同じ。

その功徳…　この三昧を説く一偈の詩がよくなしうる功徳を、説き尽くすことはできない。

仏天中天　仏のこと。仏を天に喩えて第一義天というが、天の中の最勝という意で、天中天という。

福祐　仏の助け、加護。

度諸仏境界経　度諸仏境界智光厳経(正蔵一〇ノ九一六上)。

ところの功徳、限極《げんごく》あることなく、称量すべからず。百千万億那由他《なゆた》のもろもろの大菩薩の、悉く*不可思議解脱定《げだつじょう》を得んとも、計校してその辺際《へんざい》を知ることあたはず。

と。*観仏経に〔説かく〕、

仏、阿難に告げたまはく、「我《われ》涅槃して後、諸天・世人、もしわが名を称し、及び南無諸仏と称へんには、獲る所の福徳は無量無辺ならん。いはんやまた、念《おもい》を繋《か》けて諸仏を念ぜん者、しかももろもろの障碍《しょうげ》を滅除せざらんや」と。

と。〈已上は滅罪と生善なり。その余は*上の正修念仏門の如し〉

第二に、*冥得護持《みょうとくごじ》とは、*護《ご》身呪《しんじゅ》経に云く、

*卅六部の神王《じんのう》に、万億恒沙の鬼神ありて眷属となり、*三帰《さんき》を受けたる者を護る。

と。*般舟経に云く、

「*劫尽壊焼《こうじんえしょう》の時、この三昧を持《たも》てる菩薩は、正使《たとい》この火の中に堕つとも、火即ち為に滅せんこと、譬へば、大いなる甖《かめ》の水の、小火を滅《け》すが如くならん」と。仏、*跋陀和《ばつだわ》に告げたまはく、「わが語る所は異あることなし。この菩薩、この三昧を持たんには、もしは帝王、もしは賊、もしは火、もしは水、もしは竜、もしは蛇、もしは*閲叉《えつしゃ》・鬼神、もしは猛獣、〈乃至〉もしは人の禅を壊《やぶ》り、人の念を奪ふものも、たとひこの菩薩を中《やぶ》らんと欲すとも、終《つい》に中るあたはず」と。仏言《のたま》はく、「わが語る所の如きは異あることなし。その*宿命《しゅくみょう》をば除く。その余は、能く中る者あることなけん」と。

不可思議解脱定　解脱も定も、ともに三昧の意。その三昧のはたらきの自在にして無碍であることから、不可思議と形容したもの。

観仏経　観仏三昧海経巻三(正蔵一五ノ六六一上)。

上の正修念仏門　大文第四の四、観察門。たとえば、一三五―一三七頁参照。

冥得護持　仏神の加護を知らないうちに得ていること。

護身呪経　灌頂経巻三(正蔵二一ノ五〇二中)の略抄。

卅六部の神王　経には、これを灌頂(かんぢょう)善神といい、三帰を受けたものを、眷属を率いて守るという。疾病をつかさどる弥栗頭不羅婆(みりつずふらば)(善光と訳する)神以下、厭禱をつかさどる弥栗頭韋陀羅(善妙と訳する)までの名、三十六を掲げる。

三帰　三とは仏・法・僧の三宝で、これに帰依すると誓うことは仏教徒となることの表明であり、第一条件であるから、これを三帰戒という。

般舟経　般舟三昧経巻中(正蔵一三ノ九一二下)。

劫尽壊焼　成・住・壊・空の四劫のうち、住劫がつきて、壊劫に移るときは、三災のうちの火災が起こり、一切を焼きつくす。これを劫火(ごうか)という。

跋陀和　大文第六(一九六頁)参照。

↓八一頁注

と。偈に曰く、

鬼*神・乾陀《けんだ》共に擁護《おうご》し　諸天・人民《にんみん》もまたかくの如くせん　并に阿*須倫《あすりん》・摩睺勒《まごうろく》もこの三昧を行ぜばかくの如くなることを得ん　諸天悉く共にその徳を頌《ほ》め　天・人・竜・神・甄*陀羅《けんだら》と　諸仏も嗟歎して願の如くならしめたまふ　経を諷誦《ふうじゅ》し説いて人の為にするが故なり　国と国と相伐《う》ちて民《たみ》荒乱し　飢饉荐《しきり》に臻《いた》りて苦の窮《きわまり》を懐くも　終《つい》にその命を中夭《ちゅうよう》せず　能くこの経を誦して人を化《け》すればなり　勇猛にもろもろの魔事を降伏《ごうぶく》し　心に畏るる所なく毛竪《た》たず　その功徳行は議《はか》るべからず　この三昧を行ぜばかくの如くなることを得ん

と。〈*十住婆沙《じゅうじゅうばしゃ》に、これ等の文を引き已りて云く、「ただ業報の必ず応に受くべき者をば除く」と〉　十*二仏名《ぶつみょう》経の偈に云く、

もし人、仏の名を持《たも》たば　衆魔及び*波旬《はじゅん》も　行住坐臥の処に　その便《たより》を得ることあたはず

と。

第三に、現*身見仏とは、*文殊般若経の下巻に云く、

仏の云はく、「もし善男子・善女人、*一行《いちぎょう》三昧に入らんと欲せば、応に空閑《くうげん》に処してもろもろの乱意を捨て、相貌《そうみょう》を取らずして心を一仏に繫《か》け、専ら名字を称へて、*仏の方所《ほうじょ》に随ひ、身を端《ただ》しくして正しく向ひ、能く一仏に於て念々に相続すべし。即ち念

閲叉　梵語、夜叉に同じ。

宿命　過去に犯した宿業の罪の障りを指す。

鬼神・乾陀…　般舟三昧経巻中(正蔵一三ノ九一三中)の略抄。乾陀は梵語。乾闥婆(けんだつば)に同じ。→二四頁「天・修羅…」注

阿須倫…　共に梵語。阿須倫は阿修羅。摩睺勒は摩睺羅伽に同じ。→二四頁「天・修羅…」注

甄陀羅　梵語、緊那羅に同じ。→二四頁「天・修羅…」注

十住婆沙　十住毘婆沙論巻一二(正蔵二六ノ八八上)。

十二仏名経　十二仏名神呪校量功徳除障滅罪経(正蔵二一ノ八六二中)。

波旬　梵語。殺者・悪者などと訳する。悪意を抱き、人の生命や正しい智慧の根を断ち切る悪魔。

現身見仏　この身のままで仏をまのあたり見ること。

文殊般若経　文殊師利所説摩訶般若波羅蜜経巻下(正蔵八ノ七三一中)。

一行三昧　→一三六頁注。天台智顗の摩訶止観には、四種三昧の一、常坐三昧の説明にこの一行三昧を取りあげている。

仏の方所　仏のいる方向と場所。

の中に於て、能く過去・未来・現在の諸仏を見たてまつらん」と。

と。*導禅師、釈して云く、

衆生は障《さわり》重ければ、観《かん》成就し難し。ここを以て、大聖《だいしょう》悲憐したまひ、ただ専ら名字を称せよと勧めたまふなり。

と。*般舟経に云く、

「前に聞かざりし所の経巻をば、この菩薩、この三昧を持《たも》てる威神もて、夢の中に悉く自らその経巻を得、おのおの悉く見、悉く経の声を聞かん。もし昼日に得ずは、もしは夜、夢の中に於て、悉く仏を見たてまつることを得ん」と。仏、跋陀和に告げたまはく、「もしは一劫、もしは一劫を過ぐるまで、我、この菩薩の、この三昧を持《たも》てる者を説き、その功徳を説かんに、尽《つく》し竟《おわ》るべからず。いかにいはんや、能くこの三昧を求め得たる者をや」と。

と。また同じ経の偈に云く、

*阿弥陀の国の菩薩の　*無央数《むおうしゅ》百千の仏を見たてまつるが如く　この三昧を得たる菩薩も然《しか》なり　当《まさ》に無央百千の仏を見たてまつるべし〈乃至〉　それこの三昧を誦受《じゅじゅ》することあらば　已に面《ま》のあたり百千の仏を見たてまつるとなす　たとひ最後の大恐懼にも　この三昧を持たば畏るる所なけん

と。*念仏三昧経の第九の偈に云く、

もしは尽《ことごと》く一切の仏を　現在・未来及び十方に見んと欲《おも》ひ　或《あるい》はまた*妙法輪《みょうほうりん》を転ぜん

導禅師…　往生礼讃偈(正蔵四七ノ四三九上—中)。

般舟経　般舟三昧経巻中(正蔵一三ノ九一三上)。

阿弥陀の…　般舟三昧経巻中(正蔵一三ノ九〇八中)、および一巻本の般舟三昧経(正蔵一三ノ九〇〇下)に「乃至」以下の四句を載せるが、それ以前の四句はない。

無央数　梵語、阿僧祇(あそぎ)の訳。数えられないという意。

念仏三昧経　大方等大集経菩薩念仏三昧分巻九(正蔵一三ノ八六五中)。

妙法輪　仏のすぐれた説法。

ことを求めんには　またまづこの三昧を修習《しゅじゅう》せよ

と。*十二仏名経の偈に*云く、

もし人、能く心を至して　七日、仏の名を誦すれば　清浄の眼を得て　能く無量の仏を見たてまつらん

と。

第四に、*当来の勝利とは、*華厳の偈に云く、

もし如来の少《わず》かの功徳をも念じ　乃至一念の心だにも専仰《せんごう》したてまつらば　もろもろの悪道の怖《おそれ》悉く永く除《のぞ》こり　智眼《ちげん》はここに於て能く深く悟る

と。〈智眼天王の*頌《じゅ》なり〉*般舟経の偈に云く、

その人終《つい》に地獄に堕せず　餓鬼道及び畜生を離れ　世々《せせ》、生るる所にて宿命を識《し》らん　この三昧を学ばばかくの如くなることを得ん

と。*観仏経に云く、

もし衆生ありて、一たびも仏身《ぶっしん》の、上の如き功徳と相好と光明とを聞かば、億々千劫にも悪道に堕せず、邪見・雑穢《ぞうえ》の処にも生ぜず、常に正見を得て、勤修《ごんしゅ》すること息《や》まざらん。ただ仏の名を聞くすら、かくの如き福を獲《う》。いかにいはんや、念《おもい》を*観仏三昧に繋《か》けんをや。

と。〈已上〉〔*安楽集に云く、〕

十二仏名経　十二仏名神呪校量功徳除障滅罪経（正蔵二一ノ八六二上）。

云く　青蓮院本には、この下に「智眼天王頌此五字注可書之」とあるが、これは七行先の華厳の偈の割注が紛れこんだもの。

当来の勝利　来世で受ける勝れた利益。

華厳の偈　華厳経（八十巻本）巻二（正蔵一〇ノ九下）。

頌　梵語、伽陀を訳して偈といい、また頌・偈頌とも訳する。歌謡の意で、韻文の詩句のこと。十二部経の一つとしては、経文の一段または全体の終りにある、しめくくりの韻文をいう。

般舟経の偈　般舟三昧経巻中（正蔵一三ノ九一三中）。

観仏経　観仏三昧海経巻九（正蔵一五ノ六八七下）。

観仏三昧　念仏三昧に同じ。仏を観想する三昧。

安楽集　青蓮院本による。安楽集巻上（正蔵四七ノ四中）。

*大集経に云く、「諸仏の世に出でたまふに、四種の法ありて、衆生を度したまふ。何等をか四となす。一には、口に*十二部経《じゅうにぶきょう》を説く。即ちこれ、*法施《ほうせ》もて衆生を度したまふなり。二には、諸仏如来には無量の光明・相好《そうごう》あり。一切の衆生、ただ能く心を繋《か》けて観察《かんざつ》すれば、益《やく》を獲ずといふことなし。即ちこれ、身業《しんごう》もて衆生を度したまふなり。三には、無量の*徳用《とくゆう》・神通道力《じんずうどうりき》、種々の神変《じんべん》あり。即ちこれ、神通道力もて衆生を度《ど》したまふなり。四には、諸仏如来には無量の名号《みょうごう》あり。もしは*惣、もしは別なり。それ衆生ありて、心を繋けて称念すれば、障《さわり》を除き、益を獲て、皆《みな》仏前に生ぜずといふことなし。即ちこれ、名号もて衆生を度したまふなり」と。

と云々。〔*あるが云く、〕正法念経にこの文ありと云々。*十二仏名経の偈に云く、

もし人、仏の名を持《たも》たば　*怯弱《こうにゃく》の心を生ぜず　智慧ありて*諂曲《てんごく》なく　常に諸仏の前に
あり　もし人、仏の名を持たば　七宝《しっぽう》の花の中に生ず　その花、千億葉《よう》にして　威光
の相《そう》具足せり

と。〈已上の諸文、永く悪趣《あくしゅ》を離れて浄土に*往生するなり〉*観仏経に云く、

もし能く心を至して、*繫念内《けねんうち》にあり、端坐《たんざ》正受《しょうじゅ》して、仏の色身を観ぜば、当《まさ》に知るべし、この人の心は仏の心の如くにして、仏と異ることなけん。煩悩ありといへども、もろもろの悪の為に覆蔽《ふへい》せられず、未来世に於て*大法雨《だいほうう》を雨《ふ》らす。

と。大集念仏三昧経の第七に云く、

*当に知るべし、かくの如き念仏三昧は、則ち摠じて一切の諸法を摂《せっ》すとなす。この故

大集経に…　この文は大集経に見当らない。迦才の浄土論巻下に正法念処経の説として四種の法の要点を示している(正蔵四七ノ一〇一上)が、この正法念処経にもこの文はない。また観仏三昧経の説とするものもあるが、明白ではない。↓補

十二部経　↓九七頁注

法施　教えを説き与えること。布施に物品・財物を与える財施と、この法施の二があり、また畏れを除き、安心を与える無畏施などを加える。

徳用…　徳用はすぐれた功徳をもったはたらき、神通道力は神通を得ることによって生じてくるすぐれたはたらき、神変は神通によってさまざまな姿や動作を現わすこと。

惣…　惣は如来の十号、別は個々の如来の別名を指すとも見えるが、またたとえば、阿弥陀仏を惣とすれば、十二光仏は別といったことを指すと考えられる。十二光仏については、大文第五(一五四頁)参照。

あるが…　青蓮院本により補う。迦才の浄土論巻下(正蔵一五ノ一〇一上)を指すと見られる。

十二仏名経　十二仏名神呪校量功徳除障滅罪経(正蔵二一ノ八六二上―中)の略抄。

怯弱　弱いこと。

諂曲　ひとを欺くために、こびへつらうこと。

往生する…　前例に従えば、「往生

に、かの声聞《しょうもん》・縁覚《えんがく》の二乗の境界《きょうがい》にあらず。もし人、暫くもこの法を説くを聞かば、この人、当来《とうらい》に決定《けつじょう》して仏と成《な》ること、疑あることなきなり。

と。

*〔同じ経の〕第九に云く、

*ただ能く耳にこの三昧の名を聞かば、仮令《たとい》読まず誦《じゅ》せず、受けず持《たも》たず、修《しゅ》せず習はず、他の為に*転《てん》ぜず、他の為に説かず、亦また広く分別して、釈することあたはざらんも、しかもかのもろもろの善男子・善女人は、皆当《まさ》に、次第に阿耨菩提《あのくぼだい》を成就すべし。

と。

同じ経の偈に云く、

*もしもろもろの妙相《みょうそう》を円満して　もろもろの*妙上《みょうじょう》の荘厳《しょうごん》を具足せんと欲し　及び清浄の家に転生《てんしょう》せんことを求めんには　必ずまづこの三昧を受持せよ

と。

またある*経に言く、

もし仏の福田《ふくでん》に於て　能く少分の善を殖《う》ゑなば　初には*勝善趣《しょうぜんしゅ》を獲《え》　後には必ず涅槃を得ん

と。

*大般若経に云く、

仏を敬ひ憶ふに依りて、必ず生死を出でて涅槃に至る。*これをば置く。乃至、仏を供養せんが為に、一花《いちげ》を以て虚空《こくう》に散ずるもまたかくの如し。またこれをば置く。もし善男子・善女人等、下《しも》は一たびも「南無仏陀大慈悲者」と称するに至らば、この善男子・善女人等は、生死の際《きわ》を窮《きわ》むるまで善根《ぜんごん》尽くることなく、天人の中に於て恒に富

することを明す」とあるはずの所。

観仏経　観仏三昧海経巻一(正蔵一五ノ六四六上)。

繫念　念いをある一定のことに固定して、他のことは思わないこと。

大法雨　仏の教えはよくひとの心を豊かにうるおすことから、雨に喩えたもの。

当に知るべし…　大方等大集経菩薩念仏三昧分巻七(正蔵一三ノ八五七下)。

同じ経の　青蓮院本は欄外別筆の注。

ただ能く…　大方等大集経菩薩念仏三昧分巻九(正蔵一三ノ八六四中)。

転　転法輪(てんぼうりん)などの転の意は、教えを説くことであるが、転経の転は読誦すること。いまは後者の意。

もしもろもろの…　大方等大集経菩薩念仏三昧分巻九(正蔵一三ノ八六五中)。

妙上の荘厳　この上もないすぐれた身の飾り。経は「妙」を「好」に作る。

ある経　倶舎論巻二七(正蔵二九ノ一四一下)に、「薄伽梵(ばがぼん)世尊と訳される)、自ら頌を説いて言ふが如し」として、この詩を掲げている。

勝善趣　善趣に阿修羅・人・天の三を数えるが、いまはそのうちの勝れたものとして人・天を指す。

大般若経　大般若波羅蜜多経巻五二五(正蔵七ノ六九四上―中)の略抄。

これをば置く　これには触れないの意。ただしこれは大悲経の表現。

楽を受け、乃至、最後には*般涅槃《はつねはん》を得ん。
と。〈略抄。*大悲経の第二もこれに同じ〉*宝積経に云く、
もし衆生ありて、如来の所《みもと》に於て微善《びぜん》を起さば、*苦際《くさい》を尽すまで畢竟《ひっきょう》して壊《え》せず。
また云く、
*もし菩薩ありて、勝れたる*意楽《いぎょう》を以て、能くわが所に於て父の想を起さば、かの人、当《まさ》に如来の数に入ることを得て、わが如く異ることなかるべし。
と。
*十二仏名経の偈に云く、
もし人、仏の名を持《たも》たば　世々、所生《しょしょう》の処に　*身《み》は通《つう》によりて虚空《こくう》に遊び　能く無辺の刹《くに》に至り　面《ま》のあたり諸仏を覩《み》たてまつりて　能く甚深《じんじん》の義を問はんに　〈乃至〉為に微妙《みみょう》の法を説き　彼に菩提の*記《き》を授けたまはん
と。
*法華経の偈に云く、
もし人、散乱の心もて　*塔廟《とうみょう》の中に入るも　一たび南無仏と称へんには　皆已に仏道を成ず
と。
*大悲経の第三に、仏、阿難に告げたまはく、
もし衆生ありて、仏の名を聞かん者は、我説かく、この人は*畢定《ひつじょう》して、当に般涅槃に入ることを得べし。
と。
華厳経の法幢《ほうどう》菩薩の偈に云く、
*もしもろもろの衆生ありて　いまだ菩提心を発《おこ》さざらんも　一たび仏の名を聞くこと

般涅槃　梵語。般は完全の意で、涅槃を形容したもの。
大悲経　大悲経巻二(正蔵一二ノ九五六上―中)。
宝積経　大宝積経巻三七(正蔵一一ノ二一〇下)。青蓮院本は、上に「宝積経已下麁也」とあり、以下「壊せず」までが割注。更に「注不可書之」と傍書。
苦際　生死の苦を受ける最後の身。
もし菩薩…　大宝積経巻六(正蔵一一ノ三三下)。
意楽　心に満足して楽しみ喜ぶこと。
十二仏名経　十二仏名神呪校量功徳除障滅罪経(正蔵二一ノ八六二中)。
身は通により…　身に神通力(いまは神足通)をえて大空を飛びまわる。
記　→二四一頁「記別」注
法華経の偈　法華経巻一、方便品(正蔵九ノ九上)。
塔廟　仏の遺骨の安置された所。
大悲経　大悲経巻三(正蔵一二ノ九五七上)。
畢定して　まちがいなく。
もしもろもろの…　華厳経(八十巻本)巻二三(正蔵一〇ノ一二四上)。
むしろ…　華厳経(八十巻本)巻一六(正蔵一〇ノ八三上)。
念仏経　大方等大集経菩薩念仏三昧分のこと。先に念仏三昧経と呼んでいるもの。二二六頁など参照。
観仏経　観仏三昧海経巻一(正蔵一五ノ六四六上)。

　　を得ば　決定《けつじょう》して菩提を成ぜん

と。〈已上の諸文、菩提を得るなり〉

ただ名号を聞くすら、勝利かくの如し。いはんや暫くも相好・功徳を観念し、或はまた一花《いちげ》・一香《いっこう》を供養せんをや。いはんや一生に勤修《ごんしゅ》せん功徳は終に虚《むな》しからず。則ち知る、仏法に値ひ、仏号《ぶつごう》を聞くことは、これ少縁にあらずといふことを。この故に花厳経の真実慧菩薩の偈に云く、

　　*むしろ地獄の苦を受くとも　諸仏の名を聞くことを得よ　無量の楽を受くとも　仏の
　　名を聞かざることなかれ

と。〈已上の四門は、惣じて諸仏を念ずる利益を明す。その中、観仏経は釈迦を以て首《はじめ》となし、般舟経は多く弥陀を以て首と為すも、理《り》、実には倶に一切諸仏に通ず。*念仏経は三世の仏に通ず〉

問ふ。*観仏経に云く、

　　この人の心は、仏の心の如くにして仏と異ることなけん。

と。また*観経に云く、

　　仏、阿難に告げたまはく、「諸仏〔如来〕はこれ*法界身《ほっかいしん》なり、一切衆生の心想《しんそう》の中に入りたまふ。この故に、汝等、心に仏を想ふ時は、*この心即ちこれ三十二相・八十随形好《ずいぎょうこう》なり。この心、作仏《さぶつ》す。この心、これ仏なり。*諸仏正遍知海《しょぶつしょうへんちかい》は、*心想より生ず」と。

と。〈已上〉この義《ぎ》、いかん。

答ふ。*往生論の智光《ちこう》の疏《しょ》に、この文を釈して云く、

観経　観無量寿経(正蔵一二ノ三四三上)。

法界身　仏の三身のうちの法身《ほっしん》をいう。全宇宙(法界)に遍満している仏身のこと。善導は、法界の一切を救う仏身と解する。

この心…　この心がそのまま仏の三十二相であり、八十随形好である。この心が仏になるのであり、この心がそのまま仏なのである。また別に善導は「この心、作仏す」を、この仏を観ずる心が仏をつくる、と読む。

諸仏正遍知海　広い海に喩えられる、正しく一切を知る諸仏の智慧。

心想　心の想い。

往生論の…　奈良時代の三論宗の学匠智光に世親の往生論(または浄土論)を注釈した無量寿経論釈(智光疏という)五巻があったが、いまは現存しない。諸書に引用された逸文により、ここに引かれたものは論釈巻一と推定される。ほとんど曇鸞の往生論註(詳しくは無量寿経優婆提舎願生偈註)の巻上(正蔵四〇ノ八三二上)と一致するもので、源信が発したこの問いの部分も、実は智光の論釈の文と推定されるが、智光の論釈を用いているということにより、源信が曇鸞の往生論註を見ていないことも知られる。曇鸞は中国浄土教史上もっとも重要な人物で、道綽・善導はこれを受け、継承し展開させたものである。

衆生の心に仏を想ふ時に当りて、仏の身相《しんそう》、皆衆生の心中に顕現するなり。譬へば、水《みず》清ければ即ち色像現《しきぞうげん》じて、水と像と、一ならず異ならざるが如し。故に「仏の相好身は即ちこれ心想」と言へるなり。「この心、作仏す」とは、心能く仏と作るなり。

「この心、これ仏なり」とは、心の外に仏なきなり。譬へば、火は木より出でて、木を離るることを得ず、木を離れざるを以ての故に、即ち能く木を焼き、火の為に焼けし木は、即ちこれ火たるが如し。

と。〈已上〉また*余の釈あり。学者更に勘《かんが》へよ。私に云く、*大集経日蔵分に云く、

行者、この念を作《な》さく、これ等の諸仏は*従《よ》りて来る所なく、去るも至る所なし。ただわが*心の作《さ》なるのみ。三界の中に於て、この身は因縁にして、ただこれ心の作なり。我、*覚観《かくかん》の随《まま》に、多を欲すれば多を見、小を欲すれば小を見るなり、諸仏如来も即ちこれわが心なり。何を以ての故に。心の随《まま》に見たてまつるが故なり。心は即ちわが身にして、即ちこれ虚空なり。我、覚観に因りて無量の仏を見たてまつる。我、覚心を以て、仏を見、仏を知るなり。心は心を見ず、心は心を知らず。我、法界《ほっかい》を観《かん》ずるに、性《しょう》に牢固たることなし。一切の諸仏は皆覚観の因縁より生ず。この故に、法性《ほっしょう》は即ちこれ虚空にして、虚空の性《しょう》も亦またこれ空なり。

と。〈已上〉この文《もん》の意《こころ》は観経に同じ。*光師《こうし》の釈もまた違《たが》ふことなし。

問ふ。心の、仏と作ることを知らば、何の勝れたる利かあるや。

答ふ。もしこの理《り》を観ずれば、能く三世の一切の仏法を了《さと》り、乃至、一たびも聞かば、

余の釈　たとえば、天台宗の智顗の観無量寿仏経疏(正蔵三七ノ一九二中)、三論宗の吉蔵の観無量寿経義疏(正蔵三七ノ二四三下―二四四上)、あるいは善導の観無量寿仏経疏巻三(正蔵三七ノ二六七上―中)など。いまこのうち、吉蔵の説を一例に取れば、かれは経に「この心」という表現が三つあることに留意して、「この心、即ちこれ三十二相とは、即ちこれ応身、この心、これ仏なりとは、即ちこれ法身にして、この心、作仏すとは、即ち二身の因を明すなり」と述べている。

大集経日蔵分　大方等大集経巻三八(正蔵一三ノ二五六中)の取意。

従りて来る…　どこからおいでになったわけでも、どこに去って行かれるのでもない。

心の作　心が作りだしたもの。

覚観　尋伺(じん)ともいう。心のあらいはたらきと細かなはたらき。

光師　智光法師。

もし人…　華厳経(六十巻本)巻一〇(正蔵九ノ四六六上)。

華厳伝　華厳経伝記巻四(正蔵五一

即ち三途《さんず》の苦難を解脱《げだつ》することを得るなり。華厳経の如来林菩薩の偈に云ふが如し。

　*もし人　三世一切の仏を知らんと欲求《よくぐ》せば　応当《まさ》にかくの如く観ずべし　心、もろもろの如来を造ると

と。

*華厳伝に曰く、

*文明元年、京師《けいし》の人、姓は王、その名を失せり。既に戒行《かいぎょう》なく、曾《かつ》て善を修せず。患《やまい》に因りて死に致《いた》る。二人に引かれて地獄の門前に至り、一の僧あるを見る。云く、「これ地蔵菩薩なり」と。乃ち王氏に教へて、*この一偈《いちげ》を誦へしめ、これに謂ひて曰く、「この偈を誦《とな》へ得ば、能く地獄を排《はら》はん」と。王氏遂に入りて、*閻羅《えんら》王に見《まみ》ゆ。王、この人に問ふ、「功徳ありや」と。答へて云く、「ただ我、一の四句の偈を受持す」と。具さに上の如くに説く。王、遂に放免*す。この偈を誦する時に当りて、声の所及《しょぎゅう》の処に苦を受けし人、皆解脱を得たり。王氏、三日にして始めて蘇《よみがえ》り、この偈を憶持《おくじ》して、もろもろの沙門《しゃもん》に向ひ、これを説く。偈の文を*示験《じげん》するに、方《まさ》にこれ華厳経の第十二巻、*夜摩天宮無量諸菩薩雲集説法品《うんじゅうせつぼうぼん》なることを知れり。王氏自ら、空観寺《くうがんじ》の僧定《そうじょう》法師に向ひて、説いて然なりと云へり。

と。〈略抄〉

第五に、*弥陀を念ずる別益とは、行者をしてその心を決定せしめんが為の故に、別にこれを明すなり。〈滅罪生善と*冥得護念と現身見仏と*将来の勝利とは、次の如し〉*観経に像想観を説いて云

ノ一六七上)。

文明元年…　唐の睿宗の文明元年(六八四)は中宗の嗣聖元年に当たる。この説話は後の三宝感応要略録巻中(正蔵五一ノ八三八中)にほぼそのまま載っているが、王氏の名はある記に定蔵というと記している。また今昔物語集巻三二にも、「震旦の王氏、華厳経の偈を誦して活(よみ)へることを得たる語第三十三」(古典大系二三ノ一〇一―一〇二)として載せる。また似た説話は大方広仏華厳経感応伝に神亮という在家信者の話として載っている(正蔵五一ノ一七五下)。

この一偈　さきの「もし人　三世一切の仏を知らんと欲求せば」の四句。これを破地獄文という。

閻羅王　閻魔王のこと。閻羅は梵語、閻摩羅社の略で、羅社は王の意。

放免　三宝感応要略録では「王、遂に王氏を放免す」と記している。

示験　華厳経伝記の本文には、「参験」に作る。よくしらべてみること。

夜摩天宮…　華厳経(六十巻本)には、夜摩天宮菩薩説偈品に作る。

弥陀を念ずる別益　大文第七の初の標題、および他本は、「弥陀の別益」とする。

冥得護念　初の標題は「冥得護持」。

将来の勝利　初の標題は「当来の勝利」。

観経…　観無量寿経(正蔵一二ノ三四三中)。像想観は十六観の第八。

く、

この観を作す者は、無量億劫の生死の罪を除き、現身の中に於て念仏三昧を得ん。

と。*また云く、

*ただ仏の像を想ふすら無量の福を得。いはんやまた、仏の具足せる身相を観《かん》ぜんをや。

と。*阿弥陀思惟《あみだしゆい》経に云く、

もし*転輪王《てんりんおう》の千万歳の中《あいだ》、*四天下《してんげ》に満てらん七宝もて十方の諸仏に布施すとも、*苾《ひつ》蒭《しゅ》・苾蒭尼《ひっしゅに》・優婆塞《うばそく》・優婆夷《うばい》等の、*一弾指《だんし》の頃《あいだ》も坐禅し、平等の心を以て、一切の衆生を憐愍《れんみん》して、阿弥陀仏を念ぜん功徳にはしかず。

と。〈已上は滅罪生善なり〉*称讃浄土経に云く、

或は善男子、或は善女人、無量寿の極楽世界、清浄仏土の功徳荘厳《くどくしょうごん》に於て、もしは已に発願《ほつがん》し、もしは当《まさ》に発願すべく、もしは今発願せんに、必ずかくの如く、十方面に住したまふ十*殑伽沙《ごうがしゃ》の諸仏世尊の、*摂受《しょうじゅ》したまふ所となる。説《せつ》の如く行《ぎょう》ぜん者は、一切定《さだ》んで阿耨菩提《あのくぼだい》に於て退転せざることを得、一切定んで無量寿仏の極楽世界に生れん。

と。観経に云く、

*光明《こうみょう》遍く十方世界を照し、念仏の衆生をば摂取《しょうしゅ》して捨てたまはず。

と。また云く、

*無量寿仏は化身《けしん》無数《むしゅ》にして、観世音・大勢至と、常にこの行人《ぎょうにん》の所に来至《らいし》したまふ。

と。

また云く　この前、青蓮院本には、「また云く、ただ仏の名と二菩薩の名を聞くすら、無量劫の生死の罪を除く。いかにいはんや、億念せんをや」の一文がある。観無量寿経(正蔵一二ノ三四六中)。

ただ仏の…　観無量寿経(正蔵一二ノ三四四中)。

阿弥陀思惟経　陀羅尼集経巻二、阿弥陀仏大思惟経説序分(正蔵一八ノ八〇〇中)。

転輪王　→六二頁「輪王」注

四天下　→二六頁注

苾蒭・苾蒭尼　梵語。比丘・比丘尼に同じ。

一弾指の頃　指をならすほんの僅かなあいだ。

称讃浄土経　称讃浄土仏摂受経(正蔵一二ノ三五一上)。

殑伽沙　梵語。恒河沙に同じ。ガンジス河の砂。数の多い喩え。

摂受　摂取(せっしゅ)に同じ。慈悲の心をもって、仏が摂め取って救うこと。

光明遍く…　観無量寿経(正蔵一二ノ三四三中)。経中、もっとも著名な一句。

無量寿仏は…　観無量寿経(正蔵一二ノ三四四中)。

と。*十往生経に、釈尊、阿弥陀仏の功徳、国土の荘厳等を説き已りて、云く、

*清信士《しょうしんし》・清信女、この経を読誦《どくじゅ》し、この経を流布《るふ》し、この経を恭敬《くぎょう》し、この経を謗《そし》らず、この経を信楽《しんぎょう》し、この経を供養せん。かくの如き人の輩《たぐい》は、この信敬《しんきょう》に縁《よ》りて、我、今日より常に前《さき》の*廿五菩薩をしてこの人を護持せしめ、常にこの人をして、病なく悩《なやみ》なく、悪鬼・悪神もまた中《やぶ》り害せず、またこれを悩まさず、また便《たより》も得ざらしめん。

と。〈已上。「乃至、*睡寤《すいご》・行住・所至の処、皆悉く安穏《あんのん》ならしめん」と云々〉*唐土の諸師の云く、「廿五菩薩は、阿弥陀仏を念じて、往生を願ふ者を擁護したまふ」と。これまた、かの経の意に違はざるなり。〈廿五〔菩薩〕とは、観世音菩薩・大勢至菩薩・薬王菩薩・薬上菩薩・普賢菩薩・法自在菩薩・師子吼《ししく》菩薩・陀羅尼菩薩・虚空蔵《こくうぞう》菩薩・徳蔵菩薩・宝蔵菩薩・金蔵《こんぞう》菩薩・金剛蔵菩薩・光明王《こうみょうおう》菩薩・山海慧《さんがいえ》菩薩・華厳王菩薩・衆宝王《しゅほう》菩薩・月光王《がっこう》菩薩・日照王《にっしょう》菩薩・三昧王菩薩・定自在王菩薩・大自在王菩薩・白象王《びゃくぞう》菩薩・大威徳王菩薩・無辺身菩薩なり〉*双観経のかの仏の本願に云く、

諸天《しょてん》と人民《にんみん》、わが名字を聞いて、五体を地に投じ、稽首作礼《けいしゅさらい》し、歓喜信楽《かんぎしんぎょう》して、菩薩の行を修せんに、諸天・世人《せにん》、敬《うやまい》を致さざることなけん。もししからずは、正覚《しょうがく》を取らじ。

と。〈已上は冥得護持なり〉*大集経賢護分に云く、

善男子・善女人、端坐《たんざ》繋念《けねん》し、心を専らにして、かの阿弥陀如来・応供《おうぐ》・等正覚《とうしょうがく》を想ひ、かくの如き相好、かくの如き威儀《いぎ》、かくの如き大衆《だいしゅ》、かくの如き説法を、聞くが

十往生経　山海慧菩薩経(正蔵八五ノ一四〇九中)。

清信士・清信女　梵語、優婆塞・優婆夷の訳語。近事男(こんじなん)・近事女、信男・信女などとも訳する。

廿五菩薩　この二十五菩薩を数える思想は、十往生阿弥陀仏国経(続蔵八七ノ二九二左下—二九三右上)に始まり、日本では源信以来、広く流布し、多数の二十五菩薩来迎図などが画かれるようになったもの。また源信の作と伝える二十五菩薩和讃があり、それぞれの菩薩の持物などについて記している所に、来迎図との関連が見られる。↓補

睡寤　眠っているときと寤めているとき。

唐土の諸師…　善導の観念法門(正蔵四七ノ二五中)。懐感の釈浄土群疑論巻四(同四七ノ五四中)。

双観経の…　無量寿経巻上(正蔵一二ノ二六八下—二六九上)に説く第三十七願。

大集経賢護分　大方等大集経賢護分巻一(正蔵一三ノ八七五下)。

如く繫念し、一心に相続して次第乱れず、或は一日を経《へ》、或はまた一夜せん。かくの如くして、或は七日七夜に至るまで、わが聞く所の如く具足《ぐそく》して念ずるが故に、この人は必ず阿弥陀如来・応供・等正覚を観《み》たてまつるなり。もし昼の時に於て見たてまつること能はざる者は、もしは夜分《やぶん》に於て、或は夢の中に、阿弥陀仏は必ず当《まさ》に現じたまふべし。

と。〈已上〉観経に云く、

*眉間の白毫《びゃくごう》を見たてまつらば、八万四千の相好《そうごう》、*自然《じねん》に当に見ゆべし。無量寿仏を見たてまつる者は、即ち十方の無量の諸仏を見たてまつる。無量の諸仏を見たてまつることを得るが故に、諸仏は*現前《げんぜん》に授記《じゅき》したまふ。これを遍く一切の色相《しきそう》を観ずとなす。

と。〈已上は見仏なり〉*鼓音声《くおんじょう》王経に云く、

十日十夜、六時に念を専らにし、五体を地に投げてかの仏を礼敬《らいきょう》し、堅固正念にして悉く散乱を除き、もしは能く心に念じ、念々に絶えざらしめば、十日の中に、必ずかの阿弥陀仏を見たてまつることを得、并に十方世界の如来、及び所住の処を見たてまつらん。ただ*重障《じゅうしょう》・鈍根《どんこん》の人を除く。今の少時に於て、観るあたはざる所なり。一切の諸善を皆悉く廻向して、安楽世界に往生することを得んと願はば、終《おわり》に垂《なんな》んとするの日、阿弥陀仏は、もろもろの大衆とともに、その人の前に現れて、*安愈《あんゆ》し称善《しょうぜん》したまはん。この人、その時、甚だ慶悦《きょうえつ》を生ぜん。この因縁を以て、その所願の如く、即ち往生することを得ん。

眉間の白毫を…　観無量寿経（正蔵一二ノ三四三下）。

自然　おのずからにして。その本来のはたらきとして。

現前に授記　仏がまのあたり、未来にはさとりを開くと予言を与えること。現前は現在前ともいい、目の前に現われていること。

鼓音声王経　阿弥陀鼓音声王陀羅尼経（正蔵一二ノ三五二下）。

重障・鈍根の人　煩悩のさわりの重い人と、生まれつき能力・資質の劣った人。

安愈し…　経には「安慰」に作る。「安愈」を強いて取れば、心の病をやわらげ、いやすの意と解することはできる。称善は善をほめること。

平等覚経　無量清浄平等覚経巻三

と。*平等覚経に云く、
仏の言はく、「要《かなら》ず当に斎戒し、一心清浄にして昼夜に常に念じ、無量清浄仏の国に生れんと欲して、十日十夜、断絶せざるべし。我、皆これを慈愍《じみん》して、悉く無量清浄仏の国に生れしめん」と。
と。〈乃至、一日一夜もまたかくの如し。或は、この文を以て*下の諸行門の中に置くべし〉*双観経の偈に云く、

その仏の本願力もて　名を聞いて往生せんと欲せば　皆悉くかの国に到りて　自ら*不退転に致らん

と。
*観経の、下品上生《げぼんじょうしょう》の人は、命終らんとする時に臨んで、合掌《がっしょう》し叉手して南無阿弥陀仏と称せんに、仏の名を称するが故に、五十億劫の生死の罪を除き、化仏《けぶつ》の後に従ひて、宝池の中に生る。同じ品の中生の人は、命終らんとする時に臨んで、地獄の猛火、一時に倶に至らんに、弥陀仏の十力の威徳、光明の神力《じんりき》、*戒・定・慧・解脱《げだつ》・知見《ちけん》を聞かば、八十億劫の生死の罪を除き、地獄の猛火、化《け》して清涼《しょうりょう》の風となり、もろもろの天花《てんげ》を吹く。花の上には皆《みな》化仏・菩薩ありて、この人を*迎接《ごうしょう》し、即ち往生することを得。同じ品の下生の人は、命終らんとする時に臨んで、苦に逼《せ》められて仏を念ずることあたはず。*善友《ぜんう》の教の随《まま》に、ただ至心に声をして絶えざらしめ、十念を具足して南無無量寿仏と称せん。仏の名を称するが故に、念々の中に於て八十億劫の生死の罪を除き、一念の頃の如くに、即ち往生することを得。

（正蔵一二ノ二九三上）。

下の諸行門　大文第九、往生の諸行の項（二五四頁以下）。

双観経の偈　無量寿経巻下（正蔵一二ノ二七三上）の、いわゆる東方偈（とうぼうげ）または往観偈（おうかんげ）といわれるもののうちの四句で、古来尊重されてきたもの。破地獄文といわれた。

不退転　浄土に生まれると、再びそこから退転して、得た地位やさとりを失うことがないこと。梵語、阿惟越致（あゆいおっち）・阿鞞跋致（あびばっち）の訳語。源信は阿弥陀経略記に、この不退転について、「基法師の要決に、三不退の外、極楽浄土を処不退と名づくるは、この世界に例するなり」と述べ、これを処不退と取っている（仏全三一ノ二四三下―二四四上）。二七二―三頁参照。

観経の…　観無量寿経（正蔵一二ノ三四五下―三四六上）の略抄。ここでは、浄土に生まれる能力・資質のもっとも劣った下品について、さらに上・中・下の三階を分けるが、上生は大乗の悪人、中生は小乗の悪人、そして下品は五逆・十悪など多くの不善を行なう悪人と説明されている。

戒・定…　戒・定・慧・解脱・解脱知見の五を五分法身という。一五一頁注参照。

迎接　来迎引接（らいこういんじょう）のこと。迎えに来て、つれて行く。

善友　善知識に同じ。

*双観経の、かの仏の本願に云く、

諸仏世界の衆生の類、わが名字を聞いて、菩薩の*無生法忍《むしょうぼうにん》、もろもろの*深摠持《じんそうじ》を得ずは、正覚《しょうがく》を取らじ。他方国土のもろもろの菩薩衆、わが名字を聞いて、即ち不退転に至ることを得ずは、正覚を取らじ。

と。*観経に云く、

もし念仏する者は、当《まさ》に知るべし、この人はこれ人中《にんじゆう》の*分陀利華《ふんだりけ》なり。観世音菩薩・大勢至菩薩、その*勝友《しょうう》となりたまふ。当に道場に坐し、諸仏の家に生るべし。

と。〈已上は将来の勝利なり。余は上の別時念仏門の如し〉

第六に、*引例勧信《いんれいかんしん》とは、*観仏経の第三に、仏、もろもろの*釈子《しゃくし》に告げて言はく、*毘婆尸《びばし》仏の*像法《ぞうぼう》の中に、一の長者《ちょうじゃ》あり、名づけて月徳《がっとく》と曰へり。五百の子ありて、同じく重病に遇へり。父、子の前に到りて涕涙合掌《たいるいがっしょう》し、諸子に語りて言く、「汝等、邪見にして正法を信ぜざりき。今、無常の刀、汝が身を截《き》り切るも、何の恃《たの》む所とせん。仏世尊《ぶっせそん》まします、毘婆尸と名づけたてまつる。汝、仏を称《とな》ふべし」と。諸子《しょし》、聞き已り、その父を敬ふが故に南無仏と称ふ。父また告げて言く、「汝、法《ほう》を称ふべし。汝、僧を称ふべし」と。いまだ三たび称ふるに及ばずして、その子、命終り、仏を称ふるを以ての故に四天王《してんのう》の所に生ぜり。天上の寿《いのち》尽きしとき、前の邪見の業もて大地獄に堕ちたり。*獄卒《ごくそつ》の羅刹《らせつ》は、熱鉄の*杈《やす》を以てその眼を刺し壊《やぶ》れり。この苦を受けし時、

双観経の… 「諸仏」以下の一文は、無量寿経巻上の第三十四願の文(正蔵一二ノ二六八下)、「他方」以下の一文は、第四十七願の文(同 一二ノ二六九中)。
無生法忍 一切が空であるという、その一切の真実相をさとって、その真理に心を安んじて、動揺しないこと。
深摠持 摠持とはよく記憶して忘れないこと。梵語、陀羅尼の訳語。深はその勝れたはたらきの形容。
観経 観無量寿経(正蔵一二ノ三四六中)。
分陀利華 梵語。白蓮華。泥のなかから出て美しい花を咲かせるので、煩悩に汚れない清浄な仏やその教えなどに喩える。ここでは念仏の人が喩えられている。後にこのような人を妙好人(みょうこうにん)などと呼ぶようになったが、これは善導に始まる。
勝友 すぐれた友。
引例勧信 例を引いて念仏の信仰を勧めること。
観仏経の… 観仏三昧海経巻三(正蔵一五ノ六六〇中―六六一上)の略抄。
釈子 釈迦仏の弟子。
毘婆尸仏 梵語。釈迦仏が世に出る以前に七人の仏があったとされ、過去七仏というが、その最初がこの仏といわれる。以下、尸棄・毘舎浮・拘留孫(くるそん)・拘那含(くなごん)・迦葉(かしょう)・

父の長者の*教誨《きょうけ》せし所の事を憶ひて、念仏せしを以ての故に、また人中に生ぜり。*尸《し》棄《き》仏の出でたまへるも、ただ仏の名を聞くのみにて、仏の形《すがた》を覩《み》ざりき。乃至、*迦葉《かしょう》仏《ぶつ》の時もまたその名を聞きしのみ。六仏の名を聞きし因縁を以ての故に、我とともに同じく生ぜり。このもろもろの比丘、前世の時、悪心を以ての故に、仏の正法を謗《そし》りたるも、ただ父の為の故に、南無仏と称へしをもて、生々《しょうじょう》に常に諸仏の名を聞くことを得、乃至、今世にわが出づるに値遇《ちぐ》して、もろもろの障《さわり》除《のぞ》こりしが故に、阿羅漢《あらかん》と成れり。

と。

また云く、

*燃燈《ねんとう》仏の*末法《まつぼう》の中に一の*羅漢《らかん》ありき。その千の弟子、羅漢の説を聞いて心に瞋恨《しんこん》を生ぜり。寿の*修短《しゅたん》に随ひておのおの命《いのち》終らんとせしとき、羅漢、教へて南無諸仏と称へしむ。既に仏を称へ已りて*忉利《とうり》天に生ずることを得たり。〈乃至〉未来世に於て当に作仏することを得、南無光照と号《なづ》くべし。

と。

*第七巻には、文殊《もんじゅ》自ら、過去の宝威徳仏に値遇し礼拝せしことを説くに、

*その時、釈迦文《しゃかもん》仏、讃へて言はく、「善《よ》いかな、善いかな。文殊師利は、乃ち昔の時に於て一たび仏を礼せしが故に、爾許《そこばく》の無数の諸仏に値ふことを得たり。いかにいはんや、未来にわがもろもろの弟子の、勤《つと》めて仏を観ぜん者をや」と。仏、阿難に勅《みことのり》したまはく、「汝、文殊師利の語を持《たも》ちて、遍く大衆及び未来世の衆生に告げよ。もしは能く礼拝せん者、もしは能く念仏せん者、もしは能く仏を観ぜん者、当に知るべし、

釈迦牟尼とつづいたという。一七五頁「倶留孫仏」注参照。

像法　正・像・末の三時の第二。教えや修行はあっても、さとりが得られない時代。↓八〇頁「末後」補注

獄卒の羅刹　羅刹のような姿をした地獄の鬼。羅刹は二四頁注参照。

杈　魚を刺して捕える道具。

教誨　教えいましめること。

尸棄仏　梵語。過去七仏の第二番目。

迦葉仏　梵語。過去七仏の第六番目。また現在の賢劫には千人の仏がでるが、その賢劫千仏では第三番目とされる。

燃燈仏の…　観仏三昧海経巻三(正蔵一五ノ六六一上—中)の取意略抄。燃燈仏は錠光仏と訳し、釈迦仏が過去世に菩薩の修行を行なっていたとき、この仏に遇い、蓮の花を仏に供養し、泥道にみずからの髪を敷いて、仏の足のよごれるのを防いで、未来には仏になるという予言を受けた、とされる。

末法　↓八〇頁「末後」補注

羅漢　阿羅漢に同じ。

修短　長短に同じ。

忉利天　↓一四頁注

第七巻　正しくは第九巻。

その時　観仏三昧海経巻九(正蔵一五ノ六八八中)。

この人は、文殊師利と等しくして異りあることなけん。*身《み》を他世《たせ》に捨てなば、文殊師利等のもろもろの大菩薩、その*和上《わじよう》とならん」と。

また云く、

*時に、十方の仏、来りて*跏趺坐《かふざ》したまへり。東方の善徳《ぜんとく》仏、大衆に告げて言はく、「我、過去無量世の時を念ふに、仏の世に出でたまへるあり。宝威徳上王《ほういとくじよう》と号《なづ》けたり。時に比丘《びく》あり。九弟子とともに*仏塔《ぶつとう》に往詣《おうげい》して、仏像を礼拝し、*一の宝像の厳顕《ごんけん》にして観ずべきを見る。礼し已りて、諦《あきら》かに視《み》、偈を説いて讃嘆《さんだん》せり。後の時、命終りしに、悉く東方の宝威徳上王仏の国に生れ、大蓮花の中に結跏趺坐《けつかふざ》して、*忽然《こつねん》として化生《けしよう》せり。これより已後、恒に仏に値ひたてまつることを得、諸仏の所に於て、浄く*梵行《ぼんぎよう》を修し、念仏三昧を得たり。三昧を得已りしとき、仏為《ため》に授記《じゆき》したまひ、十方面に於ておのおの成仏することを得たり。東方の善徳仏とは則ちわが身これなり。東南方の無《む》憂徳《ゆうとく》仏、南方の栴檀徳《せんだんとく》仏、西南方の宝施《ほうせ》仏、西方の無量明《むりようみよう》仏、西北方の華徳《けとく》仏、北方の相徳仏、東北方の三乗行《さんじようぎよう》仏、上方の広衆徳《こうしゆとく》仏、下方の明徳《みようとく》仏、かくの如き十仏は、過去に塔《とう》を礼し、像を観《かん》じ、一偈《いちげ》もて讃嘆せしに由りて、今、十方に於ておのおの成仏を得たり」と。この語を説き已りて、*釈迦《しやか》文仏《もんぶつ》を*問訊《もんじん》したまへり。既に問訊し已りて、大光明を放ち、おのおの本国に還りたまへり。

と。

また云く、

*四仏世尊は、空より下りて釈迦仏の床《ゆか》に坐し、讃へて言はく、「善《よ》いかな、善いかな。

身を他世に…　いつの世にか、身を捨てて出家するときは。

和上　梵語は鄔婆駄耶(うばだや)。和尚(かしょう)とも訳するが、意を取って親教師とも訳する。弟子を教導し、また罪の有無をよく知る師をいう。

時に…　観仏三昧海経巻九(正蔵一五ノ六八八中―下)。

跏趺坐　くわしくは結跏趺坐。坐法の一つで、足を組んで坐るとき、足の裏が上になって見えるようにする坐り方。左の股に右足を乗せ、右の股に左足を乗せるが、先に乗せる足が右か左かによって、吉祥坐と降魔坐(ごうまざ)に分ける。足の裏が見えるので、国語では「あなうらを結ぶ」という。また右足だけを乗せるのを半跏趺坐(半跏とも)という。

仏塔　仏の遺骨(舎利)をおさめた覆鉢形の塔で、この中に龕(がん)を設け、仏像を安置するものがある。

一の宝像…　一体の仏像がことのほか厳かに秀でていて。

忽然として化生せり　依るところもなく、忽然と生まれる。

梵行　清らかな行為のことで、とくに淫欲を離れること。

釈迦文仏　釈迦牟尼仏に同じ。牟尼は梵語、文尼とも書く。

問訊　師長などに対して、合掌し頭をたれて、安否をたずねることで、挨拶の一法。ただし動作だけでも心底が表われるから、問訊という。

乃ち能く未来の時の濁悪《じょくあく》の衆生の為に、三世の仏の白毫の光相を説いて、もろもろの衆生をして罪咎《ざいく》を滅することを得しめたまふ。所以はいかん。わが昔曾《むかし》を念ふに、*空王仏の所にて出家して道を学べり。時に四の比丘あり。共に*同学《どうがく》となりて、仏の正法を習ひしに、煩悩、心を覆ひ、堅く仏法の宝蔵を持《たも》つことあたはず、不善の業《ごう》多くして、当に悪道に堕せんとす。空中に声あり、比丘に語りて言く、「空王如来はまた涅槃したまひ、汝の犯せし所を救ふ者なしと謂ふといへども、汝等、今《いま》*塔《とう》に入りて像を観《み》たてまつるべし。仏の在世と等しくして異りあることなけん」と。我、空の声に従ひて塔に入り、像の眉間の白毫を観て、即ちこの念を作せり。「如来在世の光明《こうみょう》*色身《しきしん》は、これとなんぞ異らん。仏の*大人相《だいにんそう》、願はくは、わが罪を除きたまへ」と。この語を作し已りて、大山《たいせん》の崩るるが如く五体を地に投げて、もろもろの罪を懺悔《さんげ》せり。これより已後、八十億阿僧祇劫《あそうぎこう》、悪道に堕せず、*生々《しょうしょう》に常に十方の諸仏を見たてまつり、諸仏の所に於て甚深の念仏三昧を受持《じゅじ》せり。三昧を得已りしとき、諸仏現前《げんぜん》して、我に*記別《きべつ》を授けたまへり。東方妙喜国《とうぼうみょうきこく》の*阿閦仏《あしゅくぶつ》は、即ち第一の比丘これなり。南方歓喜国《なんぼうかんぎ》の*宝相《ほうそう》仏は、即ち第二の比丘これなり。西方極楽国の無量寿仏は、第三の比丘これなり。北方蓮華荘厳《れんげしょうごん》国の微妙声《みみょうしょう》仏は、第四の比丘これなり」と。時に、四如来、おのおの右の手を申《の》べて、阿難の頂を摩《な》で、告げて言はく、「汝、仏の語を持《たも》ちて、広く未来のもろもろの衆生の為に説け」と。三たびこれを説き已りて、おのおの光明を放ち、本国に還帰《げんき》したまへり。

四仏世尊… 観仏三昧海経巻九(正蔵一五ノ六八八下—六八九上)の略抄。

空王仏 大文第五の第五参照。↓一八五頁注

同学 同じ教えを学ぶこと、またはその人。

塔 梵語、窣塔婆(そとば)の略で、塔婆とも略する。仏塔、塔廟などとも使う。

色身 三十二相などをそなえた、有形の生身(しょうじん)。

大人相 くわしくは三十二大人相。三十二相のこと。

生々に 生まれてくるたびに。

記別 略して記ともいう。未来に得られるさとりの内容を一々区別して予言することで、これを仏が弟子に与えることを授記という。

阿閦仏 阿閦は梵語。無動と訳する。菩薩のとき、怒りと淫欲を断つことを誓い、仏となって、妙喜国を浄土としている仏。また法華経巻三(正蔵九ノ二五中)には、この国を歓喜国という。

宝相仏 阿弥陀経(正蔵一二ノ三四七下)には、西方の世界にいる仏とする。

財首菩薩…　観仏三昧海経巻九(正蔵一五ノ六八九上―中)の略抄。

世尊　如来の十号の一で、世にもっとも尊い、尊敬される人の意。経典では弟子が仏を呼ぶときによく用いる。

仏の真身　仏の生身。

後夜　鶏鳴ともいう。夜明け方。

逮得　獲得に同じ。得ること。

首楞厳三昧　首楞厳は梵語。健相・一切事竟などと訳する。仏の得る徳が堅く、その究極を尽くしていることを示すもので、この三昧に入ると、魔もこれを壊すことができないとされ、三昧としては最高のもの。また十地の菩薩がこの三昧に入るという。

仏言はく…　観仏三昧海経巻九(正蔵一五ノ六八九中―下)。

賢劫　一大劫に過去・現在・未来の三劫を数え、その現在の一大劫を賢劫という。このときには千人の仏が世に現われるとされ、釈迦仏はその第四番目という。二一頁「半中劫」およびび八〇頁「千仏」注参照。

と。

また云く、

*財首菩薩《ざいしゅ》、〔仏に〕白《もう》して言《もう》さく、「*世尊《せそん》。我、過去無量世の時を念ふに、仏世尊おはしまして、また釈迦牟尼《しゃかむに》と名づく。かの仏の滅後に一の王子あり、名づけて金幢《こんどう》と曰《い》へり。憍慢邪見《きょうまんじゃけん》にして、正法《しょうぼう》を信ぜず。知識《ちしき》の比丘あり、定自在《じょうじざい》と名づけしが、王子に告げて言く、「世に仏像あり、衆宝もて厳飾《ごんじき》せり。暫く塔に入りて、仏の形像を観たてまつるべし」と。時にかの王子、善友《ぜんう》の語《ことば》に随ひ、塔に入りて像を観たてまつり、像の相好を見て、比丘に白して言さく、「仏の像の端厳《たんごん》なること、なほかくの如し。いはんや*仏の真身《しんしん》をや」と。比丘、告げて言く、「汝、今《いま》像を見たてまつれり。礼することあたはずは、当に南無仏と称ふべし」と。この時、王子、合掌し恭敬《くぎょう》して、南無仏と称へ、宮に還りて、念《おもい》を繋《か》けて塔中の像を念じたるに、即ち*後夜《ごや》に於て、夢に仏像を見たてまつる。仏像を見たてまつりしが故に、心《こころ》大いに歓喜《かんぎ》し、邪見を捨離して、三宝《さんぼう》に帰依《きえ》したてまつる。寿命の随《まま》に終りしも、前に塔に入りて南無仏と称へし因縁の功徳に由りて、九百万億那由他《なゆた》の仏に値ひ、甚深《じんじん》の念仏三昧を*逮得《たいとく》せり。三昧力の故に、諸仏現前《げんぜん》して、そが為に記《き》を授けたまへり。これより已来、百万阿僧祇《あそうぎ》劫《こう》にわたり、悪道に堕せず、乃至、今日、甚深の*首楞厳三昧《しゅりょうごんさんまい》を獲得《ぎゃくとく》せり。その時の王子は、今の我、財首これなり」と。

また云く、

*仏言はく、「我、*賢劫《けんごう》のもろもろの菩薩とともに、曾て過去の栴檀窟《せんだんくつ》仏の所に於て、こ

の*諸仏の色身《しきしん》・変化《へんげ》の観仏三昧海を聞けり。この因縁の功徳力《くどくりき》を以ての故に、九百万億阿僧祇劫の生死の罪を超越《ちょうおつ》して、この賢劫に於て次第に成仏せり。〈乃至〉かくの如く、十方の無量の諸仏も皆この法に由りて*三菩提《さんぼだい》を成じたまへり」と。

*迦葉経《かしょう》に云く、

「昔、過去久遠《くおんあ》阿僧祇劫《そうぎこう》に、仏の世に出でたまへるあり。号して光明と曰へり。涅槃に入りたまひし後、一の菩薩あり。大精進と名づく。年《とし》始めて十六、*婆羅門種《ばらもんしゅ》にして、端正《たんじょう》なること比《たぐい》なし。一の比丘ありて、*白畳《びゃくじょう》の上に於て、仏の形像《ぎょうぞう》を画き、持《も》ちて精進に与ふ。精進、像を見て、心大いに歓喜し、かくの如き言を作さく、「如来の形像すら妙好《みょうこう》なること、乃ちしかり。いはんやまた仏の身をや。願はくは、我も、未来にまたかくの如き妙なる身を成就することを得ん」と。言ひ已りて思念すらく、「我もし家にあらば、この身は得ること叵《かた》からん」と。即ち父母に啓《もう》して、哀《あわれ》みを求め、出家せんとせしに、父母、答へて言く、「我、今《いま》年老いて、ただ汝一子あるのみ。汝もし出家せば、我等当《まさ》に死すべし」と。子、父母に白さく、「もし我を聴《ゆる》したまはずは、我、今日より飲まず食はず、床座《しょうざ》に昇らず、また言説《ごんぜつ》せず」と。この誓を作し已り、一日食はずして、乃ち六日に至る。父母・知識《ちしき》、八万四千のもろもろの*婇女《さいにょ》等、同時に悲泣《ひきゅう》して、大精進を礼し、尋《つ》いで出家を聴《ゆる》せり。既にして出家することを得たれば、像を持ちて山に入り、草を取りて座となし、画像の前にありて結跏趺坐《けっかふざ》し、一心に諦《あきら》かに観ずらく、「この画像は如来に異らず。像は*覚《かく》にあらず知《ち》にあらず。一切の諸法も亦ま

諸仏の… 諸仏が生身の体や、さまざまに姿を変えて現われるその分身を観想する、その多くの観想の方法について聞いた。

三菩提 阿耨多羅三藐三菩提の略。

迦葉経 大宝積経巻八九、摩訶迦葉会(正蔵一一ノ五一二下—五一四上)の取意略抄。実は諸経要集巻一(同五四ノ二上—中)からの引用。また、これまでの一連の観仏三昧経の文も、ここに見られる。

婆羅門種 婆羅門は梵語。梵志(ぼん し)とも訳する。種は種姓で、出身のこと。四五頁注参照。

白畳 底本も経も「畳」に作るが、諸経要集所載のものは「㲲」に作る。白い畳、または白い毛「㲲」のいずれか。

婇女 釆女が正しい。宮中の女官をいう。ここは召使いの女たち。

覚にあらず… 像は、見たり聞いたりして、覚知することをしない。覚は鼻・舌・身のはたらき、知は意のはたらきとする。

たかくの如し。*相《そう》なく、相を離れ、体性空寂《たいしょうくうじゃく》なり」と。この観を作し已り日夜を経て、*五通《ごつう》を成就し、*四無量《しむりょう》を具足し、*無碍弁《むげべん》を得、*普光三昧《ふこうざんまい》を得て、大光明を具《ぐ》せり。浄《じょう》天眼《てんげん》を以てして、東方の阿僧祇《あそうぎ》の仏を見、浄天耳《てんに》を以てして、仏の所説を聞いて、悉く能く聴受《ちょうじゅ》せり。七月を満足するまで、智を以て食《じき》となし、一切の諸天、花を散らして供養せり。山より出でて村落に来至し、人の為に法を説くに、二万の衆生、菩提心《ぼだいしん》を発《おこ》し、無量阿僧祇の人、声聞《しょうもん》・縁覚《えんがく》の功徳に住し、父母・親眷《しんけん》も皆、不退《ふたい》の無上菩提に住したり」と。

仏、迦葉《かしょう》に告げたまはく、「昔の大精進は、今のわが身これなり。この*観像《かんぞう》に由りて、今、成仏を得たり。もし人ありて、能くかくの如き観を学ばば、未来には必ず当に無上道を成ずべし」と。

と。*譬喩経《ひゆぎょう》の第二に云く、

昔、比丘あり。その母を度《ど》せんと欲せしに、母已《すで》に命過《いのちすぎ》れり。便《すなわ》ち*道眼《どうげん》を以て、天上・人中《にんじゅう》・*獝狩《ちしゅ》・薜茘《へいれい》の中に求索《ぐしゃく》するに、了《つい》にこれを見ず。*泥黎《ないり》を観るに、母の中にあるを見たり。*懊惋《おうえん》し悲哀して、広く方便を求め、その苦を脱《のぞ》かんと欲す。時に辺境に王あり。父を害して国を奪へり。比丘、この王の命《いのち》、余《あま》すところ七日ありて、罪を受くるの地は、比丘の母と同じく一処にありといふことを知り、夜の*安靖《あんじょう》なる時、王の寝処に到り、壁を穿《うが》ちて半身を現《あらわ》せり。王、怖れて刀を抜いて頭を斫《き》る。頭即ち地に落つるに、その処故《ところもと》の如し。これを斫《き》ること数反、化《け》の頭、地に満つれども、比丘

相なく…　変らない姿・形はなく、またそれとかかわりもなく、本体そのものは空々寂々としている。
五通　→四〇頁「仙に登り…」注
四無量　→七一頁注
無碍弁　なにものにも碍(さえぎ)られない理解と表現との能力を四つ数えて、四無碍弁・四無碍解などという。理解を重視して無碍解、表現を重視して無碍弁といったもの。(1)文字や文章などに対する完全な理解能力(法無碍解)、(2)それらの内容に関する完全な理解能力(義無碍解)、(3)方言に精通する理解能力(詞無碍解)、(4)正しくよどみなく発表できる能力(弁無碍解)の四。
普光三昧　光を放って一切を普く照らす三昧。華厳経(八十巻本)巻四〇(正蔵一〇ノ二一二下)には、十三昧の第一に普光大三昧を説く。
観像　仏像の観想。
譬喩経の第二　現存しない。経律異相巻一八に、同じ内容の説話を要約して、末尾に「十巻の譬喩経の第二巻に出づ」(正蔵五三ノ九七中)と注記している。また母の部分だけをはぶいて要約した同文のものが、法苑珠林巻一三(同五三ノ三八一下)および諸経要集巻一(同五四ノ二下)に見える。
道眼　修行によって得た勝れた眼。
獝狩・薜茘　獝は擒(ごん)の誤りか。獝は猛獣、擒は捕えるの意。あるい

は動かず。王の意《こころ》乃ち解《と》け、その非常なることを知り、*叩頭《くとう》して過《あやまち》を謝《しゃ》せり。比丘言く、「恐るることなかれ、怖るることなかれ。相度《あいど》せんと欲せしのみ。汝、父を害して国を奪ひしやいなや」と。対へて曰く、「実にしかり。願はくは慈救《じく》せられよ」と。比丘曰く、「大功徳を作すとも、恐らくは相《あい》及ばざらん。王、当に南無仏と称すべし。七日絶えざれば、便ち罪を免《まぬが》るることを得ん」と。重ねて、これに告げて曰く、「慎《つつし》みてこの法を忘るることなかれ」と。即便《すなわ》ち飛び去りぬ。王便ち手を叉《まじ》へて一心に南無仏と称説すること、昼夜懈《おこた》らず、七日にして命終りぬ。*魂神《こんじん》、泥黎《ないり》の門に向ひて南無仏と称せしに、泥黎の中の人、*仏の音声を聞いて、皆一時に南無仏と言ひしかば、泥黎即ち冷《さ》めぬ。比丘、為に法を説き、比丘の母と王と、及び泥黎の中の人、皆度脱《どだつ》することを得、後に大いに精進して、*須陀洹道《しゅだおんどう》を得たり。

と。〈已上、諸文の略抄〉*優婆塞戒経《うばそくかい》に云く、

善男子、我本往《もとむかし》、邪見の家に堕《だ》し、*惑網《わくもう》自《おのずか》ら我を蓋《おお》へり。我、その時に於て、名を広利と曰《い》へり。妻は*名女《みょうにょ》にして、精進勇猛《しょうじんゆうみょう》にして*度脱《どだつ》せしむること無量、*十善もて化導《けどう》せり。我、その時に於て、心に殺猟《せつりょう》を生じ、酒肉を貪嗜《とんし》し、懶惰懈怠《らんだけだい》にして、精進することあたはず。妻、時に我に語るらく、「その猟殺《りょうせつ》を止《とど》め、戒《いまし》めて酒肉《しゅにく》を断ち、勤めて精進を加へなんには、地獄の苦悩の患《うれい》を脱《のが》れ、*天宮《てんぐ》に上生《じょうしょう》して、一処を与《とも》にすることを得ん」と。我、その時に於ても殺心止《や》まず、酒肉の美味は割捨《かっしゃ》することあたはず、精進の心は懶惰《らんだ》にして前《すす》まざれば、*天宮《てんぐ》は意《のぞみ》を息《や》めて、地獄の分を受けたり。我、そ

は獪狩は梵語、底栗車（ちりしや）の別の音写かと見られる。いずれにせよ、畜生を指すことは間違いない。薜茘は梵語、薜茘多（へいれいた）の略、餓鬼のこと。

叩頭　頭を地につけること。

安靖　静かなこと。

懊惋　なやむこと。

泥黎　梵語。地獄のこと。

魂神　たましい。霊魂。

仏の音声　南無仏と称える声。

須陀洹道　須陀洹は梵語。聖者の入口に相当するさとりのこと。↓一〇四頁「四果の向」注

優婆塞戒経　現在の優婆塞戒経（正蔵二四所収）にない。

惑網　煩悩を網に喩えたもの。

名女　立派な女。

度脱　迷いから救うこと。

十善　(1)生物を殺さない、(2)盗まない、(3)姦淫しない、(4)嘘をつかない、(5)二枚舌を使わない、(6)悪口をいわない、(7)無駄口をたたかない、(8)むさぼらない、(9)怒らない、(10)よこしまな考えにふけらない。如来密蔵経に説く十悪の文（一〇四頁）参照。

天宮　天の宮殿。

天宮は…　天の宮殿に生まれる望みはなく。

の時に於て、聚落《じゆらく》の内に居《こ》し、*僧伽藍《そうぎやらん》に近かりしかば、しばしば*犍鐘《かんしよう》を聞けり。妻、我に語りて言く、「*事々《じじ》あたはずは、犍鐘の声を聞くとき、三たび弾指《だんし》して一たび仏を称へよ。身を斂《おさ》めて自ら恭《つつし》み、憍慢《きようまん》を生ずることなかれ。もしそれ夜半なりとも、この法を廃することなかれ」と。我即ちこれを用ひて、また捨て失ふことなかりき。十二年を経て、その妻命《いのち》終りて、忉利天《とうりてん》に生れ、却《しりぞ》きて後三年にして、我もまた寿《いのち》尽きたり。*断事《だんじ》に経《へ》、至《いた》りしに、我を判じて罪に入れ、地獄の門に向はしむ。門に入らんとする時に当りて、鐘の三声を聞く。我即ち住立して、心に歓喜を生じ、愛楽《あいぎよう》して厭はず。*法の如く三たび弾指して、長声に仏を唱へたり。声に皆慈悲ありて、*梵音《ぼんのん》朗かに徹《とお》る。*主事《しゆじ》、聞き已り、心甚だ愧《は》じ感じて、「これ真の菩薩なり、いかんぞ錯《あやま》ちて判《さば》きしや」と。即ち*遣追《けんつい》・還送《げんそう》して、天上に往かしむ。既に往き、到り已りて、五体を地に投げ、わが妻を礼敬《らいきよう》して、白《もう》して言さく、「*大師《だいし》、幸にして大恩を義《う》けて、如済抜《いまさいばつ》せらる。乃至、菩提まで教勅《きようちよく》に違《たが》はじ」と。

と。〈已上〉

また震旦には、*東晋《とうしん》より已来、唐朝に至るまで、阿弥陀仏を念じて浄土に往生せし者、道俗・男女《なんによ》、合せて五十余人ありて、浄*土論并に瑞応伝《ずいおうでん》に出でたり〈僧廿三人、尼六人、沙弥《しやみ》二人、在家男女、合せて二十四人〉。わが朝にも、往生せる者、またその数あり。具さには*慶氏《けいし》の日本往生記にあり。いかにいはんや、*朝市《ちようし》にありて徳を隠し、山林に名を逃れたる者の、独《ひと》り修して独り去る、誰か知ることを得んや。

僧伽藍　梵語。伽藍はその略。僧院、僧園ともいう。僧たちのいる園林。普通は寺院をいう。

犍鐘　犍はおそらく犍稚(かんち)の略で、鐘・磬(けい)・打木などと訳される梵語。鳴らして時刻を知らせるもの。

事々…　あれもこれもできないなら。

断事　犯罪に判決を下すことで、ここでは閻魔の庁をいう。

法の如く　きめられたとおり。

梵音　仏・菩薩の声をいうが、梵は梵語で、清浄の意であるから、ここでは念仏を称える声をいったもの。

主事　断事を主宰するものの意で、閻魔王を指すと見られる。

遣追・還送　おくりかえす。

大師　仏の尊称。よく弟子を教誡する人の意。ここでは、妻を導きの師として尊んだもの。

東晋…　東晋は元帝の建武元年(三一七)にはじまる。唐は哀帝の天祐四年(九〇七)で終わった。

浄土論…　迦才(かざい)の浄土論巻下には、往生の実例として、比丘六人、比丘尼四人、在家の男五人、女五人、計二十人をあげ(正蔵四七ノ九七上—一〇〇上)、文諗・少康の共著、往生西方浄土瑞応伝には、東晋の慧遠(えおん)より唐の邵願保まで五十人を収録し、僧二十一人、尼五人、沙弥二人、童子二人、在家の男十三人、女七人をあげる(同五一ノ一〇四上—一〇八上)。

問*ふ。下々品《げげぼん》の人と五百の釈子《しゃくし》とは、臨終《りんじゅ》に同じく念じたるに、昇沈《しょうちん》なんぞ別なるや。

答ふ。群疑論《ぐんぎろん》に会《*え》して云く、

五百の釈子は、ただ父の教に依りて一たび仏を念じたるのみにて、菩提心を発《おこ》し浄土に生れんことを求めて慇懃《おんごん》に慚愧《ざんぎ》せざりき。また彼は至心ならず、まただ一念にして十念を具《ぐ》せざるが故なり。

と。〈略抄〉

第七に、*悪趣《あくしゅ》の利益《りやく》を明さば、大悲《だいひ》経の第二に云く、

*もしまた人ありて、ただ心に仏を念じ、一たびも敬信《きょうしん》を生ぜば、我説かく、「この人は、当に涅槃の果を得て、涅槃の際を尽すべし」と。阿難。且《しばら》く人中《にんちゅう》の念仏の功徳は置く。もし畜生ありて、仏世尊に於て能く念を生ぜば、我また、「その善根の福報は、当に涅槃を得べし」と説く。

と。

問ふ。何等かこれなるや。

答ふ。同じ経の第三に、仏、阿難に告げたまはく、

*過去に大商主ありき。もろもろの商人を将《ひき》ゐて大海に入りしとき、その船卒《にわか》に*摩竭《まかつ》大魚の為に、来りて呑み噉《か》まれんとす。その時、商主及びもろもろの商人、心驚き毛竪《いよだ》ちて、おのおの皆悲泣せり、「ああ*奇《あや》しきかな。*かの閻浮提《えんぶだい》の、かくの如く可楽《かぎょう》にし

慶氏の… 慶滋保胤（よししげのやすたね）の日本往生極楽記。聖徳太子をはじめとして四十三人の伝記を記したもので、範を浄土論および瑞応伝にならった、日本における往生伝の嚆矢。ただし、往生要集就筆の時点では、聖徳太子と行基の二人ははいっていない。保胤出家後に加えられたもの。保胤については、解説参照。

朝市 官府と市場。

問ふ… 釈浄土群疑論巻四にこの問答が見える（正蔵四七ノ五一上）。ただしいまは取意略抄。五百の釈子は前出の観仏三昧海経巻三（→二三〇頁）に説く。

会 会通（えつう）・会釈（えしゃく）ともいう。矛盾しているように見える教説を照らし合わせて、それが実は矛盾していないことを明らかにすること。

悪趣の利益 悪道に堕ちたものが受ける利益。

もしまた… 大悲経巻二（正蔵一二ノ九五六下）。

過去に… 大悲経巻三（正蔵一二ノ九五七中—下）略抄。

摩竭大魚 摩竭は梵語。鯨のこと。

奇しきかな 経には、「痛ましきかな」とある。

かの閻浮提… 閻浮提は梵語で、この娑婆世界をいうが、いまは陸地を指す。いまになって、あの陸地の生活がこうもねがわしく、二度と得がたいものだったとは。

て、かくの如く希有《けう》なるは。*世間の人身《にんじん》はかくの如く得難きに、我いま当に父母と離別せんとす。姉妹・婦児《ふに》・親戚・朋友《ほうう》とも別離して、我更に見ざらん。また仏・法・衆僧をも見たてまつることを得ざらん」と。極めて大いに悲哭《ひこく》す。その時、商主、*右の肩を偏袒《へんだん》し、右の膝を地に著《つ》けて、船の上に住《とどま》り、一心に念仏し、合掌礼拝して、高声に唱へて、「諸仏の、*大無畏を得たまへる者、大慈悲なる者、一切衆生を憐愍《れんみん》したまふ者に*南無《なむ》したてまつる」と言へり。かくの如く三たび称へし時、もろもろの商人も亦また同時にかくの如く三たび称へたり。時に、摩竭魚《まかつぎょ》、仏の名号と礼拝の音声とを聞いて、*大愛敬《あいぎょう》を生じ、聞いて即ち口を閉ぢたり。その時、商主及びもろもろの商人、皆悉く安穏に、魚の難を免るることを得たり。時に、摩竭魚、仏の音声を聞いて、心に喜楽《きぎょう》を生じ、更に余のもろもろの衆生をも*食噉《じきだん》せざりき。これに因りて、命終りて人中に生るることを得、その仏の所に於て、法を聞き、出家して、善知識《ぜんちしき》に近づいて、阿羅漢を得たり。阿難。汝、かの魚を観よ。畜生道に生れながら、仏の名を聞くことを得、〔仏の名を聞き〕已りて、乃至、涅槃せり。いかにいはんや、人ありて、仏の名を聞くことを得、正法を聴聞《ちょうもん》せんをや。

と。〈略抄〉また*菩薩処胎経《しょたいぎょう》の八斎品《はっさいぼん》に云く、

竜の子、*金翅鳥《こんじちょう》の与《ため》に、しかも頌《じゅ》を説いて曰く、

殺《せつ》はこれ不善の行なり　寿命を減《げん》じて中夭《ちゅうよう》す　身は*朝露の虫の如し　光を見れば則ち命終《いのちた》ゆ　戒を持《たも》ちて仏語を奉ずれば　*長寿天に生るることを得　*累劫《るいこう》に福徳を積

世間の人身…　この世に人と生まれることは、こんなに得がたいことなのに。

右の肩を偏袒　右の肩を肌ぬぎすること。ただ偏袒ともいう。インドの礼法。

大無畏　なにものをも畏れない大きな自信。

南無　梵語。帰命に同じ。心からのまことを捧げること。

愛敬　尊いものを愛し敬うこと。

食噉　くらうこと。

菩薩処胎経　くわしくは菩薩従兜術天降神母胎説広普経。巻七(正蔵一二ノ一〇五一上)

金翅鳥　妙翅鳥ともいう。翼が金色で、広げると三百三十六万里の広さがあるという神話上の鳥。天竜八部の一、迦楼羅(かるら)と同一視される。→二四頁「天・修羅…」注

朝露の虫　朝露のように命の短い虫の意。

長寿天　命の長い天の意で、色界の第四禅天では、寿命は五百大劫といい、無色界の第四、非想非非想処天では八万劫という。

累劫に　劫をかさねて。永遠の時間にわたって。

まば　畜生道に堕せず　今身《み》は竜の身《み》たるも　*戒徳《かいとく》清明に行じ　六*畜の中に堕せり
といへども　必ず自ら済度《さいど》せんことを望まん

と。この時、竜の子、この頌を説きし時、竜子・竜女、心意開解《かいげ》せり。寿《いのち》終りし後には、皆当に阿弥陀仏の国に生るべし。

と。〈已上は、*八斎戒《はっさいかい》の竜子なり〉*余《よ》の趣《しゅ》も、仏語を信ぜんには、浄土に生ること、これに准ぜよ。地獄の利益は、*前の国王の因縁、并に*下の麁《そ》心《しん》の妙果の如し。もろもろの余の利益は、下の念仏の功徳の如し。

戒徳　持戒の功徳。
六畜　六種衆生ともいう。狗(いぬ)・鳥・毒蛇・野干(やかん 狐)・失収摩羅(しつしゅまら 梵語。鰐)・獼猴(みこう 猿)の六。
八斎戒　八戒斎ともいう。在家信者が一昼夜、出家と同じ生活を送ろうとするとき守る規律。内容は、在家の五戒(殺・盗・婬・飲酒・妄語の五)に、(6)装身具をつけ、化粧し、歌舞音楽を見聞きするなどしない、(7)高いゆったりしたベッドに寝ない、(8)正午以後、食事をしない、の三つを加える。ただし姦婬は一切禁ずる。これらは六斎日(毎月の八日、十四日、十五日、二十三日、二十九日、三十日)、または三長斎月(正月、五月、九月の前半十五日)に守られる。
余の趣　ほかの悪趣。
前の国王の因縁　二四四頁の譬喩経の内容をさす。
下の麁心の妙果　大文第十の第六(二九七頁以下)。

大文第八に、*念仏の証拠とは、*問ふ、一切の善業《ぜんごう》は、おのおの利益ありて、おのおの往生を得《う》。何が故に、ただ念仏の一門のみを勧むるや。

答ふ。今、念仏を勧むるは、これ余の種々の妙行《みょうぎょう》を遮《しゃ》せんとするにはあらず。ただこれ、男女《なんにょ》・貴賤《きせん》、行住坐臥《ぎょうじゅうざが》を簡《えら》ばず、時処諸縁《じしょしょえん》を論ぜず、これを修するに難からず、乃至、臨終に往生を願ひ求むるに、その便宜を得ること、念仏にしかざればなり。故に*木槵経《もくげんきょう》に云く、

*難陀《なんだ》国の波瑠璃《はるり》王、使を遣《つかわ》して、仏に白して言さく、「ただ願はくは、世尊、特に慈愍《じみん》を垂れて、我に要法《ようぼう》を賜《たま》ひ、我をして日夜に修行するを得易《やす》く、未来世の中にもろもろの苦を遠離《おんり》せしめたまへ」と。仏、告げて言はく、「大王、もし*煩悩障《ぼんのうしょう》・報障《ほうしょう》を滅せんと欲《おも》はば、当に木槵子《むくろじ》一百八を貫《つらぬ》いて、以て常に自ら随《ともな》ふべし。もしは行《ぎょう》、もしは坐、もしは臥に、恒に当に心を至して意《こころ》を分散することなく、*仏陀《ぶつだ》・達磨《だるま》・僧伽《そうぎゃ》の名を称へて、乃ち一の木槵子を過《く》るべし。かくの如くして、もしは十、もしは廿、もしは百、もしは千、乃至、百千万せよ。もし能く廿万遍を満すまで、身心乱れず、もろもろの諂曲《てんごく》なくは、命を捨ててのち、第三の*炎魔天《えんまてん》に生るることを得、*衣食自然《えじきじねん》にして、常に安楽を受けん。もしまた能く一百万遍を満さば、当に百八の*結業《けつごう》を除き断つことを得て、生死の流《ながれ》に背き、涅槃《ねはん》の道に趣いて、*無上の果を獲べし」と。

と。〈略抄。*感禅師もまたこれに同じ〉いはんやまた、もろもろの聖教《しょうぎょう》の中には、多く念仏を以て

念仏の証拠　念仏を勧める、その証拠、いわゆる教証をあげる。

問ふ…　この問答は、後に法然の選択本願念仏集に引用された(正蔵八三ノ五下)が、また答えの中の「行住坐臥」以下の文は、親鸞の末燈鈔に注目されている(同八三ノ七一二上)。

木槵経　木槵子経(正蔵一七ノ七二六上)。ただし本文は善導の観念法門(同四七ノ三〇上)からの孫引き。

難陀国の波瑠璃王　大文第五の第二、一四六頁「木槵経の…」注参照。

煩悩障・報障　煩悩の障りと、過去に犯した罪の報いによる障り。

仏陀…　三つとも梵語。いわゆる仏・法・僧の三宝。仏と仏の教えとそれを奉ずる教団の三。

炎魔天　夜摩天(→一六頁注)に同じ。

衣食自然　衣服や食物がおのずからそなわる。

結業　煩悩によっておこす善悪の行為。

無上の果　最高至上の仏のさとり。

感禅師も…　釈浄土群疑論巻五には、「救は即ち一切衆生の、もしは行、もしは坐、一切の時処に、皆念仏することを得、諸務を妨げず、乃至、命終にもまたその行を成ず」(正蔵四七ノ五九下―六〇上)とあり、いささか影響の後が認められる。→補

往生の業《ごう》となす。その文《もん》、甚だ多し。略して十の文《もん》を出さん。
一に、*占察経《せんさつぎょう》の下巻に云く、
もし人、他方の現在の浄国に生れんと欲はば、応当《まさ》にかの世界の仏の名字に随ひ、意を専らにして誦念《じゅねん》すべし。一心不乱《いっしんふらん》にして、上の如く観察《かんざつ》せば、決定《けつじょう》してかの仏の浄国に生るることを得、善根増長《ぜんごんぞうじょう》して、速かに不退《ふたい》を成ぜん。
と。〈「上の如く観察す」とは、地蔵菩薩の法身《ほっしん》及び諸仏の法身と、己《おの》が自身《じしん》と平等無二なれば、不生不滅・*常楽我《じょうらくが》浄《じょう》にして、功徳円満なりと観ずるなり。また己身《こしん》は無常にして、幻の如く厭ふべし等と観ずるなり〉
二に、*双観経の*三輩《さんぱい》の業《ごう》には浅深ありといへども、しかも通じて皆、「一向に専ら無量寿仏を念ぜよ」と云へり。
三に、四十八願の中に、念仏門に於て別して一願を発して云く、「*乃至、十念せん。もし生れずは、正覚を取らじ」と。
四に、観経に〔云く、〕
*極重の悪人は、他の方便なし。ただ仏を称念して、極楽に生ずることを得。
と。五に、同じ経に云く、
*もし至心に西方に生れんと欲せん者は、まづ当《まさ》に一の丈六の像の、池水《ちすい》の上に在《おわ》しますを観ずべし。
と。六に、同じ経に云く、
*光明遍く十方世界を照し、念仏の衆生をば摂取して捨てたまはず。

占察経　占察善悪業報経巻下(正蔵一七ノ九〇八下—九〇九上)。

常楽我浄　涅槃の四つの徳。永遠であり、楽しみに満ち、絶対であり、清浄である。

双観経の…　これより「正覚を取らじ」までの文は、ほぼ釈浄土群疑論巻五(正蔵四七ノ六〇上)に一致する。

三輩　浄土に生まれたいと願う人を三種に類別したもので、上位(上輩)には、家を捨て欲を捨てて修行者となり、さとりを求めて、ひたすら阿弥陀仏を念ずる人がはいるとし、中位(中輩)には、修行者となって功徳を修めることはできないが、さとりを求めて、ひたすら阿弥陀仏を念ずる人、下位(下輩)には、功徳は作れないが、さとりを求めて、十遍でも一遍でも専心に阿弥陀仏を念ずる人がはいるとする。この無量寿経巻下(正蔵一二ノ二七二中—下)の説は、ほぼ観無量寿経の九品と一致する。

乃至…　第十八願の文。無量寿経巻上(正蔵一二ノ二六八上)。

極重の…　この文は観無量寿経、下々品(正蔵一二ノ三四六上)の取意と見られる。→補
もし…　観無量寿経、第十三雑想観の文(正蔵一二ノ三四四中)。

光明…　観無量寿経、第九真身観の文(正蔵一二ノ三四三中)。

と。七に、*阿弥陀経に云く、

*少善根・福徳の因縁を以て、かの国に生ることを得べからず。もし善男子・善女人ありて、阿弥陀仏を説くを聞き、名号《みようごう》を*執持《しゆうじ》すること、もしは一日〈乃至〉もしは七日、一心にして乱れずは、その人の命終《みようじゆ》の時に臨んで、阿弥陀仏、もろもろの聖衆《しようじゆ》とともに現じて、その前に在《ま》しまさん。この人終《おわ》る時、心、*顚倒《てんどう》せずして即ち往生することを得ん。

と。八に、*般舟《はんじゆ》経に云く、

阿弥陀仏の言《のたま》はく、「わが国に来生《らいしよう》せんと欲《おも》はば、常に我を念ぜよ。しばしば、当《まさ》に専念して休息《くそく》あることなかるべし。かくの如くせば、わが国に来生することを得ん」と。

と。九に、*鼓音声《くおんじよう》経に云く、

もし*四衆《しゆ》ありて、能く正しくかの仏の名号を受持《じゆじ》せば、この功徳を以て、終らんとする時に臨んで、阿弥陀仏、即ち大衆《だいしゆ》とともにこの人の所に往き、それをして見ることを得しめたまふに、見已りて尋《つ》いで生る。

と。十に、*往生論には、かの仏の*依正《えしよう》の功徳を観念することを以て、往生の業となす。〈已上〉

この中、観経の下々品《げげぼん》と阿弥陀経と鼓音声経とは、ただ名号を念ずるを以て往生の業となせり。いかにいはんや、相好《そうごう》・功徳を観念せんをや。

問ふ。*余の行《ぎよう》、いづくんぞ勧信《かんしん》の文《もん》なからんや。

答ふ。その余の行法は、かの法の種々の*功能《くのう》を明せるに因《ちな》みて、その中に自《おのずか》ら往生の事

阿弥陀経　阿弥陀経(正蔵一二ノ三四七中)。

少善根…　少善根・福徳の因縁では往生できないということについては、大文第十の第三、往生の多少に論じられている。→二七九頁「異解」注

執持　忘れず、固くたもつこと。

顚倒　心に驚き惑うこと。

般舟経　般舟三昧経巻上(正蔵一三ノ九〇五中)。

鼓音声経　阿弥陀鼓音声王陀羅尼経(正蔵一二ノ三五二中)。

四衆　比丘・比丘尼・優婆塞・優婆夷の四。仏教を奉ずる僧俗の男女。

往生論　無量寿経優波提舎(正蔵二六ノ二三一中―二三二中)の取意。

依正　正は正報で仏身、依は依報で仏土(浄土)のこと。

余の行　念仏以外の修行。

功能　はたらきかける力。

を説けるなり。直《ただ》ちに往生の要を弁じて、多く仏を念ぜよと云へるが如きにはあらず。いかにいはんや、仏自ら既に「当に我を念ずべし」と言ひたまへるをや。また、仏の光明は余の行人《ぎょうにん》を摂取《しょうしゅ》すとは云はざるなり。これ等の文、分明《ぶんみょう》なり。なんぞ重ねて疑を生ぜんや。

問ふ。諸経の所説は*機《き》に随ひて*万品《ばんぽん》なり。なんぞ*管見《かんけん》を以て一文《いちもん》を執《しゅう》するや。

答ふ。*馬鳴《めみょう》菩薩の大乗起信論に云く、

また次に、衆生の、初めてこの法を学ばんとするに、その心*怯弱《こうにゃく》にして、信心の成就すべきこと難きを懼畏《くい》して、意《こころ》退せんと欲する者は、当に知るべし、如来に*勝方便《しょうほうべん》ありて信心を摂護《しょうご》したまふことを。謂く、専心に念仏する因縁を以て、願の随《まま》に、他方の仏土に往生することを得るなり。*修多羅《しゅたら》に、「もし人、専ら西方の阿弥陀仏を念じて、作る所の善業《ぜんごう》もて廻向《えこう》して、かの世界に生れんと願ひ求むれば、即ち往生することを得」と説くが如し。

と。〈已上〉明かに知んぬ、*契経《かいきょう》には、多く念仏を以て往生の要とせることを。もししからずは、*四依《しえ》の菩薩は即ち*理尽《りじん》にはあらざらん。

機　機根。教えにあって起こってくる可能性をもったもののことで、教えを受ける能力・素質をいう。

万品　千差万別であること。

管見　自分一箇の見解。私見。

馬鳴菩薩の…　大乗起信論を馬鳴(→四七頁注)の作とすることには、異論がなされている。大乗起信論(正蔵三二ノ五八三上)の略抄。

怯弱　弱いこと。脆弱。

勝方便　すぐれたてだて。

修多羅　梵語。経・契経などと訳する。いまここでいう経は、無量寿経などの意を取ったもの。

契経　経のこと。

四依の菩薩　世の人の心の依りどころとなる四種の菩薩。(1)愚かではあるが、出家して道を求めている人、(2)道を求め、聖者の位としては預流(よる)・一来の二果に達している人、(3)不還(ふげん)果に達した聖者、(4)阿羅漢果に達した聖者(預流以下、一〇四頁「四果の向」・二二二頁「須陀洹…」注参照)。これらは小乗の人であるが、実は外にそのような形を現わしているだけで、本当は菩薩であるから、これを四依の菩薩という。

理尽　究極の道理を極め尽くすこと。

大文第九に、*往生の諸行《しょぎょう》を明さば、謂く、極楽を求むる者は、必ずしも念仏を専らにせず。すべからく余行《よぎょう》を明しておのおの*楽欲《ぎょうよく》に任《まか》すべし。これにまた二あり。初に、別して諸経の文《もん》を明し、次に、惣じて諸業《しょごう》を結ぶ。

第一に、諸経を明さば、*冊華厳経の普賢願・*三千仏名《ぶつみょう》経・*無字宝篋経《ほうきょうぎょう》・*法花経《ほけきょう》等のもろもろの大乗経、*随求《ずいぐ》・*尊勝《そんしょう》・*無垢浄光《むくじょうこう》・*如意輪《にょいりん》・*阿嚕力迦《あろりきか》・*不空羂索《ふくうけんさく》・*光明《こうみょう》・*阿弥陀、及び*竜樹《りゅうじゅ》所感の往生浄土等の呪《じゅ》なり。これ等の顕密の諸大乗の中に、皆受持《じゅじ》・読誦等を以て、往生極楽の業《ごう》とするなり。

*大阿弥陀経に云く、

当《まさ》に*斎戒《さいかい》し、一心清浄にして昼夜念ずるに当りては、阿弥陀仏の国に生れんと欲すべし。十日十夜、断絶せざれば、我皆これを慈愍《じみん》して悉く阿弥陀仏の国に往生せしめん。殊《こと》にもししかすることあたはずは、自ら思惟《しゆい》してつらつら校計*せよ。身を度脱《どだつ》せんと欲《おも》はん者は、当に念を絶《た》つべからず。愛を去り、家事を念ふことなかれ。婦女《ふにょ》と床《とこ》を同じくすることなかれ。自ら身心を端正《たんじょう》にして、愛欲を断ち、一心に斎戒清浄にして、意《こころ》を至《いた》して阿弥陀仏の国に生れんと念じ、一日一夜、断絶せざれば、寿《いのち》終りて皆その国に往生し、七宝《しっぽう》の浴池《よくち》の蓮花の中にありて化生《けしょう》せん。

と。〈この経は持戒を以て首《はじめ》となす〉 *十往生〔阿〕弥陀仏国経に云く、

往生の諸行　浄土に生まれるためのさまざまな修行。

楽欲　願い、望み。

冊華厳経の…　四十華厳経は四十巻本の華厳経で、普賢願はその巻四〇（正蔵一〇ノ八四八上）に「往昔、智慧の力なきに由りて　造る所の極悪の五無間も　この普賢の大願王を誦すれば　一念速疾に皆銷滅せん」とあるものを指す。以下の経名については、七八頁にも見える。

三千仏名経　三本の異訳があるが、一例を挙げれば、過去荘厳劫千仏名経（正蔵一四ノ三六五上—中）。

無字宝篋経　無字宝篋経（正蔵一七ノ八七二中）。

法花経　妙法蓮華経巻六、薬王菩薩本事品（正蔵九ノ五四下）。

随求　随求即得大自在陀羅尼神呪経（正蔵二〇ノ六三八上—六四〇上）。

尊勝　仏頂尊勝陀羅尼経（正蔵一九ノ三五〇中—下）。

無垢浄光　無垢浄光大陀羅尼経（正蔵一九ノ七一八中）。

如意輪　如意輪陀羅尼経（正蔵二〇ノ一八八下）。

阿嚕力迦　阿唎多羅陀羅尼阿嚕力経（正蔵二〇ノ二三中）。

不空羂索　不空羂索神変真言経巻二八（正蔵二〇ノ三八五下）。

光明　不空羂索毘盧遮那仏大灌頂光真言（正蔵一九ノ六〇六中）。

阿弥陀　阿弥陀鼓音声王陀羅尼経

吾《われ》今、汝が為に説かん。十の往生あり。いかんが十の往生なる。一には、身を観じ、正念《しょうねん》にして、常に歓喜《かんぎ》を懐《いだ》き、飲食《おんじき》・衣服《えぶく》を以て仏及び僧に施さば、阿弥陀仏の国に往生す。二には、正念にして、世の妙なる良薬もて一の病める比丘及《およ》び一切の衆生に施さば、阿弥陀仏の国に往生す。三には、正念にして、一の生《しょう》命《みょう》をも害せず、一切に慈悲せば、阿弥陀仏の国に往生す。四には、正念にして、師の所《もと》に従ひ、戒を受けて、浄慧《じょうえ》もて梵行《ぼんぎょう》を修し、心に常に喜《よろこび》を懐かば、阿弥陀仏の国に往生す。五には、正念にして、父母《ぶも》に孝順し師長を敬重《きょうじゅう》して、憍慢《きょうまん》の心を懐かずは、阿弥陀仏の国に往生す。六には、正念にして、僧坊《そうぼう》に往詣《おうげい》し塔寺を恭敬《くぎょう》して、法を聞いて一義をも解《さと》らば、阿弥陀仏の国に往生す。七には、正念にして、一日一宿の中、*八戒斎《はっかいさい》を受持し、*一日一宿の中、受持して一をも破らずは、阿弥陀仏の国に往生す。八には、正念にして、もし能く*斎月《さいがつ》・斎日《さいにち》の中、房舎《ぼうしゃ》を遠離《おんり》し、常に善《よ》き師に詣《もう》づれば、阿弥陀仏の国に往生す。九には、正念にして、常に能く浄戒を持《たも》ち、勤修《ごんしゅ》して禅《ぜん》定《じょう》を楽《ねが》ひ、法を護りて悪口《あっく》せず、もし能くかくの如く行ぜば、阿弥陀仏の国に往生す。十には、正念にして、もし無上道に於て誹謗の心を起さず、精進して浄戒を持《たも》ち、また無智の者を教へてこの経法《きょうぼう》を流布し、無量の衆〔生〕を教化《きょうけ》せんに、かくの如きもろもろの人等は悉く皆、阿弥陀仏の国に往生することを得。

と。

*弥勒問経《みろくもんぎょう》に云く、

仏の説きたまふ所の如く、阿弥陀仏の功徳・利益を願ひ、もし能く十念相続《じゅうねんそうぞく》して不断

(正蔵一二ノ三五二下—三五三上)。

竜樹所感の… 楽邦文類巻一に、抜一切業障根本得生浄土呪(正蔵一二ノ三五一下)をもって、「竜樹菩薩、安養を願生して、夢にこの呪を感ず」(同四七ノ一六三上)と記している。ちなみに楽邦文類巻一には呪十一を掲げる(同四七ノ一六一中—一六三上)。

大阿弥陀経 阿弥陀三耶三仏薩楼仏檀過度人道経巻下(正蔵一二ノ三一一上—中)の略抄。

斎戒 身心を清浄にし、行ないを戒めることで、普通、八種の戒よりなる。八斎戒(→二四九頁注)、また八戒斎。

校計 他と比較し、思い廻らすこと。

十往生阿弥陀仏国経 十往生阿弥陀仏国経(続蔵一ノ八七ノ二九二右下—左上)。安楽集巻下(正蔵四七ノ二一中)にも引く。

八戒斎 八斎戒に同じ。

一日… 「一日」より「受持して」まで、経にない。

斎月・斎日 →二四九頁「八斎戒」注

弥勒問経 現存しない。ただし千観の十願発心記(西教寺蔵)にこの文を掲げていて、それに一致する(一三左—一四右)。良源が極楽浄土九品往生義(仏全二四ノ二四四上—下)に引くものは、これより詳しいから、千観は略抄したもの。→補

に仏を念ずる者は、即ち往生することを得。当《まさ》にいかんが念ずべきや。仏の言《のたま》はく、「およそ*十念《じゆうねん》あり。何等をか十となす。一には、もろもろの衆生に於て、常に*慈心《じしん》を生じてその行《ぎよう》を毀《やぶ》らず。もしその行を毀らば終に往生せず。二には、もろもろの衆生に於て、常に悲心《ひしん》を起して残害《ざんがい》の意を除く。三には、護法の心を発《おこ》して身命《しんみよう》を惜まず、一切の法に於て誹謗を生ぜず。四には、*忍辱《にんにく》の中に於て決定《けつじよう》の心を生ず。五には、*深心《じんしん》清浄にして利養に染まず。六には、*一切智《いつさいち》の心を発して日々に常に念じ、廃忘《はいもう》あることなし。七には、もろもろの衆生に於て、尊重《そんじゆう》の心を起し、*我慢《がまん》の心を除き、*謙下《けんげ》して言説《ごんぜつ》す。八には、*世の談話に於て味著《みじやく》を生ぜず。九には、*覚意《かくい》に近づき、深く種々の善根の因縁を起して、*憒閙《けにょう》・散乱の心を遠離《おんり》す。十には、正念にして仏を観じ、

　もろもろの想を除去す」と。

と。*宝積経の第九十二に、仏またこの十心を以て弥勒《みろく》の問《とい》に答へたまへり。その中の第六の心に云く、「*仏の種智《しゆち》を求め、一切の時に於て忘失《もうしつ》する心なし」と。その余の九種は、文《もん》少しく異るといへども、意は前の経に同じ。ただ結びの文に云く、「*もし人、この十種の心の中に於て、一心をも成ずるに随《まか》せて、かの仏の世界に往生せんと楽欲《ぎようよく》せんに、もし生ることを得ずといはば、この処《ことわり》あることなけん」と云々。明《あき》らけし、必ずしも十を具して、往生の業となすにはあらざるなり。

　*観経に云く、

　かの国に生れんと欲する者は、当に*三福《さんぷく》を修すべし。一には、父母《ぶも》に孝養《きようよう》し、師長に

十念　十念は、普通は無量寿経巻上の第十八願の「乃至十念」、観無量寿経の下品下生の「具足十念」のように、十遍の念仏と考えられるが、後の解釈で道綽のように「業道成弁」といった理解(→二八五頁)がなされるが、ここでは、念は念仏ではなく、その内容がそれぞれ異なっているところに、注目されるものがある。この十念と従来の十念との同異については、大文第十、臨終の念相(→二九三頁以下)で扱われる。
慈心　つぎの悲心と分けて、慈はいとおしみ愛して、楽しみを与えること、悲はあわれみ悲しんで、苦しみを除くこと、と解されている。
忍辱　たえ忍ぶこと。
深心　深いまことの心。
一切智　→九八頁注
我慢　みずから慢心して、他をあなどること。
謙下　へりくだること。
世の談話…　世間話に心を奪われて、執着しない。
覚意　さとりの智慧を求める心。
憒閙・散乱の心　騒ぎ乱れる心。
宝積経　大宝積経巻九二(正蔵一一ノ五二八中―下)。
仏の種智　一切をその具体的な相において知る仏の智慧。→一八一頁「一切種智」注
もし人　大宝積経巻九二(正蔵一一ノ五二八下)。

奉事《ぶじ》し、慈心にして殺さず、*十善業《じゅうぜんごう》を修す。二には、*三帰《さんき》を受持《じゅじ》し、衆戒《しゅかい》を具足《ぐそく》し、*威儀《いぎ》を犯さず。三には、菩提心を発《おこ》し、深く因果を信じ、大乗を読誦《どくじゅ》し、行者を勧進《かんじん》す。かくの如き三事を名づけて浄業《じょうごう》となす。仏、*韋提希《いだいけ》に告げたまはく、「汝、今知るやいなや。この三種の業は、過去・未来・現在の三世の、諸仏の*浄業《じょうごう》の正因《しょういん》なり」と。

と。また云く、

*上品上生《じょうぼんじょうしょう》とは、もし衆生ありて、かの国に生れんと願はん者は、三種の心を発して即便《すなわ》ち往生す。何等をか三となす。一には*至誠心《しじょうしん》、二には深心《じんしん》、三には廻向発願心《えこうほつがんしん》なり。三心《さんしん》を具《ぐ》する者は必ずかの国に生る。また三種の衆生ありて、当に往生を得べし。何等をか三となす。一には、慈心にして殺さず、もろもろの戒行《かいぎょう》を具す。二には、大乗方等経典《ほうどうきょうでん》を読誦す。三には、*六念《ろくねん》を修行し、廻向発願してかの国に生れんと願ふ。この功徳を具すること、一日乃至七日にして、即ち往生を得。

上品中生《じょうぼんちゅうしょう》とは、必ずしも方等経典を受持せざれども、善く*義趣《ぎしゅ》を解《さと》り、*第一義《だいいちぎ》に於て心驚動《こころきょうどう》せず、深く因果を信じて大乗を謗《そし》らず。この功徳を以て、廻向して極楽国に生れんと願求《がんぐ》す。

上品下生《げしょう》とは、また因果を信じ大乗を謗らず。ただ無上道心《むじょうどうしん》を発して、この功徳を以て、廻向して極楽に生れんと願求す。

*中品上生《ちゅうぼんじょうしょう》とは、もし衆生ありて、五戒を受持し、八戒斎を持《たも》ち、もろもろの戒を修

観経　観無量寿経(正蔵一二ノ三四一下)。

三福　三種の功徳行。簡単に、世福・戒福・行福といい、三善ともいう。

十善業　十悪と対応するもので、殺生・偸盗・邪淫・妄語・両舌・悪口(あっく)・綺語(きご)・貪欲・瞋恚・邪見の十悪を離れるのが十善。→二四五頁「十善」注

三帰…　三帰戒を受けて、守ること。

威儀　立居振舞。行住坐臥を四威儀という。

韋提希　梵語。釈迦仏当時のマカダ国の王、頻婆娑羅(びんばしゃら)の妃。観経は、この韋提希に仏が浄土の観想である十六観を説くことを主題とする。

浄業の正因　清浄な行ないであって、仏となる直接の原因である。

上品上生…　観無量寿経(正蔵一二ノ三四四下—三四六上)の略抄。以下は第十四観。

至誠心…　至誠心とはまことの心、深心とは深く信ずる心。一四六頁一七行以下参照。

六念　六種の観想。→二五九頁一三—一四行

義趣　意味合い。

第一義　もっとも勝れた真実の道理。→一〇八頁「第一義」補注

中品上生…　以下は第十五観の略抄。

行して五逆《ごぎゃく》を造らず、もろもろの過患《かげん》なからん。この善根を以て、廻向《えこう》して願求《がんぐ》す。中品中生《ちゅうぼんちゅうしょう》とは、もし衆生ありて、もしは一日一夜、八戒斎を受け、もしは一日一夜、*沙弥戒《しゃみかい》を持《たも》ち、〔もしは〕一日一夜、*具足戒《ぐそくかい》を持ち、威儀《いぎ》欠くることなし。この功徳を以て、廻向して願求す。

中品下生とは、もし善男子・善女人ありて、父母に孝養し、世の仁慈を行ふ。

*下品《げぼん》上生とは、あるいは衆生ありて、もろもろの悪業《あくごう》を作らん。方等経典《ほうどうきょうでん》を誹謗せずといへども、かくの如き愚人、多くもろもろの悪法を造りて慚愧《ざんぎ》あることなけん。臨終に十二部経《じゅうにぶきょう》の*首題《しゅだい》の名字《みょうじ》を聞き、及び合掌して南無阿弥陀仏と称ふ。

下品中生とは、或は衆生ありて、五戒・八戒及び具足戒を毀《やぶ》り犯《おか》さん。かくの如き愚人、命《いのち》終らんとする時、地獄の衆火《しゅか》、一時に倶に至らん。善知識《ぜんじしき》の、大慈悲を以て、為に阿弥陀仏の十力《じゅうりき》の威徳《いとく》を説き、広くかの仏の光明の神力《じんりき》を説き、また戒・定・慧・解脱・知見を讃ふるに遇はん。この人、聞き已りて、八十億劫の生死の罪を除く。

下品下生とは、或は衆生ありて、不善業《ふぜんごう》を作り、五逆・十悪、もろもろの不善を具《ぐ》せん。かくの如き愚人、悪業《あくごう》を以ての故に、応《まさ》に悪道に堕すべし。命終の時に臨みて、善知識に遇ひ、仏を念ずることあたはずといへども、ただ至心に声をして絶えざらしめ、十念《じゅうねん》を具足して南無無量寿仏と称へん。仏の名を称ふるが故に、念々《ねんねん》の中に於て八十億劫の生死の罪を除く。

と。

*双観経の三輩《さんぱい》の業もまたこれを出でず。また観経には、*十六観を以て往生の因となせ

沙弥戒　沙弥は梵語。出家して正式の比丘になるまでの僧で、これが守るよう規定されているのが沙弥十戒。八斎戒のうち、第七の戒を分けて二戒とし、それに金銀などを貯えないという一戒を加えたもの。

具足戒　教団としての僧伽(そうぎゃ)の構成員である比丘・比丘尼が守るよう規定された戒。これを細説したものを律といい、それには幾つかのものが現存するが、中国・日本ではそのうち四分律(しぶんりつ)が用いられる。それでは、比丘は二百五十戒、比丘尼は三百四十八戒と定められている。

下品上生…　以下は第十六観の略抄。

首題の名字　それぞれの経典の経題を讃える声。

双観経の三輩　無量寿経巻下(正蔵一二ノ二七二中―下)。→二五一頁「三輩」注

十六観　観無量寿経(正蔵一二ノ三四一下―三四六上)に説く十六の観想の内容は、(1)日没を観想して、西方の極楽を想う日想観、(2)水や氷のすがたを観想して、極楽の大地の瑠璃のようなきらめきを想う水想観、(3)水のすがたを観想して、さらに明らかにそのすがたを捉え、それによって、極楽の大地を観想する地想観、(4)極楽の樹々の宝玉を散りばめた、きらきらとしたすがたや、その不思議なはたらきを観想する樹想観、(5)極楽の池のすがたを観想する池想観、

り。*宝積経には、仏前の蓮華に化生《けしょう》するに、四の因縁あることを説く。偈に云く、

花香《けこう》をば仏及び*支《し》提《だい》に散ずると　他を害せざると、并に像を造ると　大菩提に於て深く信解《しんげ》するとは　蓮華に処して仏前に生ることを得ん。

と。〈已上〉余は、繁く出さず。

第二に、惣じて諸業《しょごう》を結ぶとは、*慧《え》遠《おん》法師の、浄土の因要を出せるに、四あり。*一には、観《かん》を修《しゅ》して往生す。十六観の如し。二には、業《ごう》を修して往生す。三福業の如し。三には、心を修して往生す。至誠等の三心なり。四には、帰《き》向《こう》して往生す。浄土の事を聞いて帰向し、称念し、讃《さん》歎《だん》する等なり。

と。

今、私に云く、諸経の行業《ぎょうごう》は、惣じてこれを言はば、*梵《ぼん》網《もう》の戒品《かいほん》を出でず、別してこれを論ぜば、六度を出でざるも、細《くわ》しくその相を明さば、それ十三あり。一には財*・法等の施、二には三帰・五戒・八戒・十戒等の多少の戒行《かいぎょう》、三には忍辱《にんにく》、四には精進、五には禅《ぜん》定《じょう》、六には般若〈第一義を信ずる等、これなり〉、七には菩提心を発す、八には六念を修行す〈仏・法・僧・施・戒・天を念ずるを、これを六念と謂ふ。十六想観《そうかん》もまたこれを出でず〉、九には大乗を読誦す、十には仏法を守護す、十一には父母に孝順し師長に奉《ぶ》事《じ》す、十二には憍慢を生ぜず、十三には利養に染まざるなり。

*大集月蔵分の偈に云く、

(6)極楽の建物を観想する楼閣観、(7)阿弥陀仏の蓮華の座を観想する宝座観、(8)仏像を観想して阿弥陀仏を想う像身観、(9)阿弥陀仏の真実のすがたを観想する真身観、(10)観音を観想する観音観、(11)勢至を観想する勢至観、(12)あまねく仏・菩薩・浄土などを観想する普観、(13)仏の真身や仏像など、さまざまな仏のすがたをまじえて観想する自在身観、(14)上品三生を観想する上観、(15)中品三生を観想する中観、(16)下品三生を観想する下観の十六。観名は阿弥陀経略記(仏全三一ノ二五六下)に見える。

宝積経　大宝積経巻九八(正蔵一一ノ五四八上)。

支提　梵語。塔婆と少しく異なり、仏の遺骨はおさめない。

慧遠　浄影寺の慧遠。六世紀の人。

一には…　観無量寿経義疏巻末(正蔵三七ノ一八三上—中)。

梵網の戒品　梵網経(正蔵二四ノ九九七中以下)に説く十重・四十八軽戒(→一七九頁注)。

財・法等の施…　以下、般若までは六波羅蜜を説いたもの。

大集月蔵分の偈　大方等大集経巻四七(正蔵一三ノ三〇五下)の略抄。

樹の菓《み》繁るときは速かに自《おのずか》ら害《やぶ》るるが如く　竹《ちく》・蘆《ろ》の実を結ぶもまたかくの如し
*騾《うさぎうま》の懐妊《かいにん》せば自ら身を喪《うしな》ふが如く　無智にして利を求むるも亦また然り　もし比丘
ありて供養を得　利養を楽ひ求めて堅く著《ちゃく》せば　世に於て更にかくの如きの悪なし
故に解脱の道をば得ざらしむ　かくの如く利養を貪求《とんぐ》する者は　既に道を得已らんも
またまた失はん

と。また*仏蔵経に、迦葉《かしょう》仏の記して云く、

釈迦牟尼仏は多く供養を受くるが故に、法は当《まさ》に疾《と》く滅すべし。

と云々。如来にしてなほしかり。いかにいはんや凡夫をや。*大象の窓を出づるに、遂に一尾の為に碍《さ》へられ、行人の家を出づるに、遂に名利の為に縛らると。則ち知んぬ、出離の最後の怨《あた》は、名利《みょうり》より大なるものなきことを。ただ*浄名大士《じょうみょうだいし》は、身は家にあれども心は家を出で、*薬王の本事《ほんじ》は、塵寰《じんかん》を避けて*雪山《せっせん》に居《す》めり。今の世の行人もまた応にかくの如くなるべし。自ら根性《こんじょう》を料《はか》りて、これに進止《しんし》せよ。もしその心を制することあたはずは、なほすべからくその地を避くべし。*麻中《まちゅう》の蓬《よもぎ》と*屠《と》辺《へん》の厩《きさや》と、好悪《こうお》いづれにか由るや。〈仏蔵経を見て是非を知るべきなり〉

騾の懐妊　底本「任騾懐」、他本もほぼ同様で訓めない。経により訂正。

仏蔵経　仏蔵経巻中(正蔵一五ノ七九三上)。迦葉仏(→二三九頁注)が釈迦仏に与えた予言を掲げる。

大象の…　訖栗枳(きりき)王の十夢といわれるものの一。倶舎論巻九(正蔵二九ノ四五下)に見え、倶舎論記巻九には、訖栗枳王は迦葉仏の父であるという(正蔵四一ノ一六〇中)。

浄名大士　維摩居士(ゆいまこじ)のこと。維摩詰所説経の主人公。巻上(正蔵一四ノ五三九上)参照。

薬王の本事　妙法蓮華経文句巻一〇下に、「昔、星光と名づく。尊者日蔵に従ひて仏慧を説くを聞き、雪山の上薬を以て衆僧に供養し、願はくは我、未来に能く衆生の身心の両病を治さんと。世を挙げて歓喜し、号して薬王と曰ふ」(正蔵三四ノ一四三上)とある。後に浄眼如来になったといい、弟の薬上と共に二十五菩薩や薬師の八大菩薩に数えられる。

雪山　底本「雲山」、青蓮院本によって訂した。

麻中の蓬　蓬は麻の中に生えると、手をかさなくても真直になる、という荀子の言葉。

屠辺の厩　付法蔵因縁伝巻六(正蔵五〇ノ三二二上)、止観輔行伝弘決巻一ノ一(同四六ノ一四七上―中)に見える説話。↓補

大文第十に、*問答料簡とは、略して十事あり。一には極楽の依正《えしょう》、二には往生の階位、三には往生の多少、四には尋常の念相、五には臨終の念相、六には麁《そ》心《しん》の妙果、七には諸《しょ》行《ぎょう》の勝劣、八には信毀《しんき》の因縁、九には助道《じょどう》の資縁《しえん》、十には助道の人法《にんぼう》なり。

第一に、*極楽の依正とは、問ふ、阿弥陀仏の極楽浄土は、これいかなる身《しん》、いかなる土《ど》なるや。

答ふ。*天台の云く、

*応身《おうじん》の仏、同居《どうご》の土《ど》なり。

と。*遠法師《おんほっし》の云く、

これ*応身・応土なり。

と。*綽《しゃく》法師の云く、

これ報仏《ほうぶつ》にして報土《ほうど》なり。*古旧《こく》等、相伝へて、皆「*化土《けど》・化身なり」と云へるは、これ大いなる失となす。*大乗同性経に依るに、云く、「浄土の中の成仏は悉くこれ報身《ほうじん》なり。穢土《えど》の中の成仏は悉くこれ化身なり」と。またかの経に云く、「阿弥陀如来・蓮《れん》華《げ》開敷星王《かいふしょうおう》如来・竜主如来・宝徳如来等の、もろもろの如来の清浄なる仏刹《ぶっせつ》にありて、現《げん》に道を得し者、当に道を得べき者、かくの如きの一切は皆これ報身の仏なり。何者か如来の化身なる。由《なお》し今日の踊歩健《ゆぶけん》如来・魔恐怖《まくふ》如来等の如し」と。

問答料簡　問答による解釈。以下、終始、問答形式を取って、論議のある問題を解きあかしていこうとする。

極楽の依正　極楽の国土とその仏。

天台の云く　天台智顗の観無量寿仏経疏(正蔵三七ノ一八八中)の取意。

応身の仏…　智顗は浄土に四種を立て、凡聖同居土(ぼんしょうどうごど)・方便有余土・実報無障碍土・常寂光土と名づけて、この凡聖同居土には凡夫や三乗の聖者が同居しているから、応身の土で、極楽がこれであるとし、穢土である娑婆も同様に凡聖同居土とする。

遠法師の云く　浄影寺慧遠の観無量寿経義疏本(正蔵三七ノ一七三下)および大乗義章巻一九(同四四ノ八三四上—中)などの取意。

応身…　慧遠は浄土に事浄土・相浄土・真浄土の三を分け、阿弥陀仏は応身、土は応土で、事浄土とした。ただし事浄土に二を分け、一は諸天がいる土、他を極楽などの土とし、また阿弥陀仏も実は真身・真土があり、極楽はその応現と見ている。

綽法師の云く　道綽の安楽集巻上(正蔵四七ノ五下)の略抄。

古旧等　慧遠・智顗・吉蔵など。

化土・化身　応土・応身に同じ。

大乗同性経　大乗同性経巻下(正蔵一六ノ六五一下)の取意略抄。次の引文も同じ。

と。〈已上、安楽集〉

問ふ。かの仏の成道《じょうどう》したまひて、已に久しとせんや、いかん。

答ふ。*諸経には多く「十劫」と云ひ、*大阿弥陀経には「十小劫」と云ひ、*平等覚経には「十八劫」と云ひ、*称讃浄土経には「十大劫」と云ふ。*邪正、知り難し。ただし双観経の、*璟興《きょうごう》師の疏には、平等経を会《え》して云く、「十八劫とは、それ小の字の、その中の点を闕きしならん」と。

問ふ。未来の寿《じゅ》はいくばくぞや。

答ふ。*小経に云く、

無量無辺阿僧祇劫《あそうぎこう》なり。

と。*観音授記経《かんのんじゅきぎょう》に云く、

阿弥陀仏の寿命は、無量百千億劫にして、当《まさ》に終極《しゅごく》あるべし。仏涅槃《ぶつねはん》の後、正法《しょうぼう》の世に住《とど》まること、仏の寿命に等しからん。善男子。阿弥陀仏の正法滅して後、*中夜分を過ぎて明相《みょうそう》出づる時、観世音菩薩、菩提樹の下に於て等正覚を成じ、普光功徳《ふこうくどく》山王如来と号《なづ》けん。その仏の国土には、声聞・縁覚の名あることなし。その仏の国土をば、衆宝普集荘厳《しゅほうふしゅうしょうごん》と号《なづ》くべし。普光功徳如来の涅槃したまひ、正法の滅して後、大勢至菩薩、即ちその国に於て成仏し、善住功徳宝王《ぜんじゅうくどくほうおう》如来と号けん。国土・光明・寿命、乃至、法の住《とど》まること、等しくして異りあることなけん。

と。

諸経に　無量寿経巻上(正蔵一二ノ二七〇上)に「成仏已来、およそ十劫を歴し」、阿弥陀経(同一二ノ三四七上)に「成仏已来、今に十劫」という。

大阿弥陀経　無量寿経の異訳、阿弥陀三耶三仏薩楼仏壇過度人道経巻上(正蔵一二ノ三〇三中)。

平等覚経　無量寿経の異訳、無量清浄平等覚経巻一(正蔵一二ノ二八二下)。

称讃浄土経　阿弥陀経の異訳、称讃浄土仏摂受経(正蔵一二ノ三四九下)。

邪正…　→補

璟興師の疏…　璟興の無量寿経連義述文賛巻中(正蔵三七ノ一五五上)に諸経の異同を論じ、会釈している。

小経に　阿弥陀経(正蔵一二ノ三四七上)。→補

観音授記経　観世音菩薩授記経(正蔵一二ノ三五七上―中)の略抄。

中夜分…　夜中を過ぎて、東の空があからむ時。

同性経に　大乗同性経巻下(正蔵一六ノ六五一中―下)には、阿弥陀仏をもって直接、報身と説いている箇所はない。これは先の安楽集の文によったもの。

授記経に　観世音菩薩授記経(正蔵一二ノ三五七上)には「涅槃」とする。

綽禅師…　安楽集巻上(正蔵四七ノ六上)。道綽はこの文の後、授記経を引いて、「かの経に云く、阿弥陀

問ふ。*同性経には「報身《ほうじん》」と云ひ、*授記経には「入滅」と云ふ。二経の相違、諸師いかんが会《え》するや。

答ふ。*綽禅師、授記経を会して云く、

これはこれ報身の、隠没《おんもつ》の相を現《あらわ》したまふにして、滅度《めつど》にはあらざるなり。

と。*迦才《かざい》、同性経を会して云く、

浄土の中の成仏を判じて報となすは、これ*受用《じゅゆう》の事身《じしん》にして、実の報身にはあらざるなり。

と。

問ふ。いづれをか正とするや。

答ふ。迦才の云く、

*衆生の起行《きぎょう》に既に千殊《せんじゅ》あれば、往生して土を見るにもまた万別《まんべつ》あるなり。もしこの解《げ》を作さば、もろもろの経論の中に、或は判じて報となし、或は判じて化となすこと、皆妨難《ぼうなん》なきなり。ただし、諸仏の修行は、具《つぶ》さに報《ほう》・化《け》の二土を感ずることを知るべし。*摂論《しょうろん》に「加行《けぎょう》は化を感じ、正体《しょうたい》は報を感ず」といへるが如し。もしは報、もしは化、皆衆生を成就せんと欲するなり。これ則ち、土は虚《むな》しく設けず、行は空しく修せざれば、ただ仏語を信じて、経に依りて専ら念ずれば、即ち往生することを得。またすべからく報と化とを*図度《ずたく》すべからざるなり。

と。〈已上〉この釈、善《よ》し。すべからく専ら称念すべし。労《わずら》はしく分別することなかれ。

仏、入涅槃の後、また深厚の善根の衆生ありて、また見ること故(もと)の如しと。即ちその証なり」といい、また宝性論の文として、報身の五種の相に、休息(くそく)隠没の相がある、と論じている。→補

迦才… 迦才の浄土論巻上(正蔵四七ノ八五中)には、阿弥陀仏を報身と説くことについて、大乗同性経にいう報身は実の報身ではなく、もし化身とすれば細化身といえるものであるとし、浄土にも穢土にも、報身・化身の二身がある、と論じている。

受用の事身 経には「受用身」。受用身とは報身のことであるが、事身と説くときは、それが具体的な姿を取って現われて来た仏ということで、迦才は報身の浄土に実報土と事用土との二つを考えたものである。

衆生の起行… 浄土論巻上(正蔵四七ノ八五上)。起行とは実践修行。

摂論に 摂大乗論釈巻一二(正蔵三一ノ二四一上)の取意。絶対平等の無差別の道理を知る無分別智に三種があるとして、加行・正体・後得と立て、加行無分別智に対して正体無分別智は初地より仏果に至るもので、その果報は「応身の果報」であるという。加行は普通は準備的段階での行為をいう。正体はそれに対して目的に連なる直接的なものを指す。

図度 思いはかる、忖度(そんたく)する。

問ふ。*かの仏の相好、何を以てか同じからざる。

答ふ。*観仏経に、諸仏の相好を説いて云く、

人の相に同ずるが故に三十二と説き、諸天に勝るが故に八十好と説く。もろもろの菩薩の為には、八万四千のもろもろの妙相好と説く。

と。〈已上〉 かの仏もこれに准ぜよ。

問ふ。*双観経に云く、

かの仏の*道樹《どうじゅ》は高さ四百万里なり。

と。*宝積経に云く、

道樹の高さ十六億由旬《ゆじゅん》なり。

と。*十往生経に云く、

道樹の高さ卌万由旬にして、樹下に*師子座《ししざ》あり、高さ五百由旬なり。

と。*観経に云く、

仏の身量《しんりょう》は六十万億那由他《なゆた》恒河沙《ごうがしゃ》由旬《ゆじゅん》なり。

と云々。*樹・座と仏身《ぶっしん》と、なんぞ相称《あいかな》はざるや。

答ふ。*異解《いげ》不同なり。或は釈すらく、「仏の境界《きょうがい》は大小相碍《あいさ》へず」と。或は釈すらく、「応仏に寄せて樹量《じゅりょう》を説き、真仏《しんぶつ》に寄せて身量を説く」と。また*多くの釈あり。具さに述ぶべからず。

問ふ。*華厳経に云く、

かの仏の… 三十二相・八十種好を説くものには観無量寿経第八観(正蔵一二ノ三四三上)、般舟三昧経(同一三ノ八九九中)などがあり、八万四千の相好は観無量寿経第九観(同一二ノ三四三中)などである。

観仏経に 観仏三昧海経巻九(正蔵一五ノ六八七中)。

双観経に云く 無量寿経巻上(正蔵一二ノ二七一上)。

道樹 経に道場樹という。菩提樹。

宝積経 大宝積経巻一一(正蔵一一ノ九六中)。

十往生経 十往生阿弥陀仏国経(続蔵一ノ八七ノ二九二左下)。

師子座 →一〇八頁注

観経 観無量寿経第九観(正蔵一二ノ三四三中)。

樹・座と… 仏の身量が樹・座と比較にならないほど、けた違いに大きいことを問題にしたもの。

異解不同… 義寂の著述は現存しないが、安養抄巻三が収めるその無量寿経疏の佚文に「弥陀の身量は、大小不定なり」(正蔵八四ノ一五三上)として細説があり、また憬興の無量寿経連義述文賛巻中に「かの経(観経)の仏量は既に他受用身(報身)なるが故に、この道樹は即ち化土なるが故に、相違せざるなり」(同三七ノ一五六中)とあり、ここに掲げる二釈にほぼ一致する。

多くの釈 →補

娑婆世界の一劫を極楽国の一日一夜となす、等。

と云々。これに由りて当《まさ》に知るべし、上品中生《じょうぼんちゅうしょう》の、*宿《しゅく》を逕《へ》て花《はな》開くは、この間の半劫に当り、乃至、下々生《げげしょう》の十二劫は、この間の恒沙塵数劫に当れり。なんぞ極楽と名づけん。

答ふ。たとひ恒劫《ごうこう》を経るまで蓮花開かざらんも、既に微苦《みく》なし。あに極楽にあらざらん。*双観経に云ふが如し。

その*胎生《たいしょう》の者の処する所の宮殿《くでん》、或は百由旬、或は五百由旬にして、おのおのその中に於てもろもろの快楽《けらく》を受くること、忉利天《とうりてん》の如し。

と。〈已上〉ある師の云く、

*胎生は、これ中品と下品となり。

と。ある師の云く、

*九品《くほん》には摂《しょう》せざる所なり。

と。異説ありといへども快楽は別ならず。いかにいはんや、かの九品に逕《ふ》る所の日時を判ずること、諸師不同なるをや。*懐感《えかん》・智憬《ちきょう》等の諸師、かの国土の日夜を劫数と許すは、誠に責むる所に当れり。

ある師の云く、

*仏は、この土の日夜を以て、これを説いて、衆生をして知らしめたまふなり。

と云々。今謂く、後の釈、失なし。且《しばら》く四例を以て助成せん。

一には、「かの仏の身量、若干由旬」といふは、かの仏の*指分《しぶん》を以て、畳《かさ》ねてかの由旬《ゆじゅん》と

華厳経に　華厳経(六十巻本)巻二九(正蔵九ノ五八九下)の略抄。↓補

宿を逕て　一夜をへて。一晩たって。

双観経に云ふ　無量寿経巻下(正蔵一二ノ二七八上)。

胎生の者　いわゆる四生(ししょう)の一つである胎生(↓六四頁「四生」注)ではなく、極楽のはずれとも、化土ともいわれる所に生まれるもののことで、疑城、辺地、胎宮、懈慢界(けまんがい)などさまざまにいわれる。

胎生は…　この説は無量寿経連義述文賛巻下に、ある説を批判したなかに見える。「中下の属、宝城に所止すること既に五百。応に知るべし、この経の疑智の凡夫、宝宮殿に所在するもまたこれ辺地なるが故にと」(正蔵三七ノ一五八下)という。↓補

九品には…　元暁の遊心安楽道には、「かの辺地に生れし者は、別にこれ一類、九品の摂にあらず」(正蔵四七ノ一一三中)という。↓補

懐感・智憬等　懐感の釈浄土群疑論巻七(正蔵四七ノ七一下)。智憬は奈良時代の学僧か、中国の同名の僧か、不明。↓七八頁「智憬」の補注。ちなみに源信の師良源もかの土の劫数とした(浄全一五ノ三一下)ようである。

仏は…　懐感が批判した説に見える(正蔵四七ノ七一下)。↓補

指分　指の長さ。長さの単位としても用いられた。

なせるにはあらず。もししからずは、応《まさ》に須弥山《しゅみせん》の如き長大の人、一の毛端を以て、その指節《しせつ》とするに似たるべし。故に知んぬ、仏の指の量を以て、仏の身の長短を説きしにはあらざることを。なんぞ必ずしも、浄土の時剋《じこく》を以て花の開く遅速《ちそく》を説かんや。

二には、*尊勝陀羅尼《そんしょうだらに》経に説くが如し。

忉利天上の善住《ぜんじゅう》天子、空の声の告ぐるを聞くに、「汝、当《まさ》に七日にして死すべし」と。時に*天帝釈《てんたいしゃく》、仏の教勅を承けて、かの天子をして七日勤修《ごんしゅ》せしむるに、七日を過ぎて後、寿命延ぶることを得たり。

と。〈取意〉これはこれ、人中の日夜もて説けるなり。もし天上の七日に拠《よ》らば、人中の七百歳に当り、仏世の八十年の中にて、その事を決了すべからず。九品《くほん》の日夜もまたこれに同じかるべし。

三には、*法護《ほうご》所訳の経に云く、

胎生《たいしょう》の人は、五百歳を過ぎて仏を見たてまつることを得。

と。*平等覚経に云く、

蓮華の中に化生《けしょう》して、城の中にあり。この間の五百歳に於て、出づること得るあたはず。

と。〈取意〉*憬興等の師は、この文を以て、この方の五百歳なりと証せり。今云く、かの胎生の歳数、既にこの間に依りて説けりとせば、九品の時剋《じこく》、何の別義ありてか、彼に同ぜざらんや。

尊勝陀羅尼経　仏頂尊勝陀羅尼経（正蔵一九ノ三五〇上）の取意。

天帝釈　帝釈天のこと。→一四頁「忉利天」注

法護所訳の経　無量寿経の翻訳は古来十二回なされたといわれ、五存七欠と称して、七本は現存しない。西晋の法護訳もその一つ。開元釈教録巻一四（正蔵五五ノ六二六下）に七欠の名を列ねているが、この法護訳をもって現行の無量寿経と見る説があり、楽邦文類巻一（同四七ノ一五〇中）には智顗が、無量寿経連義述文賛巻上（同三七ノ一三一下）には憬興がこの説をなしている。現行の無量寿経は康僧鎧訳とされてきたが、これを疑う説は今日では一般である。ただし訳者をだれとするかは異論が多く決定を見ない。→補

平等覚経　後文によれば、これは現存しない帛延訳をさしているようである。支婁迦讖（しるかせん）訳の無量清浄平等覚経によれば、その巻三（正蔵一二ノ二九二上―中）の取意略抄といえよう。

憬興等の師　憬興の無量寿経連義述文賛巻下（正蔵三七ノ一五八下・一六九中）には帛延訳無量清浄平等覚経および支謙訳阿弥陀三耶三仏薩楼仏檀過人道経によって論じている。また竜興の無量寿経記（同八四ノ一六三下）にも同様の論が見える。

四には、もしかの界に拠りて九品を説けりとせば、上品中生の一宿、上品下生の一日夜は、即ちこの界の半劫と一劫とに当らん。もししかりと許さば、胎生の疑心はなほ娑婆《しゃば》の五百歳を逕《へ》て、しかも速かに仏を見たてまつることを得んに、*上品の信行者《しんぎょうじゃ》、あに半劫・一劫を過ぎて、しかも遅く蓮華を開かんや。この理あるが故に、後の釈は失《とが》なし。

問ふ。もしこの界の日夜の時剋を以てかの相を説けりとせば、かの上々品は、かの国に生れ已りて、応に即《ただち》に無生法忍《むしょうぼうにん》を悟るべからず。しかる所以は、この界の少時の修行を勝となし、かの国の多時の善根を劣となせばなり。既にしからば、上々品の人、この世界に於て、一日より七日に至るまで、*三福業《さんぷくごう》を具足してなほ無生法忍を証することあたはざるに、いかんぞ、かしこに生れて、法を聞いて即《ただち》に悟らん。故に知んぬ、かの国土の長遠の時剋を経て、無生忍を悟るといふことを。しかれば、かしこに約して、即に悟ると名づくるも、ここに望むれば、即ち億千歳なり。或はいふべし、上々人は、必ずこれ*方便後心《ほうべんごしん》の行《ぎょう》、円満せる者なりと。もししからずは、諸文枘楯《しょもんむじゅん》せん。

答ふ。いまだ知らず、かの国の多善は劣り、この界の少善は勝《まさ》るといふことを。

問ふ。*双観経に説かく、

ここに於て、広く徳本《とくほん》を植《う》ゑ、恩を布き*恵《めぐみ》を施《し》して、*道禁《どうきん》を犯すことなかれ。忍辱《にんにく》・精進・一心・智慧にして、転《うた》た相教化《あいきょうけ》し、善を立て意《こころ》を正しくして、斎戒清浄なること、一日一夜すれば、無量寿仏国にありて、善をなすこと百歳するに勝れり。所以はいかん。かの仏の国土は、*無為自然《むいじねん》にして皆衆善《しゅぜん》を積み、毛髪ほどの悪もなければな

上品の信行者　胎生の疑心に対して、上品を信行の人とするもの。

三福　→二五七頁注

方便後心…　十信位の第十の願心を満たしたもの。菩薩の五十二の階位を説くものによれば、最初の十位を十信といい、その最後の第十が願心。

双観経　無量寿経巻下(正蔵一二ノ二七七下)。

恵　以下は六波羅蜜をあげたもの。

道禁　仏の戒め。禁戒。

無為自然　涅槃そのものの現われた境界。

り。ここに於て、善を修すること十日十夜すれば、他方の諸仏の国中に於て、善をなすこと千歳するに勝れり。

と。〈已上〉これその勝劣なり。

答ふ。二界の善根《ぜんごん》は、*剋対《こくたい》せばしかるべし。しかれども、仏に値ひたてまつる縁は勝れたれば、速かに悟るに失《とが》なし。或はこの経は、ただ*修行の難易を顕はせるものにして、善根の勝劣を顕はせるにはあらず。譬へば、貧賤の一銭を施すは称美すべしといへども、しかも衆事を弁ぜざるに、富貴の千金を捨つるは称《ほ》むべからずといへども、しかも能く万事を弁ずるが如し。二界の修行も亦またかくの如し。*金剛般若経に云ふが如し。

仏世《ぶつせ》に信解《しんげ》するは、いまだ勝れたりとなすに足らず。滅後をば勝れたりとなす。

と。或は*余の義あり。委曲《いこく》することあたはず。

問ふ。娑婆《しゃば》の行因《ぎょういん》に随ひて、*極楽の階位に別あるが如く、所感の福報もまた別ありや。

答ふ。*大都は別なきも、細分は差《しゃ》あり。*陀羅《だら》尼集経《にじつきょう》の第二に云ふが如し。

もし人、香花《こうげ》・衣食《えじき》等を以て供養せざれば、かの浄土に生るといへども、しかも香花・衣食等の種々の供養の報《むくい》を得ず。

と。〈この文、*かの仏の本願に違ふ。更にこれを思択《しちゃく》せよ〉また*玄一師と因法師とは、同じく云く、

実に約して論ずれば、また勝劣あり。しかもその状相似《あいに》たるが故に好醜なしと説く。

と。

問ふ。極楽世界は、ここを去ること幾《いく》ばくの処なるや。

剋対　対照比較する。

修行の難易　慧遠の無量寿経義疏巻下にいまの経文を釈して、「この修の難きを以ての故に、一日に於て、無量寿の、善をなすこと百歳するに勝るなり」(正蔵三七ノ一一五上)とある。

金剛般若経　金剛般若波羅蜜経(正蔵八ノ七五〇中)の取意。

余の義…　ほかに解釈もあるが、委曲を尽くすことはできない。源信がどのような解釈を指してこういったか、あまり明らかでない。↓補

極楽の階位　三輩・九品のこと。

大都　おおむね。

陀羅尼集経　陀羅尼集経巻二(正蔵一八ノ八〇〇中)。

かの仏の本願…　第二十四願に「たとひ我、仏を得んに、国中の菩薩、諸仏の前にありてその徳本を現ぜんに、もろもろの欲求する所の供養の具、もし意の如くならずは、正覚を取らじ」(正蔵一二ノ二六八中)とあり、第三十八願には「国中の人天、衣服を得んと欲せば、念の随に即ち至り、仏の所讃の如き応法の妙服、自然に身にあらん。もし裁縫(さいぶ)・擣染(とうぜん)・浣濯(かんじよく)することあらば、正覚を取らじ」(同一二ノ二六九上)とある。

玄一師と因法師　玄一は新羅の僧。憬興より後輩。無量寿経記巻上(続蔵一ノ三二ノ一九八左下)に令因の

答ふ。経*に云く、

これより西方、十万億の仏土を過ぎて極楽世界あり。

と。ある経*に云く、

これより西方、この世界を去ること百千倶胝那庾多《くていなゆた》の仏土を過ぎて仏世界あり。名づけて極楽と曰ふ。

と。

問ふ。二経、何が故に同じからざるや。

答ふ。論の智光の疏*の意に云く、

倶胝《くてい》と言ふは、ここには億となすなり。那庾多《なゆた》とは、この間の姟《がい》の数に当るなり。世俗に言く、十千を万と曰《い》ひ、十万を億と曰ひ、十億を兆と曰ひ、十兆を経と曰ひ、十経を姟と曰ふと。姟は、なほこれ大数なり。百千倶胝とは、即ち十万億なり。億に四位あり。一には十万、二には百万、三には千万、四には万々なり。今億と言へるは即ちこれ万々なり。この義を顕さんが為に那由多を挙ぐるなり。

と。〈已上〉この釈《しゃく》、思ふべし。

問ふ。かの仏の化《け》*したまふ所はただ極楽のみとせんや、また余《よ》ありとせんや。

答ふ。大論*に云く、

阿弥陀仏にもまた厳浄《ごんじょう》と不厳浄との土《ど》あること、釈迦牟尼《むに》の如し。

と。

説として見えるもの。因法師は令因で、憬興と同時代とされ、無量寿経疏一巻があったという。いまここに掲げる説は玄一の書に掲げられているもの。

経に　阿弥陀経(正蔵一二ノ三四六下)、無量寿経巻上(同一二ノ二七〇上)など。

ある経に　阿弥陀経の異訳、称讃浄土仏摂受経(正蔵一二ノ三四八下)。

論の智光の疏　論とは世親の浄土論のことで、智光のその釈、無量寿経論釈巻二にこの二経の差異を論じていることは、安養集巻五(西教寺蔵、五右—六右)に見える。この議論は義寂の無量寿経疏(安養抄巻一所収、正蔵八四ノ一三〇下)に負うものと考えられる。

化　教化。教え導くこと。

大論　大智度論巻三二(正蔵二五ノ三〇二下)。ちなみに、安養抄巻三所収の竜興の観経記巻上には、鼓音声経の文と大智度論の文を併記している(同八四ノ一五三上)。この問答に関係があるかもしれない。

問ふ。何等かこれなるや。
答ふ。極楽世界は即ちこれ浄土なり。しかれども、その穢土《えど》はいまだいづれの処なるかを知らず。ただ*道綽等の諸師は、鼓音声《くおんじょう》経に説く所の国土を以てかの穢土となせり。*かの経に云ふが如し。

阿弥陀仏は、声聞と倶《とも》なり。その国を号して清泰《しょうたい》と曰ふ。聖王の住む所にして、その城の縦広十千由旬、中に*刹利《せつり》の種《しゅ》を充満せり。阿弥陀如来・*応《おう》・正遍知《しょうへんち》の父を月上転《がつじょうてん》輪聖王《りんじょうおう》と名づけ、その母を名づけて殊勝妙顔《みょうげん》と曰ひ、子を月明《がつみょう》と名づけ、奉事《ぶじ》の弟子を無垢称と名づけ、*智慧の弟子を名づけて攬光《らんこう》と曰ひ、*神足《じんそく》の精勤《しょうごん》を名づけて大化《だいけ》と曰ふ。その時の魔王を名づけて無勝と曰ひ、*提婆達多《だいばだった》ありて、名づけて寂〔静〕《じゃくじょう》と曰ふ。
阿弥陀仏は、大比丘《だいびく》六万人と倶なり。

と。〈已上〉

問ふ。かの仏の化《け》したまふ所は、ただ極楽・清泰の二国なりとするや。
答ふ。教文は、縁に随ひて且《しばら》く一隅《いちぐう》を挙ぐるのみ。その実処を論ずれば不可思議なり。華厳経の偈に云ふが如し。

*菩薩はもろもろの願海《がんかい》を修行して　普く衆生の心の欲ふ所に随ふ　衆生の*心行《しんぎょう》、広くして無辺なれば　菩薩の国土も十方に遍《あまね》し

と。また云く、

*如来は出現して十方に遍し　一々の塵の中に無量の土あり　その中の境界《きょうがい》もまた無量

道綽等の諸師　道綽の安楽集巻上(正蔵四七ノ六上)、懐感の釈浄土群疑論巻六(同四七ノ六三下)など。元暁の無量寿経宗要(同三七ノ一二六中)では化土とする。
かの経に　阿弥陀鼓音声王陀羅尼経(正蔵一二ノ三五二中)。
刹利の種　刹利は梵語、刹帝利(せっていり)の略。インドのカースト制度ではバラモンに次ぐ武士階級で、王族・貴族などの出身の人たち。
応・正遍知　応供(おうぐ　阿羅漢)・等正覚に同じ。如来の十号のうち。
智慧の弟子　智慧第一といわれた舎利弗に当たる。
神足の精勤　超人的な神足通を備えた修行に励むもの。目連に当たる。
提婆達多　→九七頁「調達」注
菩薩は…　華厳経(八十巻本)巻七(正蔵一〇ノ三五中)。
心行　心のはたらき。
如来は…　華厳経(八十巻本)巻五(正蔵一〇ノ二二中)。
事孤り…　仏の教化は個人的な理由だけによるものではなく、かならずその教えを聞く素質のある対象(機)という縁があって、それに応じる。
往昔に…　華厳経(八十巻本)巻五(正蔵一〇ノ二五上)。
多劫海　長遠の時間を果てもない海に喩えたもの。
往生の階位　極楽に生まれるひとの九品の階位。

なり　悉く無《む》辺《へん》無《む》尽劫《じんこう》に住《とどま》る

と。

問ふ。如来の化《け》を施したまふは、*事孤《ことひと》り起らず、要《かなら》ず機縁《きえん》に対す。何ぞ十方に遍ずるや。

答ふ。広劫《こうこう》に修行して無量の衆《しゅ》を成就したまふ。故にかの機縁もまた十方界に遍し。華厳の偈に云ふが如し。

*往昔《おうしゃく》に勤修《ごんしゅ》すること*多劫海《たこうかい》にして　能く衆生の深重《じんじゅう》の障《さわり》を転ず　故に能く身を分けて

十方に遍じ　悉く菩提樹王の下に現じたまふ

と。

第二に、*往生の階位とは、問ふ、*瑜伽論《ゆがろん》に、「*三地《さんじ》の菩薩は方に浄土に生る」と云へるに、今、地前《じぜん》の凡夫《ぼんぶ》・声聞《しょうもん》を勧むるは何の意かあるや。

答ふ。浄土に差別あり。故に過《とが》あることなし。*感師の釈して云へるが如し。

もろもろの経論の文に、浄土に生ることを説くは、おのおの一義に拠る。浄土には既に麁妙《そみょう》・勝劣あれば、生るるを得るにもまた上下階降《かいごう》あり。

と。〈已上〉また*道宣律徳《どうせんりっとく》の云く、

三地の菩薩にして始めて報仏の浄土を見る。

と。

問ふ。たとひ報土にあらざらんも、惑業《わくごう》重き者、あに浄土を得んや。

瑜伽論に　瑜伽師地論巻七九(正蔵三〇ノ七三六下)の取意。

三地の菩薩　五十二の階位と別に、十三住と七地とを説くものがあり、十三住は七地を開いたもので、七地のなかの第四行迹地(ぎょうじゃくじ)に対して増上戒住、増上意住以下、有行有開発無相住までの六住が説かれるほかは、第一地の種性地には第一住の種性住、第二地の解行地には第二住の解行住、第三地浄心地(→一三〇頁「清浄勝意楽地」注)には第三住歓喜住、ないし第七地畢竟地には第十二住最上菩薩住と第十三住如来住とが対応して説かれる。このうち、第三歓喜住としての第三浄心地は、五十二位でいえば十地の初地歓喜地に相当するが、五十二位の十地の第三発光地は十三住では第五増上意住で、七地では第四行迹地に含まれることになる。ここから、第三地といっても、五十二位によるか七地によるかで、理解の仕方がかわってくることになる。

感師の…　釈浄土群疑論巻二(正蔵四七ノ三八下)。この問答は懐感の発想をそのまま採用したもの。また懐感はこの三地を発光地と見ている。

道宣律徳　四分律宗の祖道宣。ただし道世の誤りか。道世の法苑珠林巻一六(正蔵五三ノ四〇六上)、諸経要集巻一(同五四ノ六下―七上)に、ここに掲げる言葉が見られる。

答ふ。天台の云く、

無*量寿仏の国は果報殊勝《かほうしゅしょう》なりといへども、臨終《りんじゅ》の時、懺悔《さんげ》して念仏すれば、業障便《ごっしょうすなわ》ち転じて、即ち往生することを得。*惑染《わくぜん》を具すといへども、願力《がんりき》もて心を持《たも》たば、また居《こ》することを得るなり。

と。

問ふ。もし凡夫もまた往生することを得と許さば、弥勒問経《みろくもん》をいかんが通会《つうえ》せん。経*に云く、

仏を念ずるは凡愚の念にあらず。*結使《けっし》を雑《まじ》へずして、弥陀仏の国に生ることを得。

と。〈已上〉

答ふ。西方要決《さいほうようけつ》に釈して云く、

*娑婆の苦を知りて永く*染界《ぜんかい》を辞せんとするは、薄浅《はくぜん》にあらず。およそ当来に作仏して、意《こころ》専ら広く、法界《はっかい》の衆生を度《ど》せんとす。この勝解《しょうげ》あるが故に、愚にはあらざるなり。正念《しょうねん》の時、結使眠伏《けっしめんぷく》するが故に、結使の念を雑《まじ》へずと言ふなり。

と。〈略抄〉意は、凡夫の行人《ぎょうにん》の、この徳を具するを云ふなり。

問ふ。か*の国の衆生は皆退転せずと。明かに知んぬ、これ凡夫の生るる処にあらざることを。

答ふ。言ふ所の不退《ふたい》とは必ずしもこれ*聖《しょう》の徳にあらず。要決に云ふが如し。

今*、不退を明さば、その四種あり。*十住毘婆沙《じゅうじゅうびばしゃ》に云く、「一には位不退《いふたい》。即ち因を修

無量寿仏の…　天台智顗の維摩経略疏巻一(正蔵三八ノ五六四中)。この文の表現にしっくりしないものがあるのは、省略のはなはだしいためである。↓補

惑染　惑は煩悩の意。染はその異称。

経に　弥勒菩薩所問本願経(正蔵一二所収)および異訳の大宝積経巻一一一、弥勒菩薩所問会(同一一所収)、あるいは弥勒大成仏経(同一四所収)にも見当らない。この問答は西方要決をそのまま受けているから、これはその孫引き(同四七ノ一〇五上)。

結使　煩悩のこと。

娑婆の…　窺基の西方要決釈疑通規(正蔵四七ノ一〇五中)の略抄。

染界…　煩悩にけがれた世界に別れをつげようとするものは、浅はかな愚かものではない。

かの国の…　これを説くものは、答えに引かれた西方要決によれば、無量寿経巻上(正蔵一二ノ二六八上)、阿弥陀経(同一二ノ三四七中)。

聖　大乗では十地の菩薩をいい、それ以前を凡夫とし、十住・十行・十廻向を内凡、十信を外凡(げぼん)という。また十住・十行・十廻向を三賢、十地を十聖という。

今、不退…　西方要決釈疑通規(正蔵四七ノ一〇七上―中)の取意略抄。不退については、六三頁・七六頁などに触れている。

十住毘婆沙　十住毘婆沙論巻四、阿

すること万劫なれば、また*悪律儀《あくりつぎ》の行《ぎよう》に退堕するも生死に流転せず。二には行《ぎよう》不退。已に初地を得れば利他の行《ぎよう》退かず。三には念《ねん》不退。*八地已去《いこ》は無功用《むくゆう》にして、意《こころ》に自在を得るが故に。四には処不退。文証《もんしよう》なしといへども、理《り》に約して以て成ず。いかんとなれば、天の中に果を得れば即ち不退を得るが如く、浄土もまたしかり。命《いのち》長くして病なく、勝れたる侶《とも》と提携し、純正《じゆんしよう》にして邪なく、ただ浄にして染なく、恒に聖尊《しようそん》に事《つか》ふ。この*五の縁に由りて、その処には退くことなし」と。

と。〈已上、略抄〉

問ふ。九品の階位、異解《いげ》不同なり。

*遠《おん》法師は、「上々の生は四・五・六地、上中の生は初・二・三地、上下の生は*地前の三十心なり」と云ひ、*力《りき》法師は、「上々は行《ぎよう》・向、上中は*十解《じゆうげ》、上下は十信」と云ひ、*基《き》師は、「上々は十廻向、上中は解《げ》・行、上下は十信」と云ひ、あるは、「上々は十住の初心、上中は十信の後心、上下は十信の初位」と云ひ、あるは、「上々は十信及び以前の、能く三心《さんしん》を発して、能く三行を修する者なり。上中と上下とは、ただ十信以前の、菩提心を発して、善を修する凡夫を取る。起行の浅深により、以て二品を分つなり」と云ふが如し。*諸師の所判の不同なる所以《ゆえん》は、無生忍《むしようにん》の位《くらい》の不同なるを以てなり。故に、*仁王《にんのう》経には、無生忍は七・八・九地にあり、諸論には、初地にあり、或は*忍位《にんい》なり、本業瓔珞経には十住にあり、華厳経には十信にあり、占察経には、一行三昧を修して相似《そうじ》の無生法忍を得る者を説くなり。故に諸師おのおの一義に拠るなり。

惟越致(あゆいおっち)相品および巻五、易行品(正蔵二六ノ三八上―四五中)にも直接このような文はない。諸文の意を汲んで、整理したものであろう。

悪律儀　生活のために屠殺、狩猟などを行なうことをいう。

八地已去…　八地以上は無相を観ずるにも、自然のままに振舞って努力することがないから、八地以上を、無功用地という。

五の縁　「命長くして」以下の五。

遠法師は…　以下の整理は竜興の観無量寿経記巻下によったもの。この書は現存しないが、安養集経四および安養抄巻二所引の佚文によれば、以下の五説はこの順序に配列されている(西教寺蔵、六〇左―六三右。正蔵八四ノ一四四上)。ただし八説を掲げる。→補。慧遠の説は観無量寿経義疏巻末(正蔵三七ノ一八二上―中)に見える。

地前の三十心　十住・十行・十廻向の三十位をいう。

力法師　不明。

十解　十住のこと。

基師　窺基。ただし説は竜興の整理。

諸師の所判…　→補

仁王経には…　以下は懐感の釈浄土群疑論巻六(正蔵四七ノ六七中―下)の孫引き。これらは無生忍についての諸説をあげたもの。ただし占察経の文は一致しない。

忍位　→二七四頁「七方便」注

*中品《ちゅうぼん》の三生には、*遠《おん》は、「中上はこれ前の*三果《さんか》、中々はこれ*七方便《しちほうべん》、中下はこれ*解脱分《げだつぶん》の善を種ゑたる人なり」と云ひ、力《りき》法師もこれに同じ。基《き》は、「中上は四善根、中々は三賢《さんげん》、中下は方便の前の人なり」と云ひ、あるは、「次《ついで》の如く、忍《にん》・頂《ちょう》・煗《なん》なり」と云ひ、あるは、「三生は並《とも》にこれ解脱分の善根を種ゑたる人なり」と云ふ。〈已上六品にもまた*余の釈あり。感《かん》禅師の論、竜興《りゅうこう》の記等を見よ〉

下品《げぼん》の三生には別の階位なし。ただこれ具縛造悪《ぐばくぞうあく》の人なり。明《あき》らけし、往生の人はその位に限《かぎり》あることを。いづくんぞ、なほこれわれ等が分《ぶん》なりといふことを知らんや。

答ふ。上品の人は、階位たとひ深くとも、下品の三生、あに我等が分にあらざらんや。いはんや、*かの後の釈には、既に十信以前の凡夫を取りて上品の三とせるをや。また観経の*善導禅師の玄義《げんぎ》には、大小乗の方便以前の凡夫を以て九品の位に判じ、諸師の所判の深《じん》高《こう》なるを許さず。また経・論は、多くは文に依りて義を判ずるものなり。今、経に説く所の上三品の業、なんぞ必ずしも執して深位《じんい》の行とせんや。

問ふ。もししからば、かしこに生れて、早く無生法忍《むしょうぼうにん》を悟るべからず。

答ふ。天台に二の無生忍の位あり。もし*別教《べっきょう》の人ならば、歴劫《りゃくこう》に修行して無生忍を悟り、もし円教《えんぎょう》の人ならば、乃至、悪趣の身にてもまた頓証《とんしょう》する者あり。穢土《えど》にしてなほしかり、いかにいはんや浄土をや。かの土の諸事は、余処に例することなかれ。いづれの処か、一切の凡夫、いまだその位に至らずして、終《つい》に退堕《たいだ》することなく、いづれの処か、一切の凡

中品の三生… 以下の諸説は、基を除いて、釈浄土群疑論巻六(正蔵四七ノ六七中)に見えるが、おそらくは上品同様、竜興の観経記巻下によったものであろう。中品に関するものは現存の佚文中にも見当らない。

遠は 慧遠の観無量寿経義疏巻末(正蔵三七ノ一八二下)に見える。

前の三果 阿羅漢果以前の、預流・一来・不還の三果。

七方便 三賢と四善根の二を合わせた七位。このうち四善根位は煗位・頂位・忍位・世第一法位の四、三賢位は五停心観(ごじょうしんかん)位・別相念住位・総相念住位の三。小乗では、修行が進むと、仏の説いた四諦(したい)↓

九三頁「苦・集二諦」注)について観想できる段階にはいり、これを見道といって、ここから以後を聖者の位とするが、この位の直前が四善根位である。この位では、見道で得る、煩悩を焼き尽くした智慧の暖かみを感じるが、これが煗位、次いで一応功徳のたねをえた最高の段階である頂位に達し、それから功徳のたねの安定した忍位、そして世俗としては最高の功徳のたねを得る世第一法位に至る。つぎに四善根位の前段階の三賢位では、身体の不浄を観ずる不浄観、慈悲の心を起こす慈悲観、一切は因縁より生ずると観ずる因縁観、一切の主観・客観の構成要素は地水火風識の結合に外ならないと観ずる

夫、悉く五神通を得て、妙用無碍《みょうゆうむげ》ならんや。証果《しょうか》の遅速、例してまた然るべし。

問ふ。上品生の人の、得益《とくやく》の早晩《そうばん》は一向《いっこう》にしかるや。

答ふ。経の中には且《しばら》く一類を挙げしのみ。故に*慧遠和尚《えおんかしょう》の観経義記に云く、

九品の人の、かの国に生れ已りて、益を得る劫数《こうしゅ》は、勝《すぐ》れたるものに依りて説きしなり。理はまたこれに過ぎたる者あるべし。

と。〈取意〉今謂く、汎《ひろ》く九品を論ぜば、或はまた少分はこれより速かなる者あるべし。

問ふ。*双観経の中にもまた弥勒《みろく》等の如きもろもろの大菩薩ありて、当《まさ》に極楽に生ずべしといへり。故に知んぬ、経の中の九品の得益は劣れるものに依りて説けることを。なんぞ、「勝れたるものに依りて」と言へるや。

答ふ。かの国に生れて始めて無生《むしょう》を悟る、前後・早晩に約して、これを「勝れたるものに依りて」と謂ひしなり。更にかの上位《じょうい》の大士《だいじ》を論ずるにあらず。しかれども、*かの大士を九品の中に摂すると摂せざるとは、別に思択《しちゃく》すべし。

問ふ。もし凡下の輩もまた往生することを得ば、いかんぞ、近代、かの国土を求むる者は千万なるに、得たるものは一二もなきや。

答ふ。*綽和尚《しゃくかしょう》の云く、

信心深からず、もしは存し、もしは亡《もう》するが故に。信心一ならず、決定《けつじょう》せざるが故に。信心相続せず、余《よ》念《ねん》間《へだ》つるが故に。この三、相応せざれば、往生することあたはず。もし三心《さんしん》を具《ぐ》して往生せずといはば、この処《ことわり》あることなし。

界分別観、呼吸を数えて心を鎮める数息(すそく)観の五つの停心観を行ない、つぎに四念処(→一六七頁注)を観想する別相念住にはいり、最後にこれらを総括して非常・苦・空・非我と観ずる総相念住にはいる。

解脱分　三賢で修める善根。

余の釈　→補

かの後の釈　前掲の上品の最後の説。

善導禅師の玄義　観無量寿経疏巻一、玄義分(正蔵三七ノ二四七下—二四九中)。→補

別教…　天台宗では、仏の教えを内容上から蔵・通・別・円の四教に整理し、化法(けほう)の四教と呼ぶ。このうち円教はもっとも完全円満な、仏のさとりそのままの教えで、法華経に示されるもの、別教は声聞・縁覚の二乗とは別の、菩薩のための教えで、他の三教とも異なり、またすべてを差別の面からながめる教えである。前者ではさとりは直ちに得られるから頓証あるいは直道(じきどう)、後者は長い時を経るから歴劫と区別される。

慧遠和尚の　観無量寿経義疏巻末(正蔵三七ノ一八二上—中)の取意。

双観経　無量寿経巻下(正蔵一二ノ二七八中—下)。

かの大士…　上位の菩薩の扱いについては異論がある。→補

綽和尚の…　安楽集巻上(正蔵四七ノ一二上—中)。

と。*導和尚の云く、

もし能く上の如く念々相続して畢命《ひつみょうご》を期とする者は、十は即ち十ながら生じ、百は即ち百ながら生ず。もし専を捨てて雑業《ぞうごう》を修《しゅ》せんとする者は、百は時に希《まれ》に一二を得、千は時に希に三五を得。

と。〈「上の如く」と言ふは、*礼・讃等の五念門と、至誠《しじょう》等の*三心と、長時《じょうじ》等の*四修《しし ゅ》を指すなり〉

問ふ。もし必ず畢命《ひつみょう》を期《ご》となすとせば、いかんぞ、*感和尚は、「長時も短時も、多修も少修も、皆往生を得」と云へるや。

答ふ。*業類《ごうるい》は一にあらず。故に二師倶《とも》に過《とが》なし。しかれども、畢命を期となし、勤修《ごんしゅ》して怠ることなくは、業をして決定せしむるにはこれを張本《ちょうほん》となす。

問ふ。*菩薩処胎経《しょたいぎょう》の第二に説かく、

西方に、この閻浮提《えんぶだい》を去ること十二億那由他《なゆた》に*懈慢界《けまんがい》あり。国土快楽《けらく》にして、*倡・伎《しょうぎ》楽《がく》を作す。衣被《えひ》・服飾《ふくじき》・香花《こうげ》もて荘厳《しょうごん》せり。七宝の転開する床《ゆか》ありて、目を挙げて東を視《み》んとすれば、宝床《ほうしょう》随ひて転じ、北を視、西を視、南を視るもまたかくの如く転ず。前後して意《こころ》を発《おこ》せる衆生の、阿弥陀仏の国に生れんと欲する者も皆深く懈慢国土に著《じゃく》して、前《さき》に進んで、阿弥陀仏の国に生るることあたはず。億千万の衆に、時に一人ありて能く阿弥陀仏の国に生る。

と。〈已上〉この経を以て准ずるに、生るることを得べきこと難《かた》からん。

答ふ。*群疑論に、善導和尚の前《さき》の文を引いて、この難を釈し、また自ら助成《じょじょう》して云く、

導和尚の…　往生礼讃偈(正蔵四七ノ四三九中)。またこの後には、「ただ意を専らにして作さしむれば、十は即ち十ながら生ず。雑を修するは、至心ならざれば、千が中に一もなし」(同四七ノ四三九下)とも説いている。

礼・讃等の…　これは往生礼讃偈のはじめに、安心・起行・作業の三にふれて、浄土論の五念門、観無量寿経の三心、および長時修等の四修があげられたことを示したもの。

三心　↓一四六頁一八行以下

四修　念仏の四種の仕方。長時間にわたって念仏する長時修(じょうじしゅ)、休まず念仏に励む無間修(むけんしゅ)、恭しみ敬う心で念仏する恭敬修(くぎょうしゅ)、残りなく完全に念仏を修める無余修の四。↓一四三―五頁

感和尚は…　釈浄土群疑論巻一(正蔵四七ノ三六下)。

業類　修行の種類。

菩薩処胎経　菩薩処胎経巻三(正蔵一二ノ一〇二八上)。巻三を「第二」と誤っているのは、これが釈浄土群疑論巻四(正蔵四七ノ五〇下)からの孫引きであることを示す。

懈慢界　胎生・辺地などさまざまにいう。極楽のはずれとも、極楽の途中ともいう。↓二六五頁「胎生の者」注

倡・伎楽　歌と音楽。

群疑論に　釈浄土群疑論巻四(正蔵

*この経の下の文に言く、「何を以ての故に。皆懈慢《けまん》にして、執心牢固《しゅうしんろうこ》ならざるに由る」と。ここに知んぬ、雑修《ぞうしゅ》の者は執心不牢《ふろう》の人となすことを。故に懈慢国に生るるなり。もし雑修せずして、専らこの業を行ぜば、これ即ち執心牢固にして、定んで極楽国に生れん。〈乃至〉また報の浄土に生るる者は極めて少く、化の浄土の中に生るる者は少からず。故に経には別に説けり。実には相違せざるなり。

と。〈已上〉

問ふ。たとひ三心を具せずといへども、畢命《ひつみょう》を期《ご》せずといへども、*かの一たび名を聞くすらなほ成仏することを得といふ。いはんや暫くも称念する、なんぞ*唐捐《とうえん》ならんや。

答ふ。暫くは唐捐なるに似たれども、終《つい》には虚設《こせつ》にあらず。*華厳の偈に、経を聞ける者の、転生《てんしょう》の時の益《やく》を説いて云ふが如し。

もし人、聞くに*堪任《かんにん》せるものは　大海　及び劫尽《こうじん》の火の中にありといへども　必ずこの経を聞くことを得ん

と。〈「大海」とは、これ竜界なり〉*釈《しゃく》に云く、

余の業《ごう》に由るが故にかの難処《なんじょ》に生れ、前《さき》の信に由るが故にこの*根器《こんき》を成ず。

と云々。華厳を信ずる者にして、既にかくの如し。念仏を信ぜん者、あにこの益なからんや。かの一生に悪業を作れるもの、臨終に善友に遇ひ、纔《わず》かに十たび念仏して、即ち往生することを得。かくの如き等の類《たぐい》、多くはこれ前世に、浄土を欣求《ごんぐ》してかの仏を念ぜし者の、宿善《しゅくぜん》内に熟して今開発《かいほつ》するのみ。故に*十疑に云く、

四七ノ五〇下—五一上)。

この経の…　菩薩処胎経巻三(正蔵一二ノ一〇二八上)。

かの一たび…　この言葉に直接該当するものはないが、たとえば無量寿経巻下には、「名を聞いて往生せんと欲はば　皆悉くかの国に到る」(正蔵一二ノ二七三上)という。また往生礼讃偈には「弥陀の智願海は　深広にして涯底なし　名を聞いて往生せんと欲はば　皆悉くかの国に到る」(同四七ノ四四一上)、「たとひ大千に満てらん火にも　直に過ぎて仏の名を聞き　名を聞いて歓喜し讃ふれば　皆当にかしこに生るることを得べし」(同四七ノ四四一下)とうたわれている。

唐捐　むなしいこと。

華厳の偈　華厳経(六十巻本)巻二三(正蔵九ノ五四四上)。

堪任　たえること。

釈に　法蔵の華厳経探玄記巻一〇(正蔵三五ノ二九四下)の取意。

根器　根は教えを受けるものとしての性質、器はよく物に堪える能力。

十疑に　智顗の浄土十疑論(正蔵四七ノ七九下—八〇上)。

臨終に善知識《ぜんぢしき》に遇ひて十念成就する者は、並《みな》これ宿善《しゆくぜん》強く、善知識を得て十念成就するなり。

と云々。*感師の意もまたこれに同じ。

問ふ。下々品《げげぼん》の生《しよう》、もし宿善に依らば、*十念生《じゆうねんしよう》の本願は即ち有名《うみよう》無実ならん。

答ふ。たとひ宿善ありとも、もし十念することなくは、定んで無間《むけん》に堕ち、苦を受くること窮《きわま》りなからん。明《あき》らけし、臨終の十念はこれ往生の勝縁なり。

第三に、*往生の多少とは、*双観経に云く、

仏、弥勒《みろく》に告げたまはく、「この世界に於て、六十七億の不退《ふたい》の菩薩ありて、かの国に往生せん。一々の菩薩は、已に曾《かつ》て無数《むしゆ》の諸仏を供養し、*次《つい》で弥勒の如し。もろもろの*小行《しようぎよう》の菩薩、及び少功徳を修する者、称計《しようげ》すべからず。皆当《まさ》に往生すべし。他方の仏土も亦またかくの如し。その遠照《おんしよう》仏の国の百八十億の菩薩、宝蔵仏の国の九十億の菩薩、無量音仏の国の二百廾億の菩薩、甘露味仏の国の二百五十億の菩薩、竜勝仏の国の十四億の菩薩、勝力《しようりき》仏の国の万四千の菩薩、師子《しし》仏の国の五百の菩薩、離垢光《りくこう》仏の国の八十億の菩薩、徳首仏の国の六十億の菩薩、妙徳山《みようとくせん》仏の国の六十億の菩薩、人王《にんのう》仏の国の十億の菩薩、無上花《むじようけ》仏の国の無数不可称計《むしゆふかしようげ》の不退のもろもろの菩薩は、智慧勇猛《ゆうみよう》にして、已に曾て無量の諸仏を供養し、七日の中に於て、即ち能く百千億劫の大士《だいじ》の修する所の、堅固の法を摂取《せつしゆ》せり。無畏仏の国の七百九十億の大菩薩衆と、

感師の意　直接、これを説いたものは見当らないが、釈浄土群疑論巻三(正蔵四七ノ四九下—五〇上)などが注目される。

十念生の本願　第十八願。この表現は注意されるもの。

往生の多少　極楽に生まれる人の数の多少。

双観経　無量寿経巻下(正蔵一二ノ二七八中—下)の略抄。

次で弥勒…　この菩薩たちは、弥勒につぐものといえよう。

小行の菩薩　往生要集義記巻八に義寂の説を引いて、十信の菩薩という(浄全一五ノ三五一下)。

問ふ…　この問いは、先の無量寿経の「小行の菩薩、及び少功徳を修する者」との関係において、懐感が釈浄土群疑論巻七で問題にしたもの

もろもろの小菩薩及び比丘等は、称計すべからず。皆当に往生すべし。ただこの十四の仏国の中のもろもろの菩薩等の、往生すべきのみにあらず。十方世界の無量の仏国より、その往生の者も亦またかくの如く、甚だ多く無数なり。我、ただ十方諸仏の名《みよう》号《ごう》、及び菩薩と比丘のかの国に生ぜん者を説かんに、昼夜一劫すともなほいまだ竟《おわ》ることあたはず」と。

と。〈已上、略抄〉このもろもろの仏土の中に、今娑婆《しゃば》世界に少善を修して、当に往生すべき者あり。我等、幸《さいわい》に釈尊の遺法《ゆいほう》に遇ひたてまつり、億劫の時に一たび少善往生の流《ながれ》に預《あずか》れり。応に務めて勤修すべし。時を失ふことなかれ。

*問ふ。もし少善根もまた往生することを得ば、いかんぞ*経に、「少善根・福徳の因縁を以て、かの国に生るることを得べからず」と云へるや。

答ふ。これには*異解《いげ》あるも、繁《しげ》く出すことあたはず。今私《わたくし》に案じて云く、大小は定めなし、相待《あいたい》して名を得。大菩薩に望むればこれを少善と名づけんも、輪廻の業《ごう》に望むればこれを名づけて大となす。この故に、*二経の義、違ひ害《そこな》はず。

第四に、*尋常の念相を明さば、これに多種あり。大いに分ちて*四となす。一には定業《じょうごう》。謂く、坐禅入定《にゅうじょう》して仏を観ずるなり。二には散業《さんごう》。謂く、行住坐臥に、散心にして念仏するなり。三には有《う》相業《そうごう》。謂く、或は相好《そうごう》を観じ、或は名号《みょうごう》を念じて、偏《ひとえ》に穢土《えど》を厭ひ、専ら浄土を求むるなり。四には*無《む》相業《そうごう》。謂く、仏を称念し浄土を欣求《ごんぐ》すといへども、しか

(正蔵四七ノ七〇上)を参照したもの。

経に 阿弥陀経(正蔵一二ノ三四七中)。

異解 窺基は西方要決釈疑通規にこれを論じて、阿弥陀経の「少善」は、「弥陀の浄土を聞き、意を発して生れんと願ふといへども、進退いまだ恒(つね)ならず、心決定せざれば、少善となして、浄土に生れずと判ず」(正蔵四七ノ一〇七中)といい、過去の宿善の少ないものとし、懐感は釈浄土群疑論巻七に、無量寿経のいう「少」は念仏の数の少ないこと、阿弥陀経のそれは用(はたらき)の少ないことをいうと説明し、齟齬はない(同四七ノ七〇上—中)とする。また智顗は阿弥陀経義記に、阿弥陀経の「少善」を「心を用」いることが薄いという意に解し(同三七ノ三〇七上)、迦才の浄土論巻中には「少善根とはこれ空しく願を発す」(同四七ノ九三上)と取っている。ちなみにこの問題については、阿弥陀経略記(仏全三一ノ二四五下)ではなにも触れない。

二経 無量寿経と阿弥陀経。

尋常の念相 平生の念仏のありさま。

四となす この整理は源信の一つの特色をなすもの。

無相業 以下の無相業の説明には、大文第四の観察門や、大文第六の常行三昧の項が想起される。とくに、一三二—三頁参照。

も身土は即ち*畢竟空《ひっきょうくう》にして、幻の如く夢の如く、体《たい》に即して空《くう》なり、空なりといへども、しかも有《う》なり、有にあらず空にあらずと観じて、この無二に通達し、真に第一義に入るなり。これを無相業と名づく。これ最上の三昧なり。故に*双観経に、阿弥陀仏は、

諸法の性《しょう》は　一切空・無我なりと通達《つうだつ》すれども　専ら浄き仏土を求め　必ずかくの如き刹《くに》を成ぜん

と言へるなり。また*止観の常行三昧《じょうぎょうざんまい》の中に三段の文あり。具さには*上の別行《べつぎょう》の中に引くが如し。

問ふ。*定《じょう》・散《さん》の念仏は倶に往生するや。

答ふ。慇重《おんじゅう》の心もて念ずれば往生せずといふことなし。故に感師《かんし》、念仏の差別を説いて云く、

*或は深く或は浅く、定《じょう》に通じ散《さん》に通ず。定は即ち*凡夫《ぼんぶ》より十地に終る。*善財童子《ぜんざいどうじ》の、*功徳雲比丘の所に於て念仏三昧を請《う》け学びしが如し。これ即ち甚深《じんじん》の法なり。散は即ち一切衆生の、もしは行《ぎょう》もしは坐《ざ》、一切の時処に皆念仏することを得て、諸務《しょむ》を妨げず。乃至、命終にもまたその行を成ず。

と。〈已上〉

問ふ。有相《うそう》と無相《むそう》との業《ごう》は、倶に往生することを得るや。

答ふ。綽和尚《しゃくかしょう》の云く、

*もし始学の者ならば、いまだ相《そう》を破することあたはざるも、ただ能く相に依りて専至《せんし》

畢竟空…　究極において空であり、幻か夢のように、あるままのすがたにおいてそのまま空であるが、空といっても、しかもあるのだから、あるのでもなく、空なのでもないと観察し、この二つの否定を体認して、勝れた真実の道理をさとる。

双観経に　無量寿経巻下(正蔵一二ノ二七三上)。

止観の…　摩訶止観巻二上(正蔵四六ノ一二上以下)に説く常行三昧の項。

上の別行　大文第六、尋常の別行の項。→二〇二頁一八行—四頁七行

定・散の念仏　心静かに三昧にはいって行なう念仏と、平生の心のままの念仏。

或は深く…　釈浄土群疑論巻五(正蔵四七ノ五九下—六〇上)の略抄。

凡夫より…　十信位から十地まで。

善財童子　→一〇八頁注

功徳雲比丘　文殊菩薩のもとを去って、善財童子が最初に訪れた比丘の名。ここでかれは二十五種の念仏三昧を受得した。

もし始学の…　安楽集巻上(正蔵四七ノ一一中)。

せば往生せずといふことなし。疑ふべからざるなり。

と。また感和尚の云く、

*往生に既に*品類《ほんるい》ありて差殊《しゃしゅ》なれば、修因にもまた浅深ありて、おのおの別なり。ただし、ただ*無所得《むしょとく》を修するもののみ往生することを得るも、有所得《うしょとく》の心にては生るることを得ずとは言ふべからざるなり。

と。

問ふ。もししからば、いかんぞ、仏蔵経には、

*もし比丘ありて、余の比丘を教へて、「汝、当に*仏《ぶつ》を念じ、法《ほう》を念じ、僧《そう》を念じ、戒《かい》を念じ、施《せ》を念じ、天《てん》を念ずべし。かくの如き等の思惟《しゆい》もて、*涅槃の安楽・寂滅《じゃくめつ》なるを観じ、ただ涅槃の畢竟清浄なるを愛せよ」と。かくの如く教ふる者を名づけて邪教《じゃきょう》となし、悪知識《あくちしき》と名づく。この人を名づけて、我を誹謗し外道《げどう》を助くとなす。かくの如き悪人には、我乃ち一飲の水をも受くることを聴《ゆる》さず。

と説き、また、

*むしろ五逆重悪《ごぎゃくじゅうあく》を成就すとも、*我見《がけん》・衆生見《しゅじょう》・寿見《じゅ》・命見《みょう》・*陰入界見《おんにゅうかい》等をば成就せざれ。

と言へるや。〈已上、略抄〉

答ふ。感師の釈して云く、

*聖教ありてまた言く、「むしろ我見を起すこと須弥山の如くすとも、*空見《くうけん》を起すこと

往生に：　釈浄土群疑論巻一(正蔵四七ノ三六下)。

品類…　浄土に生まれた位や種類にいくらか違いがある。

無所得　つぎの有所得に対する。絶対平等の理に暗いため、ものの差別に執するのが有所得。理をさとって差別を超え、執われを去るものが無所得。

もし比丘ありて…　仏蔵経巻上(正蔵一五ノ七八四中)の略抄。ただし釈浄土群疑論巻五(同四七ノ五六下)の孫引き。

仏を念じ…　いわゆる六念。はじめ三つは三宝を念ずるもの、あとの三つは戒律と布施と天界を念ずるもの。

涅槃の安楽…　涅槃を心安らかな、迷いからの離脱であると観じ、涅槃のもつ究極的な清浄に心を寄せる。

むしろ…　仏蔵経巻上(正蔵一五ノ七八四下)、釈浄土群疑論巻五(同四七ノ五六下)。

我見…　→一〇一頁注。衆生見は実体としての生きものを考える考え方、寿見・命見は生命を個体として捉える、とらわれた考え方。

陰入界見　→一三三頁「陰入界」注

聖教あり…　浄釈土群疑論巻五(正蔵四七ノ五七上―中)の略抄。この聖教の文は無上依経巻上(同一六ノ四七一中)の取意略抄。

空見　空というものがあるとする謬見。

ある経　大方等大集経賢護分（正蔵一三ノ八七六中）の略抄。なお釈浄土群疑論巻七（同四七ノ七四上）に「賢護経第一巻に準ずるに」としてこの一部を再出している。

空三昧　一切の空であることを観ずる三昧。空解脱門ともいう。三解脱門の一。

観仏三昧経　観仏三昧海経巻九（正蔵一五ノ六八七下）。

三昧解脱　三解脱門に同じ。空・無相・無作の三。

故に…　懐感の考えでは、空三昧をうるのは法身を観ずる念仏三昧であるとされる（正蔵四七ノ七四上）。

問ふ…　無量寿経巻下の三輩の文はともに念仏を説くが、観無量寿経の上・中の二品には念仏を説かないで、ただ下品に至って説くだけであるから、その意を問うたもの。

経・論に　たとえば、般舟三昧経巻上に「当にかの方の仏を念ずべし。…もしは一昼夜、もしは七日七夜、七日を過ぎて以後、阿弥陀仏を見る」（正蔵一三ノ九〇五上）、華厳経（六十巻本）巻七に「念仏三昧は必ず仏を見る」（同九ノ四三七中）、大智度論巻九に「一心に念仏して信浄く

芥子許《けしばか》りの如くもせざれ」と。かくの如き等のもろもろの大乗経には、有《う》を訶《か》し空《くう》を訶し、大を讃め小を讃むること、並《みな》乃ち機《き》に逗《とど》まりて同じからざるなり。また*ある経に言く、「今、阿弥陀如来・応・正等覚は、具にかくの如き卅二相・八十随形好あり。身色《しんしき》・光明は聚金《じゅこん》の融《と》けたるが如し。かくの如くして、乃至、かの如来を念ぜず、またかの如来を得ざれ。已にかくの如くして次第に*空三昧《くうさんまい》を得ん」と。また*観仏三昧経に云く、「如来にまた法身《ほっしん》・十力《じゅうりき》・無畏《むい》・*三昧解脱《さんまいげだつ》のもろもろの神通の事あり。かくの如き妙処は、汝凡夫《なんじぼんぶ》の覚する所の境界にあらず。ただ当《まさ》に深き心に随喜の想《おもい》を起すべし。この想を起し已らば、当にまた念《おもい》を繋《か》けて仏の功徳を念ずべし」と。故に知んぬ、初学の輩《やから》はかの色身《しきしん》を観じ、後学《ごがく》の徒《ともがら》は法身《ほっしん》を念ずるなりと。*故に、「かくの如くして次第に空三昧を得ん」と言へり。当にすべからく善く経の意を会《え》して、毀讃《きさん》の心を生ずることなかれ。妙《よ》く知る、大聖は巧みに根機に逗《とど》まりたまふものなることを。と。〈已上は、観仏経の第九に、仏の一毛を観じて、乃至、具足《ぐそく》の色身を観ずることを説き已りて、引く所の十力・無畏・三昧等の文にあり〉

*問ふ。念仏の行は、九品の中に於て、これいづれの品の摂《しょう》なるや。

答ふ。もし説の如く行ぜば、理《り》として上々に当れり。かくの如く、その勝劣に随ひて、応《まさ》に九品を分つべし。しかれども経に説く所の九品の行業《ぎょうごう》は、これ一端を示せるのみ。理、実には無量なり。

問ふ。もし定《じょう》・散倶《さんとも》に往生することを得とせば、また現身《げんしん》に倶に仏を見たてまつるとせ

んや。
答ふ。経*・論に、多く、三昧成就して即ち仏を見たてまつることを得と説けば、明かに知んぬ、散業は見ることを得べからざるを。ただ別縁*をば除く。
問ふ。有相と無相との観は、倶に仏を見たてまつることを得るや。
答ふ。無相の、仏を見たてまつることは、理《り》疑はざるにあり。その有相の観も、或はまた仏を見たてまつる。故に観経*等には色相を観ずることを勧めたり。
問ふ。もし有相の観もまた仏を見たてまつるとせば、いかんぞ、華厳経の偈には、

*凡夫の諸法を見るは　ただ相に随ひて転じ　法の無相を了《さと》らず　これを以て仏を見たてまつらざるなり　見ることあれば則ち*垢《く》となる　これ則ちいまだ見るとなさず　諸見を遠離して　かくの如くして乃ち仏を見たてまつる

と云ひ、また、

*一切法を　自性《じしよう》ある所なしと了知して　かくの如く法性《ほつしよう》を解《さと》れば　即ち*盧《る》遮那《しやな》を見たてまつる

と云ひ、金剛経*には、

もし色《しき》を以て我《が》を見《み》　音声《おんじよう》を以て我を求めば　この人は邪道を行じて　如来を見たてまつることあたはず

と云へるや。
答ふ。要決*に通じて云く、

疑はざれば、必ず仏を見るを得ん」(同二五ノ一二七上)などがある。また善導の観念法門には、見仏増上縁の項を設けて、経文を掲げている(同四七ノ二五下—二七上)。その他、浄土論巻中(同四七ノ九三上—中)など。

別縁　別に条件があれば。たとえば観無量寿経には、韋提希(→二五七頁注)が空中に月を見るように、釈迦と目連・阿難を見たことを示す(正蔵一二ノ三四一中)。

観経　観無量寿経(正蔵一二ノ三四三中—下)。

凡夫の…　華厳経(八十巻本)巻一六(正蔵一〇ノ八一下・八二中)。

垢　煩悩のこと。

一切法を…　華厳経(八十巻本)巻一六(正蔵一〇ノ八二上)。

盧遮那　梵語。詳しくは毘盧遮那仏。光明遍照、遍一切処などと訳する。仏の智慧の輝きを象徴したもので、蓮華蔵世界の教主。華厳経に説く法身仏。ただし天台宗は毘盧遮那と盧遮那を区別する。

金剛経　金剛般若経(正蔵八ノ七五二上)。

要決に　西方要決釈疑通規(正蔵四七ノ一〇四中)の略抄。ここでは先の問いにある金剛経の文をまず挙げ、その経意につき疑問を出して、これを通ずるというやり方で、この文を掲げている。

*大師の説教は義に多門あり。おのおの*時機《じき》に称《かな》ひ、等しくして差異なし。*般若経は自らこれ一門にして、弥陀等の経もまた一理《り》となす。いかんとなれば、一切の諸仏には並《みな》三身ありて、*法仏《ほうぶつ》には形体《ぎょうたい》なく色《しき》・声《しょう》もなし。良《まこと》に二乗及び小菩薩の、三身は異らずと説くを聞いて、即ち同じく色・声ありと謂《おも》ひ、ただ化身の色相《しきそう》のみを見て、遂に法身もまたしかりと執するが為なり。故に説いて邪となす。弥陀経等に、仏の名を念じ、相を観じて、浄土に生るることを求めよと勧むるは、ただ凡夫は障《さわり》重きを以て、法身の幽微《ゆうび》にして、*法体《ほったい》の縁じ難ければ、且《しばら》く仏を念じ、形《かたち》を観じて、礼讃《らいさん》せよと教へたるのみ。

と〈略抄〉。

問ふ。凡夫の行者は、勤めて修習《しゅじゅう》すといへども心《こころ》純浄ならず。なんぞ輒《たやす》く仏を見たてまつらん。

答ふ。衆縁合《しゅえんがっ》して見たてまつるなり。ただ自力《じりき》のみにはあらず。*般舟《はんじゅ》経に三縁あり。*上の九十日の行《ぎょう》に引きし所の止観の文の如し。

問ふ。幾《いく》ばくの因縁を以てか、かの国に生るることを得る。

答ふ。*経に依りてこれを案ずるに、四の因縁を具す。一には自らの善根の因力、二には自らの願求の因力、三には弥陀の本願の縁、四には衆聖の助念の縁なり。〈釈迦の護助《ごじょ》は*平等《びょうどう》覚《かく》経に出で、六方《ろっぽう》の仏の護念は*小経に出で、山海慧菩薩等の護持は*十往生経に出でたりと云々〉

大師　釈迦仏のこと。

時機　時とひと(説法の対象)。

般若経は…　般若経は空を説くから、阿弥陀仏の存在を実在と捉えないが、阿弥陀経などでは西方極楽で現にいま説法していると説く。

法仏には…　法身には形や体がなく、色も声もない。

法体…　真如そのものとしての法身を心のはたらきの対象にすえることはむつかしい。

般舟経に三縁　般舟三昧経(一巻本)(正蔵一三ノ八九九中)、同(三巻本)巻上(同一三ノ九〇五下)に説く。

上の…　大文第六の第一(二〇〇頁)参照。

経に依りて　迦才の浄土論巻上に往生の因を論じて、無量寿経・無量清浄平等覚経・阿弥陀鼓音声王経・観経・阿弥陀経・大集経・往生論・十住毘婆沙論等の文を掲げる(正蔵四七ノ八八中—八九上)。

平等覚経　無量清浄平等覚経巻三(正蔵一二ノ二九三上)。

小経に　阿弥陀経(正蔵一二ノ三四七中—三四八上)。

十往生経に　十往生阿弥陀仏国経(続蔵一ノ八七ノ二九二左下—二九三右上)。

臨終の念相　臨終のときの念仏のありさま。
十念　十念とは本来、十遍の念仏という意であるが、そう捉えただけでよいか、という問題がある。
綽和尚の…　安楽集巻上(正蔵四七ノ一一上)。ただし道綽の説は、曇鸞の往生論註巻上(同四〇ノ八三四下)に負うたものである。
聖者の…　聖者は阿弥陀仏を指し、仏の心に浮んだ数のただ一種だけ、その名を示したものに過ぎない、という意であろう。
業道成弁　往生の因が完成して、往生が決定的になること。
頭数　念仏の遍数。
聖教　釈迦仏や祖師等の教え、またはそれを記したもの。
あるが云く　これは千観を指すと見られる。かれは十願発心記(西教寺蔵、一三左以下)にこの説を掲げ、ついで弥勒所問経をあげて、これについて設問し、義寂の説などをあげて答えとしているもので、その点、以下の叙述と一致する。ただしもとは義寂にすでに説かれているもの。
↓補
弥勒所問経　大文第九の第一(二五五頁)参照。
寂法師の…　無量寿経述義記巻中(西教寺蔵。安養集巻二ノ二五右)。
かくの如き十　弥勒所問経の慈心・悲心等の十心。

第五に、*臨終の念相を明さば、問ふ、下々品の人も、臨終に十念せば即ち往生することを得といふ。言ふ所の*十念とは何等の念ぞや。

答ふ。*綽和尚の云く、

ただ阿弥陀仏を憶念して、もしは惣相《そうそう》、もしは別相《べっそう》、所縁《しょえん》に随ひて観じ、十念を逕《へ》て、他の念想《ねんそう》の間雑《けんぞう》することなきを、これを十念と名づく。また十念相続と云ふは、これ*聖者《しょうじゃ》の一の数の名のみ。ただ能く念《おもい》を積み、思《おもい》を凝《こら》して、他事を縁ぜざれば、便ち*業《ごう》道成弁《どうじょうべん》す。またいまだ労《わずら》はしくこれが*頭数《ずじゅ》を記《しる》さざるなり。また云く、もし久行《くぎょう》の人の念ならば、多くこれに依るべきも、もし始行《しぎょう》の人の念は、数を記すもまた好《よ》し。これまた*聖教《しょうぎょう》に依る。

と〈已上〉。*あるが云く、

一心に南無阿弥陀仏と称念する、この六字を逕るの頃《あいだ》を一念と名づくるなり。

と云々。

問ふ。*弥勒所問経《みろくしょもんきょう》の十念往生は、かの一々の念、深広なり。いかんぞ、今十声の念仏もて往生することを得といふや。

答ふ。諸師の釈する所、同じからず。*寂《じゃく》法師の云く、

これ、専心に仏の名を称する時、自然《じねん》に*かくの如き十を具足すと説くなり。必ずしも一々、別に慈《じ》等を縁ずるにはあらず。またかの慈等を数へて十とせるにもあらず。いかんぞ、別に縁ぜざるに、しかも十を具足するとならば、戒を受けんと欲して三帰《さんき》を

称ふる時、*別に離殺《りせつ》等の事を縁《えん》ぜずといへども、しかも能く具さに離殺等の戒を得るが如し。当に知るべし、この中の道理もまたしかり。また十念を具足して南無阿弥陀仏と称すべしといふは、能く慈等の十念を具足して南無仏と称ふることを謂ふなり。もし能くかくの如くならば、称念する所に随ひて、もしは一称、もしは多称、皆往生することを得。

と。感法師の云く、

*おのおの、これ聖教にして、互に往生浄土の法門を説き、皆*浄業《じょうごう》を成ず。何に因りてか、かれを将《もち》て是《ぜ》となし、これを斥けて非《ひ》と言はん。ただ自《みずか》ら経《きょう》を解《さと》らず、また乃ちもろもろの学者を惑はすなり。

と。*迦才《かざい》師の云く、

*この十念は、現在の時に作すなり。*観経の中の十念は、命終の時に臨んで作すなり。

と。〈已上〉意は感師に同じ。

問ふ。*双観経には、「乃至一念せば往生することを得」と云ふ。これと十念と、いかんが*乖角《けかく》するや。

答ふ。感師の云く、

*極悪業《ごくあくごう》の者は十を満《みた》して生ずることを得《え》、余の者は、乃至一念にてもまた生る。

と。

*問ふ。生れてよりこのかた、もろもろの悪を作りて一善をも修せざる者、命終の時に臨

別に離殺等…　別に改めて殺生などを禁ずる五戒・十戒などを誓わなくても、誓ったことになる。

おのおの…　釈浄土群疑論巻五(正蔵四七ノ六一中)。

浄業　浄土に生まれるための行為。

迦才師の　浄土論巻中(正蔵四七ノ九三下)。

この十念　迦才がこの十念と指したものは、発覚浄心経(正蔵一二所収)に説く十種発心であるが、この経は大宝積経の発勝志楽会と共に弥勒所問経の同本異訳である。遊心安楽道に「この経(発勝志楽会)は弥勒所問と同本異訳なり」(正蔵四七ノ一一五中)という。

観経の…　観無量寿経の下品下生に臨終のこととして十遍の称名念仏を説く(正蔵一二ノ三四六上)。

双観経に　無量寿経巻下、願成就文(正蔵一二ノ二七二中)および下輩文(同一二ノ二七二下)。

乖角　矛盾すること。

極悪業の…　釈浄土群疑論巻七(正蔵四七ノ七二下)の取意。ちなみに懐感の設問では、無量寿経が、巻上で第十八願に「乃至十念」といい、巻下で「乃至一念」といっている、その違いを問題にしている(同四七ノ七二中)。

問ふ　この問いは、十疑論や安楽集によって立てられたもの。

み、纔《わず》かに十声念ずるのみにて、なんぞ能く罪を滅し、永く三界を出でて、即ち浄土に生れん。

答ふ。*那先比丘《なせんびく》問仏経に言ふが如し。

時に*弥蘭《みらん》王あり、*羅漢那先《らかんなせん》比丘に問ひて言く、「人、世間にありて悪を作り、百歳に至らんに、死の時に臨んで念仏せば、死後、天に生るといふも、我この説を信ぜず」と。また言く、「一の生命を殺さば、死して即ち*泥梨《ないり》の中に入るといふも、我また信ぜざるなり」と。比丘、王に問ふ、「もし人、小石を持ちて水中に置在《お》かば、石は浮ぶや没《しず》むや」と。王言く、「石は没むなり」と。那先言く、「もし今、百丈の大石を持ちて船の上に置在《お》くに、没むやいなや」と。王言く、「没まず」と。那先言く、「船の中の百丈の大石は、船に因りて没むことを得ざるなり。人、本《もと》の悪ありといへども、一時、仏を念ずれば、泥梨《ないり》に没まずして便ち天上に生るること、なんぞ信ぜざらんや。その小石の没むは、人の悪を作り、経法《きょうぼう》を知らずして、死後便《すなわ》ち泥梨に入るが如し。なんぞ信ぜざらんや」と。王言く、「善いかな、善いかな」と。比丘の言く、「両人倶《とも》に死して、一人は*第七の梵天に生れ、一人は*罽賓国《けいひんこく》に生るとせんに、この二人は、遠《おん》近《ごん》異《ことな》りといへども、死せしときは則ち一時に到りしが如し。一双の飛鳥ありて、一は高き樹の上に止《とま》り、一は卑《ひく》き樹の上に止らんに、両鳥一時に倶に飛ばんには、その影倶に到らんが如きのみ。愚人、悪を作れば殃《つみ》を得ること大きく、智人、悪を作るも殃《つみ》を得ること少《すくな》きが如し。焼けたる鉄の、地にあらんに、一人は焼けたりと知り、一人

那先比丘問仏経に　那先比丘経巻下（二訳ある。正蔵三二ノ七〇一下―七〇二下・七一七中―七一八上）の取意略抄。

弥蘭王　紀元前二世紀後半にインド西北部を支配したギリシア人の王ミリンダ。ギリシア名はメナンドロス。

羅漢那先比丘　羅漢は梵語、阿羅漢の略。聖者として最高位に達したもの。那先は梵語。紀元前二世紀後半のインドの仏教僧。この僧とギリシア王との対話を記録して、東洋と西洋との思想のめぐりあいを示したものが、この那先比丘経。

泥梨　梵語。泥犁とも書く。地獄のこと。

第七の梵天　欲界の六天（六欲天ともいう）の上が色界四禅天で、その第一初禅天に梵衆天・梵輔天・大梵天の三天がある。この地上より数えて第七番目になる。

罽賓　西北インド、カシュミールのこと。しかし古くはガンダーラを指したといい、唐の中期以後はカブール（アフガニスタン）地方を指したという。

は知らずして、両人倶に取らば、しかも知らざる者は手爛《ただ》るること大きく、知れる者は少《すこ》しく壊《やぶ》れんが如し。悪を作るもまたしかり。愚者は、自《みずか》ら悔ゆることあたはざるが故に殃を得ること大きく、智者は、悪を作りて不当なるを知るが故に、日に自ら悔ゆることをなす。故にその罪少《すくな》し」と。

と。〈已上〉 十念にもろもろの罪を滅し、仏の悲願の船に乗りて、須臾《しゆゆ》にして往生することを得るも、その理また然るべし。また*十疑に釈して云く、

今、三種の道理を以て校量《きようりよう》するに、軽重不定《きようじゆうふじよう》なり。時節の久近《くごん》・多少にはあらず。いかんが三とする。一には心にあり、二には縁にあり、三には決定にあり。

*心にありとは、罪を造る時は自らの*虚《こ》妄顛倒《もうてんどう》の心より生ずるも、念仏の心は、善知識に従ひて阿弥陀仏の真実功徳の名号を説くを聞く心より生ず。一は虚《こ》にして一は実《じつ》なり。あに相比《あいくら》ぶることを得んや。譬へば、万年の暗室に日光暫くも至らば、暗頓《やみにわか》に除《のぞ》こるが如し。あに、久来《くらい》の暗なればとて、滅することを肯《がえ》んぜざることあらんや。

*縁にありとは、罪を造る時は、虚妄痴暗《こもうちあん》の心の、虚妄の境界《きようがい》を縁ずる顛倒の心より生ずるも、念仏の心は、仏の清浄真実の功徳の名号を聞いて、無上菩提を縁ずる心より生ず。一は真にして一は偽なり。あに相比ぶることを得んや。譬へば、人ありて、毒の箭《や》に中《あ》てられんに、箭は深く、毒は磣《いたま》しく、肌を傷つけ、骨に致《いた》らんも、一たび*滅《めつ》除薬《じよやく》の鼓の声を聞かば、即ち毒の箭《や》除《のぞ》こるが如し。あに深き毒なるを以て、出づることを肯んぜざることあらんや。

十疑に　浄土十疑論(正蔵四七ノ八〇上)。ただしここに説く所は、曇鸞の往生論註巻上の所論の取意略抄であって、往生論註では、業道経や観経を引いて、ただ十念で三界を出ることができるなら、悪業にしばられることはないではないかと設問して、「答へて曰く、汝、五逆・十悪の繫業等を重しとなし、下々品の人の十念を以て軽しとなすと謂ひ、罪の為に牽かれてまづ地獄に堕ち、三界に繫在すべくば、今当に義を以て軽重の義を校量すべし」といい、ここに言う心・縁・決定の三を説く(正蔵四〇ノ八三四中—下)。

心にあり　心によって決められる。

虚妄顛倒　真実にそむいた、誤った考え。

縁にあり　心がはたらきかけた対象によってきまる。

滅除薬　往生論註には首楞厳三昧経巻上に、滅除薬の薬効を首楞厳三昧の名の偉力に対比していることを、割注に示している(正蔵四〇ノ八三四下)。→二九六—七頁

決定にありとは、罪を造る時は*有間心《うけんしん》・有後心《うごしん》を以てす。仏を念ずる時は無間心《むけん》・無後心を以てし、遂に即ち命を捨つるまで善心猛利《みようり》なり。ここを以て即ち生ず。譬へば、*十囲《じゆうい》の索《なわ》は千夫も制せざれども、童子剣《つるぎ》を揮《ふる》はば須臾に両段するが如し。また千年の積草も、大豆ばかりの火を以てこれを焚《や》かば、時に即ち尽くるが如し。また人ありて、一生より已来《このかた》、十善業《じゆうぜんごう》を修《しゆ》して天に生ることを得べきに、臨終の時、一念決《けつ》定《じよう》の邪見《じやけん》を起さば、即ち阿鼻《あび》地獄に堕するが如し。悪業の虚妄なるすら猛利なるを以ての故に、なほ能く一生の善業を排《はら》ひて悪道に堕せしむ。あにいはんや、臨終に猛利の心もて念仏する、真実の無間《むけん》の善業をや。無始の悪業を排ふことあたはずして、浄土に生ることを得ずといはば、この処《ことわり》あることなけん。

と。〈已上〉また*安楽集には、七喩を以てこの義を顕《あらわ》す。

一には、少火の喩。前の如し。二には、躄《あしなえ》たる者も他の船に寄載すれば、*風帆《ふうはん》の勢《いきおい》に因り、一日にして千里に至る。三には、貧人、一の瑞物《ずいもつ》を獲て以て王に貢《たてま》つるに、王慶《よろこ》びて重《あつ》く賞《め》でて、斯須《しばらく》の頃《あいだ》に富貴となり、望を盈《み》たす。四には、*劣夫《れつぷ》も、もし*輪王《りんおう》の行《みゆき》に従はば、便ち虚空に乗じて飛騰《ひとう》すること自在なり。五には、十囲の索《なわ》の喩。前の如し。六には、*鴆鳥《ちんちよう》、水に入れば、魚《ぎよ》・*蚌《ぼう》ここに斃《たお》れて皆〔死し〕、*犀角《さいかく》もてこれに触るれば、死せる者また活《い》く。七には、*黄鵠《こうこく》、*子安《しあん》を喚《よ》ぶに、子安*また活《い》く。あに、一切の墳《つか》の下に千齢なるものも、決して甦《よみがえ》るべきことなしと言ふことを得べけんや。

有間心・有後心　有間心は他の思いがまじわる心。有後心はまだあとがあると思う心。

十囲の索…　十重二十重(とえはたえ)にいましめた縄は、千人力の勇者でもどうにもならない。

安楽集　安楽集巻上(正蔵四七ノ一〇中—下)の取意。

風帆　風を受けた帆。

劣夫…この比喩は往生論註巻下(正蔵四〇ノ八四四上)に見える。

輪王　転輪聖王のこと。

鴆鳥　一種の毒鳥。その羽を水や酒にひたして飲むと死ぬといい、その毒を鴆毒という。

蚌　どぶがい、はまぐり。

犀角　犀の角(つの)。

黄鵠　黄鶴。

子安　仙人の名。漢陽の波の上に黄鶴楼という建物があり、晋の仙人で黄子安というものが黄鶴に乗って、ここに来て遊んだという。李白の詩に「白竜は陵陽に降り　黄鶴は子安を呼べり」と詠んだものがある。

また　底本「子還」。「子」の字衍。

万法は皆*自力《じりき》・他力《たりき》、自摂《じしょう》・他摂《たしょう》ありて、千開・万閉なること無量無辺なり。あに、*有碍《うげ》の識《しき》を以て、かの無碍《むげ》の法を疑ふことを得んや。また*五の不思議の中には、仏法最も不可思議なり。あに、三界《さんがい》の*繋業《けごう》を以て重しとなし、かの少時の念法を疑ひて軽しとせんや。

と。〈已上、略抄〉

今、これに加へて云く。*一には、栴檀の樹出成《しゅつじょう》する時は、能く卌由旬《ゆじゅん》の*伊蘭《いらん》の林を変じて、普く皆香美ならしむ。二には、師子の筋《すじ》を用《もち》ひて、以て琴の絃《いと》とするに、音声《おんじょう》一たび奏すれば、一切の余の絃、悉く皆断壊《だんえ》す。三には、一斤の*石汁《しゃくじゅう》、能く千斤の銅を変じて金となす。四には、金剛《こんごう》は堅固なりといへども、*羖羊《くよう》の角を以てこれを扣《たた》けば、則ち灌《かん》然《ねん》として氷のごとく泮《と》く。〈已上は滅罪の譬〉五には、雪山《せっせん》に草あり、名づけて忍辱《にんにく》となす。牛もし食すれば、即ち*醍醐《だいご》を得。六には、*沙訶薬《さかやく》に於て、ただ見ることある者は寿《いのち》無量なることを得、乃至、念ずる者は宿命智《しゅくみょうち》を得。七には、孔雀《くじゃく》、雷の声を聞くときは即ち身《みごも》ることあることを得。八には、*尸利沙《しりしゃ》、*昴星《みょうしょう》を見れば則ち菓実《かじつ》を出生《しゅっしょう》す。〈已上は生善《しょうぜん》の譬〉九には、住水宝《じゅうすいほう》を以てその身に瓔珞《ようらく》とすれば、深き水の中に入るとも、しかも没溺《もつにゃく》せず。十には、*沙礫《しゃりゃく》は小なりといへども、なほ浮ぶことあたはず。盤石《ばんじゃく》は大なりといへども、船に寄すれば能く浮ぶ。〈已上は惣譬〉

諸法の力用《りきゆう》、思ひ難きことかくの如し。念仏の功力《くりき》も、これに准じて疑ふことなかれ。

問ふ。臨終の心念《しんねん》、その力、幾許《いくばく》なれば、能く大事を成ずるや。

自力…　自分の力か他のものの力によって、自分の力で救われるか他の力によって救われるかするものであって、救われる、救われないも種々様々で、量り知れない。
有碍の識…　煩悩にくもらされた心によって、なにものにも碍ぎられない教えを疑う。
五の不思議　大智度論巻三〇に、衆生多少(衆生の数に増減がない)、業果報(行為の果報に差が生じる)、坐禅人力(禅の力で超人的なはたらきができる)、諸竜力(竜が一滴の水で雨をふらす)、諸仏力(仏の教えでさとりがえられる)の五を説く(正蔵二五ノ二八三下)。
繋業　煩悩のきずな。
一には…　↓補
伊蘭　花は美しいが、悪臭が激しいといわれる植物。
石汁　空想的な仙薬。金水。
羖羊　羖は黒い牡羊。あるいは羚羊(りょう かもしか)か。
醍醐　牛乳を精製した最高に美味なもの。涅槃にたとえる。
沙訶薬　ヒマラヤにあるという、勝れた香りの薬。
尸利沙　梵語。合歓樹。これより香薬を製するという。
昴星　すばる星。牡牛座にある群星。
沙礫　砂と小石。

答ふ。その力、百年の業《ごう》にも勝る。故に大論*に云く、

この心は時の頃《あいだ》少しといへども、しかも心力《しんりき》猛利なること、火の如く毒の如くなれば、少しといへども能く大事を成す。これ死に垂《なん》んとする時の心、決定《けつじょう》して勇健なるが故に、百歳の行力《ぎょうりき》に勝れり。この後心《ごしん》*を名づけて大心となす。身及び*諸根を捨つる事《こと》急なるを以ての故なり。人の、陣に入りて身命《しんみょう》を惜まざるを、名づけて勇健となすが如し。阿羅漢《あらかん》の如きは、この身の著《じゃく》を捨つるが故に阿羅漢道*を得。

と。〈已上〉これに由りて、安楽集*に云く、

一切衆生は、臨終の時、刀風形《かたち》を解《と》き、死苦《しく》来り逼《せま》るに、大なる怖畏《ふい》を生じ、乃至、便ち往生を得。

と。

問ふ。深き観念《かんねん》の力の、罪を滅することは然るべし。いかんぞ、仏号を称念するに無量の罪を滅するや。もししからば、指《ゆび》を以て月を指《さ》すに、この指、応《まさ》に能く闇を破すべし。

答ふ。綽和尚、釈して云く、

*諸法は万差《まんしゃ》なり。一概《いちがい》すべからず。自《おのずか》ら*名《な》の、法《ほう》に即せるあり。自ら名の、法に異れるあり。名の、法に即せりとは、諸仏・菩薩の名号、*禁呪《ごんじゅ》の音辞、修多羅《しゅたら》の章句等の如き、これなり。禁呪の辞《ことば》に、「日出でて、東方乍《たちま》ち赤く乍ち黄なり」と曰《い》はんに、仮令《たとい》*酉亥《ゆうがい》に禁を行ふも、患《わずら》へる者また愈《い》ゆるが如し。また人ありて、狗の所嚙《しょこう》を被らんに、虎の骨を炙《あぶ》りてこれを熨《おさ》ふれば、患へる者即ち愈ゆるも、或は時に骨なくは、好

大論 大智度論巻二四(正蔵二五ノ二三八中)。

後心 最後の、臨終の時の心。

身及び… 体と様々な感覚器官など。

阿羅漢道 阿羅漢のさとり。

安楽集 安楽集巻上(正蔵四七ノ一一上)。またこの問答は安楽集によるもの。

諸法は… 安楽集巻上(正蔵四七ノ一二上)。また問いも安楽集による。

名の、法… 名称と実際のものとがぴったり一致している場合がある。

禁呪の音辞 まじないの言葉。

酉亥… 夕方に呪文を唱えても。

く掌《たなごころ》を擲《ひろ》げてこれを磨《す》り、口の中に喚《よ》びて、「虎来《きた》れ、虎来れ」と言はば、患へる者また愈ゆるが如し。或はまた人ありて、脚の*転筋《てんきん》を患はんに、*木瓜《もっか》の杖を炙《あぶ》りてこれを熨《おさ》ふれば、患へる者即ち愈ゆるも、或は木瓜なきときは、手を炙りてこれを磨り、口に「木瓜」と喚ばんに、患へる者また愈ゆるなり。名の法に異るとは、指を以て月を指すが如き、これなり。

と。〈已上〉*要決に云く、

諸仏は、*願《がん》・行《ぎょう》もてこの果名《かみょう》を成じたまへば、ただ能く号《な》を念ぜば、具さにもろもろの徳を包む。故に大善と成《な》る。

と。〈已上。かの文には、*浄名《じょうみょう》と成実《じょうじつ》との文を引けり。具さには上の助念の方法の如し〉

問ふ。もし下々品の、五逆罪を造れるも、十たび仏を念ずるに由りて往生することを得といはば、いかんぞ、*仏蔵経の第三に、

大荘厳《しょうごん》仏の滅後に、四の悪比丘ありき。*第一義・無所有《むしょう》・畢竟空《ひっきょうくう》の法を捨てて、*外道《げどう》尼揵子《にけんし》の論を貪楽《とんぎょう》せり。この人、命終りて阿鼻獄《あびごく》に堕ち、仰臥《ごうが》・伏臥、左脇臥《さきょうが》・右脇臥なること、おのおの九百万億歳、熱鉄の上に於て焼燃し*燋爛《しょうらん》して死し已り、更に*灰《け》地獄《じごく》・大灰地獄・活《かっ》地獄・黒縄《こくじょう》地獄に生れ、皆上《かみ》の如き歳数《さいじゅ》にわたり苦を受けたり。黒縄より死してまた阿鼻獄に生れたり。*かの、家《け》と出家《しゅっけ》にして親近《しんごん》せしもの、并にもろもろの檀越《だんのつ》、およそ六百四万億の人は、この四師と倶《とも》に生れ倶に死し、大地獄にありてもろもろの焼煮《しょうしょ》を受けたり。劫尽きしとき他方の地獄に転生《てんしょう》し、*劫成りてまたこ

転筋　腓(こむ)がえり。
木瓜　ぼけ。
要決に　西方要決釈疑通規(正蔵四七ノ一〇七中—下)。
願・行…　誓いと修行との結果としてその名前をえた。
浄名と…　維摩詰所説経巻下(正蔵一四ノ五五四上)と成実論巻一(同三二ノ二四二下)。大文第五の第三(一五一頁)参照。
仏蔵経の第三　仏蔵経巻中(正蔵一五ノ七九四下—七九五下)の略抄。ただし実は釈浄土群疑論巻三(同四七ノ四九中—下)の略抄、孫引き。巻中を「第三」と誤ったのもそのため。
第一義…　もっとも勝れた真実の道理(第一義)である、執われを離れた(無所得)、究極絶対の空(畢竟空)の教えを捨てて。
外道尼揵子　外道は仏教以外の異教に対する貶称。尼揵子は詳しくは尼乾陀若提子と書き、子以外は梵語の音訳、子は意訳。釈迦仏当時の六人の代表的異教徒(六師外道という)の一人、いわゆるジャイナ教の大成者。五戒を守る苦行主義をとり、これによって霊魂を解放し、涅槃に達することができると説いた。
燋爛　やけただれること。
灰地獄・大灰地獄…　八大地獄には相当するものがない。地獄の十六別処に「灰河」というのがあるが、そ

の間の地獄に生れたり。久々にして地獄を免れ人中に生れたるも、五百世のあひだ、生るるより盲《めしい》なりき。後に一切明王仏に値ひたてまつりて出家し、十万億歳、勤修精進すること頭燃《ずねん》を救《はら》ふが如くせしも、*順忍《じゅんにん》をすら得ざりき。いはんや、*道果《どうか》を得んことをや。命終りてまた阿鼻地獄に生れたり。後に於て九十九億の仏に値ひたてまつりしも、順忍をすら得ざりき。何を以ての故に。仏の、深法《じんぼう》を説きたまひしとき、この人、信ぜずして破壊《はえ》し違逆《いぎやく》し、*賢聖《げんじょう》・持戒《じかい》の比丘《びく》を破毀して、その*過悪《かあく》を出せる破法の因縁により、法として当《まさ》にしかるべきなり。

と云へるや。〈已上、略抄。「四の比丘」とは苦岸《くがん》比丘・薩和多《さつわた》比丘・将去《しょうこ》比丘・跋難陀《ばつなんだ》比丘なり〉十万億歳、頭燃を救ふが如くせしもなほ罪を滅せずして、また地獄に生れたりといふ。いかんぞ、念仏すること一声・十声して即ち罪を滅し、浄土に往生することを得んや。

答ふ。*感師、釈して云く、

念仏は、五の縁に由るが故に罪を滅す。一には、大乗の心を発《おこ》すの縁。二には、浄土を願生するの縁。小乗の人は、十方の仏のあるを信ぜざるが故に。三には、阿弥陀仏の本願の縁。四には、念仏の功徳の縁。かの比丘は、ただ*四念処観《しねんじょかん》を作すのみなるが故に。五には、仏の威力《いりき》もて*加持《かじ》したまふの縁。この故に、罪を滅して浄土に生るることを得。かの小乗の人は、しからざるが故に罪を滅することあたはず。

と。〈略抄〉

問ふ。もししからば、いかんぞ、双観経に十念往生を説いて、「*ただ五逆と、正法《しょうぼう》を誹謗《ひほう》

れを指すか。活地獄は等活地獄の略。

かの… 在家や出家で、これらのものと親しくしていた人や、これらの信者たち。檀越は布施して、出家の生活を支える信者のこと。

劫成りて 成劫のときになって。

順忍 十地のうち、四・五・六の三地。

道果 さとり。

賢聖 小乗でなら七賢・七聖。五停心・別相念住・総相念住(以上、三賢)・煗・頂・忍・世第一法(以上、四善根)が七賢。七聖は随信行・随法行・信解・見至・身証・慧解脱・倶解脱の七。大乗では三賢・十聖で、三賢は十住・十行・十廻向、十聖は十地。

過悪を… 梵網経の十重戒の第六に「自ら出家・在家の菩薩、比丘・比丘尼の罪過を説き、人を教へて罪過を説かしめ」ることを「菩薩の波羅夷(はらい)罪」として、禁じている(正蔵二四ノ一〇〇四下)。

感師… 釈浄土群疑論巻三(正蔵四七ノ五〇上)の取意略抄。群疑論の本文では五縁でなく、「五勝」という表現を用いている。

四念処観 →一六七頁「四念処」注

加持 加被(かび)、加護に同じ。

ただ五逆と… 無量寿経巻上(正蔵一二ノ二六八上)の第十八願の文。

するとをば除く」といへるや。

答ふ。*智憬《ちきょう》等の諸師の云く、

もしただ逆を造るのみならば、十念に由るが故に生るることを得。もし逆罪を造り、また法を謗りし者は、往生することを得ず。

と。*あるが云く、

五逆の*不定業《ふじょうごう》を造れるものは往生することを得るも、五逆の定業を造れるものは往生せず。

と。かくの如く*十五家の釈あり。感法師は、諸師の釈を用ひずして、自ら云く、

*もし逆を造らざる人は、念の多少を*論ぜず、一声・十声、倶に浄土に生る。もし逆を造れる人は必ず十を満《みた》すべし。一をも闕かば生れず。故に「除く」と言へるなり。

と。〈已上〉

今、試みに釈を加へば、*余処には遍く往生の種類を顕せども、本願にはただ*定生《じょうしょう》の人のみを挙げしなり。故に、「しからずは、正覚を取らじ」と云へり。*余人の十念は定んで往生することを得、逆者《ぎゃくしゃ》の一念は定んで生るることあたはず。逆の十と余の一とは、皆これ不定なり。故に、願《がん》にはただ余人の十念を挙げ、余処には、兼ねて逆の十と余の一とを取れり。この義、いまだ決せず。別して思択《しちゃく》すべし。

問ふ。逆者の十念は何が故に不定《ふじょう》なるや。

答ふ。宿善《しゅくぜん》の有無に由りて念力《ねんりき》別《こと》なるが故に。また、*臨終と尋常と、念ずる時《とき》別なるが

智憬等…　智憬の説は不明。ただしここに挙げている説は、釈浄土群疑論巻三に説く、十五家の説の第三にほぼ合する(正蔵四七ノ四三下)。

あるが云く　この説は、釈浄土群疑論巻三の、十五家の第十一に合する(正蔵四七ノ四四上)。

不定業　定業に対する。業によってその報いを受ける時期が定まっているものが定業。定まっていないものが不定業。

十五家の釈　↓補

もし逆を…　釈浄土群疑論巻三(正蔵四七ノ四四上)。

論ぜず　底本に不の字を欠く。青蓮院本により補う。

余処には　観無量寿経の九品の条を指す。

定生の人　かならず浄土に生まれるときまっている人。

余人　五逆の人に対して、それ以外の人すべてを余人と指したもの。

臨終と…　臨終の念仏はその念じる力が強いが、平生では弱い。

順生業　業の報いを受ける時期の差によって、順現業・順生業・順後業

故に。

問ふ。五逆はこれ*順生業《じゅんしょうごう》なり。報《ほう》と時《じ》と、倶に定まれり。いかんぞ滅することを得んや。

答ふ。*感師、これを釈して云く、

*九部の不了教《ふりょうきょう》の中に、もろもろの、業果《ごうか》を信ぜざる凡夫の為に、密意《みっち》により、説いて「定報《じょうほう》の業《ごう》あり」と言へり。もろもろの大乗了義教《りょうぎきょう》の中に於ては、「一切の業は悉く皆不定なり」と説く。*涅槃経の第十九巻に云ふが如し。*耆婆《ぎば》、*阿闍世《あじゃせ》王の為に、懺悔の法を説いて、「罪は滅することを得」と。また云く、「臣、仏の説を聞くに、「一の善心を修むれば百種の悪を破す」と。少《わず》かの毒薬の、能く衆生を害するが如し。小善もまたしかり。能く大悪を破す」と。また*卅一に云く、「善男子、もろもろの衆生ありて、*業縁《ごうえん》の中に於て心軽《かろ》んじて信ぜざらんには、彼を度せんが為の故にかくの如き説を作す。善男子、一切の作業《さごう》に軽あり重あり。軽重の二業にまたおのおの二あり。一には決定《けつじょう》、二には不決定なり」と。また言く、「或は重業《じゅうごう》の、軽と作し得べきものあり、或は軽業《きょうごう》の、重と作し得べきものあり。有智の人は、智慧の力を以て、能く地獄極重の業をして現世に軽く受けしむるも、愚痴《ぐち》の人は、現世の軽業を地獄に重く受く」と。阿闍世王は罪を懺悔《さんげ》し已りて地獄に入らず。*鴦掘摩羅《おうくつまら》は阿羅漢を得たり。*瑜伽論《ゆがろん》に説かく、「いまだ解脱を得ざるを、決定業と説き、已に解脱を得たるを、不定業と名づく」と。かくの如き等の、もろもろの大乗の経・論に五逆罪等を皆《みな》不定と名づけ、悉く消滅することを得と説けり。

の三を分け、順現業はその報いをこの世で受けるもの、順生業は次に生まれかわった世で受けるもの、順後業はさらにその後の、第二回目の生を受けた後およびそれ以後に受けるもの。これらは業報を受ける時期がきまっているから、定業という。

感師… 釈浄土群疑論巻五(正蔵四七ノ六〇中―下)。問いも懐感の問いを参照したもの。ただし懐感は順生業というかわりに、生報業という。

九部の不了教 九部については、九七頁「十二部経」注参照。不了教とは方便のために説かれた教えのこと。

涅槃経の第十九巻 涅槃経(北本)巻一九(正蔵一二ノ四七七下)。

耆婆 釈迦仏当時の名医。中国の名医、扁鵲(へんじゃく)と併称される。

阿闍世 父頻婆娑羅王を殺し、母韋提希夫人を幽閉したマカダ国の王。後、仏に帰依し、仏教を擁護した。

卅一に 涅槃経(北本)巻三一(正蔵一二ノ五四九下―五五〇上)。

業縁 善果・悪果を招く因縁としての行為。

鴦掘摩羅 梵語。指鬘(しまん)外道と訳する。人を殺せばさとりがえられると信じて、九百九十九人を殺して指で首飾りを作ったが、千人目に母を殺そうとして、仏の教化をうけたという。

瑜伽論 不明(正蔵三〇ノ三一九中参照)。

と。〈重きを転じて軽く受くるの相は、具さには*放鉢経《ほうはつ》に出でたり〉

問ふ。引ける所の文に云く、「智者は重きを転じて軽く受く」と。下品生の人の、ただ十念し已りて即ち浄土に生るるは、いづれの処にして軽く受くるや。

答ふ。*双観経に、かの土の胎生《たいしょう》の者を説いて云く、

五百歳の中、三宝を見たてまつらず、供養してもろもろの善本を修することを得ず。しかもこれを以て苦となし、余の楽ありといへどもなほかの処を楽《ねが》はず。

と。〈已上〉これに准ずるに、応《まさ》に*七々日・六劫・十二劫にわたり、仏を見たてまつらず、法を聞かざる等を以て、軽く苦を受くとなすべきのみ。

問ふ。為如《も》し臨終に一たび仏の名を念じて、能く八十億劫の衆罪を滅すとせば、尋常の行者もまた然るべきや。

答ふ。臨終の心は、力強ければ能く無量の罪を滅す。尋常に名を称ふるも、彼が如くなるべからず。しかれども、もし観念成《じょう》ずればまた無量の罪を滅す。もしただ名を称ふるのみならば、心の浅深《せんじん》の随《まま》にその利益を得ること、応《まさ》に差別あるべし。具さには*前の利益門の如し。

問ふ。何を以てか、浅心《せんしん》の念仏にもまた利益ありと知ることを得るや。

答ふ。*首楞厳三昧経《しゅりょうごんざんまい》に云く、

大薬王あり、名づけて滅除《めつじょ》と曰ふ。もし闘戦の時、以用《もっ》て鼓に塗るに、もろもろのもの、箭《や》に射られ刀・矛《ほこ》に傷つけられんも、鼓の声を聞くを得ば、箭出でて毒除こるが

放鉢経　放鉢経(正蔵一五ノ四四九上―四五一上)。

双観経　無量寿経巻下(正蔵一二ノ二七八中)。

七々日…　これらは下品の人を指していったもの。観無量寿経には、上生は七々日、中生は六劫、下生は十二劫の間、浄土の蓮花が開かないと説く(正蔵一二ノ三四五下―三四六上)ことをいう。

前の利益門　大文第七の第一、滅罪生善の項(二二〇―四頁)。

首楞厳三昧経　首楞厳三昧経巻上(正蔵一五ノ六三三中)。さきに、心・縁・決定の三在について、十疑論の説くところが掲げられた(↓二八八―九頁)が、このもとは曇鸞の往生論註で、この経文は、その縁について論註が説く中に掲げているところである。おそらく論註を参照した智光の無量寿論釈に負うたのではないかと推察される。

如し。かくの如く、菩薩の首楞厳三昧に住せる時、名を聞くことある者は、貪《とん》・恚《に》・痴《ち》の箭《や》、自然《じねん》に抜け出でて、もろもろの邪見の毒、皆悉く除滅し、一切の煩悩、また動発《どうはつ》せず。

と。〈已上。*諸法の真如《しんにょ》・実相《じっそう》を観見《かんけん》し、*凡夫法《ぼんぶほう》と仏法との不二を見る、これを首楞厳三昧を修習すと名づく〉菩薩既にしかり。いかにいはんや、仏をや。名を聞くこと既にしかり。いかにいはんや、念ぜんをや。応に知るべし、浅心に念ずるも利益また虚《むな》しからざるを。

第六に、*麁《そ》心《しん》の妙果《みょうか》とは、問ふ、もし菩提の為に、仏に於て善を作さば、妙果を証得すること、理《り》必ず然るべし。もし*人天《にんでん》の果《か》の為に善根を修せば、いかん。

答ふ。或は*染《ぜん》にあれ、或は浄《じょう》にあれ、仏に於て善を修せば、*遠近《おんごん》ありといへども必ず涅槃に至る。故に*大悲《だいひ》経の第三に、仏は阿難に告げて言《のたま》へり。

もし衆生ありて、*生死三有《しょうじさんう》の愛果に楽著《ぎょうじゃく》して、仏の*福田に於て善根を種ゑたらん者、かくの如きの言を作さん、「この善根を以て、願はくは我《われ》に般涅槃《はつねはん》なからんことを」と。阿難、この人を、もし涅槃せずとせば、この処《ことわり》あることなけん。阿難、この人、涅槃を楽求《ぎょうぐ》せずといへども、しかも仏の所《みもと》に於てもろもろの善根を種ゑたれば、我は説く、この人は必ず涅槃を得と。

と。

問ふ。所作《しょさ》の業《ごう》は願の随《まま》に果を感ず。なんぞ、*世報《せほう》を楽《ねが》ひて出世《しゅつせ》の果を得るや。

諸法の真如・実相　一切のものの、真実のありのままのすがた。

凡夫法と仏法…　愚かなもののいうことも、仏の説く教えも、本来同じで、異なったものではないと見る。

麁心の妙果　粗雑な心で行なう念仏の、勝れた果報。

人天の果　人間や天上の世界に生を受けること。

染にあれ…　煩悩にまみれていても、いなくても。

遠近　速い、遅いの差。

大悲経　大悲経巻三(正蔵一二ノ九六〇上)。

生死三有…　生死を繰りかえす、欲界・色界・無色界(三界)の迷いの世界の、愛欲のたのしみを求め、執着する。

仏の福田　仏という、福徳を生ずる田。仏を大福田、最勝福田などという。また仏や僧など、敬わなければならないものを敬田(きょうでん)と呼び、父母や師など恩を受けた人を恩田、貧者・病者など憐愍の対象を悲田と名づけ、これらを三福田という。

世報　世俗的な果報。

答ふ。*業果《ごうか》の理《り》、必ずしも一同ならず。もろもろの善業を以て仏道に廻向するは、これ即ち作業《さごう》なれば、心の随《まま》に転ず。*鶏狗《けいく》の業《ごう》を以て天の楽《たのしみ》を楽ひ求むるは、これ即ち悪見《あくけん》なれば、業をして転ぜしめず。この故に、仏に於てもろもろの善業を修せば、意楽《いぎょう》異りといへども必ず涅槃に至る。故に、かの経に譬を挙げて言く、

*譬へば、長者《ちょうじゃ》の、時に依りて種を良田の中に下し、時に随ひて漑灌《がいかん》して、常に善く護持せんに、もしこの長者、余の時の中に於て、かの田所《でんしょ》に到りてかくの如きの言を作さん、「*咄《とつ》なるかな、種子。汝、種《たね》と作ることなかれ、生ずることなかれ、長ずることなかれ」と。しかれども、彼、種を種《う》ゑつれば必ず応《まさ》に果を作るべく、果実なきことあらざるが如し。

と。〈取意、略抄〉

問ふ。彼、いづれの時にか般涅槃《はつねはん》を得るや。

答ふ。たとひ、久々に生死に輪廻すといへども、善根亡《ほろ》びずして必ず涅槃を得。故にかの経に云く、

*仏、阿難に告げたまはく、「捕魚師《ふぎょし》、魚を得んが為の故に、大いなる池水にありて、鉤《はり》に餌《え》を安置し、魚をして呑み食はしめんに、魚呑み食ひ已らば、池の中にありといへども、久しからずして当に出づべきが如し。〈乃至〉阿難。一切の衆生、諸仏の所に於て、敬信《きょうしん》を生ずることを得て、もろもろの善根を種ゑ、布施を修行し、乃至、発心して、一念の信をも得たらんには、また余の悪《あく》・不善業《ふぜんごう》の為に覆障《ふしょう》せられて、地獄・畜

業果の理　行為にはそれに応じた報いがあるという道理。

鶏狗の業…　鶏や犬のまねをして。止観輔行伝弘決巻一〇ノ一（正蔵四六ノ四三五中）に苦行に六種をあげて、「一に自餓、二に淵に投ず、三に火に赴く、四に自墜、五に寂黙、六に雞犬等の戒を持つ」という。

譬へば…　大悲経巻三（正蔵一二ノ九五九下―九六〇上）の取意略抄。

咄なるかな　こら、どうしたというのだ。

仏…　大悲経巻三（正蔵一二ノ九五九中―下）の略抄。

生・餓鬼に堕在《ださい》すといへども、〈乃至〉諸仏世尊は、仏眼《ぶつげん》を以て、この衆生の発心《ほっしん》の勝れたるを観見したまふが故に、地獄よりこれを抜きて出でしむ。既に抜き出し已らば、

　　涅槃の岸に置きたまふ。

と。

問ふ。この経の意の如くは、敬信を以ての故に、遂に涅槃を得るなり。もししからば、ただ一たび聞かんは、涅槃の因にあらざるべし。既にしからば、いかんぞ、*華厳の偈に、

　もしもろもろの衆生ありて　いまだ菩提心を発《おこ》さざらんも　一たび仏の名を聞くことを得んには　決定して菩提を成ぜん

と云へるや。

答ふ。諸法の因縁は不可思議なり。譬へば、*孔雀の、雷震《らいしん》の声を聞いて即ち身《みごも》ることあるを得、また尸利沙果《しりしゃか》の、先には形質《ぎょうぜつ》なかりしに、昴星《みょうしょう》を見る時、果則ち出生して、長さ五寸に足るが如し。仏の名号《みょうごう》に依りて、即ち*仏因《ぶついん》を結ぶことも亦またかくの如し。この*微《び》因《いん》より遂に大果を著《あらわ》す。かの*尼拘陀樹《にくだじゅ》の、芥子許《ばか》りの種より枝葉を生じて、遍く*五百両の車を覆ふが如し。浅近《せんごん》の世法すらなほ思議し難し。いかにいはんや、出世の甚深《じんじん》の因果をや。ただ応に信仰すべし。疑念すべからず。

問ふ。染心《ぜんしん》を以て如来を縁ずる者もまた益《やく》ありや。

答ふ。*宝積経の第八に、*密迹力士《みっしゃくりきし》、寂意《じゃくい》菩薩に告げて云く、

　*耆域《ぎいき》医王、もろもろの薬を合せ集め、以て薬草を取りて童子の形を作れり。端正殊好《たんじょうしゅこう》

華厳の偈　華厳経(八十巻本)巻二三(正蔵一〇ノ一二四上)。

孔雀の…　以下の比喩は前にも掲げられている。↓二九〇頁

仏因　仏のさとりをうる因縁。

微因　微かな因縁。さきの、ただ一度、仏の名を聞くことを指す。

尼拘陀樹　↓一二〇頁「尼拘楼陀」注

五百両　五百台。

宝積経　大宝積経巻八(正蔵一一ノ四五下)。

密迹力士　金剛力士、執金剛、金剛密迹などともいう。仏に仕えて秘密の事を知る、という意で、手に金剛杵(こんごうしょ)を持ち、仏の教えを護る神。二王のうち、左の方がこれであるという。

耆域医王　耆域は耆婆(↓二九五頁注)に同じ。

にして、世に希有《けう》なり。*所作安諦《しょさあんたい》にして所有究竟《しょうくきょう》し、殊異なること比《ならび》なかりき。*往来・周旋《しゅうせん》・住立《じゅうりゅう》・安坐《あんざ》・臥寐《がび》・経行《きょうぎょう》、欠漏《けつろ》する所なく、顕変《けんぺん》する所の業《わざ》あり。或は大《だい》豪《ごう》の国王・太子・大臣・百官・貴姓《きしょう》・長者ありて、耆域医王の所に来到し、薬童子を視て、与共《とも》に歌ひ戯れんに、その顔色《げんしき》を相《み》れば病皆除こることを得、便ち安穏寂静《あんのんじゃくじょう》にして無欲なることを致せり。寂意、且《しばら》く観ぜよ。その耆域医王の、世間を療治するは、その余の医師の及ぶあたはざる所なり。かくの如く、寂意、もし菩薩ありて、法《ほっ》身《しん》を奉行《ぶぎょう》せば、仮使《たとい》衆生の、*婬《いん》・怒《ぬ》・痴《ち》盛んなるもの、男女・大小、欲想もて慕ひ楽《ねが》ひ、即ち共に相娯《たの》しまんも、貪欲《とんよく》の*塵労《じんろう》は悉く休息《くそく》することを得ん。

と。〈*陰種諸入《おんしゅしょにゅう》なしと信解《しんげ》し観察すれば、則ち「法身を奉行す」と名づくるなり〉法身を奉行する菩薩にしてなほしかり。いかにいはんや、法身を証得《しょうとく》せる仏をや。

問ふ。欲想もて縁ずるに、この利益あるが如く、誹謗《ひほう》し悪《にく》み厭ふもまた益ありや。

答ふ。既に婬・怒・痴と云へり。明《あき》らけし、ただ欲想のみにあらず。また*如来秘密蔵経の下巻に云く、

むしろ如来に於て不善の業《ごう》を起すとも、外道《げどう》・邪見《じゃけん》の者の所に於て供養を施作《せさ》することあらざれ。何を以ての故に。もし如来の所《みもと》に於て不善の業を起さば、当《まさ》に悔《く》ゆる心ありて、究竟《くきょう》して必ず涅槃に至ることを得べきも、外道の見に随はば、当に地獄・餓鬼・畜生に堕つべければなり。

と。

所作安諦…　動作は安らかに落着きがあり、すべてがそなわり、他に比類がないほど勝れていた。

往来…　行ったり来たり、ぐるっと回ったり、立ったままでいたり、あぐらをかいたり、横になって寝たり、静かに散策したり、何一つ出来ないことがなく、人前でどんなことでもやってのけた。

婬・怒・痴　貪欲・瞋恚《しんに》・愚痴の三煩悩(三毒という)のこと。

塵労　煩悩の異称。

陰種諸入　陰・入・界(または蘊・処・界ともいう)のこと。五陰・十二入・十八界。

如来秘密蔵経　大方等如来秘密蔵経巻下(正蔵一七ノ八四三下)。

問ふ。この文は、便《すなわ》ち因果の道理に違《たが》ひ、亦また衆生の*妄心《もうじん》を増さん。いかんぞ、悪心を以て大涅槃の楽《らく》を得んや。

答ふ。悪心を以ての故に三悪道《さんまくどう》に堕ち、一たび如来を縁ずるを以ての故に必ず涅槃に至る。この故に、因果の道理に違《たが》はざるなり。謂く、「かの衆生、地獄に堕つる時、仏に於て信《しん》を生じ、*追悔《ついげ》の心を生ず。これに由りて、*展転《てんでん》して必ず涅槃に至る」と。〈*大悲経に見ゆ〉染心《ぜんしん》に如来を縁ずる利益すらなほかくの如し。いかにいはんや、浄心に*一念・一称せんをや。仏の*大恩徳《おんどく》はこれを以て知るべし。

問ふ。諸文《しょもん》に説く所の菩提・涅槃は、*三乗の中に於てはこれいづれの果なりや。

答ふ。初《はじめ》には機《き》に随ひて三乗の果を得といへども、究竟《くきょう》して必ず無上仏果《ぶっか》に至る。*法華経に云ふが如し。

十方仏土の中には　ただ*一乗《いちじょう》の法のみありて　二もなくまた三もなし　仏の方便の説を除く

と。また*大経に、如来の*決定の説義を明して云く、

一切の衆生には悉く仏性《ぶっしょう》あり。如来は常住にして*変易《へんやく》あることなし。

と。*また云く、

一切の衆生は、定んで阿《あ》耨《のく》菩《ぼ》提《だい》を得べきが故に。この故に我は説く、一切衆生には悉く仏性ありと。

と。また云く、

妄心　いつわりの心。
追悔　後悔。
展転して　めぐりめぐって。
大悲経　大悲経巻一(正蔵一二ノ九四九中)の取意。
一念・一称　一遍でも仏を念じ、仏の名を称える。
大恩徳　世の人を救おうという仏の願いが与えるめぐみ。
三乗　声聞・縁覚の奉ずる教え(二乗つまり小乗)と菩薩の奉ずる教え(菩薩乗つまり大乗)の三。
法華経　法華経巻一、方便品(正蔵九ノ八上)。
一乗の法　仏の真実の教えはただ一つであって、実は二乗とか三乗とかいっているものはないという意。一は対立・相対を超えた絶対の一で、一番の一ではない。→補
大経に　涅槃経(北本)巻二七(正蔵一二ノ五二二下)。ただし南本では巻二五(同一二ノ七六七上—中)。
決定の説義　究極の教えの真意。
変易　変化し移りかわること。
また云く　涅槃経(北本)巻二七(正蔵一二ノ五二四中)、(南本)巻二五(同一二ノ七六九上)。

*一切衆生には悉く皆《みな》心あり。およそ心ある者は、定んで当に阿耨菩提《あのくぼだい》を成ずることを得べし。

と。

問ふ。何が故に、諸文《しょもん》に説く所、不同にして、或は一たび仏を聞かば定んで菩提を成ずと説き、或は応に勤修《ごんしゅ》すること、頭燃《ずねん》を救《はら》ふが如くすべしと説き、また*華厳の偈には、

人、他の宝を数ふるも　自ら半銭の分《ぶん》なきが如し　法に於て修行せざれば　多聞《たもん》なるもまたかくの如し

と云へるや。

答ふ。もし速かに解脱せんと欲ふも、勤めざれば分なきが如し。もし永劫《ようこう》の因を期さば、一たび聞くもまた虚《むな》しからず。この故に、諸文の理、相違せざるなり。

第七に、*諸行の勝劣とは、問ふ、往生の業の中にありては、念仏を最《さい》となさんも、余業《よごう》の中に於てもまた最となさんや。

答ふ。余の行法の中にても、これまた最勝なり。故に観仏三昧経には六種の譬あり。*一に云く、

仏、阿難に告げたまはく、「譬へば、長者の、まさに死せんとして久しからざるとき、もろもろの庫蔵《こぞう》を以てその子に委付《いふ》す。その子、得已りて、意の随《まま》に遊戯《ゆげ》するに、忽ち一時に於て、*王難あるに値《あ》ひ、無量の衆賊、競ひて蔵《くら》の物を取る。ただ一の金あり。

一切衆生には…　涅槃経(北本)巻二七(正蔵一二ノ五二四下)、(南本)巻二五(同一二ノ七六九上)の取意補足。

華厳の偈　華厳経(八十巻本)巻一三(正蔵一〇ノ六八上)。

諸行の勝劣　さまざまな修行の優劣。

一に云く　観仏三昧経巻一〇(正蔵一五ノ六九五中—下)の略抄。

王難　国王の軍隊による掠奪。

乃ちこれ*閻浮《えんぶ》檀那《だんな》紫《し》金《こん》にして、重さ*十六両、*金鋌《こんじょう》の長短もまた十六寸なり。この金一両の価直《あたい》は、余の宝の百千万両なり。即ち穢物《えもつ》を以て真金を纏《まと》ひ裹《つつ》みて、泥団《ないだん》の中に置く。衆賊、見已りて、これを金と識らず。脚に践《ふ》みて去る。賊去りて後、財主、金を得て、心大いに歓喜するが如し。念仏三昧も亦またかくの如し。当にこれを密蔵すべし」と。

と、

*二に云く、

譬へば、貧人、*王の宝印を執り、逃走して樹に上る。*六兵《ろくひょう》これを追ふに、貧人、見已りて即ち宝印を呑む。兵衆疾《と》く至りて、樹をして倒《さかさ》に僻《かたよ》らしむ。貧人、地に落ち、身体散壊《さんえ》して、ただ金印のみあるが如し。*念仏の心印の壊れざることも亦またかくの如し。

と。

*三に云く、

譬へば、長者の、まさに死せんとして久しからざるとき、一の女子に告ぐ。「我に今、宝あり。宝の中の上《すぐ》れたるものなり。汝、この宝を得て、密蔵して堅《かた》からしめ、王をして知らしむることなかれ」と。女《むすめ》、父の勅を受け、*摩尼珠《まにしゅ》及びもろもろの珍宝を持ちて、これを糞穢《ふんえ》に蔵《かく》す。*室家《しつけ》の大小、皆また知らず。世の飢饉に値ひ、如意珠を持ちて意の随に、即ち百味の飲食《おんじき》を雨《ふ》らす。かくの如く、種々に意の随に宝を得るが如し。念仏三昧の堅心《けんしん》不動なることも亦またかくの如し。

と。

*四に云く、

閻浮檀那紫金　閻浮檀金(↓一〇六頁注)に同じ。閻浮は樹の名、檀那は河の意の梵語、紫金は紫磨金と同じで、金のもっとも勝れたものは紫がかった色をしているとし、磨は濁っていないことを意味する。

十六両　両は量目の単位。百黍(しょ)を一銖(しゅ)、二十四銖を一両とし、黍は基本の単位で、量をはかるのに黍(きび)を用いたことによる。

金鋌　金の延べ棒。延べがね。

二に云く　観仏三昧海経巻一〇(正蔵一五ノ六九五下)の取意略抄。

王の宝印　国王の玉璽(ぎょくじ)。

六兵　普通は四兵で、象兵・馬兵・車兵・歩兵の四。ここは六匹の象に分乗した兵隊の意。象のまわりには四人が象足を守るとする。

念仏の心印　念仏という、心に刻みこまれた印。

三に云く　観仏三昧海経巻一〇(正蔵一五ノ六九五下―六九六上)の略抄。

摩尼珠　↓一一八頁注

室家の大小　家屋敷のなかの大人も子供も。

四に云く　観仏三昧海経巻一〇(正蔵一五ノ六九六上)の略抄。

譬へば、大旱《だいかん》にして雨を得ることあたはず。一の仙人ありて呪《じゅ》を誦《じゅ》するに、神通力の故に、天は*甘雨《かんう》を降らし、地は涌泉《ゆうせん》を出さんが如し。念仏を得る者は、善く呪する人の如し。

と。*五に云く、

譬へば、力士《りきし》、しばしば王法を犯して囹圄《れいご》に幽閉せらるるに、逃《のが》れて海辺に到り、*髻《もとどり》の明珠《みようじゆ》を解《と》きて、持《も》ちて船師を雇ひ、彼岸に到りて、安穏にして懼《おそれ》なきが如し。念仏を行ずる者は大力士の如し。*心王《しんのう》の鎖《くさり》を挽《まぬが》れて、*かの慧《え》の岸《きし》に到る。

と。*六に云く、

譬へば、劫尽《こうじん》に、大地《だいじ》洞燃《どうねん》するに、ただ金剛山《こんどうせん》のみ摧破すべからず、還《かえ》りて*本際《ほんざい》に住《とどま》るが如し。念仏三昧も亦またかくの如し。この定《じょう》を行ずる者は、過去仏の*実際《じっさい》の海の中に住す。

と。〈已上、略抄〉また*般舟経の問事品《もんじぼん》に、念仏三昧を説いて云く、

常に当に習ひ持《たも》つべし。常に当に守りて、また余の法に随はざるべし。もろもろの功徳の中に最尊第一なり。

と。〈已上〉

また、*不退転《ふたいてん》の位に至るに*難易《なんい》の二道あり。易行道《いぎようどう》と言ふは即ちこれ念仏なり。故に*十住婆沙の第三に云く、

世間の道に難あり易あり。陸道《ろくどう》の歩行《ぶぎよう》は則ち苦しく、水道の乗船は則ち楽しきが如し。

甘雨　よい雨。恵みの雨。
五に云く　観仏三昧海経巻一〇(正蔵一五ノ六九六上—中)の略抄。
髻の明珠　↓一四二頁「髻中の明珠」注
心王　心のはたらきは識(しき)を主体とするので、識のことをいう。識には一般に眼識ないし意識の六識を数え、これに末那識(まなしき)・阿頼耶識(あらやしき)を加えて八識という。
かの慧の岸…　般若波羅蜜を到彼岸と訳するが、彼岸はさとりのことである。ここでは、かの智慧のさとりに至る、の意。
六に云く　観仏三昧海経巻一〇(正蔵一五ノ六九六中)の略抄。
本際　本際は一般には、真如・涅槃などの異名であるが、ここでは、その本来のまま姿を止めているの意。
実際の海　実際は真如のこと。真如は一切の極限であり、辺際であるから、実際という。海はその広大なことの喩え。
般舟経の…　般舟三昧経巻上(正蔵一三ノ九〇四中)。
不退転　梵語、阿惟越致(あゆいおっち)↓五九頁注)、阿鞞跋致(あびばっち)↓一〇一頁注)の訳語。一旦得たものを失わないことで、これに普通、四を数える(一七二頁一五行以下の問答参照)。
難易の二道　難行道と易行道。
十住婆沙の第三　十住毘婆沙論巻五(正蔵二六ノ四一中・四二下)。

菩提の道もまたかくの如し。或は勤行精進のものあり、或は*信方便《しんほうべん》の易行を以て、疾く阿惟越致《あゆいおっち》に至るものあり。〈乃至〉

阿弥陀等の仏　及びもろもろの大菩薩の　名を称し一心に念ずるも　また不退転を得と。〈已上〉文の中に、過去・現在の一百余の仏、弥勒《みろく》・*金剛蔵・浄名《じょうみょう》・無尽意《むじんい》・跋陀婆羅《ばっだばら》・文殊《もんじゅ》・妙音《みょうおん》・師子吼《ししく》・香象《こうぞう》・常精進・観音・勢至等の一百余の大菩薩を挙げ、その中に広く弥陀仏を讃めたてまつれるなり。諸行《しょぎょう》の中に於て、ただ念仏の行のみ修し易くして、上位を証す。知んぬ、これ最勝の行なることを。

また、*宝積経の九十二に云く、

もし菩薩ありて、多く衆務《しゅむ》を営《いとな》み、七宝《しっぽう》の塔を造りて、遍く三千大千世界を満《みた》さんに、かくの如き菩薩は、我をして歓喜を生ぜしむることあたはず。また我を供養し恭敬《くぎょう》するにもあらず。もし菩薩ありて、*波羅蜜相応《はらみっそうおう》の法に於て、乃至、一の四句の偈《げ》を受持《じゅじ》し、読誦《どくじゅ》し修行して、人の為に演説せん。この人は、乃ち我を供養すとなす。何を以ての故に。諸仏の菩提は、多聞《たもん》より生じて、衆務より生ずることを得ざればなり。〈乃至〉もし一閻浮提《えんぶだい》の、*営事《ようじ》の菩薩は、一の、読誦し修行し演説する菩薩の所に於ては、応当《まさ》に親近し供養し*承事《じょうじ》すべし。もし一閻浮提の、読誦し修行し演説するもろもろの菩薩等は、一の、禅定を勤修する菩薩に於てもまた当《まさ》に親近し供養し承事すべし。かくの如き善業《ぜんごう》を、如来は随喜し、如来は*悦可《えっか》したまふ。もし智慧を勤修する菩薩に於て承事し供養せば、当に無量の福徳の聚《あつまり》を獲《う》べし。何を以ての故に。*智慧の業《ごう》は無上

信方便の易行　信ずるという、行ないやすい仏の与えた巧みな手だて。

金剛蔵…　金剛蔵菩薩は、密教で説く金剛界(この全宇宙を大日如来のあらわれと見、この仏の智慧の徳を示す面を金剛界という)のうち、いまの賢劫における十六菩薩の一人として収められている菩薩で、怒りの相をもって悪魔を伏するとされる。浄名は普通、維摩(ゆいま)または維摩詰(ゆいまきつ)居士を指すが、この論にはその名を見出せない。あるいは無垢蔵菩薩のことか。無尽意は、法華経が説かれたとき、直接の聞き手となった一人で、観音に自分の髪飾りを与えたとされる。跋陀婆羅については八一頁「跋陀和」注参照。妙音は法華経妙音品に登場する菩薩で、種々の音楽で教えの説かれる会座を飾ったとされる。師子吼・香象・常精進の三菩薩は維摩詰所説経に登場する同聞衆。

宝積経　大宝積経巻九二(正蔵一一ノ五二七中)。

波羅蜜相応の法　さとりを得るための菩薩の布施・持戒など六種の修行に相応する教え。

営事の菩薩　世事を営む菩薩。

承事　師事すること。

悦可　喜んで、よいと許すこと。

智慧の業　智慧に裏づけられた行為。

最勝にして、一切の三界の所行《しょぎょう》を出過《しゅっか》すればなり。

と。*大集月蔵分《がつぞうぶん》の偈に云く、

もし人、百億の諸仏の所にて　多くの歳数に於て常に供養せんに　もし能く七日、*蘭《らん》若《にゃ》にありて　*根《こん》を摂《おさ》めて定《じょう》を得ば、福は彼よりも多からん　〈乃至〉　*閑静無為《げんじょうむい》なるは　これ仏の境界《きょうがい》なり　かしこに於て能く浄菩提を得《う》　もし人、かの*住禅《じゅうぜん》の者を謗《そし》らば　これをもろもろの如来を毀謗《きほう》すと名づく　もし人、塔を破すること多百千　及《およ》び百千の寺を焚焼《ぶんしょう》せんに　もし住禅の者を毀謗することあらば　その罪甚だ多くして彼よりも過ぎたり　もし住禅の者に供養するに　飲食《おんじき》・衣服《えぶく》及び*湯薬《とうやく》もてすることあらば　この人は無量の罪を消滅して　また三悪道《さんまくどう》に堕せず　この故に我《われ》いま普く汝に告ぐ　仏道を成ぜんと欲せば常に禅にあれ　もし*阿蘭若《あらんにゃ》に住することあたはざれば　応当《まさ》にかの人を供養すべし

と。〈已上〉*汎爾《はんに》の禅定すら、なほ既にかくの如し。いはんや、念仏三昧はこれ*王三昧なるをや。

問ふ。もし禅定の業にして読誦・解義《げぎ》等よりも勝れたらば、いかんぞ、*法華経《ほけきょう》の分別功徳品《どくぼん》に、八十万億那由他劫《なゆたこう》に修する所の、前の五波羅蜜の功徳を以て、法華経を聞いて*一《いち》念信解《ねんしんげ》する功徳に校量《きょうりょう》して、百千万億分の一分なりとする。いかにいはんや、広く他の為に説かんをや。

答ふ。これ等の諸行におのおの浅深《せんじん》あり。謂く、*偏円《へんえん》の教《きょう》に差別あるが故に。もし*当教

大集月蔵分の偈　大方等大集経巻四六(正蔵一三ノ三〇三上)。

蘭若　梵語、阿蘭若の略。出家の修行に適した、山林などの静かな場所の意。

根を摂め…　根は五根。対象を知覚することによって心は乱されるから、これをおさえて、三昧にはいる。

閑静無為…　静寂な、生滅・変化を超えた不動の姿は、仏の境界である。

住禅　三昧(禅定)にはいっていること。

湯薬　僧が昼以前に取る食物・飲物、いわゆる時薬(じゃく)に対して、それ以後に許される夜分薬(非時薬)のことであろう。

阿蘭若　略して蘭若。前出。

汎爾の禅定　広く一般的に行なわれる普通の三昧。

王三昧　三昧のなかの、王ともいってよい勝れた最高の三昧。

法華経の…　法華経巻五(正蔵九ノ四四下)に、「それ衆生ありて、仏の寿命の長遠なること、かくの如くなるを聞いて、乃至、能く一念信解を生ぜば、得る所の功徳は限量あることなからん。もし善男子・善女人ありて、阿耨多羅三藐三菩提の為の故に、八十万億那由他劫に於て五波羅蜜を行ぜば、…この功徳を以て前の功徳に比ぶるに、百分・千分・百千万億分のその一にも及ばず。乃至、

にて論ずれば、勝劣は前の如し。もし諸教を相対すれば、偏教《へんぎょう》の禅定《ぜんじょう》は円教《えんぎょう》の読誦《どくじゅ》の事業《じごう》にも及ばず。*大集・宝積は一教に約して論じ、法華の校量は偏円相望《そうもう》す。この故に、諸文の義、相違せざるなり。念仏三昧も亦またかくの如し。偏教の三昧は当教に勝れたりとなし、円人《えんにん》の三昧は普く諸行に勝れたり。また定《じょう》に二あり。一には、慧相応《えそうおう》の定。これを最勝となす。二には、*暗禅《あんぜん》。いまだ勝となすべからず。念仏三昧は応にこれ初《はじめ》の摂《しょう》なるべし。

第八に、*信毀《しんき》の因縁とは、*般舟経に云く、

独《ひと》り一仏の所に於て功徳を作りしのみにあらず。〔もしは〕二、もしは三、もしは十に於てせるにもあらず。悉く百仏の所に於てこの三昧を聞きしかば、却いて後世の時にもこの三昧を聞くものなり。経巻を書き学び誦持《じゅじ》して、最後に守ること一日一夜すれば、その福は計るべからず。自《おのずか》ら阿惟越致《あゆいおっち》に致《いた》り、願ふ所のものを得るなり。

と。

問ふ。もししからば、聞く者は決定《けつじょう》して応に信ずべし。何が故に、聞くといへども、信ずると信ぜざるとありや。

答ふ。*無量清浄覚経に云く、

善男子《ぜんなんし》・善女人《にょにん》ありて、無量清浄仏の名を聞き、歓喜《かんぎ》し踊躍《ゆやく》して、身の毛為《ため》に起《いよだ》つこと、抜け出づるが如くなる者は、皆悉く〔宿世《しゅくせ》の〕宿命《しゅくみょう》に、已に仏事を作せるものなり。

算数・譬喩も知ることあたはざる所なり」とある。

一念信解 ただ一度聞いただけで、疑いなく、心が明らかに開けること。

偏円の教 偏教と円教。小乗は大乗から見れば、偏った教えであるし、また大乗のなかでも、円教に対して通教・別教(→二七五頁注)は偏った教えである。

当教にて… 大集経や大宝積経の上で論ずれば。

大集… これらの経は一まずその教えの中だけで論じ、法華経は、偏教・円教と対照させた上での比較である。

暗禅 教えの裏づけがない三昧。

信毀の因縁 念仏を信じる因縁とそしる因縁。

般舟経 般舟三昧経巻上(正蔵一三ノ九〇七下)。

無量清浄覚経に 無量清浄平等覚経巻四(正蔵一二ノ二九九中―下)の取意略抄。

それ人民《にんみん》ありて、疑ひて信ぜざる者は、皆悪道の中より来りて、*殃悪《おうあく》いまだ尽きざるもの、これいまだ解脱を得ざるなり。

と。〈略抄〉また*大集経の第七に云く、

もし衆生ありて、已に無量無辺の仏の所に於てもろもろの徳本《とくほん》を殖《う》ゑたるものは、乃ちこの如来の十力《じゅうりき》・四無所畏《むしょい》・不共《ふぐ》の法・三十二相を聞くことを得。〈乃至〉下劣の人は、かくの如き正法を聞くことを得るあたはず。仮使《たとい》、聞くことを得とも、いまだ必ずしも信ずることあたはず。

と。〈已上〉当に知るべし、生死の因縁は不可思議なることを。薄徳にして聞くことを得るは、その縁を知り難し。*烏豆《うず》の聚《あつまり》に一の緑豆《ろくず》あるが如し。ただし彼、聞くといへどもしかも信《しん》解《げ》せざるは、これ即ち薄徳の致す所なるのみ。

問ふ。仏、往昔《おうしゃく》に於て、具さに*諸度を修せしに、なほ八万歳に於てこの法を聞くことあたはざりき。いかんぞ、薄徳にして輒《たやす》く聴聞《ちょうもん》することを得ん。たとひ希有《けう》なりとして許すともなほ道理に違《たが》はん。

答ふ。この義、知り難し。試みにこれを案じて云く、衆生の*善悪に四位の別ありと。一には、*悪用偏《あくゆうひと》へに増す。この位には法を聞くことなし。*法華《ほっけ》に、「*増上慢《ぞうじょうまん》の人は、二百億劫、常に法を聞かず」と云ふが如し。二には、善用偏へに増す。この位には常に法を聞く。*地《じ》・住《じゅう》已上の大菩薩等の如きなり。三には、*善悪交際《きょうさい》す。謂く、*凡を捨てて聖に入らんとする時なり。この位の中には、一類の人ありて法を聞くこと甚だ難し。たまたま聞けば即

殃悪　わざわいをもたらす悪。

大集経　大方等大集経巻七(正蔵一三ノ三七下)。

烏豆の…　黒豆のたくさんあるなかに一粒の青豆がはいっている。この比喩は、倶舎論巻二二に見えるもので、「緑豆を烏豆の聚中に置き、少を以て多に従ひて烏豆聚と名づくるが如し」(正蔵二九ノ一一四下)とある。

諸度　度は波羅蜜のこと。布施などの菩薩の修行を完成すること。

善悪に…　善悪の関係には、状態によって四つの違いがある。

悪用…　ただ悪だけがなされ、それだけが高まっている状態。

法華に　法華経巻六(正蔵九ノ五一上)の取意。

増上慢　さとりをえてもいないのに、えたと思い、慢心すること。

地・住已上　十地と十住以上(三十心)。

善悪交際　善と悪とがまじわる状態。ここでは悪が漸次後退し、善が増加していく時点を考えたもの。

凡を捨てて…　五十二位でいえば、十信位の第十願心から、十住の第一発心住にはいろうとする時。

ち悟る。*常啼《じょうたい》菩薩、*須達《すだつ》の老女等の如きなり。或は魔の為に障《さ》へられ、或は自らの惑の為に障《さ》へられて、聞見《もんけん》することを隔てたりといへども、久しからずして即ち悟る。四には、*善悪容《ゆる》やかに預《あずか》る。この位には、善悪は同じくこれ生死流転《しょうじるてん》の法なるが故に、多く法を聞くこと難し。悪の増すにはあらざるが故に、一向に無聞《むもん》なるにはあらず。交際するにはあらざるが故に、聞くといへども巨益《こやく》なし。*六趣《ろくしゅ》・四生《ししょう》に蠢々《しゅんしゅん》たる類、これなり。故に上人《じょうにん》の中にもまた聞き難きものあり、凡愚の中にもまた聞く者あり。これまたいまだ決せず。後賢《ごけん》、取捨せよ。

問ふ。不信の者はいかなる罪報をか得るや。

答ふ。*称揚諸仏功徳経《しょうようしょぶつくどくぎょう》の下巻に云く、

それ、阿弥陀仏の名号の功徳を讃嘆《さんだん》し称揚することを信ぜずして、謗毀《ほうき》することあらん者は、五劫《ごこう》の中、当に地獄に堕ちて、具さにもろもろの苦を受くべし。

と。

問ふ。もし深信《じんしん》なくして疑念を生ずる者は、終《つい》に往生せざるや。

答ふ。もし全く信ぜず、かの業《ごう》を修《しゅ》せず、願求《がんぐ》せざる者は、理として生るべからず。もし仏智《ぶっち》を疑ふといへども、しかもなほかの土《ど》を願ひ、かの業を修する者は、また往生することを得。*双観経に云ふが如し。

もし衆生ありて、疑惑の心を以てもろもろの功徳を修し、かの国に生れんと願ひ、*仏智・不思議智・不可称智・大乗広智・無等無倫《むとうむりん》最上勝智を了《さと》らず、この諸智に於て疑

常啼菩薩　→七一頁「常啼」注

須達の老女　→二二一頁「須達の家…」注

善悪…　善も悪も弱く消極的にはたらいている状態。

六趣・四生に…　六道(地獄から天までの六)に四種の姿をとって生まれ(→六四頁「四生」注)て、うごめいているもののたぐい。

称揚諸仏功徳経　称揚諸仏功徳経巻下(正蔵一四ノ九九上―中)。

双観経に　無量寿経巻下(正蔵一二ノ二七八上)。

仏智…　これらの五つを五智という。このうち、仏智はさとりの智慧、不思議智は、さとりの智慧が心では思いはかることができないことをいい、不可称智は、言葉で表現できないことをいう。また大乗広智は、一切のものを等しく救い取って、生死の迷いから逃れさせることに名づけ、無等無倫最上勝智は、他に等しいもののないほど勝れていることを示したもの。

惑して信ぜず、しかもなほ罪福を信じ、善本《ぜんぽん》を修習《しゅじゅう》して、その国に生れんと願はん。このもろもろの衆生、かの宮殿《くでん》に生れて、寿《いのち》五百歳、当に仏を見たてまつらず、経法《きょうぼう》を聞かず、菩薩・声聞・聖衆《しょうじゅ》を見ざるべし。この故に、かの国土に於てはこれを*胎生《たいしょう》と謂ふ。

と。〈已上〉仏の智慧を疑ふ罪は悪道に当れり。しかも願の随《まま》に往生するは、これ仏の悲願の力なり。*清浄覚経には、この胎生を以て中輩・下輩の人となせり。しかれども諸師の所釈、繁《しげ》く出すことあたはず。

問ふ。仏智等と言ふは、その相《そう》いかん。

答ふ。*憬興《きょうごう》師は、*仏地経《ぶつじきょう》の五法を以てせり。今は五智《ごち》に名づく。謂く、清浄法界を仏智と名づけ、大円鏡等の四を以て、次《つい》での如く不思議等の四に当つるなり。*玄一師は、仏智は前の如くなるも、後の四智を以て、逆に*成事智《じょうじち》等の四に対するなり。余《よ》の異解《いげ》あれども、これを煩《わずら》はしくすべからず。

第九に、*助道《じょどう》の資縁《しえん》とは、問ふ、凡夫の行人は要《かなら》ず衣食《えじき》を須《もち》ふ。*これ小縁なりといへども、能く大事を弁ず。*裸《ら》・餧《ね》にして安からずは、*道法《どうほう》いづくんぞあらん。

答ふ。行者に二あり。謂く、在家と出家となり。その在家の人は、家業《かごう》自由にして、*餐《さん》飯《ぼん》・衣服《えぶく》あり。なんぞ念仏を妨げんや。*木槵経《もくげんきょう》の瑠璃《るり》王の行《ぎょう》の如し。その出家の人にまた三類あり。もし上根《じょうこん》の者は草座《そうざ》・鹿皮《ろくひ》、一菜《さい》・一菓《か》なり。*雪山大士《せっせんだいじ》の如き、これなり。も

胎生　↓二六五頁「胎生の者」注

清浄覚経に　無量清浄平等覚経巻三(正蔵一二ノ二九二中・二九二下)。この立場に立つものは憬興で、その他にも説をなすものがある。↓二六五頁

憬興師は　憬興の説は無量寿経連義述文賛巻下(正蔵三七ノ一六九中―下)に見える。↓補

仏地経の…　仏地経に「五種の法ありて大覚地を摂す。何等をか五となす。いはゆる清浄法界・大円鏡智・平等性智・妙観察智・成所作智なり」(正蔵一六ノ七二二上)という。このうち、清浄法界は以下の四智全体を包摂する、智そのもの、大円鏡智は鏡のように宇宙の万象を現わす智、平等性智は一切の平等を現わす智、妙観察智は対象の一切を正しく知る智、成所作智は一切に利益を与えることを完成する智である。

玄一師は　玄一の無量寿経疏は下巻を欠く。かれは五智の順序をそのままにして、五法を第一・五・四・三・二の順序に並べて配当した。

成事智　成所作智のこと。

助道の資縁　念仏の助けとなる外的条件。

これ小縁…　以下の文は摩訶止観巻四(後出)によるもの。

裸・餧　裸と空腹。

道法　さとりの道。

餐飯　食事。

し中根の者は常に乞食《こつじき》・*糞掃衣《ふんぞうえ》なり。もし下根の者は檀越《だんのつ》の信施《しんせ》なり。ただし少しく所得あらば即便《すなわ》ち足るを知る。具さには*止観の第四の如し。いはんやまた、もし仏弟子にして、専ら正道《しょうどう》を修《しゅ》し、貪求《とんぐ》する所なき者、自然《じねん》に資縁を具《ぐ》す。*大論に云ふが如し。

譬へば、比丘の貪求する者は供養を得ず。貪求する所なければ則ち乏短《ぼうたん》する所なきが如し。心もまたかくの如し。もし分別して相を取れば則ち実法《じっぽう》を得ず。

と。また大集月蔵分の中に、欲界の六天・日月星宿《にちがつしょうしゅく》・天竜八部、おのおの仏前に於て誓願を発《おこ》して言く、

*もし仏の声聞の弟子にして、法に住し、法に順じ、三業相応《さんごうそうおう》して、しかも修行せん者をば、我等皆《みな》共に護持し養育し、所須《しょしゅ》を供給《くきゅう》して、乏《か》くる所なからしめん。もしまた世尊《せそん》の声聞《しょうもん》の弟子にして、*積聚《しゃくじゅう》する所なきを護持し養育せん。

と。また言く、

*もしまた世尊の声聞の弟子にして、積聚に住し、乃至、三業と法との相応せざらん者は、また当に棄捨《きしゃ》すべし、また養育せず。

と。

問ふ。凡夫は必ずしも三業相応せず。もし欠漏《けつろ》することあらば、応に*依怙《えこ》なかるべし。

答ふ。かくの如き問難は、これ即ち懈怠《けだい》にして道心なき者の致す所なり。もし誠に菩提を求め、誠に浄土を欣《ねが》はん者は、むしろ身命《しんみょう》を捨つとも、あに禁戒《きんかい》を破らんや。応に一世の勤労《ごんろう》を以て、永劫《ようごう》の妙果を期すべきなり。いはんやまた、たとひ戒を破るといへどもそ

木槵経の… →一四六頁注

雪山大士 →四八頁注

糞掃衣 僧の衣服をつくる布は糞や塵のように捨てられたものが原則で、これには死体を包んで墓地に捨てられた布、牛や鼠にかみ破られた布、焼けた布、月経やお産に使用した布などが指定された。新しい布でつくる時も、いったん小さく断截してから縫い合わせるから、割截衣(かっせつえ)といった。

止観の第四 摩訶止観巻四上(正蔵四六ノ四一下―四二上)。→補

大論に 大智度論巻二八(正蔵二五ノ二六五下)。

もし仏の 大方等大集経巻五二(正蔵一三ノ三四五下)。

積聚 貪り集めること。

もしまた 大方等大集経巻五二(正蔵一三ノ三四五下)。

依怙 たよりにできるもの。

の分なきにあらざるをや。*同じ経に、仏の言ひたまへるが如し。

もし衆生ありて、わが為に出家し、鬚髪《しゅはつ》を剃除《ていじょ》して袈裟《けさ》を被服《ひふく》せんに、たとひ戒は持《たも》たずとも、彼等は悉く已に*涅槃《ねはん》の印《いん》の為に印せられたるなり。もしまた出家して、戒を持たざる者に、非法《ひほう》を以てしかも悩乱を作し、罵辱《めにく》し毀呰《きし》し、手に刀杖を以て打縛《だばく》し斫截《しゃくせつ》し、もしは衣鉢《えはつ》を奪ひ、及び種々の資生《ししょう》の具《ぐ》を奪ふことあらば、この人は則ち三世諸仏の真実の報身《ほうじん》を壊《やぶ》り、則ち一切天人の眼目《げんもく》を挑《くじ》るなり。この人は、諸仏の所有の正法と三宝の種を隠没《おんもつ》せんと欲するが為の故に。もろもろの天人をして、利益を得ずして地獄に堕せしむるが故に。三悪道を増長《ぞうじょう》して、盈満《ようまん》せしむるが為の故に。

と云々。

*その時、また一切の天・竜、乃至、一切の*迦吒富単那《かたふたんな》・*人非人《にんぴにん》等ありて、皆悉く合掌して、かくの如き言を作《な》さく、「我等、仏の一切の声聞の弟子に於て、乃至、もしはまた禁戒を持たざらんも、鬚髪を剃除して袈裟の片《かたはし》をも著《つ》けたらん者をば、師長の想を作して護持し養育し、もろもろの所須《しょしゅ》を与へて、乏少《ぼうしょう》することなからしめん。もし余の天・竜、乃至、迦吒富単那等ありて、その悩乱を作し、乃至、悪心にて眼を以てこれを視ば、我等悉く共に、かの天・竜・富単那等の*所有《しょう》の諸相《しょそう》をして、欠減して醜陋《しゅうる》ならしめん。彼をして、また我等と共に住し共に食《じき》することを得ず、亦また処を同じくして戯咲《げしょう》することも得ざらしめん。かくの如く*擯罰《ひんばつ》せん」と。

と。〈已上、取意〉*また云く、

同じ経に　大方等大集経巻五三(正蔵一三ノ三五四上―中)。
涅槃の印　仏のさとりがえられるという証明の印。
その時…　大方等大集経巻五三(正蔵一三ノ三五五中―下)。
迦吒富単那　梵語。奇臭鬼と訳する。悪臭がひどいので、この名がある。
人非人　梵語、緊那羅(きんなら)の訳語。旧訳では人非人、新訳では歌神。これを「人・非人」と読むときは、非人は人間に対して、天・竜など、あるいは夜叉・悪鬼などすべてをさすから、意味が取れない。
所有の…　具わっているすがたを欠如させ、醜くさせよう。
擯罰　僧で罪を犯したものを罰する方法の一つに擯出(ひんしゅつ)がある。擯ともいう。これは当事者を教団より放逐して、共同生活を禁ずるものであるが、ともに話すことだけを禁ずるのを、黙擯という。
また云く　大方等大集経巻五六(正蔵一三ノ三八一上―中)。
菩薩摩訶薩　摩訶薩は梵語、摩訶薩埵(まかさつた)の略。摩訶は大の意、薩埵は衆生(有情)の意で、仏のさとりを求める大乗の人をいう。とくに二乗と区別して、菩薩摩訶薩という。
三菩提　阿耨多羅三藐三菩提の略。
禅解脱三昧　三解脱門(三三昧)のこと。→七一頁「四無量・三解脱」注
正法・像法　末法を加えて三時とい

その時、世尊、上首《じょうしゅ》弥勒《みろく》及び賢劫《けんごう》の中の一切の*菩薩摩訶薩に告げて言はく、「もろもろの善男子。我、昔《むかし》菩薩道を行ぜし時、曾《かつ》て過去の諸仏如来に於てこの供養を作し、この善根を以てわが与《ため》に*三菩提《さんぼだい》の因《いん》と作せり。我、今もろもろの衆生を憐愍《れんみん》するが故に、この報果《ほうか》を以て分ちて三分《さんぶん》と作し、一分は留めて自ら受け、第二の分をば、わが滅後に於て、*禅解脱三昧《ぜんげだつざんまい》と堅固に相応する声聞に与へて、乏《か》くる所なからしめ、第三の分をば、かの破戒にして、経典を読誦《どくじゅ》し、声聞に相応して、*正法《しょうぼう》・像法《ぞうぼう》に、頭を剃り、袈裟を著《き》ん者に与へて、乏《か》くる所なからしめん。弥勒。我、今また三業相応のもろもろの声聞衆、比丘・比丘尼、優婆塞・優婆夷を以て、汝が手に*寄付《きふ》す。乏少孤独《こどく》にして終らしむることなかれ。及び、正法・像法に、禁戒を毀破して、袈裟を著ん者を以て、汝が手に寄付す。彼等をして、もろもろの資具《しぐ》に於て、乏少にして終らしむることなかれ。また*旋陀羅《せんだら》王の、共に相《あい》悩害して身心に苦を受くることあらしむることなかれ。我、今またかのもろもろの施主を以て汝が手に寄付す」と。〈已上〉破戒すらなほしかり。いかにいはんや、持戒をや。声聞すらなほしかり。いかにいはんや、大心を発《おこ》して至誠に念仏せんをや。

問ふ。もし、破戒の人もまた天竜の為に護念せられなば、いかんぞ、*梵網《ぼんもう》経には、「五千の鬼神、破戒の比丘の跡を払《はら》ふ」と云ひ、*涅槃経には、「国王・群臣、及び持戒の比丘は、応当《まさ》に破戒の者を*苦治《くじ》し駈遣《くけん》し呵嘖《かしゃく》すべし」と云へるや。

答ふ。もし*理の如き苦治は即ち仏教に順ずれども、もし理にあらざる悩乱は還《かえ》りて聖旨

う。正法は仏の滅後、教えが行なわれ、さとりもえられる時、像法は教えが行なわれても、さとりがえられなくなった時をいう。

寄付　託すること。

旋陀羅王　仏が教化したという竜王。旋陀利とも書く。阿育王経巻六(正蔵五〇ノ一四九中)。

梵網経　梵網経盧舎那仏説菩薩心地戒品巻一〇下(正蔵二四ノ一〇〇九上)の第四十三軽戒の文。

涅槃経　涅槃経(北本)巻三(正蔵一二ノ三八〇下―三八一中)、同(南本)巻三(同一二ノ六二〇中―六二一上)の取意。

苦治　懲しめ罰すること。

理の如き苦治　罪を罰する、いわゆる治法としては七種・九種などが律に定められていて、例えば重罪である波羅夷(はらい)(→二六頁「四重」注)罪を犯した場合、僧の身分を失うが、これに次ぐ程度の重い罪は、犯しても教団に残れるから僧残(そうざん)罪といい、これを犯して隠していた場合、その隠した日数だけ、僧としての権利を停止し、独り住するよう定められる。これを別住という。また隠していなくても、とくに六日間、別住を課し、この期間は上下の別なく、すべての僧を敬い尊敬しなくてはならない。これを摩那埵(まなた)という。その他、放逐する擯出、黙擯などがある。

に違ふ。故に相違はせざるなり。*月蔵分に、仏の言《のたま》へるが如し。

国王・群臣は、出家の者の、大罪業たる大殺生《せっしょう》・大偸盗《ちゅうとう》・大非梵行《ひぼんぎょう》・大妄語、及び余の不善を作すを見ては、かくの如き等の類を、ただ当に法の如く、国土・城邑・村落より*擯出《ひんずい》して、寺にあることを聴《ゆる》さざるべし。亦また僧の事業を同じくすることを得ず、利養の分は悉く共に同じくせざるも、鞭打《べんだ》することを得ざれ。もし鞭打せば、理《り》応ぜざる所なり。また亦、口もて*罵辱《めにく》すべからず。一切、その身に罪を加ふべからず。もし故《ことさ》ら法に違して罪を謫《せ》むれば、この人は便《すなわ》ち解脱に於て退落し、必定《ひつじょう》して阿鼻《あび》地獄に帰趣せん。いかにいはんや、仏の為に出家して、具さに戒を持《たも》てる者を鞭打せんをや。

と。〈略抄〉

問ふ。人間の*擯治《ひんじ》は差別然るべし。*非人《ひにん》の行《ぎょう》はなほいまだ決了せず。梵網経には一向に跡を払ふも、月蔵経には一向に供給《くきゅう》す。なんぞ忽ちに*乖角《けかく》せるや。

答ふ。罪福の旨を知らんが為には、要《かなら》ずすべからく人の行を決すべし。必ずしも非人の所行《しょぎょう》を決すべからず。*もしは制《せい》、もしは開《かい》、おのおの巨益《こやく》を生ず。或はまた人の意楽《いぎょう》の不同なるが如く、非人の願楽もまた不同なるのみ。学者、応に決すべし。

問ふ。*因論生論《いんろんしょうろん》、かの犯戒の出家の人に於て供養し悩乱せば、幾《いく》ばくの罪福を得るや。

答ふ。*十輪経の偈に云く、

恒河沙《ごうがしゃ》の仏の　*解脱幢相《げだつどうそう》の衣《ころも》を被《き》たり　これに於て悪心を起さば　定んで無間獄《むけんごく》に堕

月蔵分　大方等大集経巻五四(正蔵一三ノ三五九中―下)の略抄。

擯出　↓三一二頁「擯罰」注

罵辱　罵りはずかしめる。

擯治　擯出をまた擯治駆遣(ひんじくけん)ともいう。

非人　↓三一二頁「人非人」注

乖角　↓二八六頁注

もしは制…　禁ずるにしても、勧めるにしても。制は罰、開は供養。

因論生論　それではあえて反論するが。前の議論から、さらに論を引き出して先に進める。

十輪経の偈　大乗大集地蔵十輪経巻四(正蔵一三ノ七四二下)。

解脱幢相の衣　さまざまな邪しまの為に傾くことがないという意から、袈裟のことを指していう。

ちなん

と。〈袈裟を名づけて解脱幢の衣となす〉*月蔵分に云く、

もし彼を悩乱せば、その罪は*万億の仏身の血を出す罪よりも多し。もしこれを供養せば、なほ無量阿僧祇《あそうぎ》の大福徳聚《ふくとくじゅ》を得ん。

と。〈取意〉

問ふ。もししからば、一向に応にこれを供養すべし。なんぞこれを治《じ》して大罪報を招くべきや。

答ふ。もしその力ありてこれを苦治《くじ》せずは、彼もまた罪過を得ん。これ仏法の大いなる怨《あた》なり。故に*涅槃経の第三に云く、

持法の比丘は、戒を破り正法を壊《え》する者あるを見ては、即ち応に駆遣し、呵嘖し*挙処《こしょ》すべし。もし善比丘、壊法《えほう》の者を見て、置きて、呵嘖し駆遣し挙処せずは、当に知るべし、この人は仏法の中の怨なり。もし能く駆遣し呵嘖し挙処せば、これわが弟子にして、真の声聞なり。〈乃至〉もろもろの国王及び*四部《しぶ》の衆は、応当《まさ》にもろもろの*学人《がくにん》等を勧励して、*増上《ぞうじょう》の戒・定・智慧を得しむべし。もしこの三品《さんぼん》の法を学ばず、懈怠破戒にして正法を毀《やぶ》る者あらば、王者・大臣、四部の衆は応当に苦治すべし。

と。

また云く、

もし比丘ありて、禁戒《きんかい》を持《たも》つといへども、利養の為の故に、破戒の者とともに坐起行《ざきぎょう》来《らい》し、共に相親附《あいしんぷ》し、その事業《じごう》を同じくせば、これを破戒と名づく。〈乃至〉もし比丘

月蔵分に　大方等大集経巻五四(正蔵一三ノ三五九中)の取意。

万億の…　青蓮院本には「出万億仏身血之罪」とある。

涅槃経　涅槃経(北本)巻三(正蔵一二ノ三八一上―中)、同(南本)巻三(同一二ノ六二〇下―六二一上)。

挙処　罪の有無を糾明すること。

四部の衆　比丘・比丘尼・優婆塞・優婆夷の四衆。

学人　道を学び、修行に励む者。

増上の戒…　戒・定・慧の三を三学といい、さとりを得る者の修学する必須条件とするが、これらは勝れた強い力をもっているから、増上という。

ありて、阿蘭若処《あらんにゃしょ》にあれども諸根利《り》ならず、闇鈍《あんどん》*瞪瞢《とうもう》にして少欲に乞食し、*説戒《せっかい》の日及び*自恣《じし》の時に於ては、もろもろの弟子に教へて清浄に懺悔《さんげ》せしめ、弟子にあらざるものの、多く禁戒を犯せるを見ては、教へて清浄に懺悔せしむることあたはず。しかも便《すなわ》ち与共《とも》に説戒《せっかい》し自恣《じし》せば、これを愚痴僧《ぐちそう》と名づく。

と。〈已上、略抄〉明かに知んぬ、もしは過ぎ、もしは及ばざる、皆これ仏勅《ぶっちょく》に違《たが》ふことを。その間の消息は都《す》べて意《こころ》を得るにあり。

第十に、*助道の人法《にんぼう》とは、略して三あり。一には、明師の、*内外《ないげ》の律《りつ》に善《よ》くして、能く妨障《ぼうしょう》を開除するを須《もち》ひて、恭敬し承習《じょうじゅう》せよ。故に*大論に云く、

また雨の堕つるに、山の頂に住《とどま》らずして必ず下《ひく》き処に帰するが如し。もし人、憍心《きょうしん》もて自ら高くすれば、則ち法水入らず。もし善き師を恭敬《くぎょう》すれば、功徳これに帰す。

と。二には、同行《どうぎょう》の、共に嶮《けん》を渉《わた》るが如くするを須《もち》ひ、乃至、臨終まで互に相《あい》勧励せよ。故に*法華に云く、

善知識《ぜんちしき》はこれ大因縁なり。

と。また、

*阿難言く、「善知識はこれ半因縁《はんいんねん》なり」と。仏の言《のたま》はく、「しからず。これ全因縁なり」と。

と。三には、念仏相応の教文《きょうもん》に於て、常に応に受持し披読《ひどく》し習学すべし。故に*般舟経の偈

瞪瞢　瞪は眠気のさめないさま、または目の暗いさま。瞢は暗くはっきりしないさま。要するに、頭がぼんやりして、薄ぼけていること。

説戒　僧が集まって自己の行為を反省し、罪を犯したものは告白懺悔する集まり。これを布薩(ふさ)ともいい、戒律の条文である戒本が読みあげられる。

自恣　インドの雨期には三か月の間、僧は外出を避けて修行に専念するが、これを安居といった。これが開けた最初の日、普通、七月十六日、安居中の罪の有無を問う集まりが行なわれたもので、これを自恣という。

助道の人法　念仏の助けとなる人と経典。

内外の律　普通、仏教の典籍を内典、外道異教の典籍を外典というように、この内外の意を理解することもできるが、ここは源信の属した天台宗を内と見て、梵網菩薩戒を内律、小乗四分律を外律と呼んだものであろう。

大論　大智度論巻四九(正蔵二五ノ四一四中)。

法華　法華経巻七(正蔵九ノ六〇下)。

阿難言く…　付法蔵因縁伝巻六(正蔵五〇ノ三二二上)に、「昔阿難、仏に白して言へるが如し。世尊、善知識は、得道の利に於て半因縁を作すと。仏言はく、しからず、善知識は即ちこれ得道の全分因縁なりと」とある。

に云く、

この三昧経は真の仏語なり　たとひ遠方にこの経ありと聞くとも　道法を用ての故に
往《ゆ》きて聴受し　一心に*諷誦《ふうじゅ》して忘捨《もうしゃ》せざれ　仮使《たとい》往きて求めて聞くことを得ざらんも
その功徳の福は尽すべからず　能くその徳義を称量するものなし　いかにいはんや聞
き已りて即ち受持せんをや

と。〈四十里・〔四〕百里・〔四〕千里を以て遠方となすなり〉

問ふ。何等の教文か、念仏に相応するや。

答ふ。前に引く所の、西方の証拠の如きは皆これその文なり。しかれども、正しく西方の観行、并に九品《くほん》の行果《ぎょうか》を明《あか》すことは、観無量寿経〈一巻、*薑良耶舎《きょうりょうやしゃ》の訳〉にはしかず。弥陀の本願、并に極楽の細相を説くことは、双観無量寿経〈二巻、*康僧鎧《こうそうがい》の訳〉にはしかず。諸仏の相好、并に観相の滅罪を明すことは、観仏三昧経〈十巻或は八巻、*覚賢《かくけん》の訳〉にはしかず。色身《しきしん》・法身《ほっしん》の相、并に三昧の勝利《しょうり》を明すことは、般舟三昧経〈三巻或は二巻、*支婁迦《しるか》の訳〉・念仏三昧経〈六巻或は五巻、*功徳直《くどくじき》、玄暢《げんちょう》と共に訳す〉にはしかず。修行の方法を明すことは、上の三経、并に十往生経〈一巻〉・十住毘婆娑論〈十四巻或は十二巻、竜樹《りゅうじゅ》の造、*羅什《らじゅう》の訳〉にはしかず。日々の読誦は、小阿弥陀経〈一巻五紙、羅什の訳〉にはしかず。偈を結びて惣じて説くことは、無量寿経優《う》婆提舎願生偈《ばだいしゃがんしょうげ》〈或は浄土論と名づけ、或は往生論と名づく。世親《せしん》の造、*菩提留支《ぼだいるし》の訳、一巻〉にはしかず。修行の方法は、多く*摩訶止観《まかしかん》〈十巻〉、及び善導和尚《かしょう》の観念法門并に六時礼讃〈おのおの一巻〉にあり。問答料簡は、多く*天台の十疑〈一巻〉、道綽和尚の安楽集〈二巻〉、*慈恩《じおん》の西方要決〈一巻〉、

般舟経の偈　般舟三昧経巻下(正蔵一三ノ九一八上)。
諷誦　経文や偈文などを声をあげて誦すること。
薑良耶舎　五世紀初、劉宋文帝の時、建業に来朝したという。
康僧鎧　中央アジアの人という。三世紀中葉、洛陽に来て、この経を訳したというが、異論が多い。
覚賢　梵名は仏駄跋陀羅(ぶっだばだら)。北インドの人。五世紀初、中国に来朝。
支婁迦　詳しくは支婁迦讖(しるかせん)。中央アジア、大月氏の僧。二世紀中葉、洛陽に来て、竺仏朔と般舟三昧経を訳出。浄土教経典最初の翻訳。
功徳直…　功徳直は中央アジアの人。五世紀後半、来朝し、玄暢の請いによりこの経を訳出し、玄暢は文義を正し、表現をさぐったという。
羅什　詳しくは鳩摩羅什(くまらじゅう)。中央アジア亀茲(きじ)の人。もっとも偉大な翻訳家の一人。三論宗の祖。
菩提留支　正しくは菩提流支。北インドの人。六世紀初、洛陽に来て、翻訳に従事した。道綽は安楽集下巻にかれを中国浄土教の祖とみている。
摩訶止観　天台大師智顗の著。智顗は六世紀の人。天台宗第三祖であるが、教学の実際上の組織大成者。
天台の十疑　天台大師の浄土十疑論。
慈恩　慈恩大師窺基(き)。基ともいう。七世紀の人。玄奘三蔵の弟子。法相宗の大成者。

懐感《えかん》和尚の群疑論〈七巻〉にあり。往生の人を記すことは、多く迦才《かざい》師の浄土論〈三巻〉并に瑞《ずい》*応伝《おうでん》〈二巻〉にあり。その余は多しといへども、要はこれに過ぎず。

問ふ。行人《ぎょうにん》自《みずか》ら応にかの諸文を学ぶべし。何が故ぞ、今労《わずら》はしくこの文を著《あらわ》せるや。

答ふ。あに*前に言はずや。予《よ》が如き者、広き文を披《ひら》くこと難きが故に、いささかその要を抄すと。

問ふ。*大集経に云く、

或は経法《きょうぼう》を抄写《しょうしゃ》するに、文字を洗脱《せんだつ》し、或は他の法を損壊《そんえ》し、或は他の経を闇蔵せり。

この業縁に由りて、今盲《めしい》の報《むくい》を得。

と云々。しかるに今、経論を抄するに、或は多くの文を略し、或は前後を乱《みだ》る。応にこれ生盲《しょうもう》の因なるべし。なんぞ自ら害することをなすや。

答ふ。*天竺・震旦《しんたん》の論師《ろんじ》・人師《にんし》、経論の文を引くに、多く略して意を取れり。故に知んぬ、経旨を錯乱《さくらん》するはこれ盲の因たるも、文字を省略するはこれ盲の因にあらざることを。*いはんや、今《いま》抄する所は、多く正文《しょうもん》を引き、或はこれ諸師の出《いだ》せる所の文《もん》なり。また繁き文を出すことあたはざるに至りては、注して、或は乃至と云ひ、或は略抄と云ひ、或は取意と云へるなり。これ即ち学者をして本文《ほんもん》を勘《かんが》へ易からしめんと欲してなり。

問ふ。引く所の正文は誠に信を生ずべし。ただしばしば私の詞《ことば》を加へたるは、なんぞ人の謗《そしり》を招かざらんや。

答ふ。正文《しょうもん》にあらずといへども、しかも理を失はず。もしなほ謬《あやまり》あらば、いやしくもこ

瑞応伝　詳しくは往生西方瑞応刪伝。唐の文諗・少康の共著。東晋の慧遠より唐の邵願保まで、四十八人の伝記を載せる。天徳二年(九五八)初めて日本に将来された。

前に言はずや…　本書序文(一〇頁)を指す。

大集経　大方等大集経巻四四(正蔵一三ノ二九〇下)の取意。ただしこれは法苑珠林巻一七(正蔵五三ノ四一五下)または諸経要集巻二(正蔵五四ノ一五中)に引く、大集経の文からの孫引き。

天竺…　インド・中国の論の著者や世の人の師と仰がれる人。

いはんや　この前、他本には「或はまたかの十法行の中に於て、初の書写行に文を脱するは、これ過なるも、開解等の為に略抄するは、過にあらざるなり」の一文がある。十法行は十種法行。経典を受持するための十の方法行儀。勝天王般若波羅蜜経巻七に「この修多羅(しゅたら)を受持するに、十種の法あり。何等をか十となす。一には書写、二には供養、三には流伝、四には諦聴(たいちょう)、五には自読、六には憶持、七には広説、八には口誦(くじゅ)、九には思惟、十には修行なり」(正蔵八ノ七二五上)とあるもの。

れを執せず。見ん者、取捨して正理《しょうり》に順ぜしめよ。もし偏へに謗《そしり》を生ぜば、またあへて辞せず。*華厳経の偈に云ふが如し。

　もし菩薩の　種々の行を修行するを見て　善・不善の心を起すことありとも　菩薩は皆摂取す

と。当に知るべし、謗を生ずるもまたこれ結縁《けちえん》なり。我もし道を得ば、願はくは彼を引摂《いんじょう》せん。彼もし道を得ば、願はくは我を引摂せよ。乃至、菩提まで互に師弟とならん。

問ふ。因論生論、多日、筆を染めて身心を劬労《くろう》せし、その功なきにあらず。何事をか期するや。

答ふ。「*このもろもろの功徳に依りて　願はくは命終の時に於て　弥陀仏の　無辺の功徳の身を見たてまつることを得ん　我及び余の信者と　既にかの仏を見たてまつり已らば　願はくは離垢《りく》の眼《まなこ》を得て　無上菩提を証せん」となり。

往生要集　巻下

華厳経の偈　華厳経(八十巻本)巻七五(正蔵一〇ノ四一二下)。

このもろもろの…　究竟一乗宝性論巻四の終わり(正蔵三一ノ八四八上)に説く廻向文。ちなみにこの二偈は、迦才の浄土論巻上(正蔵四七ノ八九下)、同巻中(同四七ノ九六中)に引かれ、また、句数と文字に相違があるが、善導の往生礼讃偈(同四七ノ四四〇中—下)にも見える。

*永観《えいかん》二年甲申《きのえさる》冬十一月、天台山延暦寺《えんりやくじ》*首楞厳院《しゆりようごんいん》に於て、この文を撰集《せんじゆう》し、明年《あくるとし》夏四月、その功を畢《おわ》れり。一僧ありて夢みらく、*毘沙門天《びしやもんてん》、両の*丱《かん》〈音《おん》、串《かん》〉童《どう》を将《ひき》ゐて、来り告げて云く、「源信、撰《せん》する所の往生集は、皆これ経・論の文《もん》なり。一見《けん》・一聞《もん》の倫《ともがら》も、無上菩提を証すべし。すべからく一偈を加へて、広く流布《るふ》せしむべし」と。他日、夢を語る。故に偈を〔作りて〕曰く、

已に聖教《しようぎよう》及び正理《りようり》に依りて　衆生を勧進して極楽に生れしむ　乃至展転《てんでん》して一たびも聞かん者　願はくは共に速かに無上覚《むじようかく》を証《しよう》せん

と。

永観二年…　往生要集の成立年代を語るものとして注目される一文である。永観二年(九八四)は源信四十三歳の年。
首楞厳院　叡山三塔の一つ、横川(よかわ)の中堂。天台座主第三世円仁(えんにん)がこの地を開いて建立したもので、本尊は聖観音、左脇侍が毘沙門天、右脇侍は不動。源信はこの地の恵心院に住んだ。恵心僧都の名はここから来ている。
毘沙門天　梵語、多聞天と訳する。仏教守護の四天王の一。
丱童　あげまきに髪を結んだ幼童。
仏子…　仏弟子。釈子(しゃくし)に同じ。以下の文は、宋人、周文徳に与えた手紙。ここには、この書を宋に送ることが記されているので、このとき送られたものを遣宋本という。
西海道　いまの九州地方。
方語　方言。くになまり。

*仏子源信、暫く本山を離れ、*西海道《さいかいどう》の諸州、名嶽・霊窟に頭陀《ずだ》せるに、たまたま遠客《えんかく》著岸の日、図《はか》らざるに会面《えめん》せり。これ宿因《しゅくいん》なり。しかれどもなほ*方語《ほうご》、いまだ通ぜず。帰朝おのおの促し、更に*手札に封じて、述ぶるに心懐《しんかい》を以てす。

側《ほの》かに聞く、*法公《ほうこう》の本朝《ほんちょう》には三宝興隆《こうりゅう》すと。甚だ随喜す。わが国に東流《とうる》の教《おしえ》も、仏日《ぶつにち》再び中《あが》る。当今、極楽界を刻念《こくねん》し、法華経に帰依する者、熾盛《しじょう》なり。仏子はこれ極楽を念ずるその一なり。本習《ほんしゅう》深きを以ての故に、往生要集三巻を著《あらわ》して、観念《かんねん》に備へたり。それ一天《いってん》の下《もと》、一法《いっぽう》の中、皆四部の衆なり。いづれか親しく、いづれか疎《うと》からん。故にこの文を以て、あへて帰帆《きはん》に附す。そもそも、本朝にありてもなほその拙《つたな》きを慙《は》づ。いはんや他郷に於てをや。しかれども、本より一願を発《おこ》せしことなれば、たとひ誹謗の者ありとも、たとひ讃歎する者ありとも、併《ならび》に我と共に往生極楽の縁を結ばん。また先師《せんし》*故慈恵大僧正《こじえ》〈諱《いみな》良源《りょうげん》〉*観音讃《かんのんさん》を作り、*著作郎慶保胤《ちょさくろうよしのやすたね》、十六相讃及び日本往生伝を作り、前の*進士為憲《しんしためのり》、法華経賦を〔作れり〕。同じくまた贈りて、異域の、この志あるものに知らしめんと欲す。

ああ、*一生は苒々《ぜんぜん》たり。両岸蒼々《そうそう》たり。後会いかん。泣血《きゅうけつ》するのみ。不宣以状《ふせんいじょう》。

正月十五日　　天台楞厳院某申状《しんじょう》

大宋国某賓旅下

手札に…　手紙に書きつけて、心に思うことを述べることにしました。

法公の本朝　あなたの本国。当時、太祖によって統一を見た北宋は、そのあとを継いだ太宗(九七六―九九七)によって、完全な南北統一の国家に発展し、仏教も外護を受けて隆盛に向かっていた。天台宗は暗黒時代を脱して、義寂の門に義通、義通に遵式・知礼などを出し、ほかに悟恩・源清・智円も出、いわゆる山家山外(さんげさんがい)の活潑な論争を展開する。

故慈恵大僧正　源信の師、良源は永観三年(九八五)正月三日入寂したが、慈恵の称は諡号で、寛和三年(九八七)二月十六日の勅によって、故大僧正良源に追諡されたもの。これよりこの手紙は永延二年(九八八)以後とされる。↓補

観音讃　現存しない。

著作郎慶保胤　著作郎は中国の官名、日本では内記。慶滋保胤は大内記の職にあった。十六相讃は現存する。↓補

進士為憲　進士は日本では文章生(もんじょうしょう)のこと。源為憲(―一〇一一)は文章生の後、蔵人をへて、のち国司を歴任した。法華経賦は現存しない。

一生は…　一生は過ぎやすく、二人とももう年をとっています。いつの日また会えるか、別れを悲しむばかりです。十分意を尽くしません。謹言。

返報

大宋国*台州の弟子周文徳、謹んで啓す。

仲春漸く暖かにして、和風霞散《わふうかさん》す。伏して惟《おもん》みれば、法位《ほうい》動きなく、尊体泰《そんたいやす》きことありや。*不審《いぶか》し不審し。悚《おそ》る悚恐る。ただ文徳、入朝の初、まづ方《ほう》に向ひて禅室《ぜんしつ》に礼拝せり。旧冬の内、便信《びんしん》を喜びて委曲《いきょく》を啓上《けいじょう》せり。則ち*大府《だいふ》の貫主《かんしゅ》、豊嶋《とよしま》の才人に書状一封を附して奉上《たてま》つること先に畢んぬ。計《おもん》みるに、披覧《ひらん》を経《へ》つらんか。鬱望《うつぼう》の情、朝夕休まず。馳憤《ちふん》の際に便脚《びんぎゃく》に遇ひて、重ねて啓達す。ただ大師《だいし》撰択の往生要集三巻は、捧持《ほうじ》して天台の*国清《こくせい》寺に詣《いた》り、附入すること既に畢んぬ。則ちその*専当《せんとう》の僧、領状《りょうじょう》を予に請《う》けたり。ここに緇素《しそ》随喜し、貴賤帰依して、結縁の男女、弟子伍佰余人、おのおの虔心《けんしん》を発《おこ》し、浄財《じょうざい》を投捨し、国清寺に施入して、忽ちに五十間《けん》の廊屋《ろうおく》を飾り造れり。柱壁を彩画し、内外を荘厳し、供養し礼拝し、瞻仰《せんごう》し慶讃《けいさん》せり。仏日、光を重ね、法燈、朗《あきら》かなるを盛《さかん》にす。興隆仏法の洪基、往生極楽の因縁、ただここにあり。

*方今《ほうこん》、文徳、忝《かたじけな》く衰弊《すいへい》の時に遇へども、衣食を取るの難を免れたり。帝皇の恩沢《おんたく》を仰ぎ、いまだ詔勅を隔てず。*并日の食《じき》、甑《そう》を重《かさ》ねて塵を積まんとするも、なんぞ飢饉の惑を避けんや。伏して乞ふ、大師、*照鑑《しょうかん》を垂れよ。弟子、憤念の至りに勝《た》へず。敬みて*礼代《れいだい》の状を表す。不宣謹言。

二月十一日　　大宋国弟子周文徳申状

謹上　天台楞厳院源信大師禅室　法座前

台州　浙江省臨海県にある。

不審…　近況がわからないので、心配です。

大府…　大府は中国の官庁名。日本では大蔵省。人物については不明。

国清寺　天台山国清寺は天台宗の根本道場。最澄・義真・円仁・円載・円珍・成尋・俊芿(しゅんじょう)など、みなここを訪ねている。

専当の…　掛りの僧が受領の書状を渡してくれました。

方今…　ただいま、わたしは困窮の時に遭遇しています。

并日の食…　一日の食物をくいのばし、甑(こしき)は重ねたまま、塵を積むような苦しい生活に耐えていますが。

照鑑を…　どうか、ご照覧ください。わたしはこの苦しみの思いをどうすることもできません。

礼代の状　お礼の手紙をさしあげます。

往生要集原文

源信

往生要集　巻上　尽第四門半

天台首楞厳院沙門源信撰

夫往生極楽之教行、濁世末代之目足也、道俗貴賤、誰不帰者、但顕密教法、其文非一、事理業因、其行惟多、利智精進之人、未為難、如予頑魯之者、豈敢矣、是故依念仏一門、聊集経論要文、披之修之、易覚易行、惣有十門、分為三巻、一厭離穢土、二欣求浄土、三極楽証拠、四正修念仏、五助念方法、六別時念仏、七念仏利益、八念仏証拠、九往生諸業、十問答料簡、置之座右、備於廃忘矣

大文第一、厭離穢土者、夫三界無安、最可厭離、今明其相、惣有七種、一地獄、二餓鬼、三畜生、四阿修羅、五人、六天、七惣結

第一、地獄亦分為八、一等活、二黒縄、三衆合、四叫喚、五大叫喚、六焦熱、七大焦熱、八無間

初、等活地獄者、在於此閻浮提之下一千由旬、縦広一万由旬、此中罪人、互常懐害心、若適相見、如猟者逢鹿、各以鉄爪、而互爴裂、血肉既尽、唯有残骨、或獄率、手執鉄杖鉄棒、従頭至足、遍皆打築、身躰破砕、猶如沙揣、或以極利刀、分分割肉、如厨者屠魚肉、涼風来吹、尋活如故、欻然復起、如前受苦、或云、空中有声云、此諸有情、可還等活、或云、獄率以鉄叉打地、唱云活活、如是等苦、不可具述、〈已上、依智度論瑜伽論諸経要集撰之〉以人間五十年、為四天王天一日一夜、其寿五百歳、以四天王天寿、為此地獄一日一夜、其寿五百歳、煞生之者、堕此中〈已上寿量依倶舎、業因依正法念経、下六亦同之〉優婆塞戒経、以初天一年、為初地獄日夜、下去准之

此地獄四門之外、復有十六眷属別処、一屎泥処、謂有極熱屎泥、其味最苦、金剛嘴虫、充満其中、罪人在中、食此熱屎、諸虫聚集、一時競食、破皮噉宍、折骨唼髄、昔煞鹿煞鳥之者、堕此中、二刀輪処、謂鉄壁周匝、高十由旬、猛火熾然、常満其中、人間之火、比此如雪、纔触其身、砕如芥子、又雨熱鉄、猶如盛雨、復有刀林、其刃極利、復有雨刃如雨而下、衆苦交至、不可堪忍、昔貪物煞生之者、堕此中、三瓮熟処、謂執罪人入鉄瓮中、煎熟如豆、昔煞生煮食之者、堕此中、四多苦処、謂此地獄、有十千億種無量楚毒、不可具説、昔以縄縛人、以杖打人、駈人令行於遠路、従嶮処落人、薫煙悩人、令怖小児、如是等、種種悩人之者、皆堕此中、五闇冥処、謂在黒闇処、常為闇火所焼、大力猛風、吹金剛山、合磨合砕、猶如散沙、熱風所吹、如利刀割、昔掩羊口鼻、二塼之中置亀押煞者、堕此中、六不喜処、謂有大火炎、昼夜焚焼、熱炎嘴鳥、狗犬野干、其声極悪、甚可怖畏、常来食噉、骨肉狼藉、金剛嘴虫、骨中往来、而食其髄、昔吹貝打鼓、作可畏声、煞害鳥獣之者、堕此中、七極苦処、謂在嶮岸下、常為鉄火所焼、昔放逸煞生之者、堕

此中〈已上依正法念経、自余九処、経中不説〉

　二、黒縄地獄者、在等活下、縦広同前、獄率執罪人、臥熱鉄地、以熱鉄縄縦横拼身、以熱鉄斧、随縄切割、或以鋸解、或以刀屠、作百千段処処散在、又懸熱鉄縄、交横無数、駈罪人令入其中、悪風暴吹、交絡其身、焼肉焦骨、楚毒無極〈已上、瑜伽論智度論〉又左右有大鉄山、山上各建鉄幢、幢頭張鉄縄、縄下多有熱鑊、駈罪人、令負鉄山従縄上行、遙落鉄鑊、摧煮無極〈観仏三昧経〉等活地獄、及十六処、一切諸苦十倍重受、獄率呵嘖罪人云、心是第一怨、此怨最為悪、此怨能縛人、送到閻羅処、汝独地獄焼、為悪業所食、妻子兄弟等親眷不能救〈乃至広説〉後五地獄、各以前前一切地獄所有諸苦十倍重受、例応知之〈已上、正法念経意〉以人間一百歳、為忉利天一日夜、其寿一千歳、以忉利天寿、為一日夜、此地獄寿、一千歳、煞生偸盗之者、堕此中

　復有異処、名等喚受苦処、謂挙在嶮岸無量由旬、熱炎黒縄束縛、繋已、然後推之、堕利鉄刀熱地之上、鉄炎牙狗之所噉食、一切身分、分分分離、唱声吼喚、無有救者、昔説法依悪見論、一切不実、不顧一切、投岸自煞者、堕此、復有異処、名畏熱処、謂獄率怒杖急打、昼夜常走、手執火炎鉄刀、挽弓弩箭、随後走逐、斫打射之、昔食物故、煞人縛人奪食之者、堕此〈正法念経略抄〉

　三、衆合地獄者、在黒縄下、縦広同前、多有鉄山、両両相対、牛頭馬頭等諸獄率、手執器仗、駈令入山間、是時両山迫来合押、身躰摧砕、血流満地、或有鉄山、従空而落、打於罪人、砕如沙揣、或置石上、以巌押之、或入鉄臼、以鉄杵擣、極悪獄鬼、并熱鉄師子虎狼等諸獣、烏鷲等鳥、競来食噉〈瑜伽大論〉又鉄炎嘴鷲、取其腸已、掛在樹頭、而噉食之

　彼有大江、中有鉄鉤、皆悉火燃、獄率執罪人、擲彼河中、堕鉄鉤上、又彼河中、〔有〕熱赤銅汁、漂彼罪人、或有身如日初出者、有身沈没如重石者、有挙手向天而号哭者、有共相近而号哭者、久受大苦、無主無救

　又復獄率、取地獄人、置刀葉林、見彼樹頭、有好端政厳飾婦女、如是見已、即上彼樹、樹葉如刀、割其身肉、次割其筋、如是劈割一切処、已得上樹已、見彼婦女、復在於地、以欲媚眼、上看罪人、作如是言、念汝因縁、我到此処、汝今何故、不来近我、何不抱我、罪人見已、欲心熾盛、次第復下、刀葉向上、利如剃刀、如前遍割一切身分、既到地已、而彼婦女復在樹頭、罪人見已、而復上樹、如是無量百千億歳、自心所誑、彼地獄中、如是転行、如是被焼、邪欲為因〈乃至広説〉獄率呵嘖罪人説偈曰、非異人作悪、異人受苦報、自業自得果、衆生皆如是〈正法念経〉以人間二百歳、為夜摩天一日夜、其寿二千歳、以彼天寿、為此地獄一日夜、其寿二千歳、煞生偸盗邪婬之者、堕此中

　此大地獄、復有十六別処、謂有一処、名悪見処、取他児子、強逼邪行、令号哭者、堕此受苦、謂罪人見自児子、在地獄中、獄率

若以鉄杖、若以鉄錐、刺其陰中、若以鉄鉤、釘其陰中、既見自子如是苦事、愛心悲絶、不可堪忍、此愛心苦、於火焼苦、十六分中、不及其一、彼人如是心苦逼已、復受身苦、謂頭面在下、盛熱銅汁、灌其糞門、入其身内、焼其熟蔵大小腸等、次第焼已、在下而出、具受身心二苦、無量百千年中不止、又有別処、名多苦悩、謂男於男行邪行者、堕此受苦、謂見本男子、一切身分、皆悉熱炎、来抱其身、一切身分、皆悉解散、死已復活、極生怖畏、走避而去、堕於嶮岸、有炎嘴烏炎口野干、而噉食之、復有別処、名忍苦処、取他婦女者、堕此受苦、謂獄率懸之樹頭、頭面在下、足在於上、下燃大炎、焼一切身分、焼尽復生、唱喚開口、火従口入、焼其心肺生熟蔵等、余如経説〈已上、正法念経略抄〉

四、叫喚地獄者、在衆合下、縦広同前、獄率頭黄如金、眼中火出、著赭色衣、手足長大、疾走如風、口出悪声、而射罪人、罪人惶怖、叩頭求哀、願垂慈愍、少見放捨、雖有此言、弥増瞋怒〈大論〉或以鉄棒打頭、従熱鉄地令走、或置熱熬、反覆炙之、或擲熱鑊而煎煮之、或駈入猛炎鉄室、或以鉗開口而灌洋銅、焼爛五蔵、従下直出〈瑜伽論大論〉罪人説偈、傷恨閻羅人言、汝何無悲心、復何不寂静、我是悲心器、於我何無悲、時閻羅人答罪人曰、已為愛羂誑、作悪不善業、今受悪業報、何故瞋恨我、又云、汝本作悪業、為欲癡所誑、彼時何不悔、今悔何所及〈正法念経〉以人間四百歳、為覩率天一日夜、其寿四千歳、以覩率寿、為此獄一日夜、其寿四千歳、煞盗婬飲酒者、堕此中

復有十六別処、其中有一処、名火末虫、昔売酒加益水者、堕此中具四百四病〈風黄冷雑、各有百一病、合有四百四〉其一病力、於一日夜、能令四大洲若干人皆死、又自身虫出、破其皮肉骨髄飲食、復有別処、名雲火霧、昔以酒与人令酔已、調戯拚之、令彼羞恥之者、堕此受苦、謂獄火満厚二百肘、獄率捉罪人、令行火中、従足至頭、一切洋消、挙之還生、如是無量百千歳、与苦不止、余如経文、又獄率呵嘖罪人説偈云、於仏所生癡、壊世出世事、焼解脱如火、所謂酒一法〈正法念経〉

五、大叫喚地獄者、在叫喚下、縦広同前、苦相亦同、但前四地獄、及諸十六別処、一切諸苦十倍重受、以人間八百歳、為化楽天一日夜、其寿八千歳、以彼天寿、為此獄一日夜、其寿八千歳、煞盗婬飲酒妄語者堕此中、獄率前呵嘖罪人説偈云、妄語第一火、尚能焼大海、況焼妄語人、如焼草木薪

復有十六別処、其中一処、名受鋒苦、熱鉄利針口舌倶刺、不能啼哭、復有別処、名受無辺苦、獄率以熱鉄鉗、抜出其舌、抜已復生、生則復抜、抜眼亦然、復以刀削其身、刀甚薄利、如剃頭刀、受如是等異類諸苦、皆是妄語之果報也、余如経説〈正法念経略抄〉

六、焦熱地獄者、在大叫喚之下、縦広同前、獄率捉罪人、臥熱鉄地上、或仰或覆、従頭至足、以大熱鉄棒、或打或築、令如肉摶、或置極熱大鉄熬上、猛炎炙之、左右転之、表裏焼薄、或以大鉄串、

従下貫之、徹頭而出、反覆炙之、令彼有情諸根毛孔、及以口中悉皆炎起、或入熱鑊、或置鉄楼、鉄火猛盛徹於骨髄〈瑜伽論大論〉若以此獄豆許之火、置閻浮提、一時焚尽、況罪人之身、耎如生蘇、長時焚焼、豈可忍哉、此地獄人、望見前五地獄之火、猶如霜雪〈正法念経〉以人間千六百歳、為他化天一日夜、其寿万六千歳、以他化天寿、為日夜、此獄寿亦然、煞盗婬飲酒妄語邪見之者、堕此中

　四門之外、復有十六別処、其中有一処、名分茶離迦、謂彼罪人、一切身分、無芥子許無火炙処。異地獄人如是説言、汝疾速来、汝疾速来、此有分茶離迦池、有水可飲、林有潤影、随而走趣、道上有坑、満中熾火、罪人入已、一切身分、皆悉焼尽、焼已復生、生已復焼、渇欲不息、便前進入、既入彼処、分茶離迦炎燃、高五百由旬、彼火焼炙、死而復活、若人自餓死、望得生天、復教他人、令住邪見者、堕此中、復有別処、名闇火風、謂彼罪人、悪風所吹、在虚空中、無所依処、如輪疾転、身不可見、如是転已、異刀風生、砕身如沙、分散十方、散已復生、生已復散、恒常如是、若人作如是見、一切諸法、有常無常、無常者身、常者四大、彼邪見人、受如是苦、余如経説〈正法念経〉

　七、大焦熱地獄者、在焦熱下、縦広同前、苦相亦同〈大論瑜伽論〉但前六地獄根本別処一切諸苦、十倍具受、不可具説、其寿半中劫、煞盗婬飲酒妄語邪見、并汚浄戒尼之者、堕此中、此悪業人、先於中有、見大地獄相、有閻羅人、面有悪状、手足極熱、捩身怒肱、罪人見之、極大怯怖、其声如雷吼、罪人聞之、恐怖更増、其手執利刀、腹肚甚大、如黒雲色、眼炎如燈、鉤牙鋒利、臂手皆長、揺動作勢、一切身分、皆悉麁起、如是種種可畏形状、堅繋罪人咽、如是将去、過六十八百千由旬地海洲城、在海外辺、復行三十六億由旬、漸漸向下十億由旬

　一切風中、業風第一、如是業風、将悪業人去、到彼処、既到彼已、閻魔羅王種種呵嘖、呵嘖既已、悪業羂縛、出向地獄、遠見大焦熱地獄普大炎燃、又聞地獄罪人啼哭之声、悲愁恐魄、受無量苦、如是無量百千万億、無数年歳、聞啼哭声、十倍恐魄、心驚怖畏、閻羅人呵嘖之言、汝聞地獄声、已如是怖畏、何況地獄焼、如焼乾薪草、火焼非是焼、悪業乃是焼、火焼則可滅、業焼不可滅云云、如是苦呵嘖已、将向地獄、有大火聚、其聚挙高五百由旬、其量寛広二百由旬、炎燃熾盛、彼人所作悪業勢力、急擲其身、堕彼火聚、如大山岸推在険岸〈已上、正法念経略抄〉

　此大焦熱地獄四門之外、有十六別処、其中一処、一切無間、乃至虚空、皆悉炎燃、無針孔許不炎燃処、罪人火中発声唱喚、無量億歳、常焼不止、犯清浄優婆夷之者、堕此中、復有別処、名普受一切苦悩、謂炎刀剝割一切身皮、不侵其肉、既剝其皮、与身相連、敷在熱地、以火焼之、以熱鉄沸、灌其身躰、如是無量億千歳、受大苦也、比丘以酒、誘誑持戒婦女、壊其心已、然後共行或与財物之者、堕此中、余如経説〈正法念経略抄〉

八、阿鼻地獄者、在大焦熱之下欲界最底之処、罪人趣向彼時、先中有位、啼哭説偈言、一切唯火炎、遍空無中間、四方及四維、地界無空処、一切地界処、悪人皆遍満、我今無所帰、孤独無同伴、在悪処闇中、入大火炎聚、我於虚空中、不見日月星、時閻羅人以瞋怒心答曰、或増劫或減劫、大火焼汝身、癡人已作悪、今何用生悔、非是天修羅、健達婆竜鬼、業羅所繋縛、無人能救汝、如於大海中、唯取一掬水、此苦如一掬、後苦如大海、既呵嘖已、将向地獄、去彼二万五千由旬、聞彼地獄啼哭之声、十倍悶絶、頭面在下、足在於上、逕二千年、皆向下行〈正法念経略抄〉

彼阿鼻城、縦広八万由旬、七重鉄城、七層鉄網、下有十八隔、刀林周帀、四角有四銅狗、身長四十由旬、眼如電、牙如剣、歯如刀山、舌如鉄刺、一切毛孔、皆出猛火、其烟臭悪、世間無喩、有十八獄率、頭如羅刹、口如夜叉、有六十四眼、迸散鉄丸、鉤牙上出、高四由旬、牙頭火流、満阿鼻城、頭上有八牛頭、一一牛頭、有十八角、一一角頭、皆出猛火、又七重城内、有七鉄幢、幢頭火踊、猶如沸泉、其炎流迸、亦満城内、四門閫上、有八十釜、沸銅涌出、亦満城内、一一隔間、有八万四千鉄蟒大蛇、吐毒吐火、身満城内、其蛇哮吼、如百千雷、雨大鉄丸、亦満城内、有五百億虫、有八万四千嘴、嘴頭火流、如雨而下、此虫下時、獄火弥盛、遍照八万四千由旬、又八万億千、苦中苦者、集在此中〈観三昧経仏略抄〉

瑜伽第四云、従東方多百踰繕那三熱大鉄地上、有猛熾火騰焔而来、刺彼有情、穿皮入肉、断筋破骨、復徹其髄、焼如脂燭、如是挙身、皆成猛焔、如従東方、南西北方、亦復如是、由此因縁、彼諸有情、与猛焔和雑、唯見火聚従四方来、火焔和雑、無有間隙、所受苦痛、亦無間隙、唯聞苦逼号叫之声、知有衆生、又以鉄箕、盛満三熱鉄炭、而簸揃之、復置熱鉄地上、令登大熱鉄山、上而復下、下而復上、従其口中、抜出其舌、以百鉄釘、而張之令無皺襵、如張牛皮、復更仰臥熱鉄地上、以熱鉄鉆、鉆口令開、以三熱鉄丸、置其口中、即焼其口及以咽喉、徹於府蔵、従下而出、又以洋銅而灌其口、焼喉及口、徹於府蔵、従下流出〈已上、瑜伽、言三熱者、焼燃極焼燃、遍極焼燃〉

七大地獄、并及別処、一切諸苦、以為一分、阿鼻地獄一千倍勝、如是阿鼻地獄之人、見大焦熱地獄罪人、如見他化自在天処、四天下処、欲界六天、聞地獄気、即皆消尽、何以故、以地獄人極大臭故、地獄臭気、何故不来、有二大山、一名出山、二名没山、遮彼臭気、若人聞一切地獄所有苦悩、皆悉不堪、聞此則死、如是阿鼻大地獄処、於千分中、不説一分、何以故、不可説尽、不可得聴、不可譬喩、若有人説、若有人聴、如是之人、吐血而死〈正法念経略抄〉此無間獄、寿一中劫〈倶舎論〉造五逆罪、撥無因果、誹謗大乗、犯四重、虚食信施者、堕此中〈依観仏三昧経〉

此無間獄四門之外、亦有十六眷属別処、其中一処、名鉄野干食処、謂罪人身上、火燃十由旬量、諸地獄中、此苦最勝、又雨鉄塼、如盛夏雨、身躰破砕、猶如乾脯、炎牙野干、常来食噉、於一切時、受苦不止、昔焼仏像焼僧房焼僧臥具之者、堕此中、復有別処、名黒肚処、謂飢渇焼身、自食其肉、食已復生、生已復食、有黒肚蛇、繞彼罪人、始従足甲、漸漸齧食、或入猛火焚焼、或在鉄鑊煎煮、無量億歳、受如此苦、昔取仏財物、食用之者、堕此中、復有別処、名雨山聚処、謂一由旬量鉄山、従上而下、打彼罪人、砕如沙揣、砕已復生、生已復砕、又有十一炎、周遍焼身、又獄率以刀、遍割身分、極熱白鑞汁、入其割処、四百四病、具足常有、長久受苦、無有年歳、昔取辟支仏之食、自食不与之者、堕此、復有別処、名閻婆度処、有悪鳥、身大如象、名曰閻婆、嘴利出炎、執罪人遙上空中、東西遊行、然後放之、如石堕地、砕為百分、砕已復合、合已復執、又利刃満道、割其足脚、或有炎歯狗、来齧其身、於長久時、受大苦悩、昔決断人用之〔河〕、令人渇死之者、堕此、余如経説〈已上、正法念経〉

瑜伽第四、通説八大地獄近辺別処云、謂彼一切諸大那落迦、皆有四方四岸四門、鉄墻囲遶、従其四方四門出已、其一一門外、置四出園、謂煻煨斉膝、彼諸有情、出為求舎宅、遊行至此、下足之時、皮肉及血、並即消爛、挙足還生、次此煻煨無間、即有死屍糞埿、此諸有情、為求舎宅、従彼出已、漸漸遊行、陥入其中、首足倶没、又屍糞泥内、多有諸虫、名孃矩吒、穿皮入肉、断筋破骨、取髄而食、次屍糞埿無間、有利刀剣仰刃為路、彼諸有情、為求舎宅、従彼出已、遊行至此、下足之時、皮肉筋血、悉皆消爛、挙足之時、還復如故、次刀剣刃路無間、有刃葉林、彼諸有情、為求舎宅、従彼出已、往趣彼陰、纔坐其下、微風遂起、刃葉堕落、斫截其身一切支節、便即躃地、有黒黧狗、揸掣脊胎、而噉食之、従此刃葉林無間、有鉄設拉末梨林、彼諸有情、為求舎宅、便来趣之、遂登其上、当登之時、一切刺鋒、悉迴向下、欲下之時、一切刺鋒、復迴向上、由此因縁、貫刺其身、遍諸支節、尓時便有鉄觜大烏、上彼頭上、或上其髆、探啄眼精、而噉食之、従鉄設拉末梨林無間、有広大河、沸熱灰水、弥満其中、彼諸有情、尋求舎宅、従彼出已、来堕此中、猶如以豆置之大鑊、燃猛熾火而煎煮之、随湯騰湧、周旋迴復、於河両岸、有諸獄率、手執杖索及以大網、行烈而住、遮彼有情、不令得出、或以索羂、或以網漉、復置広大熱鉄地上、仰彼有情、而問之言、汝等今者、欲何所須、如是答言、我等今者、竟無覚知、然為種種飢苦所逼、時彼獄率、即以鉄鉗、鉗口令開、便以極熱焼燃鉄丸、置其口中、余如前説、若彼答言我今唯為渇苦所逼、尓時獄率、便即洋銅以灌其口、由是因縁、長時受苦、乃至先世所造一切〔悪業〕、能感那落迦、悪不善業未尽、未出此中、若刀剣刃路、若刃業林、若鉄設拉末梨林、捴之為一、故有四園〈已上、瑜伽并倶舎意、一一地獄四門之外、各有四園、合為十六、不同正法念経八大地獄十六別処名相各別〉復有頞部陀等八寒地獄、具如経論、不遑述之第二、明餓鬼道者、住処有二、一者在地下五百由旬、閻魔王界、二者在人天之間、其相甚多、今明少分、或有鬼、名鑊身、其身長大、過人両倍、無有面目、手足猶如鑊脚、熱火満中、焚焼其身、昔貪財屠煞之者、受此報、或有鬼、名食吐、其身広大、長半由旬、常求嘔吐、困不能得、昔或丈夫、自噉美食、不与妻子、或婦人、自食不与夫子、受此報、或有鬼、名食気、世人依病、水辺林中設祭、嗅此香気、以自活命、昔於妻子等前、独噉美食之者、受此報、或有鬼、名食法、於嶮難処、馳走求食、色如黒雲、涙流如雨、若至僧寺、有人呪願説法之時、因此得力活命、昔為貪名利、不浄説法之者、受此報、或有鬼、名食水、飢渇焼身、周慞求水、困不能得、長髪覆面、目無所見、走趣河辺、若人渡河、脚足之下、遺落余水、速疾接取、以自活命、或人掬水、施亡父母、則得少分、命得存立、若自取水、守水諸鬼、以杖撾打、昔沽酒加水、或沈蚓蛾、不修善法之者、受此報、或有鬼、名悕望、世人為亡父母、設祀之時、得而食之、余悉不能食。若人労而得少物、誑惑取用之者、受此報

或有鬼、生海渚中、無有樹林河水、其処甚熱、以彼冬日、比人間夏、過踰千倍、唯以朝露、而自活命、雖住海渚、見海枯竭、昔行路之人、病苦疲極、欺取其賈、与直薄少之者、受此報、或有鬼、常至塚間、噉焼屍火、猶不能足、昔典主刑獄、取人飲食之者、受此報、或有餓鬼、生在樹中、逼迮押身、如賊木虫、受大苦悩、昔伐陰涼樹、及伐衆僧園林之者、受此報〈正法念経〉或復有鬼、頭髪垂下、遍纏身躰、其髪如刀、刺切其身、或変作火、周匝焚焼、或有鬼、昼夜各生五子、随生食之、猶常飢乏〈六波羅蜜経〉復有鬼、一切之食、皆不能噉、唯自破頭、取脳而食、或有鬼、火従口出、飛蛾投火、以為飲食、或有鬼、食糞涕濃。血洗器遺余〈大論〉

又有依外障不得食鬼、謂飢渇常急、身躰枯竭、適望清流、走向趣彼、有大力鬼、以杖逆打、或変作火、或悉枯涸、或有依内障不得食鬼、謂口如針孔、腹如大山、縦逢飲食、無由噉之、或有無内外障而不能用鬼、謂適逢少食而食噉者、変作猛焔、焼身而出〈瑜伽論〉以人間一月、為一日夜、成月年、寿五百歳、正法念経云、慳貪嫉妬者、堕餓鬼道

第三、明畜生道者、其住処有二、根本住大海、支末雑人天、別論、有三十四億種類、惣論、不出三、一者禽類、二者獣類、三者虫類、如是等類、強弱相害、若飲若食、未曾暫安、昼夜之中、常懐怖懼、況復諸水性之属、為漁者所害、諸陸行之類、為猟者所害、若如象馬牛驢駱駝騾等、或鉄鉤斲其脳、或穿鼻中、或轡繫首、身常負重、加諸杖捶、但念水草、余無所知、又蚰蜒鼠狼等、闇中而生、闇中而死、蟣蝨蚤等依人身生、還依人死、又諸竜衆、受三熱苦、昼夜無休、或復蟒蛇、其身長大、聾騃無足、宛転腹行、為諸小虫之所唼食。如是諸畜生、或経一中劫、受無量苦、或遇諸違縁、数被残害、此等諸苦、不可勝計、愚癡無慚、徒受信施、他物不償

者、受此報

第四、明阿修羅道者、有二、根本勝者、住須弥山北巨海之底、支流劣者、在四大洲間山巌之中、雲雷若鳴、謂是天鼓、怖畏周章、心大戦悼、亦常為諸天之所侵害、或破身躰、或夭其命、又日日三時、苦具自来逼害、種種憂苦、不可勝説

第五、明人道者、略有三相、応審観察、一不浄相、二苦相、三無常相

一不浄者、凡人身中、有三百六十之骨、節節相拄、謂指骨拄足骨、足骨拄踝骨、踝骨拄𨄔骨、𨄔骨拄膝骨、膝骨拄䏶骨、䏶骨拄臗骨、臗骨拄腰骨、腰骨拄脊骨、脊骨拄勒。骨、復脊骨拄項骨、項骨拄頷骨、頷骨拄牙歯、上有髑髏、復項骨拄肩骨、肩骨拄臂骨、臂骨拄腕骨、腕骨拄掌骨、掌骨拄指骨、如是展転、次第鏁成〈大経〉三百六十骨聚所成、如朽壊舎、諸節支持、以四細脉周帀弥布、五百分宍、猶如泥塗、六脉相繋、五百筋纏、七百細脉、以為編絡、十六麁脉、鉤帯相連、有二肉縄、長三尋半、於内纏結、十六腸胃、繞生熟蔵、二十五気脉、猶如窓隟、一百七関、宛如破器、八万毛孔、如乱草覆、五根七竅、不浄盈満、七重皮裹、六味長養、猶如祠火呑受無猒、如是之身、一切臭穢、自性殨爛、誰当於此愛重憍慢〈宝積経九十六〉或云、九百臠覆其上、九百筋連其間、有三万六千之脉、三升之血、在中流注、有九十九万之毛孔、諸汗常出、九十九重之皮、而裹其上〈已上身中骨肉等〉

又腹中有五蔵、葉葉相覆、靡靡向下、状如蓮華、孔竅空疎、内外相通、各有九十重、肺蔵在上、其色白、肝蔵其色青、心蔵在中央、其色赤、脾蔵其色黄、腎蔵在下、其色黒、又有六府、謂大腸為伝送之府、亦為肺府、長三尋半、其色白、胆為清浄之府、亦為肝府、其色青、小腸為受盛之府、亦為心府、長十六尋、其色赤、胃為五穀之府、亦為脾府、三升糞在中、其色黄、膀胱為津液之府、亦為腎府、一斗尿在中、其色黒、三膲為中瀆之府、如此等物、縦横分布、大小二腸、赤白交色、十八周転、如毒蛇蟠〈已上、腹中府蔵〉

又従頂至趺、従髄至膚、有八万戸虫、四頭四口、九十九尾、形相非一、一一戸復有九万細虫、小於秋毫〈禅経、次第禅門等〉宝積経云、初出胎時、経於七日、八万戸虫、従身而生、縦横食噉、有二戸虫、名為舐髪、依髪根住、常食其髪、二戸虫、名繞眼、依眼住、常食眼、四戸虫、依脳食脳、一戸名稲葉、依耳食耳、一戸名蔵口、依鼻食鼻、二戸、一名遙擲、二名遍擲、依唇食唇、一戸名針口、依舌食舌、五百戸、依左辺食左辺、右辺亦然、四戸食生蔵、二戸食熟蔵、四戸依小便道、食尿而住、四戸依大便道、食糞而住、乃至、一戸名黒頭、依脚食脚、如是八万、依止此身、昼夜食噉、令身熱悩、心有憂愁、衆病現前、無有良医能為除療〈出第五十〔五〕七略抄〉僧伽吒経説、人将死時、諸虫怖畏、互相噉食、受諸苦痛、男女眷属、生大悲悩、諸虫相食、唯有二虫、七日闘諍、過七日已、

一虫命尽、一虫猶存〈已上虫蛆〉又縦食上饍衆味、逕宿之間、皆為不浄、譬如糞穢大小倶臭、此身亦尓、従少至老、唯是不浄、傾海水洗、不可令浄潔、外雖施端厳相、内唯裹諸不浄、猶如画瓶而盛糞穢〈大論、止観等意〉故禅経偈云、知身臭不浄、愚者故愛惜、外視好顔色、不観内不浄〈已上、挙躰不浄〉

況復命終之後、捐捨塚間、経一二日乃至七日、其身膖脹、色変青瘀、臭爛皮穿、膿血流出、鵰鷲鵄梟、野干狗等、種種禽獣、攎掣食噉、禽獣食已、不浄潰爛、有無量種虫蛆、雑出臭処、可悪過於死狗、乃至成白骨已、支節分散、手足髑髏、各在異処、風吹日曝、雨灌霜封、積有歳年、色相変異、遂腐朽砕末、与塵土相和〈已上、究竟不浄、見大般若止観等〉当知、此身始終不浄、所愛男女皆亦如是、誰有智者、更生楽著、故止観云、未見此相、愛染甚強、若見此已、欲心都罷、懸不忍耐、如不見糞、猶能噉飯、忽聞臭気、即便嘔吐、又云、若証此相、雖復高眉翠眼皓歯丹唇、如一聚屎粉覆其上、亦如爛屍仮著繒彩、尚不眼見、況当身近、雇鹿杖自害、況歘抱婬楽、如是想者、是婬欲病之大黄湯〈已上〉

二苦者、此身従初生時、常受苦悩、如宝積経説、若男若女、適生堕地、或以手捧、或衣承接、或冬夏時、冷熱風触、受大苦悩、如生剝牛触於墻壁〈取意〉長大之後、亦多苦悩、同経説、受於此身、有二種苦、所謂眼耳鼻舌、咽喉牙歯、胸腹手足、有諸病生、如是四百四病、逼切其身、名為内苦、復有外苦、所謂或在牢獄、撾打楚撻、或劓耳鼻、及削手足、諸悪鬼神、而得其便、復為蚊虻蛒等毒虫、之所唼食、寒熱飢渇、風雨並至、種種苦悩、逼切其身、此五陰身、一一威儀、行住坐臥、無不皆苦、若長時行、不暫休息、是名為外苦、住及坐臥、亦復皆苦〈略抄〉諸余苦相、眼前可見、不可俟説

三無常者、涅槃経云、人命不停、過於山水、今日雖存、明亦難保、云何縦心、令住悪法、出曜経云、此日已過、命即減少、如小水魚、斯有何楽、摩耶経偈云、譬如栴陀羅駈牛至屠所歩歩近死地、人命亦如是〈已上〉設雖有長寿業、終不免無常、設雖感富貴報、必有衰患期、如大経偈云、一切諸世間、生者皆帰死、寿命雖無量、要必有終尽、夫盛必有衰、合会有別離、壮年不久停、盛色病所侵、命為死所呑、無有法常者、又罪業応報経偈云、水渚°不常満、火盛不久燃、日出須臾没、月満已復欠、尊栄高貴者、无常速過是、当念勤精進、頂礼無上尊〈已上〉非唯諸凡下有此怖畏、登仙得通者、亦復如是、如法句譬喩経偈云、非空非海中、非入山石間、無有地方処、脱止不受死〈騰空入海隠巌三人因縁、如経広説〉

当知、諸余苦患、或有免者、無常一事、終無避処、須如説修行欣求常楽果、如止観云、無常煞鬼、不択豪賢、危脆不堅、難可恃怙、云何安然、規望百歳、四方馳求、貯積聚斂、聚斂未足、溘然長往、所有産貨、徒為他有、冥冥独逝、誰訪是非、若覚無常過於暴水猛風掣電、山海空市、無逃避処、如是観已、心大怖畏、眠不

安席、食不甘哺、如救頭燃、以求出要、又云、譬如野干失耳尾牙詐眠望脱、忽聞断頭心大驚怖、遭生老病、尚不為急、死事弗奢、那得不怖、怖心起時、如履湯火、五塵六欲、不暇貪染〈已上取意〉人道如此、実可猒離

第六、明天道者、有三、一者欲界、二者色界、三者無色界、其相既広、難可具述、且挙一処、以例其余、如彼忉利天、雖快楽無極、臨命終時、五衰相現、一頭上花鬘忽萎、二天衣塵垢所著、三腋下汗出、四両目数数眴、五不楽本居、是相現時、天女眷属、皆悉遠離、棄之如草、偃臥林間、悲泣歎曰、此諸天女、我常憐愍、云何一旦棄我如草、我今無依無怙、誰救我者、善見宮城、於今将絶、帝釈宝座、朝謁無由、殊勝殿中、永断瞻望、釈天宝象、何日同乗、衆車苑中、無復能見、麁渋苑内、介冑長辞、雑林苑中、宴会無日、歓喜苑中、遊止無期、劫波樹下、白玉耎石、更無坐時、曼陀枳尼、殊勝池水、沐浴無由、四種甘露、卒難得食、五妙音楽、頓絶聴聞、悲哉、此身独嬰此苦、願垂慈愍、救我寿命、更延少日、不亦楽乎、勿令堕彼馬頭山沃焦海、雖作是言、無敢救者〈六波羅密経〉当知、此苦甚於地獄、故正法念経偈云、天上欲退時、心生大苦悩、地獄衆苦毒、十六不及一〈已上〉又大徳天、既生之後、旧天眷属、捨而従彼、或有威徳天、不順心時、駈令出宮不能得住〈瑜伽〉余五欲天、悉有此苦、上二界中、雖無如此之事、終有退没之苦、乃至、非想不免阿鼻、当知、天上亦不可楽〈已上天道〉

第七、惣結猒相者、謂一篋偏苦、非可耽荒、四山合来、無所避遁、而諸衆生、以貪愛自弊、深著於五欲、非常謂常、非楽謂楽、彼如洗癰置睫、猶盍猒、況復刀山火湯漸将至、誰有智者、宝玩此身乎、故正法念経偈云、智者常懐憂、如似獄中囚、愚人常歓楽、猶如光音天、宝積経偈云、種種悪業求財物、養育妻子謂歓娯、臨命終時苦逼身、妻子無能相救者、於彼三途怖畏中、不見妻子及親識、車馬財宝属他人、受苦誰能共分者、父母兄弟及妻子、朋友僮僕并珍財、死去無一来相親、唯有黒業常随逐〈乃至〉閻羅常告彼罪人、無有少罪我能加、汝自作罪今自来、業報自招無代者、父母妻子無能救、唯当勤修出離因、是故応捨枷鎖業、善知遠離求安楽、又大集経偈云、妻子珍宝及王位、臨命終時不随者、唯戒及施不放逸、今世後世為伴侶、如是展転、作悪受苦、徒生徒死、輪転無際、如経偈云、一人一劫中、所受諸身骨、常積不腐敗、如毘布羅山、一劫尚尓、況無量劫、我等未曾修道故、徒歴無辺劫、今若不勤修、未来亦可然、如是無量生死之中、得人身甚難、縦得人身、具諸根亦難、縦具諸根、遇仏教亦難、縦遇仏教、生信心亦難、故大経云、生人趣者、如爪上土、堕三途者、如十方土、法華経偈云、無量無数劫、聞是法亦難、能聴是法者、此人亦復難、而今適具此等縁、当知、応離苦海往生浄土、只在今生、而我等頭戴霜雪、心染俗塵、一生雖尽、希望不尽、遂辞白日下、独入黄泉底之時、堕多百踰繕

那洞然猛火中、雖呼天扣地、更有何益乎、願諸行者、疾生猒離心、速随出要路、莫入宝山空手而帰

問、以何等相、応生猒心、答、若欲広観、如前所説、六道因果、不浄苦等、或復竜樹菩薩、勧発禅陀迦王偈云、是身不浄九孔流、無有窮已若河海、薄皮覆蔽似清浄、猶仮瓔珞自荘厳、諸有智人乃分別、知其虚誑便棄捨、譬如疥者近猛焰初雖暫悦後増苦、貪欲之想亦復然、始雖楽著終多患、見身実相皆不浄、即是観於空無我、若能修習斯観者、於利益中最無上、雖有色族及多聞、若無戒智猶禽獣、雖処醜賤少聞見、能修戒智名勝上、利衰八法莫能免、若有除断真無匹、諸有沙門婆羅門、父母妻子及眷属、莫為彼意受其言、広造不善非法行、設為此等起諸過、未来大苦唯身受、夫造衆悪不即報、非如刀剣交傷割、臨終罪相始倶現、後入地獄嬰諸苦、信戒施聞慧慚愧、如是七法名聖財、真実無比牟尼説、超越世間衆珍宝、知足雖貧可名富、有財多欲是名貧、若豊財業増諸苦、如竜多首益酸毒、当観美味如毒薬、以智恵水灑令浄、為存此身雖応食、勿貪色味長憍慢、於諸欲染当生猒、勤求無上涅槃道、調和此身令安穏、然後宜応修斎戒、一夜分別有五時、於二時中当眠息、初中後夜観生死、宜勤求度勿空過、譬如少塩置恒河、不能令水有鹹味、微細之悪遇衆善、消滅散壊亦如是、雖受梵天離欲娯、還堕無間熾燃苦、雖居天宮具光明、後入地獄黒闇中、所謂黒縄等。活地獄、焼割剝刺及無間、是八地獄常熾燃、皆是衆生悪業報、若見図画聞他言、或随経書自憶念、如是知時以難忍、況復己身自逕歴、若復有人一日中、以三百矛鑚其体、比阿鼻獄一念苦、百千万分不及一、於畜生中苦無量、或有繋縛及鞭撻、或為明珠羽角牙、骨毛皮肉致。残害、餓鬼道中苦亦然、諸所須欲不随意、飢渇所逼困寒熱、疲乏等苦甚無量、屎尿糞穢諸不浄、百千万劫莫能得、設復推求得少分、更相劫奪尋散失、清涼秋月患焰熱、温和春日転寒苦、若趣園林衆菓尽、設至清流変枯竭、罪業縁故寿長遠、逕有一万五千歳、受衆楚毒無空欠、皆是餓鬼之果報、煩悩駛河漂衆生、為深怖畏熾燃苦、欲滅如是諸塵労、応修真実解脱諦、離諸世間仮名法、則得清浄不動処〈已上、有百十行偈、今略抄之〉

若存略者、如馬鳴菩薩頼吒和羅伎声唱云、有為諸法、如幻如化、三界獄縛、無一可楽、王位高顕、勢力自在、無常既至、誰得存者、如空中雲、須臾散滅、是身虚偽、猶如芭蕉、為怨為賊、不可親近、如毒蛇篋、誰当愛楽、是故諸仏、常呵此身〈已上〉此中具演無常苦空、聞者悟道、或復堅牢比丘壁上偈云、生死不断絶、貪欲嗜味故、養怨入丘塚、虚受諸辛苦、身臭如死屍、九孔流不浄、如厠虫楽糞、愚貪身無異、憶想妄分別、即是五欲本、智者不分別、五欲則断滅、邪念生貪著、貪著生煩悩、正念無貪欲、余煩悩亦尽〈已上〉過去弥楼犍駄仏滅後、正法滅時、陀摩尸利菩薩、求得此偈、弘宣仏法、利益無量衆生、或復仁王経、有四非常偈、可見、若楽極略者、如金剛経云、一切有為法、如夢幻泡影、如露亦如電、応作如是観、

或復大経偈云、諸行無常、是生滅法、生滅滅已、寂滅為楽〈已上〉雪山大士、捨於全身、而得此偈、行者善思念、不得忽尓之、如説観察、応当離貪瞋癡等惑業。如師子追人、不応作外道無益苦行如癡狗追塊

問、不浄苦無常、其義易了、現見有法躰、何説為空、答、豈不経説如夢幻化、故例夢境、当観空義、如西域記云、婆羅痆斯国、施鹿林東、行二三里、有涸池、昔有一隠士、於此池側、結廬。屏迹、博習技術、究極神理、能使瓦礫為宝人畜易形、但未能馭風雲陪仙駕、閲図考古、更求仙術、其方曰、命一烈士、執長刀立壇隅、屏息絶言、自昏逮旦、求仙者中壇而坐、手按長刀、口誦神呪、収視返聴、遅明登仙、遂依仙方、求一烈士、数加重賄、潜行陰徳、隠士曰、願一夕不声耳、烈士曰、死尚不辞、豈徒屏息、於是設壇場、受仙法依方行事、坐待日曛、曛暮之後、各司其務、隠士誦神呪、烈士按銛刀、殆将暁矣、忽発声叫、時隠士問曰、誡子無声、何以驚叫、烈士曰、受命後至夜分、惛然若夢、変異更起、見昔事主躬来慰謝、感荷厚恩、忍不報語、彼人震怒、遂見煞害、受中陰身、顧屍嘆惜、猶願魔世不言、以報厚徳。遂見託生南印度大婆羅門家、乃至受胎、出胎、備経苦厄、荷恩荷徳、嘗不出声、洎乎受業冠婚喪親生子、毎念前恩、忍而不語、宗親戚属、咸見恠異、年過六十有五、我妻謂曰、汝可言矣、若不語者、当煞汝子、我時惟念、已隔生世、自顧衰老、唯此稚子、因止其妻、令無煞害、遂発此声耳、隠士曰、我之過也、此魔嬈耳、烈士感恩、悲事不成、憤恚而死〈已上略抄〉夢境如是、諸法亦然、妄想夢未覚、於空謂為有、故唯識論云、未得真覚、常処夢中、故仏説、為生死長夜

問、若作無常苦空等観、豈異小乗自調自度、答、此観不局小、亦通在大乗、如法華云、大慈悲為室、柔和忍辱衣、諸法空為座、処此為説法〈已上〉諸法空観尚不妨大悲心、何況苦無常等、催菩薩悲願乎、是故大般若等経、以不浄等観、亦為菩薩法、若欲知者、更読経文

問、如是観念、有何利益、答、若常如是調伏心者、五欲微薄、乃至臨終、正念不乱、不堕悪処、如大荘厳論勧進繋念偈云、盛年無患時、懈怠不精進、貪営衆事務、不修施戒禅、臨為死所呑、方悔求修善、智者応観察、断除五欲想、精勤習心者、終時無悔恨、心意既専至、無有錯乱念、智者勤捉心、臨終意不散、不習心専至、臨終必散乱〈已上〉又宝積経五十七偈云、応観於此身、筋脉更纏繞、湿皮相裹覆、九処有瘡門、周遍常流溢、屎尿諸不浄、譬如舎与篅、盛諸穀麦等、此身亦如是、雑穢満其中、運動骨機関、危脆非堅実、愚夫常愛楽、智者無染著、洟唾汗常流、膿血恒充満、黄脂雑乳汁、脳満髑髏中、胸膈痰癊流、内有生熟蔵、肪膏与皮膜、五蔵諸腹胃。如是臭爛等、諸不浄同居、罪身深可畏、此即是怨家、無識耽欲人、愚癡常保護、如是臭穢身、猶如朽城郭、日夜煩悩逼、遷流無暫停、身城骨墻壁、血肉作塗泥、画彩貪瞋癡、随処而枉飭。

可悪骨身城、血肉相連合、常被悪知識、内外苦相煎、難陀汝当知、如我之所説、昼夜常繋念、勿思於欲境、若欲遠離者、常作如是観、勤求解脱処、速超生死海〈已上〉諸余利益、可見大論止観等

大文第二、欣求浄土者、極楽依正功徳無量、百劫千劫説不能尽、算分喩分亦非所知、然群疑論明三十種益、安国抄標二十四楽、既知、称揚只在人心、今挙十楽、而讃浄土、猶如一毛之渧大海、一聖衆来迎楽、二蓮華初開楽、三身相神通楽、四五妙境界楽、五快楽無退楽、六引接結縁楽、七聖衆倶会楽、八見仏聞法楽、九随心供仏楽、十増進仏道楽也

第一、聖衆来迎楽者、凡悪業人命尽時、風火先去故、動熱多苦、善行人命尽時、地水先去故、緩緩無苦、何況念仏功積、運心年深之者、臨命終時、大喜自生、所以然者、弥陀如来以本願故、与諸菩薩百千比丘衆、放大光明、皓然在目前、時大悲観世音、申百福荘厳手、擎宝蓮台、至行者前、大勢至菩薩、与無量聖衆、同時讃嘆、授手引接、是時行者、目自見之、心中歓喜、身心安楽、如入禅定、当知、草菴瞑目之間、便是蓮台結跏之程、即従弥陀仏後、在菩薩衆中、一念之頃、得生西方極楽世界〈依観経平等覚経幷伝記等意〉彼忉利天上億千歳楽、大梵王宮深禅定楽、此等諸楽、未足為楽、輪転無際、不免三途、而今処観音掌、託宝蓮胎、永越過苦海、初往生浄土、尓時歓喜心、不可以言宣、竜樹偈云、若人命終時、得生彼国者、即具無量徳、是故我帰命

第二、蓮華初開楽者、行者生彼国已、蓮華初開時、所有歓楽、倍前百千、猶如盲者始得明眼、亦如辺鄙忽入王宮、自見其身、身既作紫磨金色躰、亦有自然宝衣、鐶釧宝冠、荘厳無量、見仏光明、得清浄眼、因前宿習、聞衆法音、触色触声、無不奇妙、尽虚空界之荘厳、眼迷雲路、転妙法輪之音声、聴満宝刹、楼殿林池、表裏照曜、鳧鴈鴛鴦、遠近群飛、或見衆生如駛雨、従十方世界生、或見聖衆如恒沙、従無数仏土来、或有登楼台望十方者、或有乗宮殿住虚空者、或有住空中誦経説法者、或有住空中坐禅入定者、地上林間、亦復如是、処処復有渉河濯流、奏楽散花往来楼殿、礼讃如来之者、如是無量天人聖衆、随心遊戯、況化仏菩薩香雲花雲、充満国界、不可具名

又漸廻眸、遙以瞻望、弥陀如来、如金山王、坐宝蓮華上、処宝池中央、観音勢至、威儀尊重、亦坐宝花、侍仏左右、無量聖衆、恭敬囲繞、又宝地上宝樹行列、宝樹下各有一仏二菩薩、光明厳餝遍瑠璃地、如夜闇中燃大炬火、時観音勢至、来至行者前、出大悲音、種種慰喩、行者従蓮台下、五躰投地、頭面敬礼、即従菩薩、漸至仏所、跪七宝階、瞻万徳之尊容、聞一実道、入普賢之願海、歓喜雨涙、渇仰徹骨、始入仏界、得未曾有、行者昔於娑婆、纔読教文、今正見此事、歓喜心幾乎〈多依観経等意〉竜樹偈曰、若人種善根、疑則華不開、信心清浄者、花開則見仏

第三身相神通楽者、彼土衆生、其身真金色、内外倶清浄、常有

光明、彼此互照、三十二相、具足荘厳、端正殊妙、世間無比、諸声聞衆身光一尋、菩薩光明照百由旬、或云十万由旬、以第六天主、比彼土衆生、猶如乞丐在帝王辺、又彼諸衆生、皆具五通、妙用難測、随心自在、若欲見十方界色、不運歩即見、欲聞十方界声、不起座即聞、無量宿命之事、如今日所聞、六道衆生之心、如明鏡見像、無央数之仏刹、如咫尺往来、凡横於百千万億那由他国、竪於百千万億那由他劫、一念之中、自在無㝵、今此界衆生、於三十二相、誰得一相、於五神通、誰得一通、非燈日無以照、非行歩無以至、雖一紙不見其外、雖一念不知其後、樊籠未出、随事有㝵、而彼土衆生、無有一人不具此徳、不於百大劫中而種相好業、不於四静慮中而修神通因、只是彼土、任運生得之果報、不亦楽乎〈多依雙観経平等覚経等〉竜樹偈云、人天身相同、猶如金山頂、諸勝所帰処、是故頭面礼、其有生彼国、具天眼耳通、十方並無礙、稽首聖中尊、其国諸衆生、神変及身通、亦具宿命智、是故帰命礼

　第四、五妙境界楽者、四十八願荘厳浄土、一切万物、窮美極妙、所見悉是浄妙色、所聞無不解脱声、香味触境、亦復如是、謂彼世界、以瑠璃為地、金縄界其道、坦然平正、無有高下、恢廓曠蕩、無有辺際、晃耀微妙、奇麗清浄、以諸妙衣、遍布其地、一切人天、践之而行〈已上、地相〉

　衆宝国土一一界上、有五百億七宝所成宮殿楼閣、高下随心、広狭応念、諸宝床座、妙衣敷上、七重欄楯、百億華幢、垂珠瓔珞、懸宝幡蓋、殿裏楼上、有諸天人、常作伎楽、歌詠如来〈已上、宮殿〉

　講堂精舎宮殿楼閣内外左右、有諸浴池、黄金池底白銀沙、白銀池底黄金沙、水精池底瑠璃沙、瑠璃池底水精沙、珊瑚虎魄、車磲馬瑙、白玉紫金、亦復如是、八功徳水、充満其中、宝沙映徹、無深不照〈八功徳者、一澄浄、二清冷、三甘美、四軽耎、五潤沢、六安和、七飲時除飢渇等無量過患、八飲已、定能長養諸根四大、増益種種殊勝善根〉四辺階道、衆宝合成、種種宝花、弥覆池中、青蓮有青光、黄蓮有黄光、赤蓮白蓮各有其光、微風吹来、華光乱転、一一華中、各有菩薩、一一光中、有諸化仏

　微瀾廻流、転相灌注、安詳徐逝、不遅不疾、其声微妙、無不仏法、或演説苦空無我諸波羅蜜、或流出十力無畏不共法音、或大慈悲声、或無生忍声、随其所聞、歓喜無量、随順清浄寂滅真実之義、随順菩薩声聞所行之道、又鳧鴈鴛鴦、鶖鷺鵝鶴、孔雀鸚鵡、伽陵頻迦等、百宝色鳥、昼夜六時出和雅音、讃嘆念仏念法念比丘僧、演暢五根五力七菩提分、無有三途苦難之名、但有自然快楽之音、彼諸菩薩及声聞衆、入於宝池洗浴之時、浅深随念、不違其心、蕩除心垢、清明澄潔、洗浴已訖、各各自去、或在空中、或在樹下、有講経誦経者、有受経聴経者、有坐禅者、有経行者、其中未得須陀洹者、則得須陀洹、乃至未得阿羅漢者、得阿羅漢、未得阿惟越致者、得阿惟越致、皆悉得道莫不歓喜、復有清河、底布金沙、浅深寒温、曲従人好、衆人遊覧、同萃河浜〈已上、水相〉

池畔河岸有栴檀樹、行行相当、葉葉相次、紫金之葉、白銀之枝、珊瑚之花、車磲之実、一宝七宝、或純或雑、枝葉花菓、荘厳映餝、和風時来、吹諸宝樹、羅網微動、妙花徐落、随風散馥、雑水流芬、況出微妙音、宮商相和、譬如百千種楽同時倶作、聞者自然念仏法僧、彼第六天万種音楽、不如此樹一種音声、葉間生花、花上有菓、皆放光明、化為宝蓋、一切仏事、映現蓋中、乃至欲見十方厳浄仏土、於宝樹間、皆悉照見、樹上有七重宝網、宝網間有五百億妙花宮殿、宮殿中有諸天童子、瓔珞光耀、自在遊楽、如是七宝諸樹、周遍世界、名花軟草、亦随処有、柔軟香潔、触者生楽〈已上、樹林〉

衆宝羅網、弥満虚空、懸諸宝鈴、宣妙法音、天花妙色、繽紛乱墜、宝衣厳具、旋転来下、如鳥飛空下、供散於諸仏、又有無量楽器、懸処虚空、不鼓自鳴、皆説妙法〈已上、虚空〉

復如意妙香、塗香末香。無量香芬馥、遍満於世界、若有聞者、塵労垢習、自然不起、凡自地至空、宮殿花樹、一切万物、皆以無量雑宝百千種香、而共合成、其香普薫十方世界、菩薩聞者、皆修仏行、復彼国菩薩羅漢、諸衆生等、若欲食時、七宝之机自然現前、七宝之鉢、妙味満中、不類世間之味、亦非天上之味、香美無比、甜酢随意、見色聞香、身心清潔、即同食已、色力増長、事已化去、時至復現、又彼土衆生、欲得衣服、随念即至、如仏所讃、応法妙服、自然在身、不求裁縫染治浣濯、又光明周遍、不用日月燈燭、冷暖調和、無有春秋冬夏、自然徳風、温冷調適、触衆生身、皆得快楽、譬如比丘得滅尽三昧、毎日晨朝、吹散妙花、遍満仏土、馨香芬烈、微妙柔軟、如兜羅綿、足履其上、蹈下四寸、随挙足已、還復如故、過晨朝已、其花没地、旧花既没、更雨新花、中時晡時、初中後夜、亦復如是、此等所有微妙五境、雖令見聞覚者身心適悦、而不増長有情貪著、更増無量殊勝功徳、凡八方上下無央数諸仏国中、極楽世界所有功徳、最為第一、以二百一十億諸仏浄土厳浄妙事、皆摂在此中、若観如是国土相者、除無量億劫極重悪業、命終之後、必生彼国〈依二種観経阿弥陀経称讃浄土経宝積経平等覚経思惟経等意記之〉

世親偈云、観彼世界相、勝過三界道、究竟如虚空、広大無辺際、宝花千万種、弥覆池流泉、微風動花葉、交錯光乱転、宮殿諸楼閣、観十方無礙、雑樹異光色、宝欄遍囲繞、無量宝絞絡、羅網遍虚空、種種鈴発響、宣吐妙法音、衆生所願楽、一切皆満足、故我願生彼、阿弥陀仏国

第五、快楽無退楽者、今此娑婆世界、無可耽玩、輪王之位、七宝不久、天上之楽、五衰早来、乃至有頂、輪廻無期、況余世人乎、事与願違、楽与苦倶、富者未必寿、寿者未必富、或昨富今貧、或朝生暮死、故経言、出息不待入息、入息不待出息、非唯眼前楽去哀来、亦臨命終、随罪堕苦、彼西方世界、受楽無窮、人天交接、両得相見、慈悲薫心、互如一子、共経行於瑠璃地上、同遊戯於栴檀林間、従宮殿至宮殿、従林池至林池、若欲寂時、風浪絃管、自

隔耳下、若欲見時、山川渓谷、尚現眼前、香味触法、随念亦然、或渡飛梯作伎楽、或騰虚空現神通、或従他方大士而迎送、或伴天人聖衆以遊覧、或至宝池辺、慰問新生人、汝知不、是処名極楽世界、是界主号弥陀仏、今当帰依、或同在宝池中、各坐蓮台上、互説宿命事、我本在其国、発心求道之時、持其経典、護其戒行、作其善法、修其布施、各語所好憙之功徳、具陳所来生之本末、或共語十方諸仏利生之方便、或共議三有衆生抜苦之因縁、議已追縁而相去、語已随楽而共往、或復登七宝山〈七宝山、七宝塔、七宝坊、出十往生経〉浴八功池、寂然宴黙、読誦解説、如是遊楽、相続無間処是不退、永免三途八難之畏、寿亦無量、終無生老病死之苦、心事相応、無愛別離苦、慈眼等視、無怨憎会苦、白業之報、無求不得苦、金剛之身、無五盛陰苦、一託七宝荘厳之台、長別三界苦輪之海、若有別願、雖生他方、是自在生滅、非業報生滅、尚無不苦不楽之名、何況諸苦耶、竜樹偈云、若人生彼国、終不堕悪趣、及与阿修羅、我今帰命礼

第六、引接結縁楽者、人之在世、所求不如意、樹欲静而風不停、子欲養而親不待、志雖春肝胆、力不堪水菽、君臣師弟妻子朋友、一切恩所、一切知識、皆亦如是、空労癡愛之心、弥増輪廻之業、況復業果推遷、生処相隔、六趣四生、不知何処、野獣山禽、誰辯。旧親、如心地観経偈云、世人為子造諸罪、堕在三途長受苦、男女非聖無神通、不見輪廻難可報、有情輪廻生六道、猶如車輪無始終、或為父母為男女、世世生生互有恩、若生極楽、智慧高明、神通洞達、世世生生、恩所知識、随心引接、以天眼見生処、以天耳聞言音、以宿命智憶其恩、以他心智了其心、以神境通随逐変現、以方便力教誡示導、如平等経云、彼土衆生、皆自知其前世所従来生、及知八方上下、去来現在之事、知彼諸天人民蜎飛蠕動之類心意所念口所欲言、何歳何劫、当生此国作菩薩道得阿羅漢、皆予知之、又華厳経普賢願云、願我臨欲命終時、尽除一切諸障礙、面見彼仏阿弥陀、即得往生安楽刹、我既往生彼国已、現前成就此大願、一切円満尽無余、利楽一切衆生界、無縁尚尓、況結縁乎、竜樹偈云、無垢荘厳光、一念及一時、普照諸仏会、利益諸群生

第七、聖衆倶会楽者、如経云、衆生聞者、応当発願願生彼国、所以者何、得与如是諸上善人倶会一処〈已上〉彼諸菩薩聖衆徳行、不可思議、普賢菩薩言、若有衆生、未種善根、及種少善声聞菩薩、猶尚不得聞我名字、況見我身、若有衆生、得聞我名、於阿耨菩提、不復退転、乃至夢中、見聞我者、亦復如是〈華厳経意〉又云、我常随順諸衆生、尽於未来一切劫、恒修普賢広大行、円満無上大菩提、普賢身相如虚空、依真而住非国土、随諸衆生心所欲、示現普身等一切、一切刹中諸仏所、種種三昧現神通、一一神通悉周遍、十方国土無遺者、如一切刹如来所、彼刹塵中悉亦然〈同経偈〉

文殊師利大聖尊、三世諸仏以為母、十方如来初発心、皆是文殊教化力、一切世界諸有情、聞名見身及光相、并見随類諸化現、皆

成仏道難思議〈心地観経意〉若但聞名者、除十二億劫生死之罪、若礼拝供養者、恒生仏家、若称名字、一日七日、文殊必来、若有宿障、夢中得見、所求円満、若見形像者、百千劫中不堕悪道、若行慈心者、即得見文殊、若有受持読誦名者、設有重障、不堕阿鼻極悪猛火、常生他方清浄仏土〈文殊般涅槃経意、彼形像如経広説〉又百千億那由他仏、利益衆生、不及文殊師利於一劫中所作利益、故若称文殊師利菩薩名者、福多於受持彼百千億諸仏名号〈宝積経意〉

弥勒菩薩功徳無量、若但聞名者、不堕黒闇処、一念称名者、除却千二百劫生死之罪、有帰依者、於無上道得不退転〈上生経意〉称讃礼拝者、除百千万億阿僧祇劫生死罪〈虚空蔵経仏名経意〉無量千万劫、所修願智行、広大不可量、称揚莫能尽〈華厳経偈、已上三菩薩、常在極楽世界、出四十華厳経〉

地蔵菩薩、毎日晨朝、入恒沙定、周遍法界、抜苦衆生、所有悲願、超余大士〈十輪経意〉彼経偈云、一日称地蔵、功徳大名聞、勝倶胝劫中、称余智者徳、仮使百劫中、讃説其功徳、猶尚不能尽、故皆当供養

観世音菩薩言、衆生有苦、三称我名、不往救者、不取正覚〈弘猛海慧経〉若有称念百千倶胝那庾多諸仏名号、復有暫時於我名号至心称念、彼二功徳、平等平等、諸有称念我名号者、一切皆得不退転地〈十一面経〉衆生若聞名、離苦得解脱、亦遊戯地獄、大悲代受苦〈請観音経偈〉弘誓深如海、歴劫不思議、侍多千億仏、発大清浄願、具足神通力、広修智方便、十方諸国土、無刹不現身、念念勿生疑、観世音浄聖、於苦悩死厄、能為作依怙、具一切功徳、慈眼視衆生、福聚海無量、是故応頂礼〈法華経〉大勢至菩薩曰、我能堪任度諸悪趣未度衆生〈宝積経〉以智慧光、普照一切、令離三途、得無上力、故此菩薩名大勢至、観此菩薩者、除無数劫阿僧祇生死之罪、不処胞胎、常遊諸仏浄妙国土〈観経意〉無量無辺無数劫、広修願力助弥陀、常処大衆宣法言、衆生聞者得浄眼、神通周遍十方国、普現一切衆生前、衆生若能至心念、皆悉導令至安楽〈竜樹讃〉又云、観音勢至大名称、功徳智慧倶無量、具足慈悲救世間、徧遊一切衆生海、如是勝人甚難遇、一心恭敬頭面礼〈已上〉

如是一生補処大菩薩、其数如恒沙、色相端厳、功徳具足、常在極楽国、囲繞弥陀仏、又諸声聞衆、其数難量、神智洞達、威力自在、能於掌中、持一切世界、設如大目連、百千万億無量無数、於阿僧祇劫、悉共計校彼初会声聞、所知数者猶如一渧、其所不知如大海水、其中般泥洹去者、無央数、新得阿羅漢者、亦無央数、而都不為増減、譬如大海、雖減恒水、雖加恒水、而無増亦無減、諸菩薩衆、復倍上数、如大論云、弥陀仏国、菩薩僧多、声聞僧少〈已上〉如是聖衆、充満其国、互遙相瞻望、遙聞語声、同一求道、無有異類、何況、復十方恒河沙仏土、無量塵数菩薩聖衆、各現神通、至安楽国、瞻仰尊顔、恭敬供養、或賫天妙花、或焼妙宝香、或献無価衣、或奏天伎楽、発和雅音、歌歎世尊、聴受経法、宣布道化、

如是往来、昼夜不絶、東方去西方来、西方去北方来、北方去南方来、四維上下、互亦如是、更相開避、猶如盛市、此等大士、一聞其名、尚非少縁、況百千万劫、誰得相見者、然彼国土衆生、常会一処、互交言語、問訊恭敬、親近承習、不亦楽乎〈已上雙観経観経平等経等意〉

竜樹偈云、彼土諸菩薩、具足諸相好、皆自荘厳身、我今帰命礼、超出三界獄、目如蓮華葉、声聞衆無量、是故稽首礼、又云、十方所来諸仏子、顕現神通至安楽、瞻仰尊顔常恭敬、故我頂礼弥陀仏

第八、見仏聞法楽者、今此娑婆世界、見仏聞法甚難、師子吼菩薩言、我等無数百千劫、修四無量三解脱、今見大聖牟尼尊、猶如盲亀値浮木、又儒童捨全身而始得半偈、常啼割肝府而遠求般若、菩薩尚尓、何況凡夫、仏在舎衛二十五年、彼九億家、三億見仏、三億纔聞、其余三億不見不聞、在世尚尓、何況滅後、故法華云、是諸罪衆生、以悪業因縁、過阿僧祇劫、不聞三宝名

而彼国衆生、常見弥陀仏、恒聞深妙法、謂厳浄地上、有菩提樹、枝葉四布、衆宝合成、樹上覆宝羅網、条間垂珠瓔珞、風動枝葉、声演妙法、其声流布、徧諸仏国、其有聞者、得深法忍、住不退転、耳根清徹、覩樹色、聞樹香、甞樹味、触樹光、縁樹相、一切亦然、至成仏道、六根清徹、樹下有座、荘厳無量、座上有仏、相好無辺、烏瑟高顕、晴天翠濃、白毫右旋、秋月光満、青蓮之眼、丹菓之唇、迦陵頻之声、師子相之胸、仙鹿王之膊、千輻輪之趺、如是八万四千相好、纏絡紫磨金身、無量塵数光明、如集億千日月、有時在於七宝講堂、演暢妙法、梵音深妙、悦可衆心、菩薩声聞、天人大衆、一心合掌、瞻仰尊顔、即時自然微風、吹七宝樹、無量妙花、随風四散、一切諸天、奏諸音楽、当斯之時、凞怡快楽、不可勝言、或復現広大身、或現丈六八尺身、或在宝樹下、或在宝池上、随衆生本宿命求道時心所悳願、大小随意、為説経法、令其疾開解得道、如是随種種機、説種種法

又観音勢至両菩薩、常在仏左右辺、坐侍政論、仏常与是両菩薩共対坐、議八方上下去来現在之事、或時東方恒沙仏国無量無数諸菩薩衆、皆悉往詣無量寿仏所、恭敬供養、及諸菩薩声聞之衆、南西北方四維上下、亦復如是、見彼厳浄土微妙難思議、因発無量心、願我国亦然

応時世尊、動容微咲、口出無数光、遍照十方国、廻光囲身、三帀入頂、一切天人衆、踊躍皆歓喜、大士観世音、整服稽首問仏、何縁咲唯然、願説、時梵声猶雷、八音暢妙響、当授菩薩記、告言、仁諦聴、十方来正士、吾悉知彼願、志求厳浄土、受決当作仏、覚了一切法猶如夢幻響、満足諸妙願、必成如是刹、知法如電影、究竟菩薩道、具諸功徳本、受決当作仏、通達諸法性一切空無我、専求浄仏土、必成如是刹〈已上〉、況復水鳥樹林、皆演妙法、凡所欲聞、自然得聞、如是法楽、亦在何処乎〈此中多依雙観経平等覚経等意〉

竜樹讃曰、金底宝間池生花、善根所成妙台座、於彼座上如山王、

故我頂礼弥陀仏、諸有無常無我等、亦如水月電影露、為衆説法無名字、故我頂礼弥陀仏、願共諸衆生、往生安楽国

第九、随心供仏楽者、彼土衆生、昼夜六時、常持種種天華、供養無量寿仏、又有意欲供養他方諸仏、即前長跪、叉手白仏、則可之、皆大歓喜、千億万人、各自翻飛、等輩相追、倶共散飛、到八方上下、無央数諸仏所、皆前作礼、供養恭敬、如是毎日晨朝、各以衣裓、盛衆妙花、供養他方十万億仏、及諸衣服伎楽、一切供具、随意出生、供養恭敬、即以食時、還到本国、飯食経行、受諸法楽、或言、毎日三時、供養諸仏

行者今従遺教、得聞十方仏土種種功徳、随見随聞、遙生恋慕、各謂言、我等何時、得見十方浄土、得値諸仏菩薩、毎対教文、無不嗟歎、而若適得生極楽国、或由自力、或承仏力、朝往慕°来、須臾去須臾還、遍至十方一切仏刹、面奉諸仏、値遇諸大士、恒聞正法、受大菩提記、乃至普入一切塵刹、作諸仏事、修普賢行、不亦楽乎〈阿弥陀経平等覚経雙観経意〉

竜樹偈云、彼土大菩薩、日日於三時、供養十方仏、是故稽首礼

第十、増進仏道楽者、今此娑婆世界、修道得果甚難、何者、受苦者常憂、受楽者常著、苦云楽云、遠離解脱、若昇若沈、無非輪廻、適雖有発心修行者、亦難成就、煩悩内催、悪縁外牽、或発二乗心、或還三悪道、譬猶水中之月随波易動、陣前之軍臨刃則還、魚子難長、菴菓少熟、如彼身子等六十劫退者是也、唯釈迦如来、於無量劫、難行苦行、積功累徳、求菩薩道、未曾止息、観三千大千世界、乃至無有如芥子許非是菩薩捨身命処、為衆生故、然後乃得成菩提道、其余衆生、非己智分、象子力微、身歿刀箭、故竜樹菩薩云、譬如四十里氷、如有一人以一升熱湯投之、当時似氷減、経夜至明乃高於余者、凡夫在此発心救苦、亦復如是、以貪瞋境順違多故、自起煩悩、返堕悪道〈已上〉

彼極楽国土衆生、有多因縁故、畢竟不退、増進仏道、一仏悲願力、常摂持故、二仏光常照、増菩提心故、三水鳥樹林、風鈴等声、常令生念仏念法念僧之心故、四純諸菩薩、以為善友、外無悪縁、内伏重惑故、五寿命永劫、共仏斎°等、修習仏道、無有生死之間隔故、華厳偈云、若有衆生一見仏、必使浄除諸業障、一見尚尓、何況常見、由此因縁、彼土衆生、於所有万物、無我我所心、去来進止、心無所係、於諸衆生、得大悲心、自然増進、悟無生忍、究竟必至一生補処、乃至速証無上菩提、為衆生故、示現八相、随縁在於厳浄国土、転妙法輪、度諸衆生、令諸衆生欣求其国、如我今日志願極楽、亦往十方引接衆生、如弥陀仏大悲本願、如是利益、不亦楽乎、一世勤修、是須臾間、何不棄衆事求浄土哉、願諸行者、努力匪懈〈多依雙観経并天台十疑等意〉

竜樹偈云、彼尊無量方便境、無有諸趣悪知識、往生不退至菩提、故我頂礼弥陀仏、我説彼尊功徳事、衆善無辺如海水、所獲善根清浄者、願共衆生生彼国、願共諸衆生、往生安楽国

大文第三、明極楽証拠者、有二、一対十方、二対兜率

初、対十方者、問、十方有浄土、何唯願生極楽耶、答、天台大師云、諸経論、処処唯勧衆生、偏念阿弥陀仏、令求西方極楽世界、無量寿経、観経往生論等数十余部経論文、慇懃指授、勧生西方、是以偏念也〈已上〉大師披閲一切経論、凡十五遍、応知所述、不可不信、迦才師三巻浄土論、引十二経七論、一無量寿経、二観経、三小阿弥陀経、四鼓音声経、五称揚諸仏功徳経、六発覚浄心経、七大集経、八十往生経、九薬師経、十般舟三昧経、十一大阿弥陀経、十二無量清浄平等覚経〈已上、雙観無量寿経清浄覚経大阿弥陀経、同本異訳也〉一往生論、二起信論、三十住毘婆沙論、四一切経中弥陀偈、五宝性論、六竜樹十二礼偈、七摂大乗論弥陀偈〈已上、智憬師同之〉私加云、法華経薬王品、四十華厳経普賢願、目連所問経、三千仏名経、無字宝篋経、千手陀羅尼経、十一面経、不空羂索、如意輪、随求、尊勝、無垢浄光、光明、阿弥陀等、諸顕密教中、専勧極楽、不可称計、故偏願求

問、仏言、諸仏浄土、実無差別、何故如来偏讃西方、答、随願往生経、仏決此疑言、娑婆世界、人多貪濁、信向者少、習邪者多、不信正法、不能専一、心乱無志、実無差別、令諸衆生、専心有在、是故讃歎彼国土耳、諸往生人、悉随彼願、無不獲果、又心地観経云、諸仏子等、応当至心、求見一仏及一菩薩、如是名為出世法要、云云、是故専求一仏国也

問、為専其心、何故於中、唯勧極楽、答、設勧余浄土、亦不避此難、仏意難測、唯可仰信、譬若癡人堕於火坑不能自出、知識救之以一方便、癡人得力応務速出、何暇縦横論余術計、行者亦尓、勿生他念、如目連所問経云、譬如万川長流有浮草木、前不顧後後不顧前、都会大海、世間亦尓、雖有豪貴富楽自在、悉不得免生老病死、只由不信仏経、後世為人、更甚困劇、不能得生千仏国土、是故我説、無量寿仏国、易往易取、而人不能修行往生、反事九十五種邪道、我説、是人名無眼人、名無耳人、阿弥陀経云、我見是利、故説是言、若有信者、応当発願生彼国土〈已上〉仏誠慇懃、唯応仰信、況復非無機縁、何強拒之、如天台十疑云、阿弥陀仏、別有大悲四十八願、接引衆生、又彼仏光明、遍照法界念仏衆生、摂取不捨、十方各恒河沙諸仏、舒舌覆三千界、証誠一切衆生、念阿弥陀仏乗仏大悲本願力、決定得生極楽世界、又無量寿経云、末後法滅之時、特留此経百年、在世接引衆生、生彼国土、故知、阿弥陀与此世界極悪衆生、偏有因縁〈已上〉慈恩云、末法万年、余経悉滅、弥陀一教、利物偏増、大聖特留百歳、時経末法、満一万年、一切諸経、並従滅没、釈迦恩重、留教百年〈已上〉又懐感禅師云、般舟三昧経説、跋陀和菩薩、請釈迦牟尼仏言、未来衆生、云何得見十方諸仏、仏教令念阿弥陀、即見十方一切仏、以此仏特与娑婆衆生有縁、先於此仏、専心称念、三昧易成〈已上〉又観音勢至、本於是土、修菩薩行、転生彼国、宿縁所追、豈無機応耶

第二対兜率者、問、玄奘三蔵云、西方道俗、並作弥勒業、為同欲界其行易成、大小乗師、皆許此法、弥陀浄土、恐凡鄙穢修行難成、如旧経論、七地已上菩薩、随分見報仏浄土、依新論意、三地菩薩、始可得見報仏浄土、豈容下品凡夫即得往生〈已上〉天竺既尓、今何勧極楽耶、答、中国辺州、其処雖異、顕密教門、其理是同、如今所引証拠既多、寧可背仏教之明文従天竺之風聞耶、何況祇洹精舎無常院、令病者面西作往仏浄刹想、具如下臨終行儀、明知、仏意偏勧極楽、西域風俗、豈乖之耶

又懐感禅師群疑論、於極楽兜率、立十二勝劣、一化主仏菩薩別故、二浄穢土別、三女人有無、四寿命長短、五内外有無〈天内院不退、外院有退、西方悉無退〉六五衰有無、七相好有無、八五通有無、九不善心起不起、十滅罪多少、謂称弥勒名、除千二百劫罪、称弥陀名、滅八十億劫罪、十一苦受有無、十二受生異、謂天在男女膝下懐中、西方在花裏殿中、雖二処勝劣其義如斯、然並仏勧讃、莫相是非〈已上、凡立二界勝劣差別〉慈恩立十異、前八不出感師所立、故不更抄、其第九云、西方仏来迎、兜率不尓、感師云、来迎同也、第十云、西方経論、慇懃勧極多、兜率非多亦非慇懃、云云、感師又於往生難易、立十五同義八異義、八異義者、一本願異、謂弥陀有引摂願、弥勒無願、無願若自浮度水、有願若乗舟而遊水、二光明異、謂弥陀仏光、照念仏衆生、摂取不捨、弥勒不尓、光照如昼日之遊、無光似暗中来往、三守護異、謂無数化仏、観音勢至、常至行者所、又称讃浄土経云、十方十殑伽沙諸仏之所摂受、又十往生経云、仏遣二十五菩薩、常守護行人、兜率不尓、有護若多人共遊、不畏強賊所逼、無護似孤遊嶮徑、必為暴客所侵、四舒舌異、謂十方仏、舒舌証成。兜率不尓、五衆聖異、謂花聚菩薩、山海慧菩薩、発弘誓願、若有一衆生生西方不尽、我若先去、不取正覚、六滅罪多少〈如前〉七重悪異、謂造五逆罪、亦得生西方、兜率不尓、八教説異、謂無量寿経云、横截五悪趣、悪趣自然閉、昇道無窮極、易往而無人、兜率不尓、十五同義、猶不可説於難生、況異有八門、而乃説言難往、請諸学者、尋理及教、鑑其難易二門、可永除其惑矣〈已上略抄、但十五同義、可見彼論〉

問、玄奘所伝、不可不会、答、西域行法、暗以難決、今試会云、西域行者、多有小乗〈十五国学大乗、十五国大小兼学、四十一国学小乗〉上生兜率、大小共許、往他方仏土、大許小不許、彼共許故、並云兜率、流沙以東、盛興大乗、不可同彼西域雑行、何況諸教興隆、不必一時、就中念仏之教、多利末代経道滅後濁悪衆生、計也、彼時天竺未興盛歟、若不尓者、上足基師、豈容別著西方要決、立十勝劣、勧自他耶

問、心地観経云、我今弟子付弥勒、竜花会中得解脱、豈非如来勧進兜率、答、此亦無違、誰遮上生心地等両三経、然不如極楽之文顕密且千、又大悲経第三云、於当来世、法欲滅時、当有比丘比丘尼、於我法中、得出家已、手牽児臂而共遊行、従酒家至酒家、

於我法中作非梵行〈乃至〉但使性是沙門、汙沙門行、自称沙門、形似沙門、当有被著袈裟衣者、於此賢劫、弥勒為首、乃至最後盧遮仏所、入般涅槃、無有遺余、何以故、如是一切諸沙門中、乃至一称仏名、一生信者、所作功徳、終不虚設〈已上〉心地観経意亦如是、故彼経云竜花、不云都率

今案之、従釈尊入滅、至慈尊出世、隔五十七倶胝六十百千歳〈新婆沙意〉其間輪廻、劇苦幾処乎、何不願終焉之暮、即託蓮胎、而期留悠悠生死至竜花会耶、何況若適生極楽者、昼夜随念、往来都率宮、乃至竜花会中、新為対揚首、猶如富貴而帰故郷、誰人不欣楽此事耶、若有別縁者、余方亦佳、凡可随意楽、勿生異執、故感法師云、志求兜率者、勿毀西方行人、願生西方者、莫毀兜率之業、各随性欲、任情修学、莫相是非、何但不生勝処、亦乃輪転三途、云云

大文第四、正修念仏者、此亦有五、如世親菩薩往生論云、修五念門、行成就、畢竟得生安楽国土見彼阿弥陀仏、一礼拝門、二讃歎門、三作願門、四観察門、五廻向門、云云、此中作願廻向二門、於諸行業、応通用之

初、礼拝〔門〕者、是即三業相応之身業也、一心帰命、五体投地、遙礼西方阿弥陀仏、不論多少、但用誠心、或応念観仏三昧経文、我今礼一仏、即礼一切仏、若思惟一仏、即見一切仏、一一仏前、有一行者、接足為礼、皆是己身〈私云、一切仏者、是弥陀分身、或是十方一切諸仏〉或応念、能礼所礼性空寂、自身他身体無二、願共衆生体解道、発無上意帰真際、或応依心地観経六種功徳、一無上大功徳田、二無上大恩徳、三無足二足、及以多足衆生中尊、四極難値遇、如優曇華、五独出三千大千世界、六世出世間功徳円満、一切義依、具如此等六種功徳、常能利益一切衆生〈已上〉

経文極略、今須加言、以為礼法、一応念、一称南无仏、皆已成仏道、故我帰命礼、無上功徳田、二応念、慈眼視衆生、平等如一子、故我帰命礼、極大慈悲母、三応念、十方諸大士、恭敬弥陀尊、故我帰命礼、無上両足尊、四応念、一得聞仏名、過於優曇華、故我帰命礼、極難値遇者、五応念、一百倶胝界、二尊不並出、故我帰命礼、希有大法王、六応念、仏法衆徳海、三世同一体、故我帰命礼、円融万徳尊、若楽広行者、応依竜樹菩薩十二礼、又有善導和尚六時礼法、不可具出、設無余行、但依礼拝、亦得往生、如観虚空蔵菩薩仏名経云、阿弥陀仏至心敬礼、得離三悪道後生其国

第二、讃歎〔門〕者、是三業相応之口業也、如十住婆沙第三云、阿弥陀仏本願如是、若人念我、称名自帰、即入必定、得阿耨菩提、是故常応憶念、以偈称讃、無量光明慧、身如真金山、我今身口意、合掌稽首礼、十方現在仏、以種種因縁、歎彼仏功徳、我今帰命礼、仏足千輻輪、柔軟蓮華色、見者皆歓喜、頭面礼仏足、眉間白毫光、猶如清浄月、増益面光色、頭面礼仏足、彼仏所言説、破除諸罪根、美言多所益、我今稽首礼、一切賢聖衆、及諸人天衆、咸皆共帰命、

是故我亦礼、乗彼八道船、能度難度海、自度亦度彼、我礼自在者、諸仏無量劫、讃揚其功徳、猶尚不能尽、帰命清浄人、我今亦如是、称讃無量徳、以是福因縁、願仏常念我、以此福因縁、所獲上妙徳、願諸衆生類、皆亦悉当得、彼論有三十二偈、今略抄要、具在別抄、或復往生論偈、真言教仏讃、阿弥陀別讃、此等文一遍多遍、一行多行、但応至誠、不論多少、設無余行、唯依讃歎、亦応随願必得往生、如法華偈云、或以歓喜心、歌唄頌仏徳、乃至一小音、皆已成仏道、一音既尓、何況常讃、仏果尚尓、何況往生、真言讃仏、利益甚深、不能顕露

第三、作願門者、以下三門、是三業相応之意業也、綽禅師安楽集云、大経云、凡欲往生浄土、要須発菩提心為源、云何、菩提者、乃是無上仏道之名也、若欲発心作仏者、此心広大、周遍法界、此心長遠、尽未来際、此心普備、離二乗障、若能一発此心、傾無始生死有輪、浄土論云、発菩提心者、正是願作仏心、願作仏心者、即是度衆生心、度衆生心者、即是摂受衆生、生有仏国土心、今既願生浄土故、先須発菩提心也〈已上〉当知、菩提心是浄土菩提之綱要、故聊以三門、決択其義、行者勿猒繁、一明菩提心行相、二明利益、三料簡

初、行相者、惣謂之、願作仏心、亦名上求菩提下化衆生心、別謂之、四弘誓願、此有二種、一縁事四弘願、是即衆生縁慈、或復法縁慈也、二縁理四弘、是無縁慈悲也

言縁事四弘者、一衆生無辺誓願度、応念、一切衆生悉有仏性、我皆令入無余涅槃、此心即是饒益有情戒、亦是恩徳心、亦是縁因仏性、応身菩提因、二煩悩無辺誓願断、此是摂律儀戒、亦是断徳心、亦是正因仏性、法身菩提因、三法門無尽誓願知、此是摂善法戒、亦是智徳心、亦是了因仏性、報身菩提因、四無上菩提誓願証、此是願求仏果菩提、謂由具足前三行願、証得三身円満菩提、還亦広度一切衆生

二縁理願者、一切諸法、本来寂静、非有非無、非常非断、不生不滅、不垢不浄、一色一香無非中道、生死即涅槃、煩悩即菩提、翻一一塵労門、即是八万四千諸波羅蜜、無明変為明、如融氷成水、更非遠物、不余処来、但一念心、普皆具足、如如意珠、非有宝非無宝、若謂無者即忘語、若謂有者即邪見、不可以心知、不可以言辨、衆生於此不思議不縛法中、而思想作縛、於無脱法中、而求於脱、是故普於法界一切衆生、起大慈悲、興四弘誓、是名順理発心、是最上菩提心〈可見止観第一〉又思益経云、知一切法非法、知一切衆生非衆生、是名菩薩発無上菩提心、又荘厳菩提心経云、菩提心者、非有非造、離於文字、菩提即是心、心即是衆生、若能如是解、是名菩薩修菩提、菩提非過去未来現在、如是心衆生、亦非過去未来現在、能如是解、名為菩薩、然於是中、実無所得、以無所得故得、若於一切法無所得、是名得菩提、為始行衆生故、説有菩提〈乃至〉然於是中、亦無有心、亦無造心者、亦無有菩提、亦無造菩提者、

亦無有衆生、亦無造衆生者〈乃至、云云〉

此二四弘、各有二義、一云、初二願、抜衆生苦集二諦苦、後二願、与衆生道滅二諦楽、二云、初一約他、後三約自、謂抜衆生二諦苦、与衆生二諦楽、惣在初願中、為欲究竟円満此願、更約自身、発後三願、如大般若経云、為利有情、求大菩提、故名菩薩、而不依著、故名摩訶薩〈已上〉又前三是因、是別、第四是果、是惣、四弘已後可云、自他法界同利益、共生極楽成仏道、心中応念、我与衆生共生極楽、円満究竟前四弘願、若有別願者、四弘前唱之、若心不浄、非正道因、若心有限、非大菩提、若無至誠、其力不強、是故要須清浄深広誠心、不為勝他名利等事、而於仏眼所照無尽法界一切衆生、一切煩悩、一切法門、一切仏徳、発此四種之願行也

問、於何法中、求無上道、答、此有利鈍二差別、如大論云、如黄石中有金性、白石中有銀性、如是一切世間法中、皆有涅槃性、諸仏賢聖、以智慧方便持戒禅定引導、令得是涅槃法性、利根者、即知是諸法皆是法性、譬如神通人能変瓦石皆使為金、鈍根者、方便分別求之、乃得法性、譬如大冶鼓石然後得金〈已上〉又云、苦行頭陀、初中後夜、勤心観禅、苦而得道、声聞教也、観諸法相無縛無解、心得清浄、菩薩教也、如文殊師利本縁〈已上〉即引無行経喜根菩薩偈云、婬欲即是道、恚癡亦如是、如此三事中、無量諸仏道、若有人分別、婬怒癡及道、是人去仏道、譬如天与地、如是有七十余偈、又同論云、一切法不可得、是名仏道、即是諸法実相、此不可得亦不可得〈略抄〉又迦葉菩薩白仏言、一切諸法中、悉有安楽性、唯願大世尊、為我分別説、又般若経云、一切有情、皆如来蔵、普賢菩薩自躰徧故、法句経云、諸仏依貪瞋、而処於道場、塵労諸仏種、本来無所動、五蓋及五欲、為諸仏種性、常以是荘厳、本来無所動、諸法従本来、無是亦無非、是非性寂滅、本来無所動〈已上六文、是利根人菩提心耳〉

問、煩悩菩提、若一躰者、唯応任意起惑業耶、答、生如是解、名之為悪取空者、専非仏弟子、今反質云、汝若煩悩即菩提故、欣起煩悩悪業、亦応生死即涅槃故、欣受生死猛苦、何故於刹那苦果、猶猒難堪、於永劫苦因、欣自恣作、是故当知、煩悩菩提、躰雖是一、時用異故、染浄不同、如水与氷、亦如種菓、其躰是一、随時用異、由此修道者、顕本有仏性、不修道者、終無顕理、如涅槃経三十二云、善男子、若有人問、是種子中有果無果耶、応定答言、亦有亦無、何以故、離子之外不能生果、是故名有、子未出牙、是故名無、以是義故、亦有亦無、所以者何、時節有異、其体是一、衆生仏性、亦復如是、若言衆生中別有仏性者、是義不然、何以故、衆生即仏性、仏性即衆生、直以時異、有浄不浄、善男子、若有問言、是子能生果不、是果能生子不、応定答言、亦生不生〈已上〉

問、凡夫不堪勤修、何虚発弘願耶、答、設不堪勤修、猶須発悲願、其益無量、如前後明、調達誦六万蔵経、猶不免那落、慈童発一念悲願、忽得生兜率、則知、昇沈差別、在心非行、何況、誰人

一生之中、不一称南无仏、不一食施衆生、須以此等微少善根、皆応摂入四弘願行、故行願相応、不為虚妄願、如優婆塞戒経第一云、若人不能一心観察生死過咎、涅槃安楽、如是之人、雖復慧施持戒多聞、終不能得解脱分法、若能猒患生死過咎、深見涅槃功徳安楽、如是之人、雖復少施小戒小聞、即能獲得解脱分法〈已上、於無量世、以無量財、施無量人、於無量仏所、受持禁戒、於無量世無量仏所、受持読誦十二部経、名為多施戒聞、以一把麨、施一乞人、一日一夜、受持八禁、読一四句偈、名少施戒聞、如経広説〉是故行者、随事用心、乃至一善、無空過者、如大般若経云、若諸菩薩、行深般若波羅蜜多方便善巧、無有一心一行空過而不廻向一切智者〈已上〉

　問、云何用心、答、如宝積経九十三云、須食施食、為具足一切智力故、須飲施飲、為断渇愛力故、須衣施衣、為得無上慚愧衣故、施坐処、為坐菩提樹下故、施燈明、為得仏眼明故、施紙墨等、為得大智慧故、施薬、為除衆生結使病故、如是乃至、或自無財、当生心施、欲得開示無量無辺一切衆生、有力無力、如上布施、是我善行〈已上、経文甚広、今略抄之、可見〉如是随事、常発心願、願令此衆生速成無上道、願我如是、漸漸成就第一願行、円満檀度、速証菩提、広度衆生、発一愛語、施一利行、同一善事、准此応知、若暫制伏一念悪時、応作是念、願我如是、漸漸成就第二願行、断諸惑業、速証菩提、広度衆生、若読誦修習一文一義時、応作是念、願我如是、漸漸成就第三願行、学諸仏法、速証菩提、広度衆生、触一切事、常作用心、我従今身、漸漸修学、乃至生極楽、自在学仏道、速証菩提、究竟利生、若常懐此念、随力修行者、如渧雖微漸盈大器、此心能持巨細万善、不令漏落、必至菩提、如華厳経入法界品云、譬如金剛能持大地不令墜没、菩提之心、亦復如是、能持菩薩一切願行、不令墜落没於三界、云云

　問、凡夫不堪常途用心、尓時善根、為唐捐耶、答、若至誠心、心念口言、我従今日、乃至一善、不為已身有漏果報、尽為極楽、尽為菩提、発此心後、所有諸善、若覚不覚、自然趣向無上菩提、如一穿渠溝、諸水自流入転至江河遂会大海、行者亦尓、一発心後、諸善根水、自然流入四弘願渠、転生極楽、遂会菩提薩婆若海、何況時時憶念前願、具如下廻向門

　問、凡夫無力、能捨難捨、或復貧乏、以何方便、令心順理、答、宝積経云、如此布施、若無有力、不能学之、不能捨財、是菩薩、応如是思惟、我今当勤加精進、時時漸漸断除慳貪悋惜之垢、我当勤加精進、時時漸漸、学捨財施与、常令我施心増長広大〈已上〉又因果経偈云、若有貧窮人、無財可布施、見他修施時、而生随喜心、随喜之福報、与施等無異、十住毘婆沙偈云、我今是新学、善根未成就、心未得自在、願後当相与〈已上〉行者応当如是用心

　問、此中縁理、発菩提心、亦可信因果勤修行道耶、答、理必可然、如浄名経云、雖観諸仏国、及与衆生空、而常修浄土、教化諸群生、中論偈云、雖空亦不断、雖有而不常、業果報不失、是名仏

所説、又大論云、若諸法皆空、則無衆生、誰可度者、是時悲心便弱、或時以衆生可愍、於諸法空観弱、若得方便力、於此二法、等無偏党、大悲心不妨諸法実相、得諸法実相、不妨大悲、生如是方便、是時便得入菩薩法位住阿鞞跋致地〈略抄〉

問、若偏生解、其過云何、答、無上依経上巻、明空見云、若有人執我見、如須弥山大、我不驚怖、亦不毀呰、増上慢人、執著空見、如一毛髪作十六分、我不許可、又中論第二偈云、大聖説空法、為離諸見故、若復見有空、諸仏所不化、仏蔵経念僧品、破有所得執云、有所得者、説有我人寿者命者、憶念分別無所有法、或説断常、或説有作、或説無作、我清浄法、以是因縁、漸漸滅尽、我久在生死、受諸苦悩、所成菩提、是諸悪人、尓時毀壊〈略抄〉又同経浄戒品云、我見人見衆生見者、多堕邪見、断滅見者、多疾得道、何以故、是易捨故、是故当知、是人寧自以利刀割舌、不応衆中不浄説法〈有所得執、名為不浄〉大論並明二執過云、譬如人行陝道、一辺深水一辺大火、二辺倶死、著有著無、二事倶失〈已上〉是故行者、常観諸法本来空寂、亦常修習四弘願行、如依空地造立宮舎、唯地唯空終不能成、此是由諸法三諦相即故、中論偈云、因縁所生法、我説即是空、亦名為仮名、亦是中道義、云云、更検止観

問、執有之見、罪過既重、縁事菩提心、豈有勝利耶、答、堅執有時、過失乃生、所言縁事、非必堅執、若不尓者、応無見有得道之類、見空亦尓、譬如用火手触為害不触有益、空有亦尓

二明利益者、若人如説、発菩提心、設少余行、随願決定、往生極楽、如上品下生之類是也、如是利益無量、今略示一端

止観云、宝梁経云、比丘不修比丘法、大千無唾処、況受人供養、六十比丘、悲泣白仏、我等乍死、不能受人供養、仏言、汝起慙愧心、善哉善哉、一比丘白仏言、何等比丘能受供養、仏言、若在比丘数、修僧業得僧利者、是人能受供養、四果是僧数、三十七品是僧業、四果是僧利、比丘重白仏、若発大乗心者、復云何、仏言、若発大乗心、求一切智、不堕数、不修業、不得利、能受供養、比丘驚問、云何是人能受供養、仏言、是人受衣用敷大地、受揣食若須弥山、亦能畢報施主之恩、当知、小乗之極果、不及大乗之初心〈已上、消信施〉

又云、如来密蔵経説、若人父為縁覚而害、盗三宝物、母為羅漢而汙、不実事謗仏、両舌間賢聖、悪口罵聖人、壊乱求法者、五逆初業之瞋、奪持戒人物之貪、辺見之癡、是為十悪者、若能知如来説因縁法無我人衆生寿命、無生無滅無染無著本性清浄、又於一切法、知本性清浄、解知信入者、我不説是人趣向地獄及諸悪道、何以故、法無積聚、法無集悩、一切法不生不住、因縁和合而得生起、生已還滅、若心生已滅、一切結使亦生已滅、如是解無犯処、若有犯有住、無有是処、如百年闇室若燃燈時、闇不可言我是室主住此久而不肯去、燈若生闇即滅、其義亦如是、此経具指前四菩提心〈已上在彼経下巻、言前四者、指四教菩提心〉華厳経入法界品云、譬如

善見薬王滅一切病、菩提心滅一切衆生諸煩悩病、譬如牛馬羊乳合在一器、以師子乳投彼器中、余乳消尽直過無礙、如来師子菩提心乳、著無量劫所積諸業煩悩乳中、皆悉消尽、不住声聞縁覚法中、大般若経云、若諸菩薩、雖多発起五欲相応非理作意、而起一念無上菩提相応之心、即能折滅〈已上三文、滅罪益〉

入法界品云、譬如有人得不可壊薬、一切怨敵不得其便、菩薩摩訶薩、亦復如是、得菩提心不壊法薬、一切煩悩諸魔怨敵、所不能壊、譬如有人得住水宝珠瓔珞其身、入深水中而不没溺、得菩提心住水宝珠、入生死海而不沈没、譬如金剛於百千劫処於水中、而不爛壊亦無変異、菩提之心亦復如是、於無量劫、処生死中、諸煩悩業、不能断滅、亦無損減、又同経法幢菩薩偈云、若有智慧人、一念発道心、必成無上尊、慎莫生疑惑〈已上、終不敗壊、必至菩提益〉

又入法界品云、譬如閻浮檀金除如意宝勝一切宝、菩提之心、閻浮檀金、亦復如是、除一切智、勝諸功徳、譬如迦楞毘伽鳥在㲉中時、有大勢力余鳥不及、菩薩摩訶薩、亦復如是、於生死㲉発菩提心功徳勢力、声聞縁覚所不能及、譬如波利質多樹花一日薫衣、瞻蔔花婆師花雖千歳薫所不能及、菩提心花、亦復如是、一日所薫功徳香、徹十方仏所、声聞縁覚、以無漏智、薫諸功徳、於百千劫、所不能及、譬如金剛雖破不全、一切衆宝猶不能及、菩提之心、亦復如是、雖少懈怠、声聞縁覚諸功徳宝、所不能及〈已上、経中有二百余喩、可見〉賢首品偈云、菩薩於生死、最初発心時、一向求菩提、堅固不可動、彼一念功徳、深広無涯際、如来分別説、窮劫不能尽〈此言発心、通於凡聖、具見弘決〉又同経偈云、一切衆生心、悉可分別知、一切刹微塵、尚可算其数、十方虚空界、一毛猶可量、菩薩初発心、究竟不可測、又出生菩提心経偈云、若此仏刹諸衆生、令住信心及持戒、如彼最上大福聚、不及道心十六分、若諸仏刹恒河沙、皆悉造寺求福故、復造諸塔如須弥、不及道心十六分〈乃至〉如是人等得勝法、若求菩提利衆生、彼等衆生最勝者、此無比類況有上、是故得聞此諸法、智者常生楽法心、当得無辺大福聚、速得証於無上道、宝積経偈云、菩提心功徳、若有色方分、周遍虚空界、無能容受者、云云

菩提心、有如是勝利、是故迦葉菩薩礼仏偈云、発心畢竟二無別、如是二心前心難、自未得度先度他、是故我礼初発心、又弥伽大士、聞善財童子已発菩提心、即従師子座下、放大光明照三千界、五躰投地礼讃童子〈已上、惣顕勝利〉

問、縁事誓願亦有勝利耶、答、雖不如縁理、此亦有勝利、何以知者、上品下生業、云但発無上道心、不云解第一義、故知、唯是事菩提心、若不尓者、与彼中生業、応無別〈其一〉往生論明菩提心但云、以抜一切衆生苦故、以令一切衆生得大菩提故、以摂取衆生生彼国土故、云云、若縁事心無往生力、論主豈不示縁理心〈其二〉大論第五偈云、若初発心時、誓願当作仏、已過諸世間、応受世供養、云云、此論亦但云、願作仏、明事菩提心亦畢消信施〈其三〉止

観引秘密蔵経已云、初菩提心、已能除重重十悪、況第二第三第四菩提心耶、云云、所言初者、是三蔵教、縁界内事菩提心也、何況深信一切衆生悉有仏性、普願自他共成仏道、豈無滅罪〈其四〉唯識論云、不執菩提有情実有、無由発起猛利悲願〈已上〉大士悲願尚執有起、則知事願亦有勝利〈其五〉余如下迴向門

問、信解衆生本有仏性、豈非縁理、答、此是信解大乗至極道理、非必第一義空相応観慧

問、十疑引雑集論云、若有願生安楽浄土、即得往生者、若人聞無垢仏名、即得阿耨菩提者、此是別時因、全無行〈已上〉慈恩同云、願行前後故説別時、非謂念仏不即生也〈已上〉明知、有願無行、是別時意、云何上品下生之人、但由菩提願、即得往生耶、答、大菩提心功能甚深、滅無量罪、生無量福、故求浄土、随求即得、所言別時意者、但為自身願求極楽、非是四弘願広大菩提心

問、大菩提心、若有此力、一切菩薩、従初発心決定応無堕悪趣者、答、菩薩未至不退位前、染浄二心、間雑而起、前念雖滅衆罪、後念更造衆罪、又菩提心有浅深強弱、悪業有久近定不定、是故退位昇沈不定、非菩提心無滅罪力、且述愚管、見者取捨

三料簡者、問、入法界品云、譬如金剛従金性生非余宝生、菩提心宝、亦復如是、大悲救護衆生性生、非余善生、荘厳論偈云、雖恒処地獄、不障大菩提、若起自利心、是大菩提障、又丈夫論偈云、悲心施一人、功徳大如地、為己施一切、得報如芥子、救一厄難人、勝余一切施、衆星雖有光、不如一月明〈已上〉明、自利行非是菩提心之所依、得報亦少、云何独願速生極楽、答、豈不前言、願極楽者、要発四弘願、随願而勤修、此豈非是大悲心行、又願求極楽、非是自利心、所以然者、今此娑婆世界、多諸留難、甘露未沾、苦海朝宗、初心行者、何暇修道、故今為欲円満菩薩願行、自在利益一切衆生、先求極楽、不為自利、如十住毘婆沙云、自未得度、不能度彼、如人自没於泥。何能拯済余人、又如為水所漂不能済溺、是故説、我度已当度彼、又如法句偈説、若能自安身、在於善処者、然後安余人、自同於所利〈已上〉故十疑言、所以求生浄土、欲救抜一切衆生苦故、即自思忖、我今無力、若在悪世煩悩境中、以境強故、自被纏縛、淪溺三途、動経数劫、如此輪転、無始已来未曾休息、何時能得救衆生苦、為此求生浄土親近諸仏、証無生忍、方能於悪世中救衆生苦〈已上〉余経論文、具如十疑也、応知、念仏修善為業因、往生極楽為花報、証大菩提為果報、利益衆生為本懐、譬如世間植木開花、因花結菓、得菓飡受

問、念仏之行、於四弘中、是何行摂、答、修念仏三昧、是第三願行、随有所伏滅、是第二願行、遠近結良縁、是第一願行、積功累徳、成第四願、自余衆善例知、不俟

問、一心念仏、理亦往生、何要経論勧菩提願、答、大荘厳論云、仏国事大、独行功徳、不能成就、要須願力、如牛雖力挽車、要須御者能有所至、浄仏国土、由願引成、以願力故、福慧増長〈已上〉

十住毘婆沙論云、一切諸法、願為根本、離願則不成、是故発願、
又云、若人願作仏、心念阿弥陀、応時為現身、是故我帰命〈已上〉
大菩提心、既有此力、是故行者要発此願
問、若不発願者、終不往生耶、答、諸師不同、有云、九品生人、皆発菩提心、其中品人、本雖是小乗、後発大心、得生彼国、由彼本習、暫証小果、其下品人、雖退大心、而其勢力猶在得生〈慈恩同之〉有云、中下品但由福分生、上品具福分道分生、云云、道分者、是菩提心行也

問、如菩提心諸師異解、欣浄土心亦不同耶、答、大菩提心、雖有異説、欣浄土之願、九品皆応具

問、若浄土業、依願得報、如人作悪不願地獄、彼不応得地獄果報、答、罪報有量、浄土報無量、二果既別、二因何一例、如大論第八云、罪福雖有定報、但作願者、修小福有願力故、得大果報、一切衆生、皆願得楽、無願苦者、是故不願地獄、以是故、福有無量報、罪報有量〈略抄〉

問、以何等法、世世増長大菩提願、而不忘失、答、十住婆沙第三偈云、乃至失身命、転輪聖王位、於此尚不応、妄語行諂曲、能令諸世間、一切衆生類、於諸菩薩衆、而生恭敬心、若有人能行、如是之善法、世世得増長、無上菩提願〈文中亦有廾二種失菩提心法、可見〉

往生要集　巻上

往生要集　巻中　　尽第六別時念仏門

天台首楞厳院沙門源信撰

第四、観察門者、初心観行、不堪深奥、如十住毘婆沙云、新発意菩薩、先念仏色相、云云、又諸経中、為初心人、多説相好功徳、是故今当修色相観、此分為三、一別相観、二惣相観、三雑略観、随意楽応用之

初、別相観者、亦有二、先観花座、観経云、欲観彼仏者、当起想念、於七宝地上、作蓮華想、令其蓮華一一葉作百宝色、有八万四千脉、猶如天画、脉有八万四千光、了了分明、皆令得見、花葉小者、縦広二百五十由旬、如是花有八万四千葉、一一葉間有百億摩尼珠王、以為映飾、一一摩尼珠、放千光明、其光如蓋、七宝合成、遍布地上、釈迦毘楞伽宝、以為其台、此蓮華台八万金剛、甄叔迦宝、梵摩尼宝、妙真珠網、以為交飾、於其台上、自然而有四柱宝幢、一一宝幢、如百千万億須弥山、幢上宝縵、如夜摩天宮、有五百億微妙宝珠、以為映飾、一一宝珠、有八万四千光、一一光、作八万四千異種金色、一一金光、遍其宝土、処処変化、各作異相、或為金剛台、或作真珠網、或作雑花雲、於十方面、随意変現、弛作仏事、是為花座想、如此妙花、是本法蔵比丘願力所成、若欲念彼仏者、当先作此華座想、作此想時、不得雑観、皆応一一観之、

一一葉、一一珠、一一光、一一台、一一幢、皆令分明、如於鏡中自見面像、作此観者、名為正観、若他観者、名為邪観〈已上、観此座相者、滅除五万劫生死之罪、必定当生極楽世界〉

次正観相好、謂阿弥陀仏坐花台上、相好炳然、荘厳其身

一、頂上肉髻、無能見者、高顕周円、猶如天蓋、或楽広観者、次応観、彼頂上有大光明、具足千色、一一色作八万四千支、一一支中有八万四千化仏、化仏頂上亦放此光、此光相次、乃至上方無量世界、於上方界有化菩薩、如雲而下、囲遶諸仏〈大集経云、恭敬父母師僧和上、得肉髻相、云云、若於此相生随喜者、除却千億劫極重悪業、不堕三途〉

二、頂上八万四千髪毛、皆上向靡、右旋而生、永無褫落、亦不雑乱、紺青稠密、香潔細軟、或楽広観者、応観、一一毛孔、旋生五光、若申之時、脩長難量〈如釈尊、髪長、従尼狗楼陀精舎至父王宮、遶城七匝〉無量光普照、作紺瑠璃色、色中化仏、不可称数、現此相已、還住仏頂、右旋宛転、即成蠡文〈大集云、不以悪事加衆生故、得髪毛金精相〉

三、於其髪際、有五千光、間錯分明、皆上向靡、囲遶諸髪、遶頂五帀、如天画師所作画法、団円正等、細如一糸、於其糸間、生諸化仏、有化菩薩、以為眷属、一切色像、亦於中見〈楽広観者、可用此観〉

四、耳厚広長、輪埵成就、或応広観、旋生七毛、流出五光、其光千色、色千化仏、仏放千光、遍照十方無量世界〈此随好之業因、可勘、観仏三昧経云、観此好者、滅八十劫生死之罪、後世常与陀羅尼人為眷属、云云、下去諸利益、皆亦依観仏三昧経而注〉

五、額広平正、形相殊妙〈此好業因并利益、可勘〉

六、面輪円満、光沢潤怡、端正皎潔、猶如秋月、雙眉皎浄、似天帝弓、其色無比、紺瑠璃光〈見来求者、生歓喜故、面輪円満、観此相者、除却億劫生死之罪、後身生処面見諸仏〉

七、眉間白毫、右旋宛転、柔軟如兜羅綿、鮮白逾珂雪、或次応広観、舒之直長大、如白瑠璃筒、放已右旋、如頗梨珠〈丈六仏白毫、長丈五、右旋俓一寸。周囲三寸〉於十方面、現無量光、如万億日、不可具見、但於光中、現諸蓮華、上過無量塵数世界、花花相次、団円正等、一一花上、一化仏坐、相好荘厳、眷属囲遶、一一化仏、復出無量光、一一光中、亦無量化仏、是諸世尊、行者無数、住者無数、坐者無数、臥者無数、或説大慈大悲、或説三十七品、或六波羅蜜説、或諸不共法説、若広説者、一切衆生、至十地菩薩、亦不能知之〈大集経云、不隠他徳、称揚其徳、得此相、観仏経云、従無量劫、昼夜精進、身心無懈、如救頭燃、勤修六度、三十七品、十力無畏、大慈大悲、諸妙功徳、得此白毫、観此相者。除却九十六億那由他恒河沙微塵数劫生死之罪〉

八、如来眼睫、猶如牛王、紺青斉整。不相雑乱、或次応広観、上下各生、有五百毛、如優曇花鬚、柔軟可愛楽、一一毛端、流出

一光、如頗梨色、遶頭一匝、純生微妙諸青蓮花、一一花台、有梵天王、執青色蓋〈大集経云、至心求於無上菩提故、得牛王睫相、大経云、見於怨憎、生於善心故〉

九、仏眼青白、上下俱眴、白者過白宝、青者勝青蓮花、或次応広観、眼出光明、分為四支、遍照十方無量世界、於青光中、有青色化仏、於白光中、有白色化仏、此青白化仏、復現諸神通〈大集経云、修集慈心、愛視衆生、得紺色目相、云云、於少時間、観此相者、未来生処、眼常明浄、眼根無病、除却七劫生死之罪〉

十、鼻脩高直、其孔不現、如鋳金挺、如鸚鵡觜、表裏清浄、無諸塵翳、出二光明、遍照十方、変作種種無量仏事〈観此随好者、滅千劫罪、未来生処、聞上妙香、常以戒香、為身瓔珞〉

十一、唇色赤好、如頻婆菓、上下相称、如量厳麗、或次応広観、団円光明、従仏口出、猶如百千赤真珠貫、入出於鼻白毫髪間、如是展転、入円光中〈此唇随好業等、可勘〉

十二、四十歯斉、浄密根深、白逾珂雪、常有光明、其光紅白、映耀人目〈大経云、遠離両舌悪口恚心、得四十歯鮮白斉密相、云云〉

十三、四牙鮮白、光潔鋒利、如月初出〈大集経云、身口意浄故、得二牙白相、云云、観此唇口歯相者、滅二千劫罪〉

十四、世尊舌相、薄浄広長、能覆面輪、至耳髪際乃至梵天、其色如赤銅、或次可広観、舌上五画、猶如印文、咲時動舌、出五色光、遶仏七匝、還従頂入、所有神変、無量無辺〈大集経云、護口四過、得広長舌相、云云、観此相者、除百億八万四千劫罪、他世値八十億仏〉

十五、舌下両辺、有二宝珠、流注甘露、滴舌根上、諸天世人、十地菩薩、無此舌根、亦無此味〈大般若有異説、可勘、大経云、飲食施与故、得上味相〉

十六、如来咽喉、如瑠璃筒、状如累蓮華、所出音声、詞韻和雅、無不等聞、其声洪震、猶如天鼓、所発言婉均、如伽陵頻音、任運能遍大千世界、若作意時、無量無辺、然為利衆生、随類不増減〈大経云、不訟彼短、不謗正法、得梵音声相、大集云、於諸衆生、常柔濡語故、云云〉

十七、頸出円光、咽喉上、有点相分明、一一点中、出一一光、其一一光、遶前円光、満足七匝、衆画分明、一一画間、有妙蓮華、華上有七仏、一一化仏、各有七菩薩、以為侍者、一一菩薩、執如意珠、其珠金光、青黄赤白、及靡尼色、皆悉具足、囲遶諸光、上下左右、各各一尋、囲遶仏頸、了了如画〈無上依経云、衣服飲食、車乗臥具、諸荘厳物、歓喜施与、得身金色円光一丈相〉

十八、頸出二光、其光万色、遍照十方一切世界、遇此光者、成辟支仏、此光照諸辟支仏頸、此相現時、行者遍見十方一切諸辟支仏、擲鉢虚空作十八変、一一足下皆有文字、其字宣説十二因縁

十九、欠盆骨満相、光照十方、作虎魄色、遇此光者、発声聞意、是諸声聞、見此光明、分為十支、一支千色、十千光明、光有化仏、一一化仏、有四比丘、以為侍者、一一比丘、皆説苦空無常無我〈已

上三種、楽広観者、応用之〉

二十、世尊肩項、円満殊妙〈法華文句云、恒令施増長故、得此相〉

二十一、如来腋下、悉皆充実、放紅紫光、作諸仏事、利益衆生〈無上依経云、於衆生中、為利益事、修四正勤、心无所畏、得両肩平整而腋下満相〉

二十二、仏雙臂肘、明直牖円、如象王鼻、平立摩膝、或次応広観、手掌千輻理、各放百千光、遍照十方、化成金水、金水之中、有一妙水、如水精色、餓鬼見除熱、畜生識宿命、狂象見者為師子王、師子見金翅鳥、諸竜亦見金翅鳥王、是諸畜生各見所尊、心生恐怖、合掌恭敬、以恭敬故、命終生天〈大集経云、救護怖畏、得臂肘牖、見他事業、佐助故、得手摩膝相〉

二十三、諸指円満、充密繊長、甚可愛楽、於一一端、各生万字、其爪光潔、如華赤銅〈瑜伽云、於諸尊長、恭敬礼拝合掌起立故、得指繊長相〉

二十四、一一指間、猶如鴈王咸有鞔網、金色交絡、文同綺画、勝閻浮金、百千万億、其色明達、過於眼界、張時則見、斂指不見〈大経云、修四摂法、摂取衆生故、得此相〉

二十五、其手柔軟、如都羅綿、勝過一切、内外倶握〈大経云、父母師長若病苦、自手洗拭捉持安摩故、得手軟相〉

二十六、世尊頷臆、并身上半、威容広大、如師子王〈瑜伽云、於諸有情如法所作、能為上首、而作助伴、離於我慢、無諸獷悷故、得此相〉

二十七、胸有万字、名実相印、放大光明、或次応広観、光中有無量百千衆花、一一花上、有無量化仏、是諸化仏各有千光、利益衆生、乃至遍入十方仏頂、時諸仏胸出百千光、一一光説六波羅蜜、一一化仏、遣一化人端正微妙状如弥勒、安慰行者〈見此相光者、除十二億劫生死之罪〉

二十八、如来心相、如紅蓮華、妙紫金光、以為間錯、如瑠璃筒、懸在仏胸、不合不開、団円如心、万億化仏、遊仏心間、又無量塵数化仏、在仏心中、坐金剛台、放無量光、一一光中、亦有無量塵数化仏、出広長舌、放万億光、作諸仏事〈念仏心者、除十二億劫生死之罪、生生得値無量菩薩、云云、楽広観者、応作此観〉

二十九、世尊身皮、皆真金色、光潔晃曜、如妙金台、衆宝荘厳、衆所楽見〈大経云、施衣服臥具、得此相〉

三十、身光任運、照三千界、若作意時、無量無辺、然為憐愍諸有情故、摂光常照、面各一尋〈大経云、以香花燈明等施人、得此相、云云、観大光者、但発心見、除却衆罪〉

三十一、世尊身相、脩広端厳〈大論云、恭敬尊長、迎送侍遶、得身直広相〉

三十二、世尊躰相、縦広量等、周匝円満、如尼拘陀樹〈大集云、常勧衆生、修三昧、得此相、報恩経云、若有衆生四大不調、能為療治故、得身方円相〉

三十三、世尊容儀、洪満端直〈瑜伽云、於疾病者、卑屈瞻侍、給施

良薬故、得身不僂曲相〉

三十四、如来陰蔵、平如満月、有金色光、猶如日輪、如金剛器、中外倶浄〈大経云、見裸施衣故、得陰馬蔵相、大集云、覆蔵他過故、大論云、多修慚愧、及断邪婬〔故〕、導禅師云、仏言、若多貪欲色者、即想如来陰蔵相者、欲心即止、罪障除滅、得無量功徳〉

三十五、世尊両足、二手掌中、項及雙肩、七処充満〈大経云、行施之時、所珍之物、能捨不悋、不観福田及非福田、得七処満相〉

三十六、世尊雙腨、漸次纎円、如鷖泥耶仙鹿王腨、腨鉤鏁骨盤結之間、出諸金光〈瑜伽云、自於正法、如実摂受、広為他説、及正為他善作給使、得鷖泥耶腨相〉

三十七、世尊足跟、広長円満、与趺相称、勝諸有情

三十八、足趺脩高、猶如亀背、柔軟妙好、与跟相称〈瑜伽云、感足下平満千輻輪繊長指三相之業、惣能感得跟趺二相、是前三相所依止故〉

三十九、如来之身、前後左右、及以頂上、各有八万四千毛生、柔潤紺青、右旋宛転、或次応広観、一一毛端、有百千万塵数蓮華、一一蓮華、生無量〔化〕仏、一一化仏、現諸偈頌、声声相次、猶如雨滞〈無上依経云、修諸勝善法、無中下品、恒令増上、得身毛上靡右旋宛転相、優婆塞戒経云、親近智者、楽聞楽論、聞已楽修、楽治道路除去棘刺故〉

四十、世尊足下、千輻輪文、輞轂衆相、無不円満〈瑜伽云、於其父母、種種供養、於諸有情諸苦悩事、種種救護、由往来等動転業故、得此相、云云、見千輻輪相、却千劫極重悪業〉

四十一、世尊足下、有平満相、妙善安住、猶如奩底、地雖高下、随足所蹈、皆悉坦然、無不等触〈大経云、持戒不動、施心不移、安住実語故、得此相、云云、其足柔軟、諸指纎長、鞔網具足、内外握等相、及業因、同前手相〉

四十二、楽広者応観、足下及跟、各生一花、囲遶諸光、満足十匝、花花相次、一一花上、有五化仏、一一化仏、五十五菩薩、以為侍者、一一菩薩頂、生摩尼珠光、此相現時、仏諸毛孔、生八万四千微細小光明、厳飾身光、極令可愛、此光一尋、其相衆多、乃至他方諸大菩薩、観此之時、此光随大〈已上〉是諸相好行相利益廃立等事、諸文不同、然今三十二略相、多依大般若、広相随好、及諸利益、依観仏経

又相好業、有其惣別、言惣因者、瑜伽四十九云、始従清浄勝意楽地、一切所有菩提資糧、無有差別、能感一切相及随好、云云、言別因者、彼論有三種、一者六十二因、具如論文、二者浄戒、若諸菩薩、毀犯浄戒、尚不能得下賤人身、何況能感大丈夫相、三者四種善修、一善修事業、二善巧方便、三饒益有情、四無倒迴向〈已上〉

別因之中、亦有多差別、今者且取因果相順者也、前後次第、諸文亦不同、今者随宜、取為次第也、相好間雑、以為観法、亦是観仏経之例也、順観次第、大途如是、逆観反之、従足至頂、観仏三昧経云、閇眼得見、以心想力、了了分明、如仏在世、雖観是相、

不得衆多、従一事起、復想一事、想一事已、復想一事、逆順反覆、経十六反、如是心想、極令明利、然後住心、繋念一処、如是漸漸挙舌向腭、令舌政住、経二七日、然後身心可得安穏、導和尚云、十六遍後、住心観白毫相、不得雑乱

二、惣相観者、先観如前衆宝荘厳広大蓮華、次観阿弥陀仏坐華台上、身色如百千万億閻浮檀金、身高六十万億那由他恒河沙由旬、眉間白毫、右旋婉転、如五須弥山、眼如四大海水、清白分明、身諸毛孔、演出光明、如須弥山、円光如百億大千界、光中有無量恒河沙化仏、一一化仏、以無数菩薩為侍者、如是有八万四千相、一一相各有八万四千随好、一一好復有八万四千光明、一一光明、遍照十方世界、念仏衆生摂取不捨、当知、一一相中、各具七百五倶胝六百万光明、熾然赫奕、神徳巍巍、如金山王在大海中、無量化仏菩薩、充満光中、各各現神通、囲遶弥陀仏、彼仏如是具足無量功徳相好、在於菩薩衆会之中、演説正法、行者是時、都無余色相、須弥鉄囲、大小諸山悉不現、大海江河、土地樹林、悉不現、溢目之者、但是弥陀仏相好、周遍世界之者、亦是閻浮檀金光明、譬如劫水弥満世界、其中万物沈没不現、滉瀁浩汗唯見大水、彼仏光明、亦復如是、高出一切世界上、相好光明、靡不照曜、行者以心眼、見於己身、亦在於彼光明所照之中〈已上、依観経雙観経般舟経大論等意、此観成後、随楽作次観耳〉

或応観、彼仏是三身一体之身也、於彼一身、所見不同、或丈六、或八尺、或広大身、所現身皆金色、所利益各無量、与一切諸仏、其事同一〈応化身〉又一一相好、凡聖不得其辺、梵天不見其頂、目連不窮其声、無形第一躰、非荘厳荘厳、十力四無畏、三念住大悲、八万四千三昧門、八万四千波羅蜜門、恒沙塵数法門、究竟円満、与一切諸仏、其意同一〈報身〉微妙浄法身、具足諸相好、一一相好、即是実相、実相法界、具足無減、不生不滅、無去来、不一不異、非断常、有為無為諸功徳、依此法身常清浄、与一切諸仏、其躰同一〈法身〉

是故三世十方諸仏三身、普門塵数無量法門、仏衆法海、円融万徳、凡無尽法界、備在弥陀一身、不縦不横、亦非一異、非実非虚、亦非有無、本性清浄、心言路絶、譬如如意珠中、非有宝非無宝、仏身万徳、亦復如是

又非即陰入界名為如来、彼諸衆生皆悉有之故、非離陰入界名為如来、離之則是無因縁法故、非即亦非離、寂静但有名、是故当知、所観衆相、即是三身即一之相好光明也、諸仏同躰之相好光明也、万徳円融之相好光明也、色即是空故、謂之真如実相、空即是色故、謂之相好光明、一色一香、無非中道、受想行識、亦復如是、我所有三道、与弥陀仏万徳、本来空寂、一躰無礙、願我得仏、斉聖法王〈已上、依観経心地観経金光明経念仏三昧経般若経止観等意〉

三、雑略観者、彼仏眉間、有一白毫、右旋宛転、如五須弥、於中復有八万四千好、一一好有八万四千光、其光微妙、具衆宝色、

物而言之、七百五倶胝六百万光明、十方面赫奕、如億千日月、其光中現一切仏身、無数菩薩、衆会囲遶、復出微妙音、宣暢諸法海、彼一一光明、遍照十方世界、念仏衆生摂取不捨、我亦在彼摂取之中、煩悩障眼雖不能見、大悲無倦常照我身、或応起自心生極楽国、於蓮華中結跏趺坐、作蓮華合想、尋蓮花開時、瞻仰尊顔、観白毫相、時有五百色光、来照我身、即見無量化仏菩薩満虚空中、水鳥樹林、及与諸仏所出音声、皆演妙法、如是思想、令心欣悦、願共諸衆生、往生安楽国〈已上、依観経華厳経等意、具在別巻〉

若楽極略者、応念、彼仏眉間白毫相、旋転猶如頗梨珠、光明遍照摂我等、願共衆生生彼国、若有不堪観念相好、或依帰命想、或依引摂想、或依往生想、応一心称念〈已上、意楽不同故、明種種観〉行住坐臥、語黙作作、常以此念在於胸中、如飢念食、如渇追水、或低頭挙手、或挙声称名、外儀雖異、心念常存、念念相続寤寐莫忘

問、彼仏真身、非是凡夫心力所及、但応観像、何観大身、答、観経云、無量寿仏、身量無辺、非是凡夫心力所及、然彼如来宿願力故、有憶想者、必得成就、但想仏像、得無量福、況復観仏具足身相〈已上〉明知、初心亦随楽欲、得観真身

問、所言弥陀一身、即一切仏身者、有何証拠、答、天台大師云、念阿弥陀仏、即是念一切仏、故花厳経云、一切諸仏身、即是一仏身、一心一智慧、力無畏亦然〈已上〉又観仏三昧経云、若思惟一仏、即見一切仏、云云

問、為如諸仏躰性無二、念者功徳亦無別耶、答、等無差別、故文殊般若経下巻云、念一仏功徳、無量無辺、亦与無量諸仏功徳無二、不思議仏法、等無分別、皆乗一如、成最正覚、悉具無量功徳無量辯才、如是入一行三昧者、尽知恒沙諸仏法界無差別相〈已上〉

問、諸相功徳、肉髻梵音、是為最勝、今多勧白毫、有何証拠耶、答、其証甚多、略出一両、観経云、観無量寿仏者、従一相好入、但観眉間白毫、極令明了、見眉間白毫者、八万四千相好、自然当見、又観仏経云、如来有無量相好、一一相中、八万四千諸小相好、如是相好、不及白毫少分功徳、是故今日、為於来世諸悪衆生、説白毫相大悲光明消悪観法、若有邪見極重悪人、聞此観法具足相貌、生瞋恨心、無有是処、縦使生瞋、白毫相光、亦復覆護、暫聞是語、除三劫罪、後身生処、生諸仏前、如是種種百千億種、諸観光明微妙境界、不可悉説、念白毫時、自然当生、又云、麁心観像、尚得如是無量功徳、況復繋念、観仏眉間白毫相光、又云、釈迦文仏、現行者前、告言、汝修観仏三昧力、故我以涅槃相力、示汝色身、令汝諦観、汝今坐禅、不得多観、汝後世人、多作諸悪、但観眉間白毫相光、作此観時、所見境界、如上所説〈已上略抄之〉上所説者、見仏種種境界也、諸余利益、至下別時行及利益門、応知

問、観白毫一相、亦名三昧耶、答、尓、故観仏経第九云、若能繋心、観一毛孔、是人名為行念仏定、以念仏故、十方諸仏、常立其前、為説正法、此人即為能生三世諸如来種、何況具足念仏色身

問、何故不観浄土荘厳耶、答、今為不堪広行之者、唯勧略観、若欲観者、応読観経、何況前明十種事、即是浄土荘厳也

問、何故不観観音勢至耶、答、略故不述、念仏已後、応観二菩薩、或称名号、多少随意

第五、明廻向〔門〕者、五義具足、是真廻向、一聚集三世一切善根〈花厳経意〉二薩婆若心相応、三以此善根、共一切衆生、四廻向無上菩提、五観能施所施施物皆不可得、能令諸法実相和合〈大論意〉依此等義、心念口言、所修功徳、及以三際一切善根〈其一〉廻向自他法界一切衆生、平等利益〈其二〉滅罪生善、共生極楽、普賢行願、速疾円満、自他同証無上菩提、尽未来際、利益衆生〈其三〉廻施法界〈其四〉廻向大菩提〈其五〉

問、未来未有、以何廻向、答、花厳経説第三廻向菩薩行相云、以三世善根、而無所著、無相離相、悉以廻向、刊定記有二釈、一未来善根、雖未有、今若発願、願熏成種、摂持力故、未来所修、住蓮注向衆生菩提、不待更廻向也、二依此教中、菩薩乃至、修一念善、摂法性故、遍於九世、故用彼善根廻向也、云云

問、第二何名薩婆若相応心、答、論云、阿耨菩提意、即是応薩婆若心、応者、繫心願我当作仏

問、第三第四、何故要共一切衆生、及以廻向無上菩提、答、六波羅蜜経云、云何少施功徳多耶、以方便力、少分布施、廻向発願、与一切衆生、同証無上正等菩提、以是功徳無量無辺、猶如小雲漸遍法界〈乃至、以一華一菓施、亦尓、大論意又同之〉又宝積経四十六云、菩薩摩訶薩、所有已生諸妙善根、一切廻向無上菩提、令此善根畢竟無尽、譬如少水投于大海、乃至劫焼中無有尽、又大荘厳論偈云、行施不求妙色財、亦不願感天人趣、専求無上勝菩提、施微便感無量福〈已上〉故以諸善根、尽廻向仏道、又大論云、譬如慳貪人、無因縁乃至一銭不施、貪慳積聚但望増長、菩薩亦如是、福徳若多若少、不向余事、但愛惜積集、向薩婆若〈已上〉

問、若尓、唯応廻向菩提、何故更云往生極楽、答、菩提是果報、極楽是花報、求果之人、蓋期花耶、是故九品業皆云、廻向願求生極楽国

問、発願廻向、有何差別、答、誓期所求、名之為願、廻所作業、趣向於彼、謂之廻向

問、薩婆若与無上菩提、二無差別、何分為二、答、論明廻向、分之為二、故今順之、更検論文

問、次何故観所有事、悉令空耶、答、論云、著心取相菩薩修福徳、如草生火易可得滅、若躰得実相菩薩、以大悲心行衆行、難可得破、如水中火無能滅者、云云

問、若尓、応唱言空無所得、何故今云廻施法界、答、理実可然、然今順於国土風俗故、云法界、理亦無違、所以然者、法界即是円融無作第一義空、以所修善廻趣、相応彼第一義空、名廻施法界

問、最後何意、唱言廻向大菩提耶、答、此是令与薩婆若相応也、

此亦順土風、置之末後、言薩婆若、即是菩提、如前論文

問、有相迴向、無利益耶、答、如上数論、雖有勝劣、猶有巨益、如大論第七云、有小因大果小縁大報、如求仏道讃一偈、一称南无仏、焼一捻香、必得作仏、何況聞知諸法実相、不生不滅、不不生不不滅、而行因縁業、亦不失〈已上〉此文深妙、髻中明珠、則知、我等成仏無疑、帰命竜樹尊、証成我心願

大文第五、助念方法者、一目之羅、不能得鳥、万術助観念、成往生大事、今以七事、略示方法、一方処供具、二修行相皃、三対治懈怠、四止悪修善、五懺悔衆罪、六対治魔事、七惣結要行

第一、方処供具者、内外俱浄、卜一閑処、随力辦於花香供具、若有闕少花香等事、但専念仏功徳威神、若親対仏像、須辦燈明、若遙観西方、或須闇室〈感禅師許闇室〉若供花香時、須依観仏三昧経供養文意、其所得福、無量無辺、煩悩自減少、六度自円満〈其文不異通途所用、故不更抄〉若用念珠時、欲求浄土、用木槵子、欲多功徳、用菩提子、乃至或水精蓮子等〈見念珠功徳経〉

第二、修行相皃者、依摂論等、用四修相、一者長時修、要決云、従初発心乃至菩提、恒作浄因、終無退転、善導禅師云、畢命為期、誓不中止、二者慇重修、謂於極楽仏法僧宝、心常憶念、専生尊重、要決云、行住坐臥、不背西方、涕唾便痢。、不向西方、導師云、面向西方者最勝、如樹先傾倒必随曲、必有事礙、不及向西方者、但作向西想亦得、三者無間修、要決云、謂常念仏、作往生心、於一切時、心恒想巧、譬若有人、被他抄掠身為下賎、備受艱辛忽思父母、欲走帰国行装未辦、由在他郷日夜思惟苦不堪忍、無時暫捨不念娜嬢。、為計既成便帰得達、親近父母縦任歓娯、行者亦尓、往因煩悩、壊乱善心、福智珍財、并皆散失、久沈生死、制不自由、恒与魔王、而作僕使、駈馳六道、苦切身心、今遇善縁、忽聞弥陀慈父不違弘願済抜群生、日夜驚忙発心願往、所以精勤不倦、当念仏恩報尽為期心恒計念、云云、導師云、心心相続、不以余業間、又不以貪瞋等間、随犯随懺、不令隔念隔時隔日、常令清浄、私云、昼夜六時、或三時二時、要具方法、精勤修習、其余時処、不求威儀、不論方法、心口無廃、常応念仏、四者無余修、要決云、専求極楽礼念弥陀、但諸余業行、不令雑起、所作之業、日別須修念仏読経不留余課耳、導師云、専称彼仏名、専念専想専礼専讃彼仏及一切聖衆等、不雑余業〈已上〉

問、其余事業、有何過失、答、宝積経九十二云、若有菩薩、楽作世業、営於衆務、為所不応、我説、是人住於生死、又同偈云、戯論諍論処、多起諸煩悩、智者応遠離、当去百由旬、云云、自余方法、具如止観

問、若尓、在家人、難堪念仏行、答、若世俗人、難棄縁務、但常繫念西方、誠心応念彼仏、如木槵経瑠璃王行、又迦才浄土論云、譬如竜行雲即随之、心若西逝、業亦随之、云云

問、既知、修行惣有四相、其修行時用心云何、答、観経云、若

有衆生、願生彼国者、発三種心、即便往生、一至誠心、二深心、三廻向発願心、善導禅師云、一至誠心、謂礼拝讃歎念観三業、必須真実故、二深心、謂信知自身是具足煩悩凡夫、善根薄少流転三界、未出火宅、今信知弥陀本弘誓願、及称名号下至十声一声等、定得往生、乃至一念無有疑心、三廻向発願心、謂所作一切善根、悉皆迴向、願往生故、具此三心、必得往生、若少一心、即不得生〈略抄之、経文雖在上品上生、如禅師釈者、理通九品、余師釈不能具〉鼓音声王経云、若能深信無狐疑者、必得往生阿弥陀国、涅槃経云、阿耨菩提、信心為因、是菩提因、雖復無量、若説信心、則已摂尽〈已上〉明知、修道以信為首、又善導和尚云、若入観及睡時、応発此願、若坐若立、一心合掌、正面向西、十声称阿弥陀仏、観音勢至諸菩薩、清浄大海衆竟、而発見仏菩薩及極楽界相之願、即随意入観及睡得見、除不至心、云云

問、行者常途、計念往生、其相似何、答、前所引要決、欲帰本国之譬、是其相也、又安楽集云、譬如有人於空曠迥処、値遇怨賊抜剣奮勇直来欲煞、此人徑走観渡一河、未及到河即作此念、我至河岸為脱衣渡、為著衣浮、若脱衣渡唯恐無暇、若著衣浮復畏首領難全、尓時但有一心作渡河方便、無余心想間雑、行者亦尓、念阿弥陀仏時、亦如彼人念渡、念念相次無余心想間雑、或念仏法身、或念仏神力、或念仏智慧、或念仏毫相、或念仏相好、或念仏本願、称名亦尓、但能専至相続不断、定生仏前〈已上〉元暁師同之

問、念仏三昧、為唯心念、為亦口唱、答、如止観第二云、或唱念倶運、或先念後唱、或先唱後念、唱念相継、無休息時、声声念念、唯在阿弥陀、又感禅師云、観経言、是人苦逼、不遑念仏、善友教令、可称阿弥陀仏、如是至心令声不絶、豈非苦悩所逼念想難成、令声不絶、至心便得、今此出声学念仏定、亦復如是、令声不絶、遂得三昧、見仏聖衆皎然目前、故大集日蔵分言、大念見大仏、小念見小仏、大念者大声称仏也、小念者小声称仏也、斯即聖教、有何惑哉、現見即今諸修学者、唯須励声念仏、三昧易成、小声称仏遂多馳散、此乃学者所知、非外人之暁矣〈已上、彼経但云、欲多見多、欲小見小等、云云、然感師既得三昧、彼之所釈応仰信〈受〉、更勘諸本〉

第三、対治懈怠者、行人不能恒時勇進、或心蒙昧、或心退屈、尓時応寄種種勝事、勧励自心、或以三途苦果、比浄土功徳、応作是念、我已悪道経多劫、無利勤苦尚能超、修行小行得菩提大利、不応生退屈〈悪趣苦、浄土相、一一如前〉或縁往生浄土衆生、応作是念、十方世界諸有情、念念往生安楽国、彼既丈夫、我亦尓、不応自軽生退屈〈往生人、如下利益門料簡門〉或応縁仏奇妙功徳

〔問何等功徳答其事無量〕略挙其要

一応思念四十八本願、又無量清浄覚経云、阿弥陀仏、与観世音大勢至、乗大願船、汎生死海、就此娑婆世界、呼喚衆生、令上大願船、送著西方、若衆生肯、上大願船者、並皆得去、此是易往也、心地観経偈云、衆生没在生死海、輪迴五趣無出期、善逝恒為妙法

船、能截愛流超彼岸、応念我何時、乗悲願船去

二名号功徳、如維摩経言、諸仏色身、威相種性、戒定智慧解脱知見、力無所畏、不共之法、大慈大悲、威儀所行、及其寿命、説法教化、成就衆生、浄仏国土、具諸仏法、悉皆同等、是故名為三藐三仏陀、名為多陀阿伽度、名為仏陀、阿難、若我広説此三句義、汝以劫寿、不能尽受、正使三千大千世界、満中衆生、皆如阿難、多聞第一、得念惣持、此諸人等、以劫之寿、亦不能受、要決云、維摩経云、仏初三号、仏若広説、阿難経劫、不能領受、成実論釈仏之号、前之九号、皆従別義、惣前九号名義功徳、為仏世尊、説初三号、歴劫難周、阿難領悟、莫能具悉、更加六号、以製仏名、勝徳既円、念其大善也〈已上要決〉華厳偈云、若有諸衆生、未発菩提心、一得聞仏名、決定成菩提〈首楞厳経文、如下料簡門〉応作是念、我今既得聞仏尊号、願我当作仏、如十方諸仏

三相好功徳、六波羅蜜経云、於諸世間、所有三世一切衆生、学無学人、及辟支仏、如是有情、無量無辺所有功徳、比於如来一毛功徳、百千万分中、不及其一、如是一一毛端、皆従如来無量功徳之所出生、一切毛端所有功徳、共成一髪功徳、如是仏髪、八万四千、一一髪中、各具如上功徳、如是合集、共成一随好功徳、一切〔随〕好功徳、共成一相功徳、一切相功徳、合集至百千倍、成眉間毫相功徳、其相円満、宛転右旋、如頗胝迦宝、明浄鮮白、夜闇之中、猶如明星、毫相舒之、上至色界阿迦膩吒天、巻之如旧、復為毫相、於眉間住、毫相功徳、至百千倍、成肉髻相、如是肉髻、千倍功徳、不及梵音声相功徳、又宝積経、有無数校量、学者可勘、又大集念仏三昧経第五云、如此世界、及十方無量無辺諸世界中、所有衆生、仮使尽皆一時成仏、彼諸世尊、経無量劫、皆還歎仏一毛功徳、終亦不尽〈已上〉華厳経偈云、清浄慈門刹塵数、共生如来一妙相、一一諸相莫不然、是故見者無猒足、〔応作是念、願我当見仏無辺功徳相〕

四光明威神、謂平等覚経云、無量清浄仏〈無量清浄仏者、是阿弥陀仏〉光明、最尊第一無比、諸仏光明、皆所不及也、有仏頂光明照七尺、有仏照一里、有仏五里、有仏二十里、四十里、八十里、乃至百万仏国、二百万仏国、八方上下、無央数諸仏頂光所照、皆如是也、無量清浄仏頂中光明、炎照千万仏国〈已上取意、私云、観経云、彼仏円光如百億大千界、此経云、頂中光照千万仏国、二経意同耳〉雙観経意同之、経云、無量寿仏、威神光明、最勝第一、諸仏光明、所不能及、或有仏光、照百仏世界、或千仏世界、取要言之、乃照東方恒河沙仏刹、南西北方、四維上下、亦復如是、是故無量寿仏、号無量光仏無辺光仏無礙光仏無対光仏〈玄一師云、無与等故〉炎王光仏〈一師云、最勝自在故〉清浄光仏〈一云、滅三垢故、憬興師云、無貪善根所生故〉歓喜光仏〈一云、遇者悦意故、興云、無瞋所生故〉智慧光仏〈一云、智慧所発故、興云、無癡所生故〉不断光仏〈一云、恒相続故〉難思光仏無称光仏〈一云、不可称歎尽其所有故、自余名義可知、不煩記〉

超日月光仏、若在三途勤苦之処、見此光明、無復苦悩、寿終之後、皆蒙解脱、非但我今称其光明、一切諸仏、亦復如是、若有衆生、聞其光明威神功徳、日夜称説、至心不断、随意所願、得生其国、我説無量寿仏光明威神巍巍殊妙、昼夜一劫、尚不能尽〈已上取意、平等〔覚〕経別云頂光、観経惣云光明〉譬喩経第三、明釈迦文仏光相云、仏滅百年、有阿育王、国内民庶、歌仏遺典、王意不信念言、仏有何徳過踰於人、而共専信、誦習其文、即問大臣、国中頗有見仏者、答曰、聞波斯匿王妹、出家作比丘尼、年在西垂、云言見仏、王即自出往詣、問曰、道人見仏不耶、答云、実尓、問曰、有何殊異、道人曰、仏之功徳、巍巍難量、非我愚賤所能陳之、粗説一事、可知殊特、我時八歳、世尊来入王宮、即前礼足、頭上金釵、堕落在地、求之不得、恠其所以、如来過去足跡、有千輻輪、現光明晃、七日即滅、登時、金釵与地同色、是以不見、光滅後得釵、乃知、為殊特、王聞歓喜、心煥開悟〈略抄〉華厳偈云、一一毛孔現光雲、普遍虚空発大音、諸幽冥所靡不照、地獄衆苦咸令滅、応作是念、願仏光照我、滅生死業苦

五無能害者、宝積経三十七云、風劫起時、世有大風、名僧伽多、彼風挙此三千世界須弥鉄囲、及四大洲八方小洲大山大海、高百踰繕那、乃至無量百千踰繕那、已砕末為塵、又撃壊滅焔摩天宮、乃至遍浄天所有宮殿、亦皆散滅、即以此風、吹如来衣、一毛端際、尚不能動、何況衣角及全衣者〈已上〉十住論云、諸仏不可思議、仮喩可知、仮使一切十方世界衆生、皆有勢力、設有一魔、有尓所勢力、復令十方一一衆生力如悪魔、欲共害仏、尚不能動仏一毛、況有害者、偈曰、若諸世間中、欲有害仏者、是事皆不成、以成不煞法、〔応作是念、願我当得仏、金剛不壊身〕

六飛行自在、同論云、仏於虚空、挙足下足、行住坐臥、皆得自在、若大声聞、神通自在、一日過五十三億二百九十六万六千三千大千世界、如是声聞、百歳所過、仏一念過、乃至恒河中沙、一沙為一河、是諸恒河沙、大劫所過国土、仏一念中過、若欲蹈宝蓮華而去、即能成辦、如是飛行、一切無礙、観仏経云、於虚空挙足行時、千輻輪相、皆雨八万四千蓮華、如是衆花、有塵数仏、亦歩虚空〈已上略抄〉又蹈空行、而千輻輪、現於地際、悦意妙香、鉢特摩花、自然踊出、承如来足、若畜生趣一切有情、為如来足之所触者、極満七夜、受諸快楽、命終之後、往生善趣楽世界中〈宝積経〉若以四十里磐石、従色究竟天下、経一万八千三百八十三年到此地、直下尚尓、推之応知、声聞飛行、如来飛行、展転不可思議、花厳経慧林菩薩、讃仏偈云、自在神通力、無量難思議、無来亦無去、説法度衆生、〔応作是念、願我得神通、遊戯諸仏土〕

七神力無礙、十住論云、仏能末恒河沙等世界、令如微塵、又能還合、或又能変無量無辺阿僧祇世界、皆令作金銀等、又能変恒河沙等世界大海水、皆使為乳蘇等〈已上〉浄名経、説菩薩不思議解脱云、断取三千大千世界、如陶家輪、著右掌中、擲過恒河沙世界之

外、其中衆生、不覚不知己之所住、又復還置本処、都不使人有往来想、而此世界本相如故、以須弥山、納芥子中、以四大海、入一毛孔、亦復如是、其中衆生、不覚不知、唯応度者、乃知見之〈已上〉菩薩尚尓、何況仏力、故度諸仏境界経云、能令十方世界入一毛孔〈乃至〉於一微塵、能現無量無数不可説世界、一切衆生、亦無迫迮、無量無数不可説劫威儀果報事、能於一念中現、一念威儀果報事、於無量無数不可説劫中現、如是所作、心無功用、不作思惟、云云、華厳経真実幢菩薩偈云、一切諸如来、神通力自在、悉於三世中、求之不可得、応作是念、我今亦不知、為仏神力転、在何仏土、在誰毛孔、我於何時得覚知之

八随類化現、十住論云、仏一念中、於十方無量無辺恒河沙等世界、変化無量仏身、一一化仏、亦能施作種種仏事〈已上四事神境通〉度諸仏境界経云、如来所現、無異功用、無異思惟、随衆生性、自見不同、如十五日夜、閻浮提人、各見月現在其上、月不作意我現其上、華厳偈云、如来広大身、究竟於法界、不離於此座、而遍一切処、又云、智慧甚深功徳海、普現十方無量国、随諸衆生所応見、光明遍照転法輪、応作是念、願我当見遍法界身

九天眼明徹、十住論云、大力声聞、以天眼見小千国土、亦見中衆生生時死時、小力辟支仏、見十小千国土、見中衆生生時死時、中力辟支仏、見百小千国土、見中衆生生時死時、大力辟支仏、見三千大千国土、見中衆生生死所趣、諸仏世尊、見無量無辺不可思議世間、亦見是中衆生生時死時〈已上〉華厳経偈云、仏眼広大無辺際、普見十方諸国土、其中衆生不可量、現大神通悉調伏、応作是念、今弥陀如来、遙見我身業

十聞声自在、十住論云、仮令恒河沙等、三千大千世界衆生、一時発言、又一時作百千種伎楽、若遠若近、随意能聞、若欲於中聞一音声、随意得聞、余者不聞、又過無辺世界、最細声、皆亦得聞、若欲令衆生聞、能令得聞〈略抄〉華厳文殊偈云、一切世間中、所有諸音声、仏智皆随了、亦無有分別、応作是念、今弥陀如来、定聞我所有語業

十一知他心智、十住論云、仏能知無量無辺世界、現在衆生心及諸染浄所縁等、又能知無色衆生諸心〈略抄〉華厳経文殊偈云、一切衆生心、普在於三世、如来於一念、一切悉明達〈已上〉応作是念、今弥陀如来、必知我意業

十二宿住随念智、十住論云、仏若欲念自身及一切衆生無量無辺宿命、一切事皆悉知、無有不知過恒河沙等劫事、是人何処生、姓名貴賤、飲食資生苦楽、所作事業、所受果報、心何所行、本従何来、如是等事、即能知見、偈云、宿命智無量、天眼見無辺、一切人天中、無能知其限、〔応念、願仏令我宿業清浄〕

十三智慧無礙、宝積経三十七云、仮使有人、取恒河沙等世界所有一切草木、悉焼為墨、擲置他方恒河沙等世界大海、於百千歳、就以磨之、尽為墨汁、仏従大海中、取一一墨滴、分別了知是其世

界如是草木某根某茎某枝某条花菓葉等、又如有人、持一毛端霑水一滴、来至仏所而作是言、敢以滴水、持用相寄、後若須者、当還賜我、尓時如来取其滴水、置兢伽河中、而為彼河流浪迴復、之所旋転、和合引注、至于大海、是人満百年已、而白仏言、先寄滴水、今請還我、尓時仏以一分毛端、就大海内、霑本水滴、用還是人〈略抄〉六波羅蜜経云、如是四洲、及諸山王、用為紙素、八大海水、以為其墨、一切草木、用為其筆、一切人天、一劫書写、比舎利弗所得智慧、十六分中、不及其一、又於此三千大千世界、其中衆生、所有智恵、如舎利弗、等無有異、菩薩了達布施波羅蜜多、所有智恵、過彼百倍、又此三千大千世界、所有衆生、皆具布施波羅蜜多智恵、不及一菩薩所得浄戒波羅蜜多智恵、乃至般若、亦復如是、又此三千大千世界、所有衆生、皆具六波羅蜜智恵、不及一初地菩薩智恵、乃至十地展転如是、又此十地菩薩智恵、比汝慈氏一生補処菩薩智恵、百千分中、不及其一、此三千大千世界、一切衆生、所有智恵、皆如慈氏、等無有異、如是菩薩、坐於道場、降伏魔怨、将成正覚、所有智恵、於仏智恵、百千万分、不及其一、宝積経云、仮使十方无量无辺、一切世界、所有衆生、皆悉成就繋属一生補処。之智、欲比如来十力之一処非処智、百千万分、不及其一〈乃至〉烏波尼沙陀分、不及其一、乃至、算数譬喩所不能及〈已上〉華厳経偈云、如来甚深智、普入於法界、能随三世転、与世為明道、同経普明智菩薩、讃仏偈云、一切諸法中、法門无有辺、成就一切智、入於深法海〈已上〉応作是念、今弥陀如来、照見我三業、願得如世尊恵眼第一浄

十四能調伏心、十住論云、諸仏若入定、若不入定、欲繋心一縁中、随意久近、如意能住、従此縁中、更住余縁、随意能住、若仏住常心、欲令人不知、則不能知、仮使一切衆生、知他心智、如大梵王、如大声聞辟支仏、成就智恵、知他人心、欲知仏常心、若仏不聴、則不能知、応念、願令我得仏覚三昧

十五常在安恵、同論云、諸仏安穏、常不動念、常在心、何以故、先知而後行生、随意所縁中、住无礙行故、断一切煩悩故、出過動性故、如仏告阿難、仏於此夜、得阿耨菩提、一切世間、若天魔梵沙門婆羅門、以尽苦道、教化周畢、入无余涅槃、於其中間、仏於諸受、知起知住、知生知滅、諸想諸触、諸覚諸念、亦知起知住、知生知滅、悪魔七年、昼夜不息、常随逐仏、不得仏短、不見仏念不在安恵、偈云、其念如大海、湛然在安穏、世間无有法而能擾乱者、応念、願仏、除滅我麁動覚観心

十六悲念衆生、大般若経云、十方世界、无一有情、如来大悲、所不能照、宝積経云、仮使過於兢伽沙等諸仏世界、唯一衆生、是仏化限、尓時如来、躬往其所、為説法要、令其悟入、又同経偈云、為利一衆生、住無辺劫海、令其得調伏、大悲心如是、華厳経文殊讃仏偈云、一一地獄中、経於無量劫、為度衆生故、而能忍是苦、大経偈云、一切衆生受異苦、悉是如来一人苦〈乃至〉衆生不知仏能

救、故謗如来及法僧、大論云、仏以仏眼、一日一夜、各三時観一切衆生、誰可度者、無令失時、有論云、譬如魚子母、若不念、子則爛壊、衆生亦尓、仏若不念、善根則壊、荘厳論偈云、菩薩念衆生、愛之徹骨髄、恒時欲利益、猶如一子故、由此等義、有懺悔偈云、如父母有子、始生便盲聾、慈悲心慇重、不捨而養活、子不見父母、父母常見子、諸仏視衆生、猶如羅睺羅、衆生雖不見、実在諸仏前〈已上〉応作是念、弥陀如来、常照我身、護念我善根、観察我機縁、我若機縁熟、不失時被〔引〕接

　十七無礙辯説、十住論云、若三千界、所有四天下、満中微塵数三千大千世界衆生、皆如舎利弗、如辟支仏、皆悉成就智慧楽説、寿命如上、塵数大劫、是諸人等、因四念処、尽其形寿、問難如来、如来還以四念処義、答其所問、言義不重、楽説無窮、又云、仏有所説、皆有利益、終不空言、是亦希有〈乃至〉若一切衆生智慧勢力、皆如辟支仏、是諸衆生、若不承仏意、欲度一人、無有是処、若是諸人説時、乃至不能断無色界結使一毫氂分、若仏欲度衆生、有所言説、乃至外道邪見諸竜夜叉等、及余不解仏語者、皆悉令解、是等亦能転化無量衆生〈乃至〉是故仏名最上導師、偈云、於四問答中、超絶無倫匹、衆生諸問難、一切皆易得、若於三時中、諸有所説者、言必不虚設、常有大果報〈已上〉華厳経偈云、諸仏広大音、法界靡不聞、菩薩能了知、善入音声海、浄名経偈云、仏以一音演説法、衆生随類各得解、皆謂世尊同其語、斯則神力不共法、又譬喩経第三云、阿育王、意不信仏、時海辺有鳥、名為鶉°随、其音声甚哀和、頗有髣髴似仏音声、万分之一、王聞其音歓喜、即発無上道意、宮中婇女、凡七千人、復発無上道意、王従是遂信三尊、鳥之音声所度如是、況於至真清浄妙音者乎〈取意、略抄〉応念、我何時得聞彼辯説

　十八観仏法身、如文殊師利菩薩言、我観如来、即真如相、無動無作、無所分別、無異分別、非即方処、非離方処、非有非無、非常非断、非即三世、非離三世、無生無滅、無去無来、無染不染、無二不二、心言路絶、若以此等真如之相、観於如来、名真見仏、亦名礼敬親近如来、実於有情、能為利楽〈大般若〉占察経下巻、地蔵菩薩言、一実境界者、謂衆生心躰、従本已来、不生不滅、自性清浄、無障無礙、猶如虚空、離分別故、平等普遍、無所不至、円満十方、究竟一相、無二無別、不変不異、無増無減、以一切衆生心、一切声聞辟支仏心、一切菩薩心、一切諸仏心、皆同不生不滅、無染寂静真如相故、所以者何、一切有心、起分別者、猶如幻化、無有定実〈乃至〉一切世界、求心形状、無一区分而可得者、但以衆生無明癡闇勲°習因縁、妄現境界、令生念著、所謂此心、不能自知無、妄自謂有、起覚知想、計我我所、而実無有覚知之想、以此妄心畢竟無体、不可見故〈乃至広説、以信解観念此理、為菩薩最初根本業也〉此一実境界、即是如来法身也、華厳経一切恵菩薩偈云、法性本空寂、無取亦無見、性空即是仏、不可得思量〈已上〉応念、我何

時得顕本有性

十九惣観仏徳、如普賢菩薩云、如来功徳、仮使十方一切諸仏、経不可説不可説仏刹、極微塵数劫、相続演説、不可窮尽〈已上〉又阿弥陀仏、威神無極、如雙観経云、無量寿仏、威神無極、十方世界、無量無辺、不可思議、諸仏如来、莫不称歎、竜樹偈云、世尊諸功徳、不可得度量、如人以尺寸、量空不可尽、同讃弥陀偈云、諸仏無量劫、讃揚其功徳、猶尚不能尽、帰命清浄人、〔応念、願我得仏、斉正法王〕

二十欣求教文、般舟経云、是三昧難得値、正使求是三昧、至百億劫、但欲得聞其名声、不能得聞、何況得学者、転復行教人、偈言、我自識念往世時、其数具足六万歳、常随法師不捨離、初不得聞是三昧、有仏号曰具至誠、時智比丘名和憐、彼仏世尊泥洹後、比丘常持是三昧、我時為王君子種、夢中逮聞是三昧、和憐比丘有斯経、王当従受此定意、従夢覚已即往求、輒見比丘持三昧、即除鬚髪作沙門、学八千歳一時聞、其数具足八万歳、供養奉事此比丘、時魔因縁数興起、初未會得一反聞、是故比丘比丘尼、及清信士清信女、持是経法嘱汝等、聞是三昧疾受行、常敬習持是法師、具足一劫無得懈〈乃至〉仮使億千那術劫、求是三昧難得聞、設令世界如恒沙、満中珍宝用布施、若有受是一偈説、敬誦功徳過於彼〈已上〉雙観経云、設有大火充満三千大千世界、要当過此聞是経法、歓喜信楽、受持読誦、如説修行、所以者何、多有菩薩、欲聞此経、而不能得、若有衆生、聞此経者、於無上道、終不退転、是故応当専心信受持読誦、如説脩行〈已上〉応作是念、或過大千猛火聚、或経億劫、応求法、我既値遇深三昧、如何退屈不勤修

行者於此諸事、若多若少、随楽憶念、若不能憶念、須披巻対文、或決択、或誦詠、或恋慕、或敬礼、近為勤心之方便、遠結見仏之因縁、凡三業四儀、勿忘仏境界矣

問、信受憶念如来如是種種功徳、有何勝利、答、度諸仏境界経云、若於十方世界微塵等諸仏、及声聞衆、施百味飲食、微妙天衣、日日不廃、満恒沙劫、彼仏滅後、為一一仏、於十方界一一世界、起塵数塔、衆宝荘厳、種種供養、日三時、日日不廃、満恒沙劫、復教無数無量衆生、設諸供養、若有一人、信此如来智慧功徳不可思議境界、所得功徳、勝彼無量〈取意〉又華厳偈云、如来自在力、無量劫難遇、若生一念信、速証無上道、云云、余如下利益門

問、凡夫行人、逐物意移、何常得起念仏之心、答、彼若不能直尓念仏、応寄事事、勧発其心、謂遊戯談咲時、願於極楽界宝池宝林中、与天人聖衆、如是得娯楽、若憂苦時、願共諸衆生、離苦生極楽、若対尊徳、当願生極楽、如是奉世尊、若見卑賤、当願生極楽、利楽孤独類、凡毎見人畜、常応作是念、願共此衆生、往生安楽国、若飲食時、当願受極楽自然微妙食、衣服臥具、行住坐臥、違縁順縁、一切准知〈寄事作願、是華厳経等例也〉

第四、止悪修善者、観仏三昧経云、此念仏三昧、若成就者、有

五因縁、一者持戒不犯、二者不起邪見、三者不生憍慢、四者不恚不嫉、五者勇猛精進、如救頭燃、行此五事、正念諸仏微妙色身、令心不退、亦当読誦大乗経典、以此功徳、念仏力故、疾疾得見無量諸仏

問、此六種法有何義耶、答、同経云、以浄戒故、見仏像面、如真金鏡、了了分明、又大論云、仏如医王、法如良薬、僧如瞻病人、戒如服薬禁忌〈已上〉故知、設服法薬、不持禁戒、無由除愈煩悩病患、故般舟経云、不得破戒大如毛髪〈已上戒品〉観仏経云、若起邪念及貢高法、当知、此人是増上慢、破滅仏法、多使衆生起不善心、乱和合僧、顕異惑衆、是悪魔伴、如是悪人、雖復念仏、失甘露味、此人生処、以貢高故、身恒卑小、生下賤家、貧窮諸衰、無量悪業、以為厳飾、如此種種衆多悪事、当自防護令永不生〈已上、邪見憍慢〉六波羅蜜経云、無量劫中、修行諸善、無安忍力及智慧眼、一念瞋火焼滅無余、又遺教経云、劫功徳賊、無過瞋恚、大集月蔵分説無瞋功徳云、常与賢聖相会、得著於三昧〈已上、瞋恚〉雙観経云、今世恨意微相憎嫉、後世転劇、至成大怨、云云、又嫉毀他人、其罪甚重、如宝積経九十一云、仏在施鹿園、時有六十菩薩、業障深重、諸根闇鈍、頂礼仏足、悲感流涙、不能自起、時仏告言、汝等応起、勿復悲号生大熱悩、汝曾於倶留孫仏法中、出家為道、自執著多聞持戒頭陀少欲、時有二説法比丘、多諸親友、名聞利養、汝等以嫉妬心、妄言誹謗、令彼親友諸衆生、無随順心断諸善根、由此悪業、於六十百千歳中、生阿鼻地獄、余業未尽、復於四十百千歳中、生等活地獄、復於二十百千歳中、生黒縄地獄、復於六十百千歳中、生焼熱地獄、従彼歿已、還得為人、五百世中、生盲無目、在在所生、忘失正念、障礙善根、形容醜欠、人不憙見、常生辺地、貧窮下劣、従此歿已、於後末五百歳中、法欲滅時、還於辺地、下劣家生、匱乏飢凍、忘失正念、設欲修善、多諸留難、五百歳後、悪業乃滅、於後得生阿弥陀仏極楽世界、是時彼仏、当為汝等授阿耨菩提記、時諸菩薩、聞仏所説、挙身毛竪、深生憂悔、便自収涙白言、我従今日、至未来際、若於菩薩乗人、見有違犯、挙露其過、我等即為欺誑如来、我従今日、至未来際、若見在家出家菩薩乗人、以欲楽遊戯歓娯、終不伺求其過、常生信敬、起教師想、我従今日、至未来際、若不善能摧伏其身、生下劣想如栴陀羅及於狗犬、則為欺誑如来、若於持戒多聞頭陀少欲知足一切功徳、身自炫曜、則為欺誑如来、所修善本、不自矜伐、所行罪業、慚愧発露、若不尓者、則為欺誑如来、時仏讃言、善哉善哉、以如是決定心、一切業障、皆悉銷滅、無量善根亦当増長〈略抄〉是故大論偈云、自法愛染故、毀訾他人法、雖持戒行人、不脱地獄苦〈已上、嫉妬〉同論偈云、馬井二比丘、懈怠堕悪道、雖見仏聞法、猶亦不自勉〈已上〉又若無精進、行難成就、故華厳偈云、如鑽燧求火、未出而数息、火勢随止滅、懈怠者亦然〈已上、精進〉読誦大乗功徳無量、如金剛般若論偈云、福不趣菩提、二能趣菩提、於実名了因、於余名生因〈已上、観

仏経六種法畢、彼経嫉恚精進、不具説之故、以余文釈成経意〉

　般舟経亦有十事、如彼経言、若有菩薩、学誦是三昧者、有十事、一不嫉妬他人利養、二悉当愛敬人、孝順於長老、三当念報恩、四不妄語離非法、五常乞食不受請、六精進経行、七昼夜不得臥出、八常欲布施、終無惜悔、九深入慧中無所著、十敬事善師如仏〈略抄〉

　問、般舟経亦有四四十六種法、十住婆沙第九、有百卌余種法、念仏三昧経有種種法、又華厳経入法界品偈云、若有信解離憍慢、発心即得見如来、若有諂誑不浄心、億劫尋求莫値遇、観仏経云、昼夜六時、勤行六法、端坐正受、当楽少語、除読誦経広演法教、終不宣説無義之語、常念諸仏、心心相続、乃至、無有一念之間不見仏時、心専精故、不離仏日、又遺日摩尼経説、沙門堕牢獄、有多事、或求人欲得供養、或多欲積衣鉢、或与白衣厚善、或常念愛欲、或意交結知友〈文有多法略抄之〉何今不挙彼等法耶、答、若広出之、還令行者生退転心、故略挙要、若堅持十重四十八軽戒、理必助成念仏三昧、亦応任運持得余行、況具六法、或具十法、何行不摂、故略不述、然麁強惑業、令人覚了、但無義語、其過不顕、恒障正道、善応治之、或応依大論文云、如人失火四辺俱起、云何安処其内、語説余事、此中仏説、若説声聞辟支仏事、猶為無益之言、何況余事云云。行者常於娑婆依正、生火宅想、絶無益語、相続念仏

　問、往生論説念仏行法云、遠離三種菩提門相違法、何等三種、一者依智慧門、不求自楽、遠離我心貪著自身故、二者依慈悲門、抜一切衆生苦、遠離無安衆〔生〕心故、三者依方便門、憐愍一切衆生心、遠離供養恭敬自身心故、是名遠離三種菩提門相違法故、菩薩遠離如是三種菩提門相違法、得三種随順菩提門法満足故、何等三、一者無染清浄心、不為身求諸楽故、二者安清浄心、抜一切衆生苦故、三者楽清浄心、以令一切衆生得大菩提故、以摂取衆生生彼国土故、是名三種随順菩提門法満足〈已上〉此中何故、不依彼論、答、前四弘中、具〔足〕此六法、文言雖異、其義無闕

　問、念仏自滅罪、何必堅持戒、答、若一心念、誠如所責、然尽日念仏、閑検其実、浄心是一両、其余皆濁乱、野鹿難繫、家狗自馴、何況自恣心、其悪幾許乎、是故、要当精進持浄戒、猶如護明珠、後悔何及、善思念之

　問、誠如所言、善業是今世所学、雖欣動退、妄心是永劫所習、雖猒猶起、既尓以何方便治之、答、其治非一、如次第禅門云、一治沈惛闇塞障者、応観念応仏、三十二相中、随取一、或先取眉間毫相、閉目而観、若心闇鈍、懸成不成、当対一好厳形像、一心取相、縁之入定、若不明了、開眼更観、復更閉目、如是取一相明了、次第遍観衆相、使心眼開明、即破惛睡沈闇之心、念仏功徳、則除罪障、二治悪念思惟障者、応念報仏功徳、正念之中、縁仏十力四無所畏十八不共一切種智、円照法界、常寂不動、普現色身、利益一切功徳、無量不可思議、何以故、此念仏功徳、従縁善法中生心

数、悪念思惟、従縁悪法中生心数、善能破悪故、応念報仏、譬如醜陋少智之人、在端正大智人之中、即自鄙恥、悪亦如是、在善心中、則恥愧自息、縁仏功徳、念念之中、滅一切障、三治境界逼迫障者、応念法仏、法仏者、即是法性平等、不生不滅、無有形色、空寂無為、無為之中、既無境界、何者是逼迫之相、知境界空故、即是対治、若念卅二相、即非対治、何以故、是人未縁相時、已為境界悩乱、而更取相者、因此著、魔狂乱其心、今観空破相、除諸境界、在心念仏、功徳無量、即滅重罪〈略抄〉別相治如是、今加三通治、一能了惑起、驚覚其心、呵嘖煩悩、如駈悪賊、防護三業、如擎油鉢、如六波羅蜜経云、結跏趺坐、正念観察、以大悲心、而為屋宅、智慧為鼓、以覚悟杖、而扣撃之、告諸煩悩、汝等当知、諸煩悩賊、従妄想生、我法王家、有善事起、非汝所為、汝宜速出、若不時出、当断汝命、如是告已、諸煩悩賊、尋自散滅、次於自身、善起防護、不応放逸、又菩薩処胎経偈云、如彼犯罪人、擎持満鉢油、若棄油一渧、罪交入大僻、左右作伎楽、懼死不顧視、菩薩修浄観、執意如金剛、毀誉及悩乱、心意不傾動、解空本来浄、無彼此中間

二通用四句、推求一切煩悩根源、謂此煩悩、為由心生、為由縁生、為共生、為離生、若由心生者、更不待縁、或於亀毛兔。角、応生貪瞋、若由縁生者、応不用心、或令眠人生於煩悩、若共生者、未共各無、共時安有、譬如二沙雖合無油、或心境倶合、那有不生煩悩時、若離生者、既離心離縁、那忽生煩悩、或虚空離二、応常生煩悩、種種観察、既無実生、無所従来、亦無所去、非内非外、亦非中間、都無処所、皆如幻有、非唯惑心、観心亦尓、如是推求、惑心自滅、故心地観経偈云、如是心法本非有、凡夫執迷謂非無、若能観心躰性空、惑障不生便解脱、又中論第一偈云、諸法不自生、亦不従他生、不共不無因、是故知無生、応依此偈、用多四句

三者応念、今我惑心具足八万四千塵労門、彼弥陀仏具足八万四千波羅蜜門、本来空寂、一躰無礙、貪欲即是道、恚癡亦如是、如水与氷性非異処、故経云、煩悩菩提躰無二、生死涅槃非異処、云云、我今未有智火分、故不能解煩悩氷成功徳水、願仏哀愍我、如其所得法、定慧力荘厳、以此令解脱、如是念已、挙声念仏、而請救護、如止観云、如人引重自力不前、仮傍救助則蒙軽挙、行人亦尓、心弱不能排障、称名請護、悪縁不能壊〈已上〉若惑覆心、不令欲修通別対治、須知其意常為心師、不師於心

問、若破戒者、三昧不成、云何観仏経云、此観仏三昧、是一切衆生犯罪者薬、破戒者護、答、破戒已後、為滅前罪、一心念仏、為此名薬、若常毀犯、三昧難成

第五懺悔衆罪者、設為煩悩迷乱其心、毀禁戒者、応不過日、営修懺悔、如大経十九云、若覆罪者、罪則増長、発露懺悔、罪即消滅、又大論云、身口悪不悔、欲見仏、無有是処〈已上〉懺法非一、随楽修之、或五躰投地、徧身流汗、帰命弥陀仏、念眉間白毫、発

露涕泣、応作是念、過去空王仏、眉間白毫相、弥陀尊礼敬、滅罪今得仏、我今礼弥陀、亦当復如是、須随罪相、哀請仏光、謂放檀光、滅慳弊罪、放戒光、滅毀禁罪、放忍辱光、滅瞋恚罪、放精進光、滅懈怠罪、放禅定光、滅散乱罪、放智慧光、滅愚惑罪、如是一日、若至七日、除百千劫煩悩重障、或須臾間、坐禅入定、念仏白毫、令心了了、無謬乱想、分明正住、注意不息、除却九十六億那由他等劫生死之罪、或一心念彼仏神呪一徧、能滅四重五逆、七徧能滅根本之罪〈出儀軌〉

或復心地観経明理懺悔云、一切諸罪性皆如、顚倒因縁妄心起、如是罪相本来空、三世之中無所得、非内非外非中間、性相如如倶不動、真如妙理絶名言、唯有聖智能通達、非有非無非有無、非不有無離名相、周徧法界無生滅、諸仏本来同一躰、唯願諸仏垂加護、能滅一切顚倒心、願我早悟真性源、速証如来無上道

問、直観念仏、既能滅罪、何故更修理懺悔耶、答、誰言一一修之、但随意楽、何況観衆罪性空無所有、即是真実念仏三昧、如花厳偈云、現在非和合、去来亦復然、一切法無相、是即仏真躰、仏蔵経念仏品云、見無所有、名為念仏、見諸法実相、名為念仏、無有分別、無取無捨、是真念仏〈已上〉諸余空無相等観、准之皆応摂入念仏三昧

問、如是懺悔有何勝徳、答、心地観経偈云、在家能招煩悩因、出家亦破清浄戒、若能如法懺悔者、所有煩悩悉皆除〈乃至〉懺悔能出三界獄、懺悔能開菩提花、懺悔見仏大円鏡、懺悔能至於宝所

問、此中何者為最勝耶、答、若約一人、順機為勝、若汎尓判、理懺為勝、故如来秘密蔵経下巻、仏告迦葉言、若少不善、若其堅住堅執堅著、一切我説、名之為犯、迦葉、五無間罪、若不堅住堅執堅著生於見者、我不説彼、名曰為犯、況復余少不善業道、迦葉、我不以不善法而得菩提、亦不以善法而得菩提〈乃至〉解知煩悩従因縁生、名得菩提、迦葉、云何、為解知従因縁所生煩悩、解知是無自性起法、是無生法、如是解知、名得菩提、又決定毘尼経云、於大乗中、発起修行、日初分時、有所犯戒、於日中分、不離一切智心、如是菩薩、戒身不壊、若日中分、有所犯戒、於日後分、不離一切智心、如是菩薩、戒身不壊〈乃至〉若夜後分、有所犯戒、於日初分、不離一切智心、如是菩薩、戒身不壊、以是義故、菩薩乗人、持開遮戒、設有所犯、不応失念妄生憂悔、自悩其心、於声聞乗、有所犯者、便為破壊声聞浄戒、云云、一切智心者、准余処説、是第一義空相応心也、或可是願求仏種智心也

問、若修懺悔、能滅衆罪、云何大論四十六云、戒律中戒雖復細微、懺悔即清浄、犯十善戒雖復懺悔、三悪道罪不除、又十輪経説、造十悪輪罪、一切諸仏之所不救、答、観経、十念能滅五逆、観仏経、念仏一相、能滅十悪五逆、大経、闍王懺除煞父之罪、般若経、読誦解説、能滅煞害三界衆生之罪、不堕悪趣、華厳経、誦普賢願、一念能滅十悪五逆、明知、大乗実説、無不滅罪、然此論文、或是

転重軽受、非全不受、名之不除、或是随転理門之説、又感禅師会十輪経云、如来密意、欲令畏罪等、云云、余如下料簡念仏相門、此等皆是別時懺悔、然行者常当修三事、如大論云、菩薩必須昼夜六時、修懺悔随喜勧請三事〈略抄〉五念門中、礼拝之次、応修此事、十住婆沙懺悔偈云、十方無量仏、所知無不尽、我今悉於前、発露諸黒悪、三三合九種、従三煩悩起、今身若前身、是罪尽懺悔、於三悪道中、若応受業報、願於今身償、不入悪道受〈三三合九種者、身口意各有現生後業、従三煩悩起者、三界煩悩也〉勧請偈云、十方一切仏、現在成仏者、我請転法輪、安楽諸衆生、十方一切仏、若欲捨寿命、我今頭面礼、勧請令久住、随喜偈云、所有布施福、持戒修禅行、従身口意生、去来今所有、習行三乗人、具足三乗者、一切凡夫福、皆随而歓喜〈已上〉又常行三昧、法華三昧、真言教等、皆各有文、随意用之、若楽略者、可依弥勒菩薩本願経一偈、経云、仏語阿難、弥勒菩薩、本求道時、不持耳鼻頭目手足身命、珍宝城邑妻子及以国土、布施与人以成仏道、但以善権安楽之行、得致無上正真之道、阿難白仏、弥勒菩薩、以何善権得致仏道、仏語阿難、弥勒菩薩、昼夜各三、正衣束躰、叉手右膝著地、向於十方説偈言、我悔一切過、勧明衆道徳、帰命礼諸仏、令得無上慧、仏語阿難、弥勒菩薩、以是善権、得於無上正真之道〈已上〉

問、修此懺悔勧請等事、得幾処福、答、十住論偈云、若於一時中、福徳有形者、恒河沙世界、乃自不容受

第六、対治魔事者、問種種魔事能障正道、或令発病患、或令失観念、或令得邪法、所謂若有見若無見、若明了若昬闇、若邪定若攀縁、若悲若喜、若苦若楽、若禍若福、若悪事若善事、若憎人若恋著、若心強若心軟、如是等事、若過若不及、皆是魔事、悉障正道、何以対治之、答、治道雖多、今但応依念仏一治、此中亦有事理、一事念者、言行相応、一心念仏時、諸悪魔不能俎。壊

問、何故不壊、答、仏護念故、法威力故、不能俎。壊、如大般若対治魔事出番番二法、其中云、一如所言、皆悉能作、二為諸仏、常為護念、又般舟経云、若閲叉鬼神、壊人禅奪人念、設欲中是菩薩者、終不能中、云云、余如下利益門、二理念者、如止観第八云、知魔界如仏界如、一如無二如、平等一相、不以魔為慼以仏為欣、安之実際〈乃至〉魔界即仏界、而衆生不知、迷於仏界、横起魔界、於菩提中、而生煩悩、是故起悲、欲令衆生於魔界即仏界、於煩悩即菩提、是故起慈悲〈已上〉応作是念、魔界仏界、及自他界、同空無相、此諸法無相、是即仏真躰、当知、魔界即是仏身、亦即我身、理無二故、而諸衆生、妄想夢未覚、不解一実相、生是非想、輪廻五道、願令衆生入平事。慧、如是深起無縁大悲、乃至雖観仏妙色身、入三空門、不応執著、如熱金丸雖見色妙不可手触、況於余事、生著生慢、作是観時、魔不俎。壊、故大般若経亦説其治云、一観諸法皆畢竟空、二不棄捨一切有情、又大論云、十二入皆是魔網、虚狂不実、於此中生六種識、亦是魔網虚狂、何者是実、唯不二法、無

眼無色、乃至無意無法等、是名実、令衆生離十二入故、常以種種因縁、説是不二法

問、何故観空、魔不得便、答、彼論云、一切法中皆不著、不著故、無違錯、無違錯故、魔不能得其便、譬如人身無瘡、雖臥毒屑中、毒亦不入、若有小瘡則死、又大集経月蔵分中、他化天魔王、発菩提心、受記発願云、我等護念現在未来諸仏弟子、与第一義相応住者、供給供養、若不順我教、悩乱行者、即令彼類得種種病、退失神通〈取意〉明知、実魔不得便、権魔護念耳、前二種治、皆有証拠、故不更引諸師所釈

第七惣結要行者、問、上諸門中、所陳既多、未知何業、為往生要、答、大菩提心、護三業、深信至誠常念仏、随願決定生極楽、況復具余諸妙行

問、何故此等為往生要、答、菩提心義、如前具釈、三業重悪、能障正道、故須護之、往生之業念仏為本、其念仏心、必須如理、故具深信至誠常念三事、常念有三益、如迦才云、一者諸悪覚観、畢竟不生、亦得消於業障、二者善根増長、亦得種於見仏因縁、三者薫習熟利、臨命終時、正念現前〈已上〉業由願転、故云随願往生、惣而言之、護三業是止善、称念仏是行善、菩提心及願、扶助此二善、故此等法為往生要、其旨出経論、不能具之

大文第六、別時念仏者、有二、初明尋常別行、次明臨終行儀

第一、尋常別行者、於日日行法、不能常勇進、故応有時修別時行、或一二三日乃至七日、或十日乃至九十日、随楽修之

所言一日乃至七日者、導和尚観念門云、般舟三昧経、仏告跋陀和、持是行法、便得三昧、現在諸仏悉在前立、其有比丘比丘尼、優婆塞優婆夷、如法持戒完具、独一処止、念西方阿弥陀仏、今現在彼、随所聞当念、去此十万億仏刹、其国名須摩提、一心念之、一日一夜、若七日七夜、過七日已後見之、譬如夢中所見、不知昼夜、亦不知内外、不由在冥中有所蔽礙故不見、跋陀和、四衆常作是念時、諸仏境界中、諸大山須弥山、其有幽冥之処、悉為開闢、無所蔽礙、是四衆、不持天眼徹視、不持天耳徹聴、不持神足到其仏刹、不於此間終生彼間、便於此座見之、仏言、四衆於此間国土、念阿弥陀仏、専念故得見之、即問、持何法得生此国、阿弥陀仏報言、欲来生者、常念我名、莫得休息、即得来生、仏言、専念故得往生、当念、仏身卅二相、八十種好、巨億光明徹照、端正無比、在菩薩僧中説法、莫壊色、何以故、不壊色故、由念仏色身故、得是三昧、已上明念仏三昧法〈此文在彼経行品中、若覚不見仏、於夢中見之〉欲入三昧道場時、一依仏教方法、先須料理道場、安置尊像、香湯掃灑、若無仏堂、有浄房亦得、掃灑如法、取一仏像、西壁安置、行者等、従月一日至八日、或従八日至十五日、或従十五日至廿三日、或従廿三日至卅日、月別四時佳、行者等、自量家業軽重、於此時中、入浄行道、若一日乃至七日、尽須浄衣、鞋韈亦須新浄、七日之中、皆須一食長斎、耎餅麁飯随時醬喋°倹素節量、於道場中、

昼夜束心、相続専念阿弥陀仏、心与声相続、唯坐唯立、七日之内、不得睡眠、亦不須依時礼仏誦経、数珠亦不須捉、但知合掌念仏、念念作見仏想、仏言、想念阿弥陀仏真金色身、光明徹照端正無比、在心眼前、正念仏時、若立即立念一万二万、若坐即坐念一万二万、於道場内、不得交頭竊語、昼夜或三時六時、表白諸仏一切賢聖天曹地府一切業道、発露懺悔一生已身身口意業所造衆罪、事事依実懺悔竟、還依法念仏、所見境界、不得輒説、善者自知、悪者懺悔、酒肉五辛、極発願、手不捉、口不喫、若違此語、即願身口倶著悪瘡、願誦阿弥陀経、満十万遍、日別念仏一万遍、誦経日別十五遍、或誦二十遍卅遍、任力多少、誓生浄土、願仏摂受、又白諸行者、但欲今生日夜相続専念弥陀仏、専誦弥陀経、称揚礼讃浄土聖衆荘厳、願生者、除入三昧道場、日別念弥陀仏一万、畢命相続者、即蒙弥陀加念、得除罪障、又蒙仏与聖衆常来護念、既蒙護念、即得延年転長命安楽、因縁一一、具如譬喩経惟無三昧経浄度三昧経等説、又観仏経云、若諸比丘比丘尼、若男女人、犯四根本罪十悪等罪五逆罪、及謗大乗、如是諸人、若能懺悔日夜六時、身心不息、五躰投地、如大山崩、号泣雨涙、合掌向仏、念仏眉間白毫相光、一日至七日、前四種罪、可得軽微、観白毫毛、闇不見者、応入塔中観像眉間白毛、一日至三日、合掌啼泣〈已上、観念門略抄之〉大般若五百六十八明七日行云、若善男子善女人等、心無疑惑、於七日中、澡浴清浄、著新浄衣、花香供養、一心正念如前所説如来功徳及大威神、尓時如来、慈悲護念、現身令見、使願満足、若有闕少花香等事、但一心念功徳威神、将命終時、必得見仏〈已上〉言前所説功徳等者、如来大慈大悲、説法無礙静慮、一念能現無辺類身、天眼天耳、他心智、無失念無漏離垢、得一切法、自在平等、功徳威神也、大集賢護経、亦有七日行、如次利益中説、又迦才浄土論云、綽禅師、検得経文、但能念仏一心不乱得百万遍已去者、定得往生、又綽禅師、依小阿弥陀経七日念仏、検得百万遍也、是故大集経、薬師経、小阿弥陀経、皆勧七日念仏者、此意明美〈已上、迦才〉所言十日行者、出鼓音声経平等覚経、至次利益門当知

所言九十日行者、止観第二云、常行三昧者、先明方法、次〔明〕勧修、方法者、身開遮、口説嘿、意止観、此法出般舟三昧経、翻為仏立、仏立三義、一仏威力、二三昧力、三行者本功徳力、能於定中、見十方現在仏在其前立、如明眼人清夜観星、見十方仏、亦如是多、故名仏立三昧、十住毘婆沙偈云、是三昧住処、少中多差別、如是種種相、亦応須論議、住処者、或於初禅二三四中間、発是勢力、能生三昧故、名住処、初禅少、二禅中、三四多、或少時住名少、或見世界少、或見仏少故名少、中多亦如是、身開常行、行此法時、避悪知識及癡人親属郷里、常独処止、不得希望他人有所求索、常乞食、不受別請、厳飾道場、備諸供具香餚甘菓、盥沐其身、左右出入、改換衣服、唯専行旋、九十日為一期、須明師善内外律能開除妨障、於所聞三昧処、如視世尊、不嫌不恚、不見短

長、当割肌肉供養師、況復余耶、承事師如僕奉大家、若於師生悪、求是三昧終難得、須外護如母養子、須同行如共渉嶮、須要期誓願、使我筋骨枯朽、学是三昧不得、終不休息、起大信無能壊者、起大精進、無能及者、所入智無能逮者、常与善師従事、終竟三月、不得念世間想欲如弾指頃、三月終竟、不得臥出如弾指頃、終竟三月、行不得休息、除坐食左右、為人説経、不得望衣食、婆沙偈云、親近善知識、精進無懈怠、智慧甚堅牢、信力無妄動、口説嘿者、九十日身常行無休息、九十日口常唱阿弥陀仏名無休息、九十日心常念弥陀仏無休息、或唱念倶運、或先念後唱、或先唱後念、唱念相継、無休息時、若唱弥陀、即是唱十方仏功徳等、但専以弥陀、為法門主、挙要言之、歩歩声声念念、唯在阿弥陀仏、意論止観者、念西方阿弥陀仏、去此十万億仏刹、在宝地宝池宝樹宝堂、衆菩薩中央坐説経、三月常念仏、云何念、念三十二相、従足下千輻輪相、一一逆縁、念諸相乃至無見頂、亦応従頂相順縁、乃至千輻輪、令我亦逮是相、又念、我当従心得仏、従身得仏、仏不用心得、不用身得、不用心得仏色、不用色得仏心、何以故、心者仏無心、色者仏無色、故不用色心得三菩提、仏色已尽、乃至識已尽、仏所説尽者、是癡人不知、智者暁了、不用身口得仏、不用智慧得仏、何以故、智慧索不可得、自索我了不可得、亦無所見、一切法本無所有、壊本絶本〈其一〉如夢見七宝親属歓楽覚已追念、不知在何処、如是念仏、又如舎衛有女名須門、聞之心喜、夜夢従事覚已念之、彼不来我不往而楽事宛然、当如是念仏、如人行大沢飢渇夢得美食覚已腹空、自念一切所有法、皆如夢、当如是念仏、数数念莫得休息、用是念、当生阿弥陀仏国、是名如想念、如人以宝倚瑠璃上、影現其中、亦如比丘観骨、骨起種種光、此無持来者、亦無有是骨、是意作耳、如鏡中像不外来不中生、以鏡浄故自見其形、行人色清浄、所有者清浄、欲見仏即見仏、見即問、問即報、聞経大歓喜〈其二〉自念、仏従何所来、我亦無所至、我所念即見、心作仏、心自見心、見仏心、是仏心是我心見仏、心不自知心、心不自見心、心有想為癡、心無想是泥洹、是法無可示者、皆念所為、設有念、亦了無所有空耳〈其三〉偈云、心者不知心、有心不見心、心起想即癡、無想即泥洹、諸仏従心得解脱、心者無垢名清浄、五道鮮潔不受色、有解此者成大道、是名仏印、無所貪無所著、無所求無所想、所有尽所欲尽、無所従生、無所可滅、無所壊敗、道要道本、是印二乗不能壊、何況魔耶、云云、婆沙明、新発意菩薩、先念仏色相相躰相業相果相用、得下勢力、次念仏四十不共法、心得中勢力、次念実相仏、得上勢力、而不著色法二身、偈云、不貪著色身、法身亦不著、善知一切法、永寂如虚空、勧修者、若人欲得智慧如大海、令無能為我作師者、於此座不運神通悉見諸仏、悉聞所説悉能受持者、常行三昧、於諸功徳、最為第一、此三昧是諸仏母、仏眼仏父、無生大悲母、一切諸如来、従是二法生、砕大千地及草木為塵、一塵為一仏刹、満尓世界中宝用布施、其福甚多、不如聞此三昧不驚不畏、況信受持読誦、為人説、況定心修習、如構牛乳頃、況能成是三昧、故無量無辺、婆沙云、劫火官賊怨毒竜獣衆病、侵是人者、無有是処、此人常為天竜八部諸仏、皆共護念称讃、皆共欲見共来其所、若聞此三昧如上四番功徳、皆随喜、三世諸仏菩薩皆随喜、復勝上四番功徳、若不修如是法、失無量重宝、人天為之憂悲、如齆鼻人把栴檀而不嗅、如田家子以摩尼珠博一頭牛、云云〈四番功徳者、弘決云、又有四番果報、一不驚、二信受、三定心修、四能成就〉

第二臨終行儀者、先明行事、次明勧念、初行事者、四分律抄瞻病送終篇引中国本伝云、祇洹西北角、日光没処為無常院、若有病者、安置在中、以凡生貪染、見本房内衣鉢衆具、多生恋著無心猒背故、制令至別処、堂号無常、来者極多、還反一二、即事而求、専心念法、其堂中置一立像、金薄塗之、面向西方、其像右手挙、左手中繋一五綵幡脚垂曳地、当安病者在像之後、左手執幡脚、作従仏往仏浄刹之意、瞻病者、焼香散華、荘厳病者、乃至、若有尿屎吐唾、随有除之、或説、仏像向東、病者在前〈私云、若無別処、但令病者面向西方、焼香散花、種種勧進、或可令見端厳仏像〉導和尚云、行者等、若病不病、欲命終時、一依上念仏三昧法、正当身心、迴面向西、心亦専注観想阿弥陀仏、心口相応声声莫絶、決定作往生想花台聖衆来迎接想、病人若見前境、則向看病人説、既聞説已、即依説録記、又病人若不能語、看病必須数数問病人、見何境界、若説罪相、傍人即為念仏、助同懺悔、必令罪滅、若得罪滅、花台聖衆応念現前、准前抄記、又行者等眷属六親、若来看病、勿令有食酒肉五辛人、若有必不得向病人辺、即失正念、鬼神交乱、病人狂死、堕三悪道、願行者等、好自謹慎、奉持仏教、同作見仏因縁〈已上〉作往生想迎接想、其理可然、如大論説神変作意云、取地相多故、履水如地、取水相多故、入地如水、取火相多故、身出烟火等、云云、明知、於所求事、取彼相時、能助其事、而得成就、非唯臨終、尋常准之、綽和尚云、十念相続、似若不難、然諸凡夫、心如野馬、識劇猨猴、馳騁六塵、何曾停息、各須宜致信心、予自剋念、使積習成性善根堅固也、如仏告大王、人積善行、死無悪念、如樹先傾倒必随曲也、若刀風一至、百苦湊身、若習先不在、懐念何可辦、各宜同志三五預結言要、臨命終時迭相開暁、為称弥陀名号願生極楽、声声相次使成十念〈已上〉所言十念、雖有多釈、然一心十遍、称念南无阿弥陀仏、謂之十念、此義順経文、余如下料簡

次臨終勧念者、善友同行、有其志者、為順仏教、為利衆生、為善根、為結縁、従染患初、来問病床、幸垂勧進矣、但勧誘之趣、応在人意、今且為自身、結其詞云、仏子年来之間、止此界悕望、唯修西方業、就中本所期、是臨終十念、今既臥病床、不可不恐、須閉目合掌、一心誓期、自非仏相好、勿見余色、自非仏法音、勿聞余声、自非仏正教、勿説余事、自非往生事、勿思余事、如是乃至命終之後、坐宝蓮華台上、従弥陀仏後、聖衆囲遶、過十万億国土之間、亦復如是、勿縁余境界、唯至極楽世界七宝池中、始応挙

目合掌、見弥陀尊容、聞甚深法音、聞諸仏功徳香、嘗法喜禅悦味、頂礼海会聖衆、悟入普賢行願、今有十事、応当一心聴一心念、毎一一念、莫生疑心

一先応発大乗実智、知生死由来、如大円覚経偈云、一切諸衆生、無始幻無明、皆従諸如来、円覚心建立、当知、生死即涅槃、煩悩即菩提、円融無礙、無二無別、而由一念妄心、入生死界来、無明病所盲、久忘本覚道、但諸法従本来、常自寂滅相、如幻無定性、随心而転変、是故応仏子念三宝翻邪帰正、然仏是医王、法是良薬、僧是瞻病人、除無明病、開正見眼、示本覚道、引接浄土、無如仏法僧、是故仏子、先応生大医王想、一心念仏、南无本師釈迦牟尼仏、南无薬師瑠璃光仏、南无三世十方一切諸仏〈三念已上〉南无阿弥陀仏〈十念已上〉次応生妙良薬想、一心念法、南无三世仏母摩訶般若波羅蜜、南无平等大慧妙法蓮華経、南无八万十二一切正法、次応生随逐護念想、一心念僧、南无観世音菩薩、南无大勢至菩薩、南无普賢菩薩、南无文殊師利菩薩、南无弥勒菩薩、南无地蔵菩薩、南无竜樹菩薩、南无三世十方一切聖衆、南无極楽界会一切三宝、南无三世十方一切三宝〈三念已上、或随宜同音助念、或令聞鐘声、増正念、下去准之〉

二法性雖平等、亦不離仮有、如弥陀仏言、通達諸法性、一切空無我、専求浄仏土、必成如是刹、故為往生浄土、先応厭離此界、今此娑婆世界、是悪業所感、衆苦本源也、生老病死輪転無際、三界極縛無一可楽、若於此時不厭離之、当於何生離輪廻耶、然阿弥陀仏、有不思議威力、若一心称名、念念之中、滅八十億劫生死重罪、是故今当一心念彼仏、離此苦界、応作是念、願阿弥陀仏、決定抜済我、南无阿弥陀仏〈見其十念已上信心勢尽、応勧次事、下去准之〉

三応欣求浄土、西方極楽、是大乗善根界、無苦無悩処、一託蓮胎、永離生死、眼瞻弥陀之聖容、耳聞深妙之尊教、一切快楽、無不具足、若人臨終時、十念弥陀仏、決定往生彼安楽国、仏子、今適得人身、亦値仏教、猶一眼亀値浮木孔、若於此時、不得往生、還堕三悪八難之中、聞法尚難、何況往生、故応一心称念彼仏、応作是念、願仏今日、決定引接於我、往生極楽〈南无阿弥陀仏〉

四凡欲往生彼国者、須求其業、如彼仏本願云、設我得仏、十方衆生、聞我名号、係念我国、殖諸徳本、至心廻向、欲生我国、不果遂者、不取正覚、仏子一生之間、偏修西方業、所修業雖多、所期唯極楽、今須重聚集三際一切善根、尽廻向極楽、応作是念、願由我所有一切善根力、今日決定、往生極楽〈南无阿弥陀仏〉

五又本願云、設我得仏、十方衆生、発菩提心、修諸功徳、至心発願、欲生我国、臨寿終時、仮令不与大衆囲遶、現其人前者、不取正覚、仏子久已発菩提心、及諸善根廻向極楽、今須重発菩提心念彼仏、応作此念、願我為利楽一切衆生、今日決定、往生極楽〈南无阿弥陀仏〉

六既知、仏子本来、具往生業、今須専念弥陀如来令業増盛、然

彼仏功徳、無量無辺、不可具説、今現在十方、各恒河沙等諸仏、恒常称讃彼仏功徳、如是称讃、設経恒沙劫、終不可窮尽、仏子、物応一心帰命彼仏功徳、応念我今一念中、尽以帰命弥陀如来一切万徳〈南无阿弥陀仏〉

七仏子、応念弥陀仏一色相、令心住一境、謂彼仏色身、如閻浮檀金、威徳巍巍、如金山王、無量相好、荘厳其身、其中眉間白毫、右旋婉転、如五須弥、七百五倶胝六百万光明、熾然赫奕、如億千日月、是即無漏万徳之所成就、大定智悲之所流出也、須臾之間、憶此相者、能滅九十六億那由他恒河沙微塵数劫生死重罪、是故今当憶念彼相、決定滅除罪業、応作此念、願白毫相〔光〕、滅我諸罪、〈南无阿弥陀仏〉

八彼白毫相若干光明、常照十方世界念仏衆生、摂取不捨、当知大悲光明、決定来照、如華厳偈云、又放光明名見仏、彼光覚悟命終者、念仏三昧必見仏、命終之後生仏前、故今応作是念、願弥陀仏、放清浄光、遙照我心、覚悟我心、転境界自躰当生三種愛、令得念仏三昧成就、往生極楽〈南无阿弥陀仏〉

九弥陀如来、非唯以光遙照、自与観音勢至、常来擁護行者、何況父母於病子、其心偏重、動法性山、入生死海、当知、是時仏放大光明、与諸聖衆倶来、引接擁護、惑障相隔、雖不能見、大悲願不可疑、決定来入此室、故仏子応作是念、願仏放大光明、決定来迎、往生極楽、南无阿弥陀仏〈以上第七八九条事、常応勧誘、其余条事、時時用之〉若病者気力、漸漸羸劣時、応云、仏与観音勢至無量聖衆倶来、擎宝蓮台、引接仏子

十正臨終時、応云、仏子知不、但今即是最後心也、臨終一念、勝百年業、若過此刹那、生処応一定、今正是其時、当一心念仏、決定往生西方極楽微妙浄土八功徳池中、七宝蓮台上、応作是念、如来本誓、一毫無謬、願仏決定、引接於我〈南无阿弥陀仏〉或漸漸取略応念、願仏必引摂〈南无阿弥陀仏〉如是瞻病者気色、随順其所応、但以一事為最後念、不得衆多、其詞進止、可殊用意、勿令病者生於攀縁矣

問、如観仏三昧経説、仏告阿難、若有衆生、煞父煞母、罵辱六親、作是罪者、命終之時、銅狗張口、化十八車、状如金車、宝蓋在上、一切火焔、化為玉女、罪人遙見、心生歓喜、我欲往中、風刀解時、寒急失声、寧得好火、在車上、坐燃火自爆、作是念已、即便命終、揮擢之間、已坐金車、顧瞻玉女、皆捉鉄斧、折截其身、又言、復有衆生、犯四重禁、虚食信施、誹謗邪見、不識因果、断学般若、毀十方仏、偸僧祇物、婬泆無道、逼略浄戒諸比丘尼姉妹親戚、不知慚愧、毀辱所親、造衆悪事、此人罪報、臨命終時、風刀解身、偃坐不定、如被杖楚、其心荒越、発癡狂想、見己室宅、男女大小一切、皆是不浄之物、屎尿臭処、盈流于外、尓時罪人、即作是語、云何此処、無好城廓及好山林使吾遊戯、乃処如此不浄物間、作是語已、獄卒羅刹、以大鉄叉、擎阿鼻地獄及諸刀山、化

作宝樹及清涼池、火焔化作金葉蓮華、諸鉄嘴虫化為鳧鴈、地獄痛声、如詠歌音、罪人聞已、如此好処、吾当遊中、念已尋時、坐大蓮華、云云、寧知、今日蓮華来迎、非是火花、答、感和尚釈云、以四義故、知非火車、一以行、二以相、三以語、四以仏、此四義異火花、一以行者、観仏三昧経説、罪人造罪、犯四重禁、乃至毀辱所親、不生悔過、不遇善友教令念仏故、所見花是地獄相、今此下品等三人、雖復生来造罪、終時遇善知識、至心念仏、以念仏故、滅多劫罪、成勝功徳、感得宝池中花来迎、豈同前花也、二相者、彼経説、風刀解身、偃臥不定、如被楚撻、其心荒越、発狂癡想、見己室宅、男女大小一切、皆是不浄之物、尿屎臭処、盈流于外、今此念仏、身心安穏、悪相都滅、唯見聖衆、聞有異香、故不類也、三語者、彼経中説、地獄痛声、如詠歌音、罪人聞已、如此好処、吾当遊中、観経中言讃、善男子、汝称仏名故、諸罪消滅、我来迎汝、彼是詠歌之音、此陳滅罪之語、二音既別故、不同也、四仏者、復経一切火焔、化為玉女、罪人遙見、心生歓喜、我欲往中、坐金車已、顧瞻玉女、皆投鉄斧、折截其身、観経言、尓時彼仏、即遣化仏化観世音化大勢至、至行者前、以此四義准知、蓮華来迎、不同観仏三昧経説〈已上〉看病之人、能了此相、数問病者所有諸事、依前行儀、種種教化

往生要集　巻中

往生要集　巻下

天台首楞厳院沙門源信撰

大文第七、明念仏利益者、大分有七、一滅罪生善、二冥得護持、三現身見仏、四当来勝利、五弥陀別益、六引例勧信、七悪趣利益、其文各多、今略挙要

第一滅罪生善者、観仏経第二云、於一時中、分為少分、少分之中、能須臾間、念仏白毫、令心了了、無謬乱想、分明正住、注意不息、念白毫者、若見相好、若不得見、如是等人、除却九十六億那由他恒河沙、微塵数劫生死之罪、設復有人、但聞白毫、心不驚疑、歓喜信受、此人、亦却八十億劫生死之罪、又云、仏去世後、三昧正受、想仏行者、亦除千劫極重悪業〈仏行歩相、如上助念方法門〉又云、仏告阿難、汝従今日、持如来語、遍告弟子、仏滅度後、造好形像、令身相足、亦作無量化仏色像及通身色、及画仏跡、以微妙糸及頗梨珠、安白毫処、令諸衆生得見是相、但見此相、心生歓喜、此人、除却百億那由他恒河沙劫生死之罪、又云、老女見仏、邪見不信、猶能除却八十万億劫生死之罪、況復善意、恭敬礼拝〈須達家老女因縁、如彼経広説〉又云、諸凡夫、及四部弟子、謗方等経、作五逆罪、犯四重禁、偸僧祇物、婬比丘尼、破八戒斎、作諸悪事種種邪見、如是等人、若能至心、一日一夜、繫念在前、観仏如来一相好者、

諸悪罪障、皆悉尽滅、又云、若有帰依仏世尊者、若称名者、除百千劫煩悩重障、何況正心修念仏定、宝積経第五云、如有宝珠名種種色、在大海中、雖有無量衆多駃流入於大海、以珠火力、令水銷滅而不盈溢、如是、如来応正等覚、証菩提已、由智火力、能令衆生煩悩銷滅、亦復如是〈乃至〉若復有人、於日日中、称説如来名号功徳、是諸衆生、能離黒闇、漸次当得焼諸煩悩、如是称念南无仏者、語業不空、如是語業、名執大炬能焼煩悩、遺日摩尼経云、菩薩、雖復数千巨億万劫、在愛欲中為罪所覆、若聞仏経、一反念善、罪即消尽〈已上諸文、滅罪〉

大悲経第二云、若三千大千世界満中、須陀洹、斯陀含、阿那含、阿羅漢、若有善男子善女人、若一劫若減一劫、以諸種種称意一切楽具、恭敬尊重、謙下供養、若復有人、於諸仏所、但一合掌、一称名、如是福徳、比前福徳、百分不及一、百千億分不及一、迦羅分不及一、何以故、以仏如来諸福田中為最無上、是故施仏、成大功徳〈略抄、以満三千界辟支仏、校量亦尓〉普曜経偈云、一切衆生成縁覚、若有供養億数劫、飲食衣服床臥具、擣香雑香及名花、若有一心叉十指、専心自帰一如来、口自発言南无仏、是功徳福為最上、般舟経説念仏三昧偈云、仮使一切皆為仏、聖智清浄慧第一、皆於億劫過其数、講説一偈之功徳、至於泥洹誦詠福、無数億劫悉歎誦、不能究尽其功徳、於是三昧一偈事、一切仏国所有地、四方四隅及上下、満中珍宝以布施、用供養仏天中天、若有聞是三昧者、得其福祐過於彼、安諦諷誦説講者、引譬功徳不可喩〈破一仏刹為塵、取一一塵、亦砕如一仏刹塵数、以此一塵、為一仏刹、若干仏刹、満中珍宝、供養諸仏、以之為比也、已上、生善〉

度諸仏境界経説、若諸衆生、縁於如来、生諸行者、断無数劫地獄畜生餓鬼閻魔王生、若有衆生、一念作意、縁如来者、所得功徳、無有限極、不可称量、百千万億那由他諸大菩薩、悉得不可思議解脱定、不能計校知其辺際、観仏経〔説〕、仏告阿難、我涅槃後、諸天世人、若称我名、及称南无諸仏、所獲福徳、無量無辺、況復繋念、念諸仏者、而不滅除諸障礙耶〈已上、滅罪生善、其余如上正修念仏門〉

第二、冥得護持者、護身呪経云、卅六部神王、有万億恒沙鬼神、為眷属、護受三帰者、般舟経云、劫尽壊焼時、持是三昧菩薩者、正使堕是火中、火即為滅、譬如大甖水滅小火、仏告跋陀和、我所語無有異、是菩薩者、持是三昧、若帝王若賊、若火若水、若竜若蛇、若閲叉鬼神、若猛獣〈乃至〉若壊人禅奪人念、設欲中是菩薩者、終不能中、仏言、如我所語無有異、除其宿命、其余無有能中者、偈曰、鬼神乾陀共擁護、諸天人民亦如是、并阿須倫摩睺勒、行此三昧得如是、諸天悉共頌其徳、天人竜神甄陀羅、諸仏嗟歎令如願、諷誦説経為人故、国国相伐民荒乱、飢饉荐臻懐苦窮、終不於中夭其命、能誦此経化人者、勇猛降伏諸魔事、心無所畏毛不竪、其功徳行不可議、行此三昧得如是〈十住婆沙引此等文已云、唯除業報必応受

者〉十二仏名経偈云、若人持仏名、衆魔及波旬、行住坐臥処、不能得其便

第三、現身見仏者、文殊般若経下巻云、仏云、若善男子善女人、欲入一行三昧、応処空閑、捨諸乱意、不取相貌、繫心一仏、専称名字、随仏方所端身正向、能於一仏念念相続、即於念中、能見過去未来現在諸仏、導禅師釈云、衆生障重、観難成就、是以大聖悲憐、直勧専称名字、般舟経云、前所不聞経巻、是菩薩持是三昧威神、夢中悉自得其経巻、各各悉見、悉聞経声、若昼日不得者、若夜於夢中、悉得見仏、仏告跋陀和、若一劫、若過一劫、我説是菩薩持是三昧者、説其功徳、不可尽竟、何況能求得是三昧者、又同経偈云、如阿弥陀国菩薩、見無央数百千仏、得是三昧菩薩然、当見無央百千仏〈乃至〉其有誦受是三昧、已為面見百千仏、仮使最後大恐懼、持此三昧無所畏、念仏三昧経第九偈云、若欲尽見一切仏、現在未来及十方、或復求転妙法輪、亦先修習此三昧、十二仏名経偈云、若人能至心、七日誦仏名、得於清浄眼、能見無量仏

第四、当来勝利者、華厳偈云、若念如来少功徳、乃至一念心専仰、諸悪道怖悉永除、智眼於此能深悟〈智眼天王頌〉般舟経偈云、其人終不堕地獄、離餓鬼道及畜生、世世所生識宿命、学是三昧得如是、観仏経云、若有衆生、一聞仏身如上功徳相好光明、億億千劫、不堕悪道、不生邪見雑穢之処、常得正見、勤修不息、但聞仏名、獲如是福、何況繫念観仏三昧〈已上〉〔安楽集云、〕大集経云、諸仏出世、有四種法度衆生、何等為四、一者口説十二部経、即是法施度衆生、二者諸仏如来、有無量光明相好、一切衆生、但能繫心観察、無不獲益、即是身業度衆生、三者有無量徳用神通道力種種神変、即是神通道力度衆生、四者諸仏如来、有無量名号、若惣若別、其有衆生、繫心称念、莫不除障獲益皆生仏前、即是名号度衆生、云云、〔有云〕正法念経有此文、云云、十二仏名経偈云、若人持仏名、不生怯弱心、智慧無諂曲、常在諸仏前、若人持仏名、七宝花中生、其花千億葉、威光相具足〈已上諸文、永離悪趣、往生浄土〉

観仏経云、若能至心、繫念在内、端坐正受、観仏色身、当知、是人心如仏心、与仏無異、雖在煩悩、不為諸悪之所覆蔽、於未来世、雨大法雨、大集念仏三昧経第七云、当知、如是念仏三昧、則為摠摂一切諸法、是故、非彼声聞縁覚二乗境界、若人暫聞説此法者、是人当来決定成仏、無有疑也、〔同経〕第九云、但能耳聞此三昧名、仮令不読不誦、不受不持、不修不習、不為他転、不為他説、亦復不能広分別釈、然彼諸善男子善女人、皆当次第成就阿耨菩提、同経偈云、若欲円満諸妙相、具足衆妙上荘厳、及求転生清浄家、必先受持此三昧、又有経言、若於仏福田、能殖少分善、初獲勝善趣、後必得涅槃、大般若経云、依敬憶仏、必出生死至涅槃、置此、乃至為供養仏、以一花散虚空、亦如是、又置此、若善男子善女人等、下至一称南无仏陀大慈悲者、是善男子善女人等、窮生死際、善根無尽、於天人中、恒受富楽、乃至最後、得般涅槃〈略抄、大悲経第

二同之〉宝積経云、若有衆生、於如来所、起微善者、尽於苦際、畢竟不壊、又云、若有菩薩、以勝意楽、能於我所、起於父想、彼人、当得入如来数如我無異、十二仏名経偈云、若人持仏名、世世所生処、身通遊虚空、能至無辺刹、面覲於諸仏、能問甚深義〈乃至〉為説微妙法、授彼菩提記、法華経偈云、若人散乱心、入於塔廟中、一称南无仏、皆已成仏道、大悲経第三、仏告阿難、若有衆生、聞仏名者、我説、是人畢定、当得入般涅槃、華厳経法幢菩薩偈云、若有諸衆生、未発菩提心、一得聞仏名、決定成菩提〈已上諸文、得菩提〉

但聞名号、勝利如是、況暫観念相好功徳、或復供養一花一香、況一生勤修功徳、終不虚、則知、値仏法聞仏号、非是少縁、是故花厳経真実慧菩薩偈云、寧受地獄苦、得聞諸仏名、不受無量楽、而不聞仏名〈已上四門、惣明念諸仏之利益、其中、観仏経以釈迦為首、般舟経多以弥陀為首、理実倶通一切諸仏、念仏経通三世仏〉

問、観仏経云、是人心如仏心、与仏無異、又観経云、仏告阿難、諸仏〈如来〉是法界身、入一切衆生心想之中、是故汝等、心想仏時、是心即是三十二相八十随形好、是心作仏、是心是仏、諸仏正遍知海、従心想生〈已上〉此義云何、答、往生論智光疏釈此文云、当衆生心想仏時、仏身相皆顕現衆生心中、譬如水清即色像現、而水与像不一不異、故言仏相好身即是心想、是心作仏者、心能作仏、是心是仏者、心外無仏、譬如火従木出不得離木、以不離木故即能焼木為火、焼木即是火〈已上〉亦有余釈、学者更勘、私云、大集経日蔵分云、行者作是念、是等諸仏、無所従来、去無所至、唯我心作、於三界中、是身因縁、唯是心作、我随覚観、欲多見多、欲小見小、諸仏如来、即是我心、何以故、随心見故、心即我身、即是虚空、我因覚観、見無量仏、我以覚心、見仏知仏、心不見心、心不知心、我観法界、性無牢固、一切諸仏、皆従覚観因縁而生、是故、法性即是虚空、虚空之性、亦復是空〈已上〉此文意同観経、光師釈亦無違

問、知心作仏、有何勝利、答、若観此理、能了三世一切仏法、乃至一聞、即得解脱三途苦難、如華厳経如来林菩薩偈云、若人欲求知、三世一切仏、応当如是観、心造諸如来、華厳伝曰、文明元年、京師人、姓王、失其名、既無戒行、曾不修善、因患致死、被二人引、至地獄門前、見有一僧、云是地蔵菩薩、乃教王氏、誦此一偈、謂之曰、誦得此偈、能排地獄、王氏遂入、見閻羅王、王問此人、有功徳、答云、唯我受持一四句偈、具如上説、王遂放勉、当誦此偈時、声所及処、受苦之人、皆得解脱、王氏三日始蘇、憶持此偈、向諸沙門説之、示験偈文、方知是華厳経第十二巻夜摩天宮無量諸菩薩雲集説法品、王氏自向空観寺僧定法師、説云然也〈略抄〉

第五、念弥陀別益者、為令行者其心決定故、別明之〈滅罪生善、冥得護念、現身見仏、将来勝利、如次〉観経説像想観云、作是観者、除無量億劫生死之罪、於現身中、得念仏三昧、又云、但想仏像、

得無量福、況復観仏具足身相、阿弥陀思惟経云、若転輪王千万歳中、満四天下七宝、布施十方諸仏、不如苾蒭苾蒭尼優婆塞優婆夷等、一弾指頃坐禅、以平等心憐愍一切衆生、念阿弥陀仏功徳〈已上、滅罪生善〉

　称讃浄土経云、或善男子、或善女人、於無量寿極楽世界清浄仏土功徳荘厳、若已発願、若当発願、若今発願、必為如是住十方面、十殑伽沙諸仏世尊之所摂受、如説行者、一切定於阿耨菩提、得不退転、一切定生無量寿仏極楽世界、観経云、光明遍照十方世界、念仏衆生摂取不捨、又云、無量寿仏、化身無数、与観世音大勢至、常来至此行人之所、十往生経、釈尊説阿弥陀仏功徳国土荘厳等已云、清信士清信女、読誦是経、流布是経、恭敬是経、不謗是経、信楽是経、供養是経、如是人輩、縁是信敬、我従今日、常使前廾五菩薩護持是人、常使是人、無病無悩、悪鬼悪神、亦不中害、亦不悩之、亦不得便〈已上、乃至、睡寤行住、所至之処、皆悉安穏、云云〉唐土諸師云、廾五菩薩、擁護念阿弥陀仏願往生者、此亦不違彼経意也〈廾五〔菩薩〕者、観世音菩薩、大勢至菩薩、薬王菩薩、薬上菩薩、普賢菩薩、法自在菩薩、師子吼菩薩、陀羅尼菩薩、虚空蔵菩薩、徳蔵菩薩、宝蔵菩薩、金蔵菩薩、金剛蔵菩薩、光明王菩薩、山海慧菩薩、華厳王菩薩、衆宝王菩薩、月光王菩薩、日照王菩薩、三昧王菩薩、定自在王菩薩、大自在王菩薩、白象王菩薩、大威徳王菩薩、無辺身菩薩也〉雙観経彼仏本願云、諸天人民、聞我名字、五躰投地、稽首作礼、歓喜信楽、修菩薩行、諸天世人、莫不致敬、若不尓者、不取正覚〈已上、冥得護持〉

　大集経賢護分云、善男子善女人、端坐繋念、専心想彼阿弥陀如来応供等正覚、如是相好、如是威儀、如是大衆、如是説法、如聞繋念、一心相続、次第不乱、或経一日、或復一夜、如是、或至七日七夜、如我所聞、具足念故、是人必覩阿弥陀如来応供等正覚、若於昼時、不能見者、若於夜分、或夢中、阿弥陀仏、必当現也〈已上〉観経云、見眉間白毫者、八万四千相好、自然当見、見無量寿仏者、即見十方無量諸仏、得見無量諸仏故、諸仏現前授記、是為遍観一切色相〈已上、見仏〉

　鼓音声王経云、十日十夜、六時専念、五躰投地、礼敬彼仏、堅固正念、悉除散乱、若能念心、念念不絶、十日之中、必得見彼阿弥陀仏、并見十方世界如来及所住処、唯除重障鈍根之人、於今少時、所不能覩、一切諸善、皆悉迴向、願得往生安楽世界、垂終之日、阿弥陀仏、与諸大衆、現其人前、安慰称善、是人即時、甚生慶悦、以是因縁、如其所願、即得往生、平等覚経云、仏言、要当斎戒一心清浄昼夜常念、欲生無量清浄仏国、十日十夜不断絶、我皆慈愍之、悉令生無量清浄仏国〈乃至一日一夜、亦如是、或可以此文置下諸行門中〉雙観経偈云、其仏本願力、聞名欲往生、皆悉到彼国、自致不退転、観経下品上生人、臨命終時、合掌叉手、称南无阿弥陀仏、称仏名故、除五十億劫生死之罪、従化仏後、生宝池中、同品中生人、臨命終時、地獄猛火、一時倶至、聞弥陀仏十力威徳光明神力戒定慧解脱知見、除八十億劫生死之罪、地獄猛火、化為清涼風、吹諸天花、花上皆有化仏菩薩、迎接此人、即得往生、同品下生人、臨命終時、苦逼不能念仏、随善友教、但至心令声不絶、具足十念、称南无無量寿仏、称仏名故、於念念中、除八十億劫生死之罪、如一念頃、即得往生、雙観経彼仏本願云、諸仏世界、衆生之類、聞我名字、不得菩薩無生法忍諸深摠持者、不取正覚、他方国土諸菩薩衆、聞我名字、不即得至不退転者、不取正覚、観経云、若念仏者、当知、此人是人中分陀利華、観世音菩薩大勢至菩薩、為其勝友、当坐道場生諸仏家〈已上、将来勝利、余如上別時念仏門〉

第六、引例勧信者、観仏経第三、仏告諸釈子言、毘婆尸仏像法中、有一長者、名曰月徳、有五百子、同遇重病、父到子前、涕涙合掌、語諸子言、汝等邪見、不信正法、今無常刀、截切汝身、為何所怙、有仏世尊、名毘婆尸、汝可称仏、諸子聞已、敬其父故、称南无仏、父復告言、汝可称法、汝可称僧、未及三称、其子命終、以称仏故、生四天王所、天上寿尽、前邪見業、堕大地獄、獄卒羅刹、以熱鉄杈、刺壊其眼、受是苦時、憶父長者所教誨事、以念仏故、還生人中、尸棄仏出、但聞仏名、不覩仏形、乃至、迦葉仏時、亦聞其名、以聞六仏名因縁故、与我同生、是諸比丘、前世之時、以悪心故、謗仏正法、但為父故、称南无仏、生生常得聞諸仏名、乃至今世、値遇我出、諸障除故、成阿羅漢、又云、燃燈仏末法之中、有一羅漢、其千弟子、聞羅漢説、心生瞋恨、随寿修短、各欲命終、羅漢教称南无諸仏、既称仏已、得生忉利天〈乃至〉於未来世、当得作仏、号南无光照、第七巻、文殊自説於値遇礼拝過去宝威徳仏、尓時、釈迦文仏讃言、善哉善哉、文殊師利、乃於昔時、一礼仏故、得値尓許無数諸仏、何況未来我諸弟子、勤観仏者、仏勅阿難、汝持文殊師利語、遍告大衆及未来世衆生、若能礼拝者、若能念仏者、若能観仏者、当知、此人与文殊師利、等無有異、捨身他世、文殊師利等諸大菩薩、為其和上

又云、時十方仏、来跏趺坐、東方善徳仏、告大衆言、我念過去無量世時、有仏出世、号宝威徳上王、時有比丘、与九弟子、往詣仏塔、礼拝仏像、見一宝像厳顕可観、礼已諦視、説偈讃嘆、後時命終、悉生東方宝威徳上王仏国、大蓮花中結跏趺坐、忽然化生、従此已後、恒得値仏、於諸仏所、浄修梵行、得念仏三昧、得三昧已、仏為授記、於十方面、各得成仏、東方善徳仏者、則我身是、東南方無憂徳仏、南方栴檀徳仏、西南方宝施仏、西方無量明仏、西北方華徳仏、北方相徳仏、東北方三乗行仏、上方広衆徳仏、下方明徳仏、如是十仏、由過去礼塔観像一偈讃嘆、今於十方、各得成仏、説是語已、問訊釈迦文仏、既問訊已、放大光明、各還本国、又云、四仏世尊、従空而下、坐釈迦仏床、讃言、善哉善哉、乃能為於未来之時濁悪衆生、説三世仏白毫光相、令諸衆生得滅罪咎、所以者何、念我昔曾、空王仏所、出家学道、時四比丘、共為同学、習仏正法、煩悩覆心、不能堅持仏法宝蔵、多不善業、当堕悪道、

空中有声、語比丘言、空王如来、雖復涅槃、汝之所犯、謂無救者、汝等今可入塔観像、与仏在世、等無有異、我従空声入塔、観像眉間白毫、即作是念、如来在世光明色身、与此何異、仏大人相、願除我罪、作是語已、如大山崩、五躰投地、懺悔諸罪、従是已後、八十億阿僧祇劫、不堕悪道、生生常見十方諸仏、於諸仏所、受持甚深念仏三昧、得三昧已、諸仏現前、授我記別、東方妙喜国阿閦仏、即第一比丘是、南方歓喜国宝相仏、即第二比丘是、西方極楽国無量寿仏、第三比丘是、北方蓮華荘厳国微妙声仏、第四比丘是、時四如来各申右手、摩阿難頂、告言、汝持仏語、広為未来諸衆生説、三説此已、各放光明、還帰本国

又云、財首菩薩白(仏)言、世尊、我念過去無量世時、有仏世尊、亦名釈迦牟尼、彼仏滅後有一王子、名曰金幢、憍慢邪見、不信正法、知識比丘、名定自在、告王子言、世有仏像、衆宝厳飾、可暫入塔観仏形像、時彼王子、随善友語、入塔観像、見像相好、白言比丘、仏像端厳、猶尚如此、況仏真身、比丘告言、汝今見像、不能礼者、当称南无仏、是時王子、合掌恭敬、称南无仏、還宮繋念、念塔中像、即於後夜、夢見仏像、見仏像故、心大歓喜、捨離邪見、帰依三宝、随寿命終、由前入塔称南无仏因縁功徳、値九百万億那由他仏、逮得甚深念仏三昧、三昧力故、諸仏現前、為其授記、従是已来、百万阿僧祇劫、不堕悪道、乃至今日、獲得甚深首楞厳三昧、尓時王子、今我財首是也、又云、仏言、我与賢劫諸菩薩、曾於過去栴檀窟仏所、聞是諸仏色身変化観仏三昧海、以是因縁功徳力故、超越九百万億阿僧祇劫生死之罪、於此宝劫、次第成仏〈乃至〉如是十方無量諸仏、皆由此法、成三菩提

迦葉経云、昔過去久遠阿僧祇劫、有仏出世、号曰光明、入涅槃後、有一菩薩、名大精進、年始十六、婆羅門種、端正無比、有一比丘、於白畳上、画仏形像、持与精進、精進見像、心大歓喜、作如是言、如来形像、妙好乃尓、況復仏身、願我未来、亦得成就如是妙身、言已思念、我若在家、此身叵得、即啓父母、求哀出家、父母答言、我今年老、唯汝一子、汝若出家、我等当死、子白父母、若不聴我者、我従今日、不飲不食、不昇床座、亦不言説、作是誓已、一日不食、乃至六日、父母知識、八万四千諸婇女等、同時悲泣、礼大精進、尋聴出家、既得出家、持像入山、取草為座、在画像前、結跏趺坐、一心諦観、此画像不異如来、像者非覚非知、一切諸法、亦復如是、無相離相、体性空寂、作是観已、経於日夜、成就五通、具足四無量、得無礙辯、得普光三昧、具大光明、以浄天眼、見於東方阿僧祇仏、以浄天耳、聞仏所説、悉能聴受、満足七月、以智為食、一切諸天、散花供養、従山而出、来至村落、為人説法、二万衆生、発菩提心、無量阿僧祇人、住於声聞縁覚功徳、父母親眷、皆住不退無上菩提、仏告迦葉、昔大精進、今我身是、由此観像、今得成仏、若有人、能学如此観、未来必当成無上道

譬喩経第二云、昔有比丘、欲度其母、母已命過、便以道眼、天

上人中、獵狩薜茘中求索、了不見之、覩於泥黎、見母在中、懊惋悲哀、広求方便、欲脱其苦、時辺境有王、害父奪国、比丘、知此王命余有七日、受罪之地、与比丘母同在一処、夜安靖時、到王寝処、穿壁現半身、王怖抜刀斫頭、頭即落地、其処如故、斫之数反、化頭満地、比丘不動、王意乃解、知其非常、叩頭謝過、比丘言、莫恐莫怖、欲相度耳、汝害父奪国不耶、対曰、実尓、願見慈救、比丘曰、作大功徳、恐不相及、王当称南无仏、七日不絶、便得免罪、重告之曰、慎莫忘此法、即便飛去、王便叉手、一心称説南无仏、昼夜不懈、七日命終、魂神向泥黎門、称南无仏、泥黎中人、聞仏音声、皆一時言南无仏、泥黎即冷、比丘為説法、比丘母王、及泥黎中人、皆得度脱、後大精進、得須陀洹道〈已上、諸文略抄〉

　優婆塞戒経云、善男子、我本往、堕邪見家、惑網自我蓋、我於尓時、名曰広利、妻名女、精進勇猛、度脱無量、十善化導、我於尓時、心生殺獦、貪嗜酒肉、懶堕。懈怠、不能精進、妻時語我、止其獦煞、戒断酒肉、勤加精進、得脱地獄苦悩之患、上生天宮与一処、我於尓時、煞心不止、酒肉美味、不能割捨、精進之心、懶堕。不前、天宮息意、地獄分受、我於尓時、居聚落内、近僧伽藍、数聞犍鐘、妻語我言、事事不能、聞犍鐘声、三弾指、一称仏、斂身自恭、莫生憍慢、如其夜半、此法莫廃、我即用之、無復捨失、経十二年、其妻命終、生忉利天、却後三年、我亦寿尽、経至断事、判我入罪、向地獄門、当入門時、声。鐘三声、我即住立、心生歓喜、愛楽不猒、如法三弾指、長声唱仏、声皆慈悲、梵音朗徹、主事聞已、心甚愧感、此真菩薩、云何錯判、即遣追還送、往天上、既往到已、五躰投地、礼敬我妻白言、大師、幸義大恩、如見済抜、乃至、菩提不違教勅〈已上〉

　又震旦東晋已来、至于唐朝、念阿弥陀仏、往生浄土者、道俗男女合五十余人、出浄土論并瑞応伝〈僧卅三人、尼六人、沙弥二人、在家男女合二十四人〉我朝往生者、亦有其数、具在慶氏日本往生記、何況朝市隠徳、山林逃名之者、独修独去、誰得知耶、問、下下品人、五百釈子、臨終同念、昇沈何別、答、群疑論会云、五百釈子、但依父教、一念仏、而不発菩提心求生浄土、慇懃慚愧、又彼不至心、復唯一念、不具十念故〈略抄〉

　第七、明悪趣利益者、大悲経第二云、若復有人、但心念仏、一生敬信、我説、是人、当得涅槃果尽涅槃際、阿難、且置人中念仏功徳、若有畜生、於仏世尊、能生念者、我亦説、其善根福報、当得涅槃

　問、何等是耶、答、同経第三、仏告阿難、過去有大商主、将諸商人、入於大海、其船卒為摩竭大魚、欲来呑噬、尓時商主及諸商人、心驚毛竪、各皆悲泣、嗚呼奇哉、彼閻浮提、如是可楽、如是希有、世間人身、如是難得、我今当与父母離別、姉妹婦児、親戚朋友別離、我更不見、亦不得見仏法衆僧、極大悲哭、尓時商主、偏袒右肩、右膝著地、住於船上、一心念仏、合掌礼拝、高声唱言、

南无諸仏得大無畏者、大慈悲者、憐愍一切衆生者、如是三称時、諸
商人亦復同時、如是三称、時摩竭魚、聞仏名号礼拝音声、生大愛敬、
聞即閇口、尓時商主及諸商人、皆悉安穏、得免魚難、時摩竭魚、
聞仏音声、心生喜楽、更不食噉余諸衆生、因是命終、得生人中、
於其仏所、聞法出家、近善知識、得阿羅漢、阿難、汝観彼魚、生
畜生道、得聞仏名、〔聞仏名〕已、乃至涅槃、何況有人、得聞仏名、
聴聞正法〈略抄〉又菩薩処胎経八斎品云、竜子与金翅鳥、而説頌曰、
煞是不善行、滅寿命中夭、身如朝露虫、見光則命終、持戒奉仏語、
得生長寿天、累劫積福徳、不堕畜生道、今身為竜身、戒徳清明行、
雖堕六畜中、必望自済度、是時竜子、説此頌時、竜子竜女、心意
開解、寿終之後、皆当生阿弥陀仏国〈已上、八斎戒竜子也〉

余趣信仏語、生浄土准之、地獄利益、如前国王因縁、并下麁心妙果、諸余利益、如下念仏功能。

大文第八、念仏証拠者、問、一切善業、各有利益、各得往生、何故唯勧念仏一門、答、今勧念仏、非是遮余種種妙行、只是男女貴賤、不簡行住坐臥、不論時処諸縁、修之不難、乃至、臨終願求往生、得其便宜、不如念仏、故木槵経云、難陀国波瑠璃王、遣使白仏言、唯願世尊、特垂慈愍、賜我要法、使我日夜易得修行、未来世中遠離衆苦、仏告言、大王、若欲滅煩悩障報障者、当貫木槵子一百八以常自随、若行若坐若臥、恒当至心無分散意、称仏陀達磨僧伽名、乃過一木槵子、如是若十若廿、若百若千、乃至百千万、若能満廿万遍、身心不乱、無諸諂曲者、捨命得生第三炎魔天、衣食自然、常受安楽、若復能満一百万遍者、当得除断百八結業、背生死流、趣涅槃道獲無上果〈略抄、感禅師亦同之〉況復諸聖教中、多以念仏、為往生業、其文甚多、略出十文

一占察経下巻云、若人、欲生他方現在浄国者、応当随彼世界仏之名字専意誦念、一心不乱、如上観察者、決定得生彼仏浄国、善根増長、速成不退〈如上観察者、観於地蔵菩薩法身及諸仏法身、与己自身、平等無二、不生不滅、常楽我浄、功徳円満、又観己身無常如幻可猒等也〉二雙観経三輩之業、雖有浅深、然通皆云、一向専念無量寿仏、三四十八願中、於念仏門、別発一願云、乃至十念、若不生者、不取正覚、四観経〔云〕、極重悪人無他方便、唯称念仏得生極楽、五同経云、若欲至心生西方者、先当観於一丈六像在池水上、六同経云、光明遍照十方世界、念仏衆生摂取不捨、七阿弥陀経云、不可以少善根福徳因縁得生彼国、若有善男子善女人、聞説阿弥陀仏、執持名号、若一日〈乃至〉若七日、一心不乱、其人臨命終時、阿弥陀仏、与諸聖衆、現在其前、是人終時、心不顚倒、即得往生、八般舟経云、阿弥陀仏言、欲来生我国者、常念我、数数当専念莫有休息、如是得来生我国、九鼓音声経云、若有四衆、能正受持彼仏名号、以此功徳、臨欲終時、阿弥陀仏、即与大衆、往此人所、令其得見、見已尋生、十往生論、以観念彼仏依正功徳、為往生業〈已上〉

此中観経下下品、阿弥陀経、鼓音声経、但以念名号、為往生業、

何況観念相好功徳耶

問、余行寧無勧信文耶、答、其余行法、因明彼法種種功能、其中自説往生之事、不如直辧往生之要、多云念仏、何況仏自既言当念我乎、亦不云仏光明摂取余行人、此等文分明、何重生疑耶

問、諸経所説、随機万品、何以管見、執一文耶、答、馬鳴菩薩大乗起信論云、復次衆生、初学是法、其心怯弱、懼畏信心難可成就、意欲退者、当知、如来有勝方便、摂護信心、謂以専心念仏因縁、随願得往生他方仏土、如修多羅説、若人専念西方阿弥陀仏、所作善業迴向、願求生彼世界、即得往生〈已上〉明知、契経多以念仏、為往生要、若不尓者、四依菩薩、即非理尽

大文第九、明往生諸行者、謂求極楽者、不必専念仏、須明余行任各楽欲、此亦有二、初別明諸経文、次惣結諸業

第一、明諸経者、卌華厳経普賢願、三千仏名経、無字宝篋経、法花経等諸大乗経、随求、尊勝、無垢浄光、如意輪、阿嚕力迦、不空羂索、光明、阿弥陀、及竜樹所感往生浄土等呪、此等顕密諸大乗中、皆以受侍°読誦等、為往生極楽業也

大阿弥陀経云、当斎戒一心清浄、昼夜当念、欲生阿弥陀仏国、十日十夜不断絶、我皆慈愍之、悉令往生阿弥陀仏国、殊使不能尓、自思惟熟校計、欲度脱身者、不当絶念、去愛勿念家事、莫与婦女同床、自端正身心、断於愛欲、一心斎戒清浄、至°専念生阿弥陀仏国、一日一夜不断絶者、寿終皆往生其国、在七宝浴池蓮花中化生〈此経、以持戒為首〉

十往生〔阿〕弥陀仏国経云、吾今為汝説、有十往生、云何十往生、一者観身正念、常懐歓喜、以飲食衣服、施仏及僧、往生阿弥陀仏国、二者正念、世妙良薬、施一病比丘及以一切衆生、往生阿弥陀仏国、三者正念、不害一生命、慈悲於一切、往生阿弥陀仏国、四者正念、従師所受戒、浄慧修梵行、心常懐喜、往生阿弥陀仏国、五者正念、孝順於父母、敬重於師長、不懐憍慢心、往生阿弥陀仏国、六者正念、往詣於僧坊、恭敬於塔寺、聞法解一義、往生阿弥陀仏国、七者正念、一日一宿中、受持八戒斎、一日一宿中、受持不破一、往生阿弥陀仏国、八者正念、若能斎月斎日中、遠離於房舎、常詣於善師、往生阿弥陀仏国、九者正念、常能持浄戒、勤修楽禅定、護法不悪口、若能如是行、往生阿弥陀仏国、十者正念、若於無上道、不起誹謗心、精進持浄戒、復教無智者、流布是経法、教化無量衆〔生〕、如是諸人等、悉皆得往生阿弥陀仏国

弥勒問経云、如仏所説、願阿弥陀仏功徳利益、若能十念相続、不断念仏者、即得往生、当云何念、仏言、凡有十念、何等為十、一者於諸衆生、常生慈心、不毀其行、若毀其行、終不往生、二者於諸衆生、常起悲心、除残害意、三者発護法心、不惜身命、於一切法、不生誹謗、四者於忍辱中、生決定心、五者深心清浄、不染利養、六者発一切智心、日日常念、無有廃忘、七者於諸衆生、起尊重心、除我慢心、謙下言説、八者於世談話、不生味著、九者近

於覚意、深起種種善根因縁、遠離憒閙散乱之心、十者正念観仏、除去諸想、宝積経第九十二、仏亦以此十心、答弥勒問、其中第六心云、求仏種智、於一切時、無忘失心、其余九種、文雖少異、意同前経、但結文云、若人、於此十種心中、随成一心、楽欲往生彼仏世界、若不得生、無有是処、云云、明非必具十為往生業也

観経云、欲生彼国者、当修三福、一者孝養父母、奉事師長、慈心不煞、修十善業、二者受持三帰、具足衆戒、不犯威儀、三者発菩提心、深信因果、読誦大乗、勧進行者、如此三事、名為浄業、仏告韋提希、汝今知不、此三種業、過去未来現在、三世諸仏、浄業正因

又云、上品上生者、若有衆生、願生彼国者、発三種心、即便往生、何等為三、一者至誠心、二者深心、三者迴向発願心、具三心者、必生彼国、復有三種衆生、当得往生、何等為三、一者慈心不煞、具諸戒行、二者読誦大乗方等経典、三者修行六念、迴向発願、願生彼国、具此功徳、一日乃至七日、即得往生、上品中生者、不必受持方等経典、善解義趣、於第一義、心不驚動、深信因果、不謗大乗、以此功徳、迴向願求生極楽国、上品下生者、亦信因果、不謗大乗、但発無上道心、以此功徳、迴向願求生極楽、中品上生者、若有衆生、受持五戒、持八戒斎、修行諸戒、不造五逆、無諸過悪。、以此善根、迴向願求、中品中生者、若有衆生、若一日一夜、受八戒斎、若一日一夜、持沙弥戒、〔若〕一日一夜、持具足戒、威儀無欠、以此功徳、迴向願求、中品下生者、若有善男子善女人、孝養父母、行世仁慈、下品上生者、或有衆生、作衆悪業、雖不誹謗方等経典、如此愚人、多造衆悪法、無有慚愧、臨終聞十二部経首題名字、及合掌、称南无阿弥陀仏、下品中生者、或有衆生、毀犯五戒八戒及具足戒、如此愚人、命欲終時、地獄衆火、一時倶至、遇善知識以大慈悲、為説阿弥陀仏十力威徳、広説彼仏光明神力、亦讃戒定慧解脱知見、此人聞已、除八十億劫生死之罪、下品下生者、或有衆生、作不善業、五逆十悪、具諸不善、如此愚人、以悪業故、応堕悪道、臨命終時、遇善知識、雖不能念仏、但至心令声不絶、具足十念、称南无無量寿仏、称仏名故、於念念中、除八十億劫生死之罪

雙観経三輩業、亦不出此、又観経、以十六観、為往生因、宝積経、説仏前蓮華化生有四因縁偈云、花香散仏及支提、不害於他并造像、於大菩提深信解、得処蓮華生仏前〈已上〉余不繁出

第二、惣結諸業者、慧遠法師、出浄土因要有四、一修観往生、如十六観、二修業往生、如三福業、三修心往生、至誠等三心、四帰向往生、聞浄土事、帰向称念讃歎等也

今私云、諸経行業、惣而言之、不出梵網戒品、別而論之、不出六度、細明其相、有其十三、一者財法等施、二者三帰五戒八戒十戒等、多少戒行、三者忍辱、四精進、五禅定、六般若〈信第一義等是也〉七発菩提心、八修行六念〈念仏法僧施戒天、謂之六念、十六想観

亦不出之〉九読誦大乗、十守護仏法、十一孝順父母、奉事師長、十二不生憍慢、十三不染利養也

大集月蔵分偈云、如樹菓繁速自害、竹蘆結実亦如是、如任。騾。懐。喪自身、無智求利亦復然、若有比丘得供養、楽求利養堅著者、於世更無如此悪、故令不得解脱道、如是貪求利養者、既得道已還復失、又仏蔵経迦葉仏記云、釈迦牟尼仏、多受供養故、法当疾滅、云云、如来尚尓、何況凡夫、大象出窓、遂為一尾所礙、行人出家、遂為名利所縛、則知、出離最後之怨、莫大名利者也、但浄名大士、身在家心出家、薬王本事、避塵寰居雲。山、今世行人、亦応如是、自料根性、而進止之、若不能制其心、猶須避於其地、麻中之蓬、屠辺之厩、好悪由何乎〈可見仏蔵経知是非之。〉

大文第十、問答料簡者、略有十事、一極楽依正、二往生階位、三往生多少、四尋常念相、五臨終念相、六麁心妙果、七諸行勝劣、八信毀因縁、九助道資縁、十助道人法

第一、極楽依正者、問、阿弥陀仏極楽浄土、是何身何土耶、答、天台云、応身仏同居土、遠法師云、是応身応土、綽法師云、是報仏報土、古旧等相伝皆云、化土化身、此為大失、依大乗同性経云、浄土中成仏者、悉是報身、穢土中成仏者、悉是化身、又彼経云、阿弥陀如来、蓮華開敷星王如来、竜主如来、宝徳如来等、諸如来清浄仏刹、現得道者、当得道者、如是一切、皆是報身仏也、何者如来化身、由如今日踊歩健如来魔恐怖如来等〈已上安楽集〉

問、彼仏成道、為已久如、答、諸経多云十劫、大阿弥陀経云十小劫、平等覚経云十八劫、称讃浄土経云十大劫、邪正難知、但雙観経璟興師疏、会平等経云、十八劫者、其小字、闕其中点矣

問、未来寿幾何、答、小経云、無量無辺阿僧祇劫、観音授記経云、阿弥陀仏寿命、無量百千億劫、当有終極、仏涅槃後、正法住世、等仏寿命、善男子、阿弥陀仏正法滅後、過中夜分、明相出時、観世音菩薩、於菩提樹下、成等正覚、号普光功徳山王如来、其仏国土、無有声聞縁覚之名、其仏国土、号衆宝普集荘厳、普光功徳如来涅槃、正法滅後、大勢至菩薩、即於其国成仏、号善住功徳宝王如来、国土光明寿命、乃至法住、等無有異

問、同性経云報身、授記経云入滅、二経相違、諸師何会、答、綽禅師、会授記経云、此是報身、現隠没相、非滅度也、迦才会同性経云、浄土中成仏、判為報者、是受用事身、非実報身也

問、何者為正耶、答迦才云、衆生起行、既有千殊、往生見土、亦有万別也、若作此解者、諸経論中、或判為報、或判為化、皆無妨難也、但知諸仏修行具感報化二土也、如摂論加行感化正躰感報、若報若化、皆欲成就衆生、此則土不虚設、行不空修、但信仏語、依経専念、即得往生、亦不須図度報之与化也〈已上〉此釈善矣、須専称念、勿労分別

問、彼仏相好、何以不同、答、観仏経説諸仏相好云、同人相故、説三十二、勝諸天故、説八十好、為諸菩薩、説八万四千諸妙相好

〈已上〉彼仏准之

問、雙観経云、彼仏道樹、高四百万里、宝積経云、道樹高十六億由旬、十住生経云、道樹高卌万由旬、樹下有師子座、高五百由旬、観経云、仏身量、六十万億那由他恒河沙由旬、云云、樹座仏身、何不相称、答、異解不同、或釈、仏境界大小不相礙、或釈、寄応仏説樹量、寄真仏説身量、又有多釈、不可具述

問、華厳経云、娑婆世界一劫、為極楽国一日一夜等、云云、由此当知、上品中生、逕宿花開、当此間半劫、乃至、下下生十二劫、当此間恒沙塵数劫、何名極楽、答、設経恒劫、蓮花不開、既無微苦、豈非極楽、如雙観経云、其胎生者、所処宮殿、或百由旬、或五百由旬、各於其中、受諸快楽、如忉利天〈已上〉有師云、胎生是中品下品、有師云、九品所不摂、雖有異説、快楽不別、何況判彼九品所逕日時、諸師不同、懐感智憬等諸師、許彼国土日夜劫数、誠当所責、有師云、仏以此土日夜説之、令衆生知、云云、今謂後釈無失、且以四例助成、一者彼仏身量、若干由旬、不以彼仏指分畳為彼由旬也、若不尓者、応似如須弥山長大之人以一毛端為其指節、故知、不以仏指量説仏身長短、何必以浄土時剋、説花開遅速耶、二者如尊勝陀羅尼経説、忉利天上、善住天子、聞空声告、汝当七日死、時天帝釈、承仏教勅、令彼天子七日勤修、過七日後、寿命得延〈取意〉此是人中日夜而説、若拠天上七日者、当於人中七百歳、不応仏世八十年中決了其事、九品日夜、亦応同之、三者法護所訳経云、胎生之人、過五百歳、得見於仏、平等覚経云、於蓮華中化生、在城中、於是間五百歳、不能得出〈取意〉憬興等師、以此文、証此方五百歳也、今云、彼胎生歳数、既依此間説、九品時剋、有何別義、不同彼耶、四者若拠彼界、説九品者、上品中生一宿、上品下生一日夜、即当此界半劫一劫、若許尓者、胎生疑心者、尚逕娑婆五百歳、而速得見仏、上品信行者、豈過半劫一劫、而遅開蓮華耶、有此理故、後釈無失

問、若以此界日夜時剋、説彼相者、彼上上品、生彼国已、不応即悟無生法忍、所以然者、此界少時修行為勝、彼国多時善根為劣、既尓、上上品人、於此世界、一日至七日、具足三福業、尚不能証無生法忍、云何生彼、聞法即悟、故知、経彼国土長遠時剋、悟無生忍、然約彼名即悟、望此即億千歳、或可、上上人、必是方便後心行円満者、若不尓者、諸文栫楯、答、未知、彼国多善劣、此界少善勝

問、雙観経説、於是広植徳本、布恩施慧。勿犯道禁、忍辱精進、一心智慧、転相教化、立善正意、斎戒清浄、一日一夜、勝在無量寿仏国為善百歳、所以者何、彼仏国土、無為自然、皆積衆善、無毛髪之悪、於此修善、十日十夜、勝於他方諸仏国中為善千歳〈已上〉是其勝劣、答、二界善根、剋対可尓、然値仏縁勝、速悟無失、或此経、但顕修行難易、非顕善根勝劣、譬如貧賤施一銭、雖可称美、而不辦衆事、富貴捨千金、雖不可称、而能辦万事、二界修行亦復

如是、如金剛般若経云、仏世信解、未足為勝、滅後為勝、或有余義、不能委曲

問、如随娑婆行因極楽階位有別、所感福報亦有別耶、答、大都無別、細分有差、如陀羅尼集経第二云、若人不以香花衣食等供養者、雖生彼浄土、而不得香花衣食等種種供養之報〈此文違於彼仏本願、更思択之〉又玄一師、因法師同云、約実而論、亦有勝劣、然其状相似故、説無好醜

問、極楽世界、去此幾処、答、経云、従此西方、過十万億仏土、有極楽世界、有経云、於是西方、去此世界、過百千倶胝那庾多仏土、有仏世界、名曰極楽

問、二経何故不同、答、論智光疏意云、言倶胝者、此為億也、那庾多者、当此間姟数也、世俗言、十千曰万、十万曰億、十億曰兆、十兆曰経、十経曰姟、姟猶是大数也、百千倶胝即十万億、億有四位、一者十万、二者百万、三者千万、四者万万、今言億者、即是万万、為顕此義、挙那由多〈已上〉此釈可思

問、彼仏所化、為唯極楽、為亦有余、答、大論云、阿弥陀仏、亦有厳浄不厳浄土、如釈迦牟尼

問、何等是耶、答、極楽世界、即是浄土、然其穢土、未知何処、但道綽等諸師、以鼓音声経所説国土、為彼穢土、如彼経云、阿弥陀仏、与声聞倶、其国号曰清泰、聖王所住、其城縦広、十千由旬、於中充満刹利之種、阿弥陀如来応正遍知父、名月上転輪聖王、其母、名曰殊勝妙顔、子名月明、奉事弟子、名無垢称、智慧弟子、名曰攬光、神足精勤、名曰大化、尓時魔王、名曰無勝、有提婆達多、名曰寂〔静〕、阿弥陀仏、与大比丘六万人倶〈已上〉

問、彼仏所化、為唯極楽清泰二国、答、教文随縁、且挙一隅、論其実処、不可思議、如華厳経偈云、菩薩修行諸願海、普随衆生心所欲、衆生心行広無辺、菩薩国土遍十方、又云、如来出現遍十方、一一塵中無量土、其中境界亦無量、悉住無辺無尽劫

問、如来施化、事不孤起、要対機縁、何遍十方、答、広劫修行、成就無量衆、故彼機縁亦、遍十方界、如華厳偈云、往昔勤修多劫海、能転衆生深重障、故能分身遍十方、悉現菩提樹王下

第二、往生階位者、問、瑜伽論云、三地菩薩方生浄土、今勧地前凡夫声聞、有何意、答、浄土差別、故無有過、如感師釈云、諸経論文、説生浄土、各挹一義、浄土既有麁妙勝劣、得生亦有上下階降〈已上〉又道宣律徳云、三地菩薩、始見報仏浄土

問、設非報土、惑業重者、豈得浄土、答、天台云、無量寿仏国、雖果報殊勝、臨終之時、懺悔念仏、業障便転、即得往生、雖具惑染、願力持心、亦得居也

問、若許凡夫亦得往生、弥勒問経、如何通会、経云、念仏者、非凡愚念、不雑結使、得生弥陀仏国〈已上〉答、西方要決釈云、知娑婆苦、永辞染界、非薄浅、凡当来作仏、意専広、度法界衆生、有斯勝解故、非愚也、正念時、結使眠伏故、言不雑結使念也〈略

抄〉意云、凡夫行人具此徳也

問、彼国衆生、皆不退転、明知、非是凡夫生処、答、所言不退者、非必是聖徳、如要決云、今明不退、有其四種、十住毘婆沙云、一位不退、即修因万劫、不復退堕悪律儀行流転生死、二行不退、已得初地、利他行不退、三念不退、八地已去無功用、意得自在故、四処不退、雖無文証、約理以成、何者、如天中得果即得不退、浄土亦尓、命長無病、勝侶提携、純正無邪、唯浄無染、恒事聖尊、由此五縁、其処無退〈已上略抄〉

問、九品階位、異解不同、如遠法師云、上上生四五六地、上中生初二三地、上下生地前三十心也、力法師云、上上行向、上中十解、上下十信、基師云、上上十迴向、上中解行、上下十信、有云、上上十往初心、上中十信後心、上下十信初位、有云、上上十信、及以前能発三心、能修三行者也、上中上下、唯取十信以前、発菩提心修善凡夫、起行浅深、以分二品也、所以諸師所判不同者、以無生忍位不同、故仁王経、無生忍在七八九地、諸論在初地、或忍位、本業瓔珞経在十住、華厳経在十信、占察経説、修一行三昧得相似無生法忍者也、故諸師各拠一義也、中品三生、遠云、中上是前三果、中中是七方便、中下是種解脱分善人、力法師同之、基云、中上四善根、中中三賢、中下方便前人、有云、如次忍頂煗、有云、三生並是種解脱分善根人也〈已上六品、亦有余釈、見感禅師論竜興記等〉下品三生、無別階位、但是具縛造悪人也、明往生人、其位有限、寧知猶是我等分耶、答、上品之人、階位設深、下品三生、豈非我等分耶、況彼後釈、既取十信以前凡夫、為上品三、又観経善導禅師玄義、以大小乗方便以前凡夫、判九品位、不許諸師所判深高、又経論多依文判義、今経所説上三品業、何必執為深位行耶

問、若尓生彼、不応早悟無生法忍、答、天台有二無生忍位、若別教人、歴劫修行、悟無生忍、若円教人、乃至悪趣身、亦有頓証者、穢土尚尓、何況浄土、彼土諸事、莫例余処、何処一切凡夫、未至其位、終無退堕、何処一切凡夫、悉得五神通、妙用無礙耶、証果遅速、例亦可然

問、上品生人、得益早晩、一向尓耶、答、経中且挙一類、故恵遠和尚観経義記云、九品人、生彼国已、得益之劫数、依勝而説、理亦有過之者〈取意〉今謂、汎論九品、或復可有少分速於此者

問、雙観経中、亦有如弥勒等諸大菩薩、当生極楽、故知、経中九品得益、依劣而説、何言依勝耶、答、約生彼国始悟無生前後早晩、謂之依勝、更不論彼上位大士、然彼大士、於九品中摂与不摂、別応思択

問、若凡下輩、亦得往生、云何近代、於彼国土、求者千万、得無一二、答、綽和尚云、信心不深、若存若亡故、信心不一、不決定故、信心不相続、余念間故、此三不相応者、不能往生、若具三心、不往生者、無有是処、導和尚云、若能如上、念念相続、畢命為期者、十即十生、百即百生、若欲捨専修雑業者、百時希得一二、

千時希得三五〈言如上者、指礼讃等五念門、至誠等三心、長時等四修也〉

問、若必畢命為期者、如何感和尚云、長時短時、多修少修、皆得往生耶、答、業類非一、故二師倶無過、然畢命為期、勤修無怠、令業決定、是為張本

問、菩薩処胎経第二説、西方去此閻浮提、十二億那由他、有懈慢界、国土快楽、作倡伎楽、衣被服飾、香花荘厳、七宝転開床、挙目東視、宝床随転、北視西視南視、亦如是転、前後発意衆生、欲生阿弥陀仏国者、皆深著懈慢国土、不能前進生阿弥陀仏国、億千万衆、時有一人、能生阿弥陀仏国〈已上〉以此経准、難可得生、答、群疑論引善導和尚前文、而釈此難、又自助成云、此経下文言、何以故、皆由懈慢執心不牢固、是知、雑修之者、為執心不牢之人、故生懈慢国也、若不雑修、専行此業、此即執心牢固、定生極楽国〈乃至〉又報浄土生者極少、化浄土中生者不少、故経別説、実不相違也〈已上〉

問、設雖不具三心、雖不期畢命、彼一聞名、尚得成仏、況暫称念、何唐捐耶、答、暫似唐捐、終非虚設、如華厳偈説聞経者転生時益云、若人堪任聞、雖在於大海、及劫尽火中、必得聞此経〈大海者是竜界〉釈云、由余業故、生彼難処、由前信故、成此根器、云云、信華厳者、既而如是、信念仏者、豈無此益、彼一生作悪業、臨終遇善友、纔十念仏、即得往生、如是等類、多是前世、欣求浄土、念彼仏者、宿善内熟、今開発耳、故十疑云、臨終遇善知識、十念成就者、並是宿善強、得善知識、十念成就、云云、感師意亦同之

問、下下品生、若依宿善、十念生本願、即有名無実、答、設有宿善、若無十念、定堕無間、受苦無窮、明臨終十念、是往生勝縁

第三、往生多少者、雙観経云、仏告弥勒、於此世界、六十七億不退菩薩、往生彼国、一一菩薩、已曽供養無数諸仏、次如弥勒、諸小行菩薩、及修少功徳者、不可称計、皆当往生、他方仏土、亦復如是、其遠照仏国、百八十億菩薩、宝蔵仏国、九十億菩薩、無量意仏国、二百廿億菩薩、甘露味仏国、二百五十億菩薩、竜勝仏国、十四億菩薩、勝力仏国、万四千菩薩、師子仏国、五百菩薩、離垢光仏国、八十億菩薩、徳首仏国、六十億菩薩、妙徳山仏国、六十億菩薩、人王仏国、十億菩薩、無上花仏国、無数不可称計、不退諸菩薩、智慧勇猛、已曽供養無量諸仏、於七日中、即能摂取百千億劫大士所修堅固之法、無畏仏国、七百九十億大菩薩衆、諸小菩薩、及比丘等、不可称計、皆当往生、不但此十四仏国中諸菩薩等当往生也、十方世界無量仏国、其往生者、亦復如是、甚多無数、我但説十方諸仏名号、及菩薩比丘生彼国者、昼夜一劫、尚未能竟〈已上、略抄〉此諸仏土中、今娑婆世界、有修少善当往生者、我等幸遇釈尊遺法、億劫時、一預少善往生流、応務勤修、莫失時焉

問、若少善根亦得往生、如何経云、不可以少善根福徳因縁得生彼国、答、此有異解、不能繁出、今私案云、大小無定、相待得名、

望大菩薩、名之少善、望輪迴業、名之為大、是故、二経義不違害

第四、明尋常念相者、此有多種、大分為四、一定業、謂坐禅入定観仏、二散業、謂行住坐臥、散心念仏、三有相業、謂或観相好、或念名号、偏猒穢土、専求浄土、四無相業、謂雖称念仏欣求浄土、而観身土即畢竟空、如幻如夢、即躰而空、雖空而有、非有非空、通達此無二、真入第一義、是名無相業、是最上三昧、故雙観経、阿弥陀仏言、通達諸法性、一切空無我、専求浄仏土、必成如是刹、又止観常行三昧中、有三段文、具如上別行中引

問、定散念仏、倶往生耶、答、慇重心念、無不往生、故感師説念仏差別云、或深或浅、通定通散、定即於凡夫終于十地、如善財童子於功徳雲比丘所、請学念仏三昧、此即甚深法也、散即一切衆生、若行若坐、一切時処、皆得念仏、不妨諸務、乃至、命終亦成其行〈已上〉

問、有相無相業、倶得往生耶、答、綽和尚云、若始学者、未能破相、但能依相専至、無不往生、不須疑也、又感和尚云、往生既品類差殊、修因亦有浅深各別、不可但言唯修無所得而得往生、有所得心不得生也

問、若尓如何、仏蔵経説、若有比丘、教余比丘、汝当念仏念法念僧念戒念施念天、如是等思惟、観涅槃安楽寂滅、唯愛涅槃畢竟清浄、如是教者、名為邪教、名悪知識、是人、名為誹謗於我助於外道、如是悪人、我乃不聴受一飲水、又言、寧成熟五逆重悪、不成熟我見衆生見寿見命見陰入界見等耶〈已上略抄〉答、感師釈云、有聖教復言、寧起我見如須弥山、不起空見如芥子許、如是等諸大乗経、訶有訶空、讃大讃小、並乃逗機不同、又有経言、今者阿弥陀如来応正等覚、具有如是卅二相八十随形好、身色光明、如聚金融、如是乃至、不念彼如来、亦不得彼如来、已如是、次第得空三昧、又観仏三昧経云、如来亦有法身十力無畏三昧解脱諸神通事、如此妙処、非汝凡夫所覚境界、但当深心起随喜想、起是想已、当復繫念念仏功徳、故知、初学之輩、観彼色身、後学之徒、念法身也、故言如是次第得空三昧、当須善会経意、勿生毀讃之心、妙知、有大聖巧逗根機者〈已上、観仏経第九、説観仏一毛乃至観具足色身已、有所引之十力無畏三昧等文〉

問、念仏之行、於九品中、是何品摂、答、若如説行、理当上上、如是随其勝劣、応分九品、然経所説九品行業、是示一端、理実無量

問、為如定散倶得往生、亦為現身倶見仏耶、答、経論多説三昧成就即得見仏、明知、散業不可得見、唯除別縁

問、有相無相観、倶得見仏耶、答、無相見仏、理在不疑、其有相観、或亦見仏、故観経等、勧観色相

問、若有相観、亦見仏者、云何華厳経偈云、凡夫見諸法、但随於相転、不了法無相、以是不見仏、有見則為垢、此則未為見、遠離於諸見、如是乃見仏、又云、了知一切法、自性無所有、如是解法性、即見盧遮那、金剛経云、若以色見我、以音声求我、是人行

邪道、不能見如来、答、要決通云、大師説教、義有多門、各称時機、等無差異、般若経自是一門、弥陀等経復為一理、何者一切諸仏、並有三身、法仏無形躰、非色声、良為二乗及小菩薩、聞説三身不異、即謂同有色声、但見化身色相、遂執法身亦尓、故説為邪、弥陀経等、勧念仏名観相求生浄土者、但以凡夫障重、法身幽微、法体難縁、且教念仏観形礼讃〈略抄〉

問、凡夫行者、雖勤修習、心不純浄、何輙見仏、答、衆縁合見、非唯自力、般舟経有三縁、如上九十日行所引止観文

問、以幾因縁、得生彼国、答、依経案之、具四因縁、一自善根因力、二自願求因力、三弥陀本願縁、四衆聖助念縁〈釈迦護助、出平等覚経、六方仏護念、出小経、山海慧菩薩等護持、出十往生経、云云〉

第五、明臨終念相、問、下下品人、臨終十念、即得往生、所言十念、何等念耶、答、綽和尚云、但憶念阿弥陀仏、若惣相若別相、随所縁観、逕於十念、無他念想間雑、是名十念、又云十念相続者、是聖者一数之名耳、但能積念凝思、不縁他事、便業道成辨、亦未労記之頭数也、又云、若久行人念、多応依此、若始行人念者、記数亦好、此亦依聖教〈已上〉有云、一心称念南无阿弥陀仏、逕此六字之頃、名一念也、云云

問、弥勒所問経十念往生、彼一一念深広、如何今云、十声念仏得往生耶、答、諸師所釈不同、寂法師云、此説専心称仏名時、自然具足如是十、非必一一別縁慈等、亦非数彼慈等為十、云何不別縁、而具足十、如欲受戒称三帰時、雖不別縁離煞等事、而能具得離煞等戒、当知、此中道理亦尓、又可具足十念称南无阿弥陀仏者、謂能具足慈等十念、称南无仏、若能如是、随所称念、若一称若多称、皆得往生、感法師云、各是聖教、互説往生浄土法門、皆成浄業、何因将彼為是、斥此言非、但自不解経、亦乃惑諸学者、迦才師云、此之十念、現在時作、観経中十念、臨命終時作〈已上〉意同感師

問、雙観経云、乃至一念得往生、此与十念、云何乖角、答、感師云、極悪業者、満十得生、余者乃至一念亦生

問、生来作諸悪、不修一善者、臨命終時、纔十声念、何能滅罪、永出三界、即生浄土、答、如那先比丘問仏経言、時有弥蘭王、問羅漢那先比丘言、人在世間、作悪至百歳、臨死時念仏、死後生天、我不信是説、復言、煞一生命、死即入泥黎。中、我亦不信也、比丘問王、如人持小石、置在水中、石浮耶没耶、王言、石没也、那先言、如今持百丈大石、置在船上没不、王言不没、那先言、船中百丈大石、因船不得没、人雖有本悪、一時念仏、不没泥黎。、便生天上、何不信耶、其小石没者、如人作悪、不知経法、死後便入泥黎。、何不信耶、王言、善哉善哉、比丘言、如両人倶死、一人生第七梵天、一人生罽賓国、此二人遠近雖異、死則一時到、如有一雙飛鳥、一於高樹上止、一於卑樹上止、両鳥一時倶飛、其影倶到耳、如愚人作悪得殃大、智人作悪得殃少、如焼鉄在地、一人知焼一人不知、

両人倶取、然不知者手爛大、知者少壊、作悪亦尓、愚者不能自悔故、得殃大、智者作悪知不当故、為日自悔、故其罪少〈已上〉十念滅衆罪、乗仏悲願船、須臾得往生、其理亦可然、又十疑釈云、今以三種道理校量、軽重不定、不在時節久近多少、云何為三、一者在心、二者在縁、三者在決定、在心者、造罪之時、従自虚妄顛倒心生、念仏心者、従善知識、聞説阿弥陀仏真実功徳名号心生、一虚一実、豈得相比、譬如万年暗室日光暫至、而暗頓除、豈有久来之暗、不肯滅耶、在縁者、造罪之時、従虚妄癡暗心縁虚妄境界顛倒心生、念仏之心、従聞仏清浄真実功徳名号、縁無上菩提心生、一真一偽、豈得相比、譬如有人被毒箭中、箭深毒磣傷肌致骨、一聞滅除薬鼓声、即毒箭除、豈以深毒、不肯出也、在決定者、造罪之時、以有間心有後心也、念仏之時、以無間心無後心、遂即捨命、善心猛利、是以即生、譬如十囲之索千夫不制、童子揮劒須臾両段、又如千年積草以大豆火焚之時即尽、又如有人一生已来、修十善業応得生天、臨終之時、起一念決定邪見、即堕阿鼻地獄、悪業虚妄、以猛利故、尚能排一生善業、令堕悪道、豈況臨終猛利心念仏、真実無間善業、不能排無始悪業、不得生浄土者、無有是処〈已上〉

又安楽集、以七喩顕此義、一少火喩、如前、二躄者、寄載他船、因風帆勢、一日至千里、三貧人、獲一端。物而以貢王、王慶重賞、斯須之頃、富貴盈望、四劣夫、若従輪王行、便乗虚空、飛騰自在、五十囲索喩、如前、六鴆鳥入水、魚蜂。斯斃皆〔死〕、犀角触諸、死者還活、七黄鵠喚子安、子安子。還活、豈可得言墳下千齢、決無可甦也、一切万法、皆有自力他力、自摂他摂、千開万閉、無量無辺、豈得以有礙之識、疑彼無礙之法乎、又五不思議中、仏法最不可思議、豈以三界繋業為重、疑彼小。時念法為軽〈已上略抄〉

今加之云、一栴檀樹出成時、能変卌由旬伊蘭林、普皆香美、二用師子筋、以為琴絃、音声一奏、一切余絃、悉皆断壊、三一斤石汁、能変千斤銅為金、四金剛雖堅固、以羖羊角扣之、則灌然氷泮〈已上、滅罪譬〉五雪山有草、名為忍辱、牛若食者、即得醍醐、六於沙訶薬、但有見者、得寿無量、乃至、念者得宿命智、七孔雀聞雷声、即得有身、八尸利沙見昴星、則出生菓実〈已上、生善譬〉九以住水宝、瓔珞其身、入深水中、而不没溺、十沙礫雖小、尚不能浮、盤石雖大、寄船能浮〈已上惣譬〉諸法力用、難思如是、念仏功力、准之莫疑

問、臨終心念、其力幾許、能成大事、答、其力勝百年業、故大論云、是心雖時頃少、而心力猛利、如火如毒、雖少能成大事、是垂死時心、決定勇健故、勝百歳行力、是後心名為大心、以捨身及諸根事急故、如人入陣不惜身命、名為勇健、如阿羅漢、捨是身著故、得阿羅漢道〈已上〉由此安楽集云、一切衆生、臨終之時、刀風解形、死苦来逼、生大怖畏、乃至、便得往生

問、深観念力、滅罪可然、云何称念仏号、滅無量罪、若尓、以指指月、此指応能破闇、答、綽和尚釈云、諸法万差、不可一概、

自有名即法、自有名異法、名即法者、如諸仏菩薩名号、禁呪音辞、修多羅章句等是也、如禁呪辞曰、日出東方乍赤乍黄、仮令酉亥行禁患者亦愈、又如有人被狗所嚙、炙虎骨慰之。患者即愈、或時無骨、好攦掌磨之、口中喚言虎来虎来、患者亦愈、或復有人、患脚転筋、炙木瓜枝慰之。患者即愈、或無木瓜、炙手磨之、口喚木瓜、患者亦愈也、名異法者、如以指指月是〈已上〉要決云、諸仏願行、成此果名、但能念号、具包衆徳、故成大善〈已上、彼文引浄名成実文、具如上助念方法〉

問、若下下品、造五逆罪、由十念仏、得往生者、云何、仏蔵経第三云、大荘厳仏滅後、有四悪比丘、捨第一義無所有畢竟空法、貪楽外道尼犍子論、是人命終、堕阿鼻獄、仰臥伏臥、左脇臥右脇臥、各九百万億歳、於熱鉄上焼燃、燋爛死已、更生灰地獄大灰地獄活地獄黒繩地獄、皆如上歳数受苦、於黒繩死、還生阿鼻獄、彼家出家親近、并諸檀越、凡六百四万億人、与此四師倶生倶死、在大地獄、受諸焼煮、劫尽転生他方地獄、劫成還生此間地獄、久久免地獄生人中、五百世従生而盲、後値一切明王仏出家、十万億歳、勤修精進、如救頭燃、不得順忍、況得道果、命終還生阿鼻地獄、於後値九十九億仏、不得順忍、何以故、仏説深法、是人不信、破壊違逆、破毀賢聖持戒比丘、出其過悪、破法因縁、法応当尓〈已上略抄、四比丘者、苦岸比丘、薩和多比丘、将去比丘、跋難陀比丘〉十万億歳、如救頭燃、尚不滅罪、還生地獄、如何念仏、一声十声、即得滅罪、往生浄土、答、感師釈云、念仏由五縁故滅罪、一発大乗心縁、二願生浄土縁、小乗人、不信有十方仏故、三阿弥陀仏本願縁、四念仏功徳縁、彼比丘但作四念処観故、五仏威力加持縁、是故滅罪、得生浄土、彼小乗人不尓故、不能滅罪〈略抄〉

問、若尓云何、雙観経説十念往生、云唯除五逆誹謗正法、答、智憬等諸師云、若唯造逆者、由十念故得生、若造逆罪、亦謗法者、不得往生、有云、造五逆不定業、得往生、造五逆定業、不往生、如是有十五家釈、感法師不用諸師釈、自云、若不造逆人〔不〕論念之多少、一声十声、倶生浄土、若造逆人、必須満十、闕一不生、故言除也〈已上〉今試加釈、余処遍顕往生種類、本願唯挙定生之人、故云、不尓不取正覚、余人十念、定得往生、逆者一念、定不能生、逆十余一、皆是不定、故願唯挙余人十念、余処兼取逆十余一、此義未決、別応思択

問、逆者十念、何故不定、答、由宿善有無、念力別故、又臨終尋常、念時別故

問、五逆是順生業、報時倶定、云何得滅、答、感師釈之云、九部不了教中、為諸不信業果凡夫、密意説言、有定報業、於諸大乗了義教中説、一切業悉皆不定、如涅槃経第十八。巻云、耆婆為阿闍世王、説懺悔法、罪得滅、又云、臣聞仏説、修一善心、破百種悪、如少毒薬能害衆生、小善亦尓、能破大悪、又卅一云、善男子、有諸衆生、於業縁中、心軽不信、為度彼故、作如是説、善男子、一

切作業、有軽有重、軽重二業、復各有二、一決定、二不決定、又言、或有重業可得作軽、或有軽業可得作重、有智之人、以智慧力、能令地獄極重之業、現世軽受、愚癡之人、現世軽業、地獄重受、阿闍世王、懺悔罪已、不入地獄、鴦掘摩羅、得阿羅漢、瑜伽論説、未得解脱、説決定業、已得解脱、名不定業、如是等諸大乗経論、説五逆罪等、皆名不定、悉得消滅〈転重軽受相、具出放鉢経〉

問、所引文云、智者転重軽受、下品生人、但十念已、即生浄土、何処軽受、答、雙観経説彼土胎生者云、五百歳中、不見三宝、不得供養修諸善本、而以此為苦、雖有余楽、猶不楽彼処〈已上〉准之、応以七七日六劫十二劫、不見仏不聞法等、為軽受苦耳

問、為如臨終一念仏名、能滅八十億劫衆罪、尋常行者、亦可然耶、答、臨終心力強、能滅無量罪、尋常称名、不応如彼、然若観念成、亦滅無量罪、若但称名、随心浅深、得其利益、応有差別、具如前利益門

問、何以得知浅心念仏亦有利益、答、首楞厳三昧経云、如有大薬王、名曰滅除、若闘戦時、以用塗鼓、諸被箭射、刀矛所傷、得聞鼓声、箭出毒除、如是菩薩、住首楞厳三昧時、有聞名者、貪恚癡箭、自然抜出、諸邪見毒、皆悉除滅、一切煩悩、不復動発〈已上、観見諸法真如実相、見凡夫法仏法不二、是名修習首楞厳三昧〉菩薩既尒、何況仏、聞名既尒、何況念、応知浅心念、利益亦不虚

第六、麁心妙果者、問、若為菩提、於仏作善、証得妙果、理必可然、若為人天果、修善根云何、答、或染或浄、於仏修善、雖有遠近、必至涅槃、故大悲経第三、仏告阿難言、若有衆生、楽著生死三有愛果、於仏福田、種善根者、作如是言、以此善根、願我莫般涅槃、阿難、是人若不涅槃、無有是処、阿難、是人雖不楽求涅槃、然於仏所、種諸善根、我説、是人必得涅槃

問、所作之業、随願感果、何楽世報、得出世果、答、業果之理、不必一同、以諸善業、迴向仏道、是即作業、随心而転、以鶏狗業、楽求天楽、是即悪見、不令業転、是故、於仏修諸善業、意楽雖異、必至涅槃、故彼経挙譬言、譬如長者依時、下種於良田中、随時漑灌、常善護持、若是長者、於余時中、到彼田所、作如是言、咄哉種子、汝莫作種、莫生莫長、然彼種種、必応作果、非無果実〈取意略抄〉

問、彼於何時、得般涅槃、答、設雖久久輪迴生死、善根不亡、必得涅槃、故彼経云、仏告阿難、如捕魚師、為得魚故、在大池水、安置鉤餌、令魚呑食、魚呑食已、雖在池中、不久当出〈乃至〉阿難一切衆生、於諸仏所、得生敬信、種諸善根、修行布施、乃至発心、得一念信、雖復為余悪不善業之所覆障、堕在地獄畜生餓鬼〈乃至〉諸仏世尊、以仏眼、観見此衆生発心勝故、従於地獄、抜之令出、既抜出已、置涅槃岸

問、如此経意、以敬信故、遂得涅槃、若尒、但一聞応非涅槃因、既尒云何、華厳偈云、若有諸衆生、未発菩提心、一得聞仏名、決

定成菩提、答、諸法因縁、不可思議、譬如孔雀聞雷震声、即得有身、又尸利沙菓°、先無形質、見昴星時、菓°則出生、足長五寸、依仏名号、即結仏因、亦復如是、従此微因、遂著大果、如彼尼拘陀樹、従芥子許種生枝葉、遍覆五百両車、浅近世法、猶難思議、何況出世甚深因果、唯応信仰、不可疑念

問、以染心縁於如来者、亦有益耶、答、宝積経第八、密迹力士、告寂意菩薩云、耆域医王、合集諸薬、以取薬草、作童子形、端正殊好、世之希有、所作安諦、所有究竟、殊異無比、往来周旋、住立安坐、臥寐経行、無所欠漏、所顕変業、或有大豪国王太子大臣百官貴姓長者、来到耆域医王所、視薬童子、与共歌戯、相其顔色、病皆得除、便致安穏寂静無欲、寂意且観、其耆域医王、療治世間、其余医師、所不能及也、如是寂意、若菩薩奉行法身、仮使衆生、婬怒癡盛、男女大小、欲想慕楽、即共相娯、貪欲塵労、悉得休息〈信解観察無陰種諸入、則名奉行法身也〉奉行法身菩薩尚尓、何況証得法身仏耶

問、如欲想縁有此利益、誹謗悪猒、亦有益耶、答、既云婬怒癡、明非唯欲想、又如来秘密蔵経下巻云、寧於如来、起不善業、非於外道邪見者所、施作供養、何以故、若於如来所、起不善業、当有悔心、究竟必得至於涅槃、随外道見、当堕地獄餓鬼畜生

問、此文便違因果道理、亦復増於衆生妄心、如何以悪心、得大涅槃楽耶、答、以悪心故、堕三悪道、以一縁如来故、必至涅槃、是故、不違因果道理、謂、彼衆生堕地獄時、於仏生信、生追悔心、由此展転、必至涅槃〈見大悲経〉染心縁如来利益、尚如是、何況浄心一念一称、仏大恩徳以之可知

問、諸文所説菩提涅槃、於三乗中、是何果耶、答、初雖随機得三乗果、究竟必至無上仏果、如法華経云、十方仏土中、唯有一乗法、無二亦無三、除仏方便説、又大経、明如来決定説義云、一切衆生、悉有仏性、如来常住、無有変易、又云、一切衆生、定得阿耨菩提故、是故我説、一切衆生、悉有仏性、又云、一切衆生、悉皆有心、凡有心者、定当得成阿耨菩提

問、何故、諸文所説不同、或説一聞仏定成菩提、或説応勤修如救頭燃、又華厳偈云、如人数他宝、自無半銭分、於法不修行、多聞亦如是、答、若欲速解脱、不勤如無分、若期永劫因、一聞亦不虚、是故、諸文理不相違

第七、諸行勝劣者、問、往生業中、念仏為最、於余業中、亦為最耶、答、余行法中、此亦最勝、故観仏三昧経有六種譬、一云、仏告阿難、譬如長者将死不久、以諸庫蔵、委付其子、其子得已、随意遊戯、忽於一時、値有王難、無量衆賊、競取蔵物、唯有一金、乃是閻浮檀那紫金、重十六両、金鋌長短亦十六寸、此金一両価直、余宝百千万両、即以穢物、纏裹真金、置泥団中、衆賊見已、不識是金、脚践而去、賊去之後、財主得金、心大歓喜、念仏三昧、亦復如是、当密蔵之、二云、譬如貧人執王宝印、逃走上樹、六兵追

之、貧人見已、即呑宝印、兵衆疾至、令樹倒僻、貧人落地、身躰散壊、唯金印在、念仏心印不壊、亦復如是、三云、譬如長者将死不久、告一女子、我今有宝、宝中上者、汝得此宝、密蔵令堅、莫令王知、女受父勅、持摩尼珠及諸珍宝、蔵之糞穢、室家大小、皆亦不知、値世飢饉、持如意珠、随意即雨百味飲食、如是種種、随意得宝、念仏三昧、堅心不動、亦復如是、四云、譬如大旱不能得雨、有一仙人誦呪、神通力故、天降甘雨、地出涌泉、得念仏者、如善呪人、五云、譬如力士数犯王法、幽閉囹圄、逃到海辺、解髻明珠、持雇船師、到於彼岸、安穏無懼、行念仏者、如大力士、挽心王鏁、到彼慧岸、六云、譬如劫尽大地洞燃、唯金剛山不可摧破、還住本際、念仏三昧、亦復如是、行是定者、住過去仏実際海中〈已上略抄〉又般舟経問事品、説念仏三昧云、常当習持、常当守不復随余法、諸功徳中、最尊第一〈已上〉

又至不退転位、有難易二道、言易行道、即是念仏、故十住婆沙第三云、如世間道、有難有易、陸道歩行則苦、水道乗船則楽、菩提道亦如是、或有勤行精進、或有以信方便易行、疾至阿惟越致〈乃至〉阿弥陀等仏、及諸大菩薩、称名一心念、亦得不退転〈已上〉文中挙過去現在一百余仏、弥勒金剛蔵、浄名無尽意、跋陀婆羅、文殊妙音、師子吼香象、常精進観音勢至等、一百余大菩薩、其中広讃弥陀仏也、於諸行中、唯念仏行、易修証上位、知是最勝行

又宝積経九十二云、若有菩薩、多営衆務、造七宝塔、遍満三千大千世界、如是菩薩、不能令我而生歓喜、亦非供養恭敬於我、若有菩薩、於波羅蜜相応之法、乃至、受持一四句偈、読誦修行、為人演説、是人乃為供養於我、何以故、諸仏菩提、従多聞生、不従衆務而得生也〈乃至〉若一閻浮提、営事菩薩、於一読誦修行演説菩薩之所、応当親近供養承事、若一閻浮提、読誦修行演説諸菩薩等、於一勤修禅定菩薩、亦当親近供養承事、如是善業、如来随喜、如来悦可、若於勤修智慧菩薩、承事供養、当獲無量福徳之聚、何以故、智慧之業、無上最勝、出過一切三界所行、大集月蔵分偈云、若人百億諸仏所、於多歳数常供養、若能七日在蘭若、摂根得定福多彼〈乃至〉閑静無為仏境界、於彼能得浄菩提、若人謗彼住禅者、是名毀謗諸如来、若人破塔多百千、及以焚焼百千寺、若有毀謗住禅者、其罪甚多過於彼、若有供養住禅者、飲食衣服及湯薬、是人消滅無量罪、亦不堕於三悪道、是故我今普告汝、欲成仏道常在禅、若不能住阿蘭若、応当供養於彼人〈已上〉況尓禅定、尚既如是、況念仏三昧、是王三昧耶

問、若禅定業、勝読誦解義等、云何、法華経分別功徳品、以一。十万億那由他劫所修前五波羅蜜功徳、校量聞法華経一念信解功徳、百千万億分之一分、何況、広為他説耶、答、此等諸行、各有浅深、謂偏円教有差別故、若当教論、勝劣如前、若諸教相対、偏教禅定、不及円教読誦事業、大集宝積、約一教論、法華校量、偏円相望、是故、諸文義不相違、念仏三昧、亦復如是、偏教三昧、当教為勝、

円人三昧、普勝諸行、又定有二、一者慧相応定、是為最勝、二者暗禅、未可為勝、念仏三昧、応是初摂

第八、信毀因縁者、般舟経云、不独於一仏所作功徳、不於〔若〕二若三若十、悉於百仏所、聞是三昧、却後世時、聞是三昧者、書学誦持経巻、最後守一日一夜、其福不可計、自致阿惟越致、所願者得

問、若尓、聞者決定応信、何故声聞、有信不信、答、無量清浄覚経云、善男子善女人、聞無量清浄仏名、歓喜踊躍、身毛為起、如抜出者、皆悉〔宿世〕宿命、已作仏事、其有人民、疑不信者、皆従悪道中来、殃悪未尽、此未得解脱也〈略抄〉又大集経第七云、若有衆生、已於無量無辺仏所、殖衆徳本、乃得聞是如来十力四無所畏不共之法三十二相〈乃至〉下劣之人、不能得聞如是正法、仮使得聞、未必能信〈已上〉当知、生死因縁、不可思議、薄徳得聞、難知其縁、如烏豆聚有一緑豆、但彼雖聞、而不信解、是即薄徳之所致耳

問、仏於往昔、具修諸度、尚於八万歳、不能聞此法、云何薄徳、輒得聴聞、設許希有、猶違道理、答、此義難知、試案之云、衆生善悪、有四位別、一悪用偏増、此位無聞法、如法華云、増上慢人、二百億劫、常不聞法、二善用偏増、此位常聞法、如地住已上大菩薩等、三善悪交際、謂垂捨凡入聖之時、此位中有一類之人、聞法甚難、適聞即悟、如常啼菩薩須達老女等、或為魔所障、或為自惑障、雖隔聞見、不久即悟、四善悪容預、此位善悪同、是生死流転法故、多難聞法、非悪増故、非一向無聞、非交際故、雖聞無巨益、六趣四生、蠢蠢類是、故上人中、亦有難聞、凡愚之中、亦有聞者、此亦未決、後賢取捨

問、不信之者、得何罪報、答、称揚諸仏功徳経下巻云、其有不信讃嘆称揚阿弥陀仏名号功徳、而謗毀者、五劫之中、当堕地獄、具受衆苦

問、若無深信、生疑念者、終不往生、答、若全不信、不修彼業、不願求者、理不応生、若雖疑仏智、而猶願彼土、修彼業者、亦得往生、如雙観経云、若有衆生、以疑惑心、修諸功徳、願生彼国、不了仏智、不思議智、不可称智、大乗広智、無等無倫最上勝智、於此諸智、疑惑不信、然猶信罪福、修習善本、願生其国、此諸衆生、生彼宮殿、寿五百歳、当不見仏、不聞経法、不見菩薩声聞之衆、是故、於彼国土、謂之胎生〈已上〉疑仏智慧罪当悪道、然随願往生、是仏悲願力、清浄覚経、以此胎生、為中輩下輩人、然諸師所釈、不能繁出

問、言仏智等、其相云何、答、憬興師、以仏地経五法、今名五智、謂清浄法界名仏智、以大円鏡等四、如次当不思議等四也、玄一師、仏智如前、以後四智、逆対成事智等四也、有余異解、不可煩之

第九、助道資縁者、問、凡夫行人、要須衣食、此雖小縁、能辨大事、裸餒不安、道法焉在、答、行者有二、謂在家出家、其在家人、家業自由、飡飯衣服、何妨念仏、如木槵経瑠璃王行、其出家

人亦有三類、若上根者、草座鹿皮、一菜一菓、如雪山大士是也、若中根者、常乞食糞掃衣、若下根者、檀越嚫施、但少有所得、即便知足、具如止観第四、況復若仏弟子、専修正道、無所貪求者、自然具資縁、如大論云、譬如比丘貪求者、不得供養、無所貪求、則無所乏短、心亦如是、若分別取相、則不得実法、又大集月蔵分中、欲界六天、日月星宿、天竜八部、各於仏前、発誓願言、若仏声聞弟子、住法順法、三業相応、而修行者、我等皆共、護持養育、供給所須、令無所乏、若復世尊声聞弟子、無所積聚、護持養育、又言、若復世尊声聞弟子、住於積聚、乃至三業与法、不相応者、亦当棄捨、不復養育

　問、凡夫不必三業相応、若有欠漏、応無依怙、答、如是問難、是即懈怠、無道心者之所致也、若誠求菩提、誠欣浄土者、寧捨身命、豈破禁戒、応以一世勤労、期永劫妙果也、況復設雖破戒、非無其分、如同経仏言、若有衆生、為我出家、剃除鬚髪、被服袈裟、設不持戒、彼等悉已、為涅槃印之所印也、若復出家、不持戒者、有以非法、而作悩乱、罵辱毀呰、以手刀杖、打縛斫截、若奪衣鉢、及奪種種資生具者、是人則壊三世諸仏真実報身、則挑一切天人眼目、是人為欲隠没諸仏所有正法三宝種故、令諸天人不得利益堕地獄故、為三悪道増長盈満故、云云、尓時復有一切天竜、乃至一切迦吒富単那人非人等、皆悉合掌、作如是言、我等於仏一切声聞弟子、乃至若復不持禁戒、剃除鬚髪、著袈裟片者、作師長想、護持養育、与諸所須、令無乏少、若余天竜、乃至迦吒富単那等、作其悩乱、乃至悪心、以眼視之、我等悉共、令彼天竜富単那等、所有諸相欠減醜陋、令彼不復得与我等共住共食、亦復不得同処戯咲、如是擯罰〈已上取意〉又云、尓時世尊、告上首弥勒、及賢劫中一切菩薩摩訶薩言、諸善男子、我昔行菩薩道時、曾於過去諸仏如来、作是供養、以此善根、与我作於三菩提因、我今憐愍諸衆生故、以此報果、分作三分、留一分自受、第二分者、於我滅後、与禅解脱三昧堅固相応声聞、令無所乏、第三分者、与彼破戒読誦経典、相応声聞正法像法、剃頭著袈裟者、令無所乏、弥勒、我今復以三業相応諸声聞衆、比丘比丘尼優婆塞優婆夷、寄付汝手、勿令乏少孤独而終、及以正法像法毀破禁戒著袈裟者、寄付汝手、勿令彼等、於諸資具乏少而終、亦勿令有旋陀羅王、共相悩害身心受苦、我今復以彼諸施主、寄付汝手〈已上〉破戒尚尓、何況持戒、声聞尚尓、何況発大心、至誠念仏耶

　問、若破戒人、亦為天竜所護念者、云何梵網経云、五千鬼神、払破戒比丘跡、涅槃経云、国王群臣、及持戒比丘、応当苦治駈遣呵嘖破戒者耶、答、若如理苦治、即順仏教、若非理悩乱、還違聖旨、故不相違、如月蔵分仏言、国土群臣、見出家者、作大罪業大煞生大偸盗大非梵行大妄語、及余不善、如是等類、但当如法擯出国土城邑村落、不聴在寺、亦復不得同僧事業、利養之分、悉不共同、不得鞭打、若鞭打者、理所不応、又亦不応口罵辱、一切不応

加其身罪、若故違法、而謫罪者、是人便於解脱退落、必定帰趣阿鼻地獄、何況鞭打為仏出家、具持戒者〈略抄〉

問、人間擯治、差別可然、非人之行、猶未決了、梵網経一向払跡、月蔵経一向供給、那忽乖角、答、為知罪福旨、要須決人行、不可必決非人所行、若制若開、各生巨益、或復如人意楽不同、非人願楽亦不同耳、学者応決

問、因論生論、於彼犯戒出家之人、供養悩乱、得幾罪福、答、十輪経偈云、被恒河沙仏、解脱幢相衣、於此起悪心、定堕無間獄〈袈裟名為解脱幢衣〉月蔵分云、若悩乱彼、其罪多於出万億仏身血罪、若供養之、猶得無量阿僧祇大福徳聚〈取意〉

問、若尓一向応供養之、何可治之招大罪報耶、答、若有其力、不苦治之、彼亦得罪過、是仏法大怨、故涅槃経第三云、持法比丘、見有破戒壊正法者、即応駆遣呵嘖挙処、若善比丘、見壊法者、置不呵嘖駆遣挙処、当知、是人仏法中怨、若能駆遣、呵嘖挙処、是我弟子、真声聞也〈乃至〉諸国王、及四部衆、応当勧励諸学人等、令得増上戒定智慧、若有不学是三品法、懈怠破戒毀正法者、王者大臣、四部之衆、応当苦治、又云、若有比丘、雖持禁戒、為利養故、与破戒者、坐起行来、共相親附、同其事業、是名破戒〈乃至〉若有比丘、在阿蘭若処、諸根不利、闇鈍臺瞢、少欲乞食、於説戒日、及自恣時、教諸弟子、清浄懺悔、見非弟子多犯禁戒、不能教令清浄懺悔、而便与共説戒自恣、是名愚癡僧〈已上、略抄〉明知、若過若不及、皆是違仏勅、其間消息、都在得意

第十、助道人法者、略有三、一須明師善内外律、能開除妨障、恭敬承習、故大論云、又如雨堕不住山頂、必帰下処、若人憍心自高、則法水不入、若恭敬善師、功徳帰之、二須同行如共渉嶮、乃至臨終、互相勧励、故法華云、善知識者、是大因縁、又阿難言、善知識者、是半因縁、仏言、不尓、是全因縁也、三於念仏相応教文、常応受持披読習学、故般舟経偈云、此三昧経真仏語、設聞遠方有是経、用道法故往聴受、一心諷誦不忘捨、仮使往求不得聞、其功徳福不可尽、無能称量其徳義、何況聞已即受持〈以四十里〔四〕百里〔四〕千里、為遠方也〉

問、何等教文、念仏相応、答、如前所引西方証拠、皆是其文、然正明西方観行、并九品行果、不如観無量寿経〈一巻、薑良耶舎訳〉説弥陀本願、并極楽細相、不如雙観無量寿経〈二巻、康僧鎧訳〉明諸仏相好、并観相滅罪、不如観仏三昧経〈十巻或八巻、覚賢訳〉明色身法身相、并三昧勝利、不如般舟三昧経〈三巻或二巻、支婁迦訳〉念仏三昧経〈六巻或五巻、功徳直、共玄暢訳〉明修行方法、不如上三経、并十往生経〈一巻〉十住毘婆娑論〈十四巻或十二巻、竜樹造、羅什訳〉日日読誦、不如小阿弥陀経〈一巻五紙、羅什訳〉結偈惣説、不如無量寿経優婆提舎願生偈〈或名浄土論、或名往生論、世親造、菩提留支訳、一巻〉修行方法、多在摩訶止観〈十巻〉及善導和尚観念法門、并六時礼讃〈各一巻〉問答料簡、多在天台十疑〈一巻〉導綽和尚安楽集〈二巻〉慈

恩西方要決〈一巻〉懐感和尚群疑論〈七巻〉記往生人、多在迦才師浄土論〈三巻〉并瑞応伝〈一巻〉其余雖多、要不過此

　問、行人自応学彼諸文、何故今労著此文耶、答、豈不前言、如予之者、難披広文故、聊抄其要耶

　問、大集経云、或抄写経法、洗脱文字、或損壊他法、或闇蔵他経、由此業縁、今得盲報、云云、而今抄経論、或略多文、或乱前後、応是生盲因、何為自害耶、答、天竺震丹論師人師、引経論文、多略取意、故知、錯乱経旨、是為盲因、省略文字、非是盲因、況今所抄、多引正文、或是諸師所出文也、又至不能出繁文者、注或云乃至、或云略抄、或云取意也、是即欲令学者易勘本文也

　問、所引正文、誠可生信、但屢加私詞、盍招人謗耶、答、雖非正文、而不失理、若猶有謬、苟不執之、見者取捨、令順正理、若偏生謗、亦不敢辞、如華厳経偈云、若有見菩薩、修行種種行、起善不善心、菩薩皆摂取、当知、生謗亦是結縁、我若得道、願引摂彼、彼若得道、願引摂我、乃至菩提、互為師弟

　問、因論生論、多日染筆、劬労身心、其功非無、期何事耶、答、依此諸功徳、願於命終時、得見弥陀仏、無辺功徳身、我及余信者、既見彼仏已、願得離垢眼、証無上菩提

　往生要集　巻下

　永観二年甲申冬十一月、於天台山延暦寺首楞厳院、撰集斯文、明年夏四月、畢于其功矣、有一僧夢、毘沙門天、将両丱〈音串〉童、来告云、源信所撰往生集、皆是経論文也、一見一聞之倫、可証无上菩提、須加一偈、広令流布、他日語夢、故〔作〕偈曰

　已依聖教及正理、勧進衆生生極楽、乃至展転一聞者、願共速証无上覚

仏子源信、暫離本山、頭陀于西海道諸州名嶽霊窟、適遠客著岸之日、不図会面、是宿因也、然猶方語未通、帰朝各促、更封手札、述以心懐、側聞、法公之本朝、三宝興隆、甚随喜矣、我国東流之教、仏日再中、当今剋念極楽界、帰依法華経者、熾盛焉、仏子是念極楽其一也、以本習深故、著往生要集三巻、備于観念、夫一天之下、一法之中、皆四部衆、何親何疎、故以此文、敢附帰帆、抑在本朝猶慙其拙、況於他郷乎、然而本発一願、縦有誹謗者、縦有讃歎者、併結共我往生極楽之縁焉、又先師故慈恵大僧正〈諱良源〉作観音讃、著作郎慶保胤、作十六相讃及日本往生伝、前進士為憲〔作〕法華経賦、同亦贈欲令知異域之有此志、嗟乎一生苒々、両岸蒼々、後会如何、泣血而已、不宣以状

　正月十五日　　天台楞厳院某申状

大宋国某賓旅下

返　報

大宋国台州弟子、周文徳謹啓、仲春漸暖、和風霞散、伏惟、法位無動、尊躰有泰、不審々々、悚恐々々、唯文徳入朝之初、先向方、礼拝禅室、旧冬之内、喜便信、啓上委曲、則大府貫首豊嶋才人、附書状一封、奉上先畢、計也、経披覧歟、欝望之情、朝夕不休、馳憤之際、遇便脚重啓達、唯大師撰択往生要集三巻、捧持詣天台国清寺、附入既畢、則其専当僧、請領状予也、爰緇素随喜、貴賤帰依、結縁男女、弟子伍佰余人、各発虔心、投捨浄財、施入於国清寺、忽餝造五十間廊屋、彩画柱壁、荘厳内外、供養礼拝、瞻仰慶讃、仏日重光、法燈盛朗、興隆仏法之洪基、往生極楽之因縁、只在於斯、方今文徳、忝遇衰弊之時、免取衣食之難、仰帝皇之恩沢、未隔詔勅、并日之食、甑重欲積塵、何避飢饉之哉。伏乞大師垂照鑒、弟子不勝憤念之至、敬表礼代之状、不宣謹言

二月十一日　　　　大宋国弟子周文徳申状

謹上　天台楞厳院源信大師禅室　法座前

補注

見出し項目下の(　)内の数字は、本文の頁と行数を示す。
例えば(一一4)は、一一頁四行であることを表わす。

地獄(一一4)　仏祖統紀巻三二には、「地獄有レ三。一熱、二寒、三辺」(正蔵四九ノ三一七上)という。「熱」は八熱地獄、「寒」は八寒地獄、そして、「辺」については、「辺地獄者、有レ三。山間・水間・曠野。受二別業報一。此応二寒熱雑受一」(同四九ノ三一七中)と説いている。八寒地獄については、補注「頞部陀等」(二九17)参照。

閻浮提(一一6)　仏教の世界観である須弥山(しゅみせん)説では、一世界の中心は須弥山という高山で、これを海と山が交互に八周しているとする。まずこれを七周する海は香水海と呼ばれ、八周目の海を鹹水海といい、この海の外側を鉄囲山(てっちせん)という山がめぐっているが、この海には四つの大陸があるとし、これを四大洲という。このうち、南の大陸が閻浮提で、わたしたちの住む世界である。大智度論巻三五に、「如二閻浮提一者、閻浮樹名、其林茂盛、此樹於二林中一最大、提名為レ洲、此洲上有二此樹林一、林中有二河底一有二金沙一、名為二閻浮檀金一、以二閻浮樹一故名為二閻浮洲一、此洲有二五百小洲一囲繞、通名二閻浮提一」(正蔵二五ノ三二〇上)というところによって、その名の由来が知られる。

四天王天(一一15)　仏祖統紀巻三一の言葉を藉りて言えば、「須弥山半四万二千由旬、四天王居〈智論・因本経同。若阿毘曇論・倶舎論、皆云二四万由旬一〉東方城名二上賢一、南方城名二善見一、西方名二周羅一、北方名二天敬一〈智論同〉東方治国天王〈諸経多云二持国一〉領二乾闥婆〈此云二尋香行一、帝釈俗楽神〉・毘舎闍一〈此云二啖人精気鬼一、又顛狂鬼。智論作二富単那一〉護二東洲人一。南方増長天王領二鳩槃荼〈此云二厭魅鬼一、厭魘同睡中為レ鬼所レ著〉・薜茘多一〈此云二最初餓鬼一〉護二南洲人一。西方雑語天王〈孔雀経翻二広目一、又翻二非報一、能与二罪逆衆生一不レ能二現報一〉領二竜及富単那一〈此云二臭餓鬼一、智論毘舎闍〉護二西洲人一。北方多聞天王領二夜叉〈此云二捷疾一、今法会伝二送符書一使者、是此類〉・羅刹一〈此云二暴悪一、食レ人之鬼〉護二北洲人一〈出二長阿含一〉」(正蔵四九ノ三〇七上)とある。

忉利天(一四8)　仏祖統紀巻三一によって記せば、「須弥山四角各有二一峯一〈婆沙論、高広五百由旬〉金剛手薬叉於レ中住、守二護諸天一。山頂善見大城周万由旬〈婆沙論、山頂縦広八万四千由旬、其中平可レ居者止四万由旬〉重門高一由旬半、城有二千門一、各有二五百青衣薬叉一、厳仗防守。城中殊勝殿周千由旬、其地真金雑宝厳飾、柔軟如二妬羅綿一、随レ足高下〈順正理論〉帝釈住処中央金城周千由旬〈即殊勝殿〉有二五百門一、中有二楼閣一名二皮禅延一、四辺宝楼一百一所、一一楼有二七重一、一一重有二七房一、一一房有二七天女一、一一女有二七采女一、其諸天女皆是帝釈正妃、帝釈与二阿脩羅女舎脂一共住、化身与二諸妃一共住〈阿毘曇論〉(中略)是善見城復有二天州天県天村一周匝遍布〈起世因本経〉城外四面有二四苑一。一衆車苑〈起世因本云二雑色車苑一、雑阿含云二東門外一〉随二天福徳一種種車現。二粗悪苑〈起世云二粗渋苑一、雑阿含云二南門外一〉天欲レ戦時甲仗自現。三雑林苑〈起世雑乱苑、月八、十四、十五日、三十三天放二宮内采女一入二此園中一与二天衆一合雑、嬉戯受二天五欲一、雑阿含云レ在二西門外一〉諸天入レ中極二妙欲塵一雑類倶至。四喜林苑〈起世云二入中歓喜一、雑阿含在二北門外一〉諸天所レ玩皆生二歓喜一。四苑各千由旬、各有二一如意池一、周五十由旬、八功徳水。城外西南有二善法堂一、三十三天時集弁二論制伏阿素洛如法不如法事一」(正蔵四九ノ三〇七下—三〇八上)などとある。

熟蔵(一六18)　福蓋正行所集経巻四に、「云何有情処二胎蔵中一、受二諸苦悩一。如二世尊説一。初結レ生時、攬二其父母赤白二物不浄一為レ縁、漸次増長成二其形質一、居二生蔵下熟蔵之上一、処二其中間一」(正蔵三二ノ七二六中)とある。

頞部陀等（二九17）　大智度論巻一六には、八熱地獄の周りに十六小地獄のあることを記して、それにつづけて、「八寒氷八炎火、其中罪毒不レ可二見聞一。八炎火地獄者、一名二炭坑一、二名二沸屎一、三名二焼林一、四名二剣林一、五名二刀道一、六名二鉄刺林一、七名二鹹河一、八名二銅橛一、是為レ八。八寒氷地獄者、一名二頞浮陀一〈少多有レ孔〉二名二尼羅浮陀一〈無孔〉三名二阿羅羅一〈寒戦声也〉四名二阿婆婆一〈亦患寒声〉五名二睺睺一〈亦是患寒声〉六名二漚波羅一〈此地獄外壁似二青蓮花一也〉七名二波頭摩一〈紅蓮花、罪人生レ中受レ苦也〉八名二摩訶波頭摩一、是為レ八」（正蔵二五ノ一七六下—一七七上）と述べていて、あたかも頞部陀以下の八寒地獄が八熱地獄のなかの別所であるかのような口吻をうかがわせる。まこの後の細説でも、それがうかがえる。頞部陀地獄については、「若人堕二頞浮陀地獄中一、其処積レ氷毒風来吹、令二諸罪人皮毛裂落、筋肉断絶、骨破髄出一。即復完堅受レ罪如レ初。此人宿業因縁、寒月剝レ人、或劫二盗凍人薪火一、或作二悪竜一瞋毒忿恚、放二大雹雨氷一凍二害人一、或軽二賤謗三毀若仏及仏弟子持戒之人一、或口四業作二衆重罪一。如レ是等種種因縁、堕二頞浮陀地獄中一」（同二五ノ一七七中）と説いている。

餓鬼（三〇1）　正法念処経巻一六に、「一切の餓鬼は皆、慳貪・嫉妬の因縁の為に、かの処に生じ、種々の心を以て、種々の業を作る」として掲げている三十六種の餓鬼の名は、鑊身餓鬼・針口餓鬼・食吐餓鬼・食糞餓鬼・無食餓鬼・食気餓鬼・食法餓鬼・食水餓鬼・悕望餓鬼・食唾餓鬼・食鬘餓鬼・食血餓鬼・食肉餓鬼・食香烟餓鬼・疾行餓鬼・伺便餓鬼・地下餓鬼・神通餓鬼・熾燃餓鬼・伺嬰児便餓鬼・欲色餓鬼・海渚餓鬼・執杖餓鬼・食小児餓鬼・食人精気餓鬼・羅刹餓鬼・焼食餓鬼・不浄巷陌餓鬼・食風餓鬼・食火炭餓鬼・食毒餓鬼・曠野餓鬼・塚間住食熱灰土餓鬼・樹中住餓鬼・四交道餓鬼・殺身餓鬼（正蔵一七ノ九二上—中）である。しかし餓鬼には天のような楽しみを受け、餓鬼の主人となるものもあり、多財餓鬼といって、祭祀の供物を受けて飽食するものや、その姿は端正で、威徳のそなわっているものもあるといわれる。

善見の宮城（四一15）　このあたり、「かの忉利天の如きは」（四一頁九行）以下の文意を含めて、栄花物語巻一六、「もとのしづく」に、「九重の宮の内に遊戯し給こと、忉利天女の快楽を受けて、歓喜苑の内に遊戯するに劣らず、喜見の宮殿に興ずるにも勝る。劫波樹の白玉の耎石に座し、曼陀枳尼の殊勝の池に沐浴し、四種の甘露を嘗め、五妙の音楽を聞くに」（古典大系七六ノ四六）と参照されている。善見は喜見とも翻訳され、同じものを指す。大智度論巻一〇〇には、須弥山は黄金の山で、この山を難陀・婆難陀の竜王兄弟が守っているとして、「山頂有二三十三天宮一。其城七重名為二憙見一。九百九十九門、一一門辺皆有二十六青衣大力鬼神一、守二護城中一。高処作レ殿、名曰二最勝一。四辺有二四大園一、四天王在二四辺一」（正蔵二五ノ七五二中）という。

堅牢比丘の壁上の偈（四七17）　大宝積経巻七八に、弥楼揵駄仏より陀摩尸利比丘がさまざまに教えを受けたことを記し、「尓時陀摩尸利比丘、即便捨二離此諸比丘一、独入二山林幽遠之処一、精誠一心欲二求深法一。先時弥楼揵駄仏諸弟子中、有二大弟子一名為二堅牢一。修二空閑行一独住二深山一、少欲知足心楽二遠離一、所作已弁、六通三明大阿羅漢、亦如二我今摩訶迦葉一。是堅牢比丘所レ住深山石窟壁上、書二此偈一言、（中略）堅牢比丘石窟壁上書二此四偈一、陀摩尸利比丘経二歴深山一、見二此石窟壁上四偈一、見已読誦、思二惟其義一、未レ久之間得二五神通一」（正蔵一一ノ四四六下）と記している。

仁王経に（四八7）　この経に記されている「四非常偈」とは、かつて普明王という王が過去七仏の法によって、百人の法師を請じ、百の高座を敷いて、一日二回、般若経八千億の偈を講説させたとき、講が終わって、その第一法師が王のために説いたという詩で、「劫焼終訖　乾坤洞燃　須弥巨海　都為レ灰煬　天竜福尽　於レ中彫喪　二儀尚殞　国有二何常一　生老病死　輪転無レ際　事与レ願違　憂悲為レ害　欲深禍重　瘡疣無レ外　三界皆苦　国有二何頼一　有本自無　因縁成レ諸　盛者必衰　実者必虚　衆生蠢蠢　都如二幻居一　声響倶空　国土亦如　識神無レ形　仮乗二四馳一　無明宝象　以為二楽車一　形無二常主一　神無二常家一　形神尚離　豈レ有国耶」（正蔵八ノ八三〇中）と詠われている。

雪山の大士（四八12）　涅槃経（南本）巻一三に説く、釈迦仏の前身に関する説話で、釈迦仏がかつてヒマラヤにあって、苦行者として道を求めていたとき、釈提桓因（帝釈天）がこれを試そうとして、恐ろしい羅刹に身を変えて菩薩に近づき、「諸行無常　是生滅法」と、詩の前半二句を唱えたところ、菩薩はこれを聞いて歓喜につつまれ、羅刹の前に身命を投げだすことを約束して、後の二句を乞い、「生滅滅已　寂滅為楽」の二句を聞くことをえて、これをあたりの石や壁、樹や道路にも書き写して、高い樹より身を投げて、羅刹に与えたと記している（正蔵一二ノ六九一中―六九三上）。

また青蓮院本にある「祇園寺の無常堂…」の前後は、栄花物語巻一七、「おむがく」に参照され、「かの天竺の祇園精舎の鐘の音、諸行無常・是生滅法・生滅々已・寂滅為楽と聞ゆなれば、病の僧この鐘の声きゝて、皆苦しみ失せ、或は浄土に生るなり」（古典大系七六ノ七〇）と記されている。この文章が、おそらく平家物語の冒頭の文章に引かれたものであろう。またこの堂については、八つの鐘があり、四つは白銀でつくられ、他は水晶（頗梨）でつくられていて、水晶の方は堂の四隅に懸けられ、腰鼓のような形をし、鼻に金毘崙（金毘羅。鰐魚、蛟竜のことであろう）があって、金の獅子をのせていたといい、病僧が息をひきとろうとするとき、金毘崙の口から、無常・苦・空・無我を説く声がきこえ、鐘が自然になり、「諸行は無常なり」という詩句がなりわたり、病僧はこれを聞いて苦悩を除き、三味にはいるかのようにして、浄土に生まれるといわれる。徒然草第二二〇段には、この鐘の声を叙して、「凡そ鐘の声は黄鐘調なるべし。これ無常の調子、祇園精舎の無常院の声なり」（古典大系三〇ノ二六八）という。

群疑論（五三2）　三十種の利益については、釈浄土群疑論巻五に、「釈曰、按㆓称讃浄土経観経、及無量寿経四十八弘誓願中㆒、略挙㆓三十益㆒。何者三十。一受㆓用種種功徳荘厳清浄仏土㆒益、二大乗法楽益、三親㆓近供㆓養無量寿仏㆒益、四遊㆓歴十方㆒供㆓養諸仏㆒益、五於㆓諸仏所㆒聞㆑法授（受カ）㆑記益、六福慧資糧疾円満益、七速証㆓無上正等菩提㆒益、八諸大士等㆓同一集会㆒益、九常無㆓退転㆒益、十無量行願念念増進益、十一鸚鵡舎利宣㆓揚法音㆒益、十二清風動㆑樹如㆓天衆楽㆒益、十三摩尼水流宣㆓説苦空㆒益、十四諸楽音声奏㆓諸法音㆒益、十五四十八弘誓願中永絶㆓三塗㆒益、十六真金色身益、十七形無㆓美醜㆒益、十八具㆓足五通㆒益、十九住㆓正定聚㆒益、二十無㆓諸不善㆒益、二十一寿命長遠益、二十二衣食自然益、二十三唯受㆓衆楽㆒益、二十四三十二相益、二十五無㆑有㆓宝女人㆒益、二十六無㆑有㆓小乗㆒益、二十七離㆓諸八難㆒益、二十八得㆓三法忍㆒益、二十九身有㆓光明㆒尽㆑夜常光益、三十得㆓那羅延力㆒益。略挙㆓三十之益㆒。広即無量無辺」（正蔵四七ノ六一上）と示している。

安国抄（五三3）　安国寺の利渉の著とする説があるが、詳らかではない。延寿の万善同帰集巻上に、この二十四楽を掲げている。「安国鈔云、所㆑言極楽者、有㆓二十四種楽㆒。一欄楯遮防楽、二宝網羅空楽、三樹陰通衢楽、四七宝浴池楽、五八水澄漪楽、六下見金沙楽、七階際光明楽、八楼台陵空楽、九四蓮華香楽、十黄金為地楽、十一八音常奏楽、十二昼夜雨華楽、十三清晨策励楽、十四厳持妙華楽、十五供養他方楽、十六経行本国楽、十七衆鳥和鳴楽、十八六時聞法楽、十九存念三宝楽、二十無三悪道楽、二十一有仏変化楽、二十二樹揺羅網楽、二十三千国同声楽、二十四声聞発心楽」（正蔵四八ノ九六七中―下）とあるもので、智覚の神棲安養賦にもこれを引くという。

聖衆来迎の楽（五三8）　以下の十楽が後に和歌の詞書に採用される風があったことは、新古今集巻二〇、釈教歌に収められた寂蓮法師の四首（古典大系二八ノ三九二）によっても推察されるが、また栄花物語巻一八、「たまのうてな」には、つぎのように記されていて、十楽の文の内容も適当に取られている。「これは聖衆来迎楽と見ゆ。弥陀如来雲に乗りて、光を放ちて行者のもとにおはします。観音・勢至蓮台を捧げて共に来り給。（中略）金銀のこまやかなる光透りて、紫磨金の柔かなる膚透きたり。紫金台に安座して、須臾刹那も経ぬ程に、極楽界にいき着きぬ。草菴に目を塞ぐ間は、即ち蓮台に蹠（あなうら）を結ぶ程なりけり。或は八功徳水澄みて、色〳〵の花生いたり。その上に仏現れ給へり。さばこれや蓮花の始めて開くる楽ならんと見えたり。或は卅二相あらたに見え、六通三明具へたり。仏を見奉り法を聞く事、れう〳〵分明なり。これこそは見仏聞法の楽なめれと見ゆ。よろづめでたし」（古典大系七六ノ八三―八四）とある。圏点の文のうち、とくに「紫磨金…」は、第二の蓮華初開の楽の文中（五四頁）に、「草菴に…」は、第一の聖衆来迎の楽の文中（五三頁）に、「仏を見奉…」は、第八の見仏聞法の楽の文中(七一頁)によったもの。また源信に擬する十楽和讃や、これをもとに行なわれた十楽講も著名である。

伝記(五四1)　日本往生極楽記にはこの尼について、「尼某甲、大僧都寛忠同産姉也。一生寡婦、終以入道。僧都相二迎寺辺一、晨昏養育。尼及二于衰暮一唯念二弥陀一。語二僧都一曰、明後日可レ詣二極楽一、此間欲レ修二不断念仏一。僧都令三衆僧三箇日夜修二念仏三昧一。重語二僧都一曰、自二西方一宝輿飛来在二眼前一、但仏菩薩、以レ有二濁穢一帰去。言与レ涙倶。便(イ使)僧都修二諷誦一両度。明日尼曰、聖衆重来、往生時至。隠レ几而坐、念仏入滅」(仏全一〇七ノ一三上)と記している。また源信は迦才の浄土論(正蔵四七所収)や文諗・少康の共著という瑞応伝(正蔵五一所収)などにも注目した。

大梵王宮の…(五四2)　この前後は、栄花物語巻一七、「おむがく」に、「宮〳〵の御方〳〵の女房の心地も、かの忉利天上の億千歳の楽しみ、大梵王宮の深禅定の楽も、かくやとめでたし」(古典大系七六ノ六七)といった表現となって引かれている。

七宝(五五13)　七宝以下の文は、栄花物語巻一八、「たまのうてな」に、「かの往生要集の文を思出づ。「七宝の橋に跪きて、万徳の尊容をまぼり、一実の道をきゝて、普賢の願海に入る。歓喜の涙を流し、渇仰骨を徹す」など誦して、聞けば、六根懺悔の辺りなりけり」(古典大系七六ノ九一)と引かれている。

三十二相(五六4)　大智度論巻八八によって三十二の内容を示すと、「云何三十二相。一者足下安平、立平如二奩底一。二者足下千輻輞輪、輪相具足。三者手足指長、勝二於余人一。四者手足柔軟、勝二余身分一。五者足跟広、具足満好。六者手足指合縵網、勝二於余人一。七者足趺高平、好与レ跟相称。八者伊泥延鹿䏶、䏶纖好如二伊泥延鹿王一。九者平住両手摩レ膝。十者陰蔵相如二馬王象王一。十一者身縦広等如二尼倶盧樹一。十二者一一孔一毛生、色青柔軟右旋。十三者毛上向青色柔軟右旋。十四者金色相、其色微妙勝二閻浮檀金一。十五者身光面一丈。十六者皮薄細滑不レ受二塵垢一不レ停二蚊蚋一。十七者七処満、両足下、両手中、両肩上、項中、皆満字相分明。十八者両腋下満。十九者上身如二師子一。二十者身広端直。二十一者肩円好。二十二者四十歯。二十三者歯白斉密而根深。二十四者四牙最白而大。二十五者方頬車如二師子一。二十六者味中得上味咽中二処津液流出。二十七者舌大軟薄能覆レ面至二耳髮際一。二十八者梵音深遠如二迦蘭頻伽声一。二十九者眼色如二金精一。三十者眼睫如二牛王一。三十一者眉間白毫相軟白如二兜羅綿一。三十二者頂髻肉成」(正蔵二五ノ六八一上)とある。またこの三十二相は大文第四に説く別相観(一一九頁以下)四十二項目の中に取りあげられ、観想の対象とされている。

四十八願(五七10)　四十八願の内容は無量寿経巻上(正蔵一二ノ二六七下—二六九中)に説かれているが、本書にもその一部が示され、第十八願は大文第八、念仏の証拠の第三(二五一頁)に、第十九・第二十の二願は、大文第六、別時念仏の臨終の勧念のうちの第四と第五(二一一—二一二頁)に見える。また四十八願の呼び名については、源信の阿弥陀経略記に記している。それによれば、⑴無三悪趣願、⑵不更悪道願、⑶身皆金色願、⑷無好醜別願、⑸—⑼五通願、⑽不貪計身願、⑾住正定聚願、⑿光明利益願、⒀仏寿無量願、⒁声聞無数願、⒂天人寿無量願、⒃不聞不善願、⒄為諸仏讃願、⒅—⒇三種往生願、㉑三十二相願、㉒必至補処願、㉓須臾供諸仏願、㉔供養具如意願、㉕説一切智願、㉖那羅延力願、㉗荘厳無量願、㉘能見道樹願、㉙必得弁恵願、㉚弁恵無量願、㉛なし、㉜厳飾奇妙願、㉝なし、㉞得無生忍願、㉟永離女像願、㊱勤修成仏願、㊲為天人敬願、㊳衣服随念願、㊴楽如漏尽願、㊵なし、㊶諸根常具願、㊷得浄解脱願、㊸生尊貴家願、㊹具足徳本願、㊺得普等定願、㊻随欲聞法願、㊼得不退転願、㊽一二三法忍願(仏全三一ノ二五六下—二五七上)という。このうち⒅—⒇の三種往生願は、⒅が往生要集には十念生本願(二七八頁参照)と呼ばれ、観心略要集では⒆を聖衆来迎願、⒇を繫念定生願(仏全三一ノ一八〇上)と名づけている。これらの呼称には余りまとまりはないが、静照の四十八願釈では最後の一つを除いて外は全部、五字に整理されている(続浄全一七ノ二下—一〇下)。

空・無我(五八14)　この前後、栄花物語巻二二、「とりのまひ」に参照されている。「池に色〳〵の蓮花並みよりて、風涼しう吹けば、池の浪苦・空・無我の声を唱へ、諸波羅蜜を説くと聞ゆ」(古典大系七六ノ一四九)とある。

五根と…(五九1)　さとりの智慧をうるための三十七種の修行方法である、

いわゆる三十七道品とは、四念処《しねんじょ》・四正勤《ししょうごん》・四如意足・五根・五力・七覚支・八正道の七を数える。このうち四念処は身・受・心・法の四について、身体(身)は不浄であり、感覚(受)するところは苦であり、心は無常であり、存在するもの(法)は無我である、と心に観想するもの。四正勤は律儀断・断々・随護断・修断で、悪を生じないよう、生じたものは断つよう努め、善を生じるよう、生じたら増大するよう努めるもの。四如意足は欲如意足・精進如意足・心如意足・思惟如意足の四で、願を立て、努力し、心に念じ、観想して、思いのままに不思議を現わすこと。五根・五力は信・精進・念・定・慧の五を、はたらき(力)とそのはたらきをもたらすもの(根)との二面からながめたもの。七覚支は念覚支・択法《ちゃくほう》覚支・精進覚支・喜覚支・軽安覚支・定覚支・捨覚支の七で、念は心に記憶すること、択法は智慧によって真偽を選択すること、精進は正しい教えに努めること、喜は正しい教えを喜ぶこと、軽安は身心の爽快なこと、定は心が乱れないこと、捨は心の平等を保つこと。八正道は、正しい見解としての正見、心を正しくする正思惟、正しい言葉を語る正語、身に正しく行なう正業、正しい生活やその方法である正命、正しく努力する正精進、正しい見解の求めるところを心に忘れない正念、正しい宗教生活を行なう正定の八。とくに最後の八正道は仏教の代表的な修行の実践として重視される。

娑婆世界(六二4)　「この娑婆世界」以下、「人天交接して、両に相見ることを得」までは、栄花物語巻三〇、「つるのはやし」に、参照されているもので、「此娑婆世界は願ひ住むべき所にもあらず。輪王の位久しからず。天上の楽しみも五衰早く来り、乃至有頂も輪廻期なし。況んや世の人をや。こと、願とたがひ、苦と楽と共なり。かるが故に経にの給はく、「出づる息は入る息を待たず、入る息は出づる息を待たず。たゞ眼の前に楽しび去り、悲しび来るのみならず、又命終に臨むで、罪に従ひて苦に落つ」。尊霊かの西方世界に生れ給なば、楽を受け給はん時、極もなく人天交じて相見る事を得給」(古典大系七六ノ三三〇)とある。

処はこれ…(六三11)　以下、「三界苦輪の海と別る」まで、ほぼ同文が、栄花物語巻一八、「たまのうてな」に引かれている(古典大系七六ノ八四)。

八難(六三11)　八難解・八不閑などともいう。その内容は、(1)地獄、(2)餓鬼、(3)畜生、の三途にあるものは聖者に遇えないし、ただ苦しみにせめられるばかりであるから、修行ができない。また、(4)須弥山の北の世界、北倶盧洲は楽しみばかりで苦がないから、教えを求めようとしないし、(5)色界・無色界の寿命のながい長寿天も同様である。(6)めくら、つんぼ、おしは教えを受けることがなく、(7)世俗的な智慧のすぐれたものは、かえって正しい教えを聞こうとしない。また、(8)仏がまだ世にあらわれない前と仏が世を去ったあとは、仏の教えに接することができない。長阿含経巻九、十上経(正蔵一ノ五五下)、中阿含経巻二九、八難経(正蔵一ノ六一三上―六一四上)などに説く。

四十華厳経(六七13)　経に、「又復是人、臨二命終時一、…一刹那中、即得レ往二生極楽世界一、到已即見二阿弥陀仏・文殊師利菩薩・普賢菩薩・観自在菩薩・弥勒菩薩等一。此諸菩薩色相端厳、功徳具足、所二共囲遶一」(正蔵一〇ノ八四六下)とある。

弘猛海慧経(六八3)　観音の名を三称すれば救われる、ということについて、請観世音菩薩消伏毒害陀羅尼呪経に、「大悲観世音、憐二愍救護一切衆生一故而説レ呪曰、普教二一切衆生一而作二是言一、汝等今者、応三当一心称二南無仏南無法南無僧、南無観世音菩薩摩訶薩、大悲大名称救護苦厄者一、如レ是三称二三宝一、三称二観世音菩薩名一、焼二衆名香一、五体投レ地、向二於西方一一心一意、令二気息定一、為レ免二苦厄一請二観世音一、合二十指掌一而説レ偈言、願救二我苦厄一　大悲覆二一切一　普放二浄光明一　滅二除痴暗冥一　為レ免二殺害苦　煩悩及衆病一　必来至二我所一　施二我大安楽一　我今稽首礼　聞レ名二救厄者一　我今自帰依　世間慈悲父　唯願必定来　免二我三毒苦一　施二我今世楽　及与二大涅槃一」(正蔵二〇ノ三四下)と記して、その救いの内容に及んでいることは注目される。

常啼(七一10)　大智度論巻九六にこの菩薩について、「問曰、何以名二薩陀波崙一(薩陀秦言レ常、波崙(イ崙)名レ啼)為二是父母与作二名字一、是因縁得二名字一。答曰、有人言、以二其小時喜啼一故、名二常啼一。有人言、此菩薩行二大悲心柔軟一

故、見㆘衆生在㆓悪世㆒貧窮老病憂苦㆖、為㆑之悲泣、是故衆人号為㆓薩陀波崙㆒。有人言、是菩薩求㆓仏道㆒故、遠㆓離人衆㆒、在㆓空閑処㆒、求㆓心遠離㆒、一心思惟籌量勤㆓求仏道㆒時、世無㆑仏、是菩薩世世行㆓慈悲心㆒、以㆓小因縁㆒故、生㆓無仏世㆒、是人悲心於㆓衆生㆒欲精進不㆑失、是故在㆓空閑林中㆒、是人以㆓先世福徳因縁及今世一心㆒、大欲大精進、以㆓是二因縁㆒故、聞㆓空中教声㆒不㆑久便滅、即復心念、我云何不㆑問、以㆓是因縁㆒故、憂愁啼哭七日七夜、因㆑是故、天竜鬼神号曰㆓常啼㆒」(正蔵二五ノ七三二上)と記している。

舎衛(七一11)　大智度論巻九には、舎衛国の九億の家について、「説言、仏世難㆑値如㆓優曇波羅樹華時時一有㆒。如㆑是罪人輪㆓転三悪道㆒。或在㆓人天中仏出世時㆒、其人不㆑見如㆑説。舎衛城中九億家、三億家眼見㆑仏、三億家耳聞㆑有㆑仏而眼不㆑見、三億家不㆑聞不㆑見。仏在㆓舎衛国㆒二十五年、而此衆生不㆑聞不㆑見、何況遠者」(正蔵二五ノ一二五下)とある。

象の子(七六3)　摩訶止観巻七下に縁覚と菩薩を比較して、「若鹿透㆑囲小得㆑免㆑難、並馳並顧、悲鳴呦咽痛㆓恋本群㆒。雖㆓復踟躕㆒更知何益。茹㆑気呑㆑声銜㆑悲前進。縁覚如㆑是。自出㆓生死㆒愍㆓念衆生㆒、雖㆓悲悼哀傷㆒不㆑能㆓救抜㆒。若大象王雖㆑聞㆓囲合㆒不㆑忍㆓独去㆒。自知㆓大力堪㆑遮㆓刀箭㆒守㆓護其子㆒、令㆓群安隠得㆑免㆓傷害㆒。菩薩如㆑是。無常無我諸観明時、怖畏切㆑心如㆑踏㆓水火㆒。又起㆓慈悲㆒如㆓母念㆑子。衆生盲冥不㆑覚㆓苦焼㆒。我今云何棄㆑之独去。安㆓耐生死㆒、以㆓智方便㆒教化淳熟作㆓得度因縁㆒。於㆓自功徳法身慧命㆒展転増長、有縁機熟即坐㆓道場㆒成㆑仏、与㆓衆生㆒共出㆓三界㆒。如㆓彼大象自他倶安㆒。若小象子雖㆑捍㆓刀箭㆒、必為所㆑中自他無㆑益」(正蔵四六ノ九四中)と示すところに見える。この比喩はよく用いられるもので、たとえば千観の十願発心記に、「凡十種大願、皆有㆓由来㆒。我今此身発㆓菩提心㆒、欲㆘興㆓隆仏法㆒利㆗益生界㆖。而象子力微、易㆑傷㆓刀箭㆒。故先近㆓従仏身㆒、欲㆑擐㆓功徳之鎧㆒」(西教寺蔵、二六左)とある。

智憬(七八13)　安養抄巻五に、「無量寿経述義記下云、憬於彼国中有地居者…」(正蔵八四ノ一八〇上)と、憬という名の法師の説を掲げているが、これがいわゆる無量寿経連義述文賛を書いた憬興でないことは、ここに述べられている説に合致するものを見出せないし、また普通その名を略称する場合、義寂を寂、法一を一、竜興を興、というように下の字を取るから、確かである。あるいは智憬を指したのではないかと推察され、その場合、この智憬は日本の智憬でないことは当然であるが、あるいは順憬であるとすれば、また別である。新羅の玄一の無量寿経記巻上に、「憬法師」(続蔵一ノ三二ノ一九九左下・二〇四右下)として、その説をあげているものは、順憬のようである。

不空羂索…(七八15)　ちなみに、源信の師良源の遺告に、自分の滅後、石の卒都婆を建てて、そのなかに入れてほしいものとして、生前書き写そうと思いながら写せなかった経の名をあげて、「随求・大仏頂・尊勝・光明・五字・弥陀等真言」(平安遺文二ノ四四七下)と記していることが知られる。とくにこのうち、光明は光明真言で、これは二十五三昧起請(解説四三二頁参照)に説くところと関連して注目される。

末後(八〇18)　ちなみに、源信の時点では、すでに末法にはいっていると見たものであろうか。かれの著とされる妙行心要集巻下末によると、「仏滅後、漸以既久、金口所㆑説、五々百年、合成㆓二千五百年㆒也。是第五五百年之初、百年之中也。是亦末法万年之始也。仏法将㆑滅之時也」(仏全三三ノ一七一下)とある。これは当時の他の記録としては、大江以言が寛弘四年(一〇〇七)に書いた、本朝文粋巻一四所収の、「為㆓大僧都覚運四十九日㆒願文」にいう、「今臨㆘末法少㆓智行人㆒之時㆖」(国史大系二九下ノ三五二)と合致する。ただ紀伊国金剛峯寺解案の「今年則第六十六主御代、寛弘四年丁未也、方今正法已過、像法盛、像法世遺五十七年」(平安遺文二ノ六〇六上)や、寛和二年(九八六)九月十五日に慶滋保胤が起草した横川首楞厳院二十五三昧起請に、「方今像法之寿至㆑喉」(正蔵八四ノ八八〇上)とあるもの、および源信の阿弥陀経略記の末尾の「如㆑予二千年末」(仏全三一ノ二五七下)などとあわない。後には永承七年(一〇五二)をもって末法第一年とする説が一般である。

賢劫(八五9)　今わたしたちの生きている時を、一大劫という捉え方でいうとき、これを賢劫という。そしてこれに先立った一大劫を荘厳劫、これから先やって来る一大劫を星宿劫といい、これらを三劫という。この賢劫には千人の仏が出現するとされ、釈迦仏の出現はこの一大劫中、第九減劫に当たり、弥勒は第十減劫に出現するとされる。またこの大悲経巻三には、賢劫と名づける理由について、「何故名為二賢劫一。阿難。此三千大千世界、劫欲レ成時、尽為二一水一、時浄居天、以二天眼一観二見此世界唯一大水一、見下有二千枚諸妙蓮華一、一一蓮華各有二千葉一、金色金光大明普照、香気芬薫甚可中愛楽上、彼浄居天因見レ此已、心生二歓喜一踊躍無量而讃歎言、奇哉奇哉、希有希有、如レ此劫中当下有二千仏一出中興於世上、以二是因縁一、遂名二此劫一号レ之為レ賢」(正蔵一二ノ九五八上)と説明している。

盧遮仏(八五9) 慧琳の一切経音義(慧琳音義)巻一八に、盧至如来を説明して、「梵語仏名、古訳二楼至一、唐云二愛楽一、即此賢劫中第一千仏、劫末後成仏、即今之執金剛神是也、亦名二密迹金剛一」(正蔵五四ノ四二一下)と記している。

新婆沙(八五16) 菩薩処胎経巻二には、弥勒の成仏を説いて、「弥勒、当レ知、汝復受レ記、五十六億七千万歳、於二此樹王下一成二無上等正覚一。我以二右脇一生、汝弥勒従レ頂生、如我寿百歳、弥勒寿八万四千歳、我国土土、汝国土金、我国土苦、汝国土楽」(正蔵一二ノ一〇二五下)と記している。

云々(八六8) 源信が「総結」の文に考えた阿弥陀経の文は、「舎利弗。如三我今者、称二讃諸仏不可思議功徳一、彼諸仏等、亦称二説我不可思議功徳一、而作二是言一。釈迦牟尼仏能為二甚難希有之事一、能於二娑婆国土五濁悪世、劫濁・見濁・煩悩濁・衆生濁・命濁中一、得二阿耨多羅三藐三菩提一、為二諸衆生一、説二是一切世間難信之法一。舎利弗。当レ知、我於二五濁悪世一、行二此難事一、得二阿耨多羅三藐三菩提一、為二一切世間一、説二此難信之法一、是為二甚難一」(正蔵一二ノ三四八上)であるが、このように考えた理由は、阿弥陀仏の名を聞いただけでも、阿鞞跋致(あびばつち)の不退の位をこの現生において得ることができると思うようになったからで、ここに晩年における源信の思想の発展を認めることが可能である。

真言教の仏讃(九〇10) いま阿弥陀大呪といわれているもので、空海が始めて無量寿儀規をもたらして以来、天台・真言をはじめ諸宗で用い、今日も行なわれているものに不空訳の無量寿如来根本陀羅尼があるから、これを掲げて、その一端を示すことにする。「曩謨引囉怛曩二合怛囉二合夜引耶一曩莫入阿去哩野二合弭路婆耶二怛他引蘖路引夜引囉賀引帝引三去藐三去没駄引耶三怛儞也二合他引四唵引阿蜜嘌二合帝五阿蜜嘌二合妬引納婆二合吠徴閉反六阿蜜嘌二合多三去婆吠七阿上蜜嘌二合多蘖陛八阿上蜜嘌二合多悉第九阿蜜嘌二合多帝際自曳反十阿蜜嘌二合多尾訖磷二合帝十一阿蜜嘌二合多尾訖磷二合多誐引弭寧引十二阿上蜜嘌二合多誐誐曩吉底迦嚇十三阿蜜嘌二合多嫩上努批娑嚩二合嚇十四薩縛引囉他二合娑引馱寧十五薩縛引羯磨訖礼二合引捨乞灑二合孕迦粦娑縛二合賀引」(正蔵一九ノ七一中)というものがそれで、ここには、「此無量寿如来陀羅尼、纔誦一遍、即滅身中十悪四重五無間罪、一切業障悉皆消滅、(中略)誦満一万遍、獲得不レ廃二忘菩提心三摩地一、菩提心顕二現身中一、皎潔円明猶如二浄月一、臨二命終時一、見下無量寿如来与二無量倶胝菩薩衆一囲遶来迎上、行者安二慰身心一即生二極楽世界上品上生一、証二菩薩位一」とも付記している。また、楽邦文類巻一(正蔵四七ノ一六一下―一六二上)には、幾つかの真言経典とその真言を載せ、この陀羅尼も収めているが、陀羅尼の意は、「三宝に帰依したてまつる」といった言葉で始まり、神聖な無量光如来・応供・正等覚者に帰依したてまつる。阿弥陀仏をさまざまな名前で呼び、称讃するものである。源氏物語、鈴虫の巻に「阿弥陀の大呪(だいず)、いと、たふとくほの〴〵きこゆ」(古典大系一七ノ八三)といい、今昔物語集巻一五、「高階成順入道往生語第三十五」に「阿弥陀ノ大呪(オホキナルシユ)ヲ受ケ持チテ、専ニ仏法帰依シケリ」(古典大系二四ノ三九二)といっているのがこれである。このほか、魚山私鈔に収める阿弥陀讃(正蔵八四ノ八三八下)とか、阿弥陀の小呪など、多くのものがある。

阿弥陀の別讃(九〇10) あるいは通常の讃仏偈とは異なる中国・日本のものを指すとすれば、楽邦文類巻二に掲げるような、李白の金銀泥画浄土変相讃、白居易の繡阿弥陀仏讃、智円の西方浄土讃、元照の無量寿仏讃(正蔵四七ノ一七九中―一八〇中)などがあるが、より一般的には曇鸞の讃阿弥陀仏偈(正蔵四七所収)や、善導の往生礼讃偈(同四七所収)などを指すことができる。また日本では千観の阿弥陀和讃、源信の極楽六時讃などがある。ちなみに、源信の六時讃は栄花物語巻一七、「おむがく」にそのままの形で引かれているほどで、よく知られたものと考えられる。そこには、圏点の部分に見られるように、「かの六時のさんにいひたるやうに、夜の境静なるに」（古典大系七六ノ七五）とか、「やう〳〵仏を見奉らせ給へば、中台尊高く厳しくまし〳〵て、大日如来おはします。光の中の化仏無数億にして、無量荘厳具足し、宝鐸・宝鈴・諸〳〵の瓔珞、上下四方種々光明照し耀けり。中央最上地の上に、太宝蓮華の座あり。毘楞伽婆底迦宝台なし、百宝色相葉に具せり。八万四千葉ありて、無量妙法具へたり。葉〳〵ごとに百億の大法摩尼を飾れり。大千界の日月輪を集めたるが如くして、無漏の万徳荘厳せり」（同七六ノ六九）とか、「或ハ天人・聖衆の妓楽哥詠するかと聞ゆ。香山大樹緊那羅の瑠璃の琴になずらへて、管絃哥舞の曲には、法性真如の理を調ぶと聞ゆ」（同七六ノ七二）というように参照されているし、また巻一八、「たまのうてな」にも（同七六ノ八五）、こうした例をうかがうことができる。

事を…（九一14）　菩提心を事と理の上で論じたものに、元暁の遊心安楽道がある。そこでは、「於レ中有レ二。一者随事発心、二者随理発心。言二随事一者、煩悩無数、欲二心悉断一レ之、善法無量、願二悉修一レ之、衆生無辺、願二悉度一レ之、於二此三事一決定期レ願。初是如来断徳正因、次是如来智徳正因、第三心者恩徳正因、三徳合為二無上菩提一、即是三心、総為二無上菩提之因一。（中略）所レ言順理発心者、信下解諸法皆如二幻夢一、非レ有非レ無、離レ言絶上レ慮、依二此信解一、発二広大心一。雖レ不レ見レ有二煩悩善法一、而不レ撥二無可レ断可一レ修、是故雖レ願二悉断修一、而不レ違二於無願三昧一、雖レ願三皆度二無量有情一、而不レ存レ有二能度所度一、故能随二順於空無相一」（正蔵四七ノ一一四中）などと論じている。また元暁は両巻無量寿経宗要（正蔵三七ノ一二八下）にもこの趣意を説いている。

饒益有情戒（九一17）　三聚浄戒を仏の三身と対応させたのは道宣で、釈門帰敬儀（正蔵四五ノ八五六中—下）に見えるが、これをさらに四弘誓願と結んで説くのは、明曠の菩薩戒経疏刪補である。そこには、「成レ道知レ法即摂善法、誓断二煩悩一即摂律儀、願レ度二衆生一即摂衆生」（続蔵一ノ五九ノ二一九左上）というように説き、ここから三身および天台の空・仮・中の三観との連関を求めている。源信はさらにこれを三因仏性・三徳と結んで、展開させたものである。

別願（九四2）　源信の十大願についてその二、三を掲げると、「一、願若有二衆生一、無二一実菩提心一者、此経文字、放二菩提心光一、照二触其身一、令レ発二菩提心一。二、願若有二衆生一、沈二三悪道苦患一者、此経文字、放二大慈大悲光一、照二火血刀身一、速令レ離二其重苦一」「五、願依二今此経力一、臨二命終之時一、七日已前、自知二死期一、心不二顚倒一、心不二錯乱一、無二諸苦痛一、跏趺正坐、身心安楽、念二阿弥陀仏一、決定往二生極楽一」（仏全三一ノ四一六上）といったものを見る。このなかの「此経」とは、明確にはできないが、おそらく浄土経典であろう。また千観の十願発心記の例をあげれば、第一願に自他ともに極楽浄土に往生することを願って、「第一願云、今生普捜二一代之教一、具知二如来権実道一、念々漸浄二六根罪垢一、現身必縁二障外之境一、臨終之時、身心安楽、蒙二彼弥陀来迎一、往二生上品蓮台一。豈啻我一人独有二此事一乎。普令下法界一切衆生臨二命終之時一、七日以前預知二時至一、心離二顚倒一、心住二正念一、遇二善知識教一、称二十念一、身心無二諸苦痛一同生中弥陀浄土上」（西教寺蔵、六右）と述べているが、これは源信の第五願に参照されている。また、第八願には、阿弥陀仏のようでありたいと願って、「第八願云、我無始生死已来、乃至菩提道場、父母・六親・朋友・知識・奴婢・僕従、惣我所二経歴来一、十方世界一切衆生、若聞二我名一、見二我身一、讃レ我貶レ我、凡彼見聞触知、一切衆生、我皆抜済引接、尽令レ生二我成仏国一、其弘誓本願、浄土荘厳、皆如二弥陀極楽世界一」（同、二〇左—二一右）といっていることなどは注目される。

文殊師利…（九四17）　大智度論巻六には、この本縁を述べるために、つぎに掲げられている、諸法無行経の喜根菩薩の偈がうたわれるまでの、喜根・勝意のことを記し、その後をうけて、「文殊師利言、尓時勝意比丘我身是也。我観三尓時受二是無量苦一。文殊師利復白レ仏、若有レ人求二三乗道一、不レ欲レ受二諸苦一者、不レ応下破二諸法相一而懐中瞋恚上。仏問二文殊師利一、汝聞二諸偈一得二何等利一。答曰、我聞二此偈一得レ畢二衆苦一、世世得二利根智慧一、能解二深法一巧説二深義一、於二諸菩薩中一最為二第一一」（正蔵二五ノ一〇八上）と記している。

迦葉菩薩（九五8）　涅槃経（南本）巻三（正蔵一二ノ六一九中以下）に、釈迦仏

の説法の会座に一人の童子の菩薩がいて、もとは多羅村の婆羅門の出身で、大迦葉といったと記し、この童子と仏との間に、仏性に関する問答が行なわれたことを述べている。

止観（一〇三4）　摩訶止観巻一上に、この偈について、「中論偈云、因縁所生法、即是生滅。我説二即是空一、是無生滅。亦名為二仮名一、是無量。亦名二中道義一、是無作。又解、因縁即集、所生即苦、滅レ苦方便是道、苦集尽是滅。又偈言二因縁一、因縁即無明、所生法即行・名色・六入等。故文云、為二利根弟子一説二十二因縁不生不滅相一」（正蔵四六ノ五下—六上）と説いている。

弥伽大士（一〇八11）　華厳経（六十巻本）巻四六に、善財童子が第四番目に訪れた善住比丘のことを記した後、善住が、「善男子、於レ此南方、有二一国土一名曰二自在一、城名二呪薬（イ祝薬）一、彼有二良医一名曰二弥伽一。汝詣レ彼問、云何菩薩向二菩薩行一」（正蔵九ノ六九二下）と語ったことを記している。

第一義（一〇八16）　観無量寿経には、「上品中生者、不四必受二持読三誦方等経典一、善解二義趣一、於二第一義一心不二驚動一、深信二因果一不レ謗二大乗一、以二此功徳一、廻向願三求生二極楽国一、行二此行一者」（正蔵一二ノ三四五上）とあり、上品中生がさとるとする。

別時（一一〇3）　別時意については、道綽も善導もこれを取り上げて反論しているが、いま道綽を例に取れば、かれは安楽集巻上に、「第九、拠下摂論与二此経一相違上料二簡別時意語一者、今観経中、仏説下下品生人現造二重罪一、臨二命終時一遇二善知識一、十念成就即得中往生上。依二摂論云一、導二仏別時意語一。又古来通論之家多判二此文一云、臨終十念但得レ作二往生因一、未二即得レ生、何以得レ知、論云、如下以二一金銭一貿二得千金銭一非中一日即得上。故知、十念成就者但得レ作レ因、未二即得レ生、故名二別時意語一。如レ此解者将為レ未レ然。何者、凡菩薩作レ論釈レ経、皆欲下遠扶二仏意一契中会聖情上。若有二論文違レ経者、無レ有二是処一。今解二別時意語一者、謂仏常途説法皆明二先因後果一、理数炳然。今此経中但説下一生造レ罪臨二命終時一、十念成就即得中往生上、不レ論二過去有因無因一者、直是世尊引二接当来造悪之徒一、令二其臨終捨レ悪帰レ善乗レ念往生一。此以隠二其宿因一。此是世尊隠レ始顕レ終、没レ因談レ果、名作二別時意語一。何以得レ知下但使二十念成就一皆有中過去因上。如二涅槃経云一、若人過去已曾供二養半恒河沙諸仏一、復経二発心一而能於二悪世中一聞レ説二大乗経教一、但能不レ謗、未レ有二余功一、若経レ供二養一恒河沙諸仏一、及経二発心一然後聞二大乗経教一、非二直不レ謗、復加二愛楽一。以二此諸経一来験、明知十念成就者、皆有二過因一不レ虚。若彼過去無レ因者、善知識尚不レ可二逢遇一。何況十念而可二成就一也。論云下以二一金銭一貿二得千金銭一非中一日即得上者、若拠二仏意一、欲レ令下衆生多積二善因一便乗レ念往生上。若望二論主一、乗レ閉二過去因一、理亦無レ爽。若作二此解一、即上順二仏経一、下合二論意一。即是経論相扶往生路通。無二復疑惑一也」（正蔵四七ノ一〇上—中）と論じている。善導では観無量寿経疏巻一、玄義分（正蔵三七ノ二四九下—二五〇中）に、懐感では釈浄土群疑論巻二（正蔵四七ノ三八下—四〇中）に見える。

念仏三昧（一一三2）　本来は仏を念じて三昧の境にあることを指すが、称名念仏に専心することを指すこともある。善導は念仏三昧を称名と解し、これに対して本来の念仏三昧を観仏三昧と呼んで区別した。観無量寿経疏巻一、玄義分に、「今此観経即以二観仏三昧一為レ宗、亦以二念仏三昧一為レ宗」（正蔵三七ノ二四七上）といっているものはそれを語っている。

観経（一一八8）　この第七華座観については、おおよそ二説があって、その一つは善導の説、他はその他の諸師のすべてが取る説である。つまり善導はこの華座を別依報として、第八以下の正報と区別し、また第六以前の通依報とも区別するが、諸師は華座以下を正報とし、第六以前を依報とするという違いがある。源信がこの観察を華座から説きはじめたのは、一般の説に従ったもので、たとえば、智顗の撰とされる観無量寿仏経疏には、「初六観観二其依果一、次七観観二其正報一」（正蔵三七ノ一九一下）と説かれる。善導の説は観無量寿経疏巻一、玄義分（正蔵三七ノ二四六下）に見える。

大集経（一二〇2）　大方等大集経が説く肉髻相をえた因縁は、大方便仏報恩経巻七には「足下輪相」の因縁とし、肉髻相については、「常施二衆生一無上法味、見レ有二忘者一施二其憶念一、自持二五戒一転以教レ人、修二集悲心一能二大法施一、以二是因縁一得二肉髻相一」（正蔵三ノ一六五中）という。この経には三十二相についてその因縁を細説している。

十八変（一二四17）　瑜伽論巻三七に仏・菩薩の六神通をあげ、その第一神境智通(神足通)について、「云何諸仏菩薩神境智通。謂仏菩薩神境智通略有二二種一。一者能変通、二者能化通。如レ是二種品類差別各有二多種一。云何能変神境智通品類差別。謂十八変。一者振動、二者熾然、三者流布、四者示現、五者転変、六者往来、七者巻、八者舒、九者衆像入身、十者同類往趣、十一者顕、十二者隠、十三者所作自然、十四者制他神通、十五者能施弁才、十六者能施憶念、十七者能施安楽、十八者放大光明」(正蔵三〇ノ四九一下)と述べ、細説しているが、その一、二を示すと、振動とは仏・菩薩が三昧によって自在に一切の世界を震動させること、熾然とは上身より猛炎を出し、下身より冷水を出すこと、放大光明とは無量の光明を放って、無量の衆生に利益を与えることであるとする。この外にも、別の十八変を説くものがある。

三身一体(一三三11)　一三三頁本文に見える三身即一と同じ。本朝文粋巻一二に、後中書王(具平親王)の「西方極楽讃」を収めるが、その冒頭には、「四土不二極楽国　三身即一阿弥陀」(国史大系二九下ノ二八九)という。こうした三身一体の考え方は天台宗本来の思想である。三身相即ともいう。たとえば天台智顗の観無量寿仏経疏に三身について、「此三身三寿不レ可レ並二別一異一、即乖二法体一、即レ一而三、即レ三而一」(正蔵三七ノ一八八上)といっているものはそれである。源信のこうした阿弥陀仏身観は晩年の阿弥陀経略記には、「弥陀本地応迹難レ量。普偏二十方一、広利二六道一。極楽是其一区、弥陀是其一化」(仏全三一ノ二三三下)と示されているが、また、「一切諸仏総有二三身一。一者真身、住二報仏土一、二者応身、住二同居土一。西方化主、是一応化。故彼名号亦随レ応立」(同三一ノ二四一上)として、凡聖同居土の応化身をいちおう立て前としているもので、天台流の立場に立っていることが知られる。

仏衆の法海(一三三3)　「三世十方の諸仏の三身」以下は、仏・法・僧の三宝に当たると見られるから、「仏衆の法海」は僧宝をいったもの。源信の阿弥陀仏白毫観に「当レ知、此一毛、具二一切諸仏・一切正法・一切賢聖仏衆法海一、宛然具足」(仏全三一ノ二一五下)とあるものもこれを語る。「仏衆」を仏種とか僧衆とかの誤記と疑うものも見られるが、このままで理解できないものではない。また良忠の往生要集義記巻五の解釈は、「仏衆法海」を三宝と解する(浄全一五ノ二七四上)が、これは肯けない。

我もまた…(一三四4)　親鸞の教行信証、行巻に、源信の念仏をまとめた中に、この文章を七字三句の詩型に整理して、「我亦在彼摂取中　煩悩障眼雖不見　大悲無倦常照我」(正蔵八三ノ六〇〇中—下)とよんでいる。

木槵子(一四三12)　むくろじ科の落葉喬木の実で、追羽根の球に用いるので知られているが、これで数珠も作る。木槵子経には、波流離王が百八の実で数珠を作るよう国内に命令し、みずからもこれを携えて、三宝を念じ、陣中でも放すことがなかったと伝え(正蔵一七ノ七二六上—中)、金剛頂瑜伽念珠経や校量数珠功徳経(正蔵一七所収)には数珠の功徳について説いている。

念珠功徳経(一四三13)　校量数珠功徳経に数珠の功徳を説いて、「受二持数珠一校二量功徳獲益差別一、若有レ誦二念諸陀羅尼及仏名一者、為レ欲三自利及護二他人一、速求二諸法得レ成レ験者、其数珠法応レ有、如レ是須レ当二受持一。若用レ鉄為二数珠一者、誦掐一遍得二福五倍一、若用二赤銅一為二数珠一者、誦掐一遍得二福十倍一、若用二真珠・珊瑚等一為二数珠一者、誦掐一遍得二福百倍一、若用二木槵子一為二数珠一者、誦掐一遍得二福千倍一」(正蔵一七ノ七二七上)と記し、また、「若求レ往二生諸仏浄土及天宮一者、応レ受二此珠一、若用二蓮子一為二数珠一者、誦掐一遍得二福万倍一、(中略)若用二水精一為二数珠一者、誦掐一遍得二福万万倍一、若菩提子為二数珠一者、或用掐念或但手持、数誦一遍其福無量、不レ可二算数一難レ可二校量一」(同一七ノ七二七上—中)と述べている。

善導禅師の云く(一四七2)　観無量寿経疏巻四、散善義に、二種の深信を示して、「二者深心。言二深心一者、即是深信之心也。亦有二二種一。一者決定深信二自身現是罪悪生死凡夫、曠劫已来常没常流転無レ有二出離之縁一。二者決定深信下彼阿弥陀仏四十八願摂二受衆生一、無レ疑無レ慮、乗二彼願力一定得中往生上」(正蔵三七ノ二七一上—中)と語り、さらにこれに幾つかの深信を加えているが、源信がこの観無量寿経疏の文の玄義分(巻一)しか用いなかったことは、注目されるものを含んでいる。

禅師の釈(一四七10)　三心について、善導と他の諸師との差は、善導は三心が九品全部に通ずるとするとともに、十六観中の前十三観の定善にも通ずるとするのに対して、諸師は三心を上品三生に限るとする。すなわち善導は観無量寿経疏巻四、散善義において、三心を九品の往生の正因(正蔵三七ノ二七〇下・二七五上・二七六上)とし、「三心既具、無二行不一レ成、願行既成、若不レ生者、無レ有二是処一也。又此三心亦通摂二定善之義一、応レ知」(同三七ノ二七三中)と論じている。諸師では、例えば慧遠の観無量寿経義疏巻末は、三心を上品三生だけで論じている(同三七ノ一八三上—下)。またこれに関連した問題は、大文第十の第二、往生の階位で論じられている(二七一頁以下参照)。

前の九号(一五一13) 普通、十号は如来の十号といって、(1)応供(おうぐ) 供養を受けるにふさわしいものの意)。(2)正遍知(しょうへんち) 正等覚ともいう)。(3)明行足(みょうぎょうそく) 六神通のうち、天眼・宿命・漏尽の三明の智と、身・口の行とが完全なもの)。(4)善逝(ぜんぜい)。(5)世間解(せけんげ) 世間・出世間のことをよくさとっているもの)。(6)無上士(むじょうし) 世にもっとも勝れたもの)。(7)調御丈夫(じょうごじょうぶ) よく世の人を制御して、さとりに導くもの)。(8)天人師(天と人との師)。(9)仏(ぶつだ) 仏陀、すなわち目ざめたもの)。(10)世尊(せそん) 世に尊ばれる者)の十をいう。しかしいま成実論巻一では、「如来、応供、正遍知、明行足、善逝、世間解、無上(士)、調御(丈夫)、天人師、仏世尊」(正蔵三二ノ二四二上)を十号と呼んでいるもので、そこに食い違いがある。また維摩経の、無上正等覚・如来・仏の三を「仏の初の三号」とする理解も、如来の十号の一般的な理解とよく嚙み合わない。

自余の名義(一五四6) 例えば、慧遠の無量寿経義疏巻下に、十二光仏を説明して、「初無量光・無辺・無碍、此之三種、当レ相以嘆。無量多也、無辺広也、無碍自在也。無対・炎王、此之両種、寄(イ対)顕レ勝。他光不レ敵名二無対光一、此光勝レ余名二炎王光一。清浄・歓喜・智慧・不断、此之四種、当レ相以歎。離垢称レ浄、能令二見者心悦一名レ喜、於レ法善照名二智慧光一、常照不レ絶名二不断光一。難思・無称・超日月光、此之三種、寄対顕レ勝。過二世心想一故曰二難思一、過二世言相一名二無称光一、過二世色相一名二超日月一」(正蔵三七ノ一〇五中)という。

譬喩経(一五四13) 釈迦譜巻五に、阿育王の崇仏について、「時阿育王聞二彼比丘所説一、於二仏法一所レ生大敬信、伝云、王訪二諸臣民一、叵レ有二及レ見レ仏者一不、唯有二波斯匿王妹一、作二比丘尼年百三十余一、見二仏在世一。王即往問、仏何功徳耶。尼答曰、世尊威神備二於経説一、我時年十歳仏来入二宮殿内一、地皆作二金色一、我即作レ礼金釵墮二地細一与レ光合、去後光歇尋レ之方得。又云、仏有二八種音声一、今海辺有レ鳥、名曰二羯随一、其音哀亮頗似二万一一、王求得二此鳥一旬日不レ鳴、時青衣映レ鏡厳荘、鳥見二其像一驚翥欲レ鳴、青衣転レ鏡還便輟レ響、王曰、若能使二鳥鳴一者、以為二夫人一。青衣即取二諸鏡一懸二於四壁一、鳥見レ影顧眄廻惶悲鳴、振迅清暢和雅。王聞レ之乃悟起二正真道意一、即拝二青衣一為二第二夫人一、婇女七千人咸皆歓喜」(正蔵五〇ノ七七下—七八上)と記している。またこの説話は、栄花物語巻二二、「とりのまひ」に語られている(古典大系七六ノ一四八—九)。

ある懺悔の偈(一六六10) このなかの「羅睺羅の如し」というくだりは、金光明最勝王経巻一の文によって、万葉集巻五所収の「子等を思ふ歌一首」(八〇二)の序に、「釈迦如来い、金口(こんく)に止に説きたまはく、等しく衆生を思ふこと、羅睺羅の如しとのたまへり」(古典大系五ノ六一)と記されたことでもわかるように、広く知られた言葉である。

四四十六種(一七八10) その四事の一、二を示せば、「菩薩有二四事法一、疾逮二得三昧一。何等為レ四。一者所レ信無レ有二能壊者一。二者精進無レ有二能逮者一。三者所レ入智慧無レ有二能及者一。四者常与二善師一従レ事。是為レ四。菩薩復有二四事一、疾得二是三昧一。何等為レ四。一者不レ得下有二世間思想一、如中指相弾頃上三月。二者不レ得下臥出三月、如中指相弾頃上。三者経行不レ得二休息一。不レ得レ坐三月。除二其飯食左右一。四者為レ人説レ経、不レ得レ望二人衣服飲食一。是為レ四」(正蔵一三ノ九〇六上)である。

衣鉢…(一七九3) 普通、僧は、外出・正装用の大衣(僧伽梨(そうぎゃり))と、僧団内での集合に着用する上衣(鬱多羅僧(うったらそう))、および日常の作務や就寝時に着る中衣(安陀会(あんだえ))の三種の衣を所有し、これを三衣というが、それ以上に余分に何枚も衣を所有することは許されない。余分の衣を長衣(ちょうえ)といって禁止する。ただし尼には乳房をかくす覆肩衣(僧祇支(そうぎし))と、腰にまとう下裙（厥修羅《けっしゅら》）がとくに加えられ、五衣という。また鉢は鉄鉢が一般に用いられる。またこの三衣がいわゆる袈裟であるが、中国・日本では本来のものと変わっている。

十重・四十八軽戒（一七九7）　十重戒は頭注のとおりであるが、四十八軽戒については、その多くを説く必要がないので、その幾つかを拾うと、(1)師長や同行（どうぎょう）を敬う、(2)酒を飲まない、(3)肉を食べない、(4)にら・にんにくといった五辛を食べない、(5)他人の罪を知ったときは懺悔させるようにする、(9)病人を看病する、(10)殺生の具を蓄えない、といった類のものである。ただし軽戒といっても、けっして容易に守れる性質のものではなく、きわめて精神主義的なものである。

常行三昧・法華三昧（一九〇12）　この二つは天台宗では止観の両足として重視されていたもので、一例は、源信の師良源が遺言として書き残した遺告に、死後の四十九日間の念仏追福を記して、「法華堂十二僧於二御堂一三時可レ修二懺法一　常行堂十四僧於二御堂一三時可レ行二念仏一　念誦堂　読経僧十人初夕二坐転二法華経一、初後夜念二尊勝真言一　念仏僧十人三時可レ修二念仏一、一七日誦経料辱常著用装束一具　可レ行二念誦堂一、三七日誦経　可レ行二常行堂一、五七日誦経可レ行二法華堂一、七々日誦経」（平安遺文二ノ四四七下―四四八上）と書いていることをあげることができる。この二つは後に一口に朝懺法夕例時と呼ばれるようになった。

十念…（二〇八12）　良源は、極楽浄土九品往生義に、「経二十念一頃専称レ名為二十念一也」（浄全一五ノ一七上―下）といい、義寂の説を掲げて、弥勒問経の十念の問題にふれているが、千観は十願発心記で、「言二十念一、入息出息合為二一念一、或五箇入息出息合為二一念一。此十念間、帰二心弥陀一、口唱二名号一也。或称二南無阿弥陀仏一、経二此六字一之項（頃）名為二一念一」（西教寺蔵、一三左）と説き、弥勒問経の十念について義寂の説を掲げて、これを論じている。このことは大文第十の第五、臨終の念相でも問題にされる（二八五頁以下参照）。

仏の相好…（二〇九1）　栄花物語は道長の臨終のさまを叙して、「仏の相好にあらずより外の色を見むとおぼしめさず、仏法の声にあらずより外の余の声を聞かんとおぼしめさず。後生の事より外の事をおぼしめさず。御目には弥陀如来の相好を見奉らせ給、御耳にはかう尊き念仏をきこしめし、御心には極楽をおぼしめしやりて、御手には弥陀如来の御手の糸をひかへさせ給て、北枕に西向に臥させ給へり」（古典大系七六ノ三二六―七）と記している。

薬師瑠璃光仏（二一〇2）　薬師如来本願経に、薬師如来の十二願を説いているが、その主ないくつかを掲げると、「第六大願、願我来世得二菩提一時、若有二衆生一、其身下劣諸根不具、醜陋頑愚聾盲跛躄、身攣背傴白癩癲狂、若復有二余種種身病一、聞二我名一已、一切皆得二諸根具足身分成満一。第七大願、願我来世得二菩提一時、若有二衆生一、諸患逼切無護無依無レ有二住処一、遠二離一切資生医薬一、又無二親属一貧窮可レ愍、此人若得レ聞二我名号一、衆患悉除無二諸痛悩一、乃至究二竟無上菩提一」（正蔵一四ノ四〇一下）、「十二大願、願我来世得二菩提一時、若有二衆生一、貧無二衣服一寒熱蚊虻日夜逼悩、我当レ施二彼随用亦服種種雑色如二其所好一、亦以二一切宝荘厳具花鬘塗香鼓楽衆伎一、随二諸衆生所須之具一皆令二満足一」（同一四ノ四〇二上）とあって、これを見ても、現世利益的な性格が濃い。したがって薬師信仰は日本でも早くから盛んで、法隆寺・法輪寺・薬師寺など、その像が安置された例は枚挙にいとまがないが、その信仰のほども、日本霊異記下巻、「二つの目盲ひたる女人、薬師仏の木像に帰敬して、現に眼を明くこと得る縁　第十一」（古典大系七〇ノ三四七）に、きわめて端的に示されている。梁塵秘抄巻二には、「薬師の十二の大願は、衆病悉除ぞ頼もしき」「一度御名を聞く人は、万の病も無しとぞいふ」（古典大系七三ノ三四八）などと詠われている。

地蔵…（二一〇7）　地蔵が阿弥陀仏の浄土に連れていく、阿弥陀の分身のように考えられたことは、今昔物語集巻一七に収める多くの説話にうかがえるが、これを竜樹と一緒にした例は、すでに中国に始まり、日本でも阿弥陀五尊の形式をとった法隆寺の阿弥陀五尊像磚や阿弥陀五尊押出像などに見られる。また下っては、大江匡衡が作った、「為二盲僧真救一供二養率都婆一願文」（本朝文粋巻一三。国史大系二九下ノ三二七―八）や、本朝法華験記巻上（続群書八下ノ一二六下）、仁和寺諸院家記（顕証本）（仁和寺史料一ノ三四七)など、その他多くのものに見ることができる。

大集経に…(二二八1)　柔遠の往生要集講録巻一〇に、「於二彼経中一、未レ見二此文一。次下云、有云三正法念経有二此文一。然彼経中亦無二此文一。此是出在二観仏三昧経一。〈一之四丁〉倶以二闇記一故尓耳」(真全四三ノ四二八上)という。また秀存の安楽集癸丑記巻一には、正法念処経や観仏三昧経の文ではないと否定して、僧樸の説を紹介しつつ、こういっている。「又僧樸ノ録ニ、コレハ今案ズルニ大集経ノ九巻〈三十三左〉ニマヅ法施ノ勝レタルコトヲ説キテ、其下ニ福衆生ヲ摂スルニ四事トイフガ、一ニハ身ヲ荘厳シ、二ニハ口ヲ荘厳シ、三ニハ仏土ヲ荘厳シ、四ニハ執持ヲ荘厳スト、コノ四ヲ挙ゲテ、コノ四ノ中ニオイテ、初ノ二種ガ前ノ四種ノ度衆生ノ中ノ初ノ二種ニ相当ルナリトイウテ、其上ニ今コノ四種ハ文ハ他経ニアルケレドモ、意ハ近ク観経ニアリト弁ジテアリ。今云、今ノ四種ト大集経九巻ノ四事トイフトヲ引合シテミルニ、後ノ二種ハ全ク今ト違ウテアリ。サレバ今コヽニ引キタマフ文トモ思ハレヌ。シカレバイカントイフニ、コレハ曾テ先輩香月院(深励)コレヲ考ヘラレタルコトアリ。ソノ考デハ、今コノ四種ノ度衆生ノ初ノ三ツハ仏ノ身口意ノ三業ノ度衆生ナリ。第四ノ一種ハ、コレハ仏名ノ利益ナリ。トキ《(マヽ)》コノ通リノ文ガ大集経ニアルデハナケレドモ、若シアルナレバ申シゴトハナイ。コノ通リノ全文ハドウシテモナケレドモ、コレハ大集経ノ中処々ニ仏ノ三業ノ御化益ヲ説キタル文ガアリテ、方等大集経十二〈二右〉ニ仏身口意ノ三業ヲ荘厳シテ衆生ヲ済度シタマフコトガトイテアリ。又十七巻〈五左〉ニモ二十六巻〈十六右〉ニモ同ジヤウニ三業荘厳シテ以テ衆生ヲ化度シタマフ文アリ。コレガ今ノ四種ノ中ノ初ノ二種、其上又同十七〈二十左〉、十九巻〈十九右〉ニ仏ノ名号ヲ称フル利益ヲトク文アリ。コノ二箇処ガ終リノ名号ノ度衆生ヲ列ネタマフ拠ナリ」(真大八ノ六一下—六二下)。

廿五菩薩(二三五4)　二十五菩薩和讃とは、天台霞標の四編、巻三によれば、つぎの如きものである。「帰命頂礼極楽の　五々の菩薩の御誓　念仏受持の輩を　臨命終に至てぞ　音楽異香の瑞を為　迎給ぞ頼もしや　観音薩埵の蓮台は　我等衆生を乗給ふ　勢至菩薩の合掌は　定慧不二の表示なり　薬王菩薩の幢旛は　不老不死と翻がへす　薬上菩薩の玉旛は　住・行・向・地の階位あり　普賢菩薩の幡蓋は　恒順衆生と指掛る　法自在王の華鬘には　摂取不捨の功徳あり　獅子吼菩薩の乱拍子　下化衆生と踏給ふ　陀羅尼菩薩の舞の袖　上求菩提を勧なり　虚空蔵の腰鼓　能満福智の音高し　徳蔵菩薩の笙の音　十八不共の響あり　宝蔵菩薩の笛の声　三解脱門の風冷し　金蔵菩薩の箏の琴　三十七尊顕現す　金剛蔵の琴の絃　十界一如と響なり　光明王の琵琶の撥　無明の迷を驚かす　山海慧の箜篌の緒　寂静真如の理を示す　華厳王の鉦の音　唯心法界澄わたる　衆宝王の撃鐃は　一仏乗を讃歎す　月光王の振鼓は　十方世界を響かせり　日照王の羯鼓は　四土寂光と打鳴す　三昧王の天華は　虚空海会に散乱す　定自在王の太鼓は　平等大会の響あり　大自在王の華幢は　畢竟空と指聳ゆ　白象王の宝幢は　第一義天翻へす　大威徳王の曼珠には　無漏説法円なり　無辺身の焼香は　如来に供養し奉る　唯願くは弥陀如来　弘誓の中の我等なり　五濁悪世に罪深し　憐れ超世の悲願にて　臨終正念親たり　来迎引接なし給ふ　其仏本願力　聞名欲往生　皆悉到彼国　自致不退転」(仏全一二五ノ四六六上—四六七上)。

感禅師も…(二五〇17)　またこの後文の、証拠の経文についても、釈浄土群疑論巻五には、「念仏得二往生一、其教極多。略申二三五一、暁二其迷一者、一如二阿弥陀経一」(正蔵四七ノ六〇上)とあって、以下、観経の下三品、および真身観の文、無量寿経の三輩、および第十八願の文、般舟三昧経、大集経賢護分、鼓音声王陀羅尼経、占察経などの文が示されているが、とくに無量寿経を指摘した表現は、ほぼ往生要集の文と一致する。

極重の…(二五一13)　この経文について、往生要集義記巻七には、観経の意にかなった旨と解し、また、「有説云、後一条御宇、出離無レ疑往生指レ掌肝要明文可二択進一之由、勅二諸宗一之処、異処同心而各進二斯文一。誠有二所以一哉」(浄全一五ノ三三五下)と記しているが、その出典を明らかにしない。また、神興の往生要集乙酉記巻七には、「易行院ノ講弁ニハ能州珠洲郡吹木山法寿寺ニ弘法大師船板ノ名号ト云フヲ伝来スル、其名号ノ讃ニ此文ガ書キ載セテアル。然レバ唐土ノ古徳古ク伝ヘル文ヲ弘法ガ入唐ノトキ伝来セラレタル文ナルベシト弁ゼラレタリ」(真大一二ノ四四一下)というような説話を載せているが、取るにたらないものであろう。いずれにせよ、この文は後の法然・親鸞等に影響を与え、また謡曲では大原御幸・柏崎・土車・卒都婆小町・遊行柳などに引かれている。たとえば柏崎に、「ワキ連詞これは内陣なり、しかも女人の身といひ狂気といひ、かたがたかなふまじきぞ内陣を疾く疾く出でよ　シテ詞しかも女人の拙き身ぞと、承るは謂はれなや、極重悪人無他方便、唯称弥陀得生極楽とこそ承れ」(古典大系四〇ノ一一八八)とある。ちなみに、天保一〇年刊の西教寺本「往生要集」では、「唯称弥陀」となっている(解説四七九頁参照)。

弥勒問経(二五五17)　この経の文は、元暁の遊心安楽道(正蔵四七ノ一一四下)、および両巻無量寿経宗要(正蔵三七ノ一二九上)、あるいは安養集(西教寺蔵)巻二所収の義寂の無量寿経述義記巻中(二四右―左)などにも見えるが、良源の引くところと同じである。この問題は、源信が良源のものによらなかった一つの証左になるものである(解説四五九頁参照)。

屠辺の廐(二六〇13)　付法蔵因縁伝巻六によって記せば、「如三昔往日華氏国王有二一白象一、気力勇壮能滅二怨敵一、若有二罪人一令二象蹈殺一。後時象廐為レ火所レ焼、移在二異処一近二一精舎一、聞下有二比丘一誦二法句一曰中為レ善生レ天為レ悪入ム淵、心便柔和起二慈悲意一、後付二罪人一都不二殺害一、但以レ鼻嗅舐レ之而去。王見レ斯已心大惶怖、召二諸智臣一共謀二此事一。時有二一臣一、即白レ王言、此象繫処近二在精舎一、必聞二妙法一、是故尓耳、今可三移繫令レ近二屠肆一、彼覩二殺害一悪心当レ盛。王用二其計一繫二象屠所一、象見二殺戮剝レ皮斬截一、悪心猛熾残害増甚」(正蔵五〇ノ三二二上)といわれているものが、この語の起りである。

邪正知り難し(二六二4)　この経の異同について、源信は阿弥陀経略記では、「或はまた異説あり、云々」(仏全三一ノ二四一下)として、触れない。むしろ仏の三世にわたる救いのはたらきに焦点をあてている。こうした異同については、玄一は無量寿経記巻上に因法師の二説をあげ、一は、十八劫の八を小の誤りとするもの、二は、十小劫の十は「大数に約し」たものだから、実は十八劫が正しいとするもの(続蔵一ノ三二ノ二〇二右上)である。しかし前の説を取るものが一般のようで、義寂の無量寿経述義記巻中(西教寺蔵、安養集巻五所収)にも、八を誤りと考え、「或謂、八字応レ誤。余久(イ文)皆多云二十劫一故。未レ勘二梵本一、不三敢輙(イ軌)定二」(四右)と記している。

小経に(二六二8)　源信の阿弥陀経略記には、「無量寿者、亦如レ文。称讃云、彼如来及諸有情、寿命無量無数大劫。大論曰、無量億阿僧祇与二恒河一者、多数理同云云。諸文雖レ異、彼土寿量、大都一恒河沙数劫耳」(仏全三一ノ二四一上)といい、いちおう仏寿の限量を認めている。

綽禅師…(二六三3)　究竟一乗宝性論巻四の偈に、仏の三身について述べ、その神力の自在について、「略説有二五種一　説法及可見　諸業不休息　及休息隠没　示現不実体」(正蔵三一ノ八四三上)とうたっているが、道綽は圏点の部分を「報身有二五種相一」(正蔵四七ノ六上)と改めて、詩形を捨てたものである。

多くの釈(二六四16)　安養抄巻三所収の双観経疏巻中(玄一集)に令因の三説をあげて、「一云、観経所レ明仏、約二他受用門一而顕二殊勝一。此経所レ明樹、約二変化一故無二相違一。謂、若変化身短二於樹一故。二云、仏徳不可思議。彼広長身、蔭二於一尺樹一、於レ仏非レ難。況四百里者也。三云、此云二四百里一者、仏頂已上去二仏之量一。若菩薩仏身相称之長、即是六十万億那由他恒河沙由旬、有レ余二四百万里一也。亦可二彼仏釈歩所レ計四百万里一」(正蔵八四ノ一七〇上)というが、また竜興の無量寿経記巻下(西教寺蔵、安養集巻三所収)に、慧遠が仏身に比して仏眼が小さすぎることを論じて、身量は伝訳者の誤りであろうとしたこと(観無量寿経義疏巻末。正蔵三七ノ一八〇中―下参照)を批判して、「雖レ有二此理一可レ難レ定。何者仏事不思議耳。何以世人応レ嘖二其事一」(三三右)と論じている。

華厳経に(二六四18)　慧遠の観無量寿経義疏(正蔵三七ノ一八二上)、元暁の遊心安楽道(同四七ノ一一一上)、法聡の釈観無量寿仏経記(浄全五ノ二三六上)など、この経文を引いている。またこの経文は、源信の阿弥陀経略記(仏全三一ノ二四八下)においても引かれているが、ただ問題の捉え方は、これが極楽をもって下品の浄土とする証として扱われているところに、大きな差異がある。

胎生は…(二六五9)　安養集巻四所収の無量寿経述義記巻中に、下輩を説いた後、「以二旧本一中後二輩(品カ)人皆有二疑心一。故知、彼是未レ満二熙連一信不決定。依レ経又位分粗尓。論無二決判一、不二取輙定一」(西教寺蔵、五五左—五六右)と記しているが、また安養集巻七(西教寺蔵、七二左—七三右)、および安養抄巻四所収の同述義記巻中には胎生の問題として、「以明下生レ彼受二胎生一者上、在二何品中一。依二旧両本一皆説レ在二於中下品中一、以三皆未レ満二一恒沙一故。宮於二大乗一有レ起二疑惑一。雖レ起二疑惑一、然不二誹謗一。帯二疑惑心一修二功徳一故、雖レ生二彼国一而在二辺地一。於二五百歳一不レ能二見レ仏聞レ法修行一。如下在二胎中一無上レ所二見聞一。是故説名レ受二胎生一也。而観経所説下輩三生為二是胎生一不。答。非也。彼皆近生二仏前花中一、非レ生二辺地宮殿中一故。於二仏智等一不レ生レ疑故、近在二仏辺一。而由レ作二重悪業一故、久在二花中一不レ能二開敷一。受二胎生一者疑二仏智一故」(正蔵八四ノ一六五上)と論じている。また、この問題は同じ安養集巻七所収の述義記巻中で、胎生と疑心との関係においても論じられている(西教寺蔵、四九右)。述義記は義寂の書とされるから、反対論は義寂の説と見られる。

九品には…(二六五11)　すでに義寂もこれを論じたことは、先に示したとおりであり、また元暁は遊心安楽道のほか、両巻無量寿経宗要でも、「著レ辺者、別是一類、非二九品摂一」(正蔵三七ノ一三一中)として、同様の趣意を説いている。このような考え方は、法位の双巻経義疏巻下(西教寺蔵、安養集巻七ノ五一左。安養抄巻四所収、正蔵八四ノ一六五上)にも見えるから、新羅系の学匠が一般に取った説と考えられる。ちなみに、曇鸞のものとされる略論安楽浄土義には、三輩に入らない疑心の往生があって、極楽の宮殿に生まれ、五百歳、仏を見ない(正蔵四七ノ一下—二上)という。この書は源信当時、羅什のものと考えられていたようである。また憬興の無量寿経連義述文賛巻下には諸説をあげて批判を加えている(正蔵三七ノ一五八下—一五九上)。

仏は…(二六五16)　懐感は、「有釈言、取二此方日月歳数一、積二成於劫一、何以得レ知、釈迦如来此方成道、説経為二此娑婆有情一、於レ彼華開之時、令二此衆生得一レ解、故知只用二此劫一、明二彼華開一也。今釈、不レ然、用二彼方日月歳数一、以成二於劫一」(正蔵四七ノ七一下)と批判しているが、このある師は、善導のようで、善導の観無量寿経疏巻四には、上品中生の七日をへて無生を得ることについて、「言二七日一者恐此間七日、不レ指二彼国七日一也」(同三七ノ二七四中—下)と述べている。

法護所訳の経(二六六11)　安養集巻一〇および安養抄巻五所収の竜興の観無量寿経記によれば、現存の康僧鎧訳とされている無量寿経二巻が法護訳に当たるものと見られている(西教寺蔵、二三右。正蔵八四ノ一七六上)が、また安養集巻一〇所収、源清の観経疏顕要記巻下には、「曹魏康僧鎧訳、即今文、言二法護訳一是也」(同、二三右)という。法護訳と康僧鎧訳はほぼ同じものだったと考えられている。また安養抄巻五所収、無量寿経述記にも、「今所レ釈者、或云是竺法護所訳」(正蔵八四ノ一七六下)と記している。

余の義…(二六八10)　釈浄土群疑論巻五には、この土の一日一夜の修道が極楽の百年に勝るなら、浄土往生を勧める必要がないのではないか、という問いを設けて、これは機(根性)に二類の不同があるためで、「雖レ知三於レ此修レ道一日当二彼百年一、然以下見レ仏逢二善知識一希、逢二悪知識一退転縁衆上故、勧レ往二生浄土一也」(正蔵四七ノ五八中)と論じている。

無量寿仏の…(二七二2)　この文は、極楽浄土が凡聖同居土であることを示したもので、そこには、「二明同居浄土者、無量寿国雖二果報殊勝難一レ可二比喩一、然亦染浄凡聖同居。何者、雖レ無二四趣一而有二人天一。何以知レ之、生二彼土一者未二必悉是得道之人一。故経云、犯二重罪一者臨終之時、懺悔念仏、業障便転、即得二往生一。若但聖生、凡夫何得レ願レ生二彼土一。故知、雖レ具二惑染一、願力持レ心、亦得レ居也」(正蔵三八ノ五六四中)とあり、引文省略のはなはだしさがわかる。

遠法師…(二七三9)　安養集巻四所収の竜興の観無量寿経記巻下の文には、「然今当文次第分別、麁分為レ三。謂二輩観細分別為レ九、開二三々一故。然判二此位一略出二八説一。遠法師説、上輩三品四地已上、順忍三地、名為二上々生一。彼即得二無生忍一故。理実亦有二多時一得者。経言即得就レ勝為レ論。初二三地信忍三地、説為二上仲一。経言生レ彼過二一小劫一得二無生一故、理実二三劫得。経言二一劫一就レ延為レ論。…種性解行名為二上下一。経説此人過二三小劫一得二百法明一到二初地一。…仲輩亦三。小乗人中、下三果人説為二中上一。生レ彼即得二阿羅漢一故。理実亦有二多持(時カ)一得者。経言即得就レ勝為レ語。(乃至)見道已前内外二凡、精持二浄戒一求二出離一者、説為二仲々一。生レ彼七日得二須洹一、過二半劫一已得二羅漢一故。理実亦有二多時一得者。七日半劫就レ勝為レ論。見道已前世俗凡夫修二余世福一求二出離一者、説為二仲下一。経説生レ彼過二一小劫一得二羅漢一故。理実亦有二多劫一得者。説二一小劫一就レ勝為レ語。下輩亦三。大乗人中、随二過軽重一分為二三品一。未有道位難レ弁二階降一、其過軽重如レ文可レ知。力法師云、上輩三品位在二地前一不レ通二地上一。所以者何。既出二三界一、随意自在見レ仏聞レ法、何須三修レ因方生二浄土一。但以二十行十廻一上々、十解上仲、十信上下。仲下二輩大同二遠公一。此後諸法師多云二地前一。其間取捨小有二不同一。基法師云、十廻上々、行解上仲、十信上下。中輩三人位在二小乗見道已前一。謂四善根為二仲上品一、五停心観惣別念処為二仲々品一、七方便前正法外人為二仲下品一。下輩三人是大乗中十信已前正法外人、詳業優劣観二過軽重一分為二三品一、如二経文説一。有言、十廻上々、十行上仲、十解上中(下カ)。有言、地前三十心上々、十信不(末カ)心上仲、十信初心上下。有言、十解初心上々、十信後心上仲、十信初心上下。此上三師仲下二輩大同二基師一。有言、十信及信前能発二三種心一修二三種行一者為二上品一。即是起信証(論カ)三心之上仲上下、此二品者唯取下十信已前発二菩提心一修レ善凡夫上、起行深浅以分二三品一。何以知者、此経文云、為下未来世一切衆生為二煩悩賊一之所レ苦者上説二清浄一。…煖頂忍三為二仲上品一、七方以為二仲々品一、七方便前為二仲下品一。有説、十信末心為二上々品一、十信初中為二上仲品一、十信前凡夫、但発二菩提心一深信二因果一等以為二上下品一。…仲輩三人皆種解脱分善根人、不下以二位次一其上下上、但明三持戒日有二長短一。若無戒者但修二世善一以分二三品一。至レ彼得レ果遅疾不レ同。上三師下輩同如二経文説一。案二此後二師承義一応レ有二末世聖一也」(西教寺蔵、六〇左—六三左)と説いて、諸説を紹介している。文中の訂正は安養抄所収のものを参照したが、安養抄には基の説ははぶかれている。

諸師の所判…(二七三14)　釈浄土群疑論巻六に、「所下以諸師判二此三品一高下不同上者、以二無生法忍経論判位或下或上一。仁王般若説三無生法忍在二七八九地一、諸論之中説下無生法忍在二於初地一、或在中忍位上、菩薩本業瓔珞経説三無生法忍在二十住位一、華厳経説三無生法忍在二十信位一、占察経説三無生法忍在二十信前凡夫位一。故諸師各執二一位一得二無生法忍一、分二上三品高下不同一也」(正蔵四七ノ六七中—下)といい、無生忍に六位があるとして、「一聞慧、在二十信前一。二生勝解、在二十信後一。三思慧、在二十住後一。四修慧、在二煖後一。五証得、在二初地一。六相続、在二八地一」(同四七ノ六七下)と記している。また、安養集巻四所収の智光の無量寿経論釈巻三には、経論による差異について、釈浄土群疑論の文を用いているが、無生忍には四種をあげ、「生法忍凡有二四種一。一者縁レ教得二無生忍一、謂凡夫及十信位、受二持読三誦大(乗)経論一、作二無生解一、即是聞慧。二者縁レ観得二無生忍一、謂十解以上乃至十廻向、作二三無性観一、解二万法無生一、即是思慧。三者証レ理得二無生忍一、謂初地以上、由レ証下遍二満法界一二空真如上、即是修慧。四者就レ位得二無生忍一、謂八地以上、由レ得二真俗双行無功用智一、亦是修慧」(西教寺蔵、三五右—左。〔　〕は安養抄巻二、正蔵八四ノ一四七中による)と述べている。

余の釈(二七四4)　釈浄土群疑論には中品について、基に似た説をあげ、上生をもって、四善根中の「煖頂忍位人」、下生は「曾種二解脱分善根一人」(正蔵四七ノ六七下)とする。また、現存の竜興の観無量寿経記巻下には、「煖頂忍三為二中上品一、七方便以為二中中品一、七方便前為二中下品一」(安養抄巻二所収、正蔵八四ノ一四四中)という一説が見えるが、誤写があるか、意味が取れない。元暁の遊心安楽道には、「中三品内、上者是煖頂忍決択分位也。中品者前三方便解脱分也。下品者五停以前趣善凡夫」(正蔵四七ノ一一七中)と説いている。

善導禅師の玄義(二七四11)　源信が善導の観無量寿経疏の名を指摘したのは、ここ一カ所だけであるが、ここには善導の、他とは異なる特異な浄土教理解がうかがえ、注目される。その説くところは、「看二此観経定善及三輩上下文意一、総是仏去レ世後五濁凡夫、但以二遇レ縁有レ異、致レ令二九品差別一。何者、上品三人是遇レ大凡夫、中品三人是遇レ小凡夫、下品三人是遇レ悪凡夫。以二悪業一故臨終藉レ善、乗二仏願力一、乃得二往生一、到レ彼華開方始発心。何得レ言二是始学大乗人一也。若作二是見一、自失誤レ他、為レ害茲甚」(正蔵三七ノ二四九上—中)である。九品すべて凡夫とおさえた意義は大きい。また迦才の浄土論巻上に、往生の人について、その正意を論じて、「此中菩薩往生自有二三輩九品一。二乗往生自有二上中下一。凡夫往生自有二上中下一。各有二九品一、但経中不レ能二委細分別一。大小凡夫合論二九品一、実即有二無量差別一也。詳二四十八願及観経一、論二大旨一、凡夫是正生人、聖人是兼生人。以三凡夫堕二悪道一故、於二穢土中一不レ能二修道発心一也」(正蔵四七ノ八八中)と述べ、凡夫を正生の人とし、また同巻中にも、五濁の凡夫の往生をもって、観無量寿経がとかれた、そのおこりの意と論じている(同四七ノ九〇中—下)。

かの大士…(二七五11)　たとえば、慧遠は観無量寿経義疏巻末に、「大乗人中四地已上、説為二上上一」(正蔵三七ノ一八二上)と説き、上位の菩薩も上品上生に摂するが、善導は九品すべてを凡夫とするから、摂しない立場に立つ。また迦才の浄土論巻上には、位に約せば、上品上生は八地の位と説く(正蔵四七ノ八七上)。

あるが云く(二八五10)　義寂の無量寿経述義記巻中に、「此言レ念者、謂称二南無阿弥陀仏一、経二此六字一項(頃カ)、名二一念一。…問、若尓何故故《(ここ)》弥勒問経云、…如レ此十念、其事甚難、云何苦逼不レ遑二仏念《(ここ)》一而能具起二如レ此十念一。答、此説下専心称二仏名一時、自然具中足如レ是十念上。…」(西教寺蔵、安養集巻二ノ二四右—二五右)とあって、ほぼ一致する。

一には…(二九〇6)　以下の比喩のうち、第一・第二は安楽集巻上(正蔵四七ノ五中)に見えるが、また第二・第九は華厳経(六十巻本)巻五九(同九ノ七七八下・七七七中)に見え、第三は大智度論巻四七(同二五ノ四〇一上)に、第四は涅槃経(北本)巻九(同一二ノ四一八中)に白羊として見え、第五・第六・第七・第八はともに涅槃経(北本)に、順次に巻二七(同一二ノ五二五下)、巻二五(同一二ノ五一一下)、巻三五(同一二ノ五七〇上・五七三上)に見える。また第十はさきの那先比丘所問経の取意と見られる。

十五家の釈(二九四8)　懐感が示した諸説は次の如きものである。「古今大徳釈二此両経一有二十五家一。共解二此教一。一観経取者、是懺悔人、寿経除者、是不二懺悔一人。二観経取者、是軽心造レ逆人、寿経除者、是重心造レ逆人。三観経取者、唯是造二五逆一人、寿経除者、是造二五逆一及謗レ法人。四観経取者、是造レ逆類人、寿経除者、正五逆人。五観経取者、是発二菩提心一人、寿経除者、是不レ発二菩提心一人。六観経取者、是至誠念二阿弥陀仏一人、寿経除者、是不三至誠念二阿弥陀仏一人。七観経取者、是十信菩薩人、寿経除者、非二十信菩薩一人。八観経取者、非二闡提一人、寿経除者、是闡提人。九観経取者、是対二已造レ逆人一、寿経除者、是対二未レ造レ逆人一。十観経取者、是開門、寿経除者、是遮門。十一観経取者、説二五逆業是不定業為可レ転時一、寿経除者、説二五逆業是定業不レ可レ転時一。十二観経取者、煖頂位人、寿経除者、非二煖頂位一人。十三観経取者、種二解脱分善根一人、寿経除者、是不レ種二解脱分善根一人。十四観経取者、是第二階人、寿経除者、是第三階人。十五観経取者、是唯具二足十念一人、寿経除者、是通具足十念及不具足十念人」(正蔵四七ノ四三下—四四上)。このうち、第一説は元暁の説に似ている(遊心安楽道。正蔵四七ノ一一五上)し、第十一説に近いものは義寂の説で、無量寿経述義記巻中(西教寺蔵、安養集巻一〇ノ五四右—左。安養抄巻二、正蔵八四ノ一四三上)に見える。また憬興の無量寿経連義述文賛巻中には、「従レ昔会釈自成二百家一」として、諸説を掲げ、批判を行なっている(正蔵三七ノ一五一中—一五二上)。

一乗の法(三〇一11)　清少納言の枕草子の一〇一、「御かたがた、君たち、上人など、御前に人のいとおほくさぶらへば」で始まる一文に、一乗の法によせて、これを「第一」ととっていることが知られる(古典大系一九ノ一五六)が、これは誤った理解を示す一例として興味あるものといえよう。

憬興師は(三一〇9)　無量寿経連義述文賛巻下に、「故此五智如二其次第一彼仏地経中五法是也。清浄法界名為二仏智一。…大円鏡智名二不思議智一。…平等性智名二不可称智一。…妙観察智名二大乗広智一。…成所作名二無等無倫最上勝智一」(正蔵三七ノ一六九中—下)とある。

止観の第四(三一一2)　摩訶止観巻四上に、「第二衣食具足者、衣以蔽レ形遮二障醜陋一、食以支レ命塡二彼飢瘡一、身安道隆、道隆則本立。形命及道頼二此衣食一。故云、如来食已得二阿耨三菩提一。此雖二小縁一能弁二大事一。裸餒不レ安道法焉在。故須二衣食具足一也。衣者遮二醜陋一遮二寒熱一遮二蚊虻一、飾二身体一。衣有二三種一。雪山大士絶二形深澗一不レ渉二人間一、結レ草為レ席被二鹿皮衣一、無二受持説浄等事一、堪忍力成、不レ須二温厚一、不レ遊二人間一無レ煩二支助一。此上人

也。十二頭陀但畜二三衣一不レ多不レ少、出レ聚入レ山。被服斉整故立二三衣一、此中士也。多寒国土聴二百一助一レ身要当二説浄一。趣足二供事一無レ得二多求一。多求辛苦守護又苦、妨二乱自行一復擾二檀越一、少有二所得一即便知レ足、下士也。…」(正蔵四六ノ四一下)とあるものを指す。

故慈恵大僧正(三二一11)　慈慧大僧正伝に、「寛和三年二月十六日勅曰、故大僧正良源闍梨、垂二跡浮生一、棲二心常楽一、智慧之水波澄、邪見之林煙斂、久居二台嶺之貫首一、深貯二法蔵於唯心一、況乎自二朕誕育之始一、厚二其護持之慈一、而忍辱之衣永隔、攀恋之襟難レ忘、其人爰在、其徳可レ酬、宜下加二褒崇一、諡曰中慈慧上、縦雖レ恋二金縄之風一、請莫レ軽二紫泥之露一耳。同月廿日、遺弟等上表曰、延暦寺沙門尋禅等言、伏奉レ読二今月十六日勅書一、賜二先師大僧正一以二慈慧之諡号一、沙門等仰二載(戴カ)天慈一、不レ知レ所レ措、先師観念月空、戒律珠潔、法門之領袖也、解脱之衣離レ塵、得道之津梁也、定慧之水激レ波、自二彼化度縁尽寂滅示来一、徒遣二古洞之風一、早帰二本覚之月一、追恋之痛、与レ年漸深、当二于此時一、忽降二鳳銜之新翥一、更有二竜喚之周流一、弟子已感二歎于雲扉之中一、先師定歓二喜于露地之上一、誠是枯木再華之春也、凡厥満山之客、奈二何無涯之恩一、沙門不レ勝二欣戴踊躍之至一、詣レ闕抗レ表、陳謝以聞」(群書三ノ八三〇下—八三一上)とあって、慈恵の諡号は寛和三年と知られる。ちなみに大僧正に任じられたのは天元四年(九八一)八月三十日である。

著作郎…(三二一11)　十六相讃は正しくは西方極楽世界十六想観画讃という。日想観以下の十六観に心観を加えた十七観を、七言四句を一首とする詩によんだものである。叡山文庫に現存する加点本によって、そのいくつかを読み下すと、「〈日想観〉正に坐して西に向いて日の没るを想ふ　状、鼓を懸けたるが如くして夕陽に残れり　目を開き目を閉ぢ、すべからく明了にすべし　これはこれ十六の第一の観なり〈水想観〉水の如くなれども水にあらず、太だ澄み清し　氷に似るも氷にあらず、むしろ解結せんや　琉璃鋪設して都て塵なし　内外映徹して長く潔(いさぎよ)きことあり」、「〈花座観〉地中の七宝、蓮華の座　座の間に百億摩尼欄　台の上に自ら四の宝幢を竪てたり　幢上にまた一宝縵を覆へり〈三尊観〉弥陀は中央の一の花の中　菩薩は左右、両の花の上に　金色の光の中、宝樹の下に　三の座にまた三尊の像あり〈仏色身観〉仏身は閻浮檀金の色　仏長は恒沙由旬の程　四大海水、青蓮の眼　五須弥山、白毫の芒(ひかり)　八万四千の相を具足して　遍く八万四千の光を照す　この光は三有界の　念仏の衆生を隔てずして尽く照将したまふ」、「〈上品三生観〉上品三生極楽の人は　誠心慈心一世間なり　即ちかの国に生れて弾指の頃　蓮花速かに開きて氷顔を見る〈中品三生観〉中品三生極楽の人は　五戒八戒または孝情　如来、光を放ち即ち法を説(の)ぶ　忽に花台に乗りて西に向いて行く〈下品三生観〉下品三生極楽の人　四重五逆、命まさに殞(おと)さんとするに　善知識に遇いて初て仏を念じて化仏・菩薩、共に誘引したまへ〈心観〉弥陀の悲願、思議し巨(たが)し　観音・勢至もまたかくの若し　願はくは三界四生の類をして　九品に往生せしめて一(ひとり)も遺さじ」などとよまれる。これらのうち、第九の仏色身観だけは二首よりなっているが、とくに一段高い声で詠われたものか、心観とともに、その上欄に朱で「上」と書かれている。

解説

『往生要集』の思想史的意義

『往生要集』執筆とその時点

永観二年(九八四)冬一一月、源信は『往生要集』の筆をおこして、翌年四月、その功を終えた。その間、師良源の示寂に逢っていることを思うと、その筆才は驚嘆に価するものがある。それはすでに一読して認められるところであろうが、また同時にそうした匆々の間をへながら、よく渋滞することなく功を終えた、孜々として止むことのない精進の姿を想起させずにはおかない。あるいは、師の霊前に一日も早く捧げたいといった報恩の想いが去来したからでもあろうか。

しかし執筆とほぼ時を同じくして、たちまち風疾を病んで山を下った師が、年が改まって間もなく世を去るという悲報に黯然とした日々を送ることはあっても、『往生要集』の執筆自体は、弛むことなく進められた。そこには、すでにこの書の序が語っているように、利智精進の人とは類を異にした、「予が如き頑魯の者」という、源信と同じような、念仏の道を歩く愚かな人たちのために、この書を執筆して「廃忘に備」えようとする姿勢があったからである。いわば、念仏をともにする同朋意識に支えられて、終始かれはこの書の執筆に取り組んだのである。

そしてこのように見てくるとき、このことが、『往生要集』執筆の時点はいわゆる勧学会《かんがくえ》と二十五三昧会《え》との接点に位するということを教えてくれる。このことは極めて興味ある問題といわなくてはならない。

勧学会についてはすでにじゅうぶん研究がつくされているが、ここでもっとも注目されることは、この会が一種の念仏結社だったという事実である。慶滋保胤など、多くの大学寮北堂の学生たちが天台の僧の参加をまって結成したこの結社は、保胤の言葉によれば、「方今、一切衆生をして諸仏知見に入らしむるは、法華経より先なるはなし。故に心を起し合掌して、その句偈を講ず。無量の罪障を滅して極楽世界に生ずるは、弥陀仏に勝るものなし。故に口を開き声を揚げて、その名号を唱ふ」(本朝文粋巻一〇)といった法華と念仏の併修を、その趣旨とするものであった。つまり法華によって仏の智慧を得、念仏によって往生を期するというのが眼目であった。かれらは春三月と秋九月の二季、一五日の集合の日に一寺に参集し、法華の講義を聞いた後、法華の経文に題を求めて詩文を作り、夜は念仏して暁に及ぶことを例とした。『三宝絵詞』巻下によれば、「十四日の夕に、僧は山よりおりてふもとにあつまり、俗は月に乗りて寺にゆく。…十五日の朝には法華経を講じ、夕には弥陀仏を念じて、そののちには暁にいたるまで、仏をほめ法をほめたてまつりて、その詩は寺にをく。又居易《きょい》のみづからつくれる詩をあつめて香山寺におさめし時に、願はこの生の世俗文字の業、狂言綺語のあやまちをもち、かへして当来世々讃仏乗の因、転法輪の縁とせむ、といへる願の偈を誦し、乃至僧も互ひに法華経の「聞法歓喜讃、乃至発一言、即為已供養、三世一切仏」といふ偈、又竜樹菩薩の十二礼拝の偈等を誦して夜をあかす」などとあって、その集まりの性格がよく窺える。しかしまじめな念仏同心の集まりには相違ないにしても、どちらかといえば、詩文を作って、その教養の高さをてらうていの誇らしさがのぞかれ、また「風月詩酒の楽遊」とも評価されるおそれがあった(本朝文粋巻一〇)ことを思うと、多分に娯楽的な面もあったと見てよい。いずれにしても、同好の士に限られた、小さなセクト的な集まりに終始した、ということができる。

おのずからメンバーが増大することはなく、逆に年の経過とともに歯の欠けるように、集まる人の数も減っていったことは想像にかたくない。大江以言が伊予の国司に任じられたおり、かれが任地にあって、勧学会に擬して、二、三の同好のものと法華経聴講の法会を行なったことは、その衰徴の一端を語っている。また世を去るものも、けっして少なくはなかっただろうし、さらには、春秋二季という間遠さも、ただ旧交を温めるといった親睦の意を強め、また念仏同心の集まりという、信仰上の心の触れ合いを求めるものとしては、いささか徹底を欠いていたことも、この集まりの先細りに関連をもったにちがいない。

こうして康保元年（九六四）に成立したこの勧学会も、ようやく中絶に追いこまれる。その年は永観二年（九八四）、あるいはおそらく寛和二年（九八六）だろうと推定されているが、それはまたこの集まりを主宰した慶滋保胤の出家とも深い繋がりをもっていたものである。かれが出家して寂心と名のったのも寛和二年、おそらく冬のことである。

保胤は出家後、叡山の横川に隠れた。ここでは、かれが在俗中、邸のうちに小堂を建てて、阿弥陀仏の像を安置し、官務を終えた後の自由な時を、「この西堂に参り、弥陀を念じ、法華を読んだ」（池亭記。本朝文粋巻一二）ような、いや『日本往生極楽記』の序に、「予、少《わか》き日より弥陀仏を念じ、行年四十以降、その志いよいよ劇し。口に名号を唱へ、心に相好を観じて、行住坐臥、暫くも忘れず」と記したような、むしろ念仏一筋の日々に拍車をかけたことであろう。家業をつぐ嗣子はすでに妻を娶っていたといわれるから、世俗の生活にはもはや一片の未練も残っていなかったにちがいない。勢い個人的な信仰のなかに沈潜したことと思われるが、かすかに心の翳りとなったものは、勧学会の中絶でもあったろうか。しかしすでに中途半端な親睦機関に堕ちようとしていた勧学会に、信仰一筋のあり方を求めること自体が、無理といわなければならないとすれば、当然、たどらなくてはならない道程をたどったのだという思いに、むしろ安らぎを得て、新たな念仏生活に専念したことであろう。かれもまた、心ある僧たちが隠棲を求めたように、聖《ひじり》の生活に打ち込んでいった。それは後に、三州俗聖がその『起請十二箇条事』のなかで、「先聖寂心仙」と仰いだような、そうした師表に価するものでさえあったようである(栄花物語巻一八には「内記のひじり」とある)が、このような山上にあって、奇しくもかれは、横川首楞厳院の僧たちによって新たに発足した二十五三昧会という念仏結社に、直接触れることになる。

ところで、二十五三昧会の発足は保胤の出家した同じ年、寛和二年と考えられている。現存する『横川首楞厳院二十五三昧起請』には、「寛和二年九月十五日　慶保胤草云云」(この云々を伝聞とすれば、保胤草も信憑性を失うことになるだろうか)とあるから、これを取るときは、寛和二年も後半に及んで発足したと考えられるが、『二十五三昧式』と呼ばれるものには、「寛和二年五月二十三日」の日付のある「発願文」を載せていて、少しく先んじている。実際の下準備ともなると、早くからだれかが中心になってこれを発議し、相談し合ったにちがいないから、「五月二十三日」という日付は、発起の当初を語るものであろう。

この二十五三昧会とどんな関係にあるか明らかではないが、これと同じ性格をもった同心の集まりが、この年の夏、同じ横川の、飯室の北の安楽谷で結成されたことをここで想起しておこう。その時は、前年一〇月、この飯室の北を安楽谷と名づけて、念仏同心の人たちが集まりだしたようで、堂が造られたのであろう、翌二年夏、源信がその供養のためにここを訪れたのを機会に、だれかれの別なく、同心の者が集会して、たがいに相議《あいはか》り、結縁の行法を計画したことが知られる。この場合は、飯室の北谷を安楽谷と名づけたことが、同心者の念仏発起をすでに予想させ、そしてそれが寛和元年という年であったところに、さらに注目を引くものがある。あるいはこうした同心の集まりが二十五三昧会の結成を促す一因をなしたのではないかとも想像されるが、それがいささか早急だとしても、これによって同じような念仏同心の結社的動きが、期せずして始まっていたということは認められると言えよう。

しかしそれはともかく、二十五三昧会といわれる念仏結社がどのような内容のものだったか、その辺をまず窺って見なければならない。その資料には、先の寛和二年五月二三日付の「発願文」を含む『二十五三昧式』と、寛和二年九月一五日付の『横川首楞厳院二十五三昧起請』とのほかに、もう一つ、永延二年(九八八)六月一五日付の、源信が書いた『横川首楞厳院二十五三昧式』がある。

しかし最初のものは内容に出入りが多く、かなりの乱れがあり、「発願文」のないものさえ、異本のなかにはあるから、少しく時を経た後になって作られたものと考えられる。おそらく二十五三昧会が軌道に乗り、そのメンバーも僧俗ともに増えだした過程において、その読誦作法用に作られたものであろう。内容は後の二つとは全く異質である。ただ「発願文」だけは、二十五三昧会の発足を語るものとして注目される。そこには、「今相議《あい》して云く、我等、契を合せ、互に善友《ぜんう》となり、最後の臨終には、相助け教へて念仏せしめん。即ち二十五人を点《かぞ》へて以て結衆の数となす。もしこの中に一の病者あれば、結縁の願力に依りて、日の吉凶を撰《えら》ばず、その所に往到して問訊し勧誘し、もしたまたま極楽に往生する者あらば、自らの願力に依り、仏の神力に依りて、もしは夢に、もしは覚《さ》めて、結縁の人に示し、もし悪道に堕つとも、また以てこれを示さん。またこの結衆、時々、心を同じくして浄土の業を共にし、なかんづく毎月十五日の夕には、念仏三昧を修し、臨終の十念を祈らん」とあり、五月二三日の日付と、さらに「根本発起衆並びに同結縁衆」の名を掲げている。そのなかには、結縁衆の一人として源信の名が記されているが、そのほか、『続本朝往生伝』に載っている覚超・良範、あるいは『三外往生伝』の祥蓮・妙空・明普・念昭(イ照)・良陳・聖金といった僧の名も見える。ともかく二十五三昧会の発起人たちが意図したところをよく語っている。

そして、こうした「発願」の下に具体的な個々の内容を整えたものが、後の『二十五三昧起請』と『二十五三昧式』の二つである。前者は八条よりなり、後者ではこれが十二条に増広されているが、いまは十二条の『二十五三昧式』に焦点を当てて、とくに注目される幾つかの特色をここに記すことにしたい。これによって二十五三昧会というものの性格がより明確になるはずである。

まず最初に注目されるものは、「毎月十五日の夜を以て不断念仏を修すべき事」と定められた第一条と、これに続く「毎月十五日の正中以後は念仏し、以前は法花経を講ずべき事」の一条である。ここでは、まず昼以前は『法華経』の聴講、午後からは念仏という立て前が取られているが、不断念仏の開始は酉の刻(午後六時—八時)の終わりごろからで、その前に講経・廻向・起請といったことが行なわれ、念仏に移ってから、『阿弥陀経』の読誦十二遍と二千余遍に及ぶ称名念仏を行ない、また読経が終わるごとに廻向文を唱え、百八遍の念仏を称えると定められている。形としては、一見して勧学会の法華・念仏の併用を想起させる。ただ、八条の『二十五三昧起請』には姿を見せなかった法華の聴講がここで取り上げられたという事実に着目するときは、このことの意味は、勧学会を超えて、天台宗本来の立場にまず立って、念仏を重視するという姿勢を示すものだと考えられる。源信の師良源が天禄元年(九七〇)に作った『二十六箇条起請』に「当今、修する所、ただ常行三昧のみなり。件《くだん》の三昧、殊に陵遅せんとす」といって嘆いた常行三昧(二〇〇頁以下参照)以外の三昧、ことに法華三昧の衰退を思うとき、この法華の聴講を加える姿勢には、源信のその後の志向方向とも関連して重要な意味をもつようである。

しかしこうした姿勢との係わりにおいて忘れられない一条は、「光明真言を以て土砂を加持して、亡者の骸《なきがら》に置くべき事」という第五条である。念仏に加えて、真言密教の介入を語るものであって、同様の趣意は先の『二十五三昧起請』でも示されていたが、この一条には一見、二十五三昧会が念仏を真言と同視し、真言の変質としてこれを受容したと理解することを許すものがあるかのようにも見える。しかしこの光明真言による土砂加持は、実は源信の思想の上では、一種の残滓に止まり、密教から遠ざかろうとしながらも、これと袂を分かち切れなかった一面をのぞかせているものである。それはこの一条の結びに説く「ただし加持土砂の後、当に五段の礼拝を成すべし。所謂《いわゆ》る帰命頂礼大日教主釈迦如来、南無極楽化主弥陀如来、南無大悲観世音菩薩、南無得大勢菩薩、南無妙金蓮花経等なり」とあることからも推察される。ここでは大日は釈迦と同一視され、その形容詞的な役割を果たすものとして捉えられていることが明らかであって、したがって法宝の代表としての経も法華経で示されているものである。いわば、台密全盛に対する反省が源信の志向するところであって、『首楞厳院二十五三昧結縁過去帖』に記すように、源信を「真言を学ば」なかった人と捉えるのが正しい。だからこそ、後の『観心略要集』もその意味をになっているのである。『往生要集』における密教経典や真言も、世情との妥協を語るにすぎない。

ところで、以上の数条は、この二十五三昧会が念仏を主としつつ、それに加えられねばならないものと、捨てきれなかったものとの二面を語っているが、こうした平生の念仏と少しく趣を異にしたものが以下の数条である。そこには結衆のなかに病人がでた場合の看病や、病が篤くなった臨終のときの処置、あるいは没後の送葬などが示されている。すなわち、第七条の「結衆の中に病ある時は用心を致すべき事」、第八条の「結衆の中に病人ある時は結番して逓《たがい》に守護・問訊すべき事」、第九条の「房舎一宇を建立して往生院と号し、病者を移し置くべき事」、第十一条の「結衆の中に亡者ある時は問葬・念仏すべき事」、および第十条の「兼ねて勝地を占ひ、安養廟と名《なづ》けて率都婆一基を建立し、はた一結の墓所となすべき事」などである。これらが、先の「発願文」に語られた、結衆たちの二十五三昧会結成の意図をそのまま条文化したものであることはすでに明白であるが、いまこうした看病の心得を、とくに八条からなる『二十五三昧起請』によって窺ってみると、第五条にこう記している。

日没の至る毎に必ず例時を勤めよ。命もし風燭を瞋らさば相集りて念仏せよ。或は平生の所行に随ひ、讃嘆すること十誦律の説くが如くせよ。或は病眼の見る所を問ひて、記録すること道和尚の誡むるが如くせよ。

> それ善悪の二道に趣くは、ただ臨終の一念にあり。善知識の縁、専らこの時の為なり。もしいまだ終らざるに捨てて去らば、理しかるべからず。乃ちたとひ非常ありとも、当番衆は必ず穢に触れて終を送り、雑事一向に執行して、凡そここにこれを結ぶべし。志を興すこと、この事にあり。人深く我を恃み、我もまた人を恃む。我もし人に疎《うと》からば、人もまた我に疎し。結縁の本懐《ほんがい》、已に往生の本事に違はん。結衆を敗るべし。たとひ重障ありとも、結番を守り、来り勤むべし。たとひ他所に於て病を受くるとも、往訪・往還の暇、一日を尽し、この程を過ぐるときは、この限にあらず。事これ最要なり。勿(忽カ)諸にするを得ず。

ここには、臨終にすべてをかけた結衆たちの意図がよく推察される。月々一五日の念仏の集まりは、往生を決定するこの臨終の一点に凝結していた。言葉を換えていえば、まさに「臨終正念」こそ、結衆の目的であり、それをどのようにして遂げさせるか、それが結衆相互の看病中の課題であったのである。

こうした看病と臨終の重視は、もちろん十二条の『二十五三昧式』でも受け継がれる。しかし先行のものにおいて、より注目されることは、『往生要集』との接触ではなかろうか。ここには『往生要集』に説くところと重なり、あるいは近接するものが、かなり顕著である。このことは、『二十五三昧起請』において『往生要集』が参考とされたことを語る証左だと考えられる。いってみれば、二十五三昧会の結衆たちにとって、この『往生要集』こそ、すでに念仏結社を結成する支柱になっていたことを窺わせるのである。

さてこのように見てきて、改めて先の勧学会と対比するとき、ここにまず言えることは、勧学会の春秋二季の間遠さに対して、二十五三昧会は毎月催され、おのずから結衆相互の接触も緊密であり、念仏一途の信仰を温める、完全な念仏結社となることができたということである。しかも横川首楞厳院の僧たちによる結成であるから、中途半端な、宗教性と娯楽性とが夾雑した親睦会ていのものとは遙かな距たりがあり、まして臨終の最後まで、たがいに念仏を励まし合い、その正念を見とどけ合うことをもって、この集まりの目的とした以上、極めて徹底した同心の結束がなされたことも疑いをいれない。おのずから、おそらくその類を見ない念仏結社がここに生まれたものと考えられる。

これをさらに他に及ぼしていえば、勧学会も含めて、世に知られた極楽会にしても、あるいは六波羅蜜寺の供花《くげ》会《え》にしても、これらは念仏結社といえるけれども（ただし極楽会はセクト的封鎖的であり、供花会は開放的包容的であったと考えられる）、そこに集まり会したものは結縁を目的にし、常に与えられる者の側に立っていたものである。これに引き替え、二十五三昧会は、たんに結縁に終わるものではなく、かれら自身、たがいに与え、与えられるものであった。これは後に、この会《え》が僧俗男女を含む結社に発展していった場合でも、おそらく変らなかった性格であろう。かれらは常に念仏において主役をつとめたのである。

しかし、かれらが常にそうありえたのは、念仏の指針として、常に『往生要集』を座右の書として持っていたからに外ならない。ただたんに念仏同心の集まりを繰り返しているだけでは、念仏それ自身の支柱はない。おのずから、そこには、念仏はこうあることが望ましいといった、念仏の正しい在り方が捉えられていなければならない。しかもそれを満たすことができるものは『往生要集』だけであって、それ以外にはなかった。『二十五三昧起請』のなかに『往生要集』を想起させる言葉があるのも、いってみれば当然のことであった。かれらが常に『往生要集』を指南の書とした事実は、聖金の臨終のさまを見てもわかる（拾遺往生伝巻下）。

こういったことを、逆の視点から見れば、『往生要集』の執筆は、源信の同朋意識に支えられてなされたと初めに言ったように、かれ自身、同じ愚かさの自覚を通して、共に語り合い励まし合える、人の和合として、こうした念仏結社の成立を予想し、その時の指針ともなればと考えて、この書を書き上げたのではないか、ということである。それは正にかれの先見と言ってよいものであろうが、また世に行なわれる勧学会の行く方を見定め、その他の念仏法会の在り方を省察して、こうした指南の書があれば、充実した真摯な念仏結社の結成を促すとも考えたかも知れない。一石を投ずれば、その波紋は波紋を呼ぶはずだからである。

いわば、『往生要集』は、勧学会の中絶と全く新たな性格の念仏結社結成との予見を踏まえて、その新機運を促進し、それが実を結んだ暁には、必然的に起ってくる要求に答えうるものとして執筆されたと言うことができる。しかもこのことは、たんにそう想像されるといったものではない。あえて、その証左を示すなら、先にも触れた、『往生要集』の大文第六、「別時念仏」の「臨終行儀」の項(二〇九―一五頁参照)が、それに答えてくれるだろう。ここには『二十五三昧起請』との密接な関係が窺えるが、とくに注意したいのは、そこに述べられた臨終の病者に対する用心の言葉が、『往生要集』の中の他の部分とは打って変わって、源信自身の言葉で記されている事実である。みずから「要集」と名づけているだけに、ここに記された言葉は極めて印象的である。念仏同心の人を予想しないでは語れないものである。

こうして『往生要集』は浄土往生を願う人たちのなかに新風を送るものとなった。心あるものは努めてこの書を写し、座右に備えた。藤原行成の日乗『権記』が寛弘二年(一〇〇五)九月一七日に記していることはその一例である。長元四年(一〇三一)に書かれた『慈慧大僧正伝』に、「著はす所の書論、盛んに世に行はる。その中の往生要集三巻、濁世末代の指南なり」と述べ、『扶桑略記』巻二七が永観三年四月の条に、「天台沙門源信、往生要集を撰す。天下に流布せり」と記しているのも、けっして誇張ではない。

しかしそれでは、『往生要集』が著わされる以前の浄土教信仰はどのような経緯をへてきたのだろうか。いま溯って、ここに天台の念仏が辿ったすがたを追い、源信の周辺に及んで、少しくその性格を捉えてみよう。

先にもちょっと触れたように、天台宗は四種三昧の実践をもって、その修行の基盤とした。それは遠く最澄が天台宗の創始に当たって、止観業《しかんごう》と遮那業《しゃなごう》を専修する二人の年分度者を定めた、それ以来の伝統であって、止観業にはとくにこの四種三昧の修行が必須とされてきたものである。ただこの四種のうち、とくに重視されるようになったものは、常行三昧と法華三昧であった。

しかし、衆知の如く、常行三昧堂が建立されて、そこで行なわれるはずの常行三昧がはやくも変容をきたしたのは、第三代座主円仁のときである。かれは仁寿元年（八五一）、中国の五台山で行なわれていた念仏法をこの常行三昧堂で行なった。それは察するところ、善導の唱礼法に流れを汲んだ法照《ほっしょう》の五会《ごえ》念仏法だったようである。安然の『金剛界大法対受記』巻六によると、法道（記録によっては、法照を法道とし、別人とするものもあるが、同一人物とも見られる）が現身のまま極楽に赴いて、水鳥樹林の念仏の声を聞き、これによって創めた念仏法を、円仁が入唐の折り、学び受けたものだといい、それには「長声二声、合殺五声」があるとして、平声から高声まで五つに分かれた、五会《え》から構成された念仏法であることを伝えている。いわば、念仏や礼讃の言葉を美しい音楽的な曲調にのせて詠うものであって、これが後に引声《いんぜい》念仏とか、引声阿弥陀経などといわれるようになったものである。

したがって、ここに至るときは、もはや常行三昧が本来、目的とした止観の意味は失われたといって過言ではない。口に念仏を唱えることも、常行三昧の一要素ではあったが、いまはその主従の位置をかえて、口に唱える念仏だけが重視されたことになる。しかもそれが音楽的諷誦を主体とするとき、おのずから音楽法要的な色彩や雰囲気を備えてくるのは当然である。勢いの趣くところ、それは美的な鑑賞にたえる儀式的なものに変貌するはずである。こうして、円仁の没後、その遺言を受けた無動寺の相応によって、貞観七年（八六五）、ここにはじめて不断念仏という念仏法要が誕生することになる。いわゆる「山の念仏」である。

『今昔物語集』巻一一によれば、このとき行なわれた不断念仏は八月一一日から七日七夜にわたったといわれるが、その後、第十五代座主延昌に至って、天徳二年（九五八）、三七日にわたる不断念仏と発展した。それは東塔・西塔・横川の三所の常行堂における、いわば全山をあげた、華麗な音楽法要であった。『三宝絵詞』巻下に、「仲秋の風すゞしき時、中旬の月明なるほど、十一日の暁より十七日の夜にいたるまで不断に令行《おこなわしむる》なり。故《ゆえに》結願夜終行三七日也。唐には三七行と云、我山には三所に分て一七日行也。合三七日也」と記すところである。

当然、この「山の念仏」のめでたさは広く世の共感を呼び、随時・随所において行なわれるようになる。たとえば、保胤の『日本往生極楽記』が記している「尼某甲《むこう》。大僧都寛忠と同産の姉」の場合はその一例であって、「尼、衰暮に及び、ただ弥陀を念ず。僧都に語りて曰く、明後日、極楽に詣ずべし。この間、不断念仏を修せんと欲すと。僧都、衆僧をして三個日夜、念仏三昧を修せしむ」とある。恐らくそれはちょうど臨終に当たって遙かかなたから聞えてくる音楽のような幻想と重なり、来迎の証左とも受け取られたのであろうか。

しかしこのような不断念仏がさらに一般民衆の手に渡されるとき、さらに音楽的性格を高め、娯楽的なものに変わっていった。いわゆる空也（九〇三—九七二）の踊念仏はそれである。ここでは極めてファナティックな呪術性が濃厚であって、民衆は踊りと音楽とを通して、密教的な怪しい陶酔にひたったと考えられるが、しかし民衆が念仏を手にするに至ったというこの事実は、その形態のいかんに係わりなく、重要な意味を担うものであった。保胤が『日本往生極楽記』のなかで、空也の念仏の功を讃え、「天慶《てんぎょう》（九三八—九四七）以往、道場・聚落、念仏三昧を修すること希有なり。何ぞいはんや、小人・愚女、多くこれを忌《い》むをや。上人来りて後、自ら唱へ、他をしてこれを唱へしむ。その後、世を挙げて念仏を事となす。誠にこれ上人、衆生を化度《けど》せし力なり」といっているのも、当然である。

しかもこうした念仏における音楽的な性格は、さらに空也の弟子千観（九一八―九八三）によって、より一層、高められる。それは、保胤も記しているところの、「阿弥陀和讃二十余行」であるが、空也の作という『空也和讃』が真偽を疑われているかぎりにおいて、この『極楽国弥陀和讃』と呼ばれる和讃こそは、阿弥陀仏を讃詠する最初の和讃として、注目に価するものである。おのずからそれが、口に詠い、耳に聞いて、すぐそれと理解できないような梵讃やあるいは漢讃とは、全く趣を異にしていることも、とくに留意されなければならない。

例えば漢讃ならば、善導の『往生礼讃』をはじめ、数多くのものがすでに依用されていたし、また日本人の手によっても、古くは島田忠臣の『田氏家集』巻上に、「奉拝西方幀、因以詩讃浄土之意」と題して載せる詩、「十万浄土尽厳荘　就裏西方異九方　見説国名為極楽　承聞仏寿是無量　奇禽合奏千般語　宝樹交和衆妙香　我亦阿弥陀弟子　他生往詣最中央」が作られ、下っては極めて著名な後中書王の『西方極楽讃』に、「四土不二極楽国　三身即一阿弥陀　娑婆有縁於彼仏　彼仏有願於娑婆　八万妙相荘厳身　六八弘誓変成地　観之者皆除塵労　念之者悉至覚位　雖十悪兮猶引摂　甚於疾風排雲霧　雖一念兮必感応　喩之巨海涓露　正直心地為国界　無漏善根為林叢　若能了達于是理　華池宝樹在胸中」（本朝文粋巻一二）と詠われたものなどもあるが、それらが漢讃に止まるかぎり、どこまでもごく限られた閉鎖社会に属する上層智識人のものでしかなかった。『西方極楽讃』の「雖十悪兮猶引摂」以下の四句が『和漢朗詠集』巻下に引用されたことは衆知の事実であるけれども、しかしこれが民衆のものとなるためには、「弥陀の誓ひぞ頼もしき　十悪五逆の人なれど　一度御名を称ふれば　来迎引接疑はず」（梁塵秘抄巻二）という表現に詠い変えられる必要があったのである。おのずから、千観の和讃は歴史的な意義を担うことになる。その意味において、いまその一端を記すことも無駄ではあるまい。

娑婆世界の西の方　十万億の国過ぎて
浄土はありつ極楽界　仏はゐます弥陀尊

七重行樹かげ清く　八功徳水池すみて
苦空無我の波唱へ　常楽我浄の風吹きて
天の音楽雲にうつ
（中　略）
仏の光きはもなく　聖《ひじり》の寿《いのち》はかぎりなし
誓は四十八大願　心《こころ》一子の大慈悲は
十悪五逆謗法等　極重最下の罪人も
一たび南無と唱ふれば　引接定めて疑はず
浄土十方おほけれど　極楽われら縁ふかし
（下　略）

この和讃が庶民の口にのぼるのは当然であろう。保胤も、「都鄙の老少、以て口実となし、極楽に結縁せる者、往々に多し」と記している。

しかし漢讃であれ、和讃であれ、それが仏や浄土を讃嘆するものである点においてかわりはない。その讃詠からは美的感覚的な一種の陶酔が生まれることはあっても、澄みきった心に得られる常行三昧の法悦とは異質である。そしてそれは、不断念仏をたんに音楽法要的な儀式のなかに埋没させてしまった場合においても同様である。『枕草子』が「説経の講師は顔よき」といった視覚的な美感を、聴覚的な美しさに置き換えたものが、不断念仏そのものの在り方と是認する傾向の窺えるかぎり、それは少なくとも修行とよばれるものからはほど遠いものであった。

ただ常行三昧が不断念仏と変容し、それが民衆化の過程において、さらに形を移して滲透するようになっても、常行三昧本来の修行が捨て去られたわけではない。すでに康保四年(九六七)横川の常行堂が再建されたとき、この堂では二人の僧がこの三昧を修するものと定められ、翌年二月二九日よりそれが行なわれている(山門堂舎記)。また多武峯では、応和二年(九六二)以来、如覚が常行三昧を行ない、とくに安和二年(九六九)一〇月には、翌年建立を見る常行堂のために規矩を定め、「毎年七月より九月に至る九十日間、毎日三昧、阿弥陀経三十二相を読み(おそらく「阿弥陀仏の三十二相を観じ」の誤りだろう)、并に毎日、不断念仏を唱ふ。右、常行三昧、定むる所、件《くだん》の如し」(多武峯略記)と記していて、常行三昧のオーソドックスな型が守られ、それに不断念仏が付属するという形が取られている。

したがってこうした常行三昧が盛行していたからこそ、天禄元年(九七〇)の良源の『二十六箇条起請』に、「当今、修する所、ただ常行三昧のみなり」と記される理由があったのである。

それは、言葉を換えて言えば、念仏そのものを讃詠的な美意識の世界から取りもどして、念仏本来の三昧の姿にかえす努力の結果とも見られるものである。いわば、在家的な念仏から出家的なものへの還元である。

そして、この方向転換は、そのまま源信の『往生要集』の執筆と重なり、引いては勧学会より二十五三昧会へといった移行とも相応ずることになる。

またこれを源信個人の行動の上で言えば、世俗的な名利を捨てて、横川の奥深く隠棲した、かれ自身の聖への転換とも、別のものではない。『往生要集』はこの遁世によって生まれたのであり、それなくしては世に姿を見せなかったであろう。『往生要集』の大文第九の最後の部分を想起していただきたい。そこにはかれが「浄土の因要」として私に掲げた十三のうち、最後の「利養に染まざる」こと(二五九―六〇頁参照)について、いかに多くの言葉を費して、この章を終っているか、注意されるにちがいない。そうとすれば、かれの念仏思想は、このような隠遁と切り離せない、表裏一体のなかで把握されなければならないのではないか。

『往生要集』の思想とその展開

『往生要集』はその劈頭から地獄の凄絶な様相を繰り広げて、読む人の耳目を奪う。人は、酸鼻を極めた罪人の苦痛の叫びに、慄然として肌に粟を生ずる思いにかられること、しばしばである。そこに、みずからの姿を思うときは、現世の苦楽がどうあろうと、それはもはや何の意味ももたないだろう。ただ絶望の深淵が黝々と口をあけているのに気づく。そしてその時、改めて人は仏の救いの尊さ、恵みのありがたさに思い至る。いつしか浄土欣求の思いがひしひしと身を包むのである。

こうした意味において、『往生要集』が最初に掲げた「厭離穢土」「欣求浄土」の二章は、このような絶望から浄土の救いへと導いて行く上に、極めて効果的であった。おのずから、読む者はここに『往生要集』の本旨を見、ここに執筆の意図を探ってきたようである。後世、これに基づいて、地獄草紙や餓鬼草紙・病草紙などといったものが描かれ、『十楽和讃』などが作られ、あるいは『往生要集』の名のもとに、地獄・極楽の部分が絵入りで版行されるなど、この初め二章を重視する風潮が作られるようになったのもこのためである。

しかしこれは決して『往生要集』の本意を正しく理解したものではない。これらはむしろ『往生要集』の中心課題に近づくための導入部であって、源信の意図はその後の、とくに大文第四・第五・第六の三章にあったものである。先にも述べたように、浄土に往生するための念仏の正しい在り方こそ、念仏同心の人たちの指針となりうるものである以上、それを廻るさまざまな問題を解こうとする部分に重要性があるはずだからである。この意味において、後に法然(一一三三—一二一二)が、とくに初め五章について、その要・不要を論じて、取捨を行ない、「始めに、惣じて五門(大文第一から第五まで)に就いて簡《えら》ぶとは、上の厭離・欣求・証拠の三門は、これ往生の要《かなめ》にあらず。故に捨てて取らず。第四の正修、第五の助念、この二門は、これ往生の要なるが故に、簡びてこれを取る」(往生要集詮要)と述べていることは、正鵠をえたものといってよい。したがって本書の中心は「正修念仏」以下の三章と見るのがもっとも妥当である。前三章を序章とし、後三章を付帯的な諸問題を整理した傍論として、成立したと考えることができる。ただ源信は十という整理の仕方を好んだから、最後に「問答料簡」を加えて、この書の結びとしたのである。

さて、『往生要集』において源信が念仏の正しい在り方と考えたものは、いわゆる世親の五念門であるが、その中心は当然、観察《かんざつ》に置かれている。そしてそれに直接、土台として要求される条件が作願《さがん》であり、他の三つはこれらの補助、ないしは当然の帰結として捉えられたものと考えて間違いない。おのずから、先に触れたような讃詠的な念仏は、それがたんにそれだけのものに止まるかぎり、どこまでも念仏の中心からはずれることになる。それはこの五念門の上でも言えることだったのである。

ところで、この念仏の中心をなす観察について、源信の説くところは「色相観」(一一八頁以下参照)である。いわば、阿弥陀仏の身に備わる相好の観想である。これをかれは「別相観」「総相観」「雑略観」の三つに分けて説いたが、まず別相観は仏の坐っている華座から始まって、仏の相好に移り、仏の頭の肉髻から、足裏の千輻輪や跟《くびす》に及ぶ、四十二の観想の実践を要求するものであって、これらを順逆に反覆するのである。この形には、観想の内容を四十二に整理したこと以外、注目されるものはない。華座から始めたことは、従来の説に従ったことを語るものである。

しかし総相観では、これら個々の相好を総括して、目に溢れる、輝きわたる光明として仏を捉えると同時に、そこに三身即一の仏を観想することが説かれていることは、注目されなければならない。これは別の言葉でいえば、理の観想である。したがって先に作願の項で、源信が事・理の二つを立ててこれを論じ、この理に順ずる作願をもって、「最上の菩提心」といった(九二頁)ように、これもまた当然、最上の観想ということになる。

それは、「三世十方の諸仏の三身、普門塵数の無量の法門、仏衆の法海、円融の万徳、およそ無尽の法界」を、この阿弥陀仏の一身に備えると観じるものであり、この仏は一切の身心と不即不離の、「寂静にしてただ名のみ」であり、したがってその相好としての光明も、「三身即一の相好・光明」であり、諸仏と同体にして「万徳円融の相好・光明」であると観じるものであった。また「わが所有の三道と、弥陀仏の万徳と、本来空寂にして一体無碍なり」(一三三頁)と観想することでもある。ここでは、一切を収めつくした阿弥陀仏とわたしとが全く一つに融け合うことによって、初めて観想が完成するのである。

しかし以上のような観想は極めて高度な能力・資質を備え、たゆむことのない精進努力を必要とするから、同じ観想でも、もっと簡略なものの余地を残している。それが最後の雑略観である。ここでは、焦点を仏の白毫に絞って、白毫とその光明とが観想される。ただ源信が雑略観と名づけたその意図は、こうした白毫観とともに、それさえ能力に余る愚かな人たちの観想としては、ほかにどんな方法がなければならないかということである。当然ここから導かれるものは、「或は帰命の想に依り、或は引摂の想に依り、或は往生の想に依りて、応に一心に称念すべし」(一三四頁)という方法であった。それはもはや観想と呼ぶには躊躇されるものであったが、それをも含めて、「観察」としたところに、かれの思想の包括性が窺い知られる。

観想を行なうには、さまざまな条件が備わっていなければならない。僧のような特定な身分の者でも、愚鈍な人には至難である。また在家でも、保胤のような、邸内に一堂をかまえて、「弥陀を念じ、法華を読む」ことができたものは、実は一握りの恵まれた人たちであり、一般庶民には不可能である。してみれば、「行住坐臥、語黙作々」(一三四頁)に、仏を称念する道が許されれば、仏の救いに与る人たちの数は増大する。ここに、源信はあえてこうした、仏の救いを想う一心称念をもって、観想の中に組み込んだのである。

　以上は、源信が「観察」の項で示した観想の念仏であるが、かれはまた別に「尋常の念相」を整理して、次の四種とした。定業・散業・有相業・無相業の四つがそれである(二七九—八〇頁参照)。内容としては、有相業・無相業は先の別相観・総相観に対応するから、無相業は「最上三昧」と説かれる。また散業は行住坐臥、いつでも行なえる、散心のままの念仏であるから、帰命の想などに導かれた称念であり、したがって雑略観のなかに収められる。ただ定業は「坐禅入定して、仏を観ずる」ものと示されていて、先の雑略観の白毫観とは少しく趣がかわるが、雑略観は白毫観以外のいずれであってもよいはずであるし、それが坐禅の形を取ることは自然だから、同じように対応させて考えることは許される。あるいはまた、散業の行住坐臥に対して、坐と規定した定業を立て、その定業に有相・無相の二業を分けようとしたものなのかも知れない。

　しかしこうした整理とは別に、さらに念仏を平生と臨終の二つの視点から眺めた大文第六の「別時念仏」(一九六頁以下)を忘れることはできない。ここでは平生の念仏として、一日ないし七日などの念仏も説かれるが、源信がもっとも重視したのは、九〇日を限って行なう常行三昧である。ここには山の念仏としての不断念仏は片鱗も姿を見せていないばかりか、この常行三昧を説く『摩訶止観』の全文が、そっくり掲げられていることは注目に価する。しかも、念仏をただの音楽的な諷誦や行道的な讃詠に終わらせてしまった引声念仏とはっきり一線を画して、法要儀式的な要素の払拭を正しい念仏の修行にしようとした源信の姿勢が見られる。このことはまた、臨終の念仏についても言えることである。

　臨終では最後の正念が問題になる。病者の心は散乱しがちであるが、枕頭にはべるものは、力を尽くし、言葉を尽くして、その心を安らげ、静かに正念のうちに念仏して終わるよう、努めることが示される。それはもう、ぎりぎりの瞬間に直面した心の問題であって、声がどうの、作法がどうの、といった遊びではない。往生の可否がいまここに懸っているのであって、それだけに、臨終の正念の占める比重は多大である。後に源信が迎講という、臨終の来迎に擬する法会を始めたといわれる(本朝法華験記巻下)ことも、もっともと頷かれる。

以上は源信の念仏の素描にすぎないが、このような念仏を正しく行なうためには、これと平行しなければならない幾つかの修行がある、とするのがかれの立場である。それがいわゆる「助念の方法」(一四三頁以下)で述べられたことはすでに明らかであるけれども、いまここでとくに注目したいのは、第二の「修行の相貌」を含めて、最後にこの章を結んだ「総結要行」の項である。もちろん、第二項に説く念仏の修行の仕方について示した四修、その心の持ち方について説いた三心も留意されるが、しかしこれらを収め取って、「総結要行」では、「往生の要」はなにかという設問の下に、源信の念仏に対する結論的な考え方が極めて闡明に浮き彫られているからである。

それを示すものは、「大菩提心と、三業を護ると、深く信じ、誠を至して、常に仏を念ずるとは、願の随《まま》に決定して極楽に生ず」(一九四頁)と答えた一文である。しかしさらに細説するところに従えば、その念仏は、「深く信ずると、誠を至すと、常に念ずるとの三事を具す」るものであって、これが積極的な善としての「行善」であり、これに対する消極的な「止善」は「三業を護る」こと、そしてこれら「二善を扶助」するものが、「菩提心」と「願」との二つだと示される(これらの解釈については、法然の『往生要集略料簡』によって、一例を示して置いた。一九四頁注参照)。

おのずから、往生を決定する念仏は、行善としての「三事」にしぼられたものと考えられる。してみると、ここでは念仏における心のあり方、いわば一切を仏に打ちまかせた「深信」が大きな比重を占めたと見られる。したがってこの深信が、善導の説く『往生礼讃偈』のなかの「深心」の理解(一四七頁参照)に接触することを許すことになろう。それはけっして論理の逸脱ではない。こう考えるのがきっと源信の真意に触れるにちがいない。「予が如き頑魯のもの」という自省の一端もここにあるからである。そしてそこにこそ、仏の救いが仰がれたものと思われる。

ところでこのような一面が窺われるにもかかわらず、忘れられないことは、『往生要集』が「観念に備」えるものとして書かれたという源信自身の発言である(三二一頁)。すでに「観察」の中心もここに置かれ、僅かにその傍で「相好を観念するに堪へざるもの」(一三四頁)のための道が講じられたにすぎなかったし、臨終にしてもそうであった。「応に弥陀仏の一の色相を念じて、心をして一境に住せしむべし」(二一二頁)という発言は、まさにその端的な現われに外ならない。してみると、源信の念仏は、「予が如き頑魯のもの」というような、そうした人たちのよく堪えうるものかどうか、にわかには論断できない疑問を含んでいる。まして「助念の方法」に示されたさまざまな修行にしても、実はそれ自身極めて困難である。おのずから程度の高い観想としての念仏を意図したと考えるのが、自然の勢いといえるかも知れない。ただここで想起されるのは、次の問答である。『首楞厳院二十五三昧結縁過去帖』に見える插話であって、こう記されている。

往年、ある人、倫《ひそ》かに問うて曰く、「和上の智行、世に等しき倫《たぐい》なし。修する所の行法、何を以て宗となすや」と。答ふ、「念仏を宗と為す」と。また問ふ、「諸行の中、理を以て勝と為す、念仏の時は泆身を観ずるやいなや」と。答ふ、「ただ名号を唱ふ」と。また問ふ、「何ぞ理を観ぜざるや」と。答ふ、「往生の業は、称名にて足るべし、本よりこの念を存せしが故に、理を観ぜず、ただしこれを観ぜんと欲せば、また難しとなさず、我《われ》理を観ずる時は、心明かに通達して、障碍あることなし」と、云々。

ここには、理観の念仏はさして困難ではないが、往生の業は称名で十分だ、という考え方が示されている。これを「助念の方法」の「総結要行」に説く「往生の業には、念仏を本となす」という提言と並列させるとき、この「念仏」があえて観念の念仏でなくてもよいという余地を残していると見ることができる。

古くは、念仏とは観仏を意味した。称名はつけたりに過ぎないものであった。しかしそうした称名は、中国浄土教の系列において、道綽の口称の重視や、善導が行なった、念仏を観仏から区別して、称名念仏と規定した操作などによって、念仏の新たな内容をなすことになった。ここに新しい念仏の概念が生まれた。

しかしこれがただちに源信に影響を与えたとは考えられない。源信についてはさらに他との複雑な影響関係を認めなければならないからであるが、ことをもし臨終に求めるならば、臨終の十念は正しく十遍の称名に外ならないのである。それは善導との関係の有無にかかわりなく、称名そのものであった。

このように見てくると、源信の念仏は『往生要集』によるかぎり、かなり明確さを欠いたものといわなくてはならない。時には観想が中心になって称名を傍に置き、時には称名が比重を増して観想に及ぶといった感が拭いきれない。それを曖昧と呼び、不徹底と名づけることは、いささか酷に過ぎるけれども、善導のような一貫したものがなかったことは確かである。そこには、源信がみずから求めた一つの限界があったと言ってよい。それはかれが置かれた歴史のなかにすでに求められるものでもあるが、もっとも重要な条件は、かれが善導に多くを学びながら、ついに『観経四帖疏《しじょうしょ》』(観無量寿経疏)に取り組まなかった事実である。

『四帖疏』が『往生要集』にその名を見せるのはたった一度(二七四頁)である。そこでは「玄義分」の説に解決を求め、それによって凡夫の往生の階位を高めようとした。しかし、それだけしか『四帖疏』に受けるものがなかったとは、いったい、どういうことなのだろうか。しかも善導の念仏思想が『四帖疏』を頂点としているかぎり、この疑問はさらに深まる。あるいは、『四帖疏』そのものを見ることができなかったのかも知れない。曇鸞の『往生論註』を知らなかった（『論註』は一度も引用されていないし、『論註』と同じ文章が、智光の『無量寿論釈』の文で引かれていることは、知らなかった証左である）と同様に、『四帖疏』に接しえなかったということも、十分予想されるからである。

しかしそれがどうであろうと、正にこのために、『往生要集』は後の法然によって克服される運命を担った。法然の「偏《ひとえ》に善導一師に依る」という宣言は、その意味において千鈞の重みを持つのである。ここでは、『往生要集』がとかく重視した懐感や迦才などは捨てられ、念仏思想を後退させたものとして、顧みられない。

いまこれを、臨終の十念に例を取って言えば、『往生要集』は、「逆の十と余の一とは、皆これ不定なり。故に、願《がん》にはただ余人の十念を挙げ、余処には、兼ねて逆の十と余の一とを取れり。この義、いまだ決せず。別して思択すべし」（二九四頁）と説いているが、これは懐感に負うものと考えられる。もしこれを善導の『四帖疏』によるなら、いわゆる抑止門といわれる考え方が着目されるだろう。第十八願の「唯除五逆誹謗正法」は実は仏の抑止に出るものであって、だからといって救わないのではないという理解である。仏はどんな謗法闡提の悪人も、念仏一声の人も救いとってやまない絶対の救済者だからである。しかしこの理解を知らなくても、源信自身すでに「助念の方法」の「修行の相貌」で引いたように、『往生礼讃』にいう「弥陀の本弘誓願は、名号を称すること下至《しも》十声・一声等に及ぶまで、定んで往生することを得と信知して」（一四七頁）といった考え方に着目できたはずである。しかし源信には「十念」という障壁はあまりに大きかったらしい。かれはついにこれを超えることができなかった。それは罪業の深さに対する反省が強烈すぎたためであろうが、逆に仏の救いの絶対に対する逡巡にも通ずる余地を残すことになる。かれもまた、過去の先徳にならって、阿弥陀仏の第十八願を「十念生の本願」（二七八頁）と呼ぶほかなかったのである。

しかしこうした考え方は、法然によって克服される。『選択集』に、「諸師の釈には、別して十念往生の願と云ふ。善導独《ひと》り、総じて念仏往生の願と云へり。諸師の別して十念往生の願と云へるは、その意《こころ》即ち周《あまね》からず。然る所以は、上一形《かみいちぎょう》を捨て、下《しも》一念を捨つるが故なり。善導の総じて念仏往生の願と言へるは、その意即ち周し。然る所以は、上一形を取り、下一念を取るが故なり」(本願章)というものがそれである。

しかも法然による克服は実に一に止まらない。『往生要集』の観想の念仏さえも、さらには常行三昧も臨終の行儀も、多くが捨てられる。法然が『往生要集釈』の諸門の要・不要を論じ、一貫して取捨を行なったその跡を見ても、明白である。たとえば「念仏と云ふは、これ観察門の異名なり。然るに念仏の行に於て、また観相・称名あり。二行の中に於ては、称名を要となす。…往生要集の意《こころ》、称名念仏を往生の至要となす」と論じた称名重視、あるいは常行三昧など、平生・臨終を説いた別時念仏について、こともなげに、「下の別時等の五門、また至要にあらず。これを以て知るべし」と論じて、捨てて顧みない態度などは、それをよく語っている。もっとも、法然のような「選択《せんちゃく》」に終始した人にとっては、時代の制約として、源信の『往生要集』には捨てなければならない多くのものがあったとしても、止むをえないと言わなければなるまい。

しかしもし源信その人の念仏思想を窺おうとするなら、『往生要集』だけに留まることは、担板漢の謗りを免れないだろう。源信にはその念仏思想を発展させたと見られる幾つかのものがほかにもあるからである。

いまこれらを代表するものとして、『観心略要集』と『阿弥陀経略記』の二つを挙げてみたい。ただ前者は著作年代が不明で、僅かに「強圉の載《とし》、夏五月」とあるだけで、それがどの「強圉(丁《ひのと》の意)」の年か、明確ではない。『往生要集』成立後、源信が没した寛仁元年(丁巳、一〇一七)まで、丁の年は四回であるが、『阿弥陀経略記』が書かれた長和三年(一〇一四)

より以前、『横川首楞厳院二十五三昧式』が書かれた永延二年(九八八)よりは後と考えることができるとすれば、長徳三年(九九七)か寛弘四年(一〇〇七)のいずれかに成ったものとなる。いずれにしても、源信の念仏思想に『往生要集』から『観心略要集』を経て、『阿弥陀経略記』に至るという展開を跡づけることが可能である。ただしここでは深く立入って細説するほどの必要はないから、概観に止めたい。

まず『観心略要集』が執筆された意図は標題の如く、「観心《かんじん》」にあって、その意味においてそれは天台宗の正道を示すものであり、その三諦三観の実践に成仏の直道《じきどう》があることは言うまでもないが、そうとすればこの書は、この観心という、いわば天台の正統的な教理と修行の上に、念仏を定着させようとしたものと見ることができる。すでに天台の四種三昧のなかに常行三昧という念仏法はあるけれども、ここでは念仏を観心として新たに捉えてみようと試みたことになる。おのずから論ずるところは、阿弥陀仏や浄土について、その念仏と三諦との係わり方や一心などが問題になる。

たとえば、浄土について、「安楽浄土も因縁所生なれば、即空・即仮・即中なり。いかんが即空なる。謂く、弥陀の依正、浄業の因縁より生ず。縁生に主なし。主なきは即ち空なり。いかんが即仮なる。謂く、主なくして生ずるは、即ちこれ仮なり。いかんが即中なる。謂く、法性を出でず。竝に皆即中なり。当に知るべし、極楽は一念三千、竝に畢竟空、竝に如来蔵、竝に実相なり、三にあらずして三、三にして三にあらずと。所観の浄土、かくの如し。能観の身心もまたしかり」と説くものなどはそれである。ここには、天台の常套的な論理が明白である。したがってここから、「わが身は即ち弥陀、弥陀は即ちわが身なれば、娑婆即極楽、極楽即娑婆」という即一の論理も導かれ、「己心《こしん》に仏身を見、己心に浄土を見る」といった、いわゆる己心の弥陀、己心の浄土という思想も、当然の帰結として生まれる。

このような論理は、『往生要集』に説く理観を発展させるとき、自然の勢いとしてこうなるものであったと考えられる。いってみれば、念仏も天台教学を主体として理解するかぎり、ここに至らなければ、天台自体の念仏が一貫した教学組織のなかに組みこまれない、不徹底に終るからである。

しかしそうした中にあって、まったく異質とも見えるものは、次の言葉である。

仏の名を念ずるとは、その意いかん。謂く、阿弥陀の三字に於て、空仮中の三諦を観ずべし。かの阿は即ち空、弥は即ち仮、陀は即ち中なり。

一読して明らかなように、ここに言う、阿弥陀の三字に対する空仮中の三諦の配当は全く機械的で、両者の間の論理的必然性は見られない。しかしそれにもかかわらず、源信にとって捨てがたいものであったことは、後の『阿弥陀経略記』においても踏襲されていることによって明瞭である。ただここでは、「無量寿」について、「無は即ち空、量は即ち仮、寿は即ち中、仏は三智にして、即ち一心に具《そなわ》る」と論じ、かならずしもたんに機械的ではない。ここから、源信の意のあるところを汲み取ることは可能なのである。あるいは『観心略要集』の欠陥を訂正しようとする意図があったのかも知れない。

いずれにしても、『観心略要集』におけるこの発言は着目に価するものであるが、いま一つ注意したいのは、『法華経』の薬王品に「ここに於て命終して、即ち安楽世界に往く」と説く、往生に対する解釈である。かれによれば、「命終とは、法華を修行して、悪業の命終るなり。即ち安楽世界に往くとは、安楽行に住するなり。安楽行とは法華経の行なり 即ち往くとは、即《いま》の生《しょう》に惑業の心を転じて、極楽の清浄衆の心を成ずるなり」ということであり、いわば「乍《しばら》くこの土に住して、先に同居《どうご》浄土（極楽のこと）の気分を得」ることなのである。別の表現をかりるならば、「観心の利益」は「現身に証を得る」ことだとも示されている。こうなれば、往生はかの浄土に生まれることと意味を異にする。それは言葉を換えていえば、往生の確約であり、往生の決定である。

しかし、この考え方もまた『阿弥陀経略記』に見えることは注目されてよい。すなわち、「仏名及び経名を聞く者に、三の益あり。一に現に諸仏の為に護らる。二に現に不退転を得。三に当に大菩提を得べし」とある、その第二の益がそれである。これはまた「現不退の益」ともいわれているが、ここには従来かの土に往生するとされた往生を、この現生《げんしょう》に許したそれと同じ論理で、かの土で得られる不退を現生のものとしたことが認められる。これは源信の思想では極めて大きな展開であったと言ってよい。少なくとも臨終十念といった、臨終を俟って往生が決定すると見る臨終重視から完全に解放されているからである(これは後に親鸞によって受け継がれる)。従来の浄土教思想がなしえなかった障壁が見事に超克されたのである。

しかももう一つ付け加えたいのは、それが「聞名」による不退でもあったということである。『観心略要集』での現生往生は法華の「四安楽行」に俟つものであったが、ここでは、仏の名を聞いて、極楽に生まれたいと願い、一心に称念することによって、「いまだ一毫の惑も制せずして、速やかに不退地を得る」というのであり、しかもここに「かの仏の本願」があるとするのである。

このように見てくるとき、『観心略要集』と『阿弥陀経略記』との密接な関係を認めることができる。扱った問題や対象に差異はあっても、その間に一筋の脈絡があって、一は他を発展させているのである。それは、別の角度から言えば、『往生要集』の念仏を法華のなかではどう位置づけることができるか、といった試みを経た上で、その成果を踏まえて、さらに『往生要集』の念仏に立ち返る屈折の操作であった、と言ってよい。その意味では、『阿弥陀経略記』は『観心略要集』という媒介を経た、『往生要集』の充実と完成を狙った最後の試みとも言えるようである。

しかしここでもう一つ付記したいのは、口称念仏のことである。『観心略要集』は観心理観をもって「出離の正因」とし、「妄想の雲霧を払ひて、心性《しんしょう》の月輪《がちりん》を顕はす、これを即身成仏と名づけ、(中略)これを直至《じきし》道場と名づく。実に髻中の明珠、また無上の宝聚なり。弥陀名号の所詮、往生極楽の指南なり」と論ずるが、ここにおける口称念仏の位置はどのようなものか、という問題である。この書もまた「予が如き愚暗の者」という立場を根底に置く以上、念仏における口称を等閑視することはできないからである。したがって、かれはとくに問答を設けて、これを次のように論じている。

問ふ。理観を修せず、ただ一仏の名号を称する人、往生を得るやいなや、いかん。

答ふ。また往生を得べきなり。かの繫念定生《けねんじょうしょう》の願（第二十願のこと）に、いまだ理観を修せよと云はず。聖衆来迎願（第十九願）に、いまだ理観を修せよと云はず。聖衆来迎の誓は、ただこれ至心の称名なり。それ名号の功徳は莫大なるを以ての故に。所以《ゆえ》に空仮中の三諦、法報応の三身、仏法僧の三宝、三徳、三般若、かくの如き等の一切の法門、悉く阿弥陀の三字に摂す。故にその名号を唱へば、八万の法蔵を誦し、三世の仏身を持つなり。纔《わず》かに弥陀仏を称念せんに、冥《はる》かにこのもろもろの功徳を備ふること、猶し丸香の一分を焼いて衆香悉く熏じ、大海の一渧に浴して衆河の水を用ひるが如きのみ。

すでにこれによって源信の意とする一端は明らかである。その念仏がたとえ散心のうちになされても、至誠の心をもってするかぎり、仏の引摂《いんじょう》を蒙ることにかわりはないとするものである。ところが、注意されるのは、それがどこまでも「初心」のための前段階として許されるだけで、「理観の如意《にょい》（如意宝珠）を捨てて、散心の水精（頗梨）を諍ふ」ことを認めたものではなく、かならず「事《じ》を以て初門となして、理観を習ふべき」だとしたことである。

しかし眼を『阿弥陀経略記』に移せば、少しく状況は異なる。ここでも三諦・三観の理を説き、観心を最勝とする天台教学の立場は顕著であるが、称名の比重はかなり高められているからである。たとえば、経の「執持名号」といったことを釈して、相好の観想などに触れた後、「ただし行住坐臥、念《おもい》をかの国に繫《か》け、仏の無縁の慈威光を以て十方を照すと観じて、名を称へ、一心に念じ、深く信じて、かしこに生れんと願ふ、これを往生極楽の綱要となす」と説き、さらに言葉を加えて、「但信称念」でもよいとしたことはそれを語っている。しかしもっと重要なことは、ここに「但信」と示された

「信」の着目である。それは経に「もし信ずることあらん者は、応当《まさ》に発願《ほつがん》して、かの国土に生ずべし」とあるものを注釈した箇所に見え、源信としては、信は人、発願は因、往生は果で、信は願生と往生に一貫して流れるものとされるが、同時に、この信が「聞《もん》」と結ばれて、「聞とは信受なり」と捉えられたのである。これは先に触れた「聞名」に始まる不退と接続するものである。言葉を換えて言えば、これは信と不退との接続でもあって、これを『往生要集』の上で言えば、六波羅蜜の般若をもって「信」と捉えた考え方(二五九頁)と別のものではない。信は般若だからこそ不退と結ばれうるのである。

このような信の重視は後の念仏思想との関係において重要な意味をもっている。一面においては、「初門」としての信の飛躍的な重視がどのような経過をたどるか、そうした意味を担っていたからである。しかしそれだけに、信は難信としての意味を深める。疑心も本願によって往生を得るけれども、それは胎生に過ぎない(二七六—七七頁、三一〇頁)だけに、牢固の信心が望まれるが、実は牢固の信心は得がたいのである。源信の『横川《よかわ》法語』はそれを語って余りあるものであろう。いまその一部を掲げて、この結びとしたい。

信心あさくとも本願ふかきがゆゑに、頼《たのま》ばかならず往生す。念仏もの憂けれども、唱ればさだめて来迎《らいこう》にあづかる功徳莫大なり。此ゆゑに本願にあふことをよろこぶべし。又、妄念はもとより凡夫の地体《じたい》なり。妄念の外に別の心もなきなり。臨終の時までは、一向に妄念の凡夫にてあるべきとこころえて念仏すれば、来迎にあづかりて蓮台にのるときこそ、妄念をひるがへしてさとりの心とはなれ。妄念のうちより申しいだしたる念仏は、濁にしまぬ蓮のごとくにして、決定往生うたがひ有べからず。

妄念をいとはずして信心のあさきをなげきて、こころざしを深くして常に名号を唱ふべし。

信心の浅い凡夫の救いを語って、あますところがない。

以上で、ほぼ『往生要集』より『観心略要集』を経て『阿弥陀経略記』へと至る源信の念仏思想を眺めた。『観心略要集』を中心にして言えば、いわゆる本覚門思想との係わりを見落した形になるが、この問題は、出来れば後に触れたいと思っている。ただここで、このままで済ませられないものは、源信によって作られた幾つかの和讃である。『十楽和讃』や『二十五菩薩和讃』はすでに偽作とされているが、『極楽六時讃』や『来迎讃』は格調の高いものであるから、その一端は紹介して置く必要がある。しかしあえて言えば、これらの和讃が持つ意味は、『往生要集』とは逆の方向にあって、讃詠的な性格が強い。そこに視覚的な浄土や仏の姿を窺うことができるとすれば、その点では、観想の対象を詠ったものと捉えることもできるが、それよりは別の要素が新たに加わったと見るのが妥当だろう。またそうでなくても別の要素は加わりやすい。それはおそらく二十五三昧会によって触発され、僧俗を含めた念仏結社に発展して行く過程において、念仏の普及という課題を果たす必要から生まれたものかも知れない。

『来迎讃』の方は視覚的な要素の強い箇所を拾ったが、『極楽六時讃』は後世の文学と関係のある所を取った。前者は『長秋詠藻』巻下に引かれているもの、後者は『栄花物語』巻一七、「おむがく」に見えるものである。

来迎讃

摂取不捨の光明は　念ずる処を照すなり
観音勢至の来迎は　声を尋て迎ふなり
娑婆(界)をば可レ厭《いとうべし》　厭はば苦海を度《わたり》なむ
安養界を(ば)可レ欣《ねごうべし》　願はば浄土に可レ生《うまるべし》
草の菴《いおり》の静にて　八功徳池《くどくち》に心澄《こころすみ》

夕の嵐無レ音《おとなく》て　七重行樹に度なり
臨命終の時至り　正念不レ違《たがわ》で向レ西《にしにむき》
傾レ頭《こうべかたむ》け合レ手《てをあわ》せ　弥《いよ》よ浄土を欣求せむ

（以下略）

極楽六時讃　中夜讃

夜の境静かにて　やうやく中夜に至る程
三五の人々共に出《いで》て　金縄《こんじょう》階道歩みつつ
衆宝国土の境界の　寂静安楽なるを見
光も声も静かにて　昼の界《さかい》に異ならず

（中　略）

漸く仏所に近づきて　目を挙げ瞻《み》廻らせば
中台高広宝縵等　無数の荘厳具足せり
宝帖宝網宝幡蓋　宝鐸宝鈴宝瓔珞
是等を廻りて億千の　宮殿楼閣荘厳具
上下四方重々に　光明照し輝けり
中央最上地の上に　大宝蓮華王の座あり
毘楞伽宝台をなし　百宝色相葉《は》に具せり

（以下略）

源信と先行の念仏思想との関係

ここでは、想いを新たにして、源信に影響した念仏思想がどこにあったかを考えてみたい。もちろん、遠く溯って言えば、インド・中国の浄土教家の思想、たとえば竜樹の「易行品」や「十二礼」、世親の『浄土論』などを始めとして、道綽・迦才・善導・懐感、あるいは智顗・吉蔵、さらには海東の元暁・義寂・憬興・玄一・竜興などといった諸師の著述に及んでいることは、すでに明らかなことである。『往生要集』を一読すれば、それと気付くに違いない。したがってこれを一々論ずることはここでは饒舌以外の何物でもない。またその暇もない。

そこでいまはとくに日本に限って、まず源信の周辺から始めることにしたい。この場合、当然、最初に注目されるのは源信の師良源(九一二—九八五)である。良源には『極楽浄土九品往生義』(『九品往生義』と略称)と題する、『観無量寿経』(『観経』と略称)の九品を注釈した一書がある。

しかし奇異なことに、『往生要集』のなかには、ついに一度としてこの書を参考にした形跡が見当たらない。かつて「問答料簡」の第五、「臨終の念相」の項に掲げている「あるが云く」というその説(二八五頁)が良源に当てられたこともあるが、それは実は千観と見るのが正しい。『往生要集』の文を千観の『十願発心記』と対比すれば、それが明白である(補注四二三頁「あるが云く」参照)。しかも師ならば、「あるが云く」と書く理由が解けない。何を憚る必要があるか。しかしこれが千観である場合は、事情は異なる。千観は園城寺の僧だからである。山門・寺門の対立がすでに始まっていた当時として、源信は千観に引かれただけに、参照の事実をあからさまにすることは控えられたに違いないのである。

しかし翻って、なぜ源信が良源の説を掲げようとしなかったか、その理由がどこにあったかを考えてみると、そこに浮かび上がってくるのは両者の距たりの激しさである。

たとえば、『九品往生義』について言える性格は、智顗の『観経疏』をただ「疏」と呼んで引用することでもわかるように、強いて言えば、天台の立場だけで考えようとする姿勢である。奈良時代の三論宗の学僧である智光や、中国の懐感、海東の義寂・憬興などに学ぶところはあっても、天台の「宗義」という重みは否定できない。それは一種の権威主義とも言えなくはない。だからこそこの姿勢が、ことごとに新しい説をなした善導の著述の参考を拒否したものに違いない。

いま少しく細かな点にわたって、『往生要集』との差をいえば、まず「三心」の理解をあげることができる。

良源では、三心が経の上品上生で説かれていることと、智顗の『維摩経略疏』に、三心は一心の異名で、自性《じしょう》清浄であり、菩薩の修する所であると示されていることとを根拠として、「これに由りて即ち知んぬ、上品上生は必ず三心を具することを。もし中・下生ならば、必ずしも三心を具せず」(浄全一五ノ三上)と説かれる。したがってここでは、三心は上品上生だけのものと理解され、凡下のものには許されていない。しかし源信ではすでに明らかなように、善導の説が用いられ(一四七頁)、三心は九品に通ずるとされたから、「総結要行」においても、往生の念仏に三心の重要性が強調されたものである。凡愚のものの救われる道をつねに忘れなかった証左と言えるならば、この差異は大きい。

同様のことは『弥勒所問経』の十念の理解についても言える。先の「あるが云く」の説が良源と誤られたように、良源が義寂の説を取って、「この十念は、凡の起す所といへども、凡夫の事にあらず。故に凡夫の念にあらず」(浄全一五ノ一八上)としたことがそれである。なぜならこの言葉は、義寂が「もしは一称、もしは多称、皆往生を得」(安養集巻二ノ二五右)と説いて、その後に続けた文ではあっても、源信の取らなかった所説だからである。かれは、凡夫の事ではないと否定して、凡夫を考慮の外に置く軽視の姿勢には賛同できなかったのである。かれは『弥勒所問経』の十念について、かならずしも十を具することが往生の条件ではない(二五六頁参照)と考えたし、凡夫の救いを除いた一称・多称の念仏は無意味であって、すでに専心の称名が慈・悲等の十念を具するなら、凡夫云々は混乱でしかなかったからである。かれがすでに九品の階位の配当に当たって、「下品の三生、あに我等が分にあらざらんや」と考え、十信以前の凡夫を上品とする説に賛成し、さらに善導の説を掲げている(二七四頁参照)ことは、これを語ってじゅうぶんであろう。

さらにまた次の点も注目される。源信は「問答料簡」の第一、「極楽の依正」で、『華厳経』の文を引いて、娑婆の一劫は極楽の一日一夜であるから、仏が上品中生について一夜にして花が開くと説いたのは、この土で言えば半劫に当たると設問して、それに答えて、「ある師」が説くように「仏はこの土の日夜を以てこれを説」かれた(二六五頁参照)ものとした。そしてここで、これを「かの国土の日夜」とする説は非難されてよいものだとしているが、こうした非難される説を良源も取っていたのである(浄全一五ノ三一下)。良源にはこれ以外の説は眼中にはいらなかったかのようである。

こうした両者の差異は、いってみればその依って立つ根本的な立場に由来するものである。それは、良源が能力・資質の勝れた念仏者の側に立ってものを考えたのに対して、源信は劣った者の側に立つことから出発しようとした違いであろう。さらに世俗的な、皮肉な言い方をすれば、良源は座主であり、大僧正の栄位を極め、ほとんど灰燼に帰した一山を復興した大人物であるに対して、源信は名利を捨て、山深い横川の一隅に隠れて、少僧都という位も受けることを嫌った一介の聖《ひじり》であったという、そうした相反する対照的な差によるとも考えられる。

しかし両者の所論の差はここに尽きない。たとえば、九品も所観の対象であるかぎり、これを観想するときは当然、見仏が得られると付説されなければならないはずであるが、良源ではその見仏が説かれないのに対して、源信ではすでに明らかなようにそれが「念仏の利益」として説かれている。あるいはまた良源は智光の『無量寿経論釈』を参照して、四十八願の呼称にはほとんどその願名を依用しているが、源信では『阿弥陀経略記』でわかるように、それを捨てて顧みない。しかしこうした差はもう瑣末に過ぎるだろう。いまは筆を他に移して、千観との対照に移ることにしたい。

千観(九一八—九八三)を源信と対応させる手掛りは前述の『十願発心記』である。この書は奥書によれば、応和二年(九六二)春、摂州箕面山観音院で書かれたもので、述作の意図は「後輩に胎《のこ》す」ことにあったとあるから、源信がこれを見たことは確かである。源信自身『十大願』を作ったのもその影響を受けたためで、一部には参照の後もそれと推察できる。

しかし『往生要集』との関係で注目されるのは、先にも触れた、一念の解釈とそれに続く引文より外に余り出ない。ここでは十念について、「十念と言ふは、入息・出息を合して一念となす。或は五箇の入息・出息を合して一念となす。この十念の間、心を弥陀に帰し、口に名号を唱ふるなり」(西教寺蔵、一三左)と述べて、その後、『往生要集』に見える「あるが云く」の一文と、『弥勒所問経』の文、および義寂の文などが掲げられているが、とくに注意を引くのは、引用された義寂の文が「もし能くかくの如く称念する所に随ひて、もしは一称、もしは多称、皆往生することを得。已上」で終わっていることと、一称・多称と対応している点が、『往生要集』にも見えることである。『九品往生義』では義寂の引文がさらに続くことは前述のとおりで、さらに一称・多称が少称・多称と改められている点は、合わせ留意されてよい。

ところで、十念の問題は臨終に係わるものであるから、千観はここで、臨終の近づいたことを予め七日前に知って、善知識の教えに遇い、十念を遂げなければならないとし、とくに下品の三生は善知識の導きが必要だと強調する。もちろん千観個人としては、極楽と兜率とを対応させた箇所に、「我たとひ罪垢を以ての故に、上・中の蓮に生ぜずといへども、なんぞ願力を以ての故に、下品の位に至らざらんや」(二四右)という、往生を疑わない自信があるが、その期するところは第一願の「上品の蓮台に往生せん」(六右)に明らかである。こう見てくると、臨終における善知識の必要は『往生要集』ではいっそう強化され、『十大願』にも「命終の時に臨みては、七日已前に自ら死期を知」(仏全三一ノ四一六上)りたいなどといった言葉が見えるから、たんに経文に受けただけでなく、千観の与えた影響のほどを理解することができるが、ただ源信には上品を望む姿勢は稀薄であって、『二十五三昧結縁過去帖』にも、生前の問答を記し、どうして上品を望まないかという問いに答えて、「己《おの》が分を計《はか》ればなり」(恵心全集一ノ六八二)と語ったと伝えている。

そしてこうした一端の差異が語るように、実は千観には源信との間にかなりの距たりがあるようである。それはおそらく、『十願発心記』が智顗の『浄土十疑論』によって多くを解決しようとしていることに基づくのであろう。それはとりもなおさず、天台のオーソドックスな立場を出ないという狭さである。その意味においては『極楽国弥陀和讃』にしても、不断念仏における讃詠的な音楽的美意識の埒内に止まっているから、そこからは源信のような、観想における口称念仏の役割に相当するものは一片として窺えないことを指摘しうる。

源信の『往生要集』自体がそうした天台的な、余りに天台的なものの克服に立っていたといって過言ではない。眼を広く開いて、さまざまな先哲の思想に学ぼうとしたことはそれを語って余蘊がないからである。

またこうした意味からは、良源とほぼ時を同じくした黒谷僧都、禅瑜(九〇九―九九〇)の『阿弥陀新十疑』も看過することはできないだろう。その名のとおり、智顗の『浄土十疑論』の跡を追うものであるが、しかしその一部にはこれを指して、「この義いまだ深意を得ず」(叡山文庫蔵、六右)といい、「疏師の釈、偏に依憑《えひょう》すべからず」(同、一二左)と批判した態度が見え、独自の考え方を打ち出そうとした跡も知られるからである。

しかし残念なことに、禅瑜からどんな思想を学んだか、明確ではない。たとえば、三心を上品上生とする禅瑜の考え方は良源と同じであるし、また下品下生の十悪五逆を論じて、その往生を認めつつも、『無量寿経』は方等部の経だから、五逆と謗法《ほうぼう》を除くという文があるとしているあたり、天台の五時八教を少しも出ない。しかも方等経も四教を具し、「五逆・謗法を除くと説くは、通教の意なり。除かざるは円教の意なり」(同、一〇左)とする点も、常套的な考え方である。所詮は解釈であって、それが型どおり運ばないときには、「出経者の脱落」とか「訳者の誤」といって、通そうとするところさえ見える。

ただ一つだけ注意したいのは、「感法師云く」として懐感に着目したことである。これが源信の懐感に学ぶ態度を招かなかったとはいえないだろう。しかしただどこまでも想像の域に止まる。

以上、わたしは源信に少しく先んずる人たち二、三を挙げて、その人たちとの影響関係を探ってみようとした。しかし多くは徒労に終わったようである。なぜなら、源信はむしろこうした天台の先輩たちの殻を破ることに精力を投じたからである。かれにはやはり海のかなたの先哲の思想に多く心を引かれるものがあったのである。

しかしここで忘れてならないのは、遠く溯って、奈良時代の三論宗の智光の存在である。かれには『無量寿経論釈』と称する、世親の『浄土論』の注釈があって、これはすでに良源の『九品往生義』に参照されていたものである。したがって源信がこの書に注目したのも、師の教示に負うと思われるが、ただ源信が『無量寿経論釈』を引用したのは僅か二ヵ所(二三一頁・二六九頁)で、そのうち一ヵ所は、さして注目に価いしないから、一見したところ余り受ける所がなかったような感はある。しかしこの智光の『論釈』が完全な形を止めていないにもかかわらず、現存の部分に多く曇鸞と全く同じ文章を認めることができるという特殊な事実に着目するとき、ここで留意されるのは、源信が智光を通して、それと知らないで曇鸞の思想に触れる可能性があったことである。そしてこう考えることが許されるとき、智光が『論釈』の巻一に『往生論註』巻上のいわゆる八番問答の部分を引いて、五逆は摂するが、謗法を除くとしつつも、また『論註』の巻下が「荘厳口業功徳成就」を解釈して、「衆生、憍慢を以ての故に正法を誹謗し、賢聖を毀呰し、尊長を捐斥す」るときは、さまざまな苦を受けるが、阿弥陀仏の名を聞いて、「種々の口業の繋縛、皆解脱することを得て、如来の家に入りて、畢竟じて平等の口業を得」(聖全一ノ三三〇)とした、謗法を摂する理解にも目を注いだ可能性が考えられ、そしてこれを通して、源信は五逆・謗法を摂取のなかに置くことを学び取ったと見ることもできるかもしれない。源信が「念仏の証拠」で、第十八願を掲げながら、「ただ五逆と正法を誹謗するものとを除く」という一文をけずったこと（これには他にも理由があるが）や、『観経』の意を取って、「極重悪人」云々と記したこと（二五一頁参照）などは、いささか舌足らずではあるとしても、こうした理解を背景にしたものではなかろうかと考えられる。

しかしこのような推測はおそらく牽強に過ぎるという批判を受けることだろう。智光がすべて曇鸞の説を取ったとは、少なくとも『往生論註』の下巻に関するかぎり言えないからである。おのずから現存する限られた部分を通して『論釈』と『往生要集』を見るという、始めの出発点にもどらなければならなくなるが、もし上記のような二文に止まるなら、あえて筆を進める必要はない。注目される一文はすでに曇鸞の言葉をそっくり採用したものだからである。

しかし智光と名を示さないでも、一見して智光を受けたと思われるものがないではない。たとえば『浄土論』の「一心念専畢竟往生安楽国土」を注釈した『論釈』巻二の「一心専念とは、念仏に二あり、一は心念、二は口念なり」以下に続く文章がそれである。このうち、心念・口念の説明は迦才の『浄土論』巻上（正蔵四七ノ八九中）にほぼ一致するが、この専念について説いた三種の益は『往生要集』の「念仏の利益」と連絡するようである。すなわち「一には、常念に由るが故に、もろもろの悪尋伺《じんし》、畢竟じて生ぜず、また業障《ごっしょう》を消す。二には、常念に由るが故に、善根《ぜんごん》増長し、また見仏の因縁を種うることを得。三には、常念の故に、熏習熟利し、命終の時に臨みて正念《しょうねん》現前す」（西教寺蔵、一ノ八九右、二ノ七六左―七七右。浄全一ノ三一三下―三一四上）に見える考え方は、「念仏の利益」の「滅罪生善」「現身見仏」「弥陀の別益」などに応ずるもので、とくに「弥陀の別益」が諸益を整理して説くなかに、見仏に触れた後、『鼓音声王経』の文を掲げている（二三六頁参照）ものは『論釈』に負うと考えられる。これは三益を述べた後、『論釈』も引いているところだからである。

しかしこのような瑣末な類似を探るよりも、もっと手近なところで注目しなければならないものがある。それは『浄土論』の「いかんが観じ、いかんが信心を生ずる」という言葉を注釈して、「観とはこれ解《げ》、信とはこれ行《ぎょう》なり。然るに、先に解ありて、方《まさ》に能く行を興し、行の中に信を以て第一となすが故に、今信心を挙ぐるなり。…観を起すと言ふは、念を一処に繋け、諦《あきら》かに彼の国を観ずるなり。信を生ずと言ふは、諸有《しょう》の衆生、阿弥陀仏の名を聞いて、信心歓喜し、乃至一念せんに、皆往生を得るなり」(浄全一ノ三一〇上)と説いているものである。この説明は良忠の『往生論註記』巻四に引用され、この解釈は前後がいれかわっているようだと説かれているものであるが、これを智光がそのまま参照した『論註』の言葉(安養集巻一ノ八八左—八九右)と照合するとき、その意とするところが明らかになる。智光は、如来の名を称することが実は如来の実相身・為物身を知ることであって、この知が知であることが、正しい信心だと考えているからである。いわば、観とは五念門であって、称名を讃嘆として含むから、観は知、すなわち解として、そこから行としての真の信心を生じてくると考えることができるわけである。

この考え方は一見奇異である。しかしこのような思考が源信でも行なわれていたことを想起しなくてはならない。先に『阿弥陀経略記』に触れて、「但信称念」に及んだ(解説四五六頁参照)が、その文章が正しくこれである。ここでは観から称念、そして信に及んで、往生を願うことが、「往生極楽の綱要」と示されているのである。称念を観の一部とおさえるとき、これは全く同じ思考法ということができる。しかしこの考え方は『往生要集』においても見ることができるものである。たとえば大文第九「往生の諸行」の最後を結んで、浄土の因要を掲げたなかに、六波羅蜜の般若について「第一義を信ずる等、これなり」(二五九頁)という割注がなされていることを注意したい。般若の前は禅定である。それはいわば観である。してみれば、禅定から第一義を信ずるといった般若に至ることは、観より信を生ずるとする論理と類を同じくしたものだと言うことができよう。

そして、このように見ることが可能とすれば、源信における信の重視は智光に負うところ、多大なものがあったと言えるようである。これは以後の浄土教思想との関連において極めて大きな意味を持つものである。

源信の思想的影響

さて以上によって、源信に先行する思想との影響関係を終わることにして、次に眼を転じて、『往生要集』が後に与えた影響について少しく触れたい。それにはまずその思想が及ぼした影響から始めなければならないが、しかしこの作業は決して一筋縄ではいかない。その影響は天台はもちろん、三論・真言などにも及んでいるし、そしてそれはまた必然的に『観心略要集』や『阿弥陀経略記』との関係をも明らかにすることを要求してくるからである。したがっていまは、まず『往生要集』を中心に、それが係わりを持って行く姿を捉え、次に他の二書に及んで、最後にそれらを総括するという手順を採ることにしたい。

『往生要集』が書かれた後、これを最初に取り上げたものは静照(―一〇〇三)の『極楽遊意』である。かれはこの書で『観経』の十六観を扱い、その「第九無量寿仏身想」を述べたなかで、「世に往生要集及び白毫観の文あり。行者すべからくかの文に依るべし」と記している(東大寺蔵。最初の丁を欠く。現存の写本では、一八右)が、ここにいう『白毫観』も実は源信の作である。ここには『往生要集』の大文第四、「観察門」のうちの雑略観をとくに整理した形が知られる。おのずから、「依るべし」とした『往生要集』の箇所も観察門を指したものと見られる。かれの説く所は総じて、確かに『観経』の文の巧みな組み立てを思わせるが、しかし同時に『往生要集』の文をも参照したものであって、これと指摘することは困難であるとしても、たとえば「かくの如きもろもろの相好、衆徳を備へざるなし、皆これ大定智悲の流出する所なり」

（一六左）といった文章は、臨終勧念の項（二一三頁）から取った明白な一例である。

しかしこうした『観経』に立つ観想の場合は相応ずるものが見えるけれども、三心に対する源信のような着目は、静照の『四十八願釈』にも見えないし、『無量寿経』に説く願の理解などにしても相違があって、たとえば源信が後に「三種往生の願」と呼んだ第十八・十九・二十の三願の解釈などとはいくらか異なっているように推察される。源信の捉え方が明白ではないから、決定的なことは言えないとしても、少なくとも「念仏の証拠」によって第十八願を四十八願全体の代表と見たと考えることができるとすれば、第二十願を重視したかに見える静照とは差があると言えよう。『四十八願釈』も説明が簡略に走り過ぎていて、意を汲むことはかなり困難であるけれども、ほぼ言おうとしているところは、第十八の称名十念よりは第十九の臨終現前を重視し、第十八・十九を含めて、さらにそれよりは第二十の欲生果遂を重視しようとする意図のようである（続浄全一七ノ五上—下）。これが良源に学んだものであることは『九品往生義』と対比すれば明白である。したがってこの点では、いわゆる諸行往生などといった概念で、源信も静照も大差はないとすることは拒否されねばならない。少なくともこの時点では両者に差異を認めるのが正しい。一目の羅《あみ》では鳥は得られないが、しかし鳥を得るのは羅の一目であって、この一目の念仏を往生業とする（一四三頁）源信の底意は汲む必要がある。

次に注目されるのは源信と同門で、同時にかれの後を継いだ弟子でもあった覚超（九六〇—一〇三四）である。かれには『往生極楽問答』と名づける小品があって、すでに臨終の念仏について、「往生要集の臨終の行儀、往生の要なる十箇の語に依るべし」（仏全二四ノ三六〇上—下）と語っているし、二十五三昧会の根本結衆だったことも想い合わせるならば、その影響のほどは推察に余りあるものと言うことができる。しかし著書として留意されるものはこれを出ないから、これ以上を語ることはできないが、もし『往生十念』（金沢文庫蔵）という一書を覚超に擬することを可能とすれば、影響関係はさらに顕著になる。この書は源信撰とされてきたものであるが、源信後のものであることだけは間違いない。書中には『往生要集』はもちろん、『白毫観』もかなり長文にわたって参照されているものである。いまは煩を恐れて触れない。

しかしどうしても見過ごしてならないのは、『安養集』一〇巻である。その撰集者については巻初に、「南泉房大納言、延暦寺の阿闍梨数十人と共に集む」とあるから、宇治大納言源隆国(一〇〇四—一〇七七)が中心になって、「天竺・震旦の顕密の聖教、本朝人師の抄出の私記、二百余巻が中より、阿弥陀の功徳を釈する要文を撰集」した(西教寺蔵、一ノ一左・右)とされている。しかし撰集者はともかく、この書の編集された意図がどこにあったかを考えてみて、ここで注目されるのは源信の『阿弥陀経略記』は引いても、『往生要集』はついにただの一度も引いていないという特異な事実である。智光や良源のものも、もちろん載っている。してみると、この厖大な撰集は、西方願生の心を発させる教化のための布教書などといわれてきたが、けっしてそのようなものではなく、まさに『往生要集』研究の参考資料集といったものに外ならないと考えることができる。したがって全体の構成にしても、おのずから厭穢・欣浄に始まり、修因・感果・依報・正報・料簡といった七章に整理され、組み換えられているのである。いわば南泉房大納言を中心にした『往生要集』の共同研究である。そしてこう解することが正しければ、これは『往生要集』の研究成果としては、最初にしてもっとも勝れたものの一つということになる。ただ全くの撰集であって、研究者の意見が皆無である点は、いわゆる研究書や注釈書と異なるところである。『順次往生講式』を書いた真源(一〇六四—一一三六)に『往生要集裏書』や『往生要集依憑記』があったと伝えられるが、現存しないから内容のほどはわからないとしても、『安養集』のような特異な体裁のものでなかったことは間違いないだろう。またたとえば、撰者を三井寺の良慶(一一〇七—一一九一)に擬する後の『安養抄』ともいささか趣を異にする。この方は『安養集』にならって、これを抄出し、補足するといった性格が窺え、私見もまま散見されるから、『安養集』の撰集意図とはかなりの距たりがある。ただやはり『往生要集』と無関係ではないと考えられる。『往生要集』の引用もかなりある。

しかしこのような成果はなくても、これらのほかにも、『往生要集』の研究がなされた具体的な事実があったことは、見失うことができない。このことは少し下って天永元年(一一一〇)、所も九州太宰府の観世音寺における次の記録が語っている。「観世音寺談義縁起案文」によると、観世音寺では「毎年百箇日の法華六十巻談義を勤行」し、これを恒例にしようとしたことが知られるが、六月三日より二十一人の結衆のもと、「まづ摩訶止観の論を読みて、定恵の法門を談じ、後に往生要集を読みて、浄土の良縁を結び、加之《しかのみならず》、十日、義理を談じ、一座、講会を修め」(平安遺文四ノ一五六四上)、これによって天台の教えを伝え、勧学の風を企てたものである。しかもこのことは、これが、たまたま行なわれた一隅の研究活動に止まらなかったことを語るはずである。なぜなら、往生浄土の念仏が浸透するところ、おそらくこのような気運をつねに孕み、実行に移されたに相違ないからである。とくに『往生要集』と共に、二十五三昧会といった念仏結社の影響や源信が始めた迎講とその同質の講会、あるいは常行三昧などが流行した事実を考え合わせるとき、こう考えることは可能であろう。

そしてこれを逆の立場から見れば、時代を通じて散見される、個人で『往生要集』に親しみ、これを座右の書とした幾つかの事例は、あるいはこのような念仏結社や講会など、そうしたものが機縁になって、『往生要集』にとりつかれたようになったことを語るものであろう。ことに触れて「往生要集の文を思出」(巻一八)した『栄花物語』の筆者、毎日念仏一万遍を励み、枚数は定めなくても毎日必ず『往生要集』を読んだ源義光(新羅三郎)(後拾遺往生伝巻中)、あるいは下って、『往生要集』の名目を抄出し、能説の正統と謳われた唱導師の竹林房澄憲以下、学生五人による『往生要集』の談義のことを記録している九条兼実(玉葉巻二五・巻四九)、「速《すみやか》に恵心僧都の往生要集を守て、或時は西方を観念し、或時は弥陀を称念し、或時は極楽の依正を観念すべきなり」(宝物集巻七)と教えた平判官入道康頼、さらには、日野山に隠遁して、その生活の無聊をなぐさめるため、箏・琵琶などのほかに、『往生要集』を忘れなかった鴨長明(方丈記)など、そうした例に加えてよいだろう。これらもまた、時を得れば、研究活動へと進展して行く可能性を潜めたものと言ってよい。

しかしすでに推察されるように、『往生要集』の影響は天台の領域だけに止まってはいない。もちろん、それには天台の法華に裏付けられた常行三昧、あるいは不断念仏が他宗にも影響を与え、事実それらが行なわれる素地も整っていたからであるが、同時にまた伝統的な浄土信仰を土台として、その上でとくに影響を受けたのは、三論宗の永観(一〇三三―一一一一)である。かれには『往生拾因』『往生講式』などがあって、その独自な思想とともに『往生要集』の影響は見逃せない。

そのもっとも具体的なものは、『拾因』では『往生要集』が引いた『那先比丘問仏経』の文(二八七頁)や『占察経』の指摘(二五一頁)を参照したことであろうが、またかれが強調した専念のための「励声念仏」や、これから進んで浄土の観想に及ぶことが大切だとして見仏を説いたこと(第八)、阿弥陀仏を称念すれば、光明に摂取されて往生が可能になるから、心を白毫に係けて名号を称えよと説いたこと(第四)、あるいは臨終を思ってかならず就寝には「十念を唱へよ」と説き、「臨終の一念」を重視したこと(第十)、さらに「等持定」としての「一心」を重視して、「十因」のすべてにこの語を冠して、「一心に阿弥陀仏を称念」せよとしたことなどはとくに注目されてよいものである。そしてここにおける臨終重視が『往生講式』を生みだし、三昧の発得としての見仏と臨終の来迎が強調されるのである。

ここには直接の影響関係をこれと指摘するには余りにも他の要素が入り過ぎている嫌いがあるが、それでも溯って『往生要集』との関係を許容するだろう。とくに別の角度からは、永観には源信が始めた迎講を行なった事実(中右記。天仁元年一二月四日の条)が知られるし、『拾遺往生伝』巻下には「承徳元年、丈六の弥陀仏像を造顕し、薬王寺に安置す。これ祇園精舎の無常院の風に擬するなり」とあって、『往生要集』の「臨終行儀」を想起させるからである。

しかしここでとくに注意したいのは、永観における異常な「信」の重視である。かれは信・精進・念・定・慧の五根に触れて、念は念仏、定は一心、慧は厭穢・欣浄とおさえて、「疑心・懈怠は往生の重障なり。もし信・精進を得れば、自ら念・定・慧を具す」(第一)としているが、これは『阿弥陀経略記』を想起させるもので、永観の「一念信」の重視はここに受けたものであろう。そしてこの信の重視がさらに珍海(一〇九一—一一五二)に及んで、その『決定往生集』では、信受こそ往生を決定するという思想を展開させるに至っている。しかしいまは細説を避け、ただ称名をもって「正中の正」としたことを付記しておく。これは善導の『観経疏』「散善義」に説く「正雑二行」の釈によるものであるから、源信がついに見ないで終わったものであるが、このような『観経疏』の着目は、先には『安養集』を挙げることができるだけで、これらが法然の『観経疏』重視に影響を与えた、その意味は多大である。

ところでここで少しく『往生要集』から離れて、先にもちょっと触れた二十五三昧会や迎講など、源信に係わる法会的な念仏の集まりが、どのような発展を辿っていたか、その跡を瞥見しておきたい。それは『往生要集』が次の時点で、どのように捉えられるに至ったかということと関係してくるからでもある。

まず二十五三昧会についてみると、この三昧会自体はどう展開したか、その跡を余り明確に捉えることはできないが、この三昧会に行なわれた二十五三昧の跡は、藤原宗忠の日乗『中右記』の保安元年(一一二〇)九月二六日や、保延二年(一一三六)七月二五日の条に明らかであるし、『保元物語』の「為義(一〇九六—一一五六)降参の事」にも「西塔の北谷黒谷と云所《いうところ》に、二十五三昧おこなふ所に」とあり、下っては法然の弟子湛空は二尊院において「楞厳・雲林両院の法則をうつして、二十五三昧を勤行」した(法然上人行状画図巻四三)と伝えている。『野守鏡』によれば、こうした「専修の二十五三昧は、観経をよみて、法花経をよま」ないものに姿を変えていたというが、藤原定家の『明月記』はこの三昧の盛行を正治二年(一二〇〇)二月二〇日の条以下、たびたび語っている。

また迎講はどうだったか。『本朝法華験記』巻下や『古事談』巻三によると、この創始者は源信であり、『今昔物語集』巻一九の「摂津守源満仲出家語第四」には、その一端の行道的な性格も窺われ、『来迎和讃』を想起するときは、その音楽的な要素はさらに高まるが、しかしそれが行なわれた場は、やはり二十五三昧会などの集まりであって、それらを通して漸次、法会の体裁を整え、伝道的な役割を果たして行くようになったものと思われる。迎講は西林寺・当麻寺などで行なわれているが、その間には、菩提講・往生講といったものとも関連をもったのであろう。たとえば『栄花物語』巻一五に「六波羅蜜寺・雲林院の菩提講などの折節の迎講」といった表現は、菩提講のなかで迎講が行なわれたことを語っているし、これを先の『法然上人行状画図』の記録と絡み合わせるときは、菩提講と二十五三昧との類似さえも明らかになる。また往生講にしても、『拾遺往生伝』巻下によると、延久年間(一〇六九—一〇七四)に没した安楽寺の学頭頼暹の例には、楽人による音楽を奏する催しと講師による法話がなされ、かれみずからも「帰命頂礼弥陀尊、引接必ず垂れ給へ」といった詩句を作って曲調に乗せたという。音楽法要と説教を中心にしたもののようで、この流れが仁覚(一〇四五—一一〇二)の『順次往生講作法』『順次往生講要行』(ともに現存しない)や真源の『順次往生講式』、さらには三論宗の永観の『往生講式』などにも連なって行ったのであろう。阿弥陀仏の来迎を期した点はこれらに共通している。

したがって当然、迎講の事例は枚挙に暇がないといってよいが、とくに著名なのは、雲居寺の瞻西《せんせい》が行なった迎講であって、阿弥陀講とも呼ばれたものである。瞻西は「弁説の妙言」をもって知られ(永昌記。保安五年四月二日の条)、「講説に接したる天下の道俗男女、上下の衆人皆以て帰依」(中右記。大治二年六月二〇日の条)して、名声はとみに高かったから、その迎講が及ぼした影響も察するに余りあるものであったに違いない。『後拾遺往生伝』巻中に、書博士安部俊清の臨終を叙して、俊清が左右の者に、「雲居寺の瞻西上人の迎講」のように音楽が聞こえる、と語ったと記している。かれはこうした講を、招かれて個人の宅においても行なっている。

しかしすでに記したように、これらは全く一握りの例にすぎない。講会ばかりでなく、仏像も阿弥陀堂も、数多くのものが、来迎という願いのもとに造られたからである。像は迎接の阿弥陀像または三尊像、あるいは九体の阿弥陀像を造り、堂には九品往生図が描かれて、壁面を飾るのが一般であった。しかも忘れてならないことは永承七年(一〇五二)を境として末法にはいったという意識である。勢い、臨終における仏の来迎に対する願望が加速度的に高まることになる。

しかしこうした時代の風潮にさらに拍車をかけたものは、実は念仏そのものに対する疑心であった。末法の自己の罪業と念仏を秤にかけて、はたして念仏だけで往生は確約されるかといった不安感に囚われたことである。

源信の念仏には、少なくともそれだけでよいとする姿勢があった。『往生要集』では、往生に対して諸行の価値を認め、念仏に対する「助念の方法」を認めはしたけれども、総じて往生の要行を結べば、「念仏を本となす」とする基本的な考え方は揺らいではいない。そしてだからこそ、現生正定聚の考えを生む可能性もここに介在していたものであり、臨終の行儀もその上に立って意味があったはずである。

しかし末法の不安は、源信が副次的なものとした臨終を表に据え、これを重視し、この一点にすべてを集中して、これに賭けようとする形を盛り上げていった。そしてこの賭を確実なものとするためには、できるだけ多くの善根功徳を積む必要があると考えるようになったのである。

往生はもちろんどこまでも個人のものである。『往生伝』が示すような客観的な確証と、当人の往生の確信とは別のものである。『更級日記』の筆者が阿弥陀仏の夢を見たことを記して、「この夢ばかりぞ、後の頼みとしける」と言っているが、そう思えた人はよかった。またそう言えた時代はよかった。しかしその確信を得る手掛りが薄らぎ、遠のいた末法の人たちは、往生極楽を確実なものとするために、実効を発揮する功徳行はどんなことでも飛びついて行く外なかった。ここでは、何が因となってどんな果をもたらされるかといったものではなく、さまざまな因果の交錯によって、念仏がかえって往生を不安なものにしたかの感さえある。

そしてこのような不安から逃れて、往生をみずから即決しようと願った者は、焼身・入水《じゅすい》など、いわゆる異相往生をあえてするに至った。それは風潮とさえなっている。とくに「極楽浄土の東門は、難波の海にぞ対《むか》へたる、転法輪所《てんぼうりんしょ》の西門に、念仏する人参れとて」(梁塵秘抄巻二)と詠われた四天王寺の海岸から沖へと漕ぎだして入水する風や、船岡山の焼身はその典型的なものであった。そしてそのもっとも極端な例は僧西念である。かれは四十余年にわたって行なってきた、経典の読誦・書写・印刷、仏像の図画・彫刻、堂舎の建立、施入・供養など、一切を事細かに列挙した功徳目録を作って、四天王寺の西海に身を投じた。しかし不幸にして思いを遂げることができなかったため、改めて康治元年(一一四二)、住宅の内に穴を掘り、その中に籠って往生の素懐を遂げたのである(平安遺文一〇ノ一一九上—一一二五下、一一九上—一一三〇下)。

こうして臨終重視はついに行きつくところまで行きついた。ここではもう念仏を中心にした往生の業という考えを遙かに超えて、一切の功徳行が往生の業であるとされ、仏の本願の救いを待ち望む謙虚な念仏者の姿勢は失われて、是が非でも往生をわがものにしようとする我執さえ感じられる。それはもう何かにとりつかれた虚脱状態と等しいものであった。したがって、これを克服し、これから超脱することこそ、時代がもっとも必要としたものであったと言って過言ではない。念仏は往生の業としての本来の姿に戻らなければならない。少なくとも『往生要集』に立ち帰る必要があった。そしてこれに気付いた人こそ、浄土宗開祖として知られる法然(一一三三—一二一二)その人である。

しかし法然は『往生要集』が指摘した念仏にそのまま止まった人ではない。かれは『往生要集』の研究(『往生要集詮要』など四書がある)を通して、「往生の業は念仏を本となす」という提撕《ていぜい》に注目し、この言葉を旗幟として掲げたけれども、念仏の理解は遠く中国浄土教の大成者善導に仰ぎ、あえて「偏依善導一師」の立場を固執してはばからなかったのである。かれはむしろ『往生要集』を研究することによって、それが着目しなかった善導の『観経疏』に念仏の眼目が尽くされていることを知ったもののようである。もっとも、それにはこの書に着目した『安養集』や珍海の『決定往生集』などに触発される契機が加わったことは忘れられない。

ここでは『往生要集』が能力・資質の劣った人に認めた称名だけを取りあげ、観想を含めて、他の一切が捨てられる。かれはこうした取捨を「選択」と名づけ、この言葉を冠する『選択本願念仏集』において、称名こそ仏の本願に順うものだと論じた。後の日蓮が「捨閉閣抛」と呼んで非難した、この書のもっとも著名な一文をもって示すならば、かれはこう言っている(選択集、結勧)。

計《おもんみ》るに、それ速かに生死を離れんと欲《おも》はば、二種の勝法の中に、且《しばら》く聖道門を閣《さしお》きて、選びて浄土門に入れ。浄土門に入らんと欲はば、正《しょう》・雑《ぞう》二行の中に、且くもろもろの雑行《ぞうぎょう》を抛《なげう》ちて、選びて正行に帰すべし。正行を修せんと欲はば、正・助二業の中に、なほ助業《じょごう》を傍《かたわら》にして、選びて正定《しょうじょう》を専らにすべし。正定の業とは即ちこれ仏の名を称するなり。称名は必ず生を得。仏の本願に依るが故に。

こうして法然による、いわゆる専修念仏が浄土教の新しい担い手として登場することになる。念仏は能力・資質の劣った凡夫のものとして、また貴賤・貧富の別なく、老若・男女を問わず、行住坐臥、いつでも、どこでも行なえるものとして、万人の手に渡されることになった。もちろん臨終の行儀ももはや意味をもたない。やがて、燎原の火の如く、人心が翕然《きゅうぜん》として念仏に集まったのも当然である。その念仏はたびたびの弾圧にもかかわらず、法然の勝れた弟子たちによって、さらに人々の心に深く定着するに至っている。

しかし改めて法然の専修念仏を考えてみると、それがかれ自身の行なった一日六万遍などといった称名として鼓吹される場合には、たんに称名に止まらないで、観想的な心の状態を生じ、またそれを期待する結果にもなりかねない。法然が善導の見仏をとくに強調し、またみずからの見仏の体験を喜びとしたことは、称名がいつか観想に逆行する可能性を孕んでいたことを語っている。それは言葉を換えて言えば、結局は『往生要集』に戻ることを予示する。古い器と共に中身も新しく変えたはずなのに、器と関係なく中身も古いものに似てきたのでは、法然の念仏の意味が失われる恐れがある。そしてこのような同じ危険性がかれの身辺をめぐって潜んでいたところに、法然の念仏の限界があったとも言うことができる。これもやはり克服されなければならないはずである。

ところで、この克服をなし遂げた者は弟子の親鸞(一一七三―一二六二)であるが、それを可能にしたものは何かと問うとき、わたしは、それが源信の『観心略要集』や『阿弥陀経略記』などを受けた『往生要集』とは別の系列で醸成された思想であったと答えなければならない。それはいわゆる本覚門《ほんがくもん》の思想であり、口伝《くでん》法門に負うものであった。そうでなければ、親鸞の説く本願他力の真実信心といった廻向《えこう》の思想が生みだされてくる理由は、到底考えられない。口に称える念仏も、心に抱く信心も、仏から与えられたものであって、みずから努めて行なう自力の念仏や信心ではないとする、念仏の自力性の超克、真実の発見、いわば「他力のなかの他力」という絶対他力は、法然の念仏から直線的に出てくるものではなくて、法然が捨てて無益とした別の思想を俟って始めて、浮かび上がってくるはずである。

しかしそれでは『観心略要集』や『阿弥陀経略記』が、どのような経過をへて受け継がれ、親鸞に至っているか、その筋道を明らかにしなければならないが、それをここで果たすのは容易ではない。ことを念仏だけに限っても、歴史的な展開を跡づける論証と検討、さらにその上に立った詳細な記述が必要である。したがっていまはその余裕も暇もないから、この問題についてどう考えているかは、拙著『浄土教の展開』に譲りたい。

しかしただ一つだけ触れて置きたいのは、『往生要集』から『阿弥陀経略記』へと展開した顕著な信重視の動向である。これについてはすでに三論の永観に受け入れられたことを指摘したが、天台本覚門思想の観心重視の姿勢もまたこれを等閑に付することがなかったものである。

したがって、たとえば一一世紀中葉と推定される『菩提要集』に、「わが一念の信あるをぞ、仏即ちわが頂に現じ給へ」（金沢文庫蔵、一七左）とあるのを始めとして、少し下った『菩提集』では、随所に信を強調し、真言については「能可信《よくしんずべし》。信じてたもらば《(たカ)》此身《このみ》即仏なり」とさえ述べている。また法然が「これは恵心のと申して候へども、いらぬ物にて候」（百四十五箇条問答）といって捨てた、源信偽撰の『真如観』でも、「今我等は骨もくだかず、命をも捨てずして、只我《ただわれ》真如なりと思ふ計りの事によりて、須臾に仏に成ると云ふ、安らかる《(ママ)》教を聞きながら、信用せずして、無間獄の底に沈みなん」といい、皇覚の『三十四箇事書』には「一念成仏」について「当家一流に習ひあり。名字即位に於て知識に遇ひ、頓極の教法を聞いて、当座に即ち自身は即ち仏と知り、実に余に求むることなし。即ち平等の大恵に住して、即解・即行・即証して、一念の頃に証を取ること、掌を反すが如し。…円頓教の意は、聞・思・修・行・証はただ一時なり」（金沢文庫蔵）と説いて、聞くという信の段階で究竟のさとりが得られると述べ、いわゆる信心成仏の思想を端的に示しているのである。

ところで、こうした思想は法然によって専修念仏には不要なものとして排除されたけれども、これに関心を示したのが弟子の幸西である。かれの念仏は一念義といわれるが、その一念は本覚門思想に立つ一念とほぼ同義であって、いわゆる一念三千といった天台の観心と別のものではなかった。ただ従来の一念が凡夫の側の一念であるのに対して、かれの一念は仏の側に置かれていたところに、一つの展開を認めることができる。それは「仏智の一念」と名づけられ、その仏心が凡夫の信を受け入れると考えられた。凝然の『浄土源流章』の言葉をかりて言えば、「凡夫の信心、仏智と冥会す。仏智の一念、これ弥陀の本願なり。行者の信念と仏心と相応す。心、仏智願力の一念に契ひ、能所不二、信智唯一なり。念々相続し、決定往生す」とある。表現は簡単であるが、これだけでも凡夫の信心が仏の本願の智慧に働きかけ、この二つが冥合するとき、往生が決定するとした幸西の考えを窺うにじゅうぶんである。

しかしこのように一念を仏智とする半面、この真実の一念が心として凡夫の信心と一体になるものであるから、凡夫の信心も一念の心でなければならないとも考え、そうした凡夫の一念の心を三心と見たようである。いわば信と智の冥体不二を可能にするその紐帯に一念を考えようとしたものである。したがって思考の順序としては、この凡夫の一念心の方が先で、凡夫の信の一念を逆に仏の方に推し上げ、仏智の一念と昇華させたものであろう。

いずれにせよ、幸西では信に重要な位置が与えられたことは、ここに明らかである。その信は往生に直結している。もちろん、称名がないがしろにされたわけではなく、称名こそは「真宗の正門」(玄義分抄、宗旨門)であるに違いないとしても、信は心として仏智と冥合するものである以上、その意味は重要である。

しかしこの信が一念の信でありながら、ついに仏智の信とはなり得なかったところに、幸西の限界がある。一念を仏智に昇華したと同じようには、一念の信をそのまま仏智に昇華しようとしなかった。ここに親鸞の廻向がそれを果たす意味をになうことになる。親鸞では一念は信であり、行であるが、それらが真実と呼ばれるかぎりにおいて、仏のものとされ、それが仏から与えられるとされたからである。したがって源信における信の重視は、ゆくりなくも本覚門思想を通して、親鸞に至って全く対極的な位置を占めることになったのである。

しかしここでもう一つ想起しなければならないのは、源信における現生正定聚の指摘と、往生の二義であろう。というのは、親鸞でも、真実信心を得た人は現生で正定聚の位につくと説き、それをまた一義では往生と呼ぶとしたからである。おそらくは源信の考え方に影響されたものと見て間違いない。親鸞では浄土の七高僧の一人に源信を数え、親鸞の別名、善信の信は源信の一字を取ったものであるが、ここからも、いかに源信に範を求めたかが知られる。

以上は源信の思想的影響の概観である。洩れてしまったものも多いが、筋は通したつもりである。たださらに関心を持たれる方には拙著を見て頂くようお願いして、次の項に移りたい。

『往生要集』が与えた影響

『往生要集』が僧俗に広く読まれた事実は先にもすでに指摘した所である。これに心を寄せた人は、中に記された片言隻句を折りにふれては想いおこすことができた。たとえば『栄花物語』巻一八に、「事果て丶声よき僧どもの、過去空王仏、眉間白毫相、弥陀尊敬礼、滅罪今得仏、と誦したる、いみじう尊く面白し」とある、この四句は、「助念の方法」の第五に書かれている(一八五頁)懺悔の文である。心に残った句と見えて、和歌山県大泰寺阿弥陀仏(腹部内面に「保元元年」と造立年次が示されている)の造像の願主も、像の背面にこれを記している(平安遺文、金石文、四八二—四八三)。

またこんな例もある。鳥羽天皇の頃、山林房覚遊という猿楽はもと南都の悪僧で、武勇をこととしたものであったが、戦いに臨んで矢一本射ない先に、後の山に逃げこんだから、戦いが終わった後、山林房覚遊を先陣房覚了と改めたらよいと嘲笑されたという話を記した『十訓抄』の著者は、「これを聞《きく》に、恵信(心)僧都の往生要集に、人の定相なき喩を引て、「陣の内のいくさの、つるぎに臨て返り、水上の月の、波の動静に如レ随《したがうがごとし》」と書給へるこそ、理なりけれとおもひ出らるれ」(巻下)と記している。これは大文第二の第十、「増進仏道の楽」の文(七五頁)を想起したものであろう。また中御門右大臣藤原宗忠はその日記『中右記』の保延二年(一一三六)三月一七日の条に、「暁鐘の間、夢に往生要集の十楽の文を見る」と記し、この夢を往生の確証と取って随喜している。「十楽」の部分を好んで読んでいたものと見える。

また『宝物集』巻七によると、藤原頼通が延暦寺に命じて往生の要文を勘《かんが》えさせたとき、学頭たちが一代の聖教から、「若有重業障、無生浄土因、乗弥陀願力、必生安楽国、極重悪人、無他方便、唯称弥陀、得生極楽」という文を取って奏したと伝えているが、このなかの「極重悪人」以下の文こそは、『往生要集』が『観経』の文として掲げたものである(二五一頁)。そしてこれが広く用いられ、とくに謡曲に見えることは、すでに記したとおりである。

こうしたことを見ても、『往生要集』が与えた影響のほどはほぼ推察できる。しかしもう少し立ち入ってみるとどうであろうか。いまは文学と美術に焦点を当てて、見てみよう。

まずはじめに文学の分野で注目されるのは『源氏物語』である。ここには随所に浄土信仰が窺われるが、とくに注目されるのは「宇治十帖」も終わりに近い「手習」の巻に登場する横川の僧都である。「その頃、横川に、なにがしの僧都とかいひて、いと、尊き人、住みけり。八十あまりの母、五十ばかりの妹ありけり」とあるものがそれで、この僧都は源信をモデルにしたことはほぼ間違いないところである。また妹も安養尼と推察される。ここでは、入水して精神喪失状態にある浮舟を前にして、僧都は「人の命、久しかるまじき物なれど、残りの命、一二日をも惜まずは、あるべからず。鬼にも神にも領ぜられ、人におはれ、人にはかりごたれても、これ、横ざまの死にを、すべき者にこそあめれ。仏のかならず救ひ給ふべき際なり」と語って、弟子たちの非難をもかえりみず、内に「抱き入れ」たことを記し、また「朝廷の召にだに従はず、深く籠りたる山を出で」て、浮舟のために修法を行なおうとしていることが世に聞こえては、と隠そうとする僧たちに、「いで、あなかま。大徳たち。我、無慚の法師にて、忌む事の中に、破る戒は多からめど、女の筋につけて、また世の誇り取らず、過つ事なし。齢六十にあまりて、今更に人のもどき負はむは、さるべきにこそはあらめ」と語っていることなどには、源信その人の姿が彷彿と浮かんでくるようである。罪深い無慚の自己に対する反省や、仏の絶対の救いこそこうなければならないと信じて疑うところのない確信などは、まさに源信のそれであろう。そしてこう見ることが正しいとなれば、あるいは「宿木」の巻の、弁尼が薫に語った「ゆゝしき身にてなむ、阿弥陀仏より外には、見たてまつらまほしき人も、無くなりにて侍る」という言葉にしても、『往生要集』の「臨終の勧念」の言葉(二〇九頁)を想起したのではないかと推察される。総じて、改めて『源氏物語』の浄土信仰を『往生要集』との関係において考え直してみる必要があろうかと思われる。

しかし物語の世界では、こうした『往生要集』との直接的な関係はほんの一握りに過ぎない。『浜松中納言物語』のように、浄土信仰がかなり濃厚なものにあっても、ただちに『往生要集』の影響とは言えないからである。僅かに想像の余地があるだけで、巻三に「底清くはらひなされたる池のおもて、緑深う霞わたりたるに、蓮の花のいろ〳〵開けわたりたるほど、まことに極楽の八功徳池の池もかうこそあらめ」とあるものにしても、『往生要集』に求めることはすでにもう無理である。したがって同様の意味において、『和泉式部日記』とか、『紫式部日記』『更級日記』『讃岐典侍日記』といった日記文学や『枕草子』などにしても、その影響はほとんど皆無ということになるが、しかし説話文学では源信その人も登場してくるから、少しく『往生要集』を受けたとおぼしいものも語られるようになる。たとえば『宇治拾遺物語』巻一の「道命於㆓和泉式部許㆒読経五条道祖神聴聞事」に、読経について触れて、「はかなくさい読み奉るとも、清くて読み奉るべき事なり。「念仏・読経、四威儀をやぶる事なかれ」と恵心の御房も戒《いましめ》給ふにこそ」がそれである。この言葉は、的確にこれと指摘できるものはないが、『往生要集』の大文第五の、第二と第三に説くところを指したものかと思われる。第二には『西方要決』の文として「所作の業は、日別に、すべからく念仏・読経を修して、余課を留めざるべし」(一四五頁)とあり、第三には、「行者、このもろもろの事に於て、もしは多、もしは少、楽《ねがい》の随に憶念せよ。もし憶念することあたはずは、すべからく巻を披《ひら》き、文に対して、或は決択し、或は誦詠し、或は恋慕し、或は敬礼すべし。…およそ三業・四儀に、仏の境界を忘るることなかれ」(一七二頁)とある。

ところが歴史物語となると、様子は変わってくる。『大鏡』には問題になるものはないが、『栄花物語』はいささか異常に近いほど『往生要集』を読みこなしている。この書には静照の『極楽遊意』も引かれている位だから、あるいは当然なことかも知れない。その参照の跡はすでに本文の頭注や補注でできるだけ指摘して置いたから、いまは触れる必要はない。

ところで、軍記物はどうかというと、『保元物語』『平治物語』『平家物語』などに語られている浄土信仰にはもはや『往生要集』と限定できるものはない。たとえば『保元物語』を古活字本によってみると、巻上の「法皇熊野御参詣并びに御託宣の事」に「真言妙典の御法楽にも、臨終正念・往生極楽とのみぞ御祈念ありける」とあるものや、巻中の「為義最後の事」にいう「其《その》時、願諸同法者、臨終正念仏、見弥陀来迎、往生安楽国ととなへて、高声に念仏数遍申して、つゐにきられ給ひにけり」にしても、そこに記された言葉は、ごく一般的にさまざまな経典から意を取って作られたものにすぎない。たとえば、前者が『念仏式』(竜谷大学蔵。長承四年書写本)の作願文に「兼知死期　臨終正念　念仏成就　往生極楽」とあるものに似ているようなものである。また『平治物語』巻下の「頼朝遠流に宥めらるる事」の条にある「成等正覚、頓証菩提、往生極楽」も同じ類である。

しかし『平家物語』になると、少しくこれらとは違っていて、たとえば巻一一の「重衡被斬《きられ》」の条に重衡の死を叙して、「今重衡が逆罪を犯す事、…後悔千万悲しんでも余りあり。但し三宝《さんぼう》の境界は、慈悲を心とし、済度《さいど》の良縁区《まちまち》也。唯縁《ゆいえん》楽意《ぎようい》、逆即是順《ぎやくそくぜじゆん》、此文肝《このもんきも》に銘ず。一念弥陀仏、即滅無量罪、願くは逆縁を以て順縁とし、唯今最後の念仏に依て、九品《くほん》託生を遂《とぐ》べし、とて高声に十念唱へつつ頸を延てぞ切らせられける」という「一念弥陀仏、即滅無量罪」は、『往生要集』の大文第十の第五、「臨終の念相」の問答(二九六頁)を想起させるようである。ただしこれもそんな想像を起こさせるだけであって、実はこの書には、法然の影響の方がむしろ強いと言えそうな感じがある。巻一〇「戒文」に法然が登場してくることもそれを語るように思えるし、「維盛入水」にしてもそれを窺わせる。そこには維盛と同行の聖の言葉を記して、「させる御罪業もましまさざらんに、などか浄土へまいり給はざるべき。其《その》上当山権現《とうざんごんげん》は、本地阿弥陀如来にてまします。はじめ無三悪趣の願より、おはり得三宝(法カ)忍の願にいたるまで、一々の誓願、衆生化度の願ならずといふ事なし。なかにも、第十八の願には、設我得仏《せつがとくぶつ》、十方衆生《じっぽうしゅじょう》、至心信楽《しんぎょう》、欲生《よくしょう》我国、乃至《ないし》十念、若不生《にゃくふしょう》者、不取正覚《しょうがく》とかれたれば、一念十念のたのみあり。…無二の懇念《こんねん》をいたして、若《も》しは十反、若は一反も唱給ふ物ならば、弥陀如来、六十万億那由多《なゆた》恒河沙《ごうがしゃ》の御身をつゞめ、丈六八尺の御かたちにて、観音勢至、無数《むしゅ》の聖衆《しょうじゅ》、化仏菩薩、百重千重に囲繞《いにょう》し、伎楽《ぎがく》歌詠じて、只今極楽の東門をいでて来迎《らいこう》し給はんずれば、御身こそ蒼海の底に沈むとおぼしめさるとも、紫雲のうへにのぼり給ふべし」と述べているが、とくに「無三悪趣の願」以下、願文について語っている部分は、『選択集』第三、「本願章」の文を連想させる。ただ来迎や極楽の東門は当時一般の信仰であるから、法然とは関係がない。

さて軍記物をこれで終わることにして、いささか趣がかわるが、語りものといった性格のものとしてここで謡曲を取りあげておこう。ただ謡曲に好んで用いられる幾つかの言葉のうち、たとえば「極重悪人無他方便」の句については二五一頁「極重の…」補注で触れたし、「一念弥陀仏、即滅無量罪」は『平家物語』にすでに見えたところでもあるから、「八万諸聖教、皆是阿弥陀仏」など一、二の句に止めたい。

「八万諸聖教」の句は『当麻《たいま》』『実盛』などにあるが、『当麻』の例は、

一念弥陀仏、即滅無量罪とも説かれたり。八万諸聖教、皆是阿弥陀仏ともありげにさふらふ。

である。この句は一説には源信の『仏心法要』に『往生本縁経』の文として引用されているというが、源信にはこのような著作はないし、この名の経にしてもさだかではない。またある説では『宝王論』にあるとするが、これが飛錫の『念仏三昧宝王論』だとすると、これにはこの類の句は見当たらない。ただここで想起されるのはお伽草子の『天狗の内裏』で、そこには、

牛若答へて曰く、金剛の心とは、阿字十方三世仏、弥字一切諸菩薩、陀字八万諸聖教、皆是阿弥陀仏と沙汰し申し候なり。

とあるものである。もしこれを手掛りにすることが許されるなら、この「八万諸聖教」の句は阿弥陀の三字に対する特殊な解釈に関係があるようにも思えるから、ここから『観心略要集』が阿弥陀の三字について、「空仮中の三諦、法報応の三身、仏法僧の三宝、三徳、三般若、かくの如き等の一切法門、悉く阿弥陀の三字に摂す。故にその名号を唱ふれば、即ち八万法蔵を誦し、三世仏身を持つなり」(仏全三一ノ一八〇上)と説いていることが注目される。謡曲の「八万諸聖教」の句がこれと係わりを持つとすれば、源信との関係をここにも認めることが可能になるだろう。

また『誓願寺』にある「弥陀一教と聞く物を、有り難や、八万諸聖教、皆是阿弥陀仏なるべし」という「弥陀一教」も注目を引く。これは、『往生要集』大文第三に窺基の『西方要決』を引いて、「末法万年には、余経は悉く滅し、弥陀の一教のみ、物を利すること偏に増さん」(八一頁)と記しているものを想起させる。

ところで、謡曲と関連して忘れられないのは狂言であるから、これにもちょっと触れておく。ここでは主に地獄・極楽が関心の中心になっているもののようで、『柱杖《しゅじょう》』『呂蓮《ろれん》』『三人僧』など、それが顕著である。美術方面ではすでに鎌倉期には地獄極楽図や六道図などさかんに書かれているし、また江戸時代の平仮名絵入りの『往生要集』(内容は、地獄物語・六道物語・極楽物語という構成で、「厭離穢土」「欣求浄土」だけを刊行したもの)の本になった絵が室町期のものにすでにあるというから、時代としても、とくに地獄・極楽に対する関心の高まる可能性はじゅうぶん考えられる。ただ内容としては狂言らしく叙述も平板で、ほぼ同工異曲である。いまは『呂蓮』の例を載せておく。シテは僧、アドは宿の主人である。

アド〽すれば地獄極楽と申すも、あるが誠で御座るか。シテ〽まだそのつれな事をおしやる。地獄極楽が無うて何となりませう。先づ地獄の体相をあら〳〵申さば、無《む》間永沈《けんようちん》剣の山血の池、嘘を云うた者は舌を抜かれ、臼ではたかれ箕《み》で簸られ、暫時も安からぬ事ぢや。又極楽の有難さは生死がない。生死とは、生まれ死するが無いぢやまで、二十五菩薩の音楽を聞き、百味の飲食は充ち満ちて、暑いといふ事もなく寒いといふ事もなく、それは〳〵有難い所ぢや。その有難い所へ行きたさに、このやうに出家になつて、諸国を修行することで御座る。

このほか、浄瑠璃・歌舞伎、あるいは草子物など数多くのものがあるが、いまは触れない。

さて次に詩歌について見てみよう。この世界では、まず和歌の分野に『往生要集』の言葉や思想を詞書きにして詠んだものがあって、影響のほどが推察される。

いま幾つかの例を拾ってみると、たとえば、覚性法親王の『出観集』に「阿弥陀講のついでに十楽のこゝろを人々に孔子くばりによませ給ひ、ついでに聖衆来迎楽をとり給て」と詞書きして詠ったもの、あるいは西行の『山家集』に「六道の歌よみけるに」と詞書きした六首、定家の『拾遺愚草』に「寄法文恋五百」として、詞書きに「人天交接両得相」、「又如一眼之亀値浮木孔」とあるもの(六二頁、二一一頁参照)など、または源俊頼の『散木奇歌集』巻六「釈教」にある「往生要集十楽よめる十首」などが目につく。いま『出観集』の一首を掲げておく。

霞のみを苔のむしろに置きすててかたぶけよする蓮にぞのる

また勅撰集に目を向けると、『新古今和歌集』巻二〇、「釈教歌」には「十楽の心をよ」んだ寂蓮の和歌四首があり、『新撰和歌集』巻九、「釈教歌」には慈鎮の「厭離穢土の心」を詠った和歌一首、『玉葉和歌集』巻一九には「聖衆来迎の心を」詠ったもの二首や、十楽の「増進仏道楽」を詠ったもの二首などがある。ともに『往生要集』によって作られたものであるが、しかし総じて余り数多くは期待できない。詞書きがほとんど限られていることが一つ、また浄土教関係のものは多くても、もう『往生要集』を離れて、体質化してしまったことも、その理由の一つである。これを和歌との関連で、連歌に目を注いでみても、六道を歌ったものがとくに気付かれる位のものである。二、三拾ってみると、『菟玖波集』巻八、「釈

教」には救済法師に、

弟子はかならず師をぞいただく

弥陀のますうてなのまへにずゝとりて

おくれさきだち行くは彼の国

我よりも人のちからのわたし舟

などがあり、『新撰菟玖波集』巻一八、「釈教」には宗砌法師に、

こゝろひとつぞわくかたもなき

となふればわが身さながら仏にて　よみ人しらず

なれてはなれむ心ともせず

なに事かむつまじからむ六つの道

などを見る程度である。このような事実は、室町時代に『往生要集』が入手困難だったことと関連しているかもしれない。『往生要集』の版行は、鎌倉時代を過ぎると、ぷっつり途絶え、江戸時代に至って復活したことを付記しておく。

ただ詩歌の世界にはこのほか、和讃・今様・宴曲などがあり、とくに和讃は源信自身も作っているから、『往生要集』を離れてでも、注目しておく必要があるが、なかでも源信に仮託して作られた『十楽和讃』と『二十五菩薩和讃』は忘れてならないものであろう。しかしいまは『往生要集』を参照した跡が著しい『十楽和讃』の一部を掲げて、内容の一端を窺うことにしたい(六二頁参照)。

第五に快楽無退楽

今此《この》娑婆の有さまは

輪王位《くらい》たかけれど
七宝久しく止まらず
天上楽《たのし》み多けれど
五衰はやく現じける
乃至有頂も輪廻なり
況や余の世人をや
昨日は富て今日貧し
朝に生れて暮に死す
出る息は入る息を
待たずと経に説れたり　（以下略）

これらはほとんど『往生要集』の文を本に作られている点で、他と類を異にした特異なものである。成立年代については鎌倉初期と考えられるが、また室町以後とも言われる。いずれにせよ、『往生要集』が与えた影響を語ってじゅうぶんである。しかしこれに引き換え、今様や宴曲では、ほとんど浄土教一般の埒内で捉えることができるものだけである。影響は、直接これと指摘できないから、ここでは『梁塵秘抄』から、経文と同時に『往生要集』の文(五八—九頁)をも想起させる今様を一首、引いておく。

極楽浄土のめでたさは、一つも空《あた》なることぞ無き、吹く風立つ波鳥も皆、妙なる法をぞ唱ふなる

さて最後に狂言小歌、そのほか江戸時代の流行歌謡といったものに触れておこう。まず狂言小歌には、「地蔵舞を見まいな」で始まる「地蔵舞」、「釈迦は去り」で始まる「鉢叩」、「よき光りぞと」で始まる「瓢《ふくべ》の神」、「猿が参りて」で始ま

る「靭猿」などがあり、江戸時代の歌謡には「餓鬼舞」「弥陀頼む」といったものが数多く知られる。滑稽や諧謔をないまぜ、信仰と娯楽とが混合した姿を認めることができるが、しかしとくに取りたてて、これといったものは少ない。ただ同じ流行歌謡でも、浄瑠璃などからの流れには劇的な情景の連想ともあいまって注目されるものがある。先にも触れた『往生要集』の絵入り本の刊行や、あるいはまた歌比丘尼などが地獄極楽の絵巻を携えて絵解きを行なったことなども、地獄極楽の思想を瀰漫させる役割を果たしたから、とくに現実の苦悩と来世の救いを対照的に捉えることには関心が深まったようである。この影響は極めて強く、現在に及んでいるといっても過言ではない。いまここには近松の『傾城三つの車』の第一幕の部分を『松の落葉』巻六によって掲げておく。

二上り三つの車に法の道、火宅の門をや出でぬらん、夢か現か朧夜の、月毛の駒に片手綱、引き止むれば春の雪、解けて乱れし我が思ひ、余りて憎い此の人を、誰に添はせん妬ましや、袖に流るる血の涙、色と情の二思ひ、深き心は常々に、語り明せし恋草の、萌え出で初めし面影に、縋り付けば八重桜、風に乱れし乱れ髪、云《ゆ》ひ甲斐なくも殺されて、身は仇し野の露霜と、消えにし事の怨めしと、泣くより外の事ぞなき、咲いた桜に何故駒繋ぐよのえいさ、駒が勇めば花が散る、勇めば駒がよのえいさ、駒が勇めば花が散る、あゝ浅ましや、堪へ難や、煩悩邪淫の身の苦しみは、鉄石立つ事一由旬、仇と情の心の鬼、上れと責むる剣の山、くるり〳〵くる〳〵〳〵と追立てらるれば、岩根に取り付き〳〵上りて見れば、下より猛火吹き上る、こは情なや悲しやな、助け給へと夕暮の、月は霞に掻き曇り、声ばかりして失せにけり。

さて次は美術に移り、まず仏像彫刻について触れよう。もっともこれを語る前に、仏像を安置した堂舎、たとえば常行堂や阿弥陀堂について語って置く必要があるが、詳しくは他に譲り、一例を源信が永観三年(九八五)に創建したと伝える、現在の大原三千院本堂(往生極楽院。また恵心院ともいう)に求めて言えば、ここには阿弥陀三尊が安置され、その本尊の周囲を行道できるような、常行堂としての形式が見られる。この形式はいわゆる阿弥陀堂の有心堂形式であって、このような方形のものが一般によく知られ、その数は多い。ただ九体の阿弥陀像を安置した阿弥陀堂だけは趣が違い、横長で、その代表的なものは道長の法成寺の阿弥陀堂やその他、法勝寺・尊勝寺・延勝寺などの阿弥陀堂、あるいは藤原顕季の仁和寺堂、および現存の浄瑠璃寺などである。

しかし三千院本堂で注目されるのはむしろ迎接形の阿弥陀三尊像で、とくに脇侍の二菩薩が腰を浮かせた姿勢をとっている点に特色がある。勢至像の胎内銘では久安四年(一一四八)とあるから、堂や像の建立もその頃と推定されているが、堂内の特異な舟底形天井に描かれた二十五菩薩図もそれを証するかも知れない。

いずれにしても、このような堂が建立され、そこに阿弥陀三尊像や九体阿弥陀像が安置されてくる時、もっとも注目されるものは迎接像である。迎接の思想は『往生要集』だけに直結するものではなく、早くから育成されて来たもので、保胤の『日本往生極楽記』以下、幾多の往生伝も与って力があったことは当然であるが、とくに源信との関係が強調されて来た事実に、大きな意味があることは忘れられてならないところであろう。三千院本堂自体このことを語っているし、『首楞厳院二十五三昧結縁過去帖』に源信が「自ら経文を案じて、弥陀来迎像を図く」と記し、また『後拾遺往生伝』巻中に、源信が平維茂に「極楽迎接曼荼羅」を贈ったことを伝えて、これが日本の「迎接曼荼羅流布の始」と記していることも、留意されてよい。

ところで、迎接像の特色は阿弥陀仏が手に結ぶ印相にある。異説があるから、はっきりきめてかかるわけにはいかないが、一説には九品のうちの、上・中・下三品の下生の印相を取ったものと言い、右手を上に、左手を下に伸べて、指は親指と人差し指を捻じたのが上品下生、親指と中指を捻じたのが中品下生、親指と薬指を捻じたのが下品下生だとされる。

これによれば、三千院本堂の阿弥陀仏像は上品下生である。また中尊寺金色堂の後方の本尊も一体はこの印相であり、永承二年(一〇四七)に建立された浄瑠璃寺の、現存唯一の九体阿弥陀像の中尊もそうである。この九尊の場合は、臨終に当たっては、他の諸尊より五色の糸を中尊に集めて、それを病者の手に握らせたらしい。『栄花物語』巻一八に、「蓮の糸を村濃《むらご》の組にして、九体の御手より通して、中台の御手に綴《とじ》めて、この念誦の処に、東ざまに引かせ給へり」とあるのは、それを語っている。とにかくかなりこうした上品の印相を取ったものがあったものと推察される。

しかし迎接像がかならず来迎印を結んでいたとは限らない。寛治八年(一〇九四)即成院の創建当時のものとされる阿弥陀仏二十五菩薩像では、阿弥陀仏は定印を結んでいるし、浄土寺の阿弥陀三尊の本尊は右手を垂れ、左手を横にして印を結んだ立像である。ただ前者は二十五菩薩に来迎像としての意味を受け取ることができるし、後者は雲に乗って飛行する形を取っているところに、すでにその意味を含んでいる。またこれらの来迎像の形式は絵画との関連が密接で、文献では造像例も少なくないが、現存のものとしては極めて限られたものしか残っていない。

しかしこれが絵画となると、その数はかなりにのぼる。これを先のような順序に従って記せば、まず阿弥陀三尊来迎図としては法華寺のものがもっとも注目される。一一世紀前半、ないしは一二世紀前半のものだとされるが、上品下生印を結ぶ阿弥陀仏を描いた一幅と、蓮台をもつ観音と天蓋をさしかける勢至を描いた一幅、それに幡を捧げて先導する童子を描いた一幅、合わせて三幅からなり、来迎図として他に類を見ない華麗なものである。また仏の左右上部に四つの色紙型があって、『往生要集』の要文が書かれていることも注目される。

ところで、この三尊来迎図でもう一つ注意されるのは、ともに雲の上に乗っていることである。このことはほぼ推しなべて、来迎図に見られる特色であって、先の浄土寺阿弥陀三尊像とも深い関係を持つものであろう。造像では、『扶桑略記』巻二九の寛徳二年(一〇四五)一一月二一日の条に、敦明親王が堂を建てて安置した「阿弥陀迎接の像」は「彩雲に乗り、遙かに紫金の台を擎《ささ》げていたと記すものが、そのもっとも早い例のようである。

ただ絵画では、源信が描いたという京都金戒光明寺の「山越阿弥陀図」には、この雲の動きがなく、三尊は山の背後にあって、上半身を現わす図柄を取っている。三面鏡のような、三曲の屏風ふうに仕立てられ、来迎印を結んだ弥陀を中央に、それぞれの一曲に一尊を配し、左右二曲の上部に色紙型があり、讃が書かれているが、その右の讃には、「弟子天台僧源信、正暦甲午歳(九九四)冬十二月、謹んで弥陀、衆生を化導するの相を図《えが》き、渇仰恋慕し、発願して言く、仏光照耀し聖衆来迎して、上品蓮台に願はくは往生することを得て、上求下化し前徳究竟して、文殊の願の如く普賢の行の如くあらんと」と記している。源信が平維茂に与えたという「迎接曼荼羅」がこのようなものだったのかどうか明らかではないが、正暦五年(甲午)という時点はすでに二十五三昧会が動きだしているから、こうしたものを病者の枕頭に置いて、五色の糸を引かせたことは想像にかたくない。この「山越阿弥陀」の両親指の間から五色の糸が僅かに垂れて見えるのはその名残りである。ただこの図がただちに源信の作だとは考えられていない。

この金戒光明寺のものに、雲の動きが加わった代表的なものは、禅林寺蔵と文化庁蔵との二つの「山越阿弥陀」である。前者では観音・勢至が雲に乗って、すでに山の前面に姿を現わし、後者は阿弥陀仏がやや右に向いて腰から上を見せ、雲が山の谷合いから流れ出ている。また前者には四天王と二童子が左右に対照的に配置され、左上隅に梵字の阿字を記した月輪が描かれていて、密教的な性格が窺われる。後者では阿弥陀仏は来迎印を結び、二菩薩の外に四人の菩薩が描かれ、二十五菩薩来迎像に近い性格が窺われる。

しかしさらに雲の動きが激しくなり、速度感を加え、菩薩の数も増している来迎図には、高野山の有志八幡講十八箇院の共同所有になっている「阿弥陀聖衆来迎図」を始めとして、奈良の興福院、京都の知恩院、大津の西教寺、東京の増上寺など、著名なものが数多くある。ただ比較的古いものはいわゆる「二十五菩薩来迎図」のように菩薩の数を整えていないようで、これが漸次数を増して二十五菩薩と整い、そしてさらに阿弥陀三尊を別にして、二十五菩薩を数えるといった経過を辿ったものらしい。ここには源信に仮託される『二十五菩薩和讃』との因果関係が問題になるが、いずれにしても、この種の来迎図に見られる仏の位置や足の動き、雲の流れ、さらには樹木や家屋、臨終の床にある念仏者の有無などによって、仏の来迎に対する願望の切実さがそれぞれ汲み取れ、興味あるものを含んでいる。

またこのほか、九品来迎図とか、阿弥陀独尊来迎図といったものがある。このうち、九品来迎図は九品の一つ一つに阿弥陀仏や聖衆の来迎を描いたもので、当麻曼荼羅《たいままんだら》の下縁に描かれているものは早い例であるが、平等院鳳凰堂の比較的によく原形を留めている上品下生図は、「還り来迎図」の一例である。『栄花物語』巻一八をみると、道長の阿弥陀堂の扉にも描かれたようであるから、阿弥陀堂の壁面などには好んで描かれたものであろうし、別にこうした九品の来迎図を懸けて壁間を飾った例も知られる。また阿弥陀独尊来迎図は阿弥陀仏だけを描いた来迎図であって、来迎図としてはもっとも簡素化されたものである。これには美術的にも勝れたものが多く、とくに注目されるのは、滋賀宝厳寺のもので、雲に乗った踏割蓮台に立ち、わずかに左向きの姿勢を取った全身金色の阿弥陀仏である。

さて最後に地獄変相図などに触れてこの項を終わることにする。

地獄図が描かれた例はすでに早く、『尊意贈僧正伝』には、仏像の後壁に地獄絵が描かれていた吉田寺のことを記している。また仏名会に地獄絵の屛風を用いたことは『枕草子』にも見えるが、『金葉集』巻一〇に収める和泉式部の「地獄の絵に剣のえだに人のつらぬかれたるをみて」よんだ「浅ましや剣の枝の撓むまでこは何のみのなれるなるらむ」になると、その思想背景に『往生要集』を推察することが可能である。

こうした六道図のうち著名なものは、『古今著聞集』巻一一「画図」の項でその迫真的な描写を謳われている巨勢弘高の筆とも伝える、滋賀聖衆来迎寺の「六道図」(もとは十界図といわれた。一三世紀後半とされる)で、閻魔王一幅のほか、地獄四幅・餓鬼一幅・畜生一幅・阿修羅一幅・人道四幅など十五幅からなり、六道の苦しみが描かれ、それぞれ上部に『往生要集』の要文が記されている。また京都禅林寺の「十界図」二幅も著名で、上部に地蔵を中心に十王を描いた一幅と、阿弥陀仏を描いた一幅とよりなるが、描かれる主体は下部の六道に置かれ、これからは、六道の苦しみを逃れて、極楽欣求の願いを高めようとするねらいが窺い知られる。その意味では京都金戒光明寺の「地獄極楽図」も同様の効果をねらったものであろう。二曲一双の上部中央の極楽、下部左右の地獄・畜生などの配置はそれを語っている。この二曲は「山越阿弥陀図」と一具をなしたものといわれる。また特異な例としては、奈良滝上寺の六字名号で、各文字の内に六道図をかいたものである。この外、こうした六道の一々を描いたものもかなりの数にのぼる。『春日権現験記』の地獄図、『北野天神縁起』の餓鬼図などを始め、東京国立博物館・奈良国立博物館蔵などの「地獄草紙」、益田家旧蔵の「沙門地獄」、東京国立博物館や京都国立博物館蔵の「餓鬼草紙」もその類であり、「病草紙」もこれと関連を持っているだろう。

しかしこうした独立の絵画が、どれほど人の目に触れ、欣求浄土の思いを高めるに役立ったかを考えてみると、その効果といった点では、先にも記した平仮名絵入りの『往生要集』の出版に勝るものはないだろう。寛文一一年(一六七一)のものでいえば、厭離穢土・欣求浄土の部分だけで一本に仕立て上げられたこの書(『地獄物語』ともいう)には、三十七枚の插絵が插入されている。この種の開板は以後、たびたび行なわれているから、その普及度はかなりなものと考えてよい。もはや絵の巧拙の問題を超えて、人心に深く食いこんで、抜くことのできない根を植えつけた意味は大きい。そしてそれが『往生要集』そのものをも普及させる役割をになったのはもちろんである。ただ『往生要集』があたかも地獄・極楽だけの書であるかのような誤った理解や印象を与えたマイナスの面はある。

さて、最後にこの解説を終わるに当たって、この書の現在的な意味に触れておきたい。

それは直言すれば、流転輪廻の現実の世界をとくに鮮明に収約した地獄の直視である。確かにそれは極楽へ導くための方便であり、念仏という本来の目的には程遠いものであって、ここに拘泥しては『往生要集』本来の意味を見失う恐れを伴うけれども、極楽の信仰が色褪せ、仏の本願や救いや念仏が後退して行くかに見える今日、極楽や念仏はどう考えられようとも、この現実の姿を地獄と直視した姿勢だけは、その意味を否定することができないだろう。

なぜなら、地獄はただの空想の所産ではないからである。それはわたしたちの実存の姿である。物質的な生活の豊かさに馴れ、娯楽を追い求めて日々を送る人、眼を覆って現実の苦悩から逃避しようとする人には見えなくても、実はその中にどっぷりつかって生きているのがわたしたちである。それはこの先堕ちゆく世界ではなく、いま現に堕ちている世界である。気付かないから、いや気付こうとしないから、それとわからないだけである。肥溜めの虫にその穢濁が住み心地よいようなものである。

しかしひとたび翻って、みずからの現実の生活を思うとき、その不安や苦悩を正視し、悪に気付き、罪の意識に触れて、みずからの実存に接するならば、そこにあるものは地獄以外の何ものでもない。安易な妥協も逃避もかなぐりすて、真摯にみずからを省みて、そこに一片の地獄図も見ないと言える人はいないはずである。抑えようにも抑えきれない、嗚咽にも似た悲しみや苦しみの声が徐々に内奥から聞こえてくるにちがいない。やがてそれは絶望の叫びと聞きとれるだろう。この絶望の叫びこそ、『往生要集』の地獄の直視が、わたしたちに教えてくれるものである。

しかしこうした叫びを聞くことができなくても、地獄が、地獄の様相が、この世界にあった事実、またいまも至るところで繰り広げられている事実を知らない人はあるまい。わたしたちの生きる日本はその意味においてまさに地獄的土壌であった。多くを言う必要はない。原子爆弾の唯一の被爆国である、このこと一つ想い出すだけでじゅうぶんである。あの広島や長崎の被爆の姿を語る写真や記録、それを伝える絵画や小説など、すべて地獄の姿を語るものとして、わたしたちの心に刻みこまれているはずである。ここにも地獄はすぐそばにあるのである。それが今後、みずからのものにならないとはたして言えるのだろうか。地獄を外から眺めることのできる観客は一人もいないはずである。

『往生要集』は地獄の直視をへて、極楽を指し示し、念仏へと導いてきた。しかしいまのわたしたちはこの直視によって、ここから改めて現実を生きる生き方を学び取らなくてはなるまい。

（昭和四十五年八月六日、擱筆）

『往生要集』の諸本

『往生要集』には寛和元年(九八五)に源信が始めて書きあげた初稿本と、後に再治して宋に送った再治本とがあり、これを区別して、留和本と遣宋本と呼んでいる。この両者の大きな差異は、留和本の大文第一の第二、餓鬼道の「或は身の長一尺…〈大集経〉」という一文(三〇頁注)と、第三、畜生道の「或はまた一毛…」の一文(三三頁注)と、第七、総結の「祇園寺の無常堂の…」(四九頁注)という文などが、遣宋本では省かれていることにあるといわれる。このことは、本書の底本に用いた建長五年版行の遣宋本の刊記にも、「両本あり。遣唐本(遣宋本のこと)と留和本なり。今の本はこれ遣唐本なり。「祇園精舎無常院」の文二行あるは、これ留和本なり。〈已上〉故に知る、遣唐本は再治本なること明かなり」と記されているものである。したがって、建長五年版はその意味でも、遣宋本ということに着目したもっとも古い版本ということになる。しかし版本としてはこれ以前に幾つか留和本があり、また写本にも古いものがあるし、以後もたびたび版行され、後には諸本を校合したものも版行されているから、以下これらを列挙して、便に供することにしたい。ただ以下のうち、遣宋本の系列にはいるものとしては、鎌倉時代書写の鎌倉本、引接寺蔵の引接寺古写本をはじめ、天保一〇年(一八三九)の西教寺版(最初の校合本)、弘化五年(一八四八)の同再鐫版、などがあることをあらかじめ付記して置く。

一　古写本

長徳二年(九九六)写本(巻中のみ)。　　平安末期写、最明寺本(三巻三帖)。

承安元年(一一七一)写、青蓮院本(三巻三帖)。
平安末期写本(巻下のみ)。
元久元年(一二〇四)写本(巻上末のみ)。
鎌倉時代写本(巻上のみ)。
鎌倉時代かな書本(巻下、大文第十のみ)。
享徳三年(一四五四)写本(三巻十帖の内、第二・三を欠く)。
高野山正智院本(三巻三帖)。
引接寺本(三巻三帖)。

二　版　本

承元四年(一二一〇)版(三巻六帖)。
建保四年(一二一六)版(三巻六帖)。
建長五年(一二五三)版(三巻六帖)。
鎌倉時代版(三巻)。
室町時代版(承元四年版覆刻)。
寛永八年(一六三一)版(六帖)。
寛永一七年(一六四〇)版(六帖)。
慶安(一六四八—一六五二)版。
寛文三年(一六六三)版。
寛文一一年(一六七一)版(「絵入往生要集」「地獄物語」六巻三帖)。
貞享元年(一六八四)版(「首書往生要集」「冠註往生要集」)。
貞享二年(一六八五)版。
貞享三年(一六八六)版。
元禄二年(一六八九)版(平仮名絵入。零本)。
元禄四年(一六九一)版。
元禄一〇年(一六九七)版(「訓点改正往生要集」六帖)。
元禄(一六八八—一七〇四)版。
寛政二年(一七九〇)版(「絵入和文往生要集」三巻。元禄二年版覆刻)。
天保一〇年(一八三九)西教寺版(「遺宋新校往生要集」)。
天保一四年(一八四三)版(「和字絵入往生要集」)。
天保(一八三〇—一八四四)版。
弘化五年(一八四八)版。
嘉永五年(一八五二)版。
明治一二年(一八七九)版。
明治一六年(一八八三)版(平仮名絵入)。
その他刊年不明のものがある。

参考文献

【著書・論文集】
坂田良弘『恵心僧都の研究』(山喜房仏書林、昭和一三)
硲慈弘『日本仏教の開展とその基調』上(三省堂、昭和二三)
石田充之『日本浄土教の研究』(百華苑、昭和二七)
井上光貞『日本浄土教成立史の研究』(山川出版社、昭和三一)
八木昊恵『恵心教学の基礎的研究』(永田文昌堂、昭和三七)
重松明久『日本浄土教成立過程の研究』(平楽寺書店、昭和三九)
石田瑞麿『浄土教の展開』(春秋社、昭和四二)
石田瑞麿『往生の思想』(平楽寺書店、昭和四三)
藤島・宮崎共編『日本浄土教史の研究』(平楽寺書店、昭和四四)
石田一良『浄土教美術』(平楽寺書店、昭和三一)
村山修一『浄土教芸術と弥陀信仰』(至文堂、昭和四一)

【論文・解説】
稲葉秀賢「往生要集と往生拾因の念仏」(印度学仏教学研究三ノ一)
恵谷隆戒「恵心僧都の往生思想」(浄土学研究紀要四)
藤井智海「往生要集の日本的性格」(日本仏教学会年報二三)
佐藤哲英「千観の十願発心記に就いて」(叡山浄土教古典叢書二)
薗田香融「慶滋保胤とその周辺」(顕真学苑論集二)
恵谷隆戒「叡山静照の浄土教」(印度学仏教学研究四ノ一)
石田瑞麿「静照の『極楽遊意』」(仏教文学研究六)
石田瑞麿「源信撰の『往生十念』について」(金沢文庫研究一五ノ七)
戸松憲千代「宇治大納言源隆国の安養集について」(大谷学報一九ノ三)
恵谷隆戒「源隆国の安養集の研究」(印度学仏教学研究七ノ二)
坂口玄章「往生要集と中世文学」(国語と国文学八ノ一〇)
松村博司「栄花物語と往生要集」(平安文学研究一〇—一二)
岡崎譲治「浄土教画」(日本の美術四三)
日下無倫「慧心の往生要集古版本考」(真宗史研究所収。平楽寺書店、昭和六)
花山信勝「往生要集諸本の研究」(竜谷学報三一七)
花山信勝『原本校註漢和対照往生要集』「概説」(小山書店、昭和一二)
石田瑞麿『往生要集』「解説」(東洋文庫八。平凡社、昭和三八)

源信略年譜

年次	西暦	年齢	事蹟	参考事項
天慶五	九四二	一	大和国葛城郡当麻に生まれる。	
天暦四	九五〇	九	比叡山に登って出家し、良源に師事する。	
八	九五四	一三	得度受戒。	
応和三	九六三	二二		八月、良源を中心とした天台宗と南都法相宗との間に対論がなされる(応和の宗論)。
康保一	九六四	二三		八月、良源第十八世天台座主に補せられる。一〇月、慶滋保胤主宰の勧学会始まる。
三	九六六	二五		一〇月、延暦寺の総持院・大講堂・文殊楼・法華堂・常行堂等三十余宇、焼失。
四	九六七	二六		四月、法華堂、八月、常行堂建立。
天禄一	九七〇	二九		一〇月、良源、「二十六箇条起請」を作り、延暦寺籠山の制を厳重にする。
三	九七二	三一		九月、空也寂。
天延二	九七四	三三	法華会の広学竪義に預かる。(いつの年か、横川に隠棲。)	
天元一	九七八	三七	『因明論疏相違略釈』を著わす。	
三	九八〇	三九		叡山の諸堂宇ほぼ再建され、旧観を一新する。

	四	九八一	四〇		八月、良源、大僧正に補せられる。
	五	九八二	四一		八月、奝然入宋。
永観	二	九八四	四三	一一月、『往生要集』を書き始める。	一一月、源為憲『三宝絵詞』をかく。（この年までに保胤、『日本往生極楽記』『十六想観画讃』をかく。）
寛和	一	九八五	四四	四月、『往生要集』できあがる。	一月、良源寂。
	二	九八六	四五	九月、『二十五三昧式』（「起請八箇条」）等できあがる。	八月、奝然帰朝。この年冬、保胤出家、寂心を称す。
	三	九八七	四六		二月、良源に大師号（慈恵大師）が追諡される。
永延	二	九八八	四七	六月、『二十五三昧式』（「起請十二箇条」）できあがる。	
正暦	四	九九三	五二	（正暦年中、霊山院を造る。）	八月、慈覚大師の徒と智証大師の徒との間に争い激化し、山門・寺門に分立する。
長徳	三	九九七	五六	五月、『観心略要集』（あるいは寛弘四年）を著わす。	寂心寂。
長保	三	一〇〇一	六〇	八月、寂照の入宋に託し、四明知礼に『天台宗疑問二十七条』を作って、送る。この年、華台院を造り、阿弥陀三尊を安置する。	この頃『枕草子』できあがる。
	四	一〇〇二	六一		五月、静照寂。八月、寂照入宋。この年『和泉式部日記』できあがる。
	五	一〇〇三	六二		六月、多武峯増賀寂。
寛弘	一	一〇〇四	六三	五月、権少僧都に任じられる。	
	二	一〇〇五	六四	八月、『大乗対倶舎抄』『倶舎疑問』を著わす。一二月、権少僧都を固辞する。	

三	一〇〇六	六五	一〇月、『一乗要決』を著わす。	三月、書写山性空寂。四月、檀那院覚運寂。この頃『源氏物語』できあがる。
四	一〇〇七	六六	七月、『霊山院釈迦堂毎日作法』を作る。	
長和二	一〇一三	七二	正月、願文を製す。	
三	一〇一四	七三	一二月、『阿弥陀経略記』を著わす。	
五	一〇一六	七五		一月、道長摂政関白となる。六月、奝然寂。
寛仁一	一〇一七	七六	六月一〇日、示寂。	一二月、道長太政大臣となる。

日本思想大系 6
源信

1970年 9月25日　第1刷発行
1985年 6月20日　第10-2刷発行
1991年 2月 8日　新装版第1刷発行
1991年 6月20日　新装版第2刷発行
2017年 1月13日　オンデマンド版発行

校注者　石田《いしだ》瑞麿《みずまろ》

発行者　岡本 厚

発行所　株式会社 岩波書店
〒101-8002 東京都千代田区一ツ橋 2-5-5
電話案内 03-5210-4000
http://www.iwanami.co.jp/

印刷／製本・法令印刷

ISBN 978-4-00-730555-9　Printed in Japan